Design Patterns für Machine Learning

Design Patterns für Machine Learning

Entwurfsmuster für Datenaufbereitung, Modellbildung und MLOps

Valliappa Lakshmanan, Sara Robinson & Michael Munn

Deutsche Übersetzung von Frank Langenau

Valliappa Lakshmanan, Sara Robinson und Michael Munn

Lektorat: Alexandra Follenius
Übersetzung: Frank Langenau
Korrektorat: Sibylle Feldmann, *www.richtiger-text.de*
Satz: III-satz, *www.drei-satz.de*
Herstellung: Stefanie Weidner
Umschlaggestaltung: Karen Montgomery, Michael Oréal, *www.oreal.de*
Druck und Bindung: mediaprint solutions GmbH, 33100 Paderborn

Bibliografische Information der Deutschen Nationalbibliothek
Die Deutsche Nationalbibliothek verzeichnet diese Publikation in der Deutschen Nationalbibliografie; detaillierte bibliografische Daten sind im Internet über *http://dnb.d-nb.de* abrufbar.

ISBN:
Print 978-3-96009-164-6
PDF 978-3-96010-596-1
ePub 978-3-96010-597-8
mobi 978-3-96010-598-5

1. Auflage 2022

Wieblinger Weg 17
69123 Heidelberg

Hinweis:
Dieses Buch wurde auf PEFC-zertifiziertem Papier aus nachhaltiger Waldwirtschaft gedruckt. Der Umwelt zuliebe verzichten wir zusätzlich auf die Einschweißfolie.

Schreiben Sie uns:
Falls Sie Anregungen, Wünsche und Kommentare haben, lassen Sie es uns wissen: *kommentar@oreilly.de*.

5 4 3 2 1 0

Inhalt

Vorwort

Für wen dieses Buch gedacht ist

Einführende Bücher zum Machine Learning konzentrieren sich normalerweise auf das *Was* und *Wie* des maschinellen Lernens (ML). Sie erläutern dann die mathematischen Aspekte neuer Methoden aus KI-Forschungseinrichtungen und lehren, wie sich diese Methoden mithilfe von KI-Frameworks implementieren lassen. Dieses Buch hingegen bringt die hart erarbeiteten Erfahrungen rund um das *Warum* zusammen, das den Tipps und Tricks zugrunde liegt, auf die erfahrene ML-Praktiker:innen setzen, wenn sie maschinelles Lernen auf reale Probleme anwenden.

Wir gehen davon aus, dass Sie über Vorkenntnisse zu maschinellem Lernen und Datenverarbeitung verfügen. Dies ist kein Grundlagenlehrbuch für maschinelles Lernen. Vielmehr richtet sich dieses Buch an Data Scientists oder ML Engineers, die nach einem zweiten Buch über praktisches Machine Learning suchen. Wenn Sie die Grundlagen bereits kennen, präsentiert Ihnen dieses Buch einen Katalog von Ideen, von denen Sie (als ML-Praktiker:in) vielleicht einige wiedererkennen, und gibt diesen Ideen einen Namen, damit Sie zielsicher nach ihnen greifen können.

Wenn Sie Informatikstudent:in sind und einen Job in der Industrie anstreben, wird dieses Buch Ihr Wissen abrunden und Sie auf die Berufswelt vorbereiten. Es wird Ihnen helfen, zu lernen, wie man hochwertige ML-Systeme aufbaut.

Was Sie nicht im Buch finden

In erster Linie richtet sich das Buch an ML Engineers in Unternehmen, nicht an ML-Wissenschaftler:innen in akademischen oder industriellen Forschungslabors.

Wir gehen absichtlich nicht auf Bereiche der aktiven Forschung ein – so werden Sie hier sehr wenig zur Modellarchitektur des maschinellen Lernens finden (wie zum Beispiel bidirektionale Encoder, den Aufmerksamkeitsmechanismus oder Kurzschlussschichten), da wir annehmen, dass Sie mit einer vorgefertigten Modellarchitektur (wie etwa ResNet-50 oder GRUCell) arbeiten und nicht Ihr eigenes Bildklassifizierungs- oder rekurrentes neuronales Netz schreiben werden.

Die folgenden Punkte listen einige konkrete Beispiele für Bereiche auf, von denen wir uns absichtlich fernhalten, da wir glauben, dass diese Themen eher für Hochschulkurse und ML-Forscher geeignet sind:

ML-Algorithmen
: Zum Beispiel behandeln wir nicht die Unterschiede zwischen Random Forests und neuronalen Netzen. Damit beschäftigen sich Lehrbücher, die in das maschinelle Lernen einführen.

Bausteine
: Verschiedene Arten von Optimierern für den Gradientenabstieg oder Aktivierungsfunktionen behandeln wir ebenfalls nicht. Wir empfehlen hier Adam und ReLU – unserer Erfahrung nach ist das Potenzial für Verbesserungen der Performance durch verschiedene Auswahlen bei derartigen Dingen eher gering.

ML-Modellarchitekturen
: Wenn Sie Bilder klassifizieren, verwenden Sie am besten ein Standardmodell wie ResNet oder was auch immer der letzte Schrei ist, wenn Sie dies lesen. Überlassen Sie den Entwurf neuer Modelle für die Bild- oder Textklassifizierung den Forschern, die sich auf derartige Probleme spezialisiert haben.

Modellebenen
: In diesem Buch werden Sie keine Convolutional Neural Networks und keine rekurrenten neuronalen Netze finden, und zwar gleich aus zwei Gründen – erstens, weil sie Bausteine sind, und zweitens, weil sie zu den Dingen gehören, die bereits als Standardlösungen zur Verfügung stehen.

Benutzerdefinierte Trainingsschleifen
: Der einfache Aufruf von `model.fit()` in Keras dürfte den Ansprüchen von Praktikerinnen und Praktikern genügen.

Wir haben versucht, in dieses Buch nur gängige Muster aufzunehmen – wie sie etwa ML Engineers in Unternehmen bei ihrer täglichen Arbeit verwenden.

Nehmen Sie als Analogie dazu Datenstrukturen. Während ein Hochschulkurs über Datenstrukturen eingehend die Implementierungen der verschiedenen Datenstrukturen erläutert und ein Forscher zu Datenstrukturen lernen muss, wie man ihre mathematischen Eigenschaften formal darstellt, können Fachleute pragmatischer herangehen. Entwickler:innen von Unternehmenssoftware müssen einfach wissen, wie sie effektiv mit Arrays, verketteten Listen, Mengen und Bäumen arbeiten können. Dieses Buch ist für pragmatische Fachleute des maschinellen Lernens geschrieben.

Codebeispiele

Wir stellen Code für maschinelles Lernen (manchmal in Keras/TensorFlow, manchmal in scikit-learn oder BigQuery ML) und Datenverarbeitung (in SQL) zur Verfügung, um zu zeigen, wie die im Buch beschriebenen Techniken in der Praxis umgesetzt werden. Der gesamte Code, auf den im Buch verwiesen wird, ist Teil unseres

GitHub-Repositorys (*https://github.com/GoogleCloudPlatform/ml-design-patterns*), in dem Sie voll funktionsfähige ML-Modelle finden. Diese Codebeispiele sollten Sie unbedingt ausprobieren.

Gegenüber den behandelten Konzepten und Techniken spielt der Code nur eine untergeordnete Rolle. Unser Ziel ist es gewesen, dass Thema und Prinzipien unabhängig von Änderungen an TensorFlow oder Keras relevant bleiben. Wir können uns durchaus vorstellen, das GitHub-Repository zum Beispiel mit anderen ML-Frameworks zu ergänzen, während der Buchtext unverändert bleibt. Daher sollte das Buch für Sie genauso informativ sein, wenn Ihr primäres ML-Framework PyTorch oder sogar ein Nicht-Python-Framework wie H20.ai oder R ist. Darüber hinaus begrüßen wir es, wenn Sie die Implementierung eines Musters (es dürfen auch mehrere sein) in Ihrem bevorzugten ML-Framework als Beitrag für das GitHub-Repository bereitstellen.

Dieses Buch soll Ihnen bei Ihrer täglichen Arbeit helfen. Falls Beispielcode zum Buch angeboten wird, dürfen Sie ihn im Allgemeinen in Ihren Programmen und für Dokumentationen verwenden. Sie müssen uns nicht um Erlaubnis bitten, es sei denn, Sie kopieren einen erheblichen Teil des Codes. Wenn Sie zum Beispiel ein Programm schreiben, das einige Codeblöcke aus diesem Buch verwendet, benötigen Sie keine Erlaubnis. Sollten Sie aber Beispiele aus O'Reilly-Büchern verkaufen oder verbreiten, ist eine Erlaubnis erforderlich. Wenn Sie eine Frage beantworten und dabei dieses Buch oder Beispielcode aus diesem Buch zitieren, brauchen Sie wiederum keine Erlaubnis. Aber wenn Sie große Teile des Beispielcodes aus diesem Buch in die Dokumentation Ihres Produkts einfließen lassen, ist eine Erlaubnis einzuholen.

Wir schätzen eine Quellenangabe, verlangen sie aber nicht. Eine Quellenangabe umfasst in der Regel Titel, Autor, Verlag und ISBN. Zum Beispiel: »*Design Patterns für Machine Learning* von Valliappa Lakshmanan, Sara Robinson und Michael Munn (O'Reilly). Copyright 2022 dpunkt.verlag, ISBN 978-3-96009-164-6.« Wenn Sie der Meinung sind, dass Sie die Codebeispiele in einer Weise verwenden, die über die oben erteilte Erlaubnis hinausgeht, kontaktieren Sie uns bitte unter *kommentar@oreilly.de*.

Typografischen Konventionen

In diesem Buch folgen wir diesen typografischen Konventionen:

Kursiv
: Kennzeichnet neue Begriffe, URLs, E-Mail-Adressen, Dateinamen und Dateierweiterungen.

`Schreibmaschinenschrift`
: Wird in Programmlistings verwendet und im Fließtext für Programmelemente wie zum Beispiel Variablen- oder Funktionsnamen, Datenbanken, Datentypen, Umgebungsvariablen, Anweisungen und Schlüsselwörter.

`Schreibmaschinenschrift fett`
: Kennzeichnet Befehle oder andere Texte, die vom Benutzer buchstäblich eingegeben werden sollen.

`Schreibmaschinenschrift kursiv`
: Zeigt Text, der ersetzt werden soll, durch Werte, die der Benutzer bereitstellt, oder Werte, die sich aus dem Kontext ergeben.

Dieses Element kennzeichnet einen Tipp oder Vorschlag.

Dieses Element kennzeichnet einen allgemeinen Hinweis.

Dieses Element kennzeichnet eine Warnung oder einen Achtungshinweis.

Danksagungen

Ein Buch wie dieses wäre nicht möglich ohne die Großzügigkeit zahlreicher Googler, insbesondere unserer Kolleg:innen aus den Teams Cloud AI, Solution Engineering, Professional Services und Developer Relations. Wir sind ihnen dankbar, dass wir ihre Lösungen für die herausfordernden Probleme beim Training, bei der Verbesserung und der Operationalisierung von ML-Modellen beobachten, analysieren und hinterfragen durften. Wir danken unseren Managern Karl Weinmeister, Steve Cellini, Hamidou Dia, Abdul Razack, Chris Hallenbeck, Patrick Cole, Louise Byrne und Rochana Golani dafür, dass sie den Geist der Offenheit bei Google fördern und uns die Freiheit geben, diese Muster zu katalogisieren und dieses Buch zu veröffentlichen.

Salem Haykal, Benoit Dherin und Khalid Salama haben jedes Muster und jedes Kapitel durchgesehen. Sal hat uns auf Feinheiten hingewiesen, die wir übersehen hatten, Benoit hat unsere Behauptungen eingegrenzt, und Khalid hat uns auf relevante Forschungsarbeiten aufmerksam gemacht. Ohne ihre Beiträge wäre dieses Buch bei Weitem nicht so gut geworden. Vielen Dank dafür! Amy Unruh, Rajesh Thallam, Robbie Haertel, Zhitao Li, Anusha Ramesh, Ming Fang, Parker Barnes, Andrew Zaldivar, James Wexler, Andrew Sellergren und David Kanter haben die Teile dieses Buchs, die in ihre Fachgebiete fallen, überprüft und zahlreiche Vorschläge dazu unterbreitet, wie die kurzfristige Roadmap unsere Empfehlungen beeinflussen würde. Nitin Aggarwal und Matthew Yeager haben das Auge des Lesers in das Manuskript eingebracht und dessen Klarheit verbessert. Besonderer Dank gebührt Rajesh Thallam, der den Prototyp für das Design der allerletzten Abbildung in Kapitel 8 erstellt hat. Alle verbliebenen Fehler gehen natürlich auf unsere Kappe.

O'Reilly ist der Verlag der Wahl für technische Bücher, und die Professionalität unseres Teams zeigt, warum das so ist. Rebecca Novak hat uns an die Hand genommen, um eine überzeugende Gliederung zusammenzustellen, Kristen Brown hat die gesamte inhaltliche Entwicklung souverän gemeistert, Corbin Collins hat uns in jeder Phase hilfreiche Tipps gegeben, die Zusammenarbeit mit Elizabeth Kelly während der Produktion war eine Freude, und Charles Roumeliotis hat das Lektorat mit scharfem Blick begleitet. Danke an alle für diese Hilfe!

Michael: Ich danke meinen Eltern, die immer an mich geglaubt und meine Interessen gefördert haben, nicht nur meine akademischen. Sie werden das Cover, auf dem mein Name steht, genauso zu schätzen wissen wie ich. An Phil: Danke, dass du meinen kaum akzeptablen Zeitplan während der Arbeit an diesem Buch geduldig ertragen hast. Und jetzt werde ich schlafen gehen.

Sara: Jon – du bist ein wichtiger Grund dafür, dass es dieses Buch gibt. Danke, dass du mich ermutigt hast, es zu schreiben, dass du immer gewusst hast, wie du mich zum Lachen bringst, dass du meine Verrücktheit zu schätzen weißt und dass du an mich geglaubt hast, vor allem als ich es nicht tat. Meinen Eltern danke ich, dass sie vom ersten Tag, seit ich mich erinnern kann, meine größten Fans waren und meine Liebe zur Technik und zum Schreiben gefördert haben. An Ally, Katie, Randi und Sophie – danke, dass ihr in diesen unsicheren Zeiten eine ständige Quelle des Lichts und des Lachens seid.

Lak: Ich habe dieses Buch in Angriff genommen in der Annahme, ich könnte daran arbeiten, um Wartezeiten auf Flughäfen sinnvoll zu nutzen. COVID-19 hat es »möglich gemacht«, dass ich einen Großteil der Arbeit zu Hause erledigen konnte. Danke Abirami, Sidharth und Sarada für all eure Nachsicht, als ich mich wieder einmal zum Schreiben hingehockt habe. Mehr Wanderungen an den Wochenenden jetzt!

Wir drei spenden 100% der Tantiemen aus diesem Buch an »Girls Who Code« (*https://girlswhocode.com/*), eine Organisation, deren Mission es ist, die weltweit größte Pipeline an zukünftigen Ingenieurinnen aufzubauen. Vielfalt, Gleichberechtigung und Inklusion sind beim maschinellen Lernen besonders wichtig, um sicherzustellen, dass KI-Modelle bestehende Vorurteile in der menschlichen Gesellschaft nicht noch untermauern.

KAPITEL 1

Der Bedarf an Entwurfsmustern für maschinelles Lernen

In technischen Disziplinen erfassen Entwurfsmuster Best Practices und Lösungen für häufig auftretende Problemstellungen. Sie kodifizieren das Wissen und die Erfahrung von Expertinnen und Experten in Ratschlägen, die alle Praktiker befolgen können. Dieses Buch ist ein Katalog von Entwurfsmustern, auch Design Patterns genannt, die wir im Laufe unserer Arbeit mit Hunderten von Teams für Machine Learning beobachtet haben.

Was sind Entwurfsmuster?

Christopher Alexander und fünf Mitautoren haben die Idee der Muster (engl. *Patterns*) und einen Katalog bewährter Muster im Bereich der Architektur in einem weltweit anerkannten Buch mit dem Titel *A Pattern Language* (Oxford University Press, 1977) eingeführt. In ihrem Buch stellen sie 253 Muster folgendermaßen vor:

> Jedes Muster beschreibt zum einen ein Problem, das in unserer Umgebung immer wieder auftritt, und zum anderen das Prinzip der Problemlösung. Das geschieht so, dass man diese Lösung unzählige Male nutzen kann, ohne sie jemals auf exakt dieselbe Weise anzuwenden.
>
> ...
>
> Jede Lösung gibt das wesentliche Beziehungsfeld an, das für die Lösung des Problems erforderlich ist, aber in einer sehr allgemeinen und abstrakten Form. Damit können Sie das Problem in eigener Regie und auf Ihre eigene Art und Weise angehen, indem Sie die Lösung an Ihre Vorstellungen und die vor Ort herrschenden Bedingungen anpassen.

Beispielsweise lauten verschiedene Muster, die persönliche Besonderheiten beim Bau von Wohnungen einbeziehen, *Tageslicht auf zwei Seiten jedes Raums* und *Zwei-Meter-Loggia*. Denken Sie an Ihr Lieblingszimmer in Ihrem Haus und an den Raum, den Sie am wenigsten mögen. Hat Ihr Lieblingsraum zwei Fenster in zwei Wänden? Wie steht es mit Ihrem unbeliebtesten Raum? Nach Alexander:

> In Räumen, in denen von zwei Seiten natürliches Licht einfallen kann, ist die Blendwirkung um Personen und Objekte herum geringer, und vor allem können wir die Mimik in den Gesichtern der Menschen in allen Einzelheiten erkennen ...

Ein Name für dieses Muster erspart einem Architekten, dieses Prinzip ständig neu entdecken zu müssen. Doch wo und wie man zwei Lichtquellen in einer bestimmten örtlichen Situation herbekommt, bleibt dem Geschick des Architekten überlassen. Ähnlich verhält es sich beim Entwurf einer Loggia: Wie groß sollte sie sein? Alexander empfiehlt eine Größe von 2 × 2 Metern als ausreichend für zwei (nicht unbedingt zusammenpassende) Stühle und einen Beistelltisch, während die Loggia 4 × 4 Meter groß sein sollte, wenn Sie sowohl einen überdeckten Sitzplatz haben als auch in der Sonne sitzen möchten.

Erich Gamma, Richard Helm, Ralph Johnson und John Vlissides übertrugen die Idee auf Software, indem sie 1994 im Buch *Design Patterns: Elements of Reusable Object-Oriented Software* (Addison-Wesley, 1995) 23 objektorientierte Entwurfsmuster katalogisierten. Die in ihrem Katalog enthaltenen Muster wie Proxy, Singleton und Decorator haben das Gebiet der objektorientierten Programmierung nachhaltig beeinflusst. Im Jahr 2005 verlieh die *Association of Computing Machinery* (ACM) ihren jährlichen Programming Languages Achievement Award an die Autoren und würdigte damit den Einfluss ihrer Arbeit »auf die Programmierpraxis und das Design von Programmiersprachen.«

Modelle für maschinelles Lernen in der Produktion zu erstellen, wird zunehmend zu einer Engineering-Disziplin. Man greift dabei auf bewährte ML-Methoden aus Forschungsumgebungen zurück und wendet sie auf Geschäftsprobleme an. Da maschinelles Lernen immer mehr zum Mainstream wird, sollten Praktiker unbedingt die Vorteile bewährter Methoden nutzen, um damit wiederkehrende Probleme zu lösen.

Unsere Arbeit im kundenorientierten Teil von Google Cloud hat den Vorteil, dass wir mit unterschiedlichsten Teams für maschinelles Lernen und Data Science sowie einzelnen Entwickler:innen aus der ganzen Welt in Kontakt kommen. Gleichzeitig arbeitet jeder von uns eng mit internen Google-Teams zusammen, die hochmoderne Probleme des maschinellen Lernens lösen. Schließlich sind wir in der glücklichen Lage, mit den Teams von TensorFlow, Keras, BigQuery ML, TPU und Cloud AI Platform zusammenzuarbeiten, die die Demokratisierung der Forschung und Infrastruktur für maschinelles Lernen vorantreiben. Dies alles gibt uns eine ziemlich einzigartige Perspektive, von der aus wir die Best Practices katalogisieren können, die wir bei diesen Teams beobachtet haben.

Dieses Buch ist ein Katalog von Entwurfsmustern oder wiederholbaren Lösungen für häufig auftretende Probleme im ML-Engineering. Zum Beispiel erzwingt das Muster *Transformation* (Kapitel 6) die Trennung von Eingaben, Features und Transformationen. Außerdem macht es die Transformationen persistent, um die Überführung eines ML-Modells in die Produktion zu vereinfachen. In ähnlicher Weise ist *Keyed Predictions* in Kapitel 5 ein Muster, das die Verteilung von Batch-Vorhersagen im großen Maßstab ermöglicht, wie zum Beispiel für Empfehlungsmodelle.

Für jedes Muster beschreiben wir das häufig auftretende Problem, das angesprochen wird, gehen dann verschiedenartige mögliche Lösungen für das Problem durch, erläutern Kompromisse dieser Lösungen und geben Empfehlungen für die Auswahl zwischen diesen Lösungen. Der Implementierungscode für diese Lösungen ist angegeben in SQL (was sinnvoll ist, wenn Sie Vorverarbeitungen und andere ETL[1]-Operationen in Spark SQL, BigQuery usw. ausführen), scikit-learn und/oder Keras mit einem TensorFlow-Backend.

Wie Sie dieses Buch verwenden

Vor Ihnen liegt ein Katalog von Entwurfsmustern, die wir in der Praxis beobachtet haben, und zwar bei mehreren Teams. In einigen Fällen sind die zugrunde liegenden Konzepte schon seit vielen Jahren bekannt. Wir erheben nicht den Anspruch, diese Muster erfunden oder entdeckt zu haben. Vielmehr hoffen wir, einen gemeinsamen Bezugsrahmen und einen Satz von Werkzeugen für ML-Praktiker:innen bereitzustellen. Das ist uns dann gelungen, wenn dieses Buch Ihnen und Ihrem Team ein Vokabular an die Hand gibt, um über Konzepte zu sprechen, die Sie in Ihren ML-Projekten bereits intuitiv umgesetzt haben.

Wir gehen nicht davon aus, dass Sie dieses Buch der Reihe nach durchlesen (obwohl nichts dagegenspricht!). Stattdessen nehmen wir an, dass Sie das Buch überfliegen, einige Abschnitte eingehender als andere lesen, die Ideen in Gesprächen mit Kolleginnen und Kollegen erwähnen und auf das Buch zurückgreifen, wenn Sie mit Problemen konfrontiert werden, von denen Sie hier bereits gelesen haben. Falls Sie so vorgehen möchten, empfehlen wir, mit Kapitel 1 und Kapitel 8 zu beginnen, bevor Sie sich einzelnen Mustern zuwenden.

Zu jedem Muster gehört eine kurze Problemaussage, eine kanonische Lösung und eine Erklärung dazu, warum die Lösung funktioniert, sowie eine mehrteilige Diskussion über Kompromisse und Alternativen. Wir empfehlen, den Diskussionsabschnitt zu lesen und dabei die kanonische Lösung fest im Hinterkopf zu behalten, um zu vergleichen und gegenüberzustellen. Die Musterbeschreibung enthält Codefragmente aus der Implementierung der kanonischen Lösung. Den vollständigen Code finden Sie in unserem GitHub-Repository (*https://github.com/GoogleCloudPlatform/ml-design-patterns*). Es empfiehlt sich, den Code durchzugehen, während Sie die Musterbeschreibung lesen.

Terminologie für maschinelles Lernen

Da Praktikerinnen und Praktiker im Bereich des maschinellen Lernens heutzutage aus den unterschiedlichsten Fachgebieten – Softwaretechnik, Datenanalyse, DevOps oder Statistik – stammen können, gibt es subtile Unterschiede in der Verwen-

1 ETL – Extraktion, Transformation, Laden; ein Prozess, um Daten, die aus mehreren Quellen stammen können, in einer Zieldatenbank zusammenzufassen (Anm. d. Übers.).

dung bestimmter Begriffe. In diesem Abschnitt definieren wir die Terminologie, die wir im gesamten Buch verwenden.

Modelle und Frameworks

In seinem Kern ist *maschinelles Lernen* ein Prozess, der Modelle erstellt, die aus Daten lernen. Dies steht im Gegensatz zur herkömmlichen Programmierung, bei der wir explizite Regeln schreiben, die den Programmen sagen, wie sie sich verhalten sollen. *Modelle für maschinelles Lernen* sind Algorithmen, die Muster aus Daten lernen. Diesen Punkt wollen wir anhand einer Firma veranschaulichen, die Umzugskosten für potenzielle Kunden abschätzen muss. In der herkömmlichen Programmierung könnten wir dies mit einer `if`-Anweisung lösen:

```
if num_bedrooms == 2 and num_bathrooms == 2:
estimate = 1500
elif num_bedrooms == 3 and sq_ft > 2000:
estimate = 2500
```

Man kann sich vorstellen, wie schnell dies kompliziert wird, wenn wir weitere Variablen (Anzahl großer Möbelstücke, Umfang der Kleidung, zerbrechliche Gegenstände usw.) hinzufügen und versuchen, Sonderfälle zu behandeln. Und wenn man all diese Informationen im Voraus von den Kunden abfragt, kann das vor allem dazu führen, dass die Firma den Schätzprozess aufgibt. Stattdessen können wir ein maschinelles Lernmodell trainieren, um die Umzugskosten basierend auf den Daten früherer Umzüge unseres Unternehmens zu schätzen.

In den Beispielen, die das Buch vorstellt, verwenden wir hauptsächlich neuronale Feedforward-Netze, doch ziehen wir auch Modelle der linearen Regression, Entscheidungsbäume, Clustering-Modelle und andere heran. *Neuronale Feedforward-Netze*, die wir üblicherweise kurz als *neuronale Netze* bezeichnen, stellen einen Algorithmentyp für maschinelles Lernen dar, bei dem mehrere Schichten (engl. *Layers*) mit jeweils vielen Neuronen Informationen analysieren und verarbeiten und dann diese Informationen an die nächste Schicht senden, wobei schließlich die letzte Schicht eine Vorhersage als Ausgabe produziert. Obwohl sie keineswegs identisch sind, werden neuronale Netze oft mit den Neuronen in unserem Gehirn verglichen, und zwar aufgrund der Konnektivität zwischen den Knoten und der Art und Weise, wie sie verallgemeinern und neue Vorhersagen aus den verarbeiteten Daten bilden können. Neuronale Netze mit mehr als einem *Hidden Layer* (einer versteckten Schicht, d. h. einer Schicht, die weder Eingabe- noch Ausgabeschicht ist) werden als *Deep Learning* klassifiziert (siehe Abbildung 1-1).

Modelle für maschinelles Lernen sind – unabhängig davon, wie man sie visuell darstellt – mathematische Funktionen und lassen sich demzufolge mit einem numerischen Softwarepaket von Grund auf neu erstellen. Allerdings greifen ML Engineers in der Industrie gern zu einem von mehreren Open-Source-Frameworks, die konzeptionell intuitive APIs für das Erstellen von Modellen anbieten. Die Mehrheit unserer Beispiele verwendet *TensorFlow*, ein Open-Source-Framework für maschinelles Lernen, das von Google mit Schwerpunkt auf Deep-Learning-Modelle geschaffen wurde. Innerhalb der TensorFlow-Bibliothek verwenden wir für unsere Beispiele die *Keras*-API, die sich über `tensorflow.keras` importieren lässt. Bei Keras handelt es sich um eine Higher-Level-API zum Erstellen von neuronalen Netzen. Von den verschiedenen Backends, die Keras unterstützt, haben wir uns für TensorFlow entschieden. Andere Beispiele arbeiten mit den ebenfalls beliebten Open-Source-Frameworks *scikit-learn*, *XGBoost* und *PyTorch*, die neben APIs für das Erstellen von linearen und tiefen Modellen auch Hilfsprogramme enthalten, mit denen Sie Ihre Daten vorbereiten können. Maschinelles Lernen wird immer zugänglicher, und eine spannende Entwicklung ist die Verfügbarkeit von Modellen für maschinelles Lernen, die sich in SQL ausdrücken lassen. Als Beispiel hierfür setzen wir *BigQuery ML* ein, insbesondere in Situationen, in denen wir Datenvorverarbeitung und Modellerstellung kombinieren möchten.

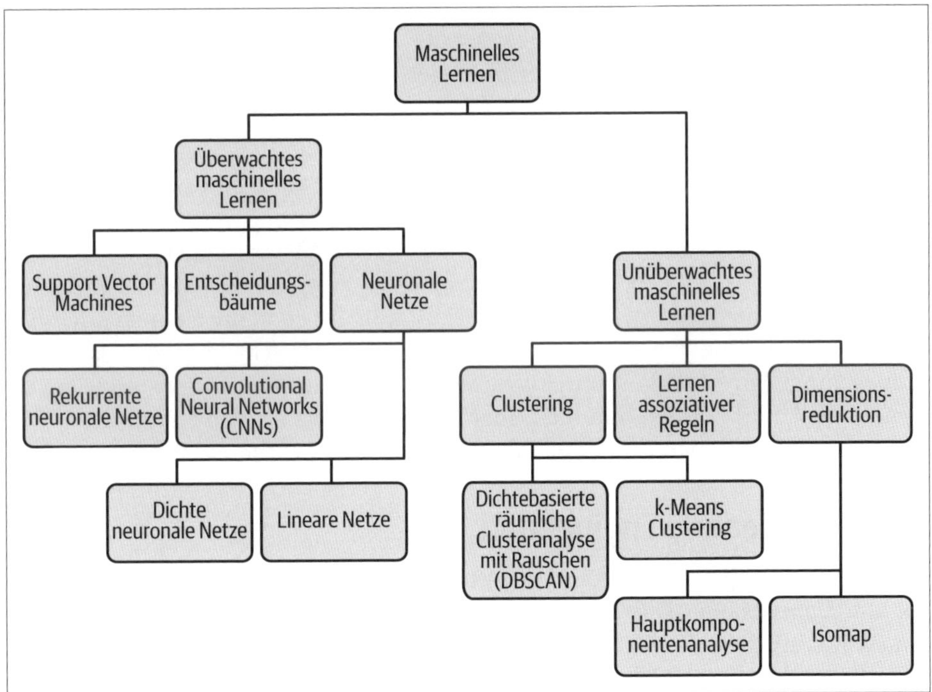

Abbildung 1-1: Eine Aufschlüsselung der verschiedenen Arten von maschinellem Lernen mit jeweils einigen Beispielen. Obwohl sie nicht in der Darstellung enthalten sind, können auch neuronale Netze wie Autoencoder für unüberwachtes Lernen eingesetzt werden.

Umgekehrt bilden neuronale Netze mit nur einer Eingabe- und einer Ausgabeschicht eine andere Teilmenge des maschinellen Lernens, die sogenannten *linearen Modelle*. Diese stellen die aus den Daten gelernten Muster mithilfe einer linearen Funktion dar. *Entscheidungsbäume* sind Modelle des maschinellen Lernens, die Ihre Daten verwenden, um eine Teilmenge von Pfaden mit verschiedenen Verzweigungen zu erzeugen. Diese Verzweigungen stellen eine Annäherung an die Ergebnisse verschiedener Ausgaben aus Ihren Daten dar. Schließlich suchen *Clustering-Modelle* nach Ähnlichkeiten zwischen verschiedenen Teilmengen Ihrer Daten und gruppieren die Daten anhand der identifizierten Muster in Clustern.

Die Probleme des maschinellen Lernens (siehe Abbildung 1-1) lassen sich in zwei Typen unterteilen: überwachtes und unüberwachtes Lernen. *Überwachtes Lernen* definiert Probleme, bei denen Sie die Ground-Truth-Labels (auch *Label der Grundwahrheit* genannt) für Ihre Daten im Voraus kennen. Zum Beispiel könnte dies die Benennung eines Bilds als »Katze« oder die Benennung eines Babys als »2300 Gramm bei Geburt« sein. Diese benannten Daten speisen Sie in Ihr Modell ein in der Hoffnung, dass es genügend lernen kann, um neue Beispiele zu benennen. Beim unüberwachten Lernen kennen Sie die Bezeichnungen für Ihre Daten nicht im Voraus, und das Ziel besteht darin, ein Modell zu erstellen, das natürliche Gruppierungen der Daten finden (*Clustering* genannt), den Informationsgehalt komprimieren (*Dimensionsreduzierung*) oder Assoziationsregeln ableiten kann. Der größte Teil dieses Buchs konzentriert sich auf überwachtes Lernen, da die in der Produktion verwendeten Modelle für maschinelles Lernen vorwiegend überwacht arbeiten.

Beim überwachten Lernen können Probleme typischerweise entweder als Klassifizierung oder als Regression definiert werden. *Klassifizierungsmodelle* ordnen Ihren Eingabedaten aus einer diskreten, vordefinierten Menge von Kategorien ein oder mehrere Labels zu. Zu den Klassifizierungsproblemen gehört es zum Beispiel, eine Tierrasse auf einem Bild zu bestimmen, ein Dokument zu kennzeichnen oder vorherzusagen, ob eine Transaktion betrügerisch ist oder nicht. *Regressionsmodelle* ordnen Ihren Eingaben kontinuierliche Zahlenwerte zu. Regressionsmodelle verwendet man zum Beispiel, um die Dauer einer Fahrradtour, den zukünftigen Umsatz eines Unternehmens oder den Preis eines Produkts vorherzusagen.

Daten und Feature Engineering

Daten stehen bei jedem Problem des maschinellen Lernens im Mittelpunkt. Wenn wir von *Datasets* oder *Datensätzen* sprechen, meinen wir Daten, die zum Trainieren, Validieren und Testen eines ML-Modells verwendet werden. Den Hauptteil Ihrer Daten werden die *Trainingsdaten* ausmachen: die Daten, die Sie Ihrem Modell beim Training zuführen. Die *Validierungsdaten* sind separate Daten, die nicht zu den Trainingsdaten gehören und die Sie heranziehen, um die Performance des Modells nach jeder *Trainingsepoche* (oder jedem Durchlauf durch die Trainingsdaten) zu bewerten. Anhand der Performance des Modells auf den Validierungsdaten entscheiden Sie, wann der Trainingslauf zu beenden ist, und wählen *Hyperparameter* aus wie zum Beispiel die Anzahl der Bäume in einem Random-Forest-Modell. *Testdaten* sind Daten, die im Trainingsprozess überhaupt nicht verwendet werden und die dazu dienen, die Performance des trainierten Modells zu bewerten. Berichte zur Performance des ML-Modells müssen auf den unabhängigen Testdaten beruhen, aber weder auf den Trainings- noch auf den Validierungstests. Wichtig ist auch, die Daten so aufzuteilen, dass die statistischen Eigenschaften aller drei Datensätze (Training, Test, Validierung) ähnlich sind.

Die Daten, mit denen Sie Ihr Modell trainieren, können je nach Modelltyp viele Formen annehmen. Wir definieren *strukturierte Daten* als numerische und kategoriale Daten. Die numerischen Daten umfassen Ganzzahl- und Gleitkommawerte, während sich kategoriale Daten in eine endliche Menge von Gruppen wie zum Beispiel Autotyp oder Bildungsniveau unterteilen lassen. Strukturierte Daten können Sie sich auch als solche Daten vorstellen, wie Sie sie häufig in einer Tabellenkalkulation finden. Im Buch verwenden wir den Begriff *tabellarische Daten* synonym zu strukturierten Daten. Hingegen umfassen *unstrukturierte Daten* solche Daten, die sich nicht so übersichtlich darstellen lassen. Dazu zählen typischerweise formatfreier Text, Bilder, Videos und Audiodaten.

Numerische Daten können oft direkt in ein ML-Modell eingespeist werden, während andere Daten verschiedene *Vorverarbeitungsschritte* benötigen, bevor sie an ein Modell gesendet werden können. Typischerweise werden dabei die numerischen Werte skaliert oder nicht numerische Daten in ein numerisches Format konvertiert, das Ihr Modell dann auch verstehen kann. Ein anderer Begriff für Vorverarbeitung ist *Feature Engineering*. Diese beiden Begriffe verwenden wir im Buch gleichberechtigt nebeneinander.

Es gibt verschiedene Begriffe, um Daten zu beschreiben, die den Feature-Engineering-Prozess durchlaufen. So steht *Eingabe* für eine einzelne Spalte in Ihrem Datensatz, *bevor* sie verarbeitet wurde, und *Feature* beschreibt eine einzelne Spalte, *nachdem* sie die Aufbereitung passiert hat. Wenn etwa ein Zeitstempel Ihre Eingabe ist, könnte der Wochentag das Feature sein. Um die Daten von einem Zeitstempel in einen Wochentag umzuwandeln, müssen Sie die Daten aufbereiten. Dieser Aufbereitungsschritt kann auch als *Datentransformation* bezeichnet werden.

Eine *Instanz* ist ein Element, das Sie an Ihr Modell zur Vorhersage senden möchten. Dabei könnte es sich um eine Zeile in Ihrem Testdatensatz (ohne die Label-Spalte) handeln, ein Bild, das Sie klassifizieren möchten, oder ein Textdokument, das an ein Sentimentanalysemodell gesendet werden soll. Mit einem Satz von Features über die Instanz berechnet das Modell einen vorhergesagten Wert. Hierfür wird das Modell auf *Trainingsbeispielen* trainiert, die einer Instanz ein *Label* zuordnen. Ein *Trainingsbeispiel* bezieht sich auf eine einzelne Instanz (Zeile) von Daten aus Ihrem Datensatz, die Ihrem Modell zugeführt werden. Basierend auf dem Use Case »Zeitstempel«, könnte ein vollständiges Trainingsbeispiel »Wochentag«, »Stadt« und »Autotyp« enthalten. Ein *Label* ist die Ausgabespalte in Ihrem Datensatz – das Element, das Ihr Modell vorhersagt. *Label* kann sich sowohl auf die Zielspalte in Ihrem Datensatz (*Label der Grundwahrheit* bzw. engl. *Ground-Truth-Label*) als auch auf die von Ihrem Modell gelieferte Ausgabe (auch als *Vorhersage* bezeichnet) beziehen. Ein Beispiellabel für das oben umrissene Trainingsbeispiel könnte »Fahrtdauer« lauten – in diesem Fall ein Gleitkommawert, der Minuten angibt.

Nachdem Sie Ihr Dataset zusammengestellt und die Features für Ihr Modell bestimmt haben, ist die *Datenvalidierung* der Prozess, Statistiken für Ihre Daten zu berechnen, Ihr Schema zu verstehen und den Datensatz zu bewerten, um Probleme wie Drift und Training-Serving-Verzerrung zu identifizieren. Die Auswertung verschiedener Statistiken für Ihre Daten kann Ihnen helfen, sicherzustellen, dass der Datensatz eine ausgewogene Darstellung jedes Features enthält. Dort, wo es nicht möglich ist, weitere Daten zu sammeln, hilft Ihnen das Verständnis der Datenausgewogenheit, Ihr Modell dahin gehend zu entwerfen. Zum Verständnis Ihres Schemas gehört es auch, den Datentyp für jedes Feature zu definieren und die Trainingsbeispiele zu identifizieren, bei denen bestimmte Werte falsch sind oder fehlen. Schließlich kann die Datenvalidierung Inkonsistenzen identifizieren, die die Qualität Ihrer Trainings- und Testsets beeinträchtigen können. Vielleicht enthält zum Beispiel der Großteil Ihres Datensatzes für das Training *Wochentag*-Beispiele, während Ihr Testdatensatz hauptsächlich aus *Wochenende*-Beispielen besteht.

Der Prozess des maschinellen Lernens

Der erste Schritt in einem typischen Workflow des maschinellen Lernens ist das *Training* – die Übergabe der Trainingsdaten an ein Modell, sodass es lernen kann, Muster zu identifizieren. Nach dem Training wird im nächsten Prozessschritt getestet, was das Modell auf Daten außerhalb des Trainingssets leistet. Dies ist die *Bewertung* des Modells. Training und Bewertung können Sie mehrmals ausführen, dabei zusätzliches Feature Engineering realisieren und Ihre Modellarchitektur optimieren. Wenn Sie mit der Performance Ihres Modells während der Bewertung zufrieden sind, werden Sie Ihr Modell wahrscheinlich bereitstellen wollen, damit andere darauf zugreifen und Vorhersagen treffen können. Mit *Serving* (Bereitstellen) meinen wir, dass eingehende Anforderungen akzeptiert und Vorhersagen zurückgesendet werden, indem das Modell als Microservice bereitgestellt wird. Die Infrastruktur hierfür könnte in der Cloud, lokal oder auf einem mobilen Gerät untergebracht sein.

Den Prozess, der neue Daten an Ihr Modell sendet und dessen Ausgabe verwendet, nennen wir *Vorhersage*. Dabei kann es sich sowohl um das Generieren von Vorhersagen aus lokalen Modellen, die noch nicht bereitgestellt wurden, als auch um das Abrufen von Vorhersagen aus bereitgestellten Modellen handeln. Bei bereitgestellten Modellen beziehen wir uns sowohl auf Online- als auch auf Batch-Vorhersagen. Die *Online-Vorhersage* wird verwendet, wenn Vorhersagen bei nur wenigen Beispielen in nahezu Echtzeit gefragt sind. Dabei liegt die Betonung auf geringer Latenz. Dagegen generiert eine *Batch-Vorhersage* die Vorhersagen offline für eine große Datenmenge. Zwar dauern die Jobs der Batch-Vorhersage länger als die der Online-Vorhersage, doch eignen sie sich insbesondere, um Vorhersagen im Voraus zu berechnen (wie in Empfehlungssystemen) und die Vorhersagen eines Modells über eine große Stichprobe neuer Daten zu analysieren.

Der Begriff *Vorhersage* ist treffend, wenn es um die Prognose zukünftiger Werte geht, etwa um vorherzusagen, wie lange eine Fahrradtour dauern wird oder ob ein Kunde den Inhalt seines Einkaufswagens wieder verwirft. Weniger intuitiv ist es bei Modellen für die Bild- und Textklassifizierung. Wenn ein ML-Modell eine Textrezension verarbeitet und ausgibt, dass die Stimmung positiv ist, stellt das nicht wirklich eine »Vorhersage« dar (es gibt kein zukünftiges Ergebnis). Daher werden Sie auch auf die Begriffe *Schlussfolgerung* oder *Inferenz* treffen, wenn es um derartige Vorhersagen geht. Der Begriff Inferenz ist aus der Statistik entlehnt, wobei es hier aber nicht wirklich um Schlussfolgerungen geht.

Oftmals wird das Sammeln von Trainingsdaten, das Feature Engineering, das Training und die Bewertung des Modells getrennt von der Produktionspipeline behandelt. In derartigen Fällen werden Sie Ihre Lösung neu bewerten, sobald Sie über genügend zusätzliche Daten verfügen, um eine neue Version Ihres Modells zu trainieren. In anderen Situationen kann es sein, dass neue Daten kontinuierlich eingelesen und sofort verarbeitet werden müssen, bevor sie zum Training oder zur Vorhersage an das Modell gehen. Dies wird als *Streaming* bezeichnet. Um Streaming-Daten zu verarbeiten, brauchen Sie eine mehrstufige Lösung, die Feature Engineering, Training, Bewertung und Vorhersagen umfasst. Derartige mehrstufige Lösungen nennt man *ML-Pipelines*.

Tools für Daten und Modelle

Es gibt verschiedene Google-Cloud-Produkte, auf die wir uns beziehen und die Tools bereitstellen, um Probleme mit Daten und maschinellem Lernen zu lösen. Die angegebenen Produkte sind lediglich Vorschläge, um die in diesem Buch vorgestellten Entwurfsmuster zu implementieren, und keine vollständige Liste. Alle hier aufgeführten Produkte sind serverlos, sodass wir uns mehr auf die Implementierung von Mustern für maschinelles Lernen konzentrieren können und weniger auf die dahinterstehende Infrastruktur.

BigQuery (*https://oreil.ly/7PnVj*) ist ein Data Warehouse für Unternehmen, das dafür konzipiert ist, große Datensätze mit SQL schnell zu analysieren. In unseren Beispielen verwenden wir BigQuery für das Sammeln von Daten und das Feature Engineering. Die Daten in BigQuery sind in Datensätzen organisiert, und ein Datensatz kann mehrere Tabellen enthalten. Viele unserer Beispiele nutzen Daten von *Google Cloud Public Datasets* (*https://oreil.ly/AbTaJ*), einem Satz kostenloser, öffentlich verfügbarer Daten, die in BigQuery gehostet werden. Google Cloud Public Datasets besteht aus Hunderten verschiedener Datensätze, unter anderem den NOAA-Wetterdaten seit 1929, den Fragen und Antworten von Stack Overflow, Open-Source-Code von GitHub, Geburtendaten und mehr. Um einige der Modelle in unseren Beispielen zu erstellen, stützen wir uns auf *BigQuery Machine Learning* (oder *BigQuery ML*, *https://oreil.ly/_VjVz*). BigQuery ML ist ein Tool, um Modelle aus Daten zu erstellen, die in BigQuery gespeichert sind. Mit BigQuery können wir unsere Modelle mittels SQL trainieren, bewerten und für Vorhersagen nutzen. Es unterstützt Klassifizierungs- und Regressionsmodelle neben Modellen für unüberwachtes Clustering. Zudem ist es möglich, zuvor trainierte TensorFlow-Modelle für Vorhersagen in BigQuery ML zu importieren.

Zu *Cloud AI Platform* (*https://oreil.ly/90KLs*) gehört eine breite Palette von Produkten für das Training und das Bereitstellen von benutzerdefinierten Modellen des maschinellen Lernens auf Google Cloud. In unseren Beispielen verwenden wir *AI Platform Training* und *AI Platform Prediction*. AI Platform Training bietet eine Infrastruktur für das Training von Modellen des maschinellen Lernens auf Google Cloud. Mit AI Platform Prediction können Sie Ihre trainierten Modelle bereitstellen und mittels einer API Vorhersagen auf ihnen generieren. Beide Dienste unterstützen TensorFlow-, scikit-learn- und XGBoost-Modelle sowie benutzerdefinierte Container für Modelle, die mit anderen Frameworks erstellt wurden. Darüber hinaus verweisen wir auf das Tool *Explainable AI* (*https://oreil.ly/lDocn*), mit dem Sie die Ergebnisse aus den Vorhersagen Ihres Modells interpretieren können. Das Tool ist für Modelle verfügbar, die auf AI Platform bereitgestellt werden.

Rollen

Innerhalb einer Organisation gibt es viele verschiedene Jobrollen, die sich auf Daten und maschinelles Lernen beziehen. Nachfolgend definieren wir einige gängige Rollen, auf die im Buch häufig verwiesen wird. Da sich dieses Buch in erster Linie an Data Scientists, Data Engineers und ML-Engineers richtet, soll es mit diesen losgehen.

Data Scientists sind Personen, die sich auf das Erfassen, Interpretieren und Verarbeiten von Datensätzen konzentrieren. Zu ihren Aufgaben gehört es, statistische und explorative Analysen von Daten durchzuführen. In Bezug auf maschinelles Lernen kann ein Data Scientist unter anderem an der Datenerfassung, dem Feature Engineering und der Modellerstellung arbeiten. Oftmals arbeiten Data Scientists in Python oder R in einer Notebook-Umgebung, und sie sind üblicherweise die ersten, die die ML-Modelle eines Unternehmens ausarbeiten.

Data Engineers befassen sich mit der Infrastruktur und den Workflows, die den Daten eines Unternehmens Kraft verleihen. Unter anderem haben sie Einfluss darauf, wie eine Firma Daten erfasst, Datenpipelines einrichtet und wie Daten gespeichert und übertragen werden. Data Engineers implementieren Infrastruktur und Pipelines rund um die Daten.

Machine Learning Engineers führen ähnliche Aufgaben wie Data Engineers aus, allerdings für ML-Modelle. Für die von den Data Scientists entwickelten Modelle richten sie die Infrastruktur und den Betrieb rund um Training und Bereitstellung (engl. *Deploying*) dieser Modelle ein. ML Engineers helfen beim Aufbau von Produktionssystemen, um das Aktualisieren der Modelle, die Versionierung von Modellen und das Bereitstellen von Vorhersagen für Endbenutzer handhabbar zu machen.

Je kleiner und agiler das Data-Science-Team in einem Unternehmen ist, desto wahrscheinlicher ist es, dass ein und dieselbe Person mehrere Rollen einnimmt. Wenn Sie sich in einer derartigen Situation befinden, werden Sie sich vermutlich in allen drei der oben beschriebenen Kategorien zumindest teilweise wiederfinden. Üblicherweise beginnen Sie ein ML-Projekt als Data Engineer und erstellen Datenpipelines, um die Eingabe der Daten zu operationalisieren. Dann wechseln Sie in die Rolle des Data Scientists und erstellen das/die ML-Modell(e). Schließlich setzen Sie sich den Hut des ML Engineers auf und überführen das Modell in die Produktion. In größeren Unternehmen können ML-Projekte die gleichen Phasen durchlaufen, wobei aber an jeder Phase verschiedene Teams beteiligt sind.

Wissenschaftler:innen, Datenanalyst:innen und Entwickler:innen können ebenfalls diese KI-Modelle erstellen und verwenden, doch aufgrund ihrer Arbeitsrollen gehören sie nicht zur Zielgruppe dieses Buchs.

Wissenschaftler:innen konzentrieren sich vor allem darauf, neue Algorithmen zu entwickeln, um die Disziplin ML voranzubringen. Das könnte eine breite Palette an Teilgebieten innerhalb des maschinellen Lernens umfassen, etwa Modellarchitekturen, Verarbeitung natürlicher Sprache, Computervision, Optimierung von Hyperparametern, Interpretierbarkeit von Modellen und mehr. Im Unterschied zu den anderen hier besprochenen Rollen verbringen Wissenschaftler:innen die meiste Zeit damit, Prototypen zu entwickeln und neue Konzepte für maschinelles Lernen zu bewerten, anstatt produktionsreife ML-Systeme zu erstellen.

Datenanalyst:innen bewerten und sammeln Erkenntnisse aus Daten und fassen dann diese Erkenntnisse für andere Teams innerhalb ihres Unternehmens zusammen. In der Regel arbeiten sie in SQL und Tabellenkalkulationen und erstellen mithilfe von Business-Intelligence-Tools Datenvisualisierungen, um ihre Resultate zu teilen. Datenanalyst:innen arbeiten eng mit Produktteams zusammen, um zu verstehen, wie ihre Erkenntnisse dabei helfen, geschäftliche Probleme anzugehen und Mehrwert zu schaffen. Während sich Datenanalyst:innen darauf konzentrieren, Trends in vorhandenen Daten zu identifizieren und Erkenntnisse daraus abzuleiten, geht es Data Scientists darum, anhand dieser Daten Prognosen zu erstellen und das Generieren von Erkenntnissen zu automatisieren oder zu skalieren. Mit der wachsenden Demokratisierung des maschinellen Lernens können sich Datenanalyst:innen selbst zu Data Scientists weiterbilden.

Entwickler:innen sind dafür zuständig, Produktionssysteme aufzubauen, die Endbenutzern den Zugriff auf ML-Modelle ermöglichen. Oft sind sie beteiligt am Entwurf der APIs, die in einem benutzerfreundlichen Format über eine Web- oder mobile Anwendung Modelle abfragen und Vorhersagen zurückgeben. Dabei kann es sich um Modelle handeln, die in der Cloud gehostet oder geräteseitig bereitgestellt werden. Auf der von den ML Engineers implementierten Infrastruktur erstellen Entwickler:innen Anwendungen und Benutzeroberflächen, um den Modellbenutzern die Vorhersagen zu präsentieren.

Abbildung 1-2 veranschaulicht, wie diese verschiedenen Rollen im Entwicklungsprozess für Modelle des maschinellen Lernens in einer Organisation zusammenarbeiten.

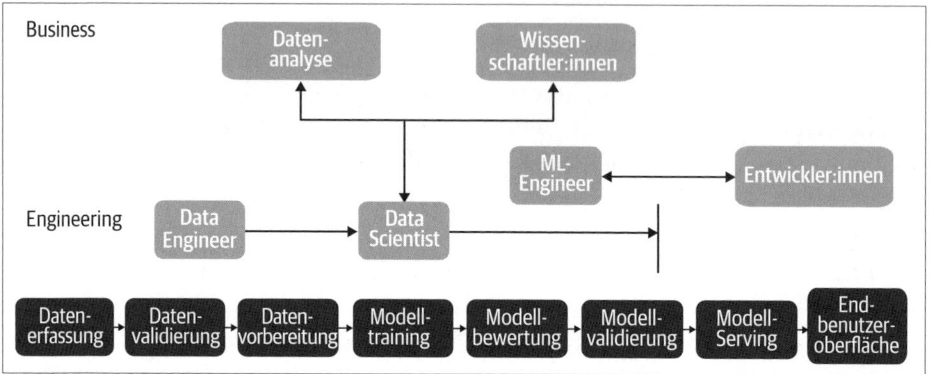

Abbildung 1-2: Viele verschiedene Jobrollen beziehen sich auf Daten und maschinelles Lernen. Und diese Rollen wirken gemeinsam im ML-Workflow von der Datenerfassung bis zur Modellbereitstellung und der Endbenutzeroberfläche. Zum Beispiel beschäftigt sich der Data Engineer mit der Datenerfassung und Datenvalidierung, wobei er eng mit Data Scientists zusammenarbeitet.

Allgemeine Herausforderungen beim maschinellen Lernen

Warum brauchen wir ein Buch über Entwurfsmuster für maschinelles Lernen? Will man ML-Systeme erstellen, bekommt man es mit einer Vielzahl einzigartiger Herausforderungen zu tun, die das ML-Design beeinflussen. Diese Herausforderungen zu verstehen, hilft Ihnen als ML-Praktiker:in, einen Bezugsrahmen für die im Buch vorgestellten Lösungen zu entwickeln.

Datenqualität

Modelle für maschinelles Lernen sind nur so zuverlässig wie die Daten, mit denen sie trainiert werden. Wenn Sie ein ML-Modell auf einem unvollständigen Datensatz trainieren, auf Daten mit schlecht ausgewählten Features oder auf Daten, die nicht genau die Population darstellen, die das Modell verwendet, werden die Vorhersagen Ihres Modells diese Daten direkt widerspiegeln. Daher tituliert man ML-Modelle oftmals als »Garbage In, Garbage Out«[2]. Die folgenden Abschnitte beleuchten vier wichtige Komponenten der Datenqualität: Genauigkeit, Vollständigkeit, Konsistenz und Aktualität.

2 Garbage In, Garbage Out: Ungültige Eingaben liefern ungültige Ausgaben (wörtlich: »Müll rein, Müll raus«).

Datengenauigkeit bezieht sich sowohl auf die Features Ihrer Trainingsdaten als auch auf die Labels der Grundwahrheit, die diesen Features entsprechen. Um die Feature-Genauigkeit sicherzustellen, ist es hilfreich, wenn Sie die Quelle Ihrer Daten und potenzielle Fehler bei der Datenerhebung kennen. Nachdem Sie Ihre Daten zusammengetragen haben, ist es wichtig, eine gründliche Analyse durchzuführen, um Tippfehler, doppelte Einträge, inkonsistente Messwerte in tabellarischen Daten, fehlende Features und andere Fehler zu erkennen, die die Datenqualität beeinträchtigen können. Zum Beispiel können doppelte Einträge in Ihrem Trainingsdatensatz dazu führen, dass Ihr Modell diesen Datenpunkten fälschlicherweise ein größeres Gewicht zuweist.

Genaue Datenlabels sind ebenso wichtig wie genaue Features. Das Modell stützt sich ausschließlich auf die Labels der Grundwahrheiten in Ihren Trainingsdaten, um seine Gewichte zu aktualisieren und den Verlust zu minimieren. Folglich können falsch gelabelte Trainingsbeispiele eine irreführende Modellgenauigkeit bewirken. Nehmen wir zum Beispiel an, dass Sie ein Stimmungsanalysemodell erstellen und 25% Ihrer »positiven« Trainingsbeispiele sind fälschlicherweise als »negativ« gelabelt worden. Dann wird Ihr Modell ein ungenaues Bild davon haben, was als negative Stimmung angesehen werden sollte, und dies wird sich direkt in seinen Vorhersagen widerspiegeln.

Um *Datenvollständigkeit* zu verstehen, nehmen wir an, Sie trainierten ein Modell, das Katzenrassen erkennen soll. Das Modell trainieren Sie auf einem umfangreichen Datensatz an Katzenbildern, und das fertige Modell ist in der Lage, Bilder mit 99%iger Genauigkeit einer von zehn möglichen Kategorien (»Bengal«, »Siam« usw.) zuzuordnen. Als Sie jedoch das Modell in die Produktion überführen, stellen Sie fest, dass nicht nur Katzenfotos zur Klassifizierung hochgeladen werden, sondern auch viele Ihrer Benutzer Fotos von Hunden hochladen und von den Ergebnissen des Modells enttäuscht sind. Da das Modell nur daraufhin trainiert wurde, zehn verschiedene Katzenrassen zu erkennen, kennt es auch nichts anderes. Diese zehn Rassenkategorien sind praktisch das gesamte »Weltbild« des Modells. Egal, was Sie dem Modell schicken, es wird das Bild einer dieser zehn Kategorien zuordnen – und möglicherweise sogar mit großer Überzeugung für ein Bild, das überhaupt nicht wie eine Katze aussieht. Darüber hinaus wird Ihr Modell nicht in der Lage sein, »keine Katze« zurückzugeben, wenn derartige Daten und Labels im Trainingsdatensatz nicht enthalten waren.

Des Weiteren ist zu gewährleisten, dass Ihre Trainingsdaten verschiedene Darstellungsvarianten zu jedem Label enthalten. Wenn im Beispiel der Katzenrassen alle Bilder nur Nahaufnahmen von Katzengesichtern zeigen, wird Ihr Modell später keine Katze korrekt erkennen können, wenn ihm ein Bild präsentiert wird, das eine Katze von der Seite oder als Ganzkörperdarstellung zeigt. Oder nehmen wir ein Beispiel mit tabellarischen Daten: Wenn Sie ein Modell entwickeln, das Immobilienpreise in einer bestimmten Stadt vorhersagen soll, Ihre Trainingsbeispiele aber nur Häuser von mehr als 180 Quadratmetern umfassen, wird das Modell letztlich bei kleineren Häusern schlecht abschneiden.

Der dritte Aspekt der Datenqualität ist die *Datenkonsistenz*. Bei großen Datasets ist es üblich, das Erfassen und das Labeln der Daten auf eine Gruppe von Personen aufzuteilen. Wenn man eine Reihe von Standards für diesen Prozess entwickelt, kann das dazu beitragen, die Konsistenz über den Datensatz sicherzustellen, da jede beteiligte Person unweigerlich eigene Verzerrungen in den Prozess einbringt. Wie bei der Datenvollständigkeit können Dateninkonsistenzen sowohl bei den Features als auch den Labels der Daten auftreten. Nehmen wir als Beispiel für inkonsistente Features an, dass Sie atmosphärische Daten von Temperatursensoren sammeln. Wurde jeder Sensor nach anderen Standards kalibriert, führt das zu ungenauen und unzuverlässigen Modellvorhersagen. Inkonsistenzen können auch mit dem Datenformat zu tun haben. Wenn Sie Standortdaten erfassen, müssen Sie damit rechnen, dass die einen den Straßennamen vollständig schreiben, wie etwa »Hauptstraße«, aber andere den Straßennamen in der Adresse mit »Hauptstr.« abkürzen. Auch Maßeinheiten wie Meilen und Kilometer werden weltweit nicht einheitlich verwendet.

Was die Inkonsistenzen beim Labeling angeht, kommen wir auf das Beispiel der Textstimmung zurück. In diesem Fall ist es wahrscheinlich, dass die Meinungen darüber auseinandergehen, was als positiv und was als negativ anzusehen ist, wenn die Trainingsdaten gelabelt werden. Um dieses Problem zu lösen, können Sie jedes Beispiel in Ihrem Datensatz von mehreren Personen beurteilen lassen und dann das am häufigsten verwendete Label für jedes Element verwenden. Wenn Sie sich der potenziellen Voreingenommenheit der am Labeling beteiligten Personen bewusst sind und Systeme implementieren, die dies berücksichtigen, gewährleisten Sie Label-Konsistenz in Ihrem gesamten Datensatz. Das Konzept der Verzerrungen untersuchen wir in Kapitel 7 im Abschnitt »Entwurfsmuster 30: Fairness Lens« auf Seite 376.

Aktualität bei Daten bezieht sich auf die Latenz zwischen dem Zeitpunkt, zu dem ein Ereignis aufgetreten ist, und dem Zeitpunkt, zu dem es Ihrer Datenbank hinzugefügt wurde. Wenn Sie beispielsweise Daten in Anwendungsprotokollen sammeln, kann es Stunden dauern, bis ein Fehlerprotokoll in Ihrer Protokolldatenbank auftaucht. Bei einem Datensatz, der Kreditkartentransaktionen aufzeichnet, kann ab dem Zeitpunkt, zu dem die Transaktion stattgefunden hat, ein Tag vergehen, bis sie Ihrem System gemeldet wird. Für den Umgang mit Aktualität ist es zweckmäßig, möglichst viele Informationen über einen bestimmten Datenpunkt aufzuzeichnen und sicherzustellen, dass diese Informationen berücksichtigt werden, wenn Sie Ihre Daten in Features für ein ML-Modell transformieren. Im Besonderen können Sie anhand des Zeitstempels verfolgen, wann ein Ereignis aufgetreten ist und wann es in Ihren Datensatz aufgenommen wurde. Wenn Sie dann Feature Engineering betreiben, können Sie diese Differenzen entsprechend berücksichtigen.

Reproduzierbarkeit

In der herkömmlichen Programmierung ist die Ausgabe eines Programms reproduzierbar und garantiert. Wenn Sie zum Beispiel ein Python-Programm schreiben, das einen String umkehrt, wissen Sie, dass bei Eingabe des Worts »banana« immer die Ausgabe »ananab« erscheint. Ähnlich verhält es sich mit einem Fehler in Ihrem Programm, der dazu führt, dass es Stings, die Zahlen enthalten, falsch umkehrt. Dann könnten Sie das Programm einem Kollegen schicken und davon ausgehen, dass er den Fehler mit den gleichen Eingaben, wie Sie sie verwendet haben, reproduzieren kann (es sei denn, der Fehler hat etwas damit zu tun, dass das Programm einen internen Zustand falsch verwaltet, dass sich die Architekturen – beispielsweise die Genauigkeit bei Gleitkommaarithmetik – unterscheiden oder dass die Programmausführung in anderer Weise abläuft – etwa aufgrund von Threading).

Dagegen weisen Modelle des maschinellen Lernens eine inhärente Zufallskomponente auf. Beim Training werden die Gewichte von ML-Modellen mit zufälligen Werten initialisiert. Diese Gewichte konvergieren dann während des Trainings, wenn das Modell mehrere Durchläufe absolviert und aus den Daten lernt. Deshalb wird derselbe Modellcode mit denselben Trainingsdaten über verschiedene Trainingsläufe hinweg leicht unterschiedliche Ergebnisse liefern. Dies führt zum Problem der Reproduzierbarkeit. Wenn Sie ein Modell mit 98,1 % Genauigkeit trainieren, erreicht ein wiederholter Trainingslauf nicht unbedingt das gleiche Resultat. Dadurch ist es mitunter schwierig, Vergleiche über Experimente hinweg durchzuführen.

Um dieses Problem der Reproduzierbarkeit anzugehen, stellt man üblicherweise mit einem Startwert für den Zufallsgenerator des Modells sicher, dass die gleiche Zufälligkeit bei jedem Trainingslauf angewendet wird. In TensorFlow erreichen Sie das, indem Sie `tf.random.set_seed(value)` zu Beginn Ihres Programms ausführen.

Außerdem haben Sie mit den vielen Hilfsfunktionen von scikit-learn die Möglichkeit, Ihre Daten zu mischen und einen Startwert für den Zufallsgenerator festzulegen:

```
from sklearn.utils import shuffle
data = shuffle(data, random_state=value)
```

Denken Sie daran, dass Sie beim Training Ihres Modells dieselben Daten *und* denselben Startwert verwenden, um wiederholbare, reproduzierbare Ergebnisse über verschiedene Experimente hinweg sicherzustellen.

Beim Training eines ML-Modells sind mehrere Artefakte festzulegen, um die Reproduzierbarkeit sicherzustellen: die verwendeten Daten, der Teilungsmechanismus, um Datensätze für Training und Validierung zu erzeugen, Datenvorbereitung und Modellhyperparameter sowie Variablen wie Batch-Größe und geplante Lernrate.

Die Reproduzierbarkeit gilt auch für Abhängigkeiten des ML-Frameworks. Neben einer manuellen Festlegung eines zufälligen Startwerts implementieren Frameworks auch intern Elemente der Zufälligkeit, die ausgeführt werden, wenn Sie eine Funktion aufrufen, um Ihr Modell zu trainieren. Sollte sich diese zugrunde liegende Implementierung zwischen verschiedenen Framework-Versionen ändern, ist die Wiederholbarkeit nicht garantiert. Ein konkretes Beispiel: Wenn eine Version der Methode `train()` eines Frameworks 13 Aufrufe von `rand()` ausführt und eine neuere Version des gleichen Frameworks 14 Aufrufe, wird die Verwendung verschiedener Versionen zwischen den Experimenten selbst mit denselben Daten und demselben Modellcode zu leicht abweichenden Ergebnissen führen. Führen Sie ML-Workloads in Containern und standardisierten Bibliotheksversionen aus, kann das hilfreich sein, die Wiederholbarkeit sicherzustellen. Kapitel 6 führt eine Reihe von Mustern ein, die ML-Prozesse reproduzierbar machen.

Schließlich kann sich Reproduzierbarkeit auf die Trainingsumgebung eines Modells beziehen. Aufgrund der großen Datensätze und der Komplexität benötigen viele Modelle oft eine beträchtliche Zeit für das Training. Dies lässt sich mit Verteilungsstrategien wie Daten- oder Modellparallelität beschleunigen (siehe Kapitel 5). Diese Beschleunigung macht jedoch auch die Wiederholbarkeit schwieriger, wenn Sie den Code, der sich auf verteiltes Training stützt, erneut ausführen.

Datendrift

Während Modelle für maschinelles Lernen typischerweise eine statische Beziehung zwischen Eingaben und Ausgaben darstellen, können sich die Daten mit der Zeit erheblich ändern. Mit Datendrift bezeichnet man die Herausforderung, sicherzustellen, dass ML-Modelle relevant bleiben und dass Modellvorhersagen die Umgebung, in der sie verwendet werden, genau widerspiegeln. Nehmen wir zum Beispiel an, Sie trainierten ein Modell, um Schlagzeilen in Kategorien wie »Politik«, »Wirtschaft« und »Technologie« zu klassifizieren. Wenn Sie Ihr Modell auf historischen Nachrichtenartikeln aus dem 20. Jahrhundert trainieren, wird es bei aktuellen Daten wahrscheinlich nicht so gut abschneiden. Heute wissen wir, dass ein Artikel mit dem Wort »Smartphone« in der Überschrift wahrscheinlich von der Technologie handelt. Ein auf historischen Daten trainiertes Modell würde dieses Wort jedoch nicht kennen. Um der Drift zu begegnen, müssen Sie Ihren Trainingsdatensatz kontinuierlich aktualisieren, Ihr Modell neu trainieren und die Gewichte, die Ihr Modell bestimmten Gruppen von Eingabedaten zuweist, modifizieren.

Ein weniger offensichtliches Beispiel für Drift können Sie sich mit dem NOAA-Datensatz (*https://oreil.ly/obzvn*) für schwere Stürme in BigQuery ansehen. Wenn wir ein Modell trainieren, um die Wahrscheinlichkeit eines Sturms in einem bestimmten Gebiet vorherzusagen, müssten wir auch berücksichtigen, wie sich Wetterberichte im Laufe der Zeit geändert haben (*https://github.com/GoogleCloudPlatform/ml-design-patterns/blob/master/01_need_for_design_patterns/ml_challenges.ipynb*). Wie Abbildung 1-3 zeigt, ist die Gesamtanzahl der aufgezeichneten schweren Stürme seit 1950 ständig gestiegen.

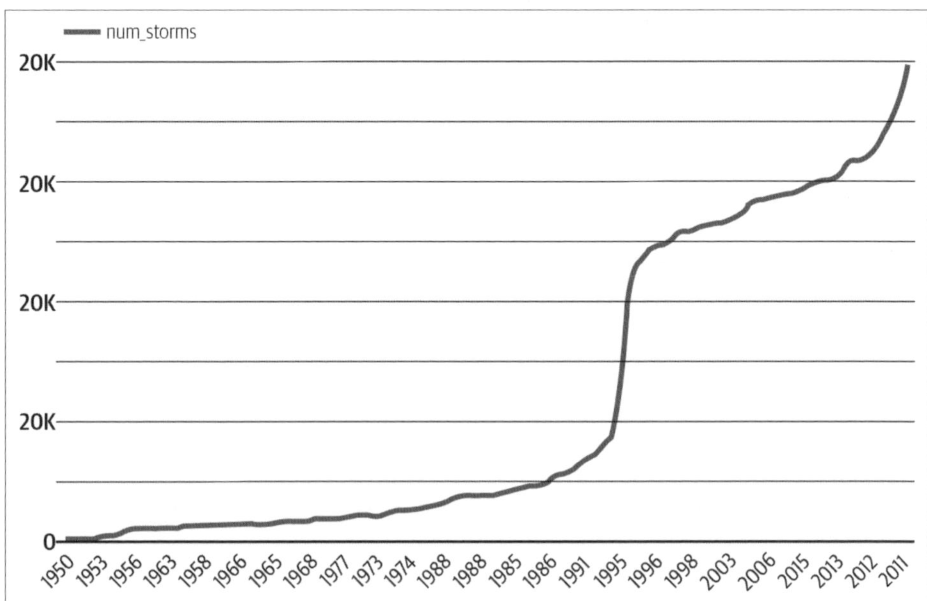

Abbildung 1-3: Anzahl der jeweils in einem Jahr gemeldeten schweren Stürme, wie von der NOAA von 1950 bis 2011 aufgezeichnet.

Aus diesem Trend können wir erkennen, dass das Training eines Modells auf Daten vor 2000 zu ungenauen Vorhersagen von heutigen Stürmen führen würde. Abgesehen davon, dass die Gesamtanzahl der gemeldeten Stürme zunimmt, müssen auch andere Faktoren berücksichtigt werden, die die Daten in Abbildung 1-3 beeinflusst haben könnten. Zum Beispiel hat sich die Technik zur Beobachtung von Stürmen im Laufe der Zeit verbessert, am drastischsten durch die Einführung des Wetterradars in den 1990er-Jahren. Im Zusammenhang mit Features kann das bedeuten, dass neuere Daten mehr Informationen über jeden Sturm enthalten und dass ein Feature, das in den heutigen Daten verfügbar ist, in den 1950er-Jahren vielleicht noch nicht beobachtet wurde. Eine explorative Datenanalyse kann dabei helfen, eine derartige Drift zu identifizieren und das richtige Datenfenster für das Training auszuwählen. Der Abschnitt »Entwurfsmuster 23: Bridged Schema« auf Seite 294 zeigt eine Möglichkeit, mit Datensätzen umzugehen, in denen sich die Verfügbarkeit von Features im Laufe der Zeit verbessert.

Skalieren

Eine Skalierung stellt in vielen Phasen eines typischen Workflows für maschinelles Lernen eine Herausforderung dar. Wahrscheinlich werden Sie auf Skalierungsprobleme bei der Erfassung und Aufbereitung der Daten, beim Training und beim Bereitstellen stoßen. Wenn Sie Daten für ein ML-Modell einlesen und aufbereiten, bestimmt die Größe des Datensatzes die für Ihre Lösung erforderlichen Tools. Oftmals ist es die Aufgabe von Data Engineers, Datenpipelines zu entwickeln, die sich skalieren lassen, um Millionen von Zeilen verarbeiten zu können.

In Bezug auf das Modelltraining sind ML Engineers dafür zuständig, die notwendige Infrastruktur für einen bestimmten Trainingsauftrag zu ermitteln. Je nach Art und Größe des Datensatzes kann das Modelltraining zeitaufwendig und rechenintensiv sein, was eine Infrastruktur (wie GPUs) verlangt, die speziell für ML-Arbeitslasten konzipiert wird. Zum Beispiel erfordern Bildmodelle in der Regel eine viel umfangreichere Trainingsinfrastruktur als Modelle, die ausschließlich auf tabellarischen Daten trainiert werden.

Im Kontext der Modellbereitstellung unterscheidet sich die Infrastruktur für ein Team von Data Scientists, die Vorhersagen von einem Modellprototyp erhalten, völlig von der erforderlichen Infrastruktur, um ein Produktionsmodell zu unterstützen, das jede Stunde Millionen von Vorhersageanforderungen liefern soll. Entwickler:innen und ML Engineers sind in der Regel dafür verantwortlich, die Skalierungsfragen anzugehen, die mit der Modellbereitstellung und der Bedienung von Vorhersageanfragen verbunden sind.

Die meisten ML-Muster in diesem Buch sind unabhängig vom organisatorischen Reifegrad nützlich. Allerdings haben mehrere Muster in den Kapiteln 6 und 7 auf unterschiedliche Weise mit Problemen der Resilienz und Reproduzierbarkeit zu tun, und die Wahl zwischen ihnen hängt oft vom Anwendungsfall ab und der Fähigkeit Ihrer Organisation, Komplexität aufzufangen.

Mehrere Ziele

Obwohl oft ein einzelnes Team dafür verantwortlich ist, ein ML-Modell zu erstellen, werden viele Teams in einem Unternehmen das Modell in irgendeiner Weise nutzen. Diese Teams haben zwangsläufig verschiedene Vorstellungen davon, was ein erfolgreiches Modell ausmacht.

Um zu verstehen, wie sich dies in der Praxis auswirken kann, nehmen wir an, Sie erstellen ein Modell, um fehlerhafte Produkte anhand von Bildern zu identifizieren. Als Data Scientist besteht Ihr Ziel möglicherweise darin, den Kreuzentropieverlust Ihres Modells zu minimieren. Dagegen möchte der Produktmanager die Anzahl der defekten Produkte verringern, die falsch klassifiziert und an Kunden ausgeliefert wurden. Schließlich verfolgt die Geschäftsleitung das Ziel, den Umsatz um 30 % zu steigern. Jedes dieser Ziele variiert darin, was optimiert werden soll, und es kann eine Herausforderung sein, diese unterschiedlichen Bedürfnisse innerhalb einer Organisation auszugleichen.

Als Data Scientist könnten Sie die Bedürfnisse des Produktteams in den Kontext Ihres Modells übersetzen, indem Sie sagen, dass falsch negative Ergebnisse fünfmal teurer sind als falsch positive. Daher sollten Sie beim Entwurf Ihres Modells auf Trefferquote über Präzision optimieren, um diesem Umstand gerecht zu werden. Dann können Sie ein Gleichgewicht finden zwischen dem Ziel des Produktteams, nach Präzision zu optimieren, und Ihrem Ziel, den Verlust des Modells zu minimieren.

Wenn Sie die Ziele für Ihr Modell definieren, müssen Sie unbedingt berücksichtigen, welche Bedürfnisse verschiedene Teams in einer Organisation haben und wie die Bedürfnisse jedes Teams auf das Modell zurückwirken. Indem Sie – bevor Sie Ihre Lösung erstellen – analysieren, was jedes Team optimieren möchte, können Sie Kompromissbereiche herausarbeiten, um diese verschiedenen Ziele optimal auszugleichen.

Zusammenfassung

Entwurfsmuster sind eine Möglichkeit, das Wissen und die Erfahrung von Expert:innen in Ratschlägen zu formulieren, die alle Praktiker befolgen können. Die Entwurfsmuster in diesem Buch erfassen bewährte Verfahren und Lösungen für häufig auftretende Probleme beim Entwurf, dem Erstellen und dem Bereitstellen von Systemen für maschinelles Lernen. Die allgemeinen Herausforderungen im maschinellen Lernen drehen sich um Datenqualität, Reproduzierbarkeit, Datendrift, Skalierung und das Erfüllen mehrerer Ziele.

Wir neigen dazu, verschiedene ML-Entwurfsmuster in verschiedenen Phasen des ML-Lebenszyklus zu verwenden. Es gibt Muster, die bei der Problemstellung und der Bewertung der Machbarkeit nützlich sind. Die Mehrheit der Muster zielt jedoch entweder auf die Entwicklung oder auf die Bereitstellung ab, und etliche Muster befassen sich mit dem Zusammenwirken dieser Phasen.

KAPITEL 2

Entwurfsmuster für die Datendarstellung

Das Herzstück eines jeden Modells für maschinelles Lernen ist eine mathematische Funktion, die so definiert ist, dass sie nur auf bestimmten Datentypen arbeitet. Gleichzeitig müssen reale ML-Modelle auf Daten operieren, die sich nicht direkt an die mathematische Funktion übergeben lassen. Zum Beispiel arbeitet der mathematische Kern eines Entscheidungsbaums mit booleschen Variablen. Wir sprechen hier über den mathematischen Kern eines Entscheidungsbaums – Software für maschinelles Lernen mit Entscheidungsbäumen umfasst in der Regel Funktionen, die einen optimalen Baum aus den Daten lernen, und Methoden, um verschiedene Typen von numerischen und kategorialen Daten einzulesen und zu verarbeiten. Die mathematische Funktion (siehe Abbildung 2-1), die einem Entscheidungsbaum zugrunde liegt, arbeitet jedoch mit booleschen Variablen und verwendet Operationen wie zum Beispiel AND (&& in Abbildung 2-1) und OR (+ in Abbildung 2-1).

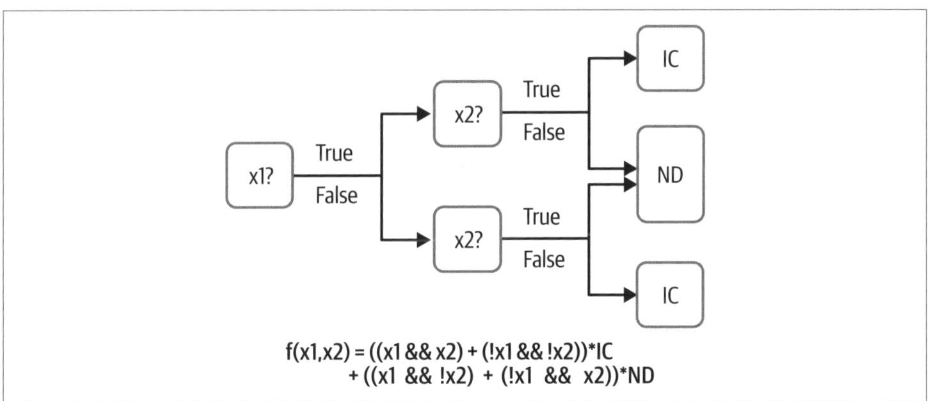

Abbildung 2-1: Das Herzstück eines Modells für maschinelles Lernen mit einem Entscheidungsbaum, um vorherzusagen, ob ein Baby Intensivpflege benötigt oder nicht, ist ein mathematisches Modell, das mit booleschen Variablen arbeitet.

Angenommen, wir wollten mit einem Entscheidungsbaum vorhersagen, ob ein Baby Intensivpflege (*Intensive Care*, IC) benötigt oder normal entlassen werden kann (*Normally Discharged*, ND). Des Weiteren nehmen wir an, dass der Entscheidungsbaum die beiden Variablen `x1` und `x2` als Eingaben übernimmt. Das trainierte Modell könnte dann wie in Abbildung 2-1 aussehen.

Es liegt auf der Hand, dass `x1` und `x2` boolesche Variablen sein müssen, damit `f(x1, x2)` funktioniert. Angenommen, zwei der Informationen, die das Modell betrachtet, um ein Baby zu klassifizieren (Intensivpflege oder nicht), seien das Krankenhaus, in dem das Baby geboren wurde, und das Gewicht des Babys. Können wir das Krankenhaus, in dem ein Baby geboren wurde, als Eingabe für den Entscheidungsbaum verwenden? Nein, weil das Krankenhaus weder den Wert `True` noch den Wert `False` annimmt und sich nicht mit dem Operator `&&` (`AND`) verknüpfen lässt. Es ist mathematisch nicht kompatibel. Selbstverständlich können wir den Krankenhauswert zu einem booleschen Wert »machen«, indem wir eine Operation wie die folgende ausführen:

```
x1 = (hospital IN France)
```

Hier nimmt die Variable `x1` den Wert `True` an, wenn sich das Krankenhaus in Frankreich befindet, sonst `False`. Analog dazu kann man das Gewicht eines Babys nicht direkt in das Modell einspeisen. Mit einer Operation wie:

```
x1 = (babyweight < 3 kg)
```

können wir aber das Krankenhaus oder das Babygewicht als Eingabe für das Modell verwenden. Dieses Beispiel zeigt, wie sich Eingabedaten (Krankenhaus, ein komplexes Objekt, oder Gewicht des Babys, eine Gleitkommazahl) in der vom Modell erwarteten Form (boolescher Wert) darstellen lassen. Und genau das meinen wir mit *Datendarstellung*.

In diesem Buch verwenden wir den Begriff *Eingabe* für die realen Daten, die in das Modell eingespeist werden (zum Beispiel das Babygewicht), und den Begriff *Feature*, um die transformierten Daten darzustellen, auf denen das Modell tatsächlich operiert (ob zum Beispiel das Gewicht des Babys geringer als drei Kilogramm ist). Der Prozess, der Features erzeugt, um die Eingabedaten darzustellen, wird als *Feature Engineering* bezeichnet. Praktisch können wir uns Feature Engineering als eine Art Auswahl der Datendarstellung vorstellen.

Anstatt Parameter wie zum Beispiel den Schwellenwert von drei Kilogramm fest zu codieren, ziehen wir es natürlich vor, dass das ML-Modell lernt, wie jeder Knoten erstellt werden soll, indem die Eingabevariable und der Schwellenwert ausgewählt werden. Entscheidungsbäume sind ein Beispiel für Modelle des maschinellen Lernens, die in der Lage sind, die Datendarstellung zu lernen.[1] Viele der Muster, die wir in diesem Kapitel betrachten, beinhalten ähnliche *lernbare Datendarstellungen*.

Das Entwurfsmuster *Einbettungen* ist das kanonische Beispiel für eine Datendarstellung, die tiefe neuronale Netze selbstständig erlernen können. In einer Einbettung ist die gelernte Darstellung dicht und weist weniger Dimensionen als die

1 Hier besteht die gelernte Datendarstellung aus `babyweight` als Eingabevariable, dem Operator *kleiner als* (<) und dem Schwellenwert 3 kg.

Eingabe auf, die dünn besetzt sein könnte. Der Lernalgorithmus muss die markantesten Informationen aus der Eingabe herausziehen und in kompakterer Form im Feature darstellen. Das Lernen von Features, um die Eingabedaten darzustellen, ist die sogenannte *Feature-Extraktion*. Erlernbare Datendarstellungen kann man sich (wie Einbettungen) als automatisch konstruierte Features vorstellen.

Die Datendarstellung muss nicht einmal auf eine einzelne Eingabevariable beschränkt sein – zum Beispiel erzeugt ein multivariater Entscheidungsbaum (engl. *Oblique Tree*) ein boolesches Feature, indem ein Schwellenwert auf zwei oder mehr Eingabevariablen angewendet wird. Ein Entscheidungsbaum, bei dem jeder Knoten nur eine einzige Eingangsvariable darstellen kann, lässt sich auf eine schrittweise lineare Funktion reduzieren, während sich ein multivariater Entscheidungsbaum, bei dem jeder Knoten eine Linearkombination von Eingabevariablen darstellen kann, auf eine stückweise lineare Funktion reduzieren lässt (siehe Abbildung 2-2). Angesichts der vielen Schritte, die gelernt werden müssen, um die Linie adäquat darzustellen, ist das stückweise lineare Modell einfacher und schneller zu lernen. Eine Erweiterung dieser Idee ist das Entwurfsmuster *Feature Cross*, das das Lernen von AND-Beziehungen zwischen kategorialen Variablen mit mehreren Werten vereinfacht.

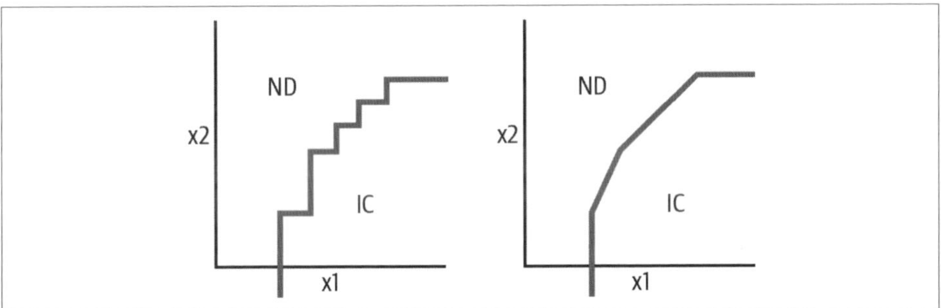

Abbildung 2-2: Ein Klassifizierer als Entscheidungsbaum, bei dem jeder Knoten den Schwellenwert nur für einen einzigen Eingabewert (»x1« oder »x2«) bilden kann, resultiert in einer schrittweisen linearen Grenzwertfunktion, während ein multivariater Baumklassifizierer, bei dem ein Knoten einen Schwellenwert auf eine Linearkombination von Eingabevariablen anwenden kann, in einer stückweisen linearen Grenzfunktion resultiert. Die stückweise lineare Funktion erfordert weniger Knoten und kann eine höhere Genauigkeit erreichen.

Die Datendarstellung muss nicht gelernt oder festgelegt werden – eine Mischform ist ebenfalls möglich. Das Entwurfsmuster *Hashed Feature* ist deterministisch, setzt aber nicht voraus, dass ein Modell sämtliche möglichen Werte kennt, die ein bestimmter Eingang annehmen kann.

Die bisher betrachteten Datendarstellungen sind alle eins zu eins. Obwohl wir die Eingabedaten von verschiedenen Typen separat oder jedes Datenstück als nur ein Feature darstellen könnten, kann es vorteilhafter sein, das Entwurfsmuster *Multimodale Eingabe* zu verwenden. Das ist das vierte Entwurfsmuster, das wir in diesem Kapitel untersuchen werden.

Einfache Datendarstellungen

Bevor wir uns eingehend mit lernbaren Datendarstellungen, Feature Crosses und mehr beschäftigen, werfen wir zunächst einen Blick auf einfachere Datendarstellungen. Man kann sich diese als gebräuchliche Idiome im maschinellen Lernen vorstellen – nicht gerade als Muster, aber dennoch als häufig implementierte Lösungen.

Numerische Eingaben

Die meisten modernen, groß angelegten Modelle für maschinelles Lernen (*Random Forests*, *Support Vector Machines*, *neuronale Netze*) arbeiten mit numerischen Werten. Wenn also unsere Eingabe numerisch ist, können wir sie unverändert an das Modell durchreichen.

Warum Skalierung zweckmäßig ist

Da ein ML-Framework daraufhin optimiert ist, mit Zahlen im Bereich `[-1, 1]` zu arbeiten, ist es oft vorteilhaft, die numerischen Werte in diesen Bereich zu skalieren.

> **Weshalb numerische Werte in den Bereich [–1, 1] skalieren?**
>
> Optimierer nach dem Gradientenabstiegsverfahren benötigen mehr Schritte, um zu konvergieren, wenn die Krümmung der Verlustfunktion zunimmt. Das hängt damit zusammen, dass die Ableitungen von Features mit größeren relativen Beträgen ebenfalls größer sein werden, was zu anormalen Gewichtsaktualisierungen führt. Die ungewöhnlich großen Gewichtsaktualisierungen erfordern mehr Schritte, um zu konvergieren, und erhöhen damit die Rechenlast.
>
> Wenn man die Daten »zentriert«, sodass sie im Bereich `[-1, 1]` liegen, wird die Fehlerfunktion eher kugelförmig. Demzufolge konvergieren Modelle, die mit transformierten Daten trainiert werden, tendenziell schneller und sind daher schneller/kostengünstiger zu trainieren. Außerdem bietet der Bereich `[-1, 1]` die höchste Genauigkeit für Gleitkommazahlen.

Ein schneller Test mit einem der in scikit-learn integrierten Datensätze kann das beweisen (dieser Code ist ein Auszug aus dem Repository zum Buch, *https://github.com/GoogleCloudPlatform/ml-design-patterns/blob/master/02_data_representation/simple_data_representation.ipynb*):

```
from sklearn import datasets, linear_model
diabetes_X, diabetes_y = datasets.load_diabetes(return_X_y=True)
raw = diabetes_X[:, None, 2]
max_raw = max(raw)
```

```
min_raw = min(raw)
scaled = (2*raw - max_raw - min_raw)/(max_raw - min_raw)

def train_raw():
    linear_model.LinearRegression().fit(raw, diabetes_y)

def train_scaled():
    linear_model.LinearRegression().fit(scaled, diabetes_y)

raw_time = timeit.timeit(train_raw, number=1000)
scaled_time = timeit.timeit(train_scaled, number=1000)
```

Mit diesem Code haben wir eine fast 9%ige Verbesserung gegenüber dem Modell, das lediglich ein Eingabe-Feature verwendet, erreicht. Bei der großen Anzahl an Features in einem typischen ML-Modell lassen sich summa summarum erhebliche Einsparungen erzielen.

Ein weiterer wichtiger Grund für eine Skalierung ist, dass einige Algorithmen und Techniken des maschinellen Lernens sehr empfindlich auf die relativen Größen der verschiedenen Features reagieren. Zum Beispiel stützt sich ein *k*-Means-Clustering-Algorithmus, der den euklidischen Abstand als Abstandsmaß verwendet, letztlich stark auf Features mit größeren Werten. Eine fehlende Skalierung beeinflusst auch die Wirksamkeit der L1- oder L2-Regularisierung, da die Größe der Gewichte für ein Feature von der Größe der Werte dieses Features abhängt, sodass verschiedene Features von der Regularisierung unterschiedlich betroffen sind. Wenn wir alle Features in den Bereich `[-1, 1]` skalieren, stellen wir sicher, dass es keine größeren Unterschiede in den relativen Größen verschiedener Features gibt.

Lineare Skalierung

Üblicherweise verwendet man vier Formen der Skalierung:

Min-Max-Skalierung
: Der numerische Wert wird linear skaliert, sodass der kleinste Wert, den die Eingabe annehmen kann, auf `-1` skaliert wird und der größtmögliche Wert auf `1`:

```
x1_scaled = (2*x1 - max_x1 - min_x1)/(max_x1 - min_x1)
```

Problematisch bei der Min-Max-Skalierung ist, dass die Größt- und Kleinstwerte (`max_x1` und `min_x1`) aus dem Trainingsdatensatz geschätzt werden müssen und es sich dabei oft um Ausreißer handelt. Die eigentlichen Daten werden oftmals auf einen sehr engen Bereich im `[-1, 1]`-Band zusammengequetscht.

Clipping (in Verbindung mit Min-Max-Skalierung)
: Hilft, das Problem der Ausreißer anzugehen. Anstatt Minimum und Maximum aus dem Trainingsdatensatz zu schätzen, werden »vernünftige« Werte verwendet. Der numerische Wert wird zwischen diesen beiden vernünftigen Grenzen linear skaliert und dann so gekappt, dass er im Bereich `[-1, 1]` liegt. Ausreißer werden demnach als `-1` oder `1` behandelt.

Z-Wert-Normalisierung

Löst das Problem der Ausreißer, ohne dass vorheriges Wissen darüber erforderlich ist, wie der vernünftige Bereich aussieht. Die Eingabe wird linear skaliert, und zwar mithilfe von Mittelwert und Standardabweichung, die über den Trainingsdatensatz geschätzt werden:

```
x1_scaled = (x1 - mean_x1)/stddev_x1
```

Der Name der Methode spiegelt die Tatsache wider, dass der skalierte Wert den Mittelwert null hat und durch die Standardabweichung normalisiert ist, sodass er eine Einheitsvarianz über dem Trainingsdatensatz hat. Der skalierte Wert ist nicht begrenzt, liegt aber in den meisten Fällen (67 %, wenn eine Normalverteilung zugrunde liegt) im Bereich `[-1, 1]`. Werte außerhalb dieses Bereichs werden seltener, je größer ihr absoluter Wert wird, sind aber immer noch vorhanden.

Winsorizing

Verwendet die empirische Verteilung im Trainingsdatensatz, um den Datensatz auf die Werte zu kappen, die durch die 10 %- und 90 %-Perzentile (oder die 5 %- und 95 %-Perzentile usw.) der Datenwerte gegeben sind. Der winsorierte Wert ist Min-Max-skaliert.

Alle bisher beschriebenen Methoden skalieren die Daten linear (beim Clipping und Winsorizing linear innerhalb des typischen Bereichs). Min-Max-Skalierung und Clipping funktionieren tendenziell am besten für gleichförmig verteilte Daten, Z-Wert-Skalierung für normalverteilte Daten. Der Einfluss der verschiedenen Skalierungsfunktionen auf die Spalte `mother_age` im Beispiel mit der Vorhersage des Babygewichts ist in Abbildung 2-3 dargestellt (den vollständigen Code finden Sie unter *https://github.com/GoogleCloudPlatform/ml-design-patterns/blob/master/02_data_representation/simple_data_representation.ipynb*).

Keine »Ausreißer« wegwerfen

Clipping haben wir so definiert, dass skalierte Werte kleiner als `-1` wie `-1` und skalierte Werte größer als `1` wie `1` behandelt werden. Derartige »Ausreißer« verwerfen wir nicht einfach, weil wir erwarten, dass das ML-Modell auch in der Produktion derartige Ausreißer verarbeiten muss. Nehmen wir zum Beispiel Babys, die von 50-jährigen Müttern geboren wurden. Da wir in unserem Datensatz nicht genügend ältere Mütter haben, läuft das Clipping darauf hinaus, alle Mütter älter als (beispielsweise) 45 wie 45 zu behandeln. Das gleiche Prinzip wenden wir in der Produktion an, und unser Modell wird auch für ältere Mütter funktionieren. Das Modell würde den Umgang mit Ausreißern nicht lernen, wenn wir einfach alle Trainingsbeispiele verworfen hätten, bei denen Mütter älter als 50 Jahre Babys geboren haben!

Man kann dies auch unter dem Aspekt betrachten, dass es zwar akzeptabel ist, *ungültige Eingaben* zu verwerfen, dass es aber nicht akzeptabel ist, *gültige Daten* zu verwerfen. Es wäre also gerechtfertigt, Zeilen zu entfernen, in denen `mother_age` negativ ist, weil es sich wahrscheinlich um einen Eingabefehler handelt. In der Produktion würde die Validierung des Eingabeformulars sicherstellen, dass der Mitarbeiter in der Patientenaufnahme das Alter der Mutter neu eingeben müsste. Dagegen dürften wir keine Zeilen weglassen, in denen `mother_age` gleich 50 ist, da 50 eine vollkommen gültige Eingabe ist und wir mit 50-jährigen Müttern rechnen, sobald das Modell in der Produktion eingesetzt wird.

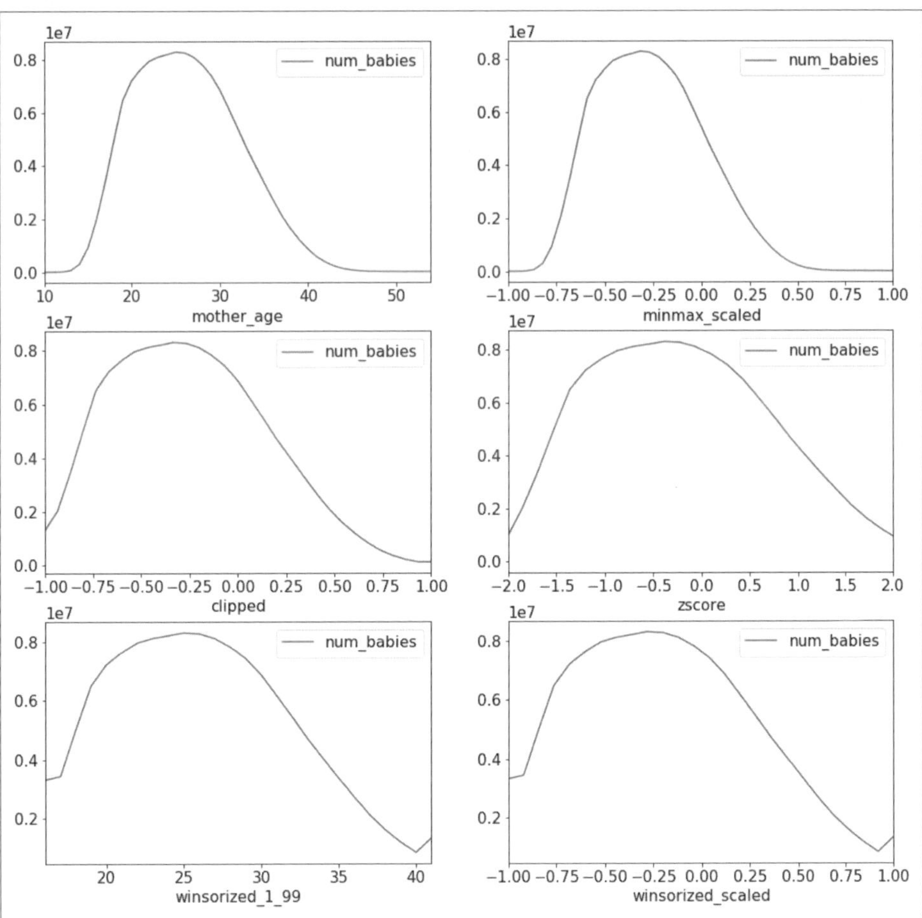

Abbildung 2-3: Das Histogramm von »mother_age« im Beispiel der Vorhersage von Babygewichten ist im linken oberen Diagramm dargestellt. Die anderen Diagramme zeigen verschiedene Skalierungsfunktionen (siehe die Beschriftung der x-Achse).

Beachten Sie in Abbildung 2-3, dass `minmax_scaled` die x-Werte in den gewünschten Bereich von `[-1, 1]` bringt, aber Werte an den extremen Enden der Verteilung, wo es nicht genügend Beispiele gibt, beibehält. Clipping schneidet viele der problematischen Werte ab, verlangt aber, dass die Kappungsschwellenwerte genau festgelegt werden – durch den langsamen Rückgang in Anzahl der Babys von Müttern, die älter als 40 Jahre sind, ist es schwierig, einen festen Schwellenwert festzulegen. Ähnlich wie Clipping erfordert Winsorizing, dass die Perzentil-Schwellenwerte genau eingestellt werden. Z-Wert-Normalisierung verbessert den Bereich (schränkt die Werte aber nicht auf den Bereich `[-1, 1]` ein) und schiebt die problematischen Werte weiter nach außen. Von diesen drei Methoden funktioniert die Nullnormierung am besten für `mother_age`, da die Verteilung der rohen Alterswerte einer Glockenkurve ähnelt. Bei anderen Problemen sind Min-Max-Skalierung, Clipping oder Winsorizing möglicherweise besser geeignet.

Nichtlineare Transformationen

Wie sieht es aus, wenn unsere Daten verzerrt sind und wir es weder mit einer Gleich- noch mit einer Normalverteilung zu tun haben? In diesem Fall ist es besser, eine *nichtlineare Transformation* auf die Eingabe anzuwenden, bevor sie skaliert wird. Eine gängige Methode ist es, den Eingabewert zu logarithmieren und erst dann zu skalieren. Andere gebräuchliche Transformationen verwenden die Sigmoid-Funktion und polynomiale Erweiterungen (Quadrat, Quadratwurzel, Kubik, Kubikwurzel usw.). Eine gute Transformationsfunktion lässt sich daran erkennen, dass die transformierten Werte eine Gleich- oder Normalverteilung zeigen.

Angenommen, wir erstellten ein Modell, um die Verkaufszahlen eines Sachbuchs vorherzusagen. Eine der Eingaben in das Modell sei die Popularität der Wikipedia-Seite, die dem Thema entspricht. Die Anzahl der Seitenaufrufe in Wikipedia weist jedoch eine sehr schiefe Verteilung auf und belegt einen großen dynamischen Bereich. (Zu sehen ist das im linken Diagramm in Abbildung 2-4: Die Verteilung ist stark gegen selten aufgerufene Seiten geneigt, aber die am häufigsten besuchten Seiten werden zig Millionen Mal aufgerufen.) Indem wir den Logarithmus der Aufrufe bilden, dann die vierte Wurzel dieses logarithmierten Werts nehmen und das Ergebnis linear skalieren, liegen die Werte im gewünschten Bereich, und das Ergebnis sieht schon ein wenig wie eine Glockenkurve aus. Im GitHub-Repository für dieses Buch (*https://github.com/GoogleCloudPlatform/ml-design-patterns/blob/master/02_data_representation/simple_data_representation.ipynb*) finden Sie die Einzelheiten des Codes, um die Wikipedia-Daten abzufragen, diese Transformationen anzuwenden und das gezeigte Diagramm zu erzeugen.

Es kann schwierig sein, eine Linearisierungsfunktion zu entwickeln, die zu einer glockenförmigen Verteilung führt. Einfacher ist es, die Anzahl der Aufrufe in Bereiche zu unterteilen und die Bereichsgrenzen so zu wählen, dass sich die gewünschte Verteilung der Ausgabe ergibt. Ein prinzipieller Ansatz für die Auswahl dieser Bereiche ist die Histogrammegalisierung, bei der die Klassen des Histogramms nach

Quantilen der Rohverteilung gewählt werden (siehe das dritte Diagramm in Abbildung 2-4). Im Idealfall liefert die Histogrammegalisierung eine Gleichverteilung (auch wenn das hier nicht zutrifft, da sich Werte in den Quantilen wiederholen).

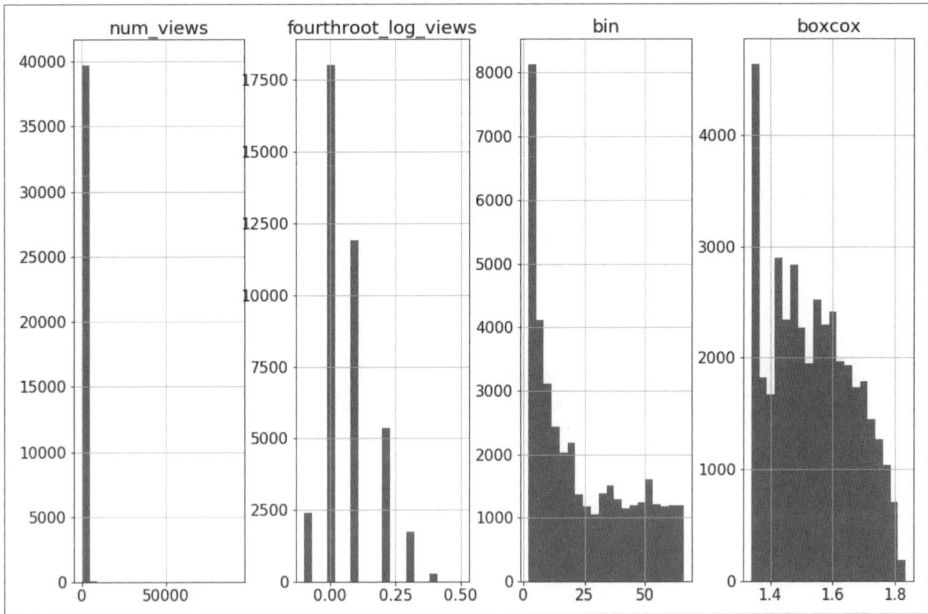

Abbildung 2-4: Linkes Diagramm: Die Verteilung der Aufrufanzahl von Wikipedia-Seiten ist sehr schief und nimmt einen großen dynamischen Bereich ein. Das zweite Diagramm zeigt, dass sich die Probleme lösen lassen, indem man die Anzahl der Aufrufe nacheinander logarithmiert, mit einer Potenzfunktion transformiert und dann linear skaliert. Im dritten Diagramm ist die Wirkung der Histogrammegalisierung zu sehen, und das vierte Diagramm zeigt das Ergebnis der Box-Cox-Transformation.

In BigQuery können Sie eine Histogrammegalisierung wie folgt ausführen:

```
ML.BUCKETIZE(num_views, bins) AS bin
```

Die Klassen (`bins`) werden hierbei folgendermaßen bestimmt:

```
APPROX_QUANTILES(num_views, 100) AS bins
```

Alle Einzelheiten finden Sie im Notebook (*https://github.com/GoogleCloudPlatform/ml-design-patterns/blob/master/02_data_representation/simple_data_representation.ipynb*) des Code-Repositorys.

Schiefe Verteilungen lassen sich auch mit einer parametrischen Transformationstechnik wie der *Box-Cox-Transformation* verarbeiten. Box-Cox steuert mit seinem einzigen Parameter, Lambda, die *Heteroskedastizität*, sodass die Varianz nicht mehr von der Größe abhängt. Hier ist die Varianz bei selten besuchten Wikipedia-Seiten wesentlich kleiner als die Varianz bei häufig besuchten Seiten, und Box-Cox versucht, die Varianz über alle Bereiche der Aufrufanzahl (`num_views`) auszugleichen. Dies lässt sich mit dem SciPy-Paket von Python bewerkstelligen:

```
traindf['boxcox'], est_lambda = (
    scipy.stats.boxcox(traindf['num_views']))
```

Der über den Trainingsdatensatz geschätzte Parameter (`est_lambda`) wird dann verwendet, um andere Werte zu transformieren:

```
evaldf['boxcox'] = scipy.stats.boxcox(evaldf['num_views'], est_lambda)
```

Array von Zahlen

Manchmal liegen die Eingabedaten auch als Array von Zahlen vor. Wenn das Array eine feste Länge hat, kann die Datendarstellung hierbei ziemlich einfach sein: Das Array wird abgeflacht, und jede Position wird als separates Feature verarbeitet. Allerdings ist die Länge eines Arrays oftmals variabel. So könnte das Modell, das die Verkäufe eines Sachbuchs vorhersagen soll, die Umsätze aller vorherigen Bücher zum jeweiligen Thema als Eingabe heranziehen. Eine Eingabe könnte so aussehen:

```
[2100, 15200, 230000, 1200, 300, 532100]
```

Es liegt auf der Hand, dass die Länge dieses Arrays in jeder Zeile variieren wird, da zu unterschiedlichen Themen auch verschieden viele Bücher veröffentlicht wurden.

Zu den gängigen Idiomen, die sich mit der Verarbeitung von Zahlenarrays befassen, gehören unter anderem:

- Das Eingabearray in Form seiner Bulk-Statistik darstellen. Zum Beispiel könnten wir die Länge (d.h. die Anzahl vorheriger Bücher zum Thema), den Durchschnitt, den Median, das Minimum, das Maximum usw. verwenden.
- Das Eingabearray in Form seiner empirischen Verteilung darstellen – d.h. nach dem 10%-/20%-/...-Perzentil usw.
- Wenn das Array in bestimmter Weise geordnet ist (zum Beispiel nach der Zeit oder nach der Größe), das Eingabearray durch die letzten drei oder eine andere festgelegte Anzahl von Elementen darstellen. Für Arrays, die weniger als drei Elemente enthalten, wird das Feature mit fehlenden Werten auf eine Länge von drei aufgefüllt.

Alle diese Methoden stellen letztlich das Datenarray variabler Länge als Feature mit fester Länge dar. Wir könnten dieses Problem auch als Zeitreihen-Prognose-Problem formulieren, und zwar als das Problem der Vorhersage von Verkäufen des nächsten Buchs zum Thema basierend auf dem zeitlichen Verlauf der Verkäufe vorheriger Bücher. Indem wir die Verkäufe vorheriger Bücher als Arrayeingabe behandeln, gehen wir davon aus, dass die wichtigsten Faktoren bei der Vorhersage von Verkäufen eines Buchs Eigenschaften des Buchs selbst sind (Autor, Verlag, Rezensionen usw.) und nicht der zeitliche Zusammenhang der Verkaufsbeträge.

Kategoriale Eingaben

Da die meisten modernen, groß angelegten Modelle für maschinelles Lernen (Random Forests, Support Vector Machines, neuronale Netze) auf numerischen Werten arbeiten, müssen kategoriale Eingaben als Zahlenwerte dargestellt werden.

Wenn man einfach die möglichen Werte aufzählt und sie auf eine Ordinalskala abbildet, funktioniert das nur unzureichend. Nehmen wir an, ein Modell soll die Verkaufszahlen eines Sachbuchs vorhersagen und eine der Eingaben ist die Sprache, in der das Buch geschrieben ist. Nun können wir nicht einfach eine Zuordnungstabelle wie die folgende aufstellen:

Kategoriale Eingabe	Numerisches Feature
English	1.0
Chinese	2.0
German	3.0

Das hängt damit zusammen, dass das ML-Modell dann versuchen wird, zwischen der Popularität von deutschen und englischen Büchern zu interpolieren, um die Popularität des Buchs in Chinesisch zu bekommen! Da es keine ordinale Beziehung zwischen Sprachen gibt, müssen wir eine Zuordnung von kategorial zu numerisch verwenden, die es dem Modell ermöglicht, den Markt für Bücher, die in diesen Sprachen geschrieben sind, unabhängig zu lernen.

1-aus-n-Codierung

Die einfachste Methode, kategoriale Variablen zuzuordnen und dabei sicherzustellen, dass die Variablen unabhängig sind, ist die *1-aus-n-Codierung* (engl. *One-hot Encoding*). In unserem Beispiel würde die kategoriale Variable mit der folgenden Zuordnung in einen 3-elementigen Feature-Vektor konvertiert:

Kategoriale Eingabe	Numerisches Feature
English	[1.0, 0.0, 0.0]
Chinese	[0.0, 1.0, 0.0]
German	[0.0, 0.0, 1.0]

Die 1-aus-n-Codierung setzt voraus, dass das *Vokabular* der kategorialen Eingabe im Voraus bekannt ist. Hier besteht das Vokabular aus drei Tokens (English, Chinese und German), und die Länge des resultierenden Features ist die Größe dieses Vokabulars.

Dummy-Codierung oder 1-aus-n-Codierung?

Technisch gesehen, genügt ein 2-elementiger Feature-Vektor, um eine eindeutige Zuordnung für ein Vokabular der Größe 3 zu liefern:

Kategoriale Eingabe	Numerisches Feature
English	[0.0, 0.0]
Chinese	[1.0, 0.0]
German	[0.0, 1.0]

Dies ist die sogenannte *Dummy-Codierung*. Da sie eine kompaktere Darstellung ergibt, wird sie in statistischen Modellen bevorzugt, die eine bessere Performance zeigen, wenn die Eingaben linear unabhängig sind.

Moderne ML-Algorithmen verlangen jedoch nicht, dass die Eingaben linear unabhängig sind. Redundante Eingaben bereinigen sie mit Methoden wie L1-Regularisierung. Der zusätzliche Freiheitsgrad ermöglicht dem Framework, eine fehlende Eingabe in der Produktion transparent als durchgängig null zu verarbeiten:

Kategoriale Eingabe	Numerisches Feature
English	[1.0, 0.0, 0.0]
Chinese	[0.0, 1.0, 0.0]
German	[0.0, 0.0, 1.0]
(missing)	[0.0, 0.0, 0.0]

Daher unterstützen viele ML-Frameworks nur eine 1-aus-n-Codierung.

Unter bestimmten Umständen kann es hilfreich sein, eine numerische Eingabe als kategorial zu behandeln und sie auf eine 1-aus-n-codierte Spalte abzubilden:

Die numerische Eingabe ist ein Index:
: Wenn wir zum Beispiel versuchen, das Verkehrsaufkommen vorherzusagen und eine unserer Eingaben ist der Wochentag, könnten wir den Wochentag als numerisch (1, 2, 3, ..., 7) behandeln, doch es ist hilfreich, dass der Wochentag hier keine kontinuierliche Skala ist, sondern tatsächlich nur ein Index. Es ist besser, ihn als kategorial (Sonntag, Montag, ..., Samstag) zu behandeln, denn die Indizierung ist willkürlich. Soll die Woche mit Sonntag beginnen (wie in den USA), mit Montag (wie in Deutschland) oder Samstag (wie in Ägypten)?

Die Beziehung zwischen Eingabe und Label ist nicht kontinuierlich:
Was dafür sprechen sollte, den Wochentag als kategoriales Feature zu behandeln, ist, dass das Verkehrsaufkommen am Freitag nicht von den Aufkommen am Donnerstag und Samstag beeinflusst wird.

Es ist vorteilhaft, die numerischen Variablen zu kategorisieren:
In den meisten Städten hängt die Verkehrsbelastung davon ab, ob Wochenende ist, und dies kann je nach Ort variieren (Samstag und Sonntag in den meisten Teilen der Welt, Donnerstag und Freitag in manchen islamischen Ländern). Es wäre dann hilfreich, den Wochentag als boolesches Feature (Wochenende oder Werktag) zu behandeln. Eine derartige Zuordnung, bei der die Anzahl der eindeutigen Eingaben (hier sieben) größer ist als die Anzahl der eindeutigen Feature-Werte (hier zwei), bezeichnet man als Bucketing. Üblicherweise erfolgt das Bucketing in Form von Bereichen – zum Beispiel könnten wir `mother_age` in Bereiche einteilen, die bei 20, 25, 30 usw. enden, und jede dieser Klassen als kategorial behandeln. Allerdings geht dabei das ordinale Wesen von `mother_age` verloren.

Wir wollen verschiedene Werte der numerischen Eingabe als unabhängig behandeln, wenn es um ihre Auswirkung auf das Label geht:
Zum Beispiel hängt das Gewicht eines Babys von der Pluralität[2] der Entbindungen ab, da Zwillinge und Drillinge tendenziell weniger wiegen als Einzelkinder. Wenn also ein Baby mit einem geringen Gewicht ein Drillingsbaby ist, könnte es gesünder sein als ein Zwillingsbaby mit dem gleichen Gewicht. In diesem Fall könnten wir die Pluralität auf eine kategoriale Variable abbilden, da eine kategoriale Variable dem Modell ermöglicht, unabhängige Optimierungsparameter für die verschiedenen Werte der Pluralität zu lernen. Selbstverständlich können wir dies nur tun, wenn wir genügend Beispiele von Zwillingen und Drillingen in unserem Datensatz haben.

Array von kategorialen Variablen

Manchmal liegen die Eingabedaten als Array von Kategorien vor. Wenn das Array eine feste Länge hat, können wir jede Arrayposition als separates Feature behandeln. Oftmals hat das Array jedoch eine variable Länge. Zum Beispiel könnte eine der Eingaben für das Geburtenmodell die Art vorheriger Geburten dieser Mutter sein:

```
[Induced, Induced, Natural, Cesarean]
```

Es liegt auf der Hand, dass die Länge dieses Arrays in jeder Zeile variiert, da es für jedes Baby eine unterschiedliche Anzahl älterer Geschwister gibt.

2 Bei Zwillingen ist die Pluralität 2, bei Drillingen 3.

Gängige Idiome für den Umgang mit Arrays von kategorialen Variablen sind unter anderem:

- Die Häufigkeit jedes Terms wird *gezählt*. Die Darstellung für das obige Beispiel wäre dann `[2, 1, 1]`, wenn man die Terme `Induced`, `Natural` und `Cesarean` (in dieser Reihenfolge) annimmt. Nun haben wir ein Zahlenarray fester Länge, das sich abflachen und in Positionsreihenfolge verwenden lässt. Wenn in einem Array ein Element nur einmal vorkommen kann (zum Beispiel bei Sprachen, die eine Person spricht) oder wenn das Feature lediglich die Anwesenheit angibt und nicht die Anzahl (beispielsweise ob die Mutter jemals eine Geburt per Kaiserschnitt hatte), dann ist der Zählwert an jeder Position `0` oder `1` – das ist die sogenannte *Multi-Hot-Codierung*.
- Um große Zahlen zu vermeiden, kann man die *relative Häufigkeit* anstelle der Zählung verwenden. Die Darstellung für unser Beispiel lautet dann `[0.5, 0.25, 0.25]` statt `[2, 1, 1]`. Leere Arrays (erstgeborene Babys ohne vorherige Geschwister) werden mit `[0, 0, 0]` dargestellt. In der Verarbeitung natürlicher Sprache normalisiert man die relative Häufigkeit eines Worts insgesamt durch die relative Häufigkeit der Dokumente, die dieses Wort enthalten. Daraus ergibt sich das *Tf-idf-Maß*[3] (*https://oreil.ly/kNYHr*), das widerspiegelt, wie eindeutig ein Wort in einem Dokument ist.
- Wenn das Array in bestimmter Weise geordnet ist (z.B. in zeitlicher Folge), wird das Eingabearray durch die drei letzten Elemente dargestellt. Arrays, die weniger als drei Elemente enthalten, werden mit fehlenden Werten aufgefüllt.
- Das Array wird durch Bulk-Statistiken dargestellt, z.B. durch die Länge des Arrays, den Modus (häufigster Eintrag), den Median, das 10%-/20%-/...-Perzentil usw.

Von diesen ist das Idiom des *Zählen/der relativen Häufigkeit* das gebräuchlichste. Beide sind eine Verallgemeinerung der 1-aus-n-Codierung – wenn das Baby keine älteren Geschwister hat, lautet die Darstellung `[0, 0, 0]`, und wenn das Baby ein älteres Geschwisterchen hat, das normal geboren wurde, wäre die Darstellung `[0, 1, 0]`.

Nachdem wir einfache Datendarstellungen gesehen haben, kommen wir zu den Entwurfsmustern, die bei der Datendarstellung helfen.

Entwurfsmuster 1: Hashed Feature

Das Entwurfsmuster *Hashed Feature* befasst sich mit drei möglichen Problemen in Bezug auf kategoriale Features: unvollständiges Vokabular, Modellgröße aufgrund von Kardinalität und Kaltstart. Hierzu gruppiert es die kategorialen Features und akzeptiert den Kompromiss von Kollisionen in der Datendarstellung.

3 Von engl. *Term frequency* (Vorkommenshäufigkeit) und *inverse document frequency* (inverse Dokumenthäufigkeit).

Problem

Um eine kategoriale Eingangsvariable 1-aus-n zu codieren, muss das Vokabular im Voraus bekannt sein. Das ist kein Problem, wenn die Eingabevariable etwas ist wie die Sprache, in der ein Buch geschrieben ist, oder der Tag der Woche, für den das Verkehrsaufkommen vorhergesagt wird.

Wie sieht es aus, wenn die fragliche kategoriale Variable etwas ist wie die Kennung `hospital_id` des Krankenhauses, in dem das Baby geboren wurde, oder die Kennung `physician_id` der Person, die das Baby entbindet? Derartige kategoriale Variablen werfen einige Probleme auf:

- Um das Vokabular zu kennen, muss es aus den Trainingsdaten extrahiert werden. Wegen der Stichprobenziehung ist es möglich, dass die Trainingsdaten nicht alle möglichen Krankenhäuser oder Ärzte enthalten. Das Vokabular könnte *unvollständig* sein.
- Die kategorialen Variablen haben eine *hohe Kardinalität*. Anstelle von Feature-Vektoren mit drei Sprachen oder sieben Tagen haben wir Feature-Vektoren, deren Länge in die Tausende bis Millionen geht. Solche Feature-Vektoren werfen in der Praxis mehrere Probleme auf. Sie beinhalten so viele Gewichte, dass die Trainingsdaten möglicherweise nicht ausreichen. Selbst wenn wir das Modell trainieren können, benötigt das trainierte Modell sehr viel Speicherplatz, da das gesamte Vokabular zur Bereitstellungszeit gebraucht wird. Daher lässt sich das Modell eventuell nicht auf kleineren Geräten bereitstellen.
- Nachdem das Modell in die Produktion überführt wurde, könnten neue Krankenhäuser gebaut und neue Ärztinnen und Ärzte eingestellt worden sein. Das Modell kann dafür keine Vorhersagen treffen, und somit wird eine separate Bereitstellungsinfrastruktur benötigt, um mit derartigen *Kaltstart*-Problemen umzugehen.

Selbst bei einfachen Darstellungen wie der 1-aus-n-Codierung lohnt es sich, das Kaltstartproblem einzukalkulieren und alle Nullen explizit für Eingaben zu reservieren, die nicht im Vokabular enthalten sind.

Als konkretes Beispiel nehmen wir das Problem, die Ankunftsverspätung eines Fluges vorherzusagen. Eine der Eingaben für das Modell ist der Abflughafen. Als der Datensatz zusammengestellt wurde, gab es in den Vereinigten Staaten 347 Flughäfen:

```
SELECT
    DISTINCT(departure_airport)
FROM `bigquery-samples.airline_ontime_data.flights`
```

Da es bei einigen Flughäfen lediglich einen bis drei Flüge über den gesamten Zeitraum gab, erwarten wir, dass das Vokabular der Trainingsdaten unvollständig sein wird. Die Anzahl 347 ist groß genug, sodass das Feature ziemlich spärlich vorkommt, und es ist damit zu rechnen, dass neue Flughäfen gebaut werden. Alle drei Probleme (unvollständiges Vokabular, hohe Kardinalität, Kaltstart) sind vorhanden, wenn wir den Abflughafen 1-aus-n-codieren.

Der Datensatz mit den Fluglinien ist wie der Datensatz mit den Geburten und fast alle anderen Datensätze, die wir in diesem Buch zur Veranschaulichung heranziehen, ein öffentlicher Datensatz in BigQuery (*https://oreil.ly/lgcKA*), sodass Sie die Abfrage selbst ausprobieren können. Als dieses Buch entstanden ist, war ein Abfragevolumen von 1 TByte pro Monat kostenlos, und es steht eine Sandbox zur Verfügung, sodass Sie BigQuery bis zu diesem Limit nutzen können, ohne eine Kreditkarte hinterlegen zu müssen. Es empfiehlt sich, unser GitHub-Repository als Lesezeichen zu speichern. Zum Beispiel finden Sie den vollständigen Code im Notebook bei GitHub unter *https://github.com/GoogleCloudPlatform/ml-design-patterns/blob/master/02_data_representation/hashed_feature.ipynb*.

Lösung

Das Entwurfsmuster *Hashed Feature* stellt eine kategoriale Eingabevariable wie folgt dar:

1. Die kategoriale Eingabe in eine eindeutige Zeichenfolge konvertieren. Für den Abflughafen können wir den dreibuchstabigen IATA-Code (*https://oreil.ly/B8nLw*) verwenden.
2. Einen Hashing-Algorithmus auf der Zeichenfolge aufrufen, und zwar einen deterministischen (keinen zufälligen Startwert oder Salt, siehe *https://de.wikipedia.org/wiki/Salt_(Kryptologie)*) und portablen (damit sich derselbe Algorithmus sowohl für das Training als auch für das Bereitstellen eignet).
3. Den Rest ermitteln, wenn das Hashergebnis durch die gewünschte Anzahl an Buckets geteilt wird. Typischerweise gibt der Hashing-Algorithmus eine Ganzzahl zurück, die negativ sein kann, und der Modulo einer negativen Ganzzahl ist negativ. Es wird also der Absolutwert des Ergebnisses verwendet.

In BigQuery SQL setzt man diese Schritte folgendermaßen um:

```
ABS(MOD(FARM_FINGERPRINT(airport), numbuckets))
```

Die Funktion `FARM_FINGERPRINT()` verwendet mit FarmHash eine Familie von Hashing-Algorithmen, die deterministisch sind, eine gute Verteilung aufweisen und für die Implementierungen in einer Reihe von Programmiersprachen verfügbar sind.

In TensorFlow werden diese Schritte durch die Funktion `feature_column` implementiert:

```
tf.feature_column.categorical_column_with_hash_bucket(
    airport, num_buckets, dtype=tf.dtypes.string)
```

Zum Beispiel zeigt Tabelle 2-1 die FarmHash-Werte einiger IATA-Flughafencodes, wenn die Aufteilung der Hashtabelle in 3, 10 und 1.000 Buckets erfolgt.

Tabelle 2-1: Der FarmHash einiger IATA-Flughafencodes, wenn die Hashtabelle unterschiedlich viele Buckets umfasst

Zeile	departure_airport	hash3	hash10	hash1000
1	DTW	1	3	543
2	LBB	2	9	709
3	SNA	2	7	587
4	MSO	2	7	737
5	ANC	0	8	508
6	PIT	1	7	267
7	PWM	1	9	309
8	Benutzername	1	4	744
9	SAF	1	2	892
10	IPL	2	1	591

Warum es funktioniert

Nehmen wir an, dass wir aus dem Flughafencode Hashwerte für zehn Buckets bilden wollen (*hash10* in Tabelle 2-1). Wie lassen sich die Probleme angehen, die wir ermittelt haben?

Eingabe außerhalb des Vokabulars

Selbst wenn ein Flughafen mit einer Handvoll Flügen nicht im Trainingsdatensatz erscheint, liegt sein Hashwert des Features im Bereich `[0-9]`. Demzufolge tritt beim Bereitstellen kein Resilienzproblem auf – der unbekannte Flughafen bekommt die Vorhersagen, die anderen Flughäfen im Hash-Bucket entsprechen. Das Modell wird keinen Fehler hervorbringen.

Bei 347 Flughäfen erhalten durchschnittlich 35 Flughäfen den gleichen Hashwert, wenn wir die Tabelle in zehn Buckets aufteilen. Ein Flughafen, der im Trainingsdatensatz nicht erscheint, »borgt« seine Eigenschaften von den anderen ähnlichen etwa 35 Flughäfen im Hash-Bucket aus. Natürlich wird die Vorhersage für einen fehlenden Flughafen nicht genau sein (es ist unrealistisch, genaue Vorhersagen für unbekannte Eingaben zu erwarten), doch sie wird im richtigen Bereich liegen. Orientieren Sie sich bei der Anzahl der Hash-Buckets daran, wie sich Eingaben außerhalb des Vokabulars vernünftig verarbeiten lassen und wie genau das Modell die kategoriale Eingabe widerspiegeln soll. Bei zehn Hash-Buckets werden etwa 35 Flughäfen vermischt. Eine gute Faustregel ist, die Anzahl der Hash-Buckets so zu wählen, dass jeder Bucket etwa fünf Einträge erhält. Im Beispiel bedeutet dies, dass 70 Hash-Buckets einen guten Kompromiss darstellen.

Hohe Kardinalität

Es ist leicht zu sehen, dass sich dem Problem hoher Kardinalität entgegenwirken lässt, wenn man die Anzahl der Hash-Buckets genügend klein wählt. Selbst Millionen von Flughäfen, Krankenhäusern oder Ärzten können wir per Hashing in wenigen Hundert Buckets unterbringen und somit die Anforderungen an den Arbeitsspeicher des Systems und die Modellgröße in praktikablen Größen halten.

Das Vokabular brauchen wir nicht zu speichern, da der Transformationscode unabhängig vom tatsächlichen Datenwert ist und der Kern des Modells es nur mit `num_buckets` Eingaben und nicht mit dem vollständigen Vokabular zu tun hat.

Es stimmt, dass Hashing verlustbehaftet ist – da wir 347 Flughäfen haben, erhalten durchschnittlich 35 Flughäfen den gleichen Hash-Bucket-Code, wenn wir die Hashtabelle in zehn Buckets aufteilen. Wenn die Alternative jedoch darin besteht, die Variable zu verwerfen, weil sie zu breit ist, dann ist eine verlustbehaftete Codierung ein akzeptabler Kompromiss.

Kaltstart

Die Kaltstartsituation ähnelt der Situation bei Eingaben außerhalb des Vokabulars. Kommt im System ein neuer Flughafen hinzu, erhält er anfangs die Vorhersagen, die anderen Flughäfen im Hash-Bucket entsprechen. Wird ein Flughafen bekannter, gibt es auch mehr Flüge von diesem Flughafen. Solange wir das Modell regelmäßig erneut trainieren, werden seine Vorhersagen nach und nach die Ankunftsverzögerungen vom neuen Flughafen widerspiegeln. Darauf geht der Abschnitt »Entwurfsmuster 18: Kontinuierliche Modellbewertung« auf Seite 245 in Kapitel 5 näher ein.

Indem wir die Anzahl der Hash-Buckets so wählen, dass jeder Bucket etwa fünf Einträge erhält, können wir sicherstellen, dass jeder Bucket vernünftige Anfangsergebnisse hat.

Kompromisse und Alternativen

Die meisten Entwurfsmuster beinhalten eine Art von Kompromiss, und das Entwurfsmuster *Hashed Feature* bildet da keine Ausnahme. Hier geht es vor allem darum, dass wir Modellgenauigkeit verlieren.

Bucket-Kollision

Der Modulo-Teil der Hashed-Feature-Implementierung ist eine verlustbehaftete Operation. Wenn wir die Hash-Bucket-Größe mit 100 wählen, werden sich drei bis vier Flughäfen einen Bucket teilen. Bei der Fähigkeit, die Daten genau darzustellen (mit einem festen Vokabular und 1-zu-n-Codierung), machen wir bewusst Abstriche, um Eingaben außerhalb des Vokabulars, Einschränkungen der Kardinalität/Modellgröße und Kaltstartprobleme zu behandeln. Es gibt nichts umsonst. Entscheiden Sie sich nicht für *Hashed Feature*, wenn Sie das Vokabular im Voraus kennen, wenn das Vokabular relativ klein ist (bei einem Datensatz mit Millionen von Beispielen ist eine Größe von Tausenden akzeptabel) und wenn Kaltstart kein Thema ist.

Nun können wir aber nicht einfach die Anzahl der Buckets extrem vergrößern in der Hoffnung, Kollisionen gänzlich zu vermeiden. Selbst wenn wir bei nur 347 Flughäfen die Anzahl der Buckets auf 100.000 steigerten, beträgt die Wahrscheinlichkeit, dass mindestens zwei Flughäfen in denselben Bucket fallen, 45 % – ein inakzeptabel hoher Wert (siehe Tabelle 2-2). Daher sollten wir Hashed Features nur verwenden, wenn wir tolerieren wollen, dass mehrere kategoriale Eingaben den gleichen Hash-Bucket-Wert verwenden.

Tabelle 2-2: Die erwartete Anzahl von Einträgen pro Bucket und die Wahrscheinlichkeit von mindestens einer Kollision, wenn aus den IATA-Flughafencodes Hashwerte für verschiedene Anzahlen von Buckets erzeugt werden

num_hash_buckets	entries_per_bucket	collision_prob
3	115.666667	1.000000
10	34.700000	1.000000
100	3.470000	1.000000
1000	0.347000	1.000000
10000	0.034700	0.997697
100000	0.003470	0.451739

Schiefe

Der Genauigkeitsverlust ist besonders akut, wenn die Verteilung der kategorialen Eingabe eine hohe Schiefe aufweist. Nehmen wir den Hash-Bucket an, der ORD enthält (Chicago, einer der verkehrsreichsten Flughäfen der Welt). Er lässt sich wie folgt finden:

```
CREATE TEMPORARY FUNCTION hashed(airport STRING, numbuckets INT64) AS (
    ABS(MOD(FARM_FINGERPRINT(airport), numbuckets))
);

WITH airports AS (
SELECT
    departure_airport, COUNT(1) AS num_flights
FROM `bigquery-samples.airline_ontime_data.flights`
GROUP BY departure_airport
)

SELECT
    departure_airport, num_flights
FROM airports
WHERE hashed(departure_airport, 100) = hashed('ORD', 100)
```

Das Ergebnis zeigt, dass es zwar rund 3,6 Millionen Flüge von ORD gibt, aber nur etwa 67.000 Flüge von BTV (Burlington, Vermont):

departure_airport	num_flights
ORD	3610491
BTV	66555
MCI	597761

Dies weist darauf hin, dass das Modell die langen Rollzeiten und Wetterverzögerungen, die Chicago erfährt, dem städtischen Flughafen in Burlington, Vermont, zuschreibt! Die Modellgenauigkeit für BTV und MCI (Flughafen von Kansas City) wird ziemlich schlecht sein, weil es so viele Flüge von Chicago aus gibt.

Aggregat-Feature

Wenn die Verteilung einer kategorialen Variablen schief oder die Anzahl der Buckets so klein ist, dass Bucket-Kollisionen häufig vorkommen, könnte es hilfreich sein, ein Aggregat-Feature als Eingabe für das Modell hinzuzufügen. Zum Beispiel könnten wir für jeden Flughafen die Wahrscheinlichkeit für pünktliche Flüge im Trainingsdatensatz ermitteln und sie unserem Modell als Feature hinzufügen. Dadurch können wir vermeiden, Informationen zu verlieren, die mit einzelnen Flughäfen verbunden sind, wenn wir aus den Flughafencodes Hashwerte erzeugen. In manchen Fällen könnten wir auf den Flughafennamen als Feature gänzlich verzichten, da die relative Häufigkeit von pünktlichen Flügen ausreichen könnte.

Hyperparameter optimieren

Aufgrund der Kompromisse bei der Häufigkeit von Bucket-Kollisionen kann es schwierig sein, die Anzahl der Buckets zu wählen. Oftmals hängt sie vom Problem selbst ab. Konzipieren Sie deshalb die Anzahl der Buckets als Hyperparameter, der optimiert wird:

```
- parameterName: nbuckets
  type: INTEGER
  minValue: 10
  maxValue: 20
  scaleType: UNIT_LINEAR_SCALE
```

Achten Sie darauf, dass die Anzahl der Buckets in einem sinnvollen Bereich bleibt, und zwar in Bezug auf die Kardinalität der kategorialen Variablen, für die ein Hashwert gebildet werden soll.

Kryptografische Hashfunktion

Beim Entwurfsmuster *Hashed Feature* entstehen Verluste durch den Modulo-Teil der Implementierung. Wie wäre es, wenn wir die Modulo-Operation ganz vermeiden würden? Immerhin hat der Farm-Fingerprint eine feste Länge (ein INT64 umfasst 64 Bits), ließe sich also mit 64 Feature-Werten darstellen, die jeweils 0 oder 1 sind. Dies ist die sogenannte *binäre Codierung*.

Allerdings löst die binäre Codierung nicht das Problem der Eingaben außerhalb des Vokabulars oder des Kaltstarts (nur das Problem der hohen Kardinalität). In der Tat führt die bitweise Codierung auf eine falsche Spur. Ohne die Modulo-Operation können wir zu einer eindeutigen Darstellung gelangen, indem wir einfach die drei Zeichen des IATA-Codes codieren (und somit ein Feature der Länge 3 × 26 = 78 verwenden). Das Problem bei dieser Darstellung liegt auf der Hand: Der Anfangsbuchstabe der Flughäfen hat nichts mit ihren Flugverspätungseigenschaften zu tun – die Codierung erzeugt eine *Scheinkorrelation* zwischen Flughäfen, die mit dem gleichen Buchstaben beginnen. Die gleiche Erkenntnis gilt auch im binären Raum. Deshalb raten wir von der binären Codierung der Farm-Fingerprint-Werte ab. Bei der binären Codierung eines MD5-Hashwerts tritt das Problem der Scheinkorrelation nicht auf, da die Ausgaben einer MD5-Hashfunktion gleichverteilt sind. Allerdings ist die MD5-Hashfunktion im Unterschied zum Farm-Fingerprint-Algorithmus weder deterministisch noch eindeutig – sie ist eine Einweg-Hashfunktion und wird viele unerwartete Kollisionen verursachen.

Im Entwurfsmuster *Hashed Feature* müssen wir einen Fingerprint-Hashing-Algorithmus verwenden, keinen kryptografischen Hashing-Algorithmus. Das hängt damit zusammen, dass eine Fingerprint-Funktion einen deterministischen und eindeutigen Wert erzeugen soll. Bei Lichte betrachtet, ist dies eine wichtige Anforderung an Vorverarbeitungsfunktionen im maschinellen Lernen, da wir dieselbe Funktion beim Bereitstellen des Modells anwenden und den gleichen Hashwert bekommen müssen. Eine Fingerprint-Funktion erzeugt keine gleichverteilten Ausgabewerte. Kryptografische Algorithmen wie MD5 oder SHA1 liefern gleichverteilte Ausgaben, sie sind aber nicht deterministisch und absichtlich rechenintensiv gestaltet. Demzufolge ist eine kryptografische Hashfunktion in einem Feature-Engineering-Kontext nicht verwendbar, wo der Hashwert, der während der Voraussage für eine bestimmte Eingabe berechnet wird, der gleiche sein muss wie der Hashwert, der während des Trainings berechnet wurde, und wo die Hashfunktion das ML-Modell nicht bremsen sollte.

Dass MD5 nicht deterministisch ist, liegt daran, dass eine zufällige Zeichenfolge, das sogenannte *Salt* (*https://de.wikipedia.org/wiki/Salt_(Kryptologie)*), an die Zeichenfolge, für die ein Hashwert erzeugt werden soll, angefügt wird. Indem man das Salt an jedes Passwort anfügt, gewährleistet man, dass auch dann, wenn zwei Benutzer zufällig das gleiche Passwort verwenden, in der Datenbank verschiedene Hashwerte erscheinen. Das ist notwendig, um Angriffe mittels »Rainbow Tables« zu vereiteln. Derartige Angriffe stützen sich auf Wörterbücher mit häufig gewählten Passwörtern und vergleichen den Hashwert eines bekannten Passworts mit den Hashwerten in der Datenbank. Dank gestiegener Rechenleistung ist es möglich, einen Brute-Force-Angriff auch auf jedes mögliche Salt durchzuführen. Moderne kryptografische Implementierungen erzeugen den Hashwert deshalb in einer Schleife, um den Rechenaufwand zu erhöhen. Doch selbst wenn wir das Salt weglassen und die Anzahl der Durchläufe auf 1 reduzieren, bleibt MD5 eine Einweg-Hashfunktion. Sie wird auch nicht eindeutig sein.

Die Quintessenz ist, dass wir einen Fingerprint-Hashing-Algorithmus verwenden und auf den resultierenden Hashwert die Modulo-Operation anwenden müssen.

Reihenfolge der Operationen

Die Modulo-Operation führen wir zuerst aus und bilden dann den Absolutwert:

```
CREATE TEMPORARY FUNCTION hashed(airport STRING, numbuckets INT64) AS (
    ABS(MOD(FARM_FINGERPRINT(airport), numbuckets))
);
```

Die Reihenfolge der Funktionen `ABS`, `MOD` und `FARM_FINGERPRINT` im obigen Codefragment ist wichtig, weil der Bereich von `INT64` nicht symmetrisch ist, sondern von –9.223.372.036.854.775.808 bis 9.223.372.036.854.775.807 (jeweils inklusive) reicht. Wenn wir also

```
ABS(FARM_FINGERPRINT(airport))
```

ausführen, könnte es zu einem seltenen und wahrscheinlich nicht reproduzierbaren Überlauffehler kommen, falls die `FARM_FINGERPRINT`-Operation zufällig `-9.223.372.036.854.775.808` zurückgeben würde, da sich dessen Absolutwert nicht mit einem `INT64` darstellen lässt!

Leere Hash-Buckets

Selbst bei nur zehn Hash-Buckets, die 347 Flughäfen darstellen sollen, besteht eine – wenn auch geringe – Restwahrscheinlichkeit, dass einer der Hash-Buckets leer bleibt. Wenn man also mit Hashed-Feature-Spalten arbeitet, kann es vorteilhaft sein, auch eine L2-Regularisierung zu verwenden, sodass die mit einem leeren Bucket verbundenen Gewichte fast auf null gezogen werden(siehe *https://oreil.ly/xlwAH*). Auf diese Weise wird das Modell nicht numerisch instabil, wenn ein Flughafen außerhalb des Vokabulars in einen leeren Bucket fällt.

Entwurfsmuster 2: Einbettungen

Einbettungen sind eine lernbare Datendarstellung, die Daten mit hoher Kardinalität so in einen Raum mit weniger Dimensionen abbildet, dass die für das Lernproblem relevanten Informationen erhalten bleiben. Einbettungen bilden das Herzstück im modernen maschinellen Lernen und sind in diesem Bereich in verschiedenen Ausprägungen zu finden.

Problem

Modelle für maschinelles Lernen suchen systematisch in den Daten nach Mustern, die erfassen, wie sich die Eigenschaften der Eingabe-Features des Modells zum Ausgabe-Label verhalten. Folglich beeinflusst die Datendarstellung der Eingabe-Features direkt die Qualität des endgültigen Modells. Während sich strukturierte numerische Eingaben recht einfach verarbeiten lassen, können die für das Training eines ML-Modells benötigten Daten in unzähligen Varianten vorliegen, beispielsweise kategoriale Features, Text, Bilder, Audio, Zeitreihen und viele mehr. Für diese Datendarstellungen brauchen wir einen aussagekräftigen numerischen Wert, dem wir unserem ML-Modell übergeben, sodass diese Features in das typische Trainingsparadigma passen können. Einbettungen bieten eine Möglichkeit, einige dieser unterschiedlichen Datentypen in einer Weise zu verarbeiten, die Ähnlichkeiten zwischen den Elementen bewahrt und somit die Fähigkeit unseres Modells verbessert, diese wichtigen Muster zu lernen.

Die 1-aus-n-Codierung ist eine gängige Methode, um kategoriale Eingabevariablen darzustellen. Nehmen Sie als Beispiel die Pluralitätseingabe im Geburtendatensatz[4]. Es handelt sich um eine kategoriale Eingabe mit sechs möglichen Werten: `['Single(1)', 'Multiple(2+)', 'Twins(2)', 'Triplets(3)', 'Quadruplets(4)', 'Quintuplets(5)']` (Einzelkinder (1), Mehrlinge (2+), Zwillinge (2), Drillinge (3), Vierlinge (4), Fünflinge (5)). Diese kategoriale Eingabe können wir mit einer 1-aus-n-Codierung verarbeiten, die jeden potenziellen Eingabezeichenfolgenwert auf einen Einheitsvektor in R^6 abbildet, wie Tabelle 2-3 zeigt.

Tabelle 2-3: Ein Beispiel für die 1-aus-n-Codierung kategorialer Eingaben für den Geburtendatensatz

Pluralität	1-aus-n-Codierung
Single(1)	[1,0,0,0,0,0]
Multiple(2+)	[0,1,0,0,0,0]
Twins(2)	[0,0,1,0,0,0]
Triplets(3)	[0,0,0,1,0,0]
Quadruplets(4)	[0,0,0,0,1,0]
Quintuplets(5)	[0,0,0,0,0,1]

Wenn wir die Eingaben auf diese Weise codieren, brauchen wir sechs Dimensionen, um die verschiedenen Kategorien darzustellen. Sechs Dimensionen mögen harmlos erscheinen, doch wie sieht es aus, wenn wir sehr viele weitere Kategorien zu berücksichtigen hätten?

Nehmen wir zum Beispiel an, unser Datensatz bestünde aus dem Abrufverlauf der Kunden unserer Videodatenbank und es ist unsere Aufgabe, anhand der vorherigen Videointeraktionen der Kunden eine Liste von neuen Videos vorzuschlagen. In diesem Szenario könnte das Feld `customer_id` Millionen eindeutiger Einträge enthalten. Ähnlich verhält es sich mit dem Feld `video_id`, das die bisher angesehenen Videos aufnimmt und ebenfalls Tausende von Einträgen enthalten könnte. Die 1-aus-n-Codierung kategorialer Features mit *hoher Kardinalität* wie `video_id` oder

4 Dieser Datensatz ist in BigQuery verfügbar: *bigquery-public-data.samples.natality*.

`customer_id` als Eingaben in ein ML-Modell führt zu einer Sparse-Matrix, die sich bei einer Reihe von Algorithmen für maschinelles Lernen nicht gut eignet.

Die 1-aus-n-Codierung weist zudem das Problem auf, dass sie die kategorialen Variablen als *unabhängig* behandelt. Allerdings sollte die Datendarstellung für Zwillinge nahe an der Datendarstellung für Drillinge liegen und ziemlich weit entfernt von der Datendarstellung für Fünflinge. Ein Mehrling ist höchstwahrscheinlich ein Zwilling, könnte aber auch ein Drilling sein. Als Beispiel zeigt Tabelle 2-4 eine alternative Darstellung der Pluralitätsspalte in einer niedrigeren Dimension, die diese Beziehung der *Nähe* erfasst.

Tabelle 2-4: Durch Einbettung mit geringerer Dimensionalität die Pluralitätsspalte im Geburtendatensatz darstellen

Pluralität	Potenzielle Codierung
Single (1)	[1.0,0.0]
Multiple(2+)	[0.0,0.6]
Twins(2)	[0.0,0.5]
Triplets(3)	[0.0,0.7]
Quadruplets(4)	[0.0,0.8]
Quintuplets(5)	[0.0,0.9]

Diese Zahlen sind natürlich willkürlich gewählt. Doch ist es möglich, die bestmögliche Darstellung der Pluralitätsspalte mit nur zwei Dimensionen für das Geburtenratenproblem zu lernen? Das ist das Problem, das das Entwurfsmuster *Einbettungen* löst.

Das gleiche Problem hoher Kardinalität und abhängiger Daten tritt auch in Bildern und Text auf. Bilder bestehen aus Tausenden von Pixeln, die nicht unabhängig voneinander sind. Text in natürlicher Sprache entsteht aus einem Vokabular mit Zehntausenden von Wörtern, und ein Wort wie `walk` ist dem Wort `run` näher als dem Wort book.

Lösung

Das Entwurfsmuster *Einbettungen* befasst sich mit dem Problem, Daten hoher Kardinalität in einer niedrigeren Dimension dicht darzustellen, indem die Eingabedaten über eine Einbettungsschicht mit trainierbaren Gewichten geleitet werden. Dabei wird die hochdimensionale, kategoriale Eingabevariable auf einen reellwertigen Vektor in einem Raum mit weniger Dimensionen abgebildet. Die Gewichte, mit denen diese dichte Darstellung entsteht, werden als Teil der Optimierung des Modells gelernt (siehe Abbildung 2-5). In der Praxis führen diese Einbettungen dazu, dass sich die Nähebeziehungen in den Eingabedaten erfassen lassen.

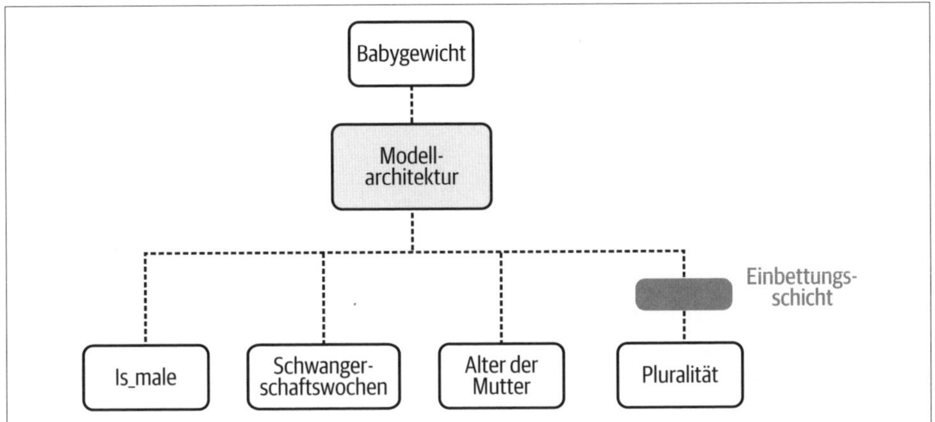

Abbildung 2-5: Die Gewichte einer Einbettungsschicht werden während des Trainings als Parameter gelernt.

Da Einbettungen die Nähebeziehungen in den Eingabedaten in einer Darstellung mit weniger Dimensionen erfassen, können wir eine Einbettungsschicht als Ersatz für Clustering-Techniken (z.B. Kundensegmentierung) und Methoden der Dimensionalitätsreduktion wie die Hauptkomponentenanalyse (PCA) verwenden. Die Einbettungsgewichte werden in der Haupttrainingsschleife des Modells ermittelt, sodass es nicht notwendig ist, die Daten im Vorfeld zu clustern oder einer Hauptkomponentenanalyse zu unterziehen.

Die Gewichte in der Einbettungsschicht würden als Teil des Gradientenabstiegsverfahrens gelernt, wenn das Geburtenratenmodell trainiert wird.

Am Ende des Trainings könnten die Gewichte der Einbettungsschicht eine Codierung der kategorialen Variablen wie in Tabelle 2-5 ergeben.

Tabelle 2-5: 1-aus-n- und gelernte Codierungen für die Pluralitätsspalte im Geburtendatensatz

Pluralität	1-aus-n-Codierung	Gelernte Codierung
Single(1)	[1,0,0,0,0,0]	[0.4, 0.6]
Multiple(2+)	[0,1,0,0,0,0]	[0.1, 0.5]
Twins(2)	[0,0,1,0,0,0]	[–0.1, 0.3]
Triplets(3)	[0,0,0,1,0,0]	[–0.2, 0.5]
Quadruplets(4)	[0,0,0,0,1,0]	[–0.4, 0.3]
Quintuplets(5)	[0,0,0,0,0,1]	[–0.6, 0.5]

Die Einbettung bildet einen dünn besetzten 1-aus-n-codierten Vektor auf einen dichten Vektor in R^2 ab.

In TensorFlow konstruieren wir zuerst eine kategoriale Feature-Spalte für das Feature und umhüllen es dann mit einer einbettenden Feature-Spalte. Zum Beispiel würden wir für unser Pluralitäts-Feature Folgendes haben:

```
plurality = tf.feature_column.categorical_column_with_vocabulary_list(
            'plurality', ['Single(1)', 'Multiple(2+)', 'Twins(2)',
'Triplets(3)', 'Quadruplets(4)', 'Quintuplets(5)'])
plurality_embed = tf.feature_column.embedding_column(plurality, dimension=2)
```

Die resultierende Feature-Spalte (`plurality_embed`) wird als Eingabe für die nachgelagerten Knoten des neuronalen Netzes anstelle der 1-aus-n-codierten Feature-Spalte (Pluralität) verwendet.

Texteinbettungen

Text bietet ein natürliches Umfeld, in dem man eine Einbettungsschicht vorteilhaft nutzen kann. Angesichts der Kardinalität eines Vokabulars (oftmals in der Größenordnung von 10.000 Wörtern) ist es nicht praktikabel, jedes Wort 1-aus-n zu codieren. Es würde eine unglaublich große (hochdimensionale) Sparse-Matrix für das Training entstehen. Außerdem möchten wir, dass die Einbettungen bei ähnlichen Wörtern nahe beieinanderliegen und nicht verwandte Wörter sich im Einbettungsraum weit voneinander entfernt befinden. Daher verwenden wir eine dichte Worteinbettung, um die diskrete Texteingabe zu vektorisieren, bevor wir sie an unser Modell übergeben.

Um eine Texteinbettung in Keras zu implementieren, erstellen wir zuerst eine Tokenisierung für jedes Wort in unserem Vokabular, wie Abbildung 2-6 zeigt. Dann verwenden wir diese Tokenisierung, um eine Einbettungsschicht abzubilden, ähnlich wie Sie es von der Pluralitätsspalte kennen.

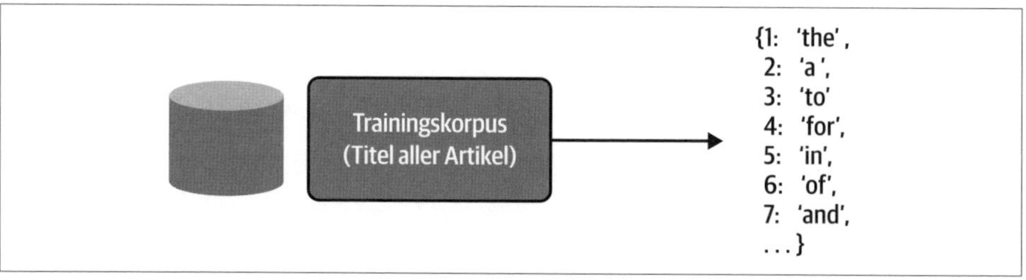

Abbildung 2-6: Der Tokenizer erzeugt eine Nachschlagetabelle, die jedes Wort auf einen Index abbildet.

Die Tokenisierung erzeugt eine Nachschlagetabelle, die jedes Wort in unserem Vokabular auf einen Index abbildet. Wir können uns dies vorstellen als eine 1-aus-n-Codierung jedes Worts, wobei der tokenisierte Index die Position des Nicht-Null-Elements in der 1-aus-n-Codierung ist. Hierfür ist ein vollständiger Durchlauf durch den gesamten Datensatz erforderlich (unter der Annahme, dass er aus den Titeln von Artikeln besteht)[5], um die Nachschlagetabelle zu erzeugen. Dies kann in Keras ausgeführt werden. Den vollständigen Code finden Sie im Repository für dieses

Buch (*https://github.com/GoogleCloudPlatform/ml-design-patterns/blob/master/02_data_representation/embeddings.ipynb*):

```
from tensorflow.keras.preprocessing.text import Tokenizer

tokenizer = Tokenizer()
tokenizer.fit_on_texts(titles_df.title)
```

Hier können wir auf die Klasse `Tokenizer` aus der Bibliothek `keras.preprocessing.text` zurückgreifen. Der Aufruf von `fit_on_texts` erzeugt eine Nachschlagetabelle, die jedes Wort, das in unseren Titeln auftaucht, auf einen Index abbildet. Mit dem Aufruf `tokenizer.index_word` können wir diese Nachschlagetabelle direkt inspizieren:

```
tokenizer.index_word
{1: 'the',
 2: 'a',
 3: 'to',
 4: 'for',
 5: 'in',
 6: 'of',
 7: 'and',
 8: 's',
 9: 'on',
 10: 'with',
 11: 'show',
...
```

Diese Zuordnung können wir dann mit der Methode `texts_to_sequences` unseres Tokenizers aufrufen. Dadurch wird jede Folge von Wörtern in der darzustellenden Texteingabe (hier nehmen wir an, dass es sich um Titel von Artikeln handelt) auf eine Folge von Tokens abgebildet, die den einzelnen Wörtern entsprechen (siehe Abbildung 2-7):

```
integerized_titles = tokenizer.texts_to_sequences(titles_df.title)
```

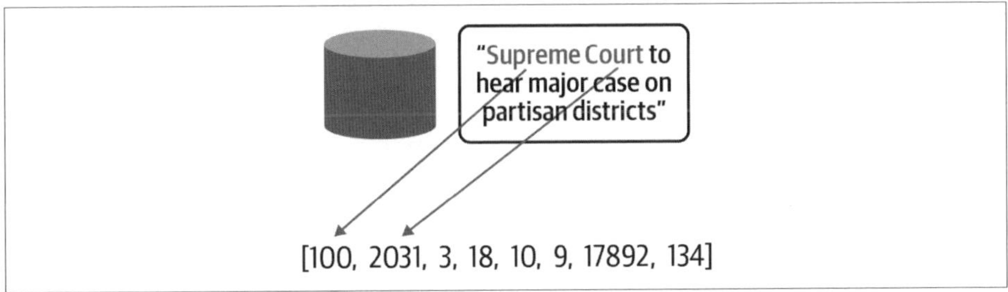

Abbildung 2-7: Mithilfe des Tokenizers wird jeder Titel auf eine Folge von ganzzahligen Indexwerten abgebildet.

Der Tokenizer enthält weitere relevante Informationen, die wir später verwenden, um eine Einbettungsschicht zu erstellen. Speziell erfasst `VOCAB_SIZE`, wie viele Ele-

5 Dieser Datensatz ist in BigQuery verfügbar: *bigquery-public-data.hacker_news.stories*.

mente die Indexnachschlagetabelle enthält, und MAX_LEN nimmt die maximale Länge der Textzeichenfolgen im Datensatz auf:

```
VOCAB_SIZE = len(tokenizer.index_word)
MAX_LEN = max(len(sequence) for sequence in integerized_titles)
```

Bevor das Modell erstellt wird, müssen wir die Titel im Datensatz aufbereiten. Um den Titel in das Modell einzuspeisen, ist es erforderlich, die Elemente des Titels aufzufüllen. Keras bietet hierfür die Hilfsfunktion pad_sequence, die auf den Tokenizer-Methoden aufsetzt. Die Funktion create_sequences übernimmt sowohl Titel als auch die maximale Satzlänge als Eingabe und gibt eine Liste von Ganzzahlen zurück. Diese entsprechen unseren Tokens, die bis zur maximalen Satzlänge aufgefüllt wurden:

```
from tensorflow.keras.preprocessing.sequence import pad_sequences

def create_sequences(texts, max_len=MAX_LEN):
    sequences = tokenizer.texts_to_sequences(texts)
    padded_sequences = pad_sequences(sequences,
                                     max_len,
                                     padding='post')
    return padded_sequences
```

Als Nächstes erstellen wir in Keras das Modell eines tiefen neuronalen Netzes (*Deep Neural Network*, DNN), das eine einfache Einbettungsschicht implementiert, um die Wort-Ganzzahlen in dichte Vektoren zu transformieren. Die Embedding-Schicht von Keras kann man sich als Abbildung der Ganzzahlindizes bestimmter Wörter auf dichte Vektoren (ihre Einbettungen) vorstellen. Die Dimensionalität der Einbettung wird durch output_dim bestimmt. Das Argument input_dim gibt die Größe des Vokabulars an und input_shape die Länge der Eingabesequenzen. Da wir hier die Titel auffüllen und erst dann an das Modell übergeben, setzen wir input_shape=[MAX_LEN]:

```
model = models.Sequential([layers.Embedding(input_dim=VOCAB_SIZE + 1,
                                            output_dim=embed_dim,
                                            input_shape=[MAX_LEN]),
                           layers.Lambda(lambda x: tf.reduce_mean(x,axis=1)),
                           layers.Dense(N_CLASSES, activation='softmax')])
```

Um die von der Einbettungsschicht zurückgegebenen Wortvektoren zu mitteln, müssen wir eine benutzerdefinierte Keras-Lambda-Schicht zwischen die Einbettungsschicht und die dichte Softmax-Schicht setzen. Der erhaltene Durchschnittswert wird in die dichte Softmax-Schicht eingespeist. Auf diese Weise erzeugen wir ein Modell, das einfach ist, das aber Informationen über die Wortreihenfolge verliert. Es entsteht ein Modell, das Sätze als *Bag-of-Words* sieht.

Bildeinbettungen

Während es sich bei Text um sehr spärliche Eingaben handelt, bestehen andere Datentypen wie Bild- oder Audiodaten aus dichten, hochdimensionalen Vektoren, die meist mehrere Kanäle mit rohen Pixel- oder Frequenzinformationen enthalten.

In dieser Situation erfasst eine Einbettung eine relevante Eingabedarstellung mit geringerer Dimension.

Bei Bildeinbettungen wird zunächst ein komplexes *Convolutional Neural Network* (wie Inception oder ResNet) auf einem großen Bilddatensatz (wie ImageNet) trainiert, das Millionen von Bildern und Tausende von möglichen Klassifizierungs-Labels enthält. Dann wird die letzte Softmax-Schicht aus dem Modell entfernt. Ohne die letzte Softmax-Klassifizierungsschicht lässt sich das Modell verwenden, um einen Feature-Vektor für eine bestimmte Eingabe zu extrahieren. Da dieser Feature-Vektor sämtliche relevanten Informationen des Bilds enthält, ist er praktisch eine niedrigdimensionale Einbettung des Eingabebilds.

Sehen Sie sich analog dazu die Aufgabe der Bildbeschriftung an, d.h. das Generieren einer inhaltlichen Beschriftung eines gegebenen Bilds, wie Abbildung 2-8 zeigt.

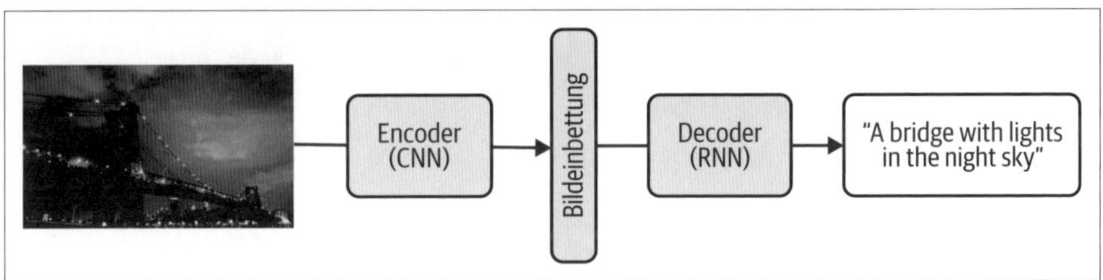

Abbildung 2-8: Für die Aufgabe der Bildübersetzung produziert der Encoder eine niedrigdimensionale Einbettungsdarstellung des Bilds.

Indem diese Modellarchitektur auf einem umfangreichen Datensatz an Bild-Beschriftung-Paaren trainiert wird, lernt der Encoder eine effiziente Vektordarstellung für Bilder. Der Decoder lernt, wie dieser Vektor in eine Textüberschrift zu übersetzen ist. In diesem Sinne wird der Encoder zu einer Image2Vec-Einbettungsmaschine.

Warum es funktioniert

Die Einbettungsschicht ist lediglich eine weitere verdeckte Schicht des neuronalen Netzes. Die Gewichte werden dann jeder der Dimensionen mit hoher Kardinalität zugeordnet, und die Ausgabe wird durch das übrige Netz weitergeleitet. Die Gewichte, die zur Einbettung gehören, werden also genau wie alle anderen Gewichte im neuronalen Netz über das Gradientenabstiegsverfahren gelernt. Das heißt, dass die resultierenden Vektoreinbettungen die effizienteste niedrigdimensionale Repräsentation dieser Feature-Werte in Bezug auf die Lernaufgabe darstellen.

Während diese verbesserte Einbettung letztlich dem Modell hilft, haben die Einbettungen an sich einen inhärenten Wert und erlauben uns, zusätzliche Einblicke in unseren Datensatz zu gewinnen.

Kommen wir noch einmal auf den Datensatz mit den Kundenvideos zurück. Verwendet man nur die 1-aus-n-Codierung, haben zwei verschiedene Benutzer `user_i` und `user_j` das gleiche Ähnlichkeitsmaß. In analoger Weise würde die Punktprodukt- bzw. die Kosinusähnlichkeit für zwei verschiedene sechsdimensionale 1-aus-n-Codierungen der Geburtenpluralität eine Ähnlichkeit von null aufweisen. Das ist verständlich, da die 1-aus-n-Codierung unserem Modell praktisch sagt, zwei verschiedene Mehrlingsgeburten als voneinander unabhängig zu behandeln. Für unseren Datensatz von Kunden und Videoabrufen verlieren wir jeglichen Ähnlichkeitsbegriff zwischen Kunden oder Videos. Doch das fühlt sich nicht ganz richtig an. Zwei verschiedene Kunden oder Videos werden wahrscheinlich irgendwelche Ähnlichkeiten aufweisen. Das Gleiche gilt für Mehrlingsgeburten. Das Auftreten von Vierlingen und Fünflingen beeinflusst wahrscheinlich das Geburtsgewicht in einer statistisch ähnlichen Weise im Vergleich zu den Geburtsgewichten von Einzelkindern (siehe Abbildung 2-9).

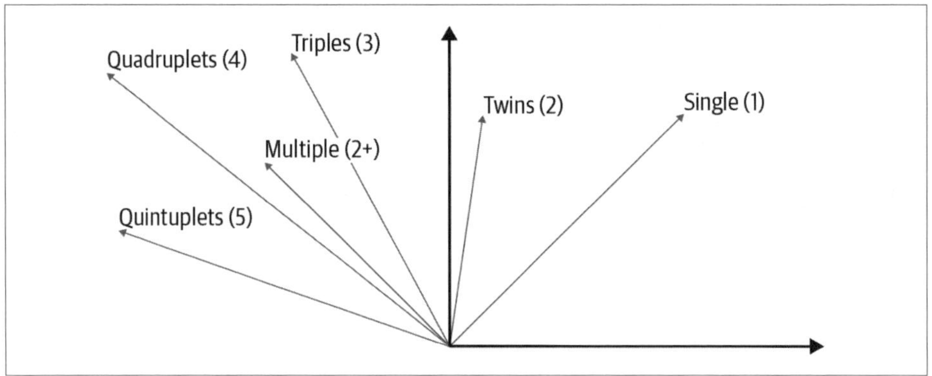

Abbildung 2-9: Indem wir unsere kategoriale Variable in einen Einbettungsraum mit weniger Dimensionen zwingen, können wir auch Beziehungen zwischen den verschiedenen Kategorien lernen.

Wenn wir die Ähnlichkeit der Mehrlingskategorien als 1-aus-n-codierte Vektoren berechnen, erhalten wir die Identitätsmatrix, da jede Kategorie als eigenständiges Feature behandelt wird (siehe Tabelle 2-6).

Tabelle 2-6: Wenn Features 1-aus-n-codiert sind, ist die Ähnlichkeitsmatrix nichts weiter als die Identitätsmatrix.

	Single(1)	Multiple(2+)	Twins(2)	Triplets(3)	Quadruplets(4)	Quintuplets(5)
Single(1)	1	0	0	0	0	0
Multiple(2+)	-	1	0	0	0	0
Twins(2)	-	-	1	0	0	0
Triplets(3)	-	-	-	1	0	0
Quadruplets(4)	-	-	-	-	1	0
Quintuplets(5)	-	-	-	-	-	1

Sobald jedoch die Pluralität in zwei Dimensionen eingebettet ist, wird das Ähnlichkeitsmaß nicht trivial, und es entstehen wichtige Beziehungen zwischen den verschiedenen Kategorien (siehe Tabelle 2-7).

Tabelle 2-7: Wenn die Features in zwei Dimensionen eingebettet sind, liefert uns die Ähnlichkeitsmatrix mehr Informationen.

	Single(1)	Multiple(2+)	Twins(2)	Triplets(3)	Quadruplets(4)	Quintuplets(5)
Single(1)	1	0.92	0.61	0.57	0.06	0.1
Multiple(2+)	-	1	0.86	0.83	0.43	0.48
Twins(2)	-	1	0.99	0.82	0.85	
Triplets(3)	-	1	0.85	0.88		
Quadruplets(4)	-	1	0.99			
Quintuplets(5)	-	-	-	-	-	1

Somit erlaubt uns eine gelernte Einbettung, inhärente Ähnlichkeiten zwischen zwei separaten Kategorien zu extrahieren, und wir können – setzt man eine numerische Vektordarstellung voraus – die Ähnlichkeit zwischen zwei kategorialen Features genau quantifizieren.

Mit dem Geburtendatensatz lässt sich das leicht visualisieren, doch das gleiche Prinzip gilt auch, wenn man mit `customer_ids` arbeitet, die in einen 20-dimensionalen Raum eingebettet sind. Wenn wir die Einbettungen auf unseren Kundendatensatz anwenden, erlauben sie uns, ähnliche Kunden für eine gegebene `customer_id` abzurufen und Vorschläge basierend auf der Ähnlichkeit zu machen, beispielsweise welche Videos wahrscheinlich angesehen werden (siehe Abbildung 2-10). Darüber hinaus lassen sich diese Benutzer- und Elementeinbettungen mit anderen Features kombinieren, wenn ein separates ML-Modell trainiert wird. Die Verwendung von vorab trainierten Einbettungen in ML-Modellen bezeichnet man als *Transfer Learning*.

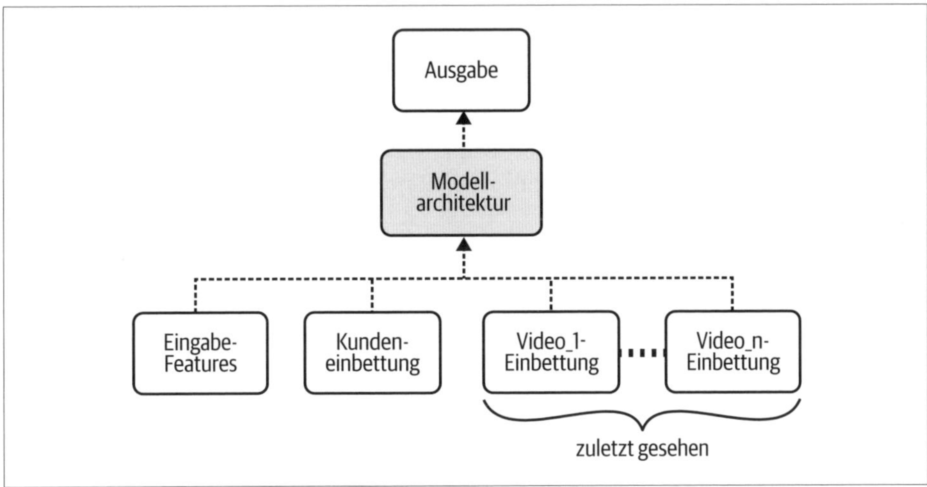

Abbildung 2-10: Durch Lernen eines dichten Einbettungsvektors mit wenigen Dimensionen für jeden Kunden und jedes Video ist ein einbettungsbasiertes Modell in der Lage, bei weniger Aufwand für ein manuelles Feature Engineering gut zu verallgemeinern.

Kompromisse und Alternativen

Der Hauptnachteil bei Verwendung einer Einbettung ist die eingeschränkte Darstellung der Daten. Der Übergang von einer Darstellung mit hoher Kardinalität zu einer Darstellung mit weniger Dimensionen ist mit einem Informationsverlust verbunden. Im Gegenzug gewinnen wir Informationen über die Nähe und den Kontext der Elemente.

Die Einbettungsdimension auswählen

Die genaue Dimensionalität des Einbettungsraums ist etwas, das wir als Praktiker:innen auswählen. Sollten wir also eine große oder eine kleine Einbettungsdimension wählen? Natürlich gibt es hier einen Kompromiss, wie bei den meisten Dingen im maschinellen Lernen. Die Verlustrate der Darstellung wird durch die Größe der Einbettungsschicht gesteuert. Wählt man für die Einbettungsschicht eine sehr kleine Ausgabedimension, werden zu viele Informationen in einen kleinen Vektorraum gezwungen, und Kontext kann verloren gehen. Ist dagegen die Einbettungsdimension zu groß, verliert die Einbettung die gelernte kontextuelle Bedeutung der Features. Im Extremfall sind wir zurück bei dem Problem, auf das wir bei der 1-aus-n-Codierung gestoßen sind. Die optimale Einbettungsdimension wird oft durch Experimentieren gefunden, ähnlich wie man die Anzahl der Neuronen in einer tiefen neuronalen Netzwerkschicht ermittelt.

Wenn es schnell gehen muss, kann man als Faustregel die vierte Wurzel (*https://oreil.ly/ywFco*) aus der Gesamtanzahl von eindeutigen kategorialen Elementen verwenden, während eine andere Regel lautet, dass die Einbettungsdimension ungefähr 1,6-mal die Quadratwurzel (*https://oreil.ly/github-fastai-2-blob-fastai-2-tabular-model-py*) aus der Anzahl der eindeutigen Elemente in der Kategorie sein sollte, aber nicht weniger als 600. Nehmen wir zum Beispiel an, Sie möchten eine Einbettungsschicht verwenden, um ein Feature mit 625 eindeutigen Werten zu codieren. Entsprechend der ersten Faustregel würden wir eine Einbettungsdimension für Pluralität von 5 wählen, gemäß der zweiten Faustregel würden wir 40 wählen. Wenn wir die Hyperparameter abstimmen, könnte es sich lohnen, innerhalb dieses Bereichs zu suchen.

Autoencoder

Es kann schwierig sein, Einbettungen in einem überwachten Modus zu trainieren, da es jede Menge gelabelter Daten erfordert. Damit ein Bildklassifizierungsmodell wie Inception in der Lage ist, brauchbare Bildeinbettungen zu produzieren, wird es auf ImageNet trainiert, das 14 Millionen gelabelter Bilder umfasst. Dieser Bedarf an einem riesigen gelabelten Datensatz lässt sich unter anderem mit Autoencodern decken.

Die in Abbildung 2-11 gezeigte typische Autoencoder-Architektur besteht aus einer Flaschenhalsebene, die im Wesentlichen eine Einbettungsebene ist. Der Teil des Netzes vor dem Flaschenhals (der *Encoder*) bildet eine hochdimensionale Eingabe auf eine Einbettungsschicht mit weniger Dimensionen ab, während das letzte Netz (der *Decoder*) diese Darstellung zurück auf eine höhere Dimension abbildet, typischerweise die gleiche Dimension wie das Original. Das Modell wird in der Regel auf einer Variante eines Rekonstruktionsfehlers trainiert, der die Ausgabe des Modells zwingt, der Eingabe so ähnlich wie möglich zu sein.

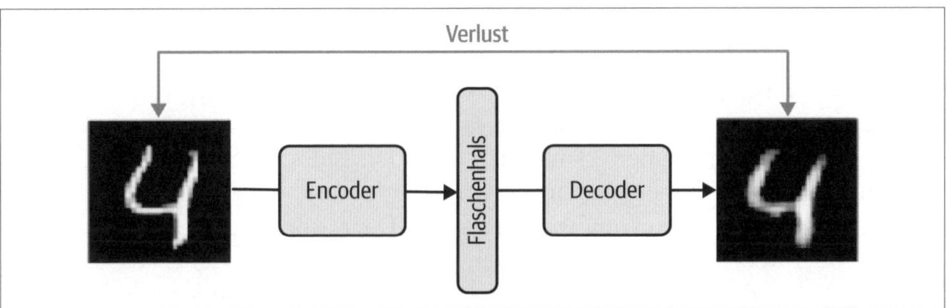

Abbildung 2-11: Beim Training eines Autoencoders sind das Feature und das Label gleich, und der Verlust ist der Rekonstruktionsfehler. Damit ist der Autoencoder in der Lage, eine nichtlineare Dimensionsreduktion zu erreichen.

Da die Eingabe gleich der Ausgabe ist, sind keine zusätzlichen Labels erforderlich. Der Encoder lernt eine optimale nichtlineare Dimensionsreduktion der Eingabe. Ähnlich wie die Hauptkomponentenanalyse eine lineare Dimensionsreduktion erreicht, ist die Flaschenhalsschicht eines Autoencoders in der Lage, eine nichtlineare Dimensionsreduktion über das Einbetten zu erreichen.

Damit haben wir die Möglichkeit, ein schwieriges ML-Problem in zwei Teile zu zerlegen. Zuerst verwenden wir alle verfügbaren ungelabelten Daten, um von hoher Kardinalität zu niedriger Kardinalität zu gelangen, indem wir Autoencoder als *Hilfslernaufgabe* verwenden. Dann lösen wir das eigentliche Bildklassifizierungsproblem, für das wir typischerweise viel weniger gelabelte Daten haben, indem wir die Einbettung verwenden, die durch die Autoencoder-Hilfsaufgabe erzeugt wurde. Dies wird wahrscheinlich die Modellperformance erhöhen, da das Modell jetzt nur noch die Gewichte für die Konfiguration mit geringerer Dimension zu lernen hat (d.h. weniger Gewichte lernen muss).

Zusätzlich zu Bild-Autoencodern haben sich neuere Arbeiten (*https://oreil.ly/ywFco*) darauf konzentriert, Deep-Learning-Techniken auf strukturierte Daten anzuwenden. TabNet ist ein tiefes neuronales Netz, das speziell dafür konzipiert wurde, aus tabellarischen Daten zu lernen, und sich im nicht überwachten Modus trainieren lässt. Indem das Modell in eine Encoder-Decoder-Struktur modifiziert wird, funktioniert TabNet als Autoencoder auf tabellarischen Daten. Dadurch kann das Modell Einbettungen aus strukturierten Daten über einen Feature-Transformer lernen.

Kontextbezogene Sprachmodelle

Gibt es eine Hilfslernaufgabe, die für Text funktioniert? Kontextbezogene Sprachmodelle wie *Word2Vec* und maskierte Sprachmodelle wie *Bidirectional Encoding Representations from Transformers* (BERT) ändern die Lernaufgabe in ein Problem, sodass es keinen Mangel an Labels gibt.

Word2Vec ist eine bekannte Methode für die Konstruktion einer Einbettung, die flache neuronale Netze verwendet und zwei Techniken – *Continuous Bag-of-Words* (CBOW) und ein Skip-Gram-Modell – kombiniert, die auf einen großen Textkorpus – wie zum Beispiel Wikipedia – angewendet werden. Während das Ziel beider Modelle darin besteht, den Kontext eines Worts zu lernen, indem Eingabewörter auf die Zielwörter mit einer dazwischenliegenden Einbettungsschicht abgebildet werden, wird ein Hilfsziel erreicht, das niedrigdimensionale Einbettungen lernt, die den Kontext der Wörter am besten erfassen. Die resultierenden Worteinbettungen, die über Word2Vec gelernt werden, erfassen die semantischen Beziehungen zwischen Wörtern, sodass die Vektordarstellungen im Einbettungsraum eine sinnvolle Distanz und Direktionalität beibehalten (siehe Abbildung 2-12).

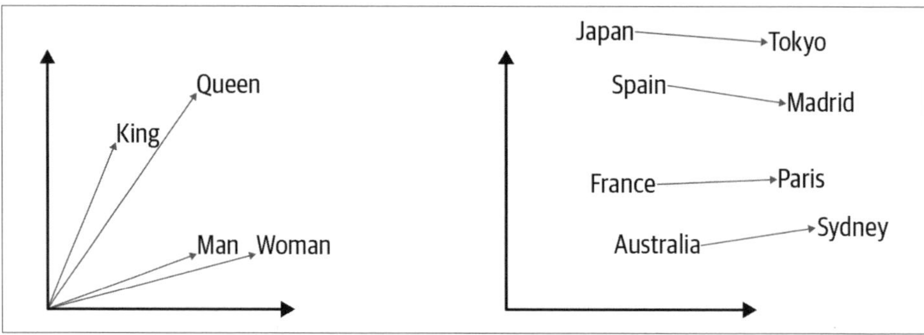

Abbildung 2-12: Worteinbettungen erfassen semantische Beziehungen.

BERT wird mit einem maskierten Sprachmodell und der Vorhersage des nächsten Satzes trainiert. Bei einem maskierten Sprachmodell werden Wörter zufällig aus dem Text ausgeblendet (maskiert), und das Modell errät die fehlenden Wörter. Die Vorhersage des nächsten Satzes ist eine Klassifizierungsaufgabe, bei der das Modell vorhersagt, ob zwei Sätze im Originaltext aufeinanderfolgen oder nicht. Somit ist jeder Textkorpus als gelabelter Datensatz geeignet. Ursprünglich wurde BERT auf dem gesamten Korpus der englischen Wikipedia sowie BooksCorpus trainiert. Trotz des Lernens auf diesen Hilfsaufgaben haben sich die gelernten Einbettungen von BERT oder Word2Vec als sehr leistungsfähig erwiesen, wenn sie auf andere nachgelagerte Trainingsaufgaben angewendet wurden. Die von Word2Vec gelernten Worteinbettungen sind unabhängig von dem Satz, in dem das Wort erscheint. Die BERT-Worteinbettungen sind jedoch kontextbezogen, d.h., der Einbettungsvektor ist je nach Kontext, in dem das Wort verwendet wird, unterschiedlich.

Eine vortrainierte Texteinbettung wie Word2Vec, NNLM, GLoVE oder BERT kann einem ML-Modell hinzugefügt werden, um Text-Features in Verbindung mit strukturierten Eingaben und anderen Einbettungen, die von unserem Kunden- und Videodatensatz gelernt wurden, zu verarbeiten (siehe Abbildung 2-13).

Letztlich lernen Einbettungen, Informationen zu bewahren, die für die vorgegebene Trainingsaufgabe relevant sind. So soll bei der Bildbeschriftung gelernt werden, wie sich der Kontext der Elemente eines Bilds zum Text verhält. In der Autoencoder-Architektur ist das Label gleich dem Feature, sodass die Dimensionsreduktion des Flaschenhalses versucht, alles zu lernen, und zwar ohne den spezifischen Kontext dessen, was wichtig ist.

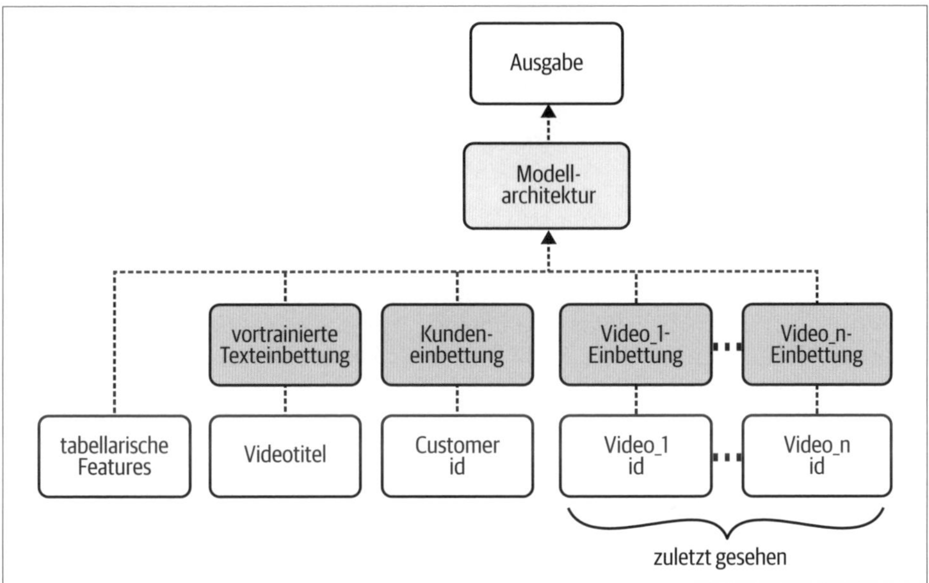

Abbildung 2-13: Um Text-Features zu verarbeiten, kann einem Modell eine vortrainierte Texteinbettung hinzugefügt werden.

Einbettungen in einem Data Warehouse

Maschinelles Lernen auf strukturierten Daten lässt sich am besten direkt in SQL auf einem Data Warehouse durchführen. Dadurch erübrigt es sich, die Daten aus dem Warehouse zu exportieren, und Probleme mit Datenschutz und Datensicherheit werden entschärft.

Viele Probleme erfordern jedoch eine Mischung aus strukturierten Daten und Text in natürlicher Sprache oder Bilddaten. In Data Warehouses wird Text in natürlicher Sprache (zum Beispiel Rezensionen) direkt in Spalten gespeichert, Bilder typischerweise als URLs zu Dateien in einem Cloud-Speicher-Bucket. In diesen Fällen vereinfacht es das spätere maschinelle Lernen, die Einbettungen der Textspalten oder der Bilder zusätzlich als arrayartige Spalten zu speichern. Auf diese Weise lassen sich derartige unstrukturierte Daten leicht in ML-Modelle einbinden.

Um Texteinbettungen zu erstellen, können wir ein vortrainiertes Modell wie zum Beispiel Swivel von TensorFlow Hub nach BigQuery laden. Der vollständige Code ist auf GitHub (*https://github.com/GoogleCloudPlatform/ml-design-patterns/blob/master/02_data_representation/text_embeddings.ipynb*) zu finden:

```
CREATE OR REPLACE MODEL advdata.swivel_text_embed
OPTIONS(model_type='tensorflow', model_path='gs://BUCKET/swivel/*')
```

Verwenden Sie dann das Modell, um die Textspalte mit natürlicher Sprache in ein Einbettungsarray zu transformieren, und speichern Sie die Einbettungssuche in einer neuen Tabelle:

```
CREATE OR REPLACE TABLE advdata.comments_embedding AS
SELECT
    output_0 as comments_embedding,
    comments
FROM ML.PREDICT(MODEL advdata.swivel_text_embed,(
    SELECT comments, LOWER(comments) AS sentences
    FROM `bigquery-public-data.noaa_preliminary_severe_storms.wind_reports`
))
```

Es ist nun möglich, Verknüpfungen mit dieser Tabelle einzurichten, um die Texteinbettung für einen beliebigen Kommentar zu erhalten. Für Bildeinbettungen können wir auf ähnliche Weise Bild-URLs in Einbettungen transformieren und sie in das Data Warehouse laden.

Eine solche Vorberechnung von Features finden Sie als Beispiel im Abschnitt »Entwurfsmuster 26: Feature Store« auf Seite 325 (siehe Kapitel 6).

Entwurfsmuster 3: Feature Cross

Das Entwurfsmuster *Feature Cross* hilft Modellen, Beziehungen zwischen Eingaben schneller zu lernen, indem explizit jede Kombination von Eingabewerten zu einem eigenen Feature gemacht wird.

Problem

Sehen Sie sich den Datensatz in Abbildung 2-14 an. Die Aufgabe besteht darin, einen binären Klassifizierer zu erstellen, der die Plus- und Minuszeichen voneinander trennt.

Wenn man nur die `x_1`- und `x_2`-Koordinaten verwendet, ist es nicht möglich, eine lineare Grenze zu finden, die die Plus- und Minusklassen trennt.

Um also dieses Problem zu lösen, müssen wir das Modell komplexer machen, vielleicht mit zusätzlichen Schichten. Es gibt aber eine einfachere Lösung.

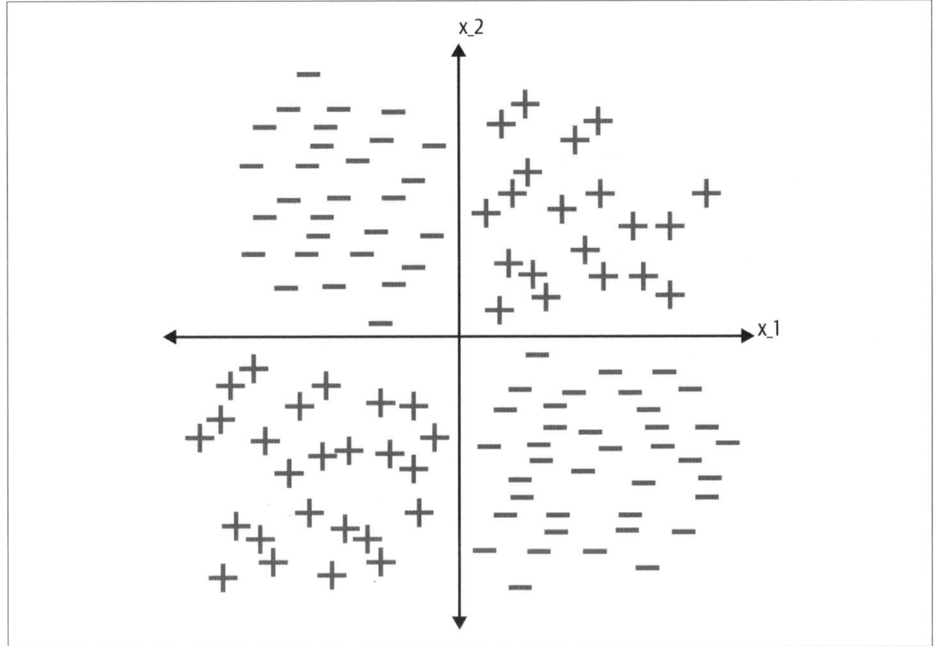

Abbildung 2-14: Allein mit »x_1« und »x_2« als Eingaben ist dieser Datensatz nicht linear separierbar.

Lösung

Im maschinellen Lernen greift das Feature Engineering auf Domänenwissen zurück, um neue Features zu erzeugen, die das maschinelle Lernen unterstützen und die Vorhersagekraft unseres Modells erhöhen. Eine häufig verwendete Feature-Engineering-Technik ist das Erstellen eines Feature Cross.

Ein Feature Cross ist ein synthetisches Feature, das aus der Verkettung von zwei oder mehr kategorialen Features entsteht, um die Interaktion zwischen ihnen zu erfassen. Indem zwei Features auf diese Weise verknüpft werden, ist es möglich, Nichtlinearität im Modell zu codieren, was Vorhersagemöglichkeiten eröffnet, die über das hinausgehen, was jedes der Features an sich hätte leisten können. Feature Crosses erlauben einem ML-Modell, Beziehungen zwischen den Features schneller zu lernen. Während komplexere Modelle wie neuronale Netze und Bäume Feature Crosses selbstständig erlernen können, ist es durch die explizite Verwendung von Feature Crosses möglich, lediglich ein lineares Modell trainieren zu müssen. Folglich können Feature Crosses das Modelltraining beschleunigen (und damit preiswerter machen) und die Modellkomplexität verringern (weniger Trainingsdaten werden benötigt).

Um eine Feature-Spalte für den obigen Datensatz zu erstellen, können wir `x_1` und `x_2` abhängig von ihrem Vorzeichen jeweils auf zwei Buckets aufteilen. Damit konvertieren wir `x_1` und `x_2` zu kategorialen Features. Mit `A` kennzeichnen wir den Bucket, für den `x_1 >= 0` gilt, und mit `B` den Bucket, für den `x_1 < 0` ist. Zudem soll `C` den Bucket für `x_2 >= 0` und `D` den Bucket für `x_2 < 0` kennzeichnen (siehe Abbildung 2-15).

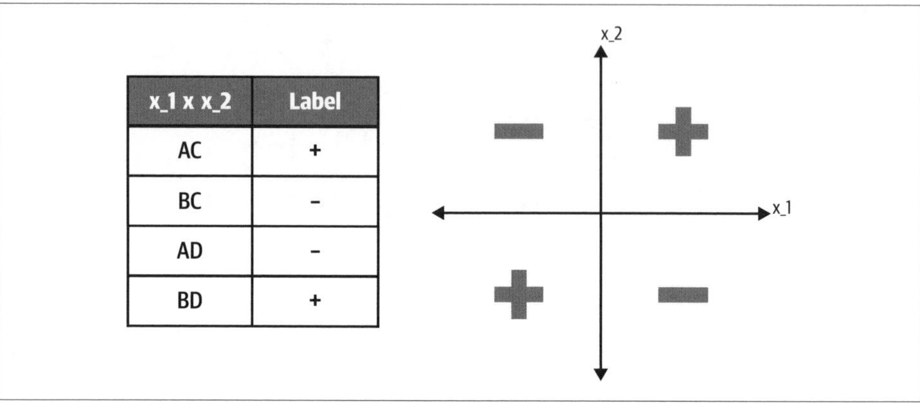

Abbildung 2-15: Das Feature Cross führt vier neue boolesche Features ein.

Ein Feature Cross dieser in Buckets eingeordneten Features führt vier neue boolesche Features für unser Modell ein:

> `AC`, wenn `x_1 >= 0` und `x_2 >= 0`
>
> `BC`, wenn `x_1 < 0` und `x_2 >= 0`
>
> `AD`, wenn `x_1 >= 0` und `x_2 < 0`
>
> `BD`, wenn `x_1 < 0` und `x_2 < 0`

Jedes dieser vier booleschen Features (`AC`, `BC`, `AD` und `BD`) erhält beim Training des Modells sein eigenes Gewicht. Das heißt, wir können jeden Quadranten als eigenes Feature behandeln. Da der Originaldatensatz perfekt auf die von uns erstellten Buckets aufgeteilt wurde, ist ein Feature Cross von `A` und `B` in der Lage, den Datensatz linear zu trennen.

Doch dies ist lediglich eine Veranschaulichung. Wie sieht es mit realen Daten aus? Nehmen wir einen öffentlichen Datensatz von Taxifahrten in New York City (siehe Tabelle 2-8).[6]

Tabelle 2-8: Eine Vorschau auf den öffentlichen Datensatz mit Taxifahrten in New York City in BigQuery

pickup_datetime	pickuplon	pickuplat	dropofflon	dropofflat	passengers	fare_amount
2014-05-17 15:15:00 UTC	-73.99955	40.7606	-73.99965	40.72522	1	31
2013-12-09 15:03:00 UTC	-73.99095	40.749772	-73.870807	40.77407	1	34.33

6 Das Notebook *feature_cross.ipynb* im Repository zum Buch (*https://github.com/GoogleCloudPlatform/ml-design-patterns/blob/master/02_data_representation/feature_cross.ipynb*) hilft Ihnen, der Diskussion besser zu folgen.

Tabelle 2-8: Eine Vorschau auf den öffentlichen Datensatz mit Taxifahrten in New York City in BigQuery (Fortsetzung)

pickup_datetime	pickuplon	pickuplat	dropofflon	dropofflat	passengers	fare_amount
2013-04-18 08:48:00 UTC	-73.973102	40.785075	-74.011462	40.708307	1	29
2009-11-05 06:47:00 UTC	-73.980313	40.744282	-74.015285	40.711458	1	14.9
2009-05-21 09:47:06 UTC	-73.901887	40.764021	-73.901795	40.763612	1	12.8

Dieser Datensatz enthält Informationen zu Taxifahrten in New York City mit Features wie dem Zeitstempel der Abholung, dem Breiten- und Längengrad der Abholung und des Ziels sowie der Anzahl der Fahrgäste. Das hier verwendete Label `fare_amount` steht für die Kosten der Taxifahrt. Welche Feature Crosses könnten für diesen Datensatz relevant sein?

Es könnten viele sein. Sehen wir uns `pickup_datetime` an. Von diesem Feature können wir Informationen über die Stunde und den Wochentag der Fahrt verwenden. Es sind kategoriale Variablen, und zweifellos besitzen beide Vorhersagepotenzial, wenn es um die Ermittlung des Fahrpreises geht. Für diesen Datensatz ist ein Feature Cross von `day_of_week` und `hour_of_day` sinnvoll, denn man kann davon ausgehen, dass Taxifahrten am Montag um 17:00 Uhr anders abgerechnet werden als Fahrten am Freitag um 5:00 Uhr (siehe Tabelle 2-9).

Tabelle 2-9: Eine Vorschau auf die Daten, mit denen wir ein Feature Cross erstellen: die Spalten Wochentag und Tageszeit

day_of_week	hour_of_day
Sunday	00
Sunday	01
...	...
Saturday	23

Ein Feature Cross dieser beiden Features ergibt einen 168-dimensionalen 1-aus-n-codierten Vektor (24 Stunden × 7 Tage = 168). Das Beispiel »Montag um 17 Uhr« belegt dann einen einzigen Index (`day_of_week` ist Montag verkettet mit `hour_of_day` ist 17).

Die beiden Features sind für sich genommen wichtig. Wenn wir aber ein Feature Cross von `hour_of_day` und `day_of_week` vorsehen, kann ein Modell zur Fahrpreisvorhersage leichter erkennen, dass die Rushhour am Ende der Woche die Fahrzeit und damit den Taxitarif auf ihre eigene Weise beeinflusst.

Feature Cross in BigQuery ML

Das *Feature Cross* erzeugen wir in BigQuery mithilfe der Funktion ML.FEATURE_CROSS, der wir eine Struktur mit den Features day_of_week und hour_of_day übergeben:

```
ML.FEATURE_CROSS(STRUCT(day_of_week,hour_of_week)) AS day_X_hour
```

Die STRUCT-Klausel erzeugt ein geordnetes Paar aus den beiden Features. Wenn unser Software-Framework keine Feature-Cross-Funktion unterstützt, lässt sich der gleiche Effekt mit einer Zeichenfolgenverkettung erreichen:

```
CONCAT(CAST(day_of_week AS STRING),
       CAST(hour_of_week AS STRING)) AS day_X_hour
```

Ein komplettes Trainingsbeispiel für das Geburtenproblem sehen Sie unten, wobei ein Feature Cross der Spalten is_male und plurality als Feature verwendet wird. Den vollständigen Code finden Sie im Repository zum Buch (*https://github.com/GoogleCloudPlatform/ml-design-patterns/blob/master/02_data_representation/feature_cross.ipynb*):

```
CREATE OR REPLACE MODEL babyweight.natality_model_feat_eng
TRANSFORM(weight_pounds,
    is_male,
    plurality,
    gestation_weeks,
    mother_age,
    CAST(mother_race AS string) AS mother_race,
    ML.FEATURE_CROSS(
            STRUCT(
                is_male,
                plurality)
        ) AS gender_X_plurality)
OPTIONS
   (MODEL_TYPE='linear_reg',
    INPUT_LABEL_COLS=['weight_pounds'],
    DATA_SPLIT_METHOD="NO_SPLIT") AS
SELECT
  *
FROM
    babyweight.babyweight_data_train
```

Das Muster *Transformation* (siehe Kapitel 6) wird hier für das Feature Engineering im Geburtenmodell verwendet. Dadurch kann sich das Modell auch »daran erinnern«, das Feature Cross der Eingabedatenfelder bei der Vorhersage durchzuführen.

Wenn wir über genügend Daten verfügen, erlaubt das Muster *Feature Cross* es auch, dass die Modelle einfacher werden. Für ein lineares Modell mit dem Muster *Feature Cross* beträgt der RMSE[7] im Geburtendatensatz 1,056. Alternativ dazu lie-

7 RMSE – *Root-Mean-Square Error*, Wurzel aus dem mittleren quadratischen Fehler.

fert das Training eines tiefen neuronalen Netzes in BigQuery ML auf demselben Datensatz ohne Feature Crosses einen RMSE von 1,074. Trotz der Verwendung eines wesentlich einfacheren linearen Modells ist eine leichte Verbesserung der Performance zu verzeichnen. Auch die Zeit für das Training ist drastisch reduziert.

Feature Crosses in TensorFlow

Um ein Feature Cross mit den Features `is_male` und `plurality` in TensorFlow zu implementieren, verwenden wir `tf.feature_column.crossed_column`. Die Methode `crossed_column` übernimmt zwei Argumente: eine Liste der zu kreuzenden Feature-Schlüssel und die Hash-Bucket-Größe. Da für gekreuzte Features ein Hashwert entsprechend der `hash_bucket_size` erzeugt wird, sollte der Bucket groß genug sein, um die Wahrscheinlichkeit für Kollisionen komfortabel zu verringern. Die Eingabe `is_male` kann drei Werte (`True`, `False`, `Unknown`) annehmen, die Eingabe `plurality` sechs Werte (`Single(1)`, `Twins(2)`, `Triplets(3)`, `Quadruplets(4)`, `Quintuplets(5)`, `Multiple(2+)`). Es gibt also 18 mögliche (`is_male`, `plurality`)-Paare. Wenn wir `hash_bucket_size` auf `1000` setzen, können wir zu 85 % sicher sein, dass es keine Kollisionen gibt.

Um schließlich eine gekreuzte Spalte in einem DNN-Modell zu verwenden, müssen wir sie entweder in eine `indicator_column` oder eine `embedding_column` einhüllen, je nachdem, ob wir sie 1-aus-n-codieren oder in einer niedrigeren Dimension darstellen wollen (siehe den Abschnitt »Entwurfsmuster 2: Einbettungen« auf Seite 58 in diesem Kapitel):

```
gender_x_plurality = fc.crossed_column(["is_male", "plurality"],
                                        hash_bucket_size=1000)
crossed_feature = fc.embedding_column(gender_x_plurality, dimension=2)
```

oder

```
gender_x_plurality = fc.crossed_column(["is_male", "plurality"],
                                        hash_bucket_size=1000)
crossed_feature = fc.indicator_column(gender_x_plurality)
```

Warum es funktioniert

Feature Crosses sind ein wertvolles Instrument des Feature Engineering. Sie bieten mehr Komplexität, mehr Ausdruckskraft und mehr Kapazität für einfache Modelle. Denken Sie noch einmal an das gekreuzte Feature von `is_male` und `plurality` im Geburtendatensatz. Dieses Feature-Cross-Muster ermöglicht dem Modell, männliche Zwillinge getrennt von weiblichen Zwillingen und getrennt von männlichen Drillingen und getrennt von weiblichen Einzelkindern usw. zu behandeln. Mit einer `indicator_column` ist das Modell in der Lage, jede der resultierenden Kreuzungen als unabhängige Variable zu behandeln, wodurch im Wesentlichen 18 zusätzliche binäre kategoriale Features zum Modell hinzugefügt werden (siehe Abbildung 2-16).

Feature Crosses lassen sich gut für große Datenmengen skalieren. Während zusätzliche Schichten in einem tiefen neuronalen Netz genügend Nichtlinearität einbringen könnten, um zu lernen, wie sich (`is_male`, `plurality`)-Paare verhalten, erhöht sich dadurch auch die Trainingszeit drastisch. Im Geburtendatensatz haben wir beobachtet, dass ein lineares Modell mit einem Feature Cross, das in BigQuery ML trainiert wird, eine vergleichbare Performance wie ein DNN erzielt, das ohne ein Feature Cross trainiert wurde. Allerdings lässt sich das lineare Modell erheblich schneller trainieren.

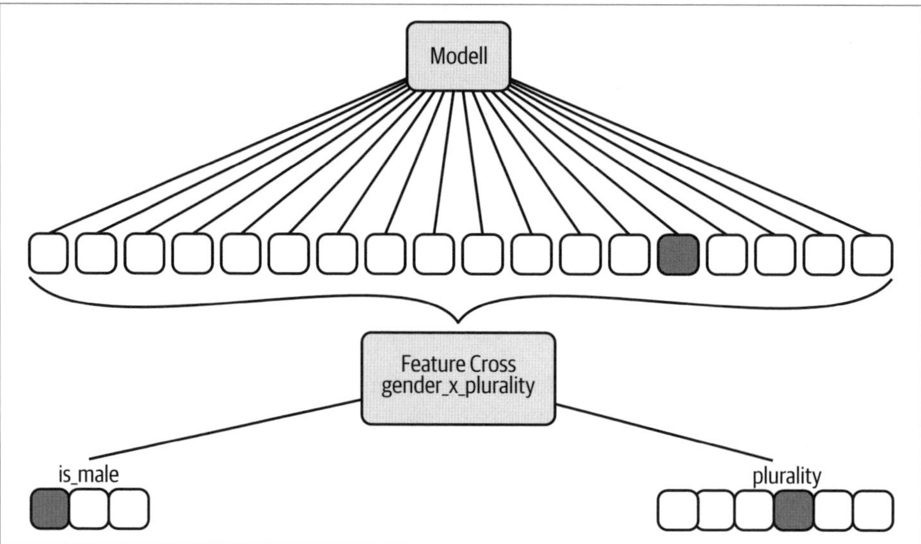

Abbildung 2-16: Ein Feature Cross zwischen »is_male« und »plurality« erzeugt zusätzliche 18 binäre Features in unserem ML-Modell.

Tabelle 2-10 vergleicht die Trainingszeit in BigQuery ML und den Bewertungsverlust sowohl für ein lineares Modell mit einem Feature Cross von (`is_male`, `plurality`) als auch für ein tiefes neuronales Netz ohne Feature Cross.

Tabelle 2-10: Ein Vergleich von BigQuery-ML-Trainingsmetriken für Modelle mit und ohne Features Crosses

Modelltyp	Inkl. Feature Cross	Trainingszeit (Minuten)	Bewertungsverlust (RMSE)
Linear	Ja	0,42	1,05
DNN	Nein	48	1,07

Eine einfache lineare Regression erreicht einen vergleichbaren Fehler beim Bewertungssatz, trainiert aber hundertmal schneller. Die Kombination von Feature Crosses mit massiven Daten ist eine alternative Strategie, um komplexe Beziehungen in Trainingsdaten zu lernen.

Kompromisse und Alternativen

Feature Crosses haben wir zwar als Möglichkeit vorgestellt, kategoriale Variablen zu verarbeiten, doch sie lassen sich mit ein wenig Vorverarbeitung auch auf numerische Features anwenden. Feature Crosses bewirken eine Dünnbesetztheit (*Sparsity*) in Modellen und werden oft zusammen mit Techniken eingesetzt, die dieser Dünnbesetztheit entgegenwirken.

Umgang mit numerischen Features

Wir würden niemals ein Feature Cross mit einer kontinuierlichen Eingabe erzeugen. Denn wenn die eine Eingabe m mögliche Werte annimmt und eine andere Eingabe n mögliche Werte, ergibt sich ein Feature Cross mit $m * n$ Elementen. Eine numerische Eingabe ist dicht und nimmt ein Kontinuum von Werten an. Es wäre unmöglich, alle möglichen Werte in einem Feature Cross von kontinuierlichen Eingabedaten aufzuzählen.

Handelt es sich um kontinuierliche Daten, können wir sie stattdessen in Buckets unterteilen, um sie kategorial zu machen, bevor wir ein Feature Cross anwenden. Nehmen wir als Beispiel Breiten- und Längengrade. Dies sind kontinuierliche Eingaben, und es ist intuitiv sinnvoll, ein Feature Cross aus diesen Eingaben zu erstellen, da der Standort durch ein geordnetes Paar aus Breite und Länge bestimmt wird. Anstatt jedoch ein Feature Cross mit den rohen Werten für Breiten- und Längengrad zu erstellen, kategorisieren wir diese kontinuierlichen Werte und kreuzen die daraus entstandenen `binned_latitude` und `binned_longitude`:

```
import tensorflow.feature_column as fc

# Eine Bucket-Feature-Spalte für den Breitengrad erzeugen.
latitude_as_numeric = fc.numeric_column("latitude")
lat_bucketized = fc.bucketized_column(latitude_as_numeric,
                                      lat_boundaries)
# Eine Bucket-Feature-Spalte für den Längengrad erzeugen.
longitude_as_numeric = fc.numeric_column("longitude")
lon_bucketized = fc.bucketized_column(longitude_as_numeric,
                                      lon_boundaries)

# Ein Feature Cross aus Breite und Länge erzeugen.
lat_x_lon = fc.crossed_column([lat_bucketized, lon_bucketized],
                              hash_bucket_size=nbuckets**4)

crossed_feature = fc.indicator_column(lat_x_lon)
```

Umgang mit hoher Kardinalität

Da die Kardinalität der resultierenden Kategorien aus einem Feature Cross multiplikativ mit der Kardinalität der Eingabe-Features zunimmt, führen Feature Crosses zu dünn besetzten Modelleingaben. Selbst mit dem Feature Cross aus `day_of_week` und `hour_of_day` würde ein Feature Cross zu einem dünn besetzten Vektor der Dimension 168 werden (siehe Abbildung 2-17).

Es kann sinnvoll sein, ein Feature Cross über eine Einbettungsschicht zu übergeben (siehe den Abschnitt »Entwurfsmuster 2: Einbettungen« auf Seite 58 in diesem Kapitel), um eine Darstellung mit weniger Dimensionen zu erzeugen, wie Abbildung 2-18 zeigt.

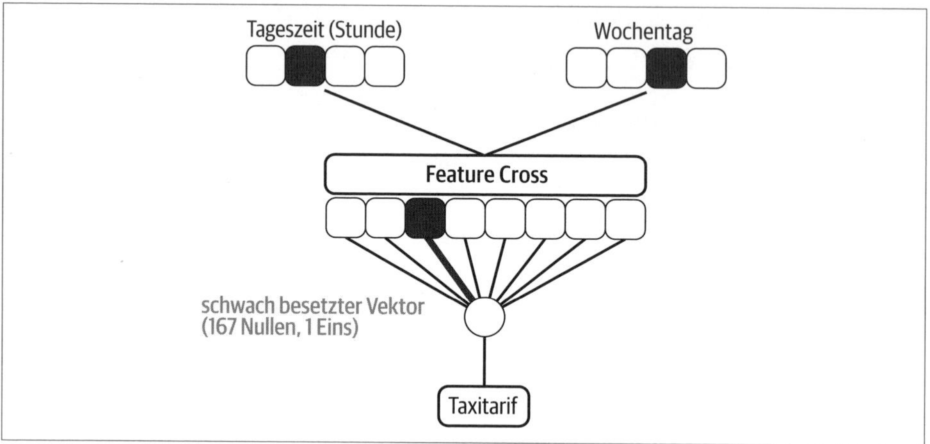

Abbildung 2-17: Ein Feature Cross aus »day_of_week« und »hour_of_day« ergibt einen dünn besetzten Vektor der Dimension 168.

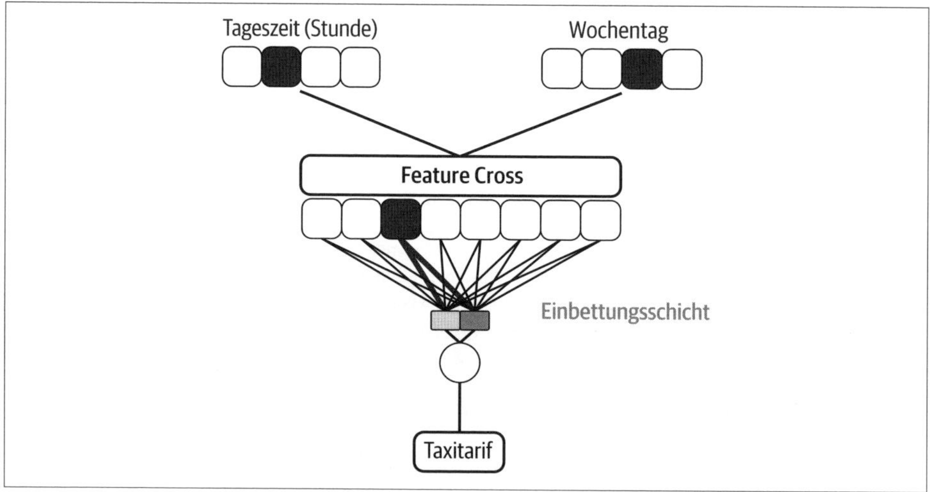

Abbildung 2-18: Eine Einbettungsschicht ist eine nützliche Methode, um mit dem dünn besetzten Feature Cross umzugehen.

Wie weiter oben erläutert, können wir mit dem Entwurfsmuster *Einbettungen* die Nähe von Beziehungen erfassen. Wenn wir also das Feature Cross über eine Einbettungsschicht an das Modell übergeben, kann das Modell verallgemeinern, wie bestimmte Feature Crosses, die aus Paaren von Stunden- und Tageskombinationen stammen, die Ausgabe des Modells beeinflussen. Im obigen Beispiel von Breite und

Länge könnten wir eine Einbettungs-Feature-Spalte anstelle der Indikatorspalte verwenden:

```
crossed_feature = fc.embedding_column(lat_x_lon, dimension=2)
```

Notwendigkeit der Regularisierung

Wenn man zwei kategoriale Features, jeweils mit hoher Kardinalität, kreuzt, entsteht ein Cross Feature mit multiplikativer Kardinalität. Natürlich kann die Anzahl der Kategorien in einem Feature Cross drastisch steigen, je mehr Kategorien ein einzelnes Feature hat. Wenn dies so weit geht, dass einzelne Buckets zu wenige Elemente enthalten, ist das Modell nicht mehr in der Lage zu verallgemeinern. Nehmen Sie das Beispiel der Breiten- und Längengrade. Wenn wir sehr feine Buckets für Breiten- und Längengrade nehmen, würde ein Feature Cross so genau sein, dass sich das Modell jeden Punkt auf der Karte merken könnte. Beruht dieses Merken jedoch nur auf einer Handvoll Beispiele, würde es sich tatsächlich um eine Überanpassung handeln.

Nehmen Sie zur Veranschaulichung das Beispiel mit der Vorhersage des Taxitarifs in New York für die gegebenen Einstiegs- und Ausstiegsorte sowie die Einstiegszeit:[8]

```
CREATE OR REPLACE MODEL mlpatterns.taxi_l2reg
TRANSFORM(
    fare_amount
    , ML.FEATURE_CROSS(STRUCT(CAST(EXTRACT(DAYOFWEEK FROM pickup_datetime)
                      AS STRING) AS dayofweek,
                              CAST(EXTRACT(HOUR FROM pickup_datetime)
                      AS STRING) AS hourofday), 2) AS day_hr
    , CONCAT(
        ML.BUCKETIZE(pickuplon, GENERATE_ARRAY(-78, -70, 0.01)),
        ML.BUCKETIZE(pickuplat, GENERATE_ARRAY(37, 45, 0.01)),
        ML.BUCKETIZE(dropofflon, GENERATE_ARRAY(-78, -70, 0.01)),
        ML.BUCKETIZE(dropofflat, GENERATE_ARRAY(37, 45, 0.01))
    ) AS pickup_and_dropoff
)
OPTIONS(input_label_cols=['fare_amount'],
        model_type='linear_reg', l2_reg=0.1)
AS
SELECT * FROM mlpatterns.taxi_data
```

Hier gibt es zwei Feature Crosses: eines für die Zeit (Wochentag und Stunde des Tages) und das andere für den Raum (die Einstiegs- und Ausstiegsorte). Da insbesondere der Ort eine sehr hohe Kardinalität hat, ist es wahrscheinlich, dass in manche Buckets nur sehr wenige Beispiele fallen.

Deshalb ist es ratsam, Feature Crosses mit einer Regularisierung zu kombinieren: mit einer L1-Regularisierung, die Dünnbesetztheit von Features fördert, oder mit einer L2-Regularisierung, die Überanpassung begrenzt. Dadurch ist unser Modell in der Lage, Störgeräusche zu ignorieren, die durch die vielen synthetischen Features generiert werden, und Überanpassung zu bekämpfen. Und tatsächlich ver-

8 Den vollständigen Code finden Sie unter *02_data_representation/feature_cross.ipynb* im Code-Repository zu diesem Buch.

bessert die Regularisierung auf diesem Datensatz den RMSE geringfügig, nämlich um 0,3 %.

Außerdem sollte man bei Features, die in einem Feature Cross kombiniert werden sollen, darauf achten, dass die betreffenden Features nicht stark korreliert sind. Ein Feature Cross kann man sich so vorstellen, dass zwei Features kombiniert werden, um ein geordnetes Paar zu erzeugen. In der Tat bezieht sich der Begriff »Cross« aus *Feature Cross* auf das kartesische Produkt. Wenn zwei Features stark korreliert sind, bringt das »Produkt« ihres Feature Cross keine neuen Informationen in das Modell ein. Als extremes Beispiel nehmen wir die zwei Features `x_1` und `x_2` an, wobei `x_2 = 5*x_1` gilt. Teilt man die Werte für `x_1` und `x_2` nach ihrem Vorzeichen in Buckets auf und erzeugt ein Feature Cross, entstehen noch vier neue boolesche Features. Aufgrund der Abhängigkeit von `x_1` und `x_2` werden jedoch zwei dieser vier Features tatsächlich leer sein, und die beiden anderen sind genau die beiden Buckets, die für `x_1` eingerichtet wurden.

Entwurfsmuster 4: Multimodale Eingabe

Das Entwurfsmuster *Multimodale Eingabe* befasst sich mit dem Problem der Darstellung von Daten, die verschiedene Typen haben oder die sich auf komplexe Art und Weise ausdrücken lassen, indem alle verfügbaren Datendarstellungen verkettet werden.

Problem

In der Regel lässt sich eine Eingabe in ein Modell als Zahl oder als Kategorie darstellen, als Bild oder als formatfreier Text. Viele Standardmodelle sind nur für bestimmte Eingabetypen definiert – zum Beispiel kann ein Standardbildklassifizierungsmodell wie Resnet-50 keine anderen Eingaben als Bilder verarbeiten.

Um zu verstehen, weshalb multimodale Eingaben erforderlich sind, nehmen wir eine Kamera an, die an einer Kreuzung Filmmaterial aufnimmt, um Verkehrsverstöße zu identifizieren. Unser Modell soll sowohl Bilddaten (das Filmmaterial der Kamera) als auch einige Metadaten zum Zeitpunkt der Bildaufnahme (Tageszeit, Wochentag, Wetter usw.) erfassen, wie Abbildung 2-19 zeigt.

Dieses Problem tritt ebenfalls auf, wenn ein strukturiertes Datenmodell trainiert wird, bei dem eine der Eingaben formatfreier Text ist. Im Gegensatz zu numerischen Daten kann man Bilder und Text nicht direkt in ein Bild einspeisen. Daher müssen wir Bild- und Texteingaben in einer für das Modell verständlichen Form darstellen (üblicherweise mithilfe des Entwurfsmusters *Einbettungen*) und dann diese Eingaben mit anderen tabellarischen[9] Features kombinieren. So könnten wir

9 Den Begriff »tabellarische Daten« verwenden wir für numerische und kategoriale Eingaben, nicht aber für formatfreien Text. Stellen Sie sich tabellarische Daten als alles das vor, womit Sie üblicherweise in einer Tabellenkalkulation arbeiten. Beispiele dafür sind Alter, Fahrzeugtyp, Preis oder Anzahl der Arbeitsstunden. Freiformtext wie Beschreibungen oder Rezensionen zählen nicht zu tabellarischen Daten.

etwa die Bewertung eines Restaurantbesuchers auf der Grundlage seines Bewertungstexts und anderer Attribute vorhersagen, beispielsweise was der Gast bezahlt hat und ob es ein Mittag- oder Abendessen war (siehe Abbildung 2-20).

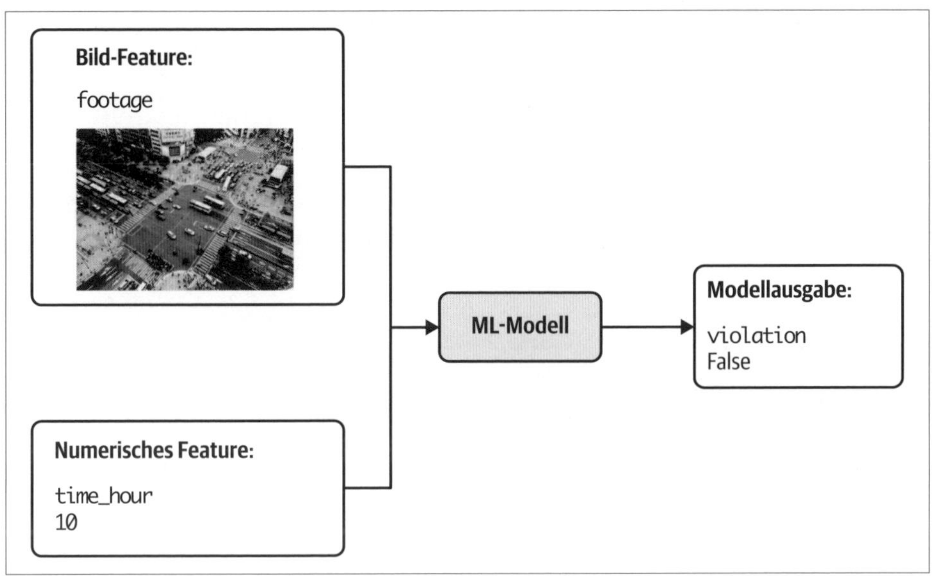

Abbildung 2-19: Modell, das Bild- und numerische Features kombiniert, um vorherzusagen, ob das Filmmaterial von einer Kreuzung einen Verkehrsverstoß darstellt

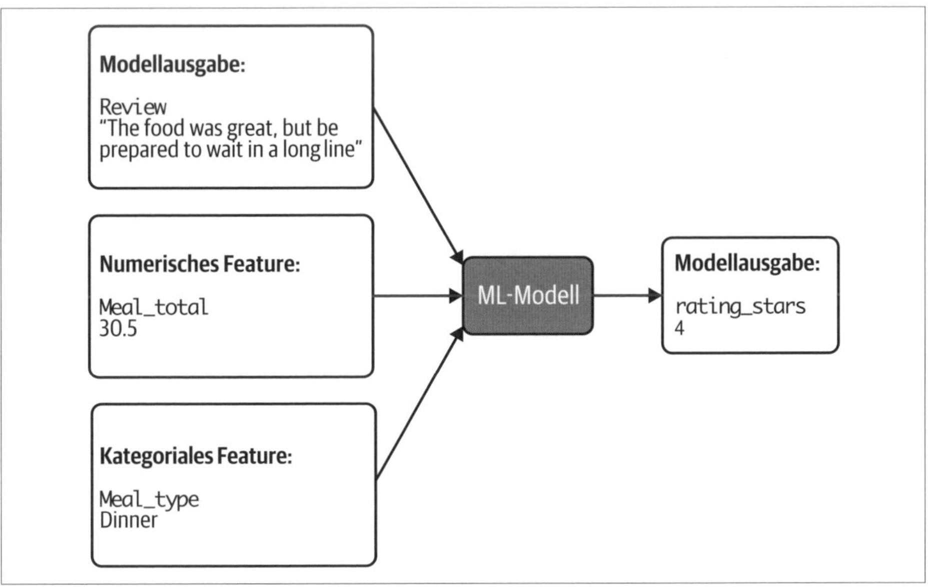

Abbildung 2-20: Modell, das Freiformtexteingaben mit tabellarischen Daten kombiniert, um die Bewertung einer Restaurantrezension vorherzusagen

Lösung

Beginnen wir mit dem obigen Beispiel, das Text aus einer Restaurantkritik mit tabellarischen Metadaten über das Essen, auf das sich die Kritik bezieht, zusammenbringt. Zuerst kombinieren wir die numerischen und kategorialen Features. Für `meal_type` gibt es drei Optionen, die wir in eine 1-aus-n-Codierung überführen können. Das Abendessen stellen wir dann als `[0, 0, 1]` dar. Dieses kategoriale Feature, das als Array dargestellt wird, können wir nun mit `meal_total` kombinieren, indem wir den Preis der Mahlzeit als viertes Element des Arrays hinzufügen: `[0, 0, 1, 30.5]`.

Das Entwurfsmuster *Einbettungen* ist ein gängiger Ansatz, um Text für ML-Modelle zu codieren. Hätte unser Modell nur Text zu verarbeiten, würden wir ihn mit dem folgenden `tf.keras`-Code als Einbettungsschicht darstellen:

```
from tensorflow.keras import Sequential
from tensorflow.keras.layers import Embedding

model = Sequential()
model.add(Embedding(batch_size, 64, input_length=30))
```

Hier müssen wir die Einbettung abflachen,[10] um sie mit `meal_type` und `meal_total` zu verketten:

```
model.add(Flatten())
```

Wir könnten dann mit einer Reihe von `Dense`-Schichten dieses sehr große Array[11] in kleinere Arrays transformieren, bis wir zu unserer Ausgabe als Array von – sagen wir – drei Zahlen gelangen:

```
model.add(Dense(3, activation="relu"))
```

Nun müssen wir diese drei Zahlen, die die Satzeinbettung der Kritik bilden, mit den früheren Eingaben verketten: `[0, 0, 1, 30.5, 0.75, -0.82, 0.45]`.

Hierfür verwenden wir die funktionale API von Keras und wenden die gleichen Schritte an. Schichten, die mit der funktionalen API erstellt werden, sind aufrufbar, sodass wir sie miteinander verketten können, beginnend bei der `Input`-Schicht.[12] Um davon Gebrauch zu machen, definieren wir zunächst unsere Einbettungs- und Tabellenschichten:

```
embedding_input = Input(shape=(30,))
embedding_layer = Embedding(batch_size, 64)(embedding_input)
embedding_layer = Flatten()(embedding_layer)
embedding_layer = Dense(3, activation='relu')(embedding_layer)
```

---

10 Wenn wir ein codiertes 30-Wort-Array an das Modell übergeben, wandelt die Keras-Schicht es in eine 64-dimensionale Einbettungsdarstellung um, sodass eine [64 × 30]-Matrix entsteht, die die Kritik repräsentiert.

11 Ausgangspunkt ist ein Array, das 1.920 Zahlen umfasst.

12 Den vollständigen Modellcode finden Sie unter *02_data_representation/mixed_representation.ipynb* im Code-Repository dieses Buchs.

```
tabular_input = Input(shape=(4,))
tabular_layer = Dense(32, activation='relu')(tabular_input)
```

Wir haben hier die Input-Teile dieser beiden Schichten als ihre eigenen Variablen definiert. Das hängt damit zusammen, dass wir Eingabeschichten übergeben müssen, wenn wir ein Modell mit der funktionalen API erzeugen. Als Nächstes erstellen wir eine verkettete Schicht, speisen diese in unsere Ausgabeschicht ein und erzeugen schließlich das Modell, indem wir die ursprünglichen, oben definierten Input-Schichten übergeben:

```
merged_input = keras.layers.concatenate([embedding_layer, tabular_layer])
merged_dense = Dense(16)(merged_input)
output = Dense(1)(merged_dense)

model = Model(inputs=[embedding_input, tabular_input], outputs=output)
merged_dense = Dense(16, activation='relu')(merged_input)
output = Dense(1)(merged_dense)

model = Model(inputs=[embedding_input, tabular_input], outputs=output)
```

Nun verfügen wir über ein geschlossenes Modell, das die multimodale Eingabe akzeptiert.

Kompromisse und Alternativen

Wie eben gezeigt, untersucht das Entwurfsmuster *Multimodale Eingabe*, wie man verschiedene Eingabeformate im selben Modell darstellen kann. Wir möchten aber nicht nur *verschiedene Datentypen* mischen, sondern auch *dieselben Daten auf verschiedene Weise* darstellen können, damit unser Modell es leichter hat, Muster zu identifizieren. Wir könnten zum Beispiel ein Bewertungsfeld, dessen ordinale Skala von 1 bis 5 Sternen reicht, sowohl numerisch als auch kategorial behandeln. Unter multimodalen Eingaben verstehen wir hier Folgendes:

- Kombinieren verschiedener Datentypen, wie Bilder und Metadaten
- Darstellen komplexer Daten auf verschiedene Arten

Wir untersuchen zunächst, wie sich tabellarische Daten auf verschiedene Arten darstellen lassen, und kommen dann zu Text- und Bilddaten.

Tabellarische Daten auf mehrere Arten

Um zu sehen, wie wir tabellarische Daten auf verschiedene Arten für dasselbe Modell darstellen können, kehren wir zum Beispiel der Restaurantbewertung zurück. Dabei stellen wir uns vor, dass wir stattdessen die Bewertung als Eingabe für unser Modell verwenden, und versuchen, die Nützlichkeit der Bewertung vorherzusagen (wie viele Personen die Kritik für gut befunden haben). Als Eingabe kann die Bewertung sowohl als Ganzzahl im Bereich von 1 bis 5 als auch als kategoriales Feature dargestellt werden. Um die Bewertung kategorial darzustellen, können wir sie in Buckets einteilen. Wie das geschieht, bleibt uns überlassen und hängt von unserem Datensatz und dem Anwendungsfall ab. Der Einfachheit halber sagen wir, dass wir zwei Buckets erstellen wollen: »gut« und »schlecht«. Der Bucket »gut« umfasst die Bewertungen 4 und 5, der Bucket »schlecht« die Bewertungen ab 3 abwärts. Wir können dann mit einem booleschen Wert die Bewertungs-Buckets codieren und sowohl den ganzzahligen als auch den booleschen Teil in einem einzigen Array verketten. (Den vollständigen Code finden Sie auf GitHub unter *https://github.com/GoogleCloudPlatform/ml-design-patterns/blob/master/02_data_representation/mixed_representation.ipynb*.)

Für einen kleinen Datensatz mit drei Datenpunkten könnte das wie folgt aussehen:

```
rating_data = [2, 3, 5]

def good_or_bad(rating):
    if rating > 3:
        return 1
    else:
        return 0

rating_processed = []

for i in rating_data:
    rating_processed.append([i, good_or_bad(i)])
```

Das resultierende Feature ist ein 2-elementiges Array, das aus der ganzzahligen Bewertung und ihrer booleschen Darstellung besteht:

```
[[2, 0], [3, 0], [5, 1]]
```

Hätten wir uns stattdessen entschieden, mehr als zwei Buckets einzurichten, würden wir jede Eingabe 1-aus-n-codieren und dieses 1-aus-n-Array an die Ganzzahldarstellung anfügen.

Die Bewertung auf zwei Arten darzustellen, ist deshalb nützlich, weil die mit 1 bis 5 Sternen angegebene Bewertung nicht unbedingt linear ansteigt. Bewertungen von 4 und 5 sind sehr ähnlich, und Bewertungen von 1 bis 3 weisen höchstwahrscheinlich darauf hin, dass der Kritiker unzufrieden war. Ob Sie etwas, das Ihnen nicht gefällt, einen, zwei oder drei Sterne geben, hängt oft eher mit Ihren Bewertungstendenzen als mit der Kritik an sich zusammen. Dennoch ist es sinnvoll, die detaillierten Informationen bei der Sternebewertung zu behalten, weshalb wir sie auf zwei Arten codieren.

Betrachten Sie außerdem auch Features mit einem größeren Bereich als 1 bis 5, etwa die Entfernung zwischen dem Wohnort eines Kritikers und einem Restaurant. Wenn jemand zwei Stunden fährt, um ein Restaurant zu besuchen, kann seine Bewertung kritischer ausfallen als bei jemandem, der gleich gegenüber wohnt. Da hierdurch auch mit Ausreißerwerten zu rechnen ist, wäre es sinnvoll, sowohl die numerische Entfernungsdarstellung auf beispielsweise 50 Kilometer zu begrenzen als auch eine separate kategoriale Darstellung der Entfernung aufzunehmen. Das kategoriale Feature ließe sich in Buckets wie »im Bundesland«, »im Land« und »im Ausland« einteilen.

Multimodale Darstellung von Text

Sowohl Textdaten als auch Bilder sind unstrukturiert und erfordern mehr Transformationen als tabellarische Daten. Stellt man sie in verschiedenen Formaten dar, können unsere Modelle möglicherweise mehr Muster extrahieren. Wir bauen nun auf der Diskussion über Textmodelle im vorherigen Abschnitt auf und gehen näher auf verschiedene Ansätze für die Darstellung von Textdaten ein. Dann kommen wir zu Bildern und untersuchen einige Optionen, um Bilddaten in ML-Modellen darzustellen.

Verschiedene Arten von Textdaten. Angesichts der komplexen Natur von Textdaten gibt es viele Methoden, um eine Bedeutung aus ihnen zu extrahieren. Das Entwurfsmuster *Einbettungen* ermöglicht einem Modell, ähnliche Wörter zu gruppieren, Beziehungen zwischen Wörtern zu identifizieren und syntaktische Textelemente zu verstehen. Während die Darstellung von Text durch Worteinbettungen am ehesten widerspiegelt, wie Menschen Sprache von Natur aus verstehen, gibt es zusätzliche Textdarstellungen, die die Fähigkeit des Modells maximieren können, eine bestimmte Vorhersageaufgabe durchzuführen. Dieser Abschnitt stellt den Ansatz *Bag-of-Words* für die Darstellung von Text vor und zeigt, wie sich tabellarische Features aus Text herausziehen lassen.

Um die Textdatendarstellung vorzuführen, beziehen wir uns auf einen Datensatz, der den Text von Millionen Fragen und Antworten aus Stack Overflow[13] sowie Metadaten zu jedem Beitrag enthält. Zum Beispiel liefert uns die folgende Abfrage eine Teilmenge der Fragen, die mit `keras`, `matplotlib` oder `pandas` markiert sind, zusammen mit der Anzahl der Antworten, die jede Frage erhalten hat:

```
SELECT
    title,
    answer_count,
    REPLACE(tags, "|", ",") as tags
FROM
    `bigquery-public-data.stackoverflow.posts_questions`
WHERE
    REGEXP_CONTAINS( tags, r"(?:keras|matplotlib|pandas)")
```

Die Abfrage liefert die folgende Ausgabe:

Zeile	title	answer_count	tags
1	Building a new column in a pandas dataframe by matching string values in a list	6	python,python-2.7,pandas,replace, nested-loops
2	Extracting specific selected columns to new DataFrame as a copy	6	python,pandas,chained-assignment
3	Where do I call the BatchNormalization function in Keras?	7	python,keras,neural-network, data-science,batch-normalization
4	Using Excel like solver in Python or SQL	8	python,sql,numpy,pandas,solver

13 Dieser Datensatz ist in BigQuery verfügbar: *bigquery-public-data.stackoverflow.posts_questions*.

Bei der Darstellung von Text mit dem BOW-(Bag-of-Words-)Ansatz stellen wir uns jede Texteingabe in das Modell als Säckchen von Scrabble-Steinen vor, wobei aber jeder Stein ein ganzes Wort und nicht nur einen Buchstaben enthält. BOW bewahrt nicht die Reihenfolge der Wörter im Text, erkennt aber das Vorhandensein oder Nichtvorhandensein bestimmter Wörter in jedem Textteil, den wir an unser Modell senden. Dieser Ansatz ist eine Art Multi-Hot-Codierung, wobei jede Texteingabe in ein Array von Einsen und Nullen konvertiert wird. Jeder Index in diesem BOW-Array entspricht einem Wort aus unserem Vokabular.

Wie Bag-of-Words funktioniert

Bei der BOW-Codierung wählt man im ersten Schritt die Größe des Vokabulars, das die *N* am häufigsten in unserem Textkorpus vorkommenden Wörter enthält. Theoretisch könnte die Größe des Vokabulars gleich der Anzahl eindeutiger Wörter in unserem gesamten Datensatz sein. Allerdings führt das möglicherweise zu sehr großen Eingabearrays, die hauptsächlich aus Nullen bestehen, wenn viele Wörter nur in einer einzigen Frage vorkommen. Stattdessen wählen wir ein Vokabular, das klein genug ist, um wichtige, wiederkehrende Wörter aufzunehmen, die für unsere Vorhersageaufgabe von Bedeutung sind, aber groß genug, damit unser Vokabular nicht auf Wörter beschränkt wird, die in nahezu jeder Frage enthalten sind (wie »the«, »is«, »and« usw.).

Jede Eingabe in unser Modell ist dann ein Array von der Größe unseres Vokabulars. Diese BOW-Darstellung lässt also Wörter, die in unserem Vokabular nicht enthalten sind, völlig außer Acht. Es gibt weder eine magische Zahl noch einen Prozentsatz für die Wahl der Vokabulargröße – es ist hilfreich, zu experimentieren und zu sehen, welche Größe für ein Modell am besten geeignet ist.

Um die BOW-Codierung zu verstehen, sehen wir uns zuerst ein vereinfachtes Beispiel an. Wir nehmen für dieses Beispiel an, dass wir das Tag einer Stack-Overflow-Frage aus einer Liste von drei möglichen Tags vorhersagen wollen: `pandas`, `keras` und `matplotlib`. Der Einfachheit halber nehmen wir an, dass unser Vokabular nur aus den zehn unten aufgeführten Wörtern besteht:

```
dataframe
layer
series
graph
column
plot
color
axes
read_csv
activation
```

Diese Liste ist unser *Wortindex*, und jede Eingabe, die wir in unser Modell einspeisen, wird ein 10-elementiges Array sein, wobei jeder Index einem der oben aufgeführten Wörter entspricht. So bedeutet eine 1 im ersten Index eines Eingabearrays, dass eine bestimmte Frage das Wort *dataframe* enthält. Um die BOW-Codierung aus Sicht unseres Modells zu verstehen, stellen Sie sich vor, dass wir eine neue Sprache lernen und die obigen zehn Wörter die einzigen Wörter sind, die wir kennen. Jede »Vorhersage«, die wir treffen, basiert ausschließlich auf dem Vorhandensein oder Nichtvorhandensein dieser zehn Wörter und lässt alle Wörter außerhalb dieser Liste außer Acht.

Wie transformieren wir also die Frage »How to plot dataframe bar graph« in eine BOW-Darstellung? Zuerst notieren wir in diesem Satz die Wörter, die in unserem Vokabular erscheinen: *plot*, *dataframe* und *graph*. Die anderen Wörter in diesem Satz ignorieren wir bei der BOW-Methode. Mit dem obigen Wortindex wird der Satz dann zu:

```
[ 1 0 0 1 0 1 0 0 0 0 ]
```

Die Einsen in diesem Array korrespondieren mit den Indizes von *dataframe*, *graph* bzw. *plot*. Als Zusammenfassung zeigt Abbildung 2-21, wie wir unsere Eingabe von rohem Text in ein BOW-codiertes Array basierend auf unserem Vokabular transformiert haben.

Da Keras einige Hilfsmethoden mitbringt, um Text als Bag-of-Words zu codieren, brauchen wir den Code, der die häufigsten Wörter aus unserem Textkorpus identifiziert und rohen Text in Multi-Hot-Arrays codiert, nicht von Grund auf neu zu schreiben.

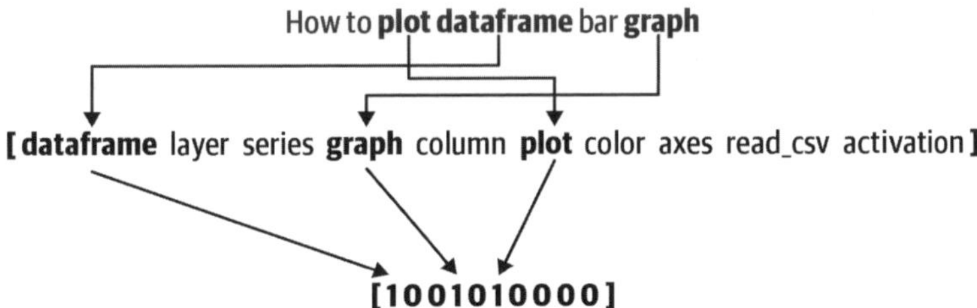

Abbildung 2-21: Rohe Texteingabe → Identifizieren der Wörter aus unserem Vokabular, die in diesem Text vorkommen → Transformieren in eine Multi-Hot-BOW-Codierung

Sicherlich werden Sie sich nun fragen, welcher der beiden Ansätze zur Darstellung von Text (Einbetten und BOW) für eine bestimmte Aufgabe verwendet werden sollte. Wie bei vielen Aspekten des maschinellen Lernens hängt dies ab vom Datensatz, dem Wesen der Vorhersageaufgabe und der Art des Modells, das verwendet werden soll.

Einbettungen bringen eine zusätzliche Schicht in unser Modell ein und liefern zusätzliche Informationen über die Wortbedeutung, die bei der BOW-Codierung nicht verfügbar sind. Allerdings müssen wir Einbettungen trainieren (sofern wir für unser Problem nicht auf eine vorab trainierte Einbettung zurückgreifen können). Zwar erreicht ein Deep-Learning-Modell möglicherweise eine höhere Genauigkeit, doch wir können auch versuchen, BOW-Codierung mithilfe von scikit-learn oder XGBoost in einem linearen Regressions- oder Entscheidungsbaummodell einzusetzen. Die BOW-Codierung kann in Verbindung mit einem einfacheren Modelltyp hilfreich sein für schnelles Prototyping oder um zu verifizieren, ob die gewählte Vorhersageaufgabe auf unserem Datensatz funktioniert. Im Unterschied zu Einbettungen berücksichtigt BOW weder die Reihenfolge noch die Bedeutung von Wörtern in einem Textdokument. Sollten diese Punkte für eine Vorhersageaufgabe wichtig sein, sind Einbettungen möglicherweise der beste Ansatz.

Es kann auch vorteilhaft sein, ein tiefes Modell zu erstellen, das Bag-of-Words-Texteinbettungsdarstellungen *miteinander kombiniert*, um mehr Muster in den Daten auszumachen. Hierfür können wir das Konzept der multimodalen Eingabe verwenden, jedoch mit der Ausnahme, dass wir statt der Verkettung von Text- und tabellarischen Features die Einbettung und BOW-Darstellungen verketten können (siehe den Code auf GitHub unter *https://github.com/GoogleCloudPlatform/ml-design-patterns/blob/master/02_data_representation/mixed_representation.ipynb*). Hier wäre die Form unserer Eingabeschicht die Vokabulargröße der BOW-Darstellung. Zu den Vorteilen einer Darstellung von Text auf mehrere Arten gehören:

- Die BOW-Codierung liefert starke Signale für die wichtigsten Wörter in unserem Vokabular, während Einbettungen Beziehungen zwischen Wörtern in einem viel größeren Vokabular identifizieren können.
- Wenn Text zwischen verschiedenen Sprachen wechselt, können wir Einbettungen (oder BOW-Codierungen) für jede Sprache erstellen und sie miteinander verketten.
- Einbettungen können die Häufigkeit von Wörtern im Text codieren, während BOW die Anwesenheit jedes Worts als booleschen Wert behandelt. Beide Darstellungen haben ihre Berechtigung.
- BOW-Codierung kann Muster zwischen Kritiken identifizieren, die alle das Wort »amazing« enthalten, wohingegen eine Einbettung lernen kann, die Phrase »not amazing« mit einer unterdurchschnittlichen Kritik zu korrelieren. Auch hier sind beide Darstellungen gleichberechtigt.

Tabellarische Features aus Text extrahieren. Neben der Codierung von rohen Textdaten gibt es oft andere Eigenschaften von Text, die sich als tabellarische Features darstellen lassen. Angenommen, wir erstellten ein Modell, um vorherzusagen, ob eine Stack-Overflow-Frage eine Antwort erhalten wird oder nicht. Verschiedene Faktoren über den Text, die aber mit den genauen Wörtern selbst nichts zu tun haben, können für das Training eines Modells bei dieser Aufgabe relevant sein. Zum Beispiel beeinflusst vielleicht die Länge einer Frage oder das Vorhandensein eines Fragezeichens die Wahrscheinlichkeit einer Antwort. Wenn wir jedoch eine Einbettung erstellen, schneiden wir die Wörter normalerweise auf eine bestimmte Länge ab. Die tatsächliche Länge einer Frage geht in dieser Datendarstellung verloren. Auch Satzzeichen werden oft entfernt. Mit dem Entwurfsmuster *Multimodale Eingabe* können wir diese verlorenen Informationen wieder in das Modell zurückholen.

In der folgenden Abfrage extrahieren wir einige tabellarische Features aus dem Feld `title` des Stack-Overflow-Datensatzes, um vorherzusagen, ob eine Frage eine Antwort erhält oder nicht:

```
SELECT
    LENGTH(title) AS title_len,
    ARRAY_LENGTH(SPLIT(title, " ")) AS word_count,
    ENDS_WITH(title, "?") AS ends_with_q_mark,
IF
    (answer_count > 0,
        1,
        0) AS is_answered,
FROM
    `bigquery-public-data.stackoverflow.posts_questions`
```

Diese Abfrage liefert folgendes Ergebnis:

Row	title_len	word_count	ends_with_q_mark	is_answered
1	84	14	true	0
2	104	16	false	0
3	85	19	true	1
4	88	14	false	1
5	17	3	false	1

Zusätzlich zu diesen Features, die direkt aus dem Titel einer Frage herausgezogen wurden, könnten wir auch Metadaten über die Frage als Features darstellen. So könnten wir Features hinzufügen, die die Anzahl der Tags, die die Frage hatte, und den Wochentag, an dem sie gepostet wurde, darstellen. Diese tabellarischen Features könnten wir dann mit unserem codierten Text kombinieren und beide Darstellungen mithilfe der `Concatenate`-Schicht von Keras in unser Modell einspeisen, um das BOW-codierte Textarray mit den tabellarischen Metadaten, die unseren Text beschreiben, zu kombinieren.

Multimodale Darstellung von Bildern

Ähnlich wie bei unserer Analyse von Einbettungen und BOW-Codierung für Text gibt es viele Möglichkeiten, Bilddaten darzustellen, wenn sie für ein ML-Modell vorbereitet werden. Wie roher Text lassen sich Bilder nicht direkt in ein Modell einspeisen, sondern müssen in ein numerisches Format, das das Modell verstehen kann, transformiert werden. Zunächst diskutieren wir einige gebräuchliche Ansätze, um Bilddaten darzustellen: als Pixelwerte, als Gruppen von Kacheln und als Gruppen von gleitenden Sequenzen. Das Entwurfsmuster *Multimodale Eingabe* bietet eine Möglichkeit, mehr als eine Darstellung eines Bilds einzuspeisen.

Bilder als Pixelwerte. Bilder sind aus technischer Sicht Arrays von Pixelwerten. Zum Beispiel enthält ein Schwarz-Weiß-Bild Pixelwerte, die von 0 bis 255 reichen. Wir könnten also ein 28 × 28-Pixel-Schwarz-Weiß-Bild in einem Modell als 28 × 28-Array mit Ganzzahlwerten von 0 bis 255 darstellen. In diesem Abschnitt beziehen wir uns auf den MNIST-Datensatz, einen beliebten ML-Datensatz mit Bildern handgeschriebener Ziffern. Mithilfe der `Sequential`-API können wir die aus Pixelwerten bestehenden MNIST-Bilder mit einer `Flatten`-Schicht darstellen, die das Bild in ein eindimensionales Array aus 784 (= 28 × 28) Elementen abflacht:

```
layers.Flatten(input_shape=(28, 28))
```

Bei Farbbildern ist die Umwandlung etwas komplexer. Jedes Pixel in einem RGB-Farbbild besteht aus drei Werten – je einem für Rot, Grün und Blau. Wären die Bilder im obigen Beispiel stattdessen Farbbilder, würden wir zu `input_shape` des Modells eine dritte Dimension hinzufügen:

```
layers.Flatten(input_shape=(28, 28, 3))
```

Die Darstellung von Bildern als Arrays von Pixelwerten funktioniert zwar gut für einfache Bilder wie die Graustufenbilder im MNIST-Datensatz, doch versagt das Verfahren schnell, wenn wir Bilder mit mehr Kanten und Formen einführen. Wenn man in ein Netz alle Pixel eines Bilds auf einmal einspeist, kann sich das Netz nur schwer auf kleinere Bereiche benachbarter Pixel konzentrieren, die wichtige Informationen enthalten.

Bilder als gekachelte Strukturen. Wir brauchen eine Möglichkeit, um komplexere, reale Bilder darzustellen, sodass unser Modell in der Lage ist, bedeutsame Details zu extrahieren und Muster zu verstehen. Wenn wir dem Netz nur kleine Teile eines Bilds auf einmal anbieten, ist es wahrscheinlicher, dass es Dinge wie räumliche Gradienten und Kanten in benachbarten Pixeln erkennen kann.

Eine gängige Modellarchitektur, um dies zu erreichen, ist ein *Convolutional Neural Network* (CNN).

CNN-Schichten

Abbildung 2-22 zeigt als Beispiel ein 4 × 4-Raster, in dem jedes Quadrat Pixelwerte unseres Bilds repräsentiert. Wir nehmen dann per Max-Pooling den größten Wert für jedes Feld und erzeugen daraus eine kleinere Matrix. Indem wir unser Bild in ein Raster von Kacheln unterteilen, kann das Modell wichtige Erkenntnisse aus jeder Region eines Bilds auf verschiedenen Granularitätsebenen extrahieren.

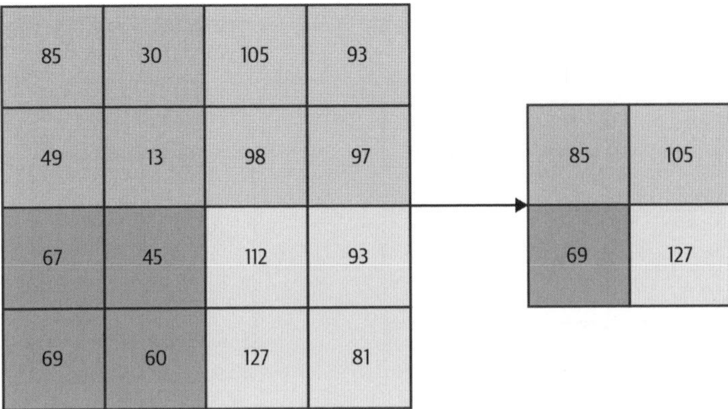

Abbildung 2-22: Max-Pooling auf einer einzelnen 4 × 4-Scheibe von Bilddaten

Das Beispiel in Abbildung 2-22 verwendet eine *Kernelgröße* von (2, 2). Mit Kernelgröße ist die Größe jedes Blocks in unserem Bild gemeint. Die Anzahl der Plätze, um die der Filter weiterwandert, bevor der nächste Block gebildet wird, ist die sogenannte *Schrittweite* (engl. *Stride*), hier 2. Da unsere Schrittweite gleich der Kernelgröße ist, *überlappen sich die erzeugten Blöcke nicht*.

Zwar bewahrt diese Kachelmethode mehr Details als die Darstellung von Bildern als Arrays von Pixelwerten, doch gehen nach jedem Pooling-Schritt recht viele Informationen verloren. In Abbildung 2-22 würde der nächste Pooling-Schritt einen Skalarwert von 8 erzeugen, was unsere Matrix von 4 × 4 in nur zwei Schritten auf einen einzigen Wert reduziert. Man kann sich vorstellen, wie dies in einem realen Bild ein Modell dazu verleiten könnte, sich auf Bereiche mit dominanten Pixelwerten zu konzentrieren und dabei wichtige Details zu verlieren, die diese Bereiche umgeben.

Wie können wir auf dieser Idee – Bilder in kleinere Blöcke aufzuteilen – aufbauen, dabei aber wichtige Details in den Bildern erhalten? Hierzu erzeugen wir sich überlappende Blöcke. Wenn wir im Beispiel von Abbildung 2-22 eine Schrittweite von 1 gewählt hätten, wäre die Ausgabe stattdessen eine 3 × 3-Matrix (siehe Abbildung 2-23).

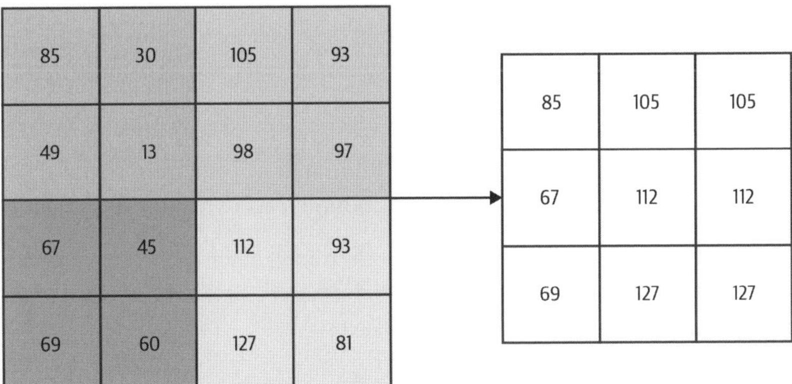

Abbildung 2-23: Überlappende Fenster für Max-Pooling auf einem 4 × 4-Pixel-Raster

Dieses Raster könnten wir dann in ein 2 × 2-Raster umwandeln (siehe Abbildung 2-24).

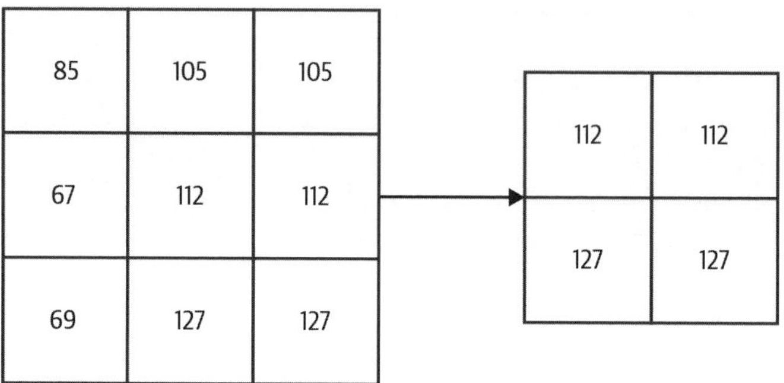

Abbildung 2-24: Das 3 × 3-Raster mit gleitenden Fenstern und Max-Pooling in ein 2 × 2-Raster überführen

Am Ende haben wir einen Skalarwert von 127. Auch wenn der Endwert der gleiche ist, können Sie verfolgen, wie die Zwischenschritte mehr Details aus der ursprünglichen Matrix bewahrt haben.

Mit den Faltungsschichten von Keras lassen sich Modelle erstellen, die Bilder in kleinere, gleitende Blöcke aufteilen. Nehmen wir an, wir erstellten ein Modell, um 28 × 28-Farbbilder als »Hund« oder »Katze« zu klassifizieren. Da es sich um farbige Bilder handelt und jedes Pixel aus drei Farbkanälen besteht, wird jedes Bild durch ein 28 × 28 × 3-dimensionales Array dargestellt. Die Eingaben für dieses Modell definieren wir mit einer Faltungsschicht und der `Sequential`-API:

```
Conv2D(filters=16, kernel_size=3, activation='relu', input_shape=(28,28,3))
```

In diesem Beispiel teilen wir unsere Eingabebilder in 3 × 3-Blöcke auf, bevor wir sie über eine Max-Pooling-Schicht weiterleiten. Mit einer Modellarchitektur, die Bilder in Blöcke von gleitenden Fenstern aufteilt, ist unser Modell in der Lage, feinere Details in einem Bild zu erkennen, beispielsweise Kanten und Formen.

Verschiedene Bilddarstellungen kombinieren. Wie bei Bag-of-Words und Texteinbettungen kann es nützlich sein, die gleichen Bilddaten auf mehrere Arten darzustellen. Auch hier können wir dies mit der funktionalen API von Keras erreichen.

Unsere Pixelwerte würden wir wie folgt mit der Darstellung gleitender Fenster über die Concatenate-Schicht von Keras kombinieren:

```
# Bildeingabeschicht definieren (gleiche Gestalt für
# Pixel- und Kacheldarstellung).
image_input = Input(shape=(28,28,3))
```

```
# Pixeldarstellung definieren.
pixel_layer = Flatten()(image_input)

# Kacheldarstellung definieren.
tiled_layer = Conv2D(filters=16, kernel_size=3,
                     activation='relu')(image_input)
tiled_layer = MaxPooling2D()(tiled_layer)
tiled_layer = tf.keras.layers.Flatten()(tiled_layer)

# Zu einer einzigen Schicht verketten.
merged_image_layers = keras.layers.concatenate([pixel_layer, tiled_layer])
```

Um ein Modell zu definieren, das eine multimodale Eingabedarstellung akzeptiert, können wir dann unsere verkettete Schicht in unsere Ausgabeschicht einspeisen:

```
merged_dense = Dense(16, activation='relu')(merged_image_layers)
merged_output = Dense(1)(merged_dense)

model = Model(inputs=image_input, outputs=merged_output)
```

Die Entscheidung darüber, welche Bilddarstellung zu verwenden ist oder ob multimodale Darstellungen verwendet werden sollen, hängt weitgehend von der Art der zu verarbeitenden Bilddaten ab. Allgemein gilt: Je detaillierter die Bilder sind, desto wahrscheinlicher ist es, dass wir sie als Kacheln oder gleitende Fenster von Kacheln darstellen werden. Für den MNIST-Datensatz kann es genügen, Bilder allein als Pixelwerte darzustellen. Dagegen lässt sich die Genauigkeit bei komplexen medizinischen Bildern steigern, wenn man mehrere Darstellungen kombiniert. Weshalb sollte man mehrere Bilddarstellungen kombinieren? Stellt man Bilder als Pixelwerte dar, kann das Modell markante Punkte in einem Bild identifizieren, beispielsweise kontrastreiche Objekte. Dagegen helfen Kacheldarstellungen dem Modell, detailreichere, kontrastärmere Kanten und Formen zu erkennen.

Bilder mit Metadaten verwenden. Weiter oben haben wir bereits gezeigt, dass verschiedene Arten von Metadaten mit Text verbunden sein können und wie sich diese Metadaten als tabellarische Features für unser Modell extrahieren und darstellen lassen. Das gleiche Konzept können wir auch auf Bilder anwenden. Kehren wir dazu zu dem in Abbildung 2-19 gezeigten Beispiel eines Modells zurück, das anhand des Bildmaterials von einer Kreuzung vorhersagt, ob es einen Verkehrsverstoß enthält oder nicht. Unser Modell kann viele Muster aus den Verkehrsbildern an sich extrahieren, doch es können noch andere Daten verfügbar sein, die die Genauigkeit unseres Modells verbessern könnten. Zum Beispiel könnte ein bestimmtes Verhalten (etwa Rechtsabbiegen bei Rot) während der Hauptverkehrszeit nicht erlaubt, zu anderen Tageszeiten aber in Ordnung sein. Oder vielleicht verstoßen Fahrer bei schlechtem Wetter häufiger gegen die Straßenverkehrsordnung. Wenn wir Bilddaten von mehreren Kreuzungen sammeln, kann es für unser Modell auch nützlich sein, den Ort der Bildaufnahme zu kennen.

Wir haben nun drei zusätzliche tabellarische Features herausgearbeitet, die unser Bildmodell verbessern könnten:

- Tageszeit
- Wetter
- Standort

Als Nächstes stellen wir Überlegungen zu möglichen Darstellungen für jedes dieser Features an. Die Zeit ließe sich als Ganzzahl für die Stunde des Tages darstellen. Das könnte uns helfen, Muster zu identifizieren, die für Zeiten mit hohem Verkehrsaufkommen typisch sind, beispielsweise die Hauptverkehrszeiten. Im Kontext dieses Modells könnte es nützlicher sein, zu wissen, ob es dunkel war, als das Bild aufgenommen wurde. In diesem Fall könnten wir Zeit zu einem booleschen Feature machen.

Das Wetter kann ebenfalls auf verschiedene Arten dargestellt werden, sowohl durch numerische als auch durch kategoriale Werte. Die Temperatur käme ebenfalls als Feature infrage, doch könnte in diesem Fall die Sicht sinnvoller sein. Für das Wetter bietet sich auch eine kategoriale Variable an, die das Vorhandensein von Schnee oder Regen anzeigt.

Wenn wir Daten von vielen Standorten zusammentragen, werden wir daneben den Standort als Feature codieren. Am sinnvollsten wäre ein kategoriales Feature, oder es könnten auch mehrere Features (Stadt, Bundesland, Staat usw.) sein, je nachdem, von wie vielen Orten wir das Bildmaterial beziehen.

Für dieses Beispiel nehmen wir an, dass wir die folgenden tabellarischen Features verwenden wollen:

- Zeit als Stunde des Tages (Ganzzahl)
- Sicht (Gleitkommazahl)
- Schlechtwetter (kategorial: Regen, Schnee, kein Niederschlag)
- Standort-ID (kategorial mit fünf möglichen Standorten)

Eine Teilmenge dieses Datensatzes könnte für die drei Beispiele wie folgt aussehen:

```
data = {
    'time': [9,10,2],
    'visibility': [0.2, 0.5, 0.1],
    'inclement_weather': [[0,0,1], [0,0,1], [1,0,0]],
    'location': [[0,1,0,0,0], [0,0,0,1,0], [1,0,0,0,0]]
}
```

Diese tabellarischen Features könnten wir dann in einem einzigen Array für jedes Beispiel kombinieren, sodass die Eingabeform unseres Modells 10 wäre. Das Eingabearray für das erste Beispiel sähe dann so aus:

```
[9, 0.2, 0, 0, 1, 0, 1, 0, 0, 0]
```

Diese Eingabe könnten wir in eine vollständige verbundene Dense-Schicht einspeisen, und die Ausgabe unseres Modells wäre ein einzelner Wert zwischen 0 und 1, der anzeigt, ob die Instanz einen Verkehrsverstoß enthält oder nicht. Um dies mit unseren Bilddaten zu kombinieren, verwenden wir einen ähnlichen Ansatz, den wir bei Textmodellen erörtert haben. Zuerst definieren wir eine Faltungsschicht, um unsere Bilddaten zu verarbeiten, dann eine Dense-Schicht, um unsere tabellarischen Daten zu verarbeiten, und schließlich verketten wir beide zu einer einzigen Ausgabe.

Abbildung 2-25 skizziert dieses Verfahren.

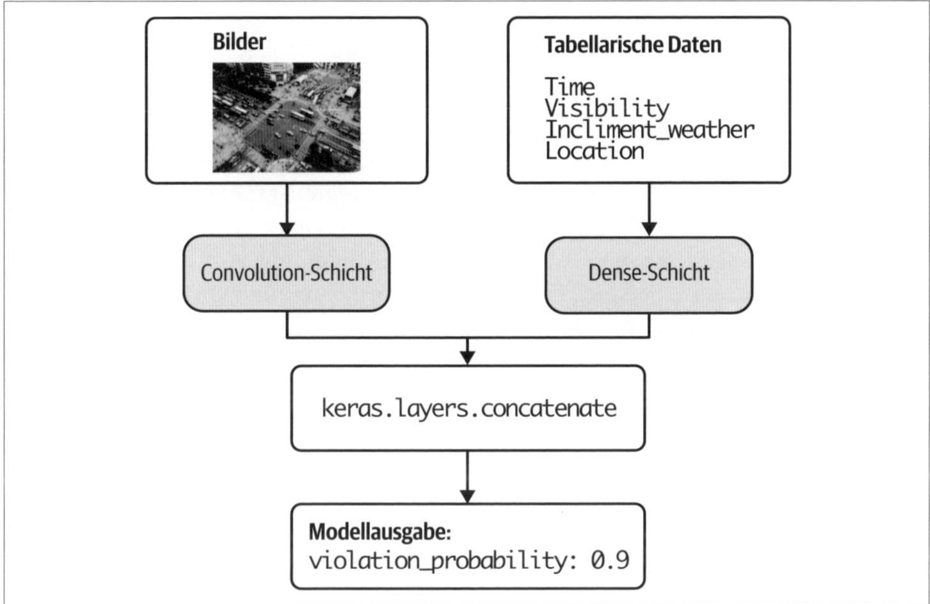

Abbildung 2-25: Schichten verketten, um Bilddaten und tabellarische Metadaten-Features zu verarbeiten

Multimodale Feature-Darstellungen und Modellinterpretierbarkeit

Deep-Learning-Modelle sind ihrem Wesen nach schwer zu erklären. Wenn wir ein Modell erstellen, das eine Genauigkeit von 99% erreicht, wissen wir immer noch nicht genau, *wie* unser Modell Vorhersagen trifft, und demnach auch nicht, ob es diese Vorhersagen auf korrekte Art und Weise erzeugt. Nehmen wir zum Beispiel an, wir trainierten ein Modell mit Bildern von Petrischalen, die aus einem Labor stammen, und erreichen damit eine hohe Genauigkeit. Diese Bilder enthalten auch Anmerkungen von den Wissenschaftler:innen, die die Aufnahmen angefertigt haben. Uns bleibt aber verborgen, dass das Modell fälschlicherweise die Anmerkungen für seine Vorhersagen heranzieht und nicht den Inhalt der Petrischalen.

Es gibt mehrere Techniken, um Bildmodelle zu erklären. Sie heben die Pixel hervor, die eine Vorhersage des Modells signalisiert haben. Wenn wir jedoch mehrere Datendarstellungen in einem einzigen Modell zusammenbringen, werden diese Features voneinander abhängig. Im Ergebnis kann es schwierig sein, zu erklären, wie die Vorhersagen des Modells entstehen. Mit der Erklärbarkeit beschäftigt sich Kapitel 7.

Zusammenfassung

In diesem Kapitel haben Sie verschiedene Ansätze kennengelernt, um Daten für ein Modell darzustellen. Zunächst wurde gezeigt, wie man numerische Eingaben verarbeitet und wie das Skalieren dieser Eingaben dazu beiträgt, die Trainingszeit zu verkürzen und die Genauigkeit zu verbessern. Dann haben wir erläutert, wie Feature Engineering auf kategorialen Eingaben funktioniert, insbesondere mit 1-aus-n-Codierung und der Verwendung von Arrays mit kategorialen Werten.

Im übrigen Teil des Kapitels haben wir vier Entwurfsmuster für die Datendarstellung diskutiert. Das erste Entwurfsmuster *Hashed Feature* codiert kategoriale Eingaben als eindeutige Strings. Anhand des Flughafendatensatzes in BigQuery haben wir verschiedene Ansätze für das Hashing untersucht. Das zweite Muster in diesem Kapitel, *Einbettungen*, ist eine Technik für die Darstellung von Daten mit hoher Kardinalität, wie zum Beispiel Eingaben mit vielen möglichen Kategorien oder Textdaten. Einbettungen repräsentieren Daten im mehrdimensionalen Raum, wobei die Dimension abhängig ist von den Daten und der Vorhersageaufgabe. Als Nächstes haben wir uns *Feature Crosses* angesehen. Dieses Konzept verknüpft zwei Features, um Beziehungen zu extrahieren, die sich nur schwer erfassen lassen, wenn man die Features allein codiert. Schließlich ging es um Darstellungen von multimodalen Eingaben, indem wir das Problem betrachtet haben, wie Eingaben verschiedener Typen im selben Modell kombiniert werden sollen und wie sich ein einzelnes Feature auf mehrere Möglichkeiten darstellen lässt.

Im Mittelpunkt dieses Kapitels stand die Aufbereitung der *Eingabedaten* für unsere Modelle. Das nächste Kapitel konzentriert sich auf die *Modellausgabe*. Dazu beleuchten wir verschiedene Ansätze für die Darstellung unserer Vorhersageaufgabe.

KAPITEL 3
Entwurfsmuster zur Problemdarstellung

Kapitel 2 hat sich mit Entwurfsmustern befasst, die die unzähligen Möglichkeiten, mit denen sich Eingaben in ML-Modelle darstellen lassen, katalogisieren. Dieses Kapitel zeigt verschiedene Arten von ML-Problemen und analysiert, wie die Modellarchitekturen je nach Problem variieren.

Die Eingabe- und die Ausgabetypen sind zwei Schlüsselfaktoren, die sich auf die Modellarchitektur auswirken. Zum Beispiel kann die Ausgabe in überwachten ML-Problemen variieren, je nachdem, ob ein Klassifizierungs- oder ein Regressionsproblem zu lösen ist. Für spezifische Arten von Eingabedaten existieren spezielle Schichten von neuronalen Netzen: Faltungsschichten für Bilder, Sprache, Text und andere Daten mit räumlich-zeitlicher Korrelation, rekurrente Netze für sequenzielle Daten usw. Eine umfangreiche Literatur ist um spezielle Techniken wie Max-Pooling, Attention usw. auf diesen Arten von Schichten entstanden. Darüber hinaus wurden spezielle Lösungsklassen für häufig auftretende Probleme entwickelt, wie Empfehlungen (zum Beispiel Matrixfaktorisierung) oder Zeitreihenvorhersage (zum Beispiel ARIMA). Schließlich ist es mit einer Gruppe einfacherer Modelle gemeinsam mit gängigen Idiomen möglich, komplexere Probleme zu lösen – zum Beispiel ist bei der Texterzeugung oftmals ein Klassifizierungsmodell beteiligt, dessen Ausgaben mit einem Beam-Search-Algorithmus nachbearbeitet werden.

Um unsere Diskussion zu beschränken und uns aus Bereichen aktiver Forschung herauszuhalten, ignorieren wir Muster und Idiome, die mit spezialisierten ML-Domänen verbunden sind. Stattdessen konzentrieren wir uns auf Regression und Klassifizierung und untersuchen Muster mit einer Problemdarstellung nur in diesen beiden Arten von ML-Modellen.

Das Entwurfsmuster *Reframing* übernimmt eine Lösung, die man intuitiv als Regressionsproblem auffassen würde, und stellt es als Klassifizierungsproblem dar (und umgekehrt). Das Entwurfsmuster *Multilabel* befasst sich mit dem Fall, dass Trainingsbeispiele zu mehr als einer Klasse gehören können. Das Entwurfsmuster *Kaskade* wird auf Situationen angewendet, in denen ein ML-Problem gewinnbringend in eine Reihe (oder Folge) von ML-Problemen zerlegt werden kann. Das Entwurfsmuster *Ensemble* löst ein Problem, indem mehrere Modelle trainiert und ihre Antworten zusammengefasst werden. Im Entwurfsmuster *Neutrale Klasse* geht es um den Umgang mit Situationen, in denen sich Experten nicht einig sind. Das Entwurfsmuster *Rebalancing* empfiehlt Ansätze dazu, wie mit stark verzerrten oder unausgewogenen Daten zu verfahren ist.

Entwurfsmuster 5: Reframing

Im Entwurfsmuster *Reframing* geht es darum, die Darstellung der Ausgabe eines ML-Problems zu ändern. Zum Beispiel könnten wir ein Problem, das wir intuitiv als Regressionsproblem einordnen, als Klassifizierungsproblem darstellen (und umgekehrt).

Problem

Wenn man eine ML-Lösung entwickelt, steckt man im ersten Schritt den Rahmen für das Problem ab. Handelt es sich um ein Problem des überwachten Lernens oder des unüberwachten Lernens? Welche Features gibt es? Wenn es ein überwachtes Problem ist, wie sehen die Labels aus? Wie groß darf der Fehler sein? Natürlich müssen die Antworten auf diese Fragen im Zusammenhang mit den Trainingsdaten, der gestellten Aufgabe und den Erfolgsmetriken betrachtet werden.

Nehmen wir zum Beispiel an, wir wollten ein ML-Modell erstellen, um zukünftige Niederschlagsmengen für einen bestimmten Ort vorherzusagen. Ganz allgemein gefragt: Wäre dies eine Regressions- oder eine Klassifizierungsaufgabe? Da wir ja versuchen, die Niederschlagsmenge (zum Beispiel 0,3 cm) vorherzusagen, ist es sinnvoll, diese Aufgabe als Problem einer Zeitreihenvorhersage zu betrachten: Welche Niederschlagsmenge sollten wir in einem bestimmten Gebiet in den nächsten 15 Minuten erwarten, wenn die aktuellen und historischen Klima- und Wettermuster gegeben sind? Da die Beschriftung (die Niederschlagsmenge) eine Realzahl ist, könnten wir alternativ auch ein Regressionsmodell erstellen. Wenn wir dann unser Modell entwickeln und trainieren, finden wir (was vielleicht nicht überrascht), dass eine Wettervorhersage schwerer ist, als es scheint. Unsere vorhergesagten Niederschlagsmengen liegen alle daneben, weil es – mit dem gleichen Satz an Features – manchmal 0,3 cm regnet und manchmal 0,5 cm. Was sollten wir tun, um unsere Vorhersagen zu verbessern? Sollten wir unserem Netz mehr Schichten spendieren? Oder mehr Features entwickeln? Helfen vielleicht mehr Daten? Brauchen wir vielleicht eine andere Verlustfunktion?

Jede dieser Anpassungen könnte unser Modell verbessern. Doch halt! Ist Regression die einzige Möglichkeit für diese Aufgabe? Vielleicht können wir unser Ziel des maschinellen Lernens in einer Weise neu formulieren, die die Performance unserer Aufgabe verbessert.

Lösung

Das Kernproblem ist hier, dass Niederschlag auch vom Zufall abhängt. Beim gleichen Satz von Features regnet es manchmal 0,3 cm und ein anderes Mal 0,5 cm.

Doch selbst wenn ein Regressionsmodell in der Lage wäre, die beiden möglichen Mengen zu lernen, ist es darauf beschränkt, nur eine einzige Zahl vorherzusagen.

Anstatt zu versuchen, die Niederschlagsmenge als Regressionsaufgabe vorherzusagen, können wir unser Ziel als Klassifizierungsproblem neu formulieren. Dies lässt sich auf verschiedenen Wegen erreichen. Bei einem dieser Ansätze modelliert man eine diskrete Wahrscheinlichkeitsverteilung, wie Abbildung 3-1 zeigt. Die Niederschlagsmenge sagen wir nun nicht in Form einer Realzahl voraus, sondern modellieren die Ausgabe als Multiklassenklassifizierung, die die Wahrscheinlichkeit angibt, dass der Niederschlag in den nächsten 15 Minuten innerhalb eines bestimmten Bereichs von Niederschlagsmengen liegt.

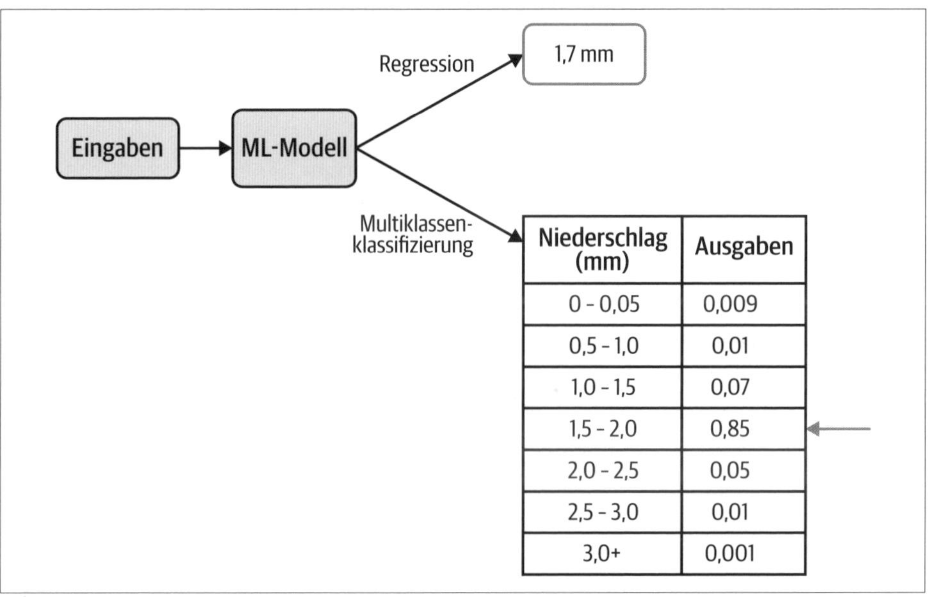

Niederschlag (mm)	Ausgaben
0 - 0,05	0,009
0,5 - 1,0	0,01
1,0 - 1,5	0,07
1,5 - 2,0	0,85
2,0 - 2,5	0,05
2,5 - 3,0	0,01
3,0+	0,001

Abbildung 3-1: Anstatt den Niederschlag als Regressionsausgabe vorherzusagen, können wir stattdessen mit einer Multiklassenklassifizierung eine diskrete Wahrscheinlichkeitsverteilung modellieren.

Sowohl der Regressionsansatz als auch dieser neu formulierte Klassifizierungsansatz liefern eine Vorhersage des Niederschlags für die nächsten 15 Minuten. Allerdings erlaubt der Klassifizierungsansatz dem Modell, die Wahrscheinlichkeitsverteilung der Niederschlagsmengen zu erfassen, anstatt den Mittelwert der Verteilung wählen zu müssen. Eine derartige Modellierung der Verteilung ist vorteilhaft, da der Niederschlag nicht die typische Glockenkurve einer Normalverteilung aufweist und stattdessen einer Tweedie-Verteilung (*https://oreil.ly/C8JfK*) folgt, die ein Überwiegen von Punkten bei null zulässt. Tatsächlich ist dies der Ansatz, der in einem Google-Research-Paper (*https://oreil.ly/PGAEw*) beschrieben wird. Damit werden Niederschlagsraten an einem bestimmten Ort mit einer kategorialen Verteilung von 512 Klassen vorhergesagt. Das Modellieren einer Verteilung kann ebenfalls vorteilhaft sein, wenn die Verteilung bimodal ist, oder sogar bei einer Normalverteilung, die eine große Varianz aufweist. Eine neuere Arbeit, die sämtliche Benchmarks bei der Vorhersage der Proteinfaltungsstruktur schlägt (*https://oreil.ly/-Hi3k*), sagt auch den Abstand zwischen Aminosäuren voraus, und zwar als 64-faches Klassifizierungsproblem, bei dem die Abstände in 64 Buckets klassifiziert werden.

Ein Problem wird man auch dann neu formulieren, wenn das Ziel im anderen Modelltyp besser zu erreichen ist. Nehmen Sie zum Beispiel an, Sie entwickeln ein Empfehlungssystem für Videos. Es liegt nahe, dieses Problem als Klassifizierungsproblem zu formulieren, und zwar als Vorhersage, ob ein Benutzer wahrscheinlich ein bestimmtes Video ansehen wird. Dieses Framing kann jedoch zu einem Empfehlungssystem führen, das Klickköder bevorzugt. Es wäre vielleicht besser, dieses Problem neu zu formulieren, und zwar als Regressionsproblem, das den Anteil des abgerufenen Videos vorhersagt.

Warum es funktioniert

Beim Entwickeln einer Lösung für maschinelles Lernen kann es hilfreich sein, den Kontext zu ändern und die Aufgabe eines Problems neu zu formulieren. Anstatt eine einzelne Realzahl zu lernen, lockern wir unser Vorhersageziel und sagen, dass es stattdessen eine diskrete Wahrscheinlichkeitsverteilung sein soll. Wir verlieren etwas Präzision infolge des Bucketings, gewinnen aber die Ausdruckskraft einer vollständigen Wahrscheinlichkeitsdichtefunktion (*Probability Density Function*, PDF). Die diskretisierten Vorhersagen, die das Klassifizierungsmodell liefert, sind souveräner beim Lernen eines komplexen Ziels als das starrere Regressionsmodell.

Dieses Klassifizierungs-Framing hat zusätzlich den Vorteil, dass wir die A-posteriori-Verteilung unserer vorhergesagten Werte erhalten, die nuanciertere Informationen liefert. Nehmen wir zum Beispiel an, dass die gelernte Verteilung bimodal ist. Indem wir eine Klassifizierung als diskrete Wahrscheinlichkeitsverteilung modellieren, ist das Modell in der Lage, die bimodale Struktur der Vorhersagen zu erfassen, wie Abbildung 3-2 veranschaulicht. Würde hingegen nur ein einzelner numerischer Wert vorhergesagt, gingen diese Informationen verloren. Je nach Anwendungsfall könnte das die Aufgabe leichter erlernbar und wesentlich nützlicher machen.

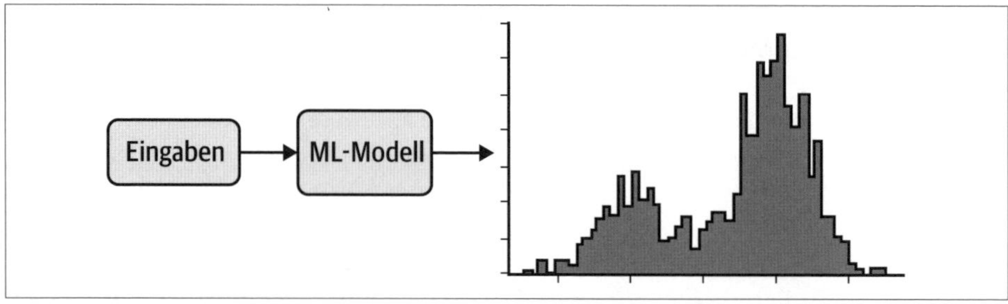

Abbildung 3-2: Durch die Umgestaltung einer Klassifizierungsaufgabe, um eine Wahrscheinlichkeitsverteilung zu modellieren, können Vorhersagen bimodale Ausgaben erfassen. Die Vorhersage ist nicht auf einen einzelnen Wert begrenzt wie in einer Regression.

Unsicherheit erfassen

Betrachten wir noch einmal den Geburtendatensatz und die Aufgabe, das Babygewicht vorherzusagen. Da das Babygewicht ein positiver reeller Wert ist, kommt intuitiv ein Regressionsproblem infrage. Für einen bestimmten Satz von Eingaben kann `weight_pounds` (das Label) aber viele verschiedene Werte annehmen. Die Verteilung der Babygewichte für einen bestimmten Satz von Eingabewerten (männliche Babys, die von 25-jährigen Müttern in der 38. Woche geboren wurden) folgt ungefähr einer Normalverteilung mit einem Zentrum bei etwa 7,5 Pfund. Im Repository zu diesem Buch (*https://github.com/GoogleCloudPlatform/ml-design-patterns/03_problem_representation/reframing.ipynb*) finden Sie den Code, mit dem Sie das Diagramm aus Abbildung 3-3 erzeugen können.

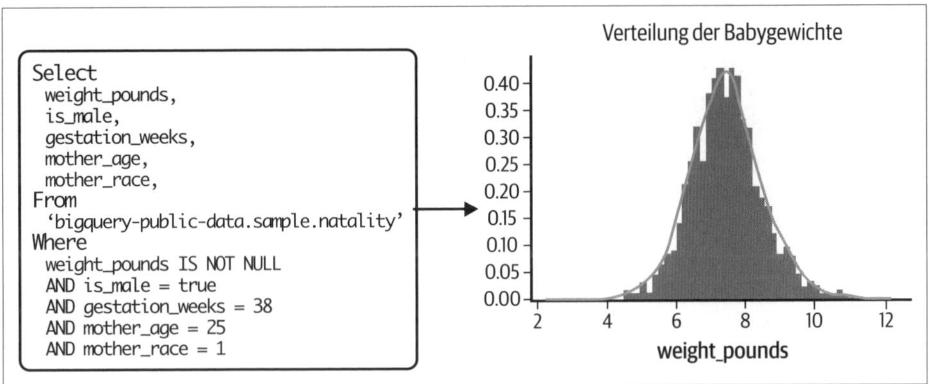

Abbildung 3-3: Bei einem bestimmten Satz von Eingaben (zum Beispiel männliche Babys, die von 25-jährigen Müttern in der 38. Woche geboren wurden) nimmt die Variable »weight_pounds« einen Bereich von Werten an, die ungefähr einer Normalverteilung folgen, deren Zentrum bei 7,5 Pfund liegt.

Beachten Sie aber auch die Breite der Verteilung – selbst wenn die Verteilung einen Spitzenwert bei 7,5 Pfund hat, gibt es eine nicht triviale Wahrscheinlichkeit (tatsächlich 33 %), dass ein bestimmtes Baby weniger als 6,5 Pfund oder mehr als 8,5 Pfund wiegt! Die Breite dieser Verteilung weist auf den nicht reduzierbaren Fehler hin, der dem Problem innewohnt, das Babygewicht vorherzusagen. In der Tat ist der beste quadratische Fehler, den wir für dieses Problem bekommen können, wenn wir es als Regressionsproblem formulieren, die Standardabweichung der Verteilung, wie sie Abbildung 3-3 zeigt.

Als Regressionsproblem betrachtet, müssten wir das Vorhersageergebnis als 7,5 +/–1,0 (oder was auch immer die Standardabweichung ist) angeben. Die Breite der Verteilung variiert jedoch für verschiedene Kombinationen von Eingaben, und somit ist das Lernen der Breite ein weiteres Problem des maschinellen Lernens an sich. Zum Beispiel beträgt die Standardabweichung in der 36. Woche für Mütter desselben Alters 1,16 Pfund. Die später in der Musterdiskussion behandelte Quantilsregression versucht genau dies zu tun, aber parameterfrei.

Wäre die Verteilung multimodal (mit mehreren Spitzen), spräche noch viel mehr dafür, das Problem als Klassifizierungsproblem umzugestalten. Es ist jedoch hilfreich, zu erkennen, dass viele der Verteilungen, mit denen wir es bei großen Datensätzen zu tun haben, glockenförmig sind. Das hängt mit dem Gesetz der großen Zahlen zusammen und setzt voraus, dass wir sämtliche relevanten Eingaben erfassen. Es sind allerdings auch andere Verteilungen möglich. Je breiter die Glockenkurve ist und je mehr diese Breite bei verschiedenen Eingabewerten variiert, desto wichtiger ist es, die Unbestimmtheit zu erfassen, und desto mehr spricht dafür, das Regressionsproblem als ein Klassifizierungsproblem umzuformulieren.

Indem wir das Problem umformulieren, trainieren wir das Modell als Multiklassenklassifizierung, die eine diskrete Wahrscheinlichkeitsverteilung für die gegebenen Trainingsbeispiele lernt. Diese diskretisierten Vorhersagen sind flexibler in Bezug auf das Erfassen der Unsicherheit und besser als ein Regressionsmodell in der Lage, das komplexe Ziel zu approximieren. Zur Inferenzzeit sagt das Modell dann eine Auflistung von Wahrscheinlichkeiten voraus, die diesen potenziellen Ausgaben entsprechen. Wir bekommen also eine diskrete Wahrscheinlichkeitsdichtefunktion, die die relative Wahrscheinlichkeit eines bestimmten Gewichts angibt. Natürlich ist hier Vorsicht geboten – Klassifizierungsmodelle können weitgehend unkalibriert sein (wenn das Modell etwa allzu zuversichtlich und falsch ist).

Das Ziel ändern

In manchen Szenarios könnte es von Vorteil sein, eine Klassifizierungsaufgabe in eine Regressionsaufgabe umzuwandeln. Nehmen wir als Beispiel eine große Filmdatenbank mit Kundenbewertungen auf einer Skala von 1 bis 5 für sämtliche Filme, die der Benutzer gesehen und bewertet hat. Wir sollen nun ein ML-Model erstellen, das unsere Benutzer mit Empfehlungen versorgt.

Als Klassifizierungsaufgabe betrachtet, könnten wir ein Modell erstellen, das als Eingabe eine `user_id` zusammen mit den vorherigen Videoabrufen und -bewertungen dieses Benutzers übernimmt und vorhersagt, welcher Film aus unserer Datenbank als Nächstes empfohlen werden soll. Es ist jedoch möglich, dieses Problem als Regression umzuformulieren. Anstatt ein Modell mit einer kategorialen Ausgabe, die einem Film in unserer Datenbank entspricht, zu erstellen, könnte unser Modell stattdessen ein Multitask-Lernen durchführen. Dabei lernt das Modell eine Reihe wichtiger Eigenschaften (wie zum Beispiel Einkommen, Kundensegment usw.) von Benutzern, die wahrscheinlich einen bestimmten Film ansehen werden. Umgeformt als Regressionsaufgabe, sagt das Modell nun die Darstellung des Benutzerraums für einen bestimmten Film voraus. Um Empfehlungen auszusprechen, wählen wir den Satz von Filmen, der den bekannten Eigenschaften eines Benutzers am nächsten kommt. Anstatt das Modell wie in einer Klassifizierung die Wahrscheinlichkeit dafür ausgeben zu lassen, dass ein Benutzer einen Film mag, würden wir eine Gruppe von Filmen bekommen, die von Benutzern wie diesem Benutzer gesehen wurden.

Indem wir das Klassifizierungsproblem der Filmempfehlung in eine Regression von Benutzereigenschaften umwandeln, können wir nun unser Empfehlungsmodell leicht anpassen, um im Trend liegende Videos, klassische Filme oder Dokumentationen zu empfehlen, ohne jedes Mal ein eigenes Klassifizierungsmodell trainieren zu müssen.

Ein derartiges Modellkonzept ist auch nützlich, wenn die numerische Darstellung eine intuitive Interpretation zulässt. Zum Beispiel kann ein Breitengrad-Längengrad-Paar anstelle von Vorhersagen für Stadtgebiete verwendet werden. Nehmen wir an, wir wollten vorhersagen, welche Stadt den nächsten Virenausbruch erlebt oder in welchem New Yorker Stadtteil die Immobilienpreise in die Höhe schnellen werden. Es könnte einfacher sein, den Breiten- und Längengrad vorherzusagen und dann die Stadt oder den Stadtteil auszuwählen, die/der diesem Ort am nächsten liegt, als die Stadt oder den Stadtteil selbst vorherzusagen.

Kompromisse und Alternativen

Es gibt selten nur eine Möglichkeit, ein Problem zu formulieren, und es ist hilfreich, über alle Kompromisse oder Alternativen einer bestimmten Implementierung informiert zu sein. So ist zum Beispiel das Kategorisieren der Ausgabewerte (engl. *Bucketizing*) einer Regression ein Ansatz, um das Problem als Klassifizierungsaufgabe umzuformulieren. Ein anderer Ansatz ist Multitask-Lernen, das beide Aufgaben (Klassifizierung und Regression) in einem einzigen Modell mithilfe mehrerer Vorhersageköpfe kombiniert. Seien Sie sich aber bei jeder Reframing-Technik bewusst, dass es Datenbeschränkungen gibt oder dass das Risiko besteht, systematische Label-Abweichungen einzuführen.

Kategorisierte Ausgaben

Der typische Ansatz, eine Regressionsaufgabe als Klassifizierung umzuformulieren, besteht darin, die Ausgabewerte in Buckets einzuteilen. Wenn unser Modell zum Beispiel anzeigen soll, ob ein Baby nach der Geburt eine Intensivversorgung benötigt, könnten die in Tabelle 3-1 angegebenen Kategorien ausreichend sein.

Tabelle 3-1: Kategorisierte Ausgaben für das Babygewicht

Kategorie	Beschreibung
Hohes Geburtsgewicht	Mehr als 8,8 Pfund
Durchschnittliches Geburtsgewicht	Zwischen 5,5 und 8,8 Pfund
Niedriges Geburtsgewicht	Zwischen 3,31 und 5,5 Pfund
Sehr niedriges Geburtsgewicht	Weniger als 3,31 Pfund

Unser Regressionsmodell wird nun zu einer Multiklassenklassifizierung. Intuitiv ist es einfacher, einen von vier möglichen kategorialen Fällen vorherzusagen als einen einzelnen Wert aus dem Kontinuum der reellen Zahlen – genauso wie es einfacher wäre, eine binäre 0 gegenüber einer 1 als Ziel für `is_underweight` vorherzusagen statt einer aus vier getrennten Kategorien `high_weight`, `avg_weight`, `low_weight` oder `very_low_weight`. Mit kategorialen Ausgaben bekommt unser Modell weniger Anreize, willkürlich nahe an den tatsächlichen Ausgabewert heranzukommen, da wir im Wesentlichen das Ausgabe-Label in einen Wertebereich anstatt in eine einzelne Realzahl geändert haben.

Im Notebook zu diesem Abschnitt (*https://github.com/GoogleCloudPlatform/ml-design-patterns/blob/master/03_problem_representation/reframing.ipynb*) trainieren wir sowohl ein Regressions- als auch ein Multiklassenklassifizierungsmodell. Das Regressionsmodell erreicht einen RMSE von 1,3 auf dem Validierungsset, während das Klassifizierungsmodell eine Genauigkeit von 67 % aufweist. Es ist schwierig, beide Modelle zu vergleichen, da die eine Bewertungsmetrik den RMSE verwendet und die andere die Genauigkeit. Letztlich ist der Anwendungsfall für die Entwurfsentscheidung maßgebend. Wenn medizinische Entscheidungen auf kategorisierten Werten basieren, sollte unser Modell eine Klassifizierung mit diesen Buckets sein. Wenn jedoch eine genauere Vorhersage des Babygewichts benötigt wird, ist es sinnvoll, das Regressionsmodell zu verwenden.

Andere Möglichkeiten, Unsicherheit zu erfassen

Es gibt noch andere Möglichkeiten, Unsicherheit in Regression zu erfassen. Ein einfacher Ansatz ist es, die Quantilsregression durchzuführen. Anstatt zum Beispiel nur den Mittelwert vorherzusagen, können wir das bedingte 10., 20., 30., ..., 90. Perzentil für das vorauszusagende Ergebnis schätzen. Quantilsregression ist eine Erweiterung der linearen Regression. Reframing kann dagegen mit komplexeren ML-Modellen arbeiten.

Ein anderer, anspruchsvollerer Ansatz führt eine Regression mit einem Framework wie TensorFlow Probability (*https://oreil.ly/AEtLG*) durch. Allerdings müssen wir die Verteilung der Ausgabe explizit modellieren. Wenn wir zum Beispiel für die Ausgabe eine Normalverteilung erwarten, deren Mittelwert von den Eingaben abhängt, würde die Ausgabeschicht des Modells so aussehen:

```
tfp.layers.DistributionLambda(lambda t: tfd.Normal(loc=t, scale=1))
```

Wenn wir andererseits wissen, dass die Varianz mit dem Mittelwert zunimmt, könnten wir die Verteilung vielleicht mit der Lambda-Funktion modellieren. Beim Reframing hingegen brauchen wir die A-posteriori-Verteilung nicht zu modellieren.

Welches Modell des maschinellen Lernens auch trainiert wird, die Daten sind der Schlüssel. Komplexere Beziehungen verlangen typischerweise mehr Trainingsdatenbeispiele, um diese schwer fassbaren Muster zu finden. Deshalb ist es wichtig, zu überlegen, wie die Datenanforderungen für Regressions- oder Klassifizierungsmodelle aussehen. Für Klassifizierungsaufgaben besagt eine gängige Faustregel, dass für jede Label-Kategorie die 10-fache Anzahl an Modell-Features vorhanden sein sollte. Bei einem Regressionsmodell gilt als

Faustregel das 50-Fache der Anzahl von Modell-Features. Natürlich sind diese Zahlen lediglich grobe Heuristik und keine genauen Werte. Es liegt aber auf der Hand, dass Regressionsaufgaben typischerweise mehr Trainingsbeispiele erfordern. Außerdem steigt dieser Bedarf an massiven Daten nur mit der Komplexität der Aufgabe. Somit könnten Datenbeschränkungen zu berücksichtigen sein, wenn es um die Art des verwendeten Modells oder – im Fall der Klassifizierung – die Anzahl der Label-Kategorien geht.

Genauigkeit von Vorhersagen

Stellt man sich das Reframing eines Regressionsmodells als Multiklassenklassifizierung vor, bestimmt die Breite der Klassen für das Ausgabe-Label die Genauigkeit des Klassifizierungsmodells. Wenn wir in unserem Beispiel mit den Babygewichten genauere Informationen von der diskreten Wahrscheinlichkeitsdichtefunktion benötigen, müssten wir die Anzahl der Klassen unseres kategorialen Modells erhöhen. Abbildung 3-4 zeigt, wie die diskreten Wahrscheinlichkeitsverteilungen bei vier und bei zehn Klassen aussähen.

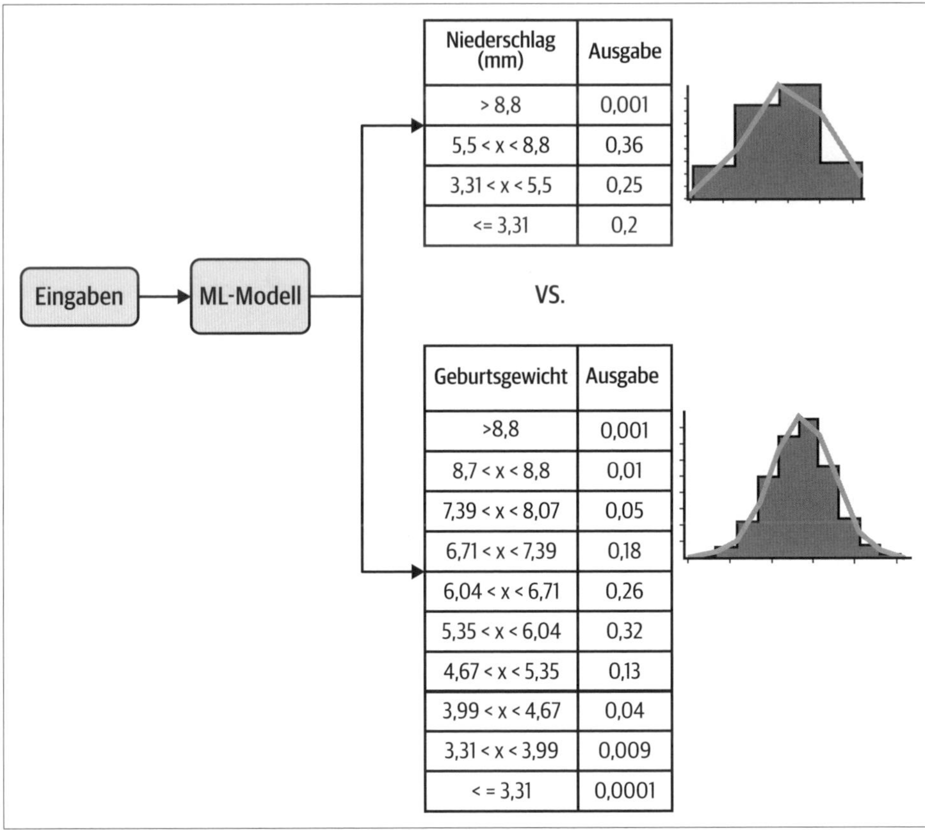

Abbildung 3-4: Die Genauigkeit der Multiklassenklassifizierung wird durch die Breite der Klassen für die Labels gesteuert.

Die Schärfe der Wahrscheinlichkeitsdichtefunktion zeigt die Präzision der Aufgabe als Regression an. Eine schärfere Wahrscheinlichkeitsdichtefunktion weist auf eine kleinere Standardabweichung der Ausgabeverteilung hin, während eine breitere Funktion eine größere Standardabweichung und demzufolge mehr Varianz bedeutet. Bei einer sehr scharfen Dichtefunktion ist es besser, bei einem Regressionsmodell zu bleiben (siehe Abbildung 3-5).

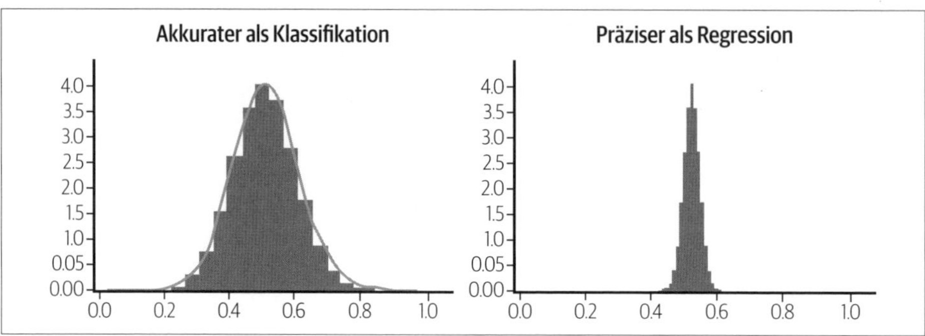

Abbildung 3-5: Die Präzision der Regression zeigt sich an der Schärfe der Wahrscheinlichkeitsdichtefunktion für einen festen Satz von Eingabewerten.

Den Vorhersagebereich einschränken

Das Problem wird man auch dann neu formulieren, wenn es wichtig ist, den Bereich der Vorhersageausgabe einzuschränken. Nehmen wir zum Beispiel an, dass realistische Ausgabewerte für ein Regressionsproblem im Bereich `[3, 20]` liegen. Wenn wir ein Regressionsmodell trainieren, bei dem die Ausgabeschicht eine lineare Aktivierungsfunktion verwendet, besteht immer die Möglichkeit, dass die Modellvorhersagen außerhalb dieses Bereichs liegen. Um den Ausgabebereich zu beschränken, können Sie das Problem neu formulieren.

Machen Sie die Aktivierungsfunktion der vorletzten Schicht zu einer Sigmoid-Funktion (die typischerweise mit Klassifizierung assoziiert wird), sodass die Ausgabe im Bereich `[0, 1]` liegt, und lassen Sie die letzte Schicht diese Werte in den gewünschten Bereich skalieren:

```
MIN_Y =  3
MAX_Y = 20
input_size = 10
inputs = keras.layers.Input(shape=(input_size,))
h1 = keras.layers.Dense(20, 'relu')(inputs)
h2 = keras.layers.Dense(1, 'sigmoid')(h1)  # 0-1 range
output = keras.layers.Lambda(
            lambda y : (y*(MAX_Y-MIN_Y) + MIN_Y))(h2) # scaled
model = keras.Model(inputs, output)
```

Dieses Modell gibt jetzt Zahlen im Bereich `[3, 20]` aus, wovon Sie sich selbst überzeugen können (siehe das Notebook unter *https://github.com/GoogleCloudPlatform/ml-design-patterns/blob/master/03_problem_representation/reframing.ipynb* auf Git-

Hub mit dem vollständigen Code). Da die Ausgabe von einer Sigmoid-Funktion kommt, wird das Modell weder das Minimum noch das Maximum des Bereichs treffen, sondern diesen Extremwerten nur sehr nahe kommen. Als wir das obige Modell mit einigen zufälligen Daten trainierten, lagen die Ergebniswerte im Bereich `[3.03, 19.99]`.

Label-Bias

Empfehlungssysteme wie die Matrixfaktorisierung lassen sich im Kontext von neuronalen Netzen sowohl als Regression als auch als Klassifizierung neu formulieren. Dieser Kontextwechsel hat unter anderem den Vorteil, dass ein als Regressions- oder Klassifizierungsmodell konzipiertes neuronales Netz viel mehr zusätzliche Features als nur die bei der Matrixfaktorisierung gelernten Benutzer- und Objekteinbettungen einbeziehen kann. Es kann also eine reizvolle Alternative sein.

Allerdings ist es wichtig, die Art des Ziel-Labels zu berücksichtigen, wenn das Problem neu formuliert wird. Nehmen wir zum Beispiel an, wir hätten unser Empfehlungsmodell umformuliert in eine Klassifizierungsaufgabe, die die Wahrscheinlichkeit vorhersagt, dass ein Benutzer auf ein bestimmtes Video-Thumbnail klickt. Dies scheint eine vernünftige Umformung zu sein, denn wir wollen ja Inhalte bereitstellen, die ein Benutzer auswählen und ansehen wird. Doch Vorsicht! Diese Label-Änderung entspricht nicht wirklich unserer Vorhersageaufgabe. Durch die Optimierung auf Benutzerklicks wird unser Modell ungewollt Klickköder fördern und dem Benutzer nicht wirklich brauchbare Inhalte empfehlen.

Stattdessen wäre ein vorteilhafteres Label die Dauer, die das Video angesehen wurde, wodurch wir unsere Empfehlung in eine Regression umwandeln. Vielleicht können wir auch das Klassifizierungsziel modifizieren, um die Wahrscheinlichkeit vorherzusagen, dass sich ein Benutzer mindestens die Hälfte des Videoclips ansieht. Oft gibt es mehr als einen geeigneten Ansatz, und es ist wichtig, das Problem ganzheitlich zu betrachten, wenn man eine Lösung konzipiert.

Seien Sie vorsichtig, wenn Sie das Label und die Trainingsaufgabe Ihres ML-Modells ändern, da dies unbeabsichtigt Label-Bias in Ihre Lösung einbringen kann. Sehen Sie sich noch einmal das Beispiel der Videoempfehlung im Abschnitt »Warum es funktioniert« auf Seite 102 an.

Multitask-Lernen

Eine Alternative zum Reframing ist Multitask-Lernen. Anstatt zu versuchen, zwischen Regression und Klassifizierung auszuwählen, machen Sie beides! Allgemein gesagt, bezieht sich Multitask-Lernen auf jedes ML-Modell, in dem mehr als eine Verlustfunktion optimiert wird. Dies lässt sich auf viele verschiedene Arten erreichen, doch die beiden gebräuchlichsten Formen von Multitask-Lernen in neuronalen Netzen laufen über Hard-Parameter-Sharing und Soft-Parameter-Sharing.

Die gemeinsame Nutzung von Parametern bezieht sich auf Parameter des neuronalen Netzes, die zwischen den verschiedenen Ausgabeaufgaben wie Regression und Klassifizierung gemeinsam genutzt werden. Hard-Parameter-Sharing tritt auf, wenn die verdeckten Schichten des Modells von allen Ausgabeaufgaben gemeinsam genutzt werden. Beim Soft-Parameter-Sharing hat jedes Label sein eigenes neuronales Netz mit seinen eigenen Parametern, und die Parameter der verschiedenen Modelle werden durch eine Form der Regularisierung dazu gebracht, ähnlich zu sein. Abbildung 3-6 zeigt die typische Architektur für Hard-Parameter-Sharing und Soft-Parameter-Sharing.

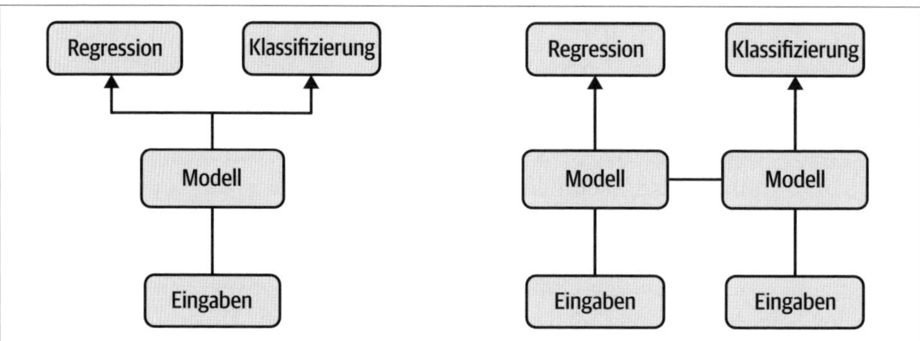

Abbildung 3-6: Zwei gängige Implementierungen des Multitask-Lernens über Hard-Parameter-Sharing und Soft-Parameter-Sharing

In diesem Zusammenhang könnten wir zwei Köpfe für unser Modell vorsehen: einen, um eine Regressionsausgabe vorherzusagen, und einen anderen, um eine Klassifizierungsausgabe vorherzusagen. Zum Beispiel beschreibt das Paper unter *https://oreil.ly/sIjsF*, wie ein Computer-Vision-Modell mithilfe einer Klassifizierungsausgabe von Softmax-Wahrscheinlichkeiten zusammen mit einer Regressionsausgabe trainiert wird, um Bounding Boxes vorherzusagen. Es zeigt, dass dieser Ansatz eine bessere Performance erreicht als vergleichbare Arbeiten, die Netze getrennt nach Klassifizierungs- und Lokalisierungsaufgaben trainieren. Die Idee besteht hier darin, dass über Parameter-Sharing die Aufgaben gleichzeitig gelernt werden und Gradientenaktualisierungen der beiden Verlustfunktionen beide Ausgaben informieren. Insgesamt ergibt sich ein besser zu verallgemeinerndes Modell.

Entwurfsmuster 6: Multilabel

Das Entwurfsmuster *Multilabel* bezieht sich auf Probleme, bei denen wir einem bestimmten Trainingsbeispiel *mehr als ein* Label zuweisen können. Für neuronale Netze ist es bei diesem Design erforderlich, die Aktivierungsfunktion in der letzten Ausgabeschicht des Modells zu ändern und festzulegen, wie unsere Anwendung die Modellausgabe parsen soll. Das unterscheidet sich von Problemen der Multiklassenklassifizierung, bei denen einem einzelnen Beispiel genau ein Label aus einer Gruppe vieler (> 1) möglicher Klassen zugewiesen wird. Das Entwurfsmuster

Multilabel wird auch als *Multilabel-/Multiklassenklassifizierung* bezeichnet, da mehr als ein Label aus einer Gruppe von mehr als einer möglichen Klasse ausgewählt wird. Bei der Besprechung dieses Musters werden wir uns hauptsächlich auf neuronale Netze konzentrieren.

Problem

Bei Modellvorhersageaufgaben ist häufig eine einzelne Klassifizierung auf ein bestimmtes Trainingsbeispiel anzuwenden. Diese Vorhersage wird bestimmt aus *N* möglichen Klassen, wobei *N* größer als 1 ist. In diesem Fall ist es üblich, Softmax als Aktivierungsfunktion für die Ausgabeschicht zu verwenden. Die Ausgabe unseres Modells ist bei Verwendung von Softmax ein Array mit *N* Elementen, bei dem die Summe aller Werte 1 ergibt. Jeder Wert gibt die Wahrscheinlichkeit an, dass ein bestimmtes Trainingsbeispiel mit der Klasse an diesem Index assoziiert ist.

Wenn unser Modell zum Beispiel Bilder als Katzen, Hunde oder Kaninchen klassifiziert, könnte die Softmax-Ausgabe für ein bestimmtes Bild `[.89, .02, .09]` lauten. Unser Modell sagt also voraus, dass es sich mit einer Wahrscheinlichkeit von 89% um eine Katze, mit 2% um einen Hund und mit 9% um ein Kaninchen handelt. Da jedes Bild in diesem Szenario nur *ein mögliches Label* haben kann, können wir den Wert von `argmax` (Index der höchsten Wahrscheinlichkeit) nehmen, um die von unserem Modell vorhergesagte Klasse zu bestimmen. Weniger häufig ist das Szenario, wenn jedem Trainingsbeispiel *mehr als ein Label* zugewiesen werden kann. Und das ist es, worum es bei diesem Muster geht.

Das Entwurfsmuster *Multilabel* existiert für Modelle, die auf allen Datenmodalitäten trainiert werden. Bei der Bildklassifizierung könnten wir in dem weiter oben gezeigten Beispiel mit Katze, Hund und Kaninchen stattdessen Trainingsbilder verwenden, die jeweils mehrere Tiere darstellen und daher mehrere Labels haben könnten. Für Textmodelle kann man sich Szenarios vorstellen, in denen Text mit mehreren Tags gelabelt werden kann. Am Beispiel des Datensatzes mit den Stack-Overflow-Fragen auf BigQuery könnten wir ein Modell erstellen, um die einer bestimmten Frage zugeordneten Tags vorherzusagen. So ließen sich der Frage »How do I plot a pandas DataFrame?« die Tags »Python«, »Pandas« und »Visualisierung« zuweisen. Ein weiteres Beispiel für eine Multilabel-Textklassifizierung ist ein Modell, das schädliche Kommentare identifiziert. Für dieses Modell könnten wir Kommentare mit mehreren Schädlichkeits-Labels markieren wollen. Ein Kommentar könnte demzufolge sowohl als »hasserfüllt« als auch als »obszön« gelabelt werden.

Dieses Entwurfsmuster kann auch auf tabellarische Datensätze angewendet werden. Stellen Sie sich einen Datensatz aus dem Gesundheitswesen mit verschiedenen physischen Eigenschaften – wie Größe, Gewicht, Alter, Blutdruck und mehr – für jede Patientin und jeden Patienten vor. Anhand dieser Daten könnte das Vorhandensein mehrerer Erkrankungen vorhergesagt werden. Beispielsweise könnte ein Patient sowohl das Risiko für eine Herzerkrankung als auch für Diabetes aufweisen.

Lösung

Um Modelle zu erstellen, die einem bestimmten Trainingsbeispiel *mehr als ein Label* zuweisen können, verwendet man in der letzten Ausgabeschicht die *Sigmoid*-Aktivierungsfunktion. Anstatt ein Array zu generieren, in dem sich alle Werte zu 1 summieren (wie in Softmax), ist jeder einzelne Wert in einem Sigmoid-Array eine Gleitkommazahl zwischen 0 und 1. Wenn also das Entwurfsmuster *Multilabel* implementiert wird, muss unser Label Multi-Hot-codiert sein. Die Länge des Multi-Hot-Arrays korrespondiert mit der Anzahl der Klassen in unserem Modell, und jede Ausgabe in diesem Label-Array wird ein Sigmoid-Wert sein.

Aufbauend auf dem obigen Bildbeispiel, nehmen wir an, dass unser Trainingsdatensatz Bilder mit mehr als einem Tier enthält. Die Sigmoid-Ausgabe für ein Bild, das eine Katze und einen Hund enthält, aber kein Kaninchen, könnte `[.92, .85, .11]` lauten. Diese Ausgabe bedeutet, dass das Modell mit einer Sicherheit von 92 % annimmt, dass das Bild eine Katze enthält, zu 85 % für einen Hund votiert und mit 11 % zu einem Kaninchen tendiert.

Eine Version dieses Modells für 28 × 28-Pixel-Bilder mit Sigmoid-Ausgabe könnte unter Verwendung der `Sequential`-API von Keras wie folgt aussehen:

```
model = keras.Sequential([
    keras.layers.Flatten(input_shape=(28, 28)),
    keras.layers.Dense(128, activation='relu'),
    keras.layers.Dense(3, activation='sigmoid')
])
```

Die Ausgabe des Sigmoid-Modells hier und des Softmax-Beispiels im Abschnitt »Problem« oben unterscheidet sich vor allem darin, dass das Softmax-Array garantiert drei Werte enthält, die sich zu 1 summieren, während die Sigmoid-Ausgabe drei Werte enthält, die jeweils zwischen 0 und 1 liegen.

Aktivierung per Sigmoid oder Softmax

Die Sigmoid-Funktion ist eine nichtlineare, stetige und differenzierbare Aktivierungsfunktion, die die Ausgaben jedes Neurons in der vorherigen Schicht im ML-Modell übernimmt und den Wert dieser Ausgaben in einen Bereich zwischen 0 und 1 presst. Abbildung 3-7 zeigt, wie die Sigmoid-Funktion aussieht.

Während die Sigmoid-Funktion einen einzelnen Wert als Eingabe übernimmt und einen einzelnen Wert als Ausgabe liefert, übernimmt Softmax ein Array von Werten als Eingabe und transformiert ihn in ein Array von Wahrscheinlichkeiten, die sich zu 1 summieren. Die Eingabe der Softmax-Funktion könnte die Ausgabe von *N* Sigmoids sein.

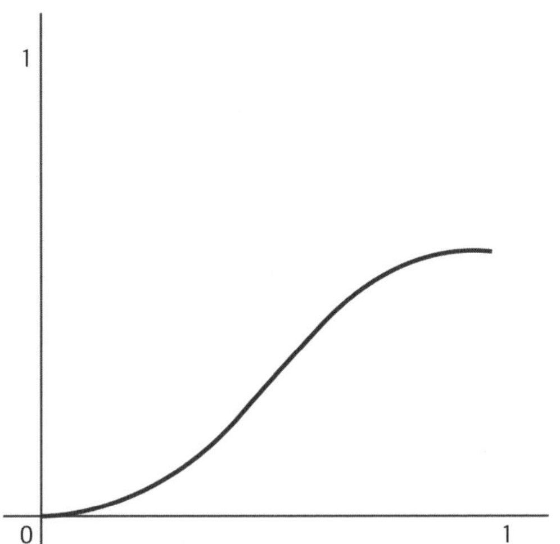

Abbildung 3-7: Eine Sigmoid-Funktion

In einem Multiklassenklassifizierungsproblem, bei dem jedes Beispiel nur ein Label haben kann, verwenden Sie Softmax als letzte Schicht, um eine Wahrscheinlichkeitsverteilung zu erhalten. Im Entwurfsmuster *Multilabel* ist es akzeptabel, dass sich das Ausgabearray nicht zu 1 summiert, da wir die Wahrscheinlichkeit jedes einzelnen Labels auswerten.

Die folgenden Arrays sind Beispiele für Sigmoid- und Softmax-Ausgabearrays:

```
sigmoid = [.8, .9, .2, .5]
softmax = [.7, .1, .15, .05]
```

Kompromisse und Alternativen

Es sind mehrere Spezialfälle zu berücksichtigen, wenn Sie dem Entwurfsmuster *Multilabel* folgen und eine Sigmoid-Ausgabe verwenden. Als Nächstes untersuchen wir, wie Modelle zu strukturieren sind, die zwei mögliche Label-Klassen umfassen, wie Sigmoid-Ergebnisse interpretiert werden können und andere wichtige Betrachtungen für Multilabel-Modelle.

Sigmoid-Ausgabe für Modelle mit zwei Klassen

Es gibt zwei Arten von Modellen, bei denen die Ausgabe zu zwei möglichen Klassen gehört:

- Jedes Trainingsbeispiel kann *nur einer* einzigen Klasse zugeordnet werden. Dies wird auch als *binäre Klassifizierung* bezeichnet und ist ein spezieller Typ eines Multiklassenklassifizierungsproblems.
- Manche Trainingsbeispiele könnten zu *beiden* Klassen gehören. Dies ist ein Typ des *Multilabel-Klassifizierungsproblems*.

Abbildung 3-8 zeigt den Unterschied zwischen diesen Klassifizierungen.

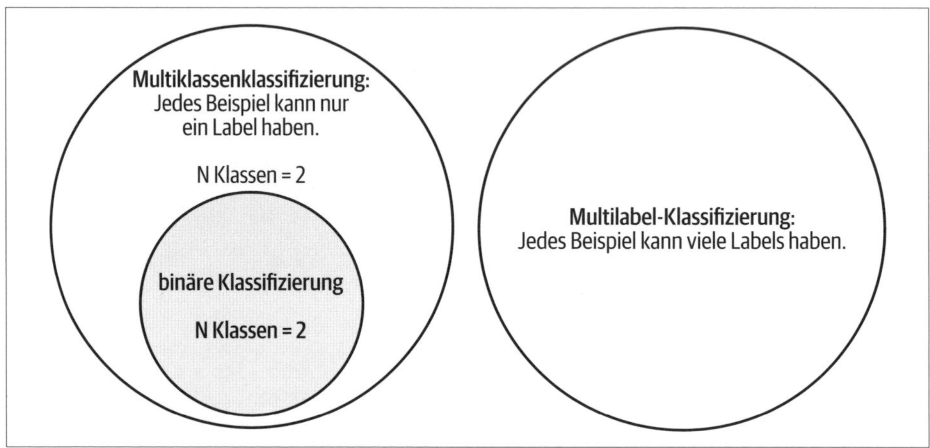

Abbildung 3-8: Den Unterschied zwischen Multiklassen-, Multilabel- und binären Klassifizierungsproblemen verstehen

Der erste Fall (binäre Klassifizierung) ist insofern einzigartig, als es die einzige Art von Ein-Label-Klassifizierungsproblem ist, bei dem wir die Sigmoid-Funktion als Aktivierungsfunktion in Betracht ziehen würden. Für fast alle anderen Multiklassenklassifizierungsprobleme (zum Beispiel die Klassifizierung von Text in eine von fünf möglichen Kategorien) würden wir Softmax verwenden. Haben wir jedoch nur zwei Klassen, ist Softmax überflüssig. Nehmen wir zum Beispiel ein Modell, das vorhersagt, ob eine bestimmte Transaktion betrügerisch ist oder nicht. Hätten wir in diesem Beispiel eine Softmax-Ausgabe verwendet, würde eine betrügerische Modellvorhersage folgendermaßen aussehen:

```
[.02, .98]
```

In diesem Beispiel entspricht der erste Index »nicht betrügerisch«, und der zweite Index steht für »betrügerisch«. Dies ist redundant, da wir dies ebenso mit einem einzelnen Skalarwert darstellen und somit eine Sigmoid-Ausgabe verwenden könnten. Die gleiche Vorhersage ließe sich einfach als `.98` darstellen. Da jeder Eingabe nur eine einzelne Klasse zugewiesen werden kann, können wir von dieser Ausgabe mit `.98` ableiten, dass das Modell eine 98%ige Chance für einen Betrug und eine 2%ige Chance für eine ordnungsgemäße Transaktion vorhergesagt hat.

Für binäre Klassifizierungsmodelle ist es demzufolge optimal, eine Ausgabe der Gestalt 1 mit einer Sigmoid-Aktivierungsfunktion zu verwenden. Modelle mit einem einzelnen Ausgabeknoten sind ebenfalls effizienter, da sie weniger trainierbare Parameter haben und wahrscheinlich schneller trainiert werden können. Die Ausgabeschicht eines binären Klassifizierungsmodells würde so aussehen:

```
keras.layers.Dense(1, activation='sigmoid')
```

Für den zweiten Fall, in dem ein Trainingsbeispiel zu beiden möglichen Klassen gehören könnte und in das Entwurfsmuster *Multilabel* passt, werden wir ebenfalls Sigmoid verwenden, dieses Mal mit einer Ausgabe, die zwei Elemente umfasst:

```
keras.layers.Dense(2, activation='sigmoid')
```

Welche Verlustfunktion sollten wir verwenden?

Da wir nun wissen, wann wir die Sigmoid-Aktivierungsfunktion in unserem Modell verwenden sollten, stellt sich die Frage, wie wir die dazugehörende Verlustfunktion auswählen. Für den Fall der binären Klassifizierung, in dem unser Modell eine Ausgabe mit einem Element hat, verwenden wir den binären Kreuzentropieverlust. In Keras stellen wir eine Verlustfunktion bereit, wenn wir unser Modell kompilieren:

```
model.compile(loss='binary_crossentropy', optimizer='adam',
    metrics=['accuracy'])
```

Interessanterweise verwenden wir die binäre Kreuzentropieverlustfunktion auch für Multilabel-Modelle mit Sigmoid-Ausgabe. Wie Abbildung 3-9 zeigt, hängt das damit zusammen, dass ein Multilabel-Problem mit drei Klassen praktisch aus drei kleineren binären Klassifizierungsproblemen besteht.

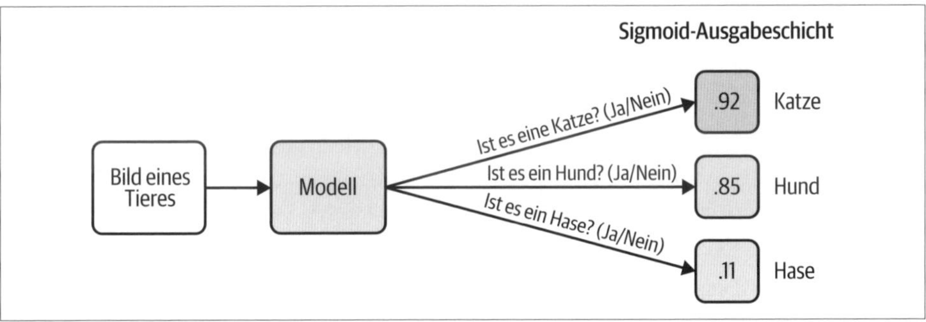

Abbildung 3-9: Um das Multilabel-Muster zu verstehen, kann man das Problem in drei kleinere binäre Klassifizierungsaufgaben zerlegen.

Sigmoid-Ergebnisse parsen

Um das vorhergesagte Label für ein Modell mit Softmax-Ausgabe zu extrahieren, können wir einfach den Wert von `argmax` (*höchster Wertindex*) des Ausgabearrays nehmen, um die vorhergesagte Klasse zu erhalten. Das Parsing von Sigmoid-Ausgaben ist nicht ganz so einfach. Anstatt die Klasse mit der höchsten vorhergesagten Wahrscheinlichkeit zu nehmen, müssen wir die Wahrscheinlichkeit jeder Klasse in unserer Ausgabeschicht bewerten und den Wahrscheinlichkeitsschwellenwert für unseren Anwendungsfall berücksichtigen. Beide Entscheidungen sind weitgehend von der Endbenutzeranwendung unseres Modells abhängig.

Mit *Schwellenwert* ist die Wahrscheinlichkeit gemeint, mit der wir eine Eingabe mit großer Sicherheit einer bestimmten Klasse zuordnen können. Bei einem Modell, das verschiedene Arten von Tieren auf Bildern klassifizieren soll, könnten wir durchaus zufrieden sein, zu sagen, dass ein Bild eine Katze zeigt, selbst wenn das Modell nur eine 80%ige Sicherheit aufweist, dass das Bild eine Katze enthält. Wenn wir hingegen ein Modell erstellen, das Vorhersagen im Gesundheitswesen trifft, werden wir sicherlich verlangen, dass es mit einer näher an 99% liegenden Sicherheit bestätigt, ob ein bestimmter medizinischer Zustand vorliegt oder nicht. Obwohl wir Schwellenwerte für jede Art von Klassifizierungsmodell berücksichtigen müssen, sind sie besonders für das Entwurfsmuster *Multilabel* relevant, da wir Schwellenwerte für jede Klasse bestimmen müssen und diese unterschiedlich sein können.

Als konkretes Beispiel nehmen wir den Stack-Overflow-Datensatz in BigQuery. Das Modell dafür soll für einen gegebenen Titel die Tags vorhersagen, die einer Stack-Overflow-Frage zugeordnet sind. Der Einfachheit halber beschränken wir unseren Datensatz auf Fragen, die nur fünf Tags enthalten:

```
SELECT
    title,
    REPLACE(tags, "|", ",") as tags
FROM
    `bigquery-public-data.stackoverflow.posts_questions`
WHERE
    REGEXP_CONTAINS(tags,
        r"(?:keras|tensorflow|matplotlib|pandas|scikit-learn)")
```

Die Ausgabeschicht unseres Modells sieht folgendermaßen aus (der vollständige Code für diesen Abschnitt ist im GitHub-Repository unter *https://github.com/GoogleCloudPlatform/ml-design-patterns/blob/master/03_problem_representation/multilabel.ipynb* verfügbar):

```
keras.layers.Dense(5, activation='sigmoid')
```

Als Eingabebeispiel nehmen wir die Stack-Overflow-Frage: »What is the definition of a non-trainable parameter?« (Wie lautet die Definition eines nicht trainierbaren Parameters?) Unter der Annahme, dass unsere Ausgabeindizes mit der Reihenfolge der Tags in unserer Frage übereinstimmen, könnte eine Ausgabe für diese Frage wie folgt aussehen:

```
[.95, .83, .02, .08, .65]
```

Unser Modell ist zu 95% zuversichtlich, dass diese Frage mit `keras` getaggt werden sollte, und zu 83%, dass ihr das Tag `tensorflow` zuzuordnen ist. Wenn wir Modellvorhersagen auswerten, müssen wir jedes Element im Ausgabearray durchlaufen und festlegen, wie wir diese Ergebnisse für die Endbenutzer anzeigen wollen. Bei einem Schwellenwert von 80% für alle Tags würden wir Keras und TensorFlow zusammen mit dieser Frage anzeigen. Vielleicht möchten wir alternativ die Benutzer ermutigen, möglichst viele Tags hinzuzufügen, und Optionen für jedes Tag mit einer Vorhersagesicherheit über 50% anzeigen.

Für derartige Beispiele, bei denen das Ziel vor allem darin besteht, mögliche Tags vorzuschlagen, und weniger Wert darauf gelegt wird, das Tag *genau* richtig zu erhalten, lautet eine typische Faustregel, `n_specific_tag / n_total_examples` als Schwellenwert für jede Klasse zu verwenden. Dabei ist `n_specific_tag` die Anzahl der Beispiele mit einem Tag im Datensatz (zum Beispiel `pandas`), und `n_total_examples` gibt die Gesamtzahl der Beispiele im Trainingsset über alle Beispiele an. Damit wird sichergestellt, dass das Modell besser abschneidet, als ein bestimmtes Label aufgrund seines Vorkommens im Trainingsdatensatz zu erraten.

Für eine präzisere Herangehensweise an die Schwellenwertfestlegung sollten Sie S-Cut in Betracht ziehen oder Ihr Modell nach dem F-Maß optimieren. Details zu beidem finden Sie im Paper unter *https://oreil.ly/oyR57*. Oftmals ist es auch hilfreich, die Wahrscheinlichkeiten pro Label zu kalibrieren, insbesondere wenn es Tausende von Labels gibt und Sie die *K* besten von ihnen betrachten möchten (wie es bei Such- und Rangfolgeproblemen üblich ist).

Wie Sie gesehen haben, sind Multilabel-Modelle flexibler in Bezug darauf, wie wir Vorhersagen parsen. Zudem sind wir gefordert, genau über die Ausgabe für jede Klasse nachzudenken.

Überlegungen zu Datensätzen

Bei Klassifizierungsaufgaben mit einzelnen Labels können wir sicherstellen, dass unser Datensatz ausgewogen ist, indem wir eine relativ gleiche Anzahl von Trainingsbeispielen für jede Klasse anstreben. Beim Entwurfsmuster *Multilabel* ist es nuancierter, einen ausgewogenen Datensatz zu erstellen.

Im Beispiel mit dem Stack-Overflow-Datensatz gibt es wahrscheinlich viele Fragen, die sowohl mit `tensorflow` als auch mit `keras` getaggt sind. Aber es gibt sicherlich auch Fragen zu Keras, die nichts mit TensorFlow zu tun haben. Analog dazu könnten Fragen auftauchen über das Plotten von Daten, die sowohl mit `matplotlib` als auch mit `pandas` getaggt sind, und Fragen zur Datenvorverarbeitung, die sowohl mit `pandas` als auch mit `scikit-learn` ausgezeichnet sind. Damit unser Modell lernen kann, was für jedes Tag einzigartig ist, müssen wir sicherstellen, dass der Trainingsdatensatz aus verschiedenen Kombinationen der einzelnen Tags besteht. Wenn die Mehrheit der `matplotlib`-Fragen in unserem Datensatz auch mit dem Tag `pandas` versehen ist, wird das Modell nicht lernen, `matplotlib` als eigenständigen Begriff zu klassifizieren. Um dies zu berücksichtigen, sollten Sie sich die verschiedenen Beziehungen zwischen den Labels klarmachen, die im Modell vorhanden sein können, und die Anzahl der Trainingsbeispiele zählen, die zu jeder sich überlappenden Kombination von Labels gehören.

Wenn wir die Beziehung zwischen Labels in unserem Datensatz untersuchen, können wir auch auf hierarchische Labels stoßen. So enthält der beliebte Datensatz ImageNet (*https://oreil.ly/0VXtc*) zur Bildklassifizierung Tausende von gelabelten Bildern. Er wird oft als Ausgangspunkt für das Transfer Learning auf Bildmodelle angewendet. Alle in ImageNet verwendeten Labels sind hierarchisch, d.h., alle Bilder haben mindestens ein Label, und viele Bilder haben spezifischere Labels, die Teil einer Hierarchie sind. Eine Label-Hierarchie in ImageNet sieht zum Beispiel so aus:

```
animal → invertebrate → arthropod → arachnid → spider
```

Je nach Größe und Art des Datensatzes gibt es zwei gängige Ansätze für den Umgang mit hierarchischen Labels:

- Einen flachen Ansatz verwenden und jedes Label unabhängig von der Hierarchie in dasselbe Ausgabearray stellen. Dabei gewährleisten, dass für jedes »Blattknoten«-Label genügend Beispiele vorhanden sind.
- Das Entwurfsmuster *Kaskade* verwenden. Ein Modell erstellen, um Labels auf höherer Ebene zu identifizieren. Das Beispiel basierend auf der High-Level-Klassifizierung an ein separates Modell für eine spezifischere Klassifizierungsaufgabe senden. Zum Beispiel könnte ein erstes Modell die Bilder als »Plant«, »Animal« oder »Person« labeln. Abhängig davon, welche Labels das erste Modell anwendet, senden wir das Bild an andere Modelle, um granularere Labels wie »succulent« oder »barbary lion« anzuwenden.

Der flache Ansatz ist unkomplizierter, als dem Entwurfsmuster *Kaskade* zu folgen, da er nur ein Modell erfordert. Allerdings kann das dazu führen, dass Informationen über detailliertere Label-Klassen verloren gehen, da es naturgemäß in unserem Datensatz mehr Trainingsbeispiele mit den Labels auf höherer Ebene geben wird.

Eingaben mit sich überlappenden Labels

Das Entwurfsmuster *Multilabel* ist ebenfalls nützlich, wenn sich gelegentlich die Labels bei Eingabedaten überlappen. Nehmen wir als Beispiel ein Bildmodell, das Kleidungsstücke für einen Katalog klassifizieren soll. Wenn mehrere Personen jedes Bild im Trainingsdatensatz labeln, kann der eine Label-Ersteller ein Bild eines Rocks (engl. Skirt) als »Maxi skirt« labeln, während ein anderer ihn als »Pleated skirt« (Faltenrock) identifiziert. Beide sind korrekt. Wenn wir aber ein Multiklassenklassifizierungsmodell auf diesen Daten erstellen und ihm mehrere Beispiele desselben Bilds mit unterschiedlichen Labels übergeben, werden wir wahrscheinlich auf Situationen stoßen, in denen das Modell bei Vorhersagen ähnliche Bilder mit unterschiedlichen Labels versieht. Im Idealfall möchten wir ein Modell, das dieses Bild sowohl mit »Maxi skirt« als auch mit »Pleated skirt« labelt, wie Abbildung 3-10 zeigt, anstatt manchmal nur eines dieser Labels vorherzusagen.

Hier kommt uns das Entwurfsmuster *Multilabel* zu Hilfe, indem es uns erlaubt, einem Bild beide sich überlappenden Labels zuzuordnen. In Fällen mit sich überlappenden Labels, in denen wir mehrere Label-Ersteller haben, die jedes Bild in unserem Trainingsdatensatz bewerten, können wir die maximale Anzahl von Labels wählen, die die Label-Ersteller einem bestimmten Bild zuweisen sollen. Dann nehmen wir die am häufigsten gewählten Tags, um sie während des Trainings mit einem Bild zu verknüpfen.

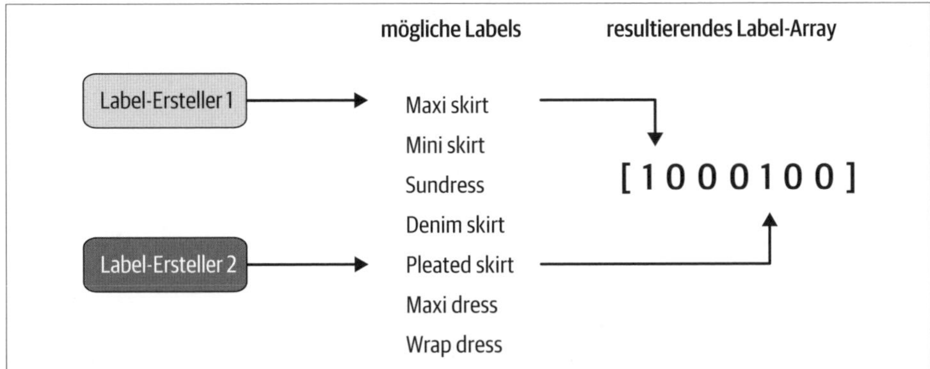

Abbildung 3-10: Die Eingaben von mehreren Label-Erstellern verwenden, um sich überlappende Labels zu erzeugen, wenn mehrere Beschreibungen eines Artikels korrekt sind

Der Schwellenwert für »die am häufigsten gewählten Tags« hängt von unserer Vorhersageaufgabe und der Anzahl der vorhandenen menschlichen Label-Ersteller ab. Wenn zum Beispiel 5 Label-Ersteller jedes Bild bewerten und es für jedes Bild 20 mögliche Tags gibt, sollten wir die Label-Ersteller dazu anhalten, jedem Bild 3 Tags zuzuordnen. Aus dieser Liste von 15 Label-»Stimmen« pro Bild könnten wir dann 2 bis 3 mit den meisten Stimmen von den Label-Erstellern auswählen. Bei der Auswertung dieses Modells müssen wir die durchschnittliche Vorhersagekonfidenz berücksichtigen, die das Modell für jedes Label zurückgibt, und diese verwenden, um unseren Datensatz und die Label-Qualität iterativ zu verbessern.

Einer gegen alle

Mit der Multilabel-Klassifizierung kann man auch eine andere Technik anwenden, die mehrere binäre Klassifizierer statt eines Multilabel-Modells trainiert. Dieser Ansatz wird *einer gegen alle* genannt. Im Stack-Overflow-Beispiel, in dem wir Fragen mit den Tags `tensorflow`, `python` und `pandas` versehen wollen, würden wir einen individuellen Klassifizierer für jedes dieser drei Tags trainieren: Python oder nicht, TensorFlow oder nicht usw. Dann würden wir einen Konfidenzschwellenwert wählen und die ursprüngliche Eingangsfrage mit Tags von jedem binären Klassifizierer über einem bestimmten Schwellenwert versehen.

Das Verfahren *einer gegen alle* hat den Vorteil, dass wir es mit Modellarchitekturen verwenden können, die nur für eine binäre Klassifizierung konzipiert sind, wie etwa SVMs. Es kann auch bei seltenen Kategorien helfen, da das Modell nur eine einzige Klassifizierungsaufgabe auf einmal für jede Eingabe durchführen muss und es möglich ist, das Entwurfsmuster *Rebalancing* anzuwenden. Der Nachteil dieses Ansatzes ist die zusätzliche Komplexität, die durch das Training vieler verschiedener Klassifizierer entsteht. Wir müssen unsere Anwendung so aufbauen, dass sie Vorhersagen von jedem dieser Modelle generiert, anstatt nur mit einem Modell auszukommen.

Alles in allem sollten Sie das Entwurfsmuster *Multilabel* verwenden, wenn Ihre Daten unter eines der folgenden Klassifizierungsszenarios fallen:

- Ein einzelnes Trainingsbeispiel kann mit sich gegenseitig ausschließenden Labels verknüpft sein.
- Einem einzelnen Trainingsbeispiel können viele hierarchische Labels zugeordnet sein.
- Label-Ersteller beschreiben dasselbe Element auf verschiedene Arten, und jede Interpretation ist korrekt.

Wenn Sie ein Multilabel-Modell implementieren, stellen Sie sicher, dass Kombinationen aus sich überlappenden Labels ausreichend gut im Datensatz repräsentiert sind, und überlegen Sie sich die Schwellenwerte, die Sie für jedes mögliche Label in Ihrem Modell akzeptieren wollen. Eine Ausgabeschicht mit Sigmoid-Aktivierungsfunktion ist der gängigste Ansatz, um Modelle zu erstellen, die Multilabel-Klassifizierung beherrschen. Darüber hinaus kann die Sigmoid-Ausgabe auch auf binäre Klassifizierungsaufgaben angewendet werden, bei denen ein Trainingsbeispiel nur eines von zwei möglichen Labels haben kann.

Entwurfsmuster 7: Ensemble

Das Entwurfsmuster *Ensemble* bezieht sich auf Techniken des maschinellen Lernens, die mehrere ML-Modelle kombinieren und ihre Ergebnisse für Vorhersagen zusammenfassen. Ensembles können wirksame Instrumente sein, um die Performance zu verbessern und Vorhersagen zu treffen, die besser als jedes einzelne Modell sind.

Problem

Angenommen, wir hätten unser Vorhersagemodell für Babygewichte trainiert, indem wir ein spezielles Feature Engineering durchgeführt und zusätzliche Schichten in unser neuronales Netz eingefügt haben, sodass der Fehler mit unserem Trainingsdatensatz nahezu null ist. »Ausgezeichnet!«, werden Sie sagen. Wenn wir jedoch unser Modell in der Produktion im Krankenhaus einsetzen oder die Performance auf dem reservierten Testset bewerten wollen, sind unsere Vorhersagen alle falsch. Was ist passiert? Und vor allem, wie können wir es korrigieren?

Kein ML-Modell ist perfekt. Um besser zu verstehen, wo und wie unser Modell falsch ist, kann man den Fehler eines ML-Modells in drei Teile gliedern: den nicht reduzierbaren Fehler, den Fehler aufgrund von Bias und den Fehler infolge von Varianz. Der nicht reduzierbare Fehler ist der Fehler, der dem Modell inhärent ist und sich aus dem Rauschen im Datensatz, der Problemformulierung oder aus schlechten Trainingsbeispielen wie Messfehlern oder Störfaktoren ergibt. Wie der Name schon sagt, können wir kaum etwas gegen *nicht reduzierbare Fehler* ausrichten.

Die beiden anderen Fehler, der Bias und die Varianz, gehören zu den *reduzierbaren Fehlern*. Hier können wir die Performance unseres Modells beeinflussen. Kurz gesagt, ist der Bias die Unfähigkeit des Modells, genügend über die Beziehung zwischen den Features und den Labels des Modells zu lernen, während die Varianz die Unfähigkeit des Modells erfasst, auf neue, noch nicht gesehene Beispiele zu verallgemeinern. Ein Modell mit hohem Bias vereinfacht die Beziehung zu stark und wird als *unterangepasst* (engl. *underfit*) bezeichnet. Bei zu hoher Varianz hat das Modell zu viel über die Trainingsdaten gelernt und ist *überangepasst* (engl. *overfit*). Natürlich strebt man bei jedem ML-Modell einen niedrigen Bias und eine niedrige Varianz an, doch ist es in der Praxis schwer, beide Ziele zu erreichen. Man spricht auch vom Bias-Varianz-Kompromiss. Wir können eben nicht alles auf einmal haben. Zum Beispiel verringert eine steigende Modellkomplexität den Bias, erhöht aber die Varianz, während eine geringere Modellkomplexität die Varianz senkt, aber mehr Bias mit sich bringt.

Neuere Arbeiten (*https://oreil.ly/PxUvs*) deuten darauf hin, dass dieses Verhalten bei modernen Techniken des maschinellen Lernens, zum Beispiel bei großen neuronalen Netzen mit hoher Kapazität, nur bis zu einem gewissen Punkt gültig ist. In Experimenten hat man beobachtet, dass es einen »Interpolationsschwellenwert« gibt, über dem Modelle mit sehr hoher Kapazität in der Lage sind, sowohl einen Trainingsfehler von null als auch einen geringen Fehler bei nicht gesehenen Daten zu erreichen. Natürlich brauchen wir wesentlich größere Datensätze, um Overfitting bei Modellen mit hoher Kapazität zu vermeiden.

Gibt es eine Möglichkeit, um diesen Bias-Varianz-Kompromiss bei kleineren und mittelgroßen Problemen abzuschwächen?

Lösung

Ensemble-Methoden sind Metaalgorithmen, die mehrere ML-Modelle als Technik kombinieren, um den Bias und/oder die Varianz zu verringern und die Modellperformance zu verbessern. Prinzipiell hilft die Kombination mehrerer Modelle, die Ergebnisse des maschinellen Lernens zu verbessern. Indem wir mehrere Modelle mit unterschiedlichen Bias-Werten erzeugen und ihre Ausgaben zusammenfassen, hoffen wir, ein Modell mit besserer Performance zu bekommen. Dieser Abschnitt erläutert einige häufig verwendete Ensemble-Methoden, einschließlich Bagging, Boosting und Stacking.

Bagging

Bagging (von *Bootstrap aggregating*) ist eine Art parallele Ensemble-Methode und wird verwendet, um hoher Varianz in ML-Modellen zu begegnen. Der Bootstrap-Teil des Baggings bezieht sich auf die Datensätze, mit denen die Ensemble-Mitglieder trainiert werden. Wenn es k Teilmodelle gibt, werden k separate Datensätze für das Training jedes Teilmodells des Ensembles verwendet. Jeder Datensatz wird durch Zufallsstichproben (mit Ersetzung) aus dem ursprünglichen Trainingsdatensatz gebildet. Es gibt also eine hohe Wahrscheinlichkeit, dass in jedem der *k* Datensätze einige Trainingsbeispiele fehlen, doch wahrscheinlich wird auch jeder Datensatz sich wiederholende Trainingsbeispiele enthalten. Die Ausgaben der verschiedenen Ensemble-Modellmitglieder werden dann aggregiert – entweder gemittelt, wie bei einer Regressionsaufgabe, oder durch Mehrheitsabstimmung im Fall der Klassifizierung.

Ein gutes Beispiel für eine Bagging-Ensemble-Methode ist der Random Forest: Mehrere Entscheidungsbäume werden auf zufällig erhobenen Teilmengen der gesamten Trainingsdaten trainiert, und dann werden die Baumvorhersagen aggregiert, um eine Vorhersage zu erzeugen, wie Abbildung 3-11 zeigt.

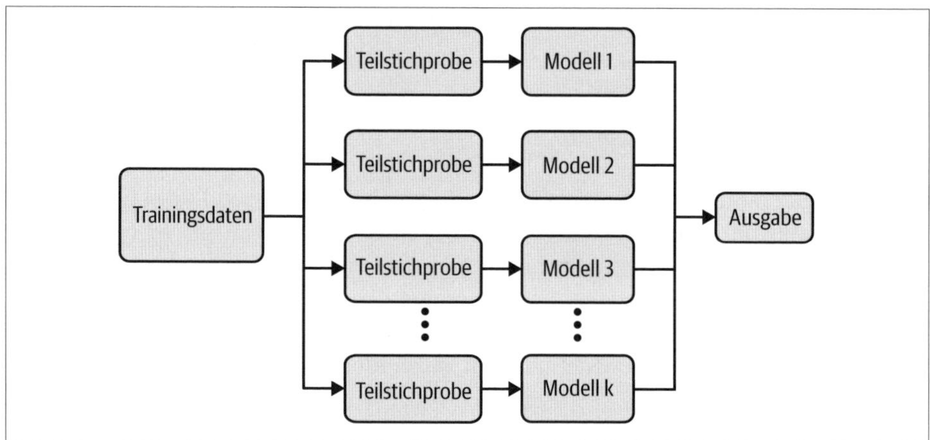

Abbildung 3-11: Bagging eignet sich gut, um die Varianz in der Ausgabe von ML-Modellen zu verringern.

Bekannte Bibliotheken für maschinelles Lernen verfügen über Implementierungen von Bagging-Methoden. Zum Beispiel implementiert der folgende Code eine Random-Forest-Regression in scikit-learn, um das Babygewicht aus unserem Geburtendatensatz vorherzusagen:

```
from sklearn.ensemble import RandomForestRegressor

# Das Modell mit 50 Bäumen erzeugen.
RF_model = RandomForestRegressor(n_estimators=50,
                                 max_features='sqrt',
                                 n_jobs=-1, verbose = 1)

# An Trainingsdaten anpassen.
RF_model.fit(X_train, Y_train)
```

Die Modellmittelung wie beim Bagging ist eine leistungsfähige und zuverlässige Methode, um die Modellvarianz zu verringern. Wie Sie noch sehen werden, kombinieren verschiedene Ensemble-Methoden mehrere Teilmodelle auf unterschiedliche Arten, manchmal mit unterschiedlichen Modellen, unterschiedlichen Algorithmen oder sogar unterschiedlichen Zielfunktionen. Beim Bagging sind Modell und

Algorithmen gleich. Zum Beispiel sind beim Random Forest alle Teilmodelle kurze Entscheidungsbäume.

Boosting

Eine andere Ensemble-Technik ist Boosting. Im Gegensatz zum Bagging konstruiert Boosting jedoch letztlich ein Ensemble-Modell mit *mehr* Kapazität als die einzelnen Mitgliedsmodelle. Deshalb ist Boosting ein effektiveres Instrument, um den Bias zu verringern, als die Varianz zu verringern. Boosting liegt die Idee zugrunde, iterativ ein Ensemble von Modellen zu erstellen, wobei sich jedes Folgemodell darauf konzentriert, die Beispiele zu lernen, die das vorherige Modell falsch erkannt hat. Kurz gesagt, verbessert Boosting iterativ eine Sequenz von schwachen Klassifikatoren, indem es einen gewichteten Mittelwert nimmt, um letztlich einen starken Klassifikator zu liefern.

Zu Beginn des Boosting-Verfahrens wird ein einfaches Basismodell `f_0` ausgewählt. Bei einer Regressionsaufgabe könnte das Basismodell einfach der durchschnittliche Zielwert sein: `f_0 = np.mean(Y_train)`. Für den ersten Iterationsschritt werden die Residuen `delta_1` gemessen und über ein separates Modell approximiert. Das Residuenmodell kann beliebig gestaltet sein, in der Regel ist es nicht sehr anspruchsvoll. Oftmals kommt ein schwacher Klassifikator wie zum Beispiel ein Entscheidungsbaum infrage. Die vom Residuenmodell gelieferte Approximation wird dann der aktuellen Vorhersage hinzugefügt, und der Vorgang setzt sich fort.

Nach vielen Iterationen laufen die Residuen gegen null, und die Vorhersage wird immer besser in der Modellierung des ursprünglichen Trainingsdatensatzes. Beachten Sie, dass in Abbildung 3-12 die Residuen für jedes Element des Datensatzes mit jeder weiteren Iteration abnehmen.

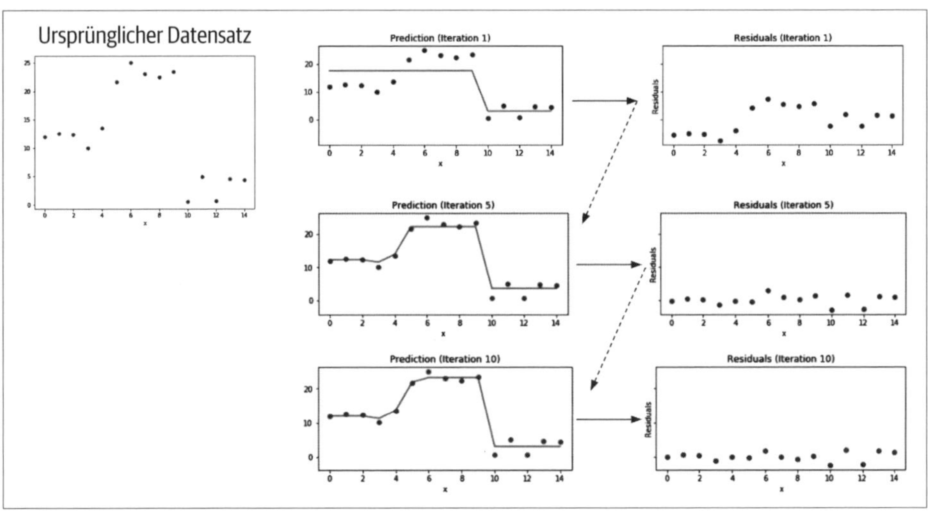

Abbildung 3-12: Boosting konvertiert schwache Klassifikatoren zu starken Klassifikatoren, indem es die Modellvorhersage iterativ verbessert.

Zu den bekannteren Boosting-Algorithmen gehören AdaBoost, Gradient Boosting Machines und XGBoost. Diese sind auch in bekannten ML-Frameworks wie scikit-learn oder TensorFlow implementiert.

Die Implementierung in scikit-learn ist ebenfalls recht einfach:

```
from sklearn.ensemble import GradientBoostingRegressor

# Den Gradient-Boosting-Regressor erzeugen.
GB_model = GradientBoostingRegressor(n_estimators=1,
                                     max_depth=1,
                                     learning_rate=1,
                                     criterion='mse')

# An Trainingsdaten anpassen.
GB_model.fit(X_train, Y_train)
```

Stacking

Stacking ist eine Ensemble-Methode, die die Ausgaben einer Sammlung von Modellen für eine Vorhersage kombiniert. Die anfänglichen Modelle, bei denen es sich in der Regel um verschiedene Modelltypen handelt, werden bis zur Fertigstellung auf dem gesamten Trainingsdatensatz trainiert. Dann wird ein sekundäres Metamodell trainiert, das die Ausgaben des anfänglichen Modells als Features verwendet. Dieses zweite Metamodell lernt, wie die Ausgaben des anfänglichen Modells am besten zu kombinieren sind, um den Trainingsfehler zu verringern. Es kann ein beliebiges Modell für maschinelles Lernen sein.

Um ein Stacking-Ensemble zu implementieren, trainieren wir zuerst alle Mitglieder des Ensembles auf dem Trainingsdatensatz. Der folgende Code ruft die Funktion `fit_model` auf, die als Argumente ein Modell und die Trainingsdatensatzeingaben `X_train` und das Label `Y_train` übernimmt. Somit ist `members` eine Liste, die alle trainierten Modelle in unserem Ensemble enthält (den vollständigen Code für dieses Beispiel finden Sie im Code-Repository für dieses Buch unter *https://github.com/GoogleCloudPlatform/ml-design-patterns/blob/master/03_problem_representation/ensemble_methods.ipynb*):

```
members = [model_1, model_2, model_3]

# Modelle anpassen und speichern.
n_members = len(members)

for i in range(n_members):
    # Modell anpassen.
    model = fit_model(members[i])
    # Modell speichern.
    filename = 'models/model_' + str(i + 1) + '.h5'
    model.save(filename, save_format='tf')
    print('Saved {}\n'.format(filename))
```

Diese Teilmodelle werden als individuelle Eingaben in ein größeres Stacking-Ensemble-Modell eingebunden. Da diese Eingabemodelle zusammen mit dem sekundären Ensemble-Modell trainiert werden, fixieren wir die Gewichte dieser Eingabemodelle. Hierzu setzen wir für die Ensemble-Mitgliedermodelle `layer.trainable` auf `False`:

```
for i in range(n_members):
    model = members[i]
    for layer in model.layers:
        # Nicht trainierbar machen.
        layer.trainable = False
        # Umbenennen, um das Problem 'einzigartiger Schichtenname' zu vermeiden.
layer._name = 'ensemble_' + str(i+1) + '_' + layer.name
```

Um das Ensemble-Modell zu erstellen, fügen wir die Komponenten mithilfe der funktionalen API von Keras zusammen:

```
member_inputs = [model.input for model in members]

# Ausgabe von jedem Modell zusammenführen und verketten.
member_outputs = [model.output for model in members]
merge = layers.concatenate(member_outputs)
hidden = layers.Dense(10, activation='relu')(merge)
ensemble_output = layers.Dense(1, activation='relu')(hidden)
ensemble_model = Model(inputs=member_inputs, outputs=ensemble_output)

# Graphen des Ensembles plotten.
tf.keras.utils.plot_model(ensemble_model, show_shapes=True,
                          to_file='ensemble_graph.png')

# Kompilieren.
ensemble_model.compile(loss='mse', optimizer='adam', metrics=['mse'])
```

In diesem Beispiel ist das sekundäre Modell ein dichtes neuronales Netz mit zwei verdeckten Schichten. Durch das Training lernt dieses Netz, wie sich die Ergebnisse der Ensemble-Mitglieder am besten zu Vorhersagen kombinieren lassen.

Warum es funktioniert

Modellmittelungsmethoden wie Bagging funktionieren, weil die einzelnen Modelle, die das Ensemble-Modell umfasst, in der Regel nicht alle die gleichen Fehler auf dem Testset machen. In einer idealen Situation liegt jedes einzelne Modell um einen zufälligen Betrag daneben. Wenn also die Ergebnisse der Modelle gemittelt werden, heben sich die zufälligen Fehler auf, und die Vorhersage kommt der richtigen Antwort näher. Kurz gesagt – es ist die »Weisheit der Vielen«.

Boosting funktioniert gut, weil das Modell bei jedem Iterationsschritt mehr und mehr entsprechend den Residuen bestraft wird. Mit jeder Iteration wird das Ensemble-Modell dazu angehalten, diese schwer vorherzusagenden Beispiele immer besser vorherzusagen. Stacking funktioniert, weil es das Beste von Bagging und Boosting kombiniert. Das sekundäre Modell kann man sich als anspruchsvollere Version der Modellmittelung vorstellen.

Bagging

Genauer gesagt nehmen wir an, dass wir *k* neuronale Netze als Regressionsmodelle trainiert haben und ihre Ergebnisse mitteln, um ein Ensemble-Modell zu erstellen. Wenn jedes Modell für jedes Beispiel einen Fehler `error_i` liefert, wobei `error_i` aus einer multivariaten Normalverteilung mit dem Mittelwert null, der Varianz `var` und der Kovarianz `cov` gezogen wird, ergibt sich für den Ensemble-Prädiktor folgender Fehler:

```
ensemble_error = 1./k * np.sum([error_1, error_2,...,error_k])
```

Wenn die Fehler `error_i` perfekt korreliert sind, sodass `cov = var` ist, verringert sich der mittlere quadratische Fehler des Ensemble-Modells auf `var`. In diesem Fall hilft Modellmittelung überhaupt nicht. Sind die Fehler `error_i` im anderen Extremfall perfekt unkorreliert, dann ist `cov = 0`, und der mittlere quadratische Fehler des Ensemble-Modells ist `var/k`. Der erwartete quadratische Fehler nimmt also linear mit der Anzahl *k* von Modellen im Ensemble ab.[1] Zusammenfassend lässt sich sagen, dass das Ensemble im Durchschnitt mindestens so gut abschneidet wie jedes der einzelnen Modelle im Ensemble. Und wenn die Modelle im Ensemble unabhängige Fehler machen (zum Beispiel `cov = 0`), ist die Performance des Ensembles deutlich besser. Letztlich ist die Modellvielfalt der Schlüssel zum Erfolg beim Bagging.

Das erklärt auch, warum Bagging bei stabileren Klassifikatoren wie k-nächste-Nachbarn (kNN), naivem Bayes, linearen Modellen oder *Support Vector Machines* (SVMs) typischerweise weniger effektiv ist, da die Größe des Trainingssets durch Bootstrapping verringert wird. Selbst bei Verwendung derselben Trainingsdaten können neuronale Netze aufgrund von zufälligen Gewichtsinitialisierungen, zufälliger Mini-Batch-Auswahl oder unterschiedlichen Hyperparametern zu unterschiedlichen Lösungen kommen, wodurch Modelle entstehen, deren Fehler partiell unabhängig sind. Daher kann die Modellmittelung sogar für neuronale Netze vorteilhaft sein, die auf demselben Datensatz trainiert werden. Tatsächlich wird unter anderem empfohlen, mehrere Modelle zu trainieren und deren Vorhersagen zu aggregieren, um die hohe Varianz von neuronalen Netzen zu kompensieren.

Boosting

Der Boosting-Algorithmus verbessert iterativ das Modell, um den Vorhersagefehler zu verringern. Jeder neue schwache Klassifikator korrigiert Fehler der vorherigen Vorhersage, indem er die Residuen `delta_i` jedes Schritts modelliert. Die endgültige Vorhersage ist die Summe der Ausgaben aus dem Basisklassifikator und jedem der nachfolgenden schwachen Klassifikatoren, wie Abbildung 3-13 zeigt.

1 Für die explizite Berechnung dieser Werte siehe Ian Goodfellow, Yoshua Bengio und Aaron Courville, *Deep Learning* (Cambridge, MA: MIT Press, 2016), Chapter 7.

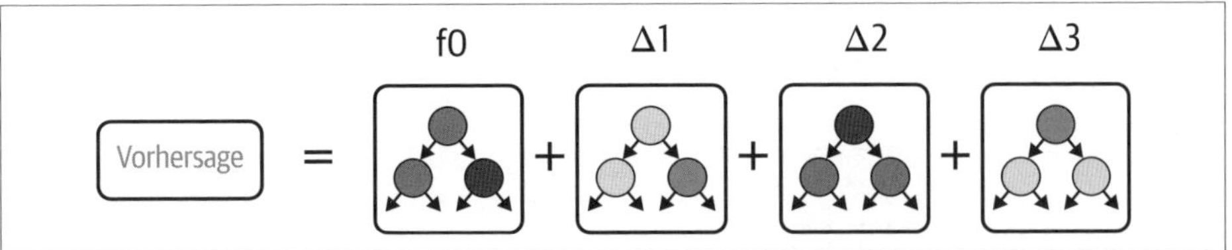

Abbildung 3-13: Boosting erstellt iterativ eine starken Klassifikator aus einer Sequenz von schwachen Klassifikatoren, die den Restfehler der vorherigen Iteration modellieren.

Somit wird das resultierende Ensemble-Modell sukzessive immer komplexer und erhält mehr Kapazität als jedes seiner Mitglieder. Dies erklärt auch, warum Boosting besonders gut geeignet ist, um einen hohen Bias zu bekämpfen. Wie bereits erläutert, hängt der Bias mit der Tendenz des Modells zur Unteranpassung zusammen. Indem die schwer vorherzusagenden Beispiele iterativ in den Mittelpunkt gerückt werden, senkt Boosting wirksam den Bias des resultierenden Modells.

Stacking

Stacking kann man als Erweiterung einer einfachen Modellmittelung betrachten, bei der wir *k* Modelle bis zur Fertigstellung auf dem Trainingsdatensatz trainieren und dann die Ergebnisse mitteln, um eine Vorhersage zu bestimmen. Eine einfache Modellmittelung ähnelt dem Bagging, wobei aber die Modelle im Ensemble von verschiedenen Typen sein können, während sie beim Bagging vom gleichen Typ sind. Allgemein könnten wir die Mittelwertbildung dahin gehend modifizieren, dass wir mit einem gewichteten Mittelwert zum Beispiel einem Modell in unserem Ensemble mehr Gewicht geben als den anderen, wie Abbildung 3-14 zeigt.

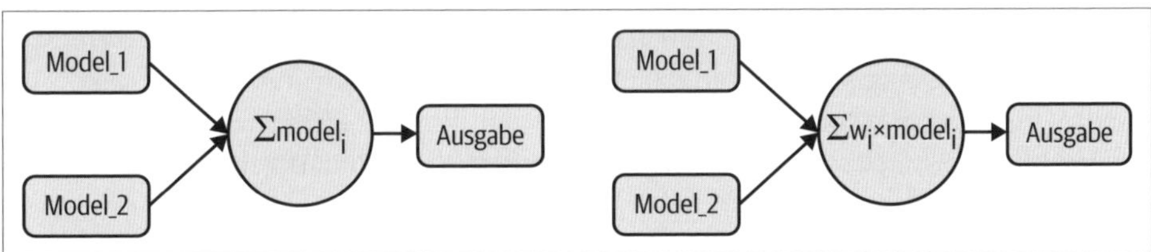

Abbildung 3-14: Die einfachste Form der Modellmittelung bildet aus den Ausgaben von zwei oder mehr verschiedenen ML-Modellen einen Mittelwert. Alternativ könnte man den Mittelwert durch einen gewichteten Mittelwert ersetzen, wobei die Gewichtung abhängig von der relativen Genauigkeit der Modelle erfolgen könnte.

Im Prinzip ist Stacking eine erweiterte Version der Modellmittelung, bei der wir anstelle eines Mittelwerts oder gewichteten Mittelwerts ein zweites ML-Modell auf den Ausgaben trainieren. Dieses zweite Modell soll lernen, wie sich die Ergebnisse der Modelle in unserem Ensemble am besten zu einer Vorhersage kombinieren lassen (siehe Abbildung 3-15). Diese Technik vereint mehrere Vorteile. Einerseits verringert sie die Varianz wie bei Bagging-Techniken, geht andererseits aber auch gegen einen hohen Bias an.

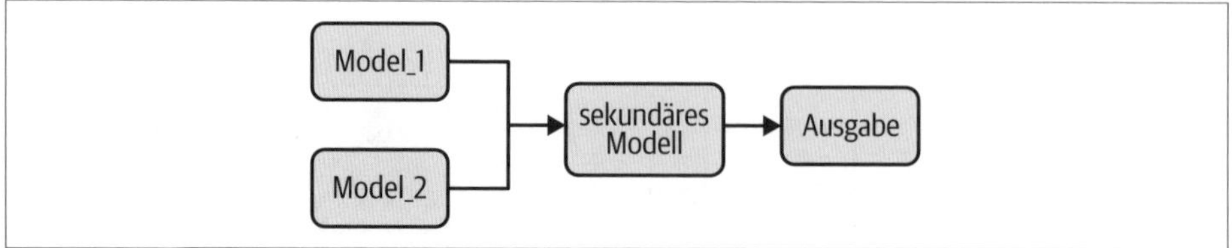

Abbildung 3-15: Stacking ist eine Ensemble-Lerntechnik, die die Ausgaben mehrerer verschiedener ML-Modelle als Eingabe eines sekundären ML-Modells kombiniert, das dann die Vorhersagen trifft.

Kompromisse und Alternativen

Ensemble-Methoden sind im modernen maschinellen Lernen recht populär geworden und haben eine große Rolle gespielt beim Gewinnen bekannter Herausforderungen, wobei hier vor allem der Netflix Prize (*https://oreil.ly/ybZ28*) zu nennen ist. Zudem gibt es eine Menge theoretischer Beweise, die den Erfolg bei diesen realen Herausforderungen untermauern.

Erhöhte Trainings- und Entwurfszeit

Ein Nachteil beim Ensemble-Lernen ist der erhöhte Zeitaufwand für Training und Entwurf. Zum Beispiel erfordert die Auswahl der Mitgliedermodelle bei einem gestapelten Ensemble-Modell wahrscheinlich ein gewisses Maß an Know-how und wirft zudem seine eigenen Fragen auf: Ist es besser, die gleichen Architekturen wiederzuverwenden oder die Vielfalt zu fördern? Wenn wir verschiedene Architekturen verwenden, welche sollten es dann sein? Und wie viele? Anstatt ein einzelnes ML-Modell zu entwickeln (was schon für sich eine Menge Arbeit bedeuten kann!), entwickeln wir nun *k* Modelle. Wir haben zusätzlich viel Overhead in unsere Modellentwicklung eingeführt, ganz zu schweigen von der Wartung, der Inferenzkomplexität und der Ressourcennutzung, wenn das Ensemble-Modell in Produktion gehen soll. Dies kann schnell unpraktisch werden, wenn die Anzahl der Modelle im Ensemble zunimmt.

Beliebte Bibliotheken für maschinelles Lernen wie scikit-learn und TensorFlow bieten einfach anzuwendende Implementierungen für viele gängige Bagging- und Boosting-Methoden, beispielsweise Random Forest, AdaBoost, Gradient Boosting und XGBoost. Allerdings sollten Sie sorgfältig abwägen, ob sich der erhöhte Overhead, der mit einer Ensemble-Methode verbunden ist, wirklich lohnt. Vergleichen Sie immer die Genauigkeit und den Ressourcenverbrauch mit einem linearen oder DNN-Modell. Das Destillieren (siehe »Entwurfsmuster 11: Nützliche Überanpassung« auf Seite 165) eines Ensembles von neuronalen Netzen kann oftmals die Komplexität verringern und die Performance verbessern.

Dropout als Bagging

Techniken wie Dropout bieten eine leistungsfähige und effektive Alternative. Dropout ist als Regularisierungstechnik im Deep Learning bekannt, kann aber auch als Annäherung an Bagging verstanden werden. In einem neuronalen Netz bewirkt Dropout, dass Neuronen des Netzes zufällig (mit einer vorgegebenen Wahrscheinlichkeit) »abgeschaltet« werden, und zwar für jeden Mini-Batch des Trainings, wodurch praktisch ein per Bagging erzeugtes Ensemble von exponentiell vielen neuronalen Netzen bewertet wird. Davon abgesehen ist das Training eines neuronalen Netzes mit Dropout nicht genau dasselbe wie Bagging. Es gibt zwei bemerkenswerte Unterschiede. Erstens sind die Modelle beim Bagging unabhängig, während die Modelle beim Training mit Dropout Parameter gemeinsam nutzen. Zweitens werden die Modelle beim Bagging bis zur Konvergenz auf ihrem jeweiligen Trainingsset trainiert. Beim Training mit Dropout würden die Modelle der Ensemble-Mitglieder nur für einen einzelnen Trainingsschritt trainiert, weil in jeder Iteration der Trainingsschleife verschiedene Knoten ausgeschaltet werden.

Geringere Modellinterpretierbarkeit

Die Modellinterpretierbarkeit ist ein weiterer Punkt, den man im Hinterkopf behalten sollte. Bereits im Deep Learning kann es schwierig sein, effektiv zu erklären, warum unser Modell gerade die Vorhersagen trifft, die es trifft. Dieses Problem verschärft sich noch bei Ensemble-Modellen. Vergleichen Sie zum Beispiel Entscheidungsbäume und den Random Forest. Ein Entscheidungsbaum lernt letztlich Grenzwerte für alle Features, die eine einzelne Instanz zur endgültigen Vorhersage des Modells führen. In diesem Sinne ist es einfach zu erklären, warum ein Entscheidungsbaum die Entscheidungen trifft, wie sie getroffen wurden. Der Random Forest, der ein Ensemble aus vielen Entscheidungsbäumen ist, verliert diese Ebene der lokalen Interpretierbarkeit.

Das richtige Tool für das Problem auswählen

Ebenfalls wichtig ist es, den Bias-Varianz-Kompromiss im Auge zu behalten. Manche Ensemble-Techniken sind im Umgang mit hohen Bias- oder Varianzwerten besser als andere (siehe Tabelle 3-2). Insbesondere bietet sich Boosting bei zu hohen Bias-Werten an, während sich Bagging eignet, um hohe Varianzen in den Griff zu bekommen. Und wie wir schon im Abschnitt »Bagging« auf Seite 121 festgestellt haben, lässt sich die Varianz nicht verringern, wenn man zwei Modelle kombiniert, deren Fehler stark miteinander korreliert sind. Kurz gesagt, wird die falsche Ensemble-Methode für unser Problem die Performance nicht unbedingt verbessern, sondern nur unnötigen Overhead hinzufügen.

Tabelle 3-2: Eine Zusammenfassung zum Bias-Varianz-Kompromiss

Problem	Ensemble-Lösung
Hoher Bias (Unteranpassung)	Boosting
Hohe Varianz (Überanpassung)	Bagging

Andere Ensemble-Methoden

Wir haben einige der gebräuchlicheren Ensemble-Techniken beim maschinellen Lernen erörtert. Die weiter oben besprochene Liste ist keineswegs erschöpfend, und es gibt verschiedene Algorithmen, die zu diesen breit gefassten Kategorien passen. Es gibt auch andere Ensemble-Techniken, darunter viele, die einen bayesschen Ansatz beinhalten oder die eine Suche mit neuronaler Architektur und Reinforcement Learning kombinieren, wie zum Beispiel AdaNet- oder AutoML-Techniken von Google. Kurz gesagt, das Entwurfsmuster *Ensemble* umfasst Techniken, die mehrere ML-Modelle kombinieren, um die Modellperformance insgesamt zu verbessern. Zudem kann dieses Entwurfsmuster besonders nützlich sein, wenn es um häufig vorkommende Trainingsprobleme wie hoher Bias oder hohe Varianz geht.

Entwurfsmuster 8: Kaskade

Das Entwurfsmuster *Kaskade* ist für Situationen gedacht, in denen sich ein ML-Problem gewinnbringend in eine Folge von ML-Problemen zerlegen lässt. Eine derartige Kaskade erfordert oft einen sorgfältigen Entwurf des ML-Experiments.

Problem

Was passiert, wenn wir einen Wert sowohl bei üblichen als auch bei ungewöhnlichen Aktivitäten vorhersagen müssen? Das Modell wird lernen, die ungewöhnliche Aktivität zu ignorieren, weil sie selten ist. Wenn die ungewöhnliche Aktivität auch mit abnormalen Werten verbunden ist, leidet die Trainierbarkeit.

Nehmen wir zum Beispiel an, wir wollten ein Modell trainieren, um die Wahrscheinlichkeit vorherzusagen, dass ein Kunde einen gekauften Artikel zurückgibt. Wenn wir ein einzelnes Modell trainieren, geht das Rückgabeverhalten der Wiederverkäufer verloren, weil es Millionen von Einkäufern für den Einzelhandel (und Einzelhandelstransaktionen) gibt, aber nur wenige Tausend Wiederverkäufer. Zum Zeitpunkt eines Kaufs wissen wir nicht wirklich, ob es sich um einen Einzelhändler oder einen Wiederverkäufer handelt. Indem wir andere Marktplätze überwachen, haben wir aber herausgefunden, wann bei uns gekaufte Artikel anschließend weiterverkauft werden. Unser Datensatz hat deshalb ein Label, das einen Kauf als von einem Wiederverkäufer ausgeführt kennzeichnet.

Um dieses Problem zu lösen, könnte man die Instanzen der Wiederverkäufer beim Trainieren des Modells übergewichten. Das ist aber suboptimal, weil wir den häufigeren Anwendungsfall »Einzelhändler« so korrekt wie möglich bekommen müssen. Wir sind nicht gewillt, eine geringere Genauigkeit im Anwendungsfall »Einzelhändler« gegen eine höhere Genauigkeit im Anwendungsfall »Wiederverkäufer« einzutauschen. Allerdings verhalten sich Einzelhändler und Wiederverkäufer sehr unterschiedlich. Denn während zum Beispiel Einzelhändler die Artikel innerhalb von etwa einer Woche zurückgeben, geben Wiederverkäufer Artikel nur zurück, wenn sie sie nicht verkaufen können, und so können die Retouren erst Monate später stattfinden. Die geschäftliche Entscheidung, Waren zu bevorraten, sieht für wahrscheinliche Rückgaben bei Einzelhändlern anders aus als bei Wiederverkäufern. Demzufolge ist es notwendig, beide Arten von Retouren so genau wie möglich zu erfassen. Es wird nicht funktionieren, einfach die Instanzen von Wiederverkäufern höher zu gewichten.

Es liegt nahe, dieses Problem mithilfe des Entwurfsmusters *Kaskade* anzugehen. Wir gliedern das Problem in vier Teile:

1. Vorhersagen, ob eine bestimmte Transaktion von einem Wiederverkäufer stammt.
2. Ein Modell auf Verkäufe an Einzelhändler trainieren.
3. Das zweite Modell auf Verkäufe an Wiederverkäufer trainieren.
4. In der Produktion die Ausgaben der drei separaten Modelle kombinieren, um die Rückgabewahrscheinlichkeit für jeden gekauften Artikel und die Wahrscheinlichkeit, dass die Transaktion von einem Wiederverkäufer stammt, vorherzusagen.

Dies ermöglicht unterschiedliche Entscheidungen zu Artikeln, die je nach Käufertyp wahrscheinlich zurückgegeben werden, und gewährleistet, dass die Modelle in den Schritten 2 und 3 in ihrem Segment der Trainingsdaten so genau wie möglich sind. Jedes dieser Modelle ist relativ einfach zu trainieren. Das erste ist einfach ein Klassifikator, und wenn die ungewöhnliche Aktivität äußerst selten ist, können wir dem mit dem Muster *Rebalancing* begegnen. Die beiden nächsten Modelle sind im Wesentlichen Klassifizierungsmodelle, die auf verschiedenen Segmenten der Trainingsdaten trainiert werden. Die Kombination ist deterministisch, da wir das auszuführende Modell danach auswählen, ob die Aktivität zu einem Wiederverkäufer gehört.

Das Problem tritt während der Vorhersage auf. Zur Vorhersagezeit haben wir keine echten Labels, sondern nur die Ausgabe des ersten Klassifizierungsmodells. Anhand der Ausgabe des ersten Modells müssen wir bestimmen, welche der beiden Verkaufsmodelle wir aufrufen. Das Problem besteht darin, dass wir auf Labels trainieren, aber zur Inferenzzeit Entscheidungen basierend auf Vorhersagen treffen müssen. Und Vorhersagen sind mit Fehlern behaftet. Das zweite und das dritte Modell müssen also Vorhersagen auf der Basis von Daten treffen, die sie während des Trainings vielleicht nie gesehen haben.

Als extremes Beispiel nehmen wir an, dass die Adresse, die Wiederverkäufer angeben, immer in einem Gewerbegebiet der Stadt liegt, während Einzelhändler überall zu finden sein können. Wenn das erste (Klassifizierungs-)Modell einen Fehler macht und ein Einzelhändler fälschlicherweise als Wiederverkäufer identifiziert wird, enthält das Vokabular des aufgerufenen Modells für die Abbruchvorhersage nicht das Gebiet, in dem der Kunde wohnt.

Wie trainiert man eine Kaskade von Modellen, bei der die Ausgabe des einen Modells eine Eingabe in das folgende Modell ist oder die Auswahl des folgenden Modells bestimmt?

Lösung

Jedes Problem des maschinellen Lernens, bei dem die Ausgabe des einen Modells eine Eingabe für das folgende Modell ist oder die Auswahl der nachfolgenden Modelle bestimmt, wird als *Kaskade* bezeichnet. Beim Training einer Kaskade von ML-Modellen ist besondere Vorsicht geboten.

Um zum Beispiel ein ML-Problem zu lösen, das manchmal ungewöhnliche Umstände beinhaltet, kann man es als Kaskade von vier ML-Problemen behandeln:

1. ein Klassifizierungsmodell, um den Umstand zu identifizieren
2. ein Modell, das auf ungewöhnliche Umstände trainiert wird
3. ein separates Modell, das auf typische Umstände trainiert wird
4. ein Modell, um die Ausgabe der beiden separaten Modelle zu kombinieren, da die Ausgabe eine probabilistische Kombination der beiden Ausgaben ist

Auf den ersten Blick scheint dieses Muster ein Spezialfall des Entwurfsmusters *Ensemble* zu sein. Dass es als separates Muster gilt, ist auf die spezielle Versuchsplanung zurückzuführen, die beim Ablaufen einer Kaskade erforderlich ist.

Als Beispiel nehmen wir an, dass wir zur Abschätzung der Kosten für die Lagerung von Fahrrädern an Bahnhöfen die Entfernung zwischen Verleih- und Rückgabestationen für Fahrräder in San Francisco vorhersagen möchten. Mit anderen Worten, das Modell soll die Entfernung vorhersagen, über die wir die Fahrräder zurück zur Verleihstation transportieren müssen. Zu den gegebenen Features gehören die Tageszeit, zu der der Verleih beginnt, der Ort, an dem das Fahrrad ausgeliehen wird, die Aussage, ob der Mieter ein Abonnent ist oder nicht, usw. Das Problem ist, dass das Ausleihen von mehr als vier Stunden ein extrem anderes Mieterverhalten bedeutet als kürzere Ausleihen und dass der Lagerungsalgorithmus beide Ausgaben benötigt (die Wahrscheinlichkeit, dass die Ausleihe länger als vier Stunden dauert, und die wahrscheinliche Entfernung, über die das Fahrrad transportiert werden muss). Allerdings ist nur bei einem sehr kleinen Teil der Ausleihen mit solch ungewöhnlichen Ausflügen zu rechnen.

Dieses Problem lässt sich zum Beispiel dadurch lösen, dass ein Klassifizierungsmodell trainiert wird, das zunächst die Fahrten danach klassifiziert, ob sie lang

('Long') oder typisch ('Typical') sind (den vollständigen Code finden Sie im Repository zu diesem Buch unter *https://github.com/GoogleCloudPlatform/ml-design-patterns/blob/master/03_problem_representation/cascade.ipynb*):

```
CREATE OR REPLACE MODEL mlpatterns.classify_trips
TRANSFORM(
  trip_type,
  EXTRACT (HOUR FROM start_date) AS start_hour,
  EXTRACT (DAYOFWEEK FROM start_date) AS day_of_week,
  start_station_name,
  subscriber_type,
  ...
)
OPTIONS(model_type='logistic_reg',
        auto_class_weights=True,
        input_label_cols=['trip_type']) AS
SELECT
    start_date, start_station_name, subscriber_type, ...
    IF(duration_sec > 3600*4, 'Long', 'Typical') AS trip_type
FROM `bigquery-public-data.san_francisco_bikeshare.bikeshare_trips`
```

Es mag verlockend erscheinen, einfach den Trainingsdatensatz in zwei Teile zu teilen, basierend auf der tatsächlichen Reise, und die nächsten beiden Modelle zu trainieren, eines für die Long-Ausleihen und das andere für die Typical-Ausleihen. Das Problem besteht hier darin, dass das eben diskutierte Klassifizierungsmodell Fehler haben wird. In der Tat zeigt die Auswertung des Modells auf einem reservierten Teil der San-Francisco-Fahrraddaten, dass die Genauigkeit des Modells nur etwa 75 % beträgt (siehe Abbildung 3-16). Unter diesen Umständen wird das Trainieren eines Modells auf einer perfekten Teilung der Daten nichts bringen.

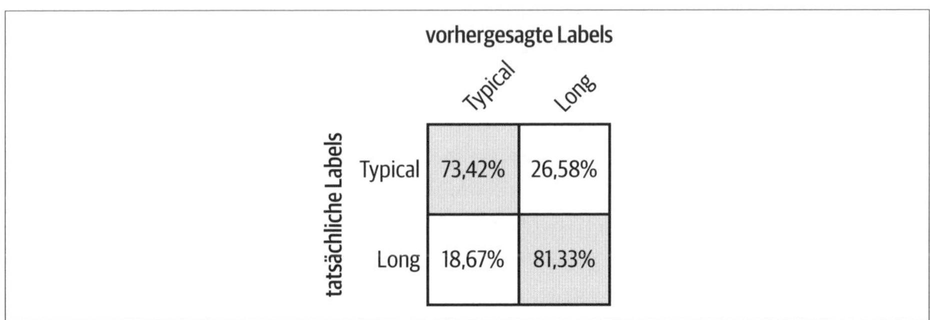

Abbildung 3-16: Die Genauigkeit eines Klassifizierungsmodells, um atypisches Verhalten vorherzusagen, liegt höchstwahrscheinlich nicht bei 100 %.

Stattdessen müssen wir nach dem Training dieses Klassifizierungsmodells die Vorhersagen dieses Modells verwenden, um den Trainingsdatensatz für die nächste Gruppe von Modellen zu erzeugen. Zum Beispiel könnten wir den Trainingsdatensatz für das Modell erzeugen, um die Entfernung von typischen Ausleihen vorherzusagen:

```
CREATE OR REPLACE TABLE mlpatterns.Typical_trips AS
SELECT
  * EXCEPT(predicted_trip_type_probs, predicted_trip_type)
FROM
ML.PREDICT(MODEL mlpatterns.classify_trips,
  (SELECT
  start_date, start_station_name, subscriber_type, ...,
  ST_Distance(start_station_geom, end_station_geom) AS distance
  FROM `bigquery-public-data.san_francisco_bikeshare.bikeshare_trips`)
)
WHERE predicted_trip_type = 'Typical' AND distance IS NOT NULL
```

Dann sollten wir mit diesem Datensatz das Modell trainieren, um Entfernungen vorherzusagen:

```
CREATE OR REPLACE MODEL mlpatterns.predict_distance_Typical
TRANSFORM(
  distance,
  EXTRACT (HOUR FROM start_date) AS start_hour,
  EXTRACT (DAYOFWEEK FROM start_date) AS day_of_week,
  start_station_name,
  subscriber_type,
  ...
)
OPTIONS(model_type='linear_reg', input_label_cols=['distance']) AS

SELECT
  *
FROM
  mlpatterns.Typical_trips
```

Schließlich sollten wir bei Auswertung, Vorhersage usw. berücksichtigen, dass wir drei trainierte Modelle verwenden müssen und nicht nur eines. Das ist es nämlich, was wir als Entwurfsmuster *Kaskade* bezeichnen.

In der Praxis kann es schwierig werden, einen geradlinigen Kaskade-Workflow zu realisieren. Anstatt die Modelle einzeln zu trainieren, ist es besser, den gesamten Workflow nach dem Muster *Workflow-Pipelines* (siehe Kapitel 6) zu automatisieren, wie Abbildung 3-17 zeigt. Dabei ist sicherzustellen, dass die Trainingsdatensätze für die beiden nachgelagerten Modelle bei jeder Ausführung des Experiments basierend auf den Vorhersagen vorgelagerter Modelle erzeugt werden.

Obwohl wir das *Kaskade*-Muster eingeführt haben als Möglichkeit, einen Wert sowohl bei gewöhnlicher als auch bei ungewöhnlicher Aktivität vorherzusagen, kommt die Lösung des *Kaskade*-Musters auch mit allgemeineren Situationen zurecht. Mit dem Pipeline-Framework können wir jede Situation behandeln, in der sich ein ML-Problem gewinnbringend in eine Folge (oder Kaskade) von ML-Problemen zerlegen lässt. Immer dann, wenn es erforderlich ist, die Ausgabe eines ML-Modells als Eingabe in ein anderes Modell einzuspeisen, muss das zweite Modell auf den Vorhersagen des ersten Modells trainiert werden. In allen derartigen Situationen ist ein formales Framework für Pipeline-Experimente hilfreich.

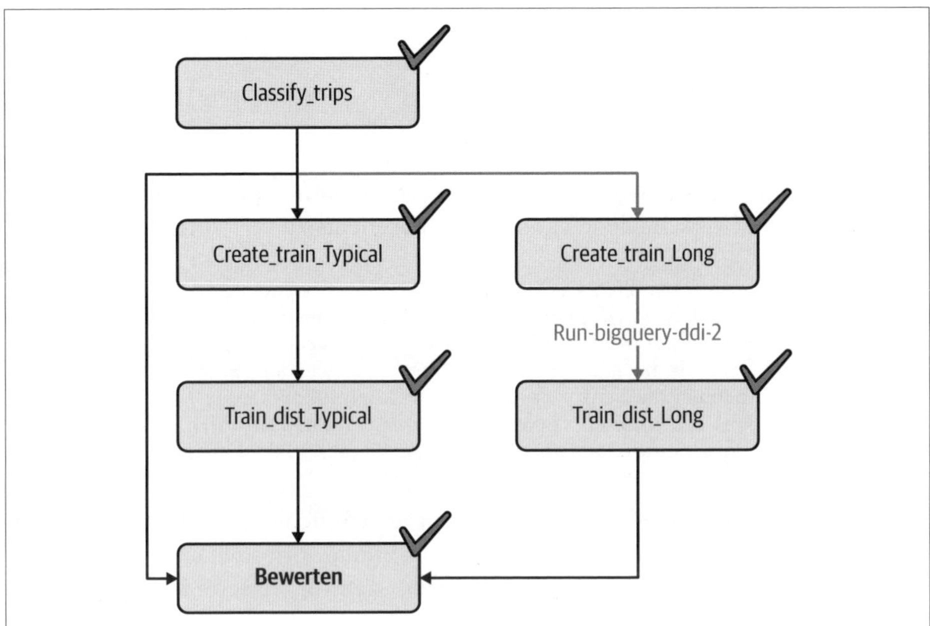

Abbildung 3-17: Eine Pipeline, um die Kaskade von Modellen als einzelner Job zu trainieren

Ein derartiges Framework ist Kubeflow Pipelines. Da es mit Containern arbeitet, kann man die zugrunde liegenden ML-Modelle und den Verbindungscode in nahezu jeder Programmier- oder Skriptsprache schreiben. Hier stützen wir uns auf die BigQuery-Clientbibliothek und hüllen die obigen BigQuery-SQL-Modelle in Python-Funktionen ein. Wir könnten auch TensorFlow oder scikit-learn, ja selbst R verwenden, um einzelne Komponenten zu implementieren.

Mithilfe von Kubeflow Pipelines lässt sich der Pipeline-Code recht einfach ausdrücken, wie das folgende Codefragment zeigt (den vollständigen Code finden Sie unter *https://github.com/GoogleCloudPlatform/ml-design-patterns/blob/master/03_problem_representation/cascade.ipynb* im Code-Repository zu diesem Buch):

```
@dsl.pipeline(
    name='Cascade pipeline on SF bikeshare',
    description='Cascade pipeline on SF bikeshare'
)
def cascade_pipeline(
    project_id = PROJECT_ID
):
    ddlop = comp.func_to_container_op(run_bigquery_ddl,
                    packages_to_install=['google-cloud-bigquery'])
    c1 = train_classification_model(ddlop, PROJECT_ID)
    c1_model_name = c1.outputs['created_table']

    c2a_input = create_training_data(ddlop,
                    PROJECT_ID, c1_model_name, 'Typical')
    c2b_input = create_training_data(ddlop,
                    PROJECT_ID, c1_model_name, 'Long')
```

```
c3a_model = train_distance_model(ddlop,
                 PROJECT_ID, c2a_input.outputs['created_table'], 'Typical')
c3b_model = train_distance_model(ddlop,
                 PROJECT_ID, c2b_input.outputs['created_table'], 'Long')

...
```

Mit dem Pipelines-Framework ist es möglich, die gesamte Pipeline zur Ausführung zu bestätigen und verschiedene Läufe des Experiments zu verfolgen.

Wenn wir TFX als Pipeline-Framework verwenden (TFX lässt sich auf Kubeflow Pipelines ausführen), ist es nicht notwendig, die vorgelagerten Modelle bereitzustellen, um deren ausgegebene Vorhersagen in nachgelagerten Modellen zu verwenden. Stattdessen können wir die TensorFlow-`Transform`-Methode `tft.apply_saved_model` als Teil unserer Vorverarbeitungsoperationen aufrufen. Das Entwurfsmuster *Transformation* lernen Sie in Kapitel 6 näher kennen.

Für verkettete ML-Modelle ist es unbedingt zu empfehlen, ein Pipeline-Experiment-Framework zu verwenden. Ein derartiges Framework stellt sicher, dass nachgelagerte Modelle erneut trainiert werden, wenn sich vorgelagerte Modelle ändern, und dass wir über einen Verlauf aller vorherigen Trainingsläufe verfügen.

Kompromisse und Alternativen

Das Entwurfsmuster *Kaskade* sollten Sie nicht überstrapazieren – im Gegensatz zu vielen anderen Entwurfsmustern, die wir in diesem Buch beschreiben, gehört Kaskade nicht unbedingt zu den Best Practices. Es verkompliziert Ihre ML-Workflows und kann sogar zu einer schlechteren Performance führen. Beachten Sie, dass ein Pipeline-Experiment-Framework zweifellos zu den Best Practices zählt, doch Sie sollten möglichst versuchen, eine Pipeline auf ein einzelnes ML-Problem (Erfassung, Aufbereitung, Datenvalidierung, Transformation, Training, Bewertung und Bereitstellung) zu begrenzen. Vermeiden Sie es, in derselben Pipeline mehrere ML-Modelle einzureihen, wie es beim *Kaskade*-Muster der Fall ist.

Deterministische Eingaben

Ein ML-Problem aufzuteilen, ist in der Regel eine schlechte Idee, da ein ML-Modell Kombinationen aus mehreren Faktoren lernen kann/sollte, zum Beispiel:

- Wenn sich eine Bedingung aus der Eingabe deterministisch ableiten lässt (Urlaubseinkäufe gegenüber Besorgungen an Wochentagen), sollten wir die Bedingung einfach als eine weitere Eingabe zum Modell hinzufügen.
- Beinhaltet die Bedingung Extrema in nur einer Eingabe (einige Kunden, die in der Nähe wohnen, gegenüber Kunden, die weit weg wohnen, wobei die Bedeutung von nah/fern aus den Daten gelernt werden muss), können wir sie mit dem Muster *Multimodale Eingabe* verarbeiten.

Das Entwurfsmuster *Kaskade* richtet sich an ein ungewöhnliches Szenario, für das wir keine kategoriale Eingabe haben und für das Extremwerte aus mehreren Eingaben gelernt werden müssen.

Einzelnes Modell

Das Entwurfsmuster *Kaskade* sollte nicht für allgemeine Szenarios verwendet werden, bei denen ein einzelnes Modell genügt. Nehmen wir zum Beispiel an, wir wollten die Kaufneigung eines Kunden lernen. Man könnte denken, dass wir verschiedene Modelle lernen müssen, zum einen für Menschen, die Preisvergleiche anstellen, zum anderen für Menschen, die genau das nicht tun. Wir wissen nicht wirklich, wer Preise vergleicht, aber wir können eine fundierte Vermutung anstellen, basierend auf der Anzahl der Besuche, wie lange der Artikel im Einkaufswagen gelegen hat usw. Für dieses Problem ist das Entwurfsmuster *Kaskade* nicht erforderlich, da es so häufig vorkommt (ein Großteil der Kunden stellt Preisvergleiche an), dass das ML-Modell in der Lage sein sollte, dieses Verhalten im Laufe des Trainings implizit zu lernen. Für häufige Szenarios trainieren Sie ein einzelnes Modell.

Interne Konsistenz

Das *Kaskade*-Entwurfsmuster wird benötigt, wenn wir interne Konsistenz unter den Vorhersagen mehrerer Modelle aufrechterhalten müssen. Beachten Sie, dass wir versuchen, mehr als nur die ungewöhnliche Aktivität vorherzusagen. Wir versuchen, Retouren vorherzusagen, wobei wir berücksichtigen, dass es auch eine gewisse Wiederverkäuferaktivität geben wird. Wenn die Aufgabe nur darin besteht, vorherzusagen, ob ein Verkauf von einem Wiederverkäufer stammt oder nicht, würden wir das Muster *Rebalancing* verwenden. Das Muster *Kaskade* wird eingesetzt, weil die Ausgabe des unausgewogenen Labels als Eingabe für nachfolgende Modelle benötigt wird und auch selbst nützlich ist.

Analog dazu nehmen wir an, dass wir das Modell trainieren wollen, um die Kaufneigung eines Kunden bei einem rabattierten Angebot vorherzusagen. Ob wir das rabattierte Angebot machen oder nicht und wie groß der Rabatt ist, hängt oft davon ab, ob dieser Kunde Preisvergleiche anstellt oder nicht. Deshalb benötigen wir interne Konsistenz zwischen den beiden Modellen (dem Modell für Preisvergleiche und dem Modell für die Kaufbereitschaft). In diesem Fall könnte das *Kaskade*-Entwurfsmuster erforderlich sein.

Vortrainierte Modelle

Das Entwurfsmuster *Kaskade* wird auch benötigt, wenn wir die Ausgabe eines bereits trainierten Modells als Eingabe in unser Modell wiederverwenden möchten. Nehmen wir zum Beispiel an, wir wollten ein Modell erstellen, um autorisierte Besucher eines Gebäudes zu erkennen, damit wir das Tor automatisch öffnen können. Eine der Eingaben in unser Modell könnte das Nummernschild des Fahrzeugs sein. Anstatt das Sicherheitsfoto direkt im Modell zu verwenden, dürfte es einfacher sein, die Ausgabe eines Modells für optische Zeichenerkennung (*Optical Character Recognition*, OCR) einzusetzen. OCR-Systeme weisen jedoch Fehler auf. Deshalb sollten wir unser Modell nicht mit perfekten Nummernschilddaten trainieren, sondern auf den tatsächlichen Ausgaben des OCR-Systems. Da sich verschiedene OCR-Modelle unterschiedlich verhalten und unterschiedliche Fehler erzeugen, ist es notwendig, das Modell neu zu trainieren, wenn wir den Anbieter unseres OCR-Systems wechseln.

Ein vortrainiertes Modell verwendet man häufig als ersten Schritt in einer Pipeline für ein Objekterkennungsmodell. Darauf folgt dann ein Modell für die feinkörnige Bildklassifizierung. Zum Beispiel könnte das Objekterkennungsmodell alle Handtaschen im Bild finden, ein Zwischenschritt würde das Bild auf die Begrenzungsrahmen der erkannten Objekte beschneiden, und das nachfolgende Modell könnte die Art der Handtasche identifizieren. Wir empfehlen, eine Kaskade zu verwenden, damit sich die gesamte Pipeline neu trainieren lässt, wenn das Objekterkennungsmodell aktualisiert wird (etwa mit einer neuen Version der API).

Reframing statt Kaskade

In unserem Beispielproblem wollen wir die Wahrscheinlichkeit vorhersagen, dass ein Artikel zurückgegeben wird. Es handelt sich also um ein Klassifizierungsproblem. Nehmen wir stattdessen an, dass wir die stündlichen Verkaufsbeträge vorhersagen möchten. Die meiste Zeit werden wir nur Einzelhändler bedienen, doch hin und wieder (vielleicht vier- oder fünfmal im Jahr) haben wir es mit einem Großhändler zu tun.

Rein gedanklich ist dies ein Regressionsproblem, um tägliche Verkaufsbeträge vorherzusagen, wobei wir einen Störfaktor in Form von Großhändlern haben. Ein besserer Ansatz wäre es, das Regressionsproblem neu zu formulieren, und zwar als Klassifizierungsproblem von verschiedenen Verkaufsbeträgen. Obwohl dabei ein Klassifizierungsmodell für jeden Bucket von Verkaufsbeträgen trainiert wird, fällt die Notwendigkeit weg, Einzelhändler gegenüber Großhändlern richtig zu klassifizieren.

Regression in seltenen Situationen

Das Entwurfsmuster *Kaskade* kann bei Regressionsaufgaben hilfreich sein, wenn einige Werte viel häufiger vorkommen als andere. Vielleicht möchten wir die Niederschlagsmenge aus einem Satellitenbild vorhersagen. Es könnte sein, dass 99 % der Pixel keinen Regen zeigen. In einem derartigen Fall kann es hilfreich sein, ein gestapeltes Klassifizierungsmodell mit einem nachfolgenden Regressionsmodell zu erzeugen:

1. Zuerst vorhersagen, ob es regnen wird oder nicht.
2. Für Pixel, bei denen laut Modell Regen unwahrscheinlich ist, eine Regenmenge von null vorhersagen.

3. Ein Regressionsmodell trainieren, um die Regenmenge für Pixel vorherzusagen, bei denen das Modell Regen als wahrscheinlich vorhersagt.

Denken Sie unbedingt daran, dass das Klassifizierungsmodell nicht perfekt ist. Das Regressionsmodell muss also auf den Pixeln trainiert werden, die das Klassifizierungsmodell als wahrscheinlich für Regen vorhersagt (und nicht nur auf Pixeln, die Regen im gelabelten Datensatz entsprechen). Ergänzende Lösungen zu diesem Problem finden Sie auch in »Entwurfsmuster 10: Rebalancing« auf Seite 144 und in »Entwurfsmuster 5: Reframing« auf Seite 100.

Entwurfsmuster 9: Neutrale Klasse

In vielen Klassifizierungssituationen kann es hilfreich sein, eine neutrale Klasse zu erstellen. Anstatt zum Beispiel einen binären Klassifizierer zu trainieren, der die Wahrscheinlichkeit eines Ereignisses ausgibt, trainieren Sie einen Drei-Klassen-Klassifizierer, der disjunkte Wahrscheinlichkeiten für »Ja«, »Nein« und »Vielleicht« ausgibt. Hier bedeutet disjunkt, dass sich die Klassen nicht überlappen. Ein Trainingsmuster kann nur zu einer Klasse gehören, und somit gibt es zum Beispiel keine Überschneidung zwischen »Ja« und »Vielleicht«. In diesem Fall ist »Vielleicht« die neutrale Klasse.

Problem

Stellen Sie sich vor, wir wollten ein Modell erstellen, das Hinweise zu Schmerzmitteln gibt. Zur Wahl stehen die beiden Medikamente Ibuprofen und Paracetamol (engl. *Acetaminophen*).[2] Wie aus unserem historischen Datensatz hervorgeht, wird Paracetamol bevorzugt an Patienten mit einem Risiko von Magenproblemen verschrieben und Ibuprofen vorzugsweise an Patienten mit einem Risiko von Leberschäden. Darüber hinaus ist die Verschreibungspraxis mehr oder weniger zufällig; manche Ärzte verschreiben standardmäßig Paracetamol und andere Ibuprofen.

Beim Training eines binären Klassifizierers auf einem derartigen Datensatz ist die Genauigkeit schlecht, weil das Modell die im Wesentlichen willkürlichen Fälle richtig erkennen muss.

Lösung

Stellen Sie sich ein anderes Szenario vor. Nehmen wir an, für die elektronische Akte, die die Verordnungen des Arztes erfasst, ist auch die Frage zu beantworten, ob das alternative Schmerzmittel akzeptabel wäre. Wenn der Arzt Paracetamol verschreibt, fragt die Anwendung den Arzt, ob der Patient Ibuprofen nehmen kann, wenn er es bereits in seiner Hausapotheke hat.

2 Dies ist nur ein Beispiel, das der Veranschaulichung dient; bitte verstehen Sie es nicht als medizinischen Rat!

Je nach der Antwort auf die zweite Frage haben wir eine neutrale Klasse. Das Rezept könnte immer noch als »Paracetamol« ausgestellt sein, aber die Akte verzeichnet, dass der Arzt bei diesem Patienten neutral war. Dabei ist es aber grundsätzlich erforderlich, die Datenerfassung passend zu gestalten – eine neutrale Klasse können wir nicht im Nachhinein anlegen. Wir müssen das ML-Problem von vornherein richtig konzipieren. Richtiges Design beginnt in diesem Fall damit, wie wir das Problem überhaupt erst darstellen.

Wenn wir lediglich über einen historischen Datensatz verfügen, müssten wir auf einen Labeling-Service (*https://oreil.ly/OSZsi*) zurückgreifen. Wir könnten die menschlichen Label-Ersteller bitten, die ursprüngliche Entscheidung des Arztes zu validieren und die Frage zu beantworten, ob eine alternative Schmerzmedikation akzeptabel wäre.

Warum es funktioniert

Um die Funktionsweise zu untersuchen, können wir den relevanten Mechanismus mit einem synthetischen Datensatz simulieren. Dann zeigen wir, dass etwas Ähnliches auch in der realen Welt mit Grenzfällen passiert.

Synthetische Daten

Wir erstellen einen synthetischen Datensatz der Länge *N*, wobei 10 % der Daten Patienten mit einer Gelbsuchtvorgeschichte (engl. *Jaundice*) darstellen. Da bei ihnen das Risiko einer Leberschädigung besteht, ist Ibuprofen die korrekte Verschreibung (den vollständigen Code finden Sie auf GitHub unter *https://github.com/GoogleCloudPlatform/ml-design-patterns/blob/master/03_problem_representation/neutral.ipynb*):

```
jaundice[0:N//10] = True prescription[0:N//10] = 'ibuprofen'
```

Weitere 10 % der Daten stellen Patienten mit Magengeschwüren als Vorgeschichte dar. Bei ihnen besteht das Risiko einer Magenschädigung, und ihre korrekte Verschreibung ist deshalb Paracetamol:

```
ulcers[(9*N)//10:] = True prescription[(9*N)//10:] = 'acetaminophen'
```

Den übrigen Patienten wird eine der beiden Medikationen zugeordnet. Naturgemäß führt diese zufällige Zuordnung dazu, dass die Gesamtgenauigkeit eines Modells, das nur auf zwei Klassen trainiert wird, gering ist. Tatsächlich können wir die Obergrenze der Genauigkeit berechnen. Da 80 % der Trainingsbeispiele zufällige Labels erhalten haben, kann das Modell bestenfalls die Hälfte von ihnen richtig erraten. Die Genauigkeit dieser Teilmenge der Trainingsbeispiele liegt also bei 40 %. Die verbleibenden 20 % der Trainingsbeispiele haben systematische Labels, und ein ideales Modell wird diese lernen. Wir erwarten also, dass die Gesamtgenauigkeit bestenfalls 60 % betragen kann. Trainieren wir allerdings ein Modell mit scikit-learn wie folgt, erhalten wir eine Genauigkeit von 0,56:

```
ntrain = 8*len(df)//10 # 80 % der Daten für Training
lm = linear_model.LogisticRegression()
lm = lm.fit(df.loc[:ntrain-1, ['jaundice', 'ulcers']],
            df[label][:ntrain])
acc = lm.score(df.loc[ntrain:, ['jaundice', 'ulcers']],
            df[label][ntrain:])
```

Wenn wir drei Klassen erzeugen und sämtliche zufällig zugewiesenen Verschreibungen dieser Klasse zuweisen, erhalten wir – wie erwartet – eine perfekte Genauigkeit (100 %). Mit den synthetischen Daten sollte demonstriert werden, dass das Entwurfsmuster *Neutrale Klasse* dabei helfen kann, Genauigkeit aufgrund von willkürlich gelabelten Daten zu verlieren, vorausgesetzt, dass eine zufällige Zuweisung wirksam ist.

In der Realität

In realen Situationen geschieht das Labeling vielleicht nicht ganz so zufällig wie im synthetischen Datensatz, doch das Paradigma der willkürlichen Zuweisung gilt trotzdem. Zum Beispiel wird dem Baby eine Minute nach seiner Geburt ein *Apgar-Score* zugewiesen, d. h. eine Zahl zwischen 1 und 10, wobei 10 bedeutet, dass das Baby den Geburtsvorgang perfekt überstanden hat.

Sehen Sie sich ein Modell an, das vorhersagen soll, ob ein Baby den Geburtsvorgang gesund übersteht oder ob es sofortige Aufmerksamkeit benötigt (vollständiger Code auf GitHub unter *https://github.com/GoogleCloudPlatform/ml-design-patterns/blob/master/03_problem_representation/neutral.ipynb*):

```
CREATE OR REPLACE MODEL mlpatterns.neutral_2classes
OPTIONS(model_type='logistic_reg', input_label_cols=['health']) AS

SELECT
  IF(apgar_1min >= 9, 'Healthy', 'NeedsAttention') AS health,
  plurality,
  mother_age,
  gestation_weeks,
  ever_born
FROM `bigquery-public-data.samples.natality`
WHERE apgar_1min <= 10
```

Den Schwellenwert für den Apgar-Score setzen wir auf 9 und behandeln Babys, deren Apgar-Score 9 oder 10 ist, als gesund, und Babys, deren Apgar-Score 8 oder niedriger ist, als aufmerksamkeitsbedürftig. Die Genauigkeit dieses binären Klassifizierungsmodells beträgt 0,56, wenn es auf dem Geburtendatensatz trainiert und auf den reservierten Daten bewertet wird.

Die Zuweisung eines Apgar-Scores beinhaltet jedoch eine Reihe von relativ subjektiven Einschätzungen, und ob ein Baby mit 8 oder 9 bewertet wird, lässt sich oft auf eine Frage der ärztlichen Präferenz reduzieren. Derartige Babys sind weder vollkommen gesund, noch benötigen sie ernsthafte medizinische Intervention. Was wäre, wenn wir eine neutrale Klasse einrichteten, die diese »marginalen« Scores aufnimmt? Hierfür sind drei Klassen zu erzeugen, wobei ein Apgar-Score von 10 als gesund definiert ist, Scores von 8 und 9 als neutral gelten und niedrigere Scores als aufmerksamkeitsbedürftig definiert sind:

```
CREATE OR REPLACE MODEL mlpatterns.neutral_3classes
OPTIONS(model_type='logistic_reg', input_label_cols=['health']) AS

SELECT
  IF(apgar_1min = 10, 'Healthy',
    IF(apgar_1min >= 8, 'Neutral', 'NeedsAttention')) AS health,
  plurality,
  mother_age,
  gestation_weeks,
  ever_born
FROM `bigquery-public-data.samples.natality`
WHERE apgar_1min <= 10
```

Dieses Modell erreicht eine Genauigkeit von 0,79 auf einem reservierten Datensatz, was wesentlich besser ist als die Genauigkeit von 0,56, die mit zwei Klassen erreicht wurde.

Kompromisse und Alternativen

Das Entwurfsmuster *Neutrale Klasse* sollte man zu Beginn eines ML-Problems im Auge behalten. Wenn man die richtigen Daten sammelt, kann man viele unangenehme Probleme im weiteren Verlauf vermeiden. Die folgenden Abschnitte beschreiben einige Situationen, in denen eine neutrale Klasse vorteilhaft sein kann.

Wenn sich menschliche Experten uneinig sind

Die neutrale Klasse ist hilfreich, wenn es um Unstimmigkeiten zwischen menschlichen Experten geht. Nehmen wir an, wir zeigten menschlichen Label-Erstellern die Patientengeschichte und fragten sie, welches Medikament sie verschreiben würden. In einigen Fällen könnten wir ein klares Signal für Paracetamol bekommen, in anderen Fällen für Ibuprofen. Und es gäbe recht viele Fälle, in denen sich menschliche Label-Ersteller nicht einig sind. Die neutrale Klasse bietet eine Möglichkeit, mit derartigen Fällen umzugehen.

Im Fall von menschlichen Label-Erstellern (anders als beim historischen Datensatz der tatsächlichen Arzthandlungen, bei denen ein Patient nur von einer Ärztin oder einem Arzt gesehen wurde) wird jedes Muster von mehreren Experten gelabelt. Demzufolge wissen wir a priori, bei welchen Fällen sich die Menschen nicht einig sind. Es mag viel einfacher erscheinen, derartige Fälle zu verwerfen und lediglich einen binären Klassifizierer zu trainieren. Immerhin spielt es keine Rolle, was das Modell mit den neutralen Fällen anstellt. Dies wirft zwei Probleme auf:

1. Falsches Vertrauen beeinträchtigt die Akzeptanz des Modells durch menschliche Experten. Ein Modell, das eine neutrale Bestimmung ausgibt, ist für Experten oft akzeptabler als ein Modell, das in den Fällen, in denen der menschliche Experte die Alternative gewählt hätte, ein falsches Vertrauen vermittelt.

2. Wenn wir eine Kaskade von Modellen trainieren, werden nachgelagerte Modelle äußerst empfindlich auf die neutralen Klassen reagieren. Wenn wir dieses Modell weiter verbessern, könnten sich nachgelagerte Modelle von Version zu Version drastisch ändern.

Bei einer anderen Alternative verwendet man die Übereinstimmung zwischen menschlichen Label-Erstellern als Gewicht eines Musters während des Trainings. Wenn also 5 Experten bei einer Diagnose übereinstimmen, erhält das Trainingsmuster ein Gewicht von 1. Teilen sich aber die Meinungen der Experten im Verhältnis 3 zu 2, beträgt das Gewicht des Musters vielleicht nur 0,6. Das erlaubt uns, einen binären Klassifizierer zu trainieren, aber den Klassifizierern in Richtung »sicherer« Fälle mehr Gewicht zu verleihen. Dieser Ansatz hat den Nachteil, dass bei einer vom Modell ausgegebenen Wahrscheinlichkeit von 0,5 unklar ist, ob dies eine Situation mit ungenügenden Trainingsdaten widerspiegelt oder ob es sich um eine Situation handelt, in der sich die menschlichen Experten nicht einig sind. Wenn wir die Bereiche, in denen Uneinigkeit besteht, mit einer neutralen Klasse erfassen, können wir beide Situationen voneinander unterscheiden.

Kundenzufriedenheit

Die Notwendigkeit einer neutralen Klasse ergibt sich auch bei Modellen, die versuchen, die Kundenzufriedenheit vorherzusagen. Wenn die Trainingsdaten aus Umfrageantworten bestehen, in denen Kunden ihre Erfahrung auf einer Skala von 1 bis 10 bewerten, kann es hilfreich sein, die Bewertungen in drei Kategorien einzuteilen: 1 bis 4 als schlecht, 8 bis 10 als gut und 5 bis 7 als neutral. Versuchen wir stattdessen, einen binären Klassifizierer mit einem Schwellenwert von 6 zu trainieren, wird das Modell zu viel Aufwand treiben, um die im Wesentlichen neutralen Antworten richtig zuzuordnen.

Eine Möglichkeit, Einbettungen zu verbessern

Angenommen, wir erstellten ein Preismodell für Flüge und möchten vorhersagen, ob ein Kunde einen Flug zu einem bestimmten Preis buchen wird oder nicht. Hierzu können wir uns historische Transaktionen von Flugbuchungen und aufgegebenen Warenkörben ansehen. Wir nehmen jedoch an, dass viele unserer Transaktionen auch Buchungen von Sammelbestellern und Reisebüros enthalten – das sind Personen, die vertraglich festgeschriebene Tarife haben, und somit werden die Tarife für sie nicht wirklich dynamisch festgelegt. Mit anderen Worten: Sie zahlen nicht den aktuell angezeigten Preis.

Wir könnten nun alle nicht dynamischen Buchungen verwerfen und das Modell nur für Kunden trainieren, die ihre Buchungsentscheidung auf Basis des angezeigten Preises getroffen haben. Bei einem solchen Modell fehlen jedoch alle Informationen, die in den Reisezielen enthalten sind, für die sich der Sammelbesteller oder das Reisebüro zu verschiedenen Zeitpunkten interessiert hat – dies wirkt sich zum Beispiel darauf aus, wie Flughäfen und Hotels einbezogen werden. Diese Informationen ließen sich bewahren, ohne die Preisentscheidung zu beeinflussen, wenn man eine neutrale Klasse für diese Transaktionen verwendete.

Reframing mit neutraler Klasse

Angenommen, wir trainierten ein automatisiertes Handelssystem, das Geschäfte auf der Grundlage tätigt, ob ein Wertpapier im Preis steigt oder fällt. Aufgrund der Volatilität des Aktienmarkts und der Geschwindigkeit, mit der sich neue Informationen in den Aktienkursen widerspiegeln, sind über die Zeit gesehen hohe Handelskosten und geringer Gewinn wahrscheinlich, wenn man versucht, auf Basis kleiner vorhergesagter Auf- und Abwärtsbewegungen zu handeln.

In derartigen Fällen sollte man überlegen, worin das Ziel letztendlich besteht. Das Endziel des ML-Modells ist es nicht, vorherzusagen, ob eine Aktie steigen oder fallen wird. Wir werden nicht in der Lage sein, jede Aktie zu kaufen, für die wir steigende Kurse vorhersagen, und auch nicht alle Aktien verkaufen können, die wir nicht halten. Die bessere Strategie könnte sein, Call-Optionen[3] für die zehn Aktien zu kaufen, die am wahrscheinlichsten um mehr als 5 % in den nächsten sechs Monaten steigen werden, und Put-Optionen für die Aktien, die höchstwahrscheinlich um mehr als 5 % in den nächsten sechs Monaten nach unten gehen.

Die Lösung besteht also darin, einen Trainingsdatensatz zu erstellen, der aus drei Klassen besteht:

- Aktien, die um mehr als 5 % gestiegen sind – Call.
- Aktien, die um mehr als 5 % gefallen sind – Put.
- Die restlichen Aktien fallen in die neutrale Kategorie.

Anstatt ein Regressionsmodell darauf zu trainieren, wie stark die Aktien steigen werden, können wir nun ein Klassifizierungsmodell mit diesen drei Klassen trainieren und die zuverlässigsten Vorhersagen aus unserem Modell auswählen.

Entwurfsmuster 10: Rebalancing

Das Entwurfsmuster *Rebalancing* bietet verschiedene Ansätze für den Umgang mit Datensätzen, die von Haus aus unausgewogen sind. Damit sind Datensätze gemeint, bei denen ein Label den Großteil des Datensatzes ausmacht und weit weniger Beispiele für andere Labels übrig bleiben.

Dieses Entwurfsmuster richtet sich nicht an Szenarios, in denen ein Datensatz keine Repräsentation für eine spezifische Population oder reale Umgebung enthält. Solche Fälle lassen sich oft nur durch zusätzliche Datenerfassung lösen. Das Entwurfsmuster *Rebalancing* befasst sich hauptsächlich damit, wie Modelle mit Datensätzen erstellt werden können, bei denen wenige Beispiele für eine oder mehrere spezifische Klassen vorhanden sind.

3 Siehe *https://oreil.ly/kDndF* für eine Einführung zu Call- und Put-Optionen.

Problem

ML-Modelle lernen am besten, wenn sie eine ähnliche Anzahl von Beispielen für jede Label-Klasse in einem Datensatz erhalten. Viele praktische Probleme sind aber nicht so gut ausgewogen. Nehmen Sie zum Beispiel einen Anwendungsfall zur Betrugserkennung, bei dem Sie mit einem Modell betrügerische Kreditkartentransaktionen identifizieren wollen. Da betrügerische Transaktionen wesentlich seltener sind als reguläre Transaktionen, gibt es für Betrugsfälle auch weniger Daten, um ein Modell zu trainieren. Das Gleiche gilt für andere Probleme, wie zum Beispiel zu erkennen, ob jemand einen Kredit nicht bedienen kann, fehlerhafte Produkte zu identifizieren, eine Krankheit anhand medizinischer Bilder vorherzusagen, Spam-E-Mails zu filtern, Fehlerprotokolle in einer Softwareanwendung zu markieren usw.

Unausgewogene Datensätze gelten für viele Arten von Modellen – binäre Klassifizierung, Multiklassenklassifizierung, Multilabel-Klassifizierung und Regression eingeschlossen. In Regressionsfällen beziehen sich unausgewogene Datensätze auf Daten mit Ausreißern, die entweder deutlich höher oder niedriger als der Median in unserem Datensatz liegen.

Trainiert man Modelle mit unausgewogenen Label-Klassen, wäre es falsch, sich auf irreführende Genauigkeitswerte für die Modellbewertung zu verlassen. Wenn wir ein Betrugserkennungsmodell trainieren und nur 5 % unseres Datensatzes betrügerische Transaktionen enthält, ist es wahrscheinlich, dass unser Modell auf 95 % Genauigkeit trainiert wird, ohne den Datensatz oder die zugrunde liegende Modellarchitektur in irgendeiner Weise zu modifizieren. Dieser Genauigkeitswert von 95 % ist zwar *technisch* korrekt, aber es ist durchaus möglich, dass das Modell für jedes Beispiel die Mehrheitsklasse (in diesem Fall Nicht-Betrug) vermutet. Es lernt also nicht, wie es die Minderheitsklasse von anderen Beispielen in unserem Datensatz unterscheiden kann.

Um sich nicht zu sehr auf diesen irreführenden Genauigkeitswert zu verlassen, lohnt sich ein Blick auf die Wahrheitsmatrix des Modells, um die Genauigkeit für jede Klasse zu sehen. Die Wahrheitsmatrix für ein Modell mit schlechter Performance, das auf einem unausgewogenen Datensatz trainiert wurde, sieht oft so aus wie in Abbildung 3-18.

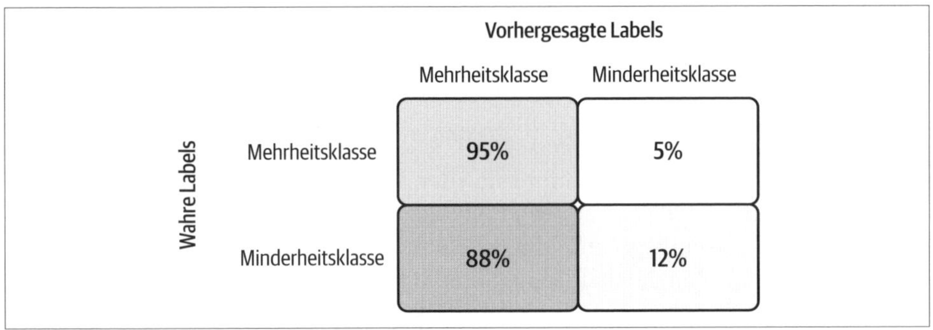

Abbildung 3-18: Wahrheitsmatrix für ein Modell, das auf einem unausgewogenen Datensatz trainiert wurde, ohne den Datensatz oder das Modell anzupassen

In diesem Beispiel errät das Modell die Mehrheitsklasse in 95 % der Fälle richtig, sagt aber die Minderheitsklasse nur in 12 % aller Fälle voraus. In der Regel weist die Wahrheitstabelle für ein leistungsstarkes Modell Prozentwerte nahe 100 entlang der Diagonalen auf.

Lösung

Da die Genauigkeit bei unausgewogenen Datensätzen irreführend sein kann, ist es wichtig, eine passende Bewertungsmetrik zu wählen, wenn das Modell erstellt wird. Es gibt dann verschiedene Techniken, mit denen wir die inhärent unausgewogenen Datensätze sowohl auf der Datensatz- als auch auf der Modellebene verarbeiten können. Das sogenannte *Downsampling* ändert die Ausgewogenheit des zugrunde liegenden Datensatzes, während die *Gewichtung* ändert, wie das Modell bestimmte Klassen behandelt. *Upsampling* dupliziert Beispiele aus unserer Minderheitsklasse und wendet oftmals Erweiterungen an, um zusätzliche Stichproben zu generieren. Außerdem sehen wir uns Konzepte für das Reframing des Problems an: in eine Regressionsaufgabe ändern, die Fehlerwerte des Modells für jedes Beispiel analysieren oder clustern.

Eine Bewertungsmetrik auswählen

Bei unausgewogenen Datensätzen wie dem in unserem Beispiel zur Betrugserkennung ist es am besten, Metriken wie Präzision (engl. *Precision*), Trefferquote (engl. *Recall*) oder F-Maß zu verwenden, um ein vollständiges Bild von der Performance eines Modells zu erhalten. Die *Präzision* – der positive Vorhersagewert – ist der Prozentsatz der positiven Klassifizierungen, die unter allen positiven Vorhersagen des Modells richtig sind. Umgekehrt gibt die *Trefferquote* – die Richtig-positiv-Rate – den Anteil der tatsächlich positiven Beispiele an, die das Modell richtig identifiziert hat. Der größte Unterschied zwischen diesen beiden Metriken ist der Nenner in der Berechnungsformel. Für die Präzision steht im Nenner die Gesamtanzahl der vom Modell gemachten Vorhersagen positiver Klassen. Bei der Trefferquote ist es die Anzahl der tatsächlich positiven Klassenbeispiele in unserem Datensatz.

Ein perfektes Modell würde sowohl eine Genauigkeit als auch eine Trefferquote von 1,0 haben. In der Praxis stehen diese beiden Maße jedoch oftmals im Widerspruch zueinander. Das *F-Maß* ist eine Metrik, die von 0 bis 1 reicht und sowohl Präzision als auch Trefferquote berücksichtigt. Berechnet wird es wie folgt:

```
2 * (Präzision * Trefferquote / (Präzision + Trefferquote))
```

Kommen wir zu unserem Anwendungsfall der Betrugserkennung zurück, um zu sehen, wie sich diese Metriken in der Praxis zeigen. Für dieses Beispiel nehmen wir an, dass unser Testset insgesamt 1.000 Beispiele umfasst, von denen 50 als betrügerische Transaktionen gelabelt sein sollten. Hier sagt unser Modell 930/950 einwandfreie Beispiele richtig voraus und 15/50 betrügerische Beispiele richtig. Diese Ergebnisse stellt Abbildung 3-19 grafisch dar.

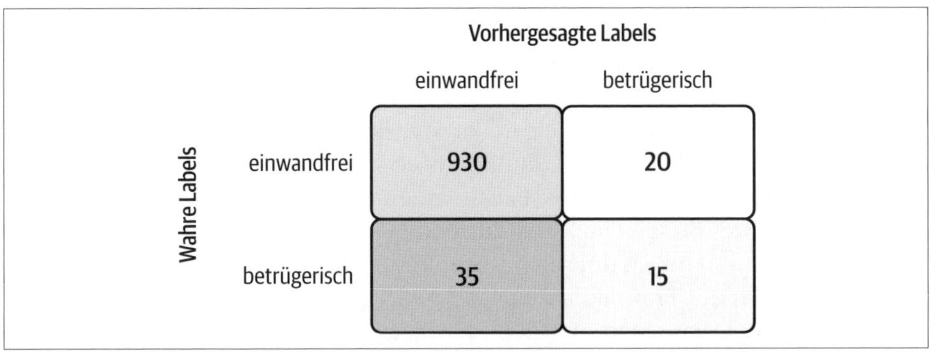

Abbildung 3-19: Beispielhafte Vorhersagen für ein Betrugserkennungsmodell

In diesem Fall beträgt die Präzision unseres Modells 15/35 (42 %), die Trefferquote berechnet sich zu 15/50 (30 %), und das F-Maß ist 35 %. Diese Metriken spiegeln viel besser die Unfähigkeit unseres Modells wider, betrügerische Transaktionen richtig zu identifizieren, verglichen mit der Genauigkeit (engl. *Accuracy*), die 945/1000 (94,5 %) beträgt. Daher sollten für Modelle, die auf unausgewogenen Datensätzen trainiert werden, andere Metriken als die Genauigkeit bevorzugt werden. Tatsächlich kann die Genauigkeit sogar sinken, wenn nach diesen Metriken optimiert wird, doch ist das in Ordnung, da Präzision, Trefferquote und F-Maß in diesem Fall ein besserer Hinweis auf die Modellperformance sind.

Um Modelle zu bewerten, die auf unausgewogenen Datensätzen trainiert wurden, müssen wir die Erfolgsmetriken anhand von *unerprobten Daten* berechnen. Unabhängig davon, wie wir unseren Datensatz für das Training entsprechend den unten skizzierten Lösungen modifizieren, müssen wir unser Testset unverändert lassen, damit es eine genaue Darstellung des ursprünglichen Datensatzes ist. Mit anderen Worten, unser Testset sollte ungefähr die gleiche Klassenverteilung wie der ursprüngliche Datensatz aufweisen. Für das obige Beispiel wären das 5 % betrügerische zu 95 % nicht betrügerischen Transaktionen.

Wenn wir nach einer Metrik suchen, die die Performance des Modells über alle Schwellenwerte hinweg erfasst, ist das durchschnittliche Verhältnis von Präzision zu Trefferquote eine aufschlussreichere Metrik (*https://oreil.ly/5iJX2*) als die Fläche unter der ROC-Kurve (AUC[4]) für die Modellbewertung. Das hängt damit zusammen, dass das durchschnittliche Verhältnis von Präzision zu Trefferquote mehr Gewicht darauf legt, bei wie vielen Vorhersagen das Modell richtig gelegen hat bezogen auf die Gesamtanzahl, die es der positiven Klasse zugewiesen hat. Das verleiht der positiven Klasse mehr Gewicht, was für unausgewogene Datensätze wichtig ist. Die AUC-Methode hingegen behandelt beide Klassen gleich und weniger empfindlich gegenüber Modellverbesserungen, was in Situationen mit unausgewogenen Daten nicht optimal ist.

4 AUC – *Area Under the Curve*, Fläche unter der Kurve (Anm. d. Übers.).

Downsampling

Downsampling ist eine Lösung für den Umgang mit unausgewogenen Datensätzen, die den zugrunde liegenden Datensatz und nicht das Modell verändert. Dabei verringern wir die Anzahl der Beispiele in der Mehrheitsklasse, die während des Trainings verwendet werden. Um die Funktionsweise kennenzulernen, sehen wir uns den synthetischen Datensatz für Betrugserkennung auf Kaggle (*https://oreil.ly/WqUM-*) an.[5] Jedes Beispiel im Datensatz enthält verschiedene Informationen über die Transaktion – Transaktionsart, Transaktionsbetrag und Kontostand sowohl vor als auch nach der Transaktion eingeschlossen. Der Datensatz umfasst 6,3 Millionen Beispiele. Davon sind nur 8.000 betrügerische Transaktionen, d.h. gerade einmal 0,1 % des gesamten Datensatzes.

Obwohl ein großer Datensatz die Fähigkeit des Modells zur Mustererkennung oftmals verbessern kann, ist es weniger hilfreich, wenn die Daten deutlich unausgewogen sind. Wenn wir ein Modell auf diesem gesamten Datensatz (6,3 Millionen Zeilen) ohne irgendwelche Modifikationen trainieren (*https://github.com/GoogleCloudPlatform/ml-design-patterns/blob/master/03_problem_representation/rebalancing.ipynb*), ist die Wahrscheinlichkeit groß, dass wir eine irreführende Genauigkeit von 99,9 % erhalten, da das Modell jedes Mal zufällig die nicht betrügerische Klasse errät. Wir können dies beheben, indem wir einen großen Teil der Mehrheitsklasse aus dem Datensatz entfernen.

Wir nehmen alle 8.000 betrügerischen Beispiele und legen sie beiseite, um sie beim Training des Modells zu verwenden. Dann ziehen wir eine kleine, zufällige Stichprobe aus den nicht betrügerischen Transaktionen. Wir fassen diese mit unseren 8.000 betrügerischen Beispielen zusammen, mischen die Daten neu und verwenden diesen neuen, kleineren Datensatz, um ein Modell zu trainieren. Mit Pandas könnten wir dies folgendermaßen implementieren:

```
data = pd.read_csv('fraud_data.csv')

# Aufteilen in separate Dataframes für betrügerisch/nicht betrügerisch.
fraud = data[data['isFraud'] == 1]
not_fraud = data[data['isFraud'] == 0]

# Eine zufällige Stichprobe der nicht betrügerischen Zeilen ziehen.
not_fraud_sample = not_fraud.sample(random_state=2, frac=.005)

# Zusammen zurücklegen und mischen.
df = pd.concat([not_fraud_sample,fraud])
df = shuffle(df, random_state=2)
```

Danach würde unser Datensatz 25 % betrügerische Transaktionen enthalten und viel ausgewogener sein als der ursprüngliche Datensatz mit nur 0,1 % in der Minder-

5 Das Dataset wurde auf der Grundlage der in diesem Paper vorgeschlagenen PaySim-Forschung generiert: EdgarLopez-Rojas, Ahmad Elmir und Stefan Axelsson, »PaySim: A financial mobile money simulator for fraud detection«, 28th European Modeling and Simulation Symposium, EMSS, Larnaca, Cyprus (2016): 249–255.

heitsklasse. Es lohnt sich, mit dem genauen Gleichgewicht zu experimentieren, das beim Downsampling verwendet wird. Hier haben wir eine Teilung von 25/75 vorgenommen, aber verschiedene Probleme könnten eine Aufteilung näher an 50/50 erfordern, um eine angemessene Genauigkeit zu erreichen.

Downsampling kombiniert man üblicherweise mit dem Entwurfsmuster *Ensemble*, und zwar in folgenden Schritten:

1. Ein Downsampling der Mehrheitsklasse durchführen und alle Instanzen der Minderheitsklasse verwenden.
2. Ein Modell trainieren und es dem Ensemble hinzufügen.
3. Wiederholen.

In der Inferenzphase nehmen Sie den Median von den Ausgaben der Ensemble-Modelle.

Wir haben hier zwar ein Klassifizierungsbeispiel besprochen, doch Downsampling lässt sich auch auf Regressionsmodelle anwenden, bei denen wir einen numerischen Wert vorhersagen. In diesem Fall ist das Ziehen einer zufälligen Stichprobe aus der Mehrheitsklasse differenzierter, da die Mehrheits-»Klasse« in unseren Daten einen Bereich von Werten und nicht ein einzelnes Label umfasst.

Gewichtete Klassen

Ein anderer Ansatz für den Umgang mit unausgewogenen Datensätzen verändert das *Gewicht*, das unser Modell den Beispielen aus jeder Klasse gibt. Beachten Sie, dass dies eine andere Verwendung des Begriffs »Gewicht« ist und nichts mit den Gewichten (oder Parametern) zu tun hat, die unser Modell beim Training gelernt hat und die man nicht manuell festlegen kann. Durch das *Gewichten von Klassen* weisen wir unser Modell an, spezifische Label-Klassen während des Trainings mit einer höheren Wichtigkeit zu behandeln. Wir wollen, dass unser Modell den Beispielen aus der Minderheitsklasse mehr Gewicht zuweist. Es bleibt Ihnen überlassen, wie viel Wichtigkeit Sie in Ihrem Modell bestimmten Beispielen geben. Es ist letztlich ein Parameter, mit dem Sie experimentieren können.

In Keras können wir unserem Modell einen Parameter `class_weights` übergeben, wenn wir es mit `fit()` trainieren. Der Parameter `class_weights` ist ein Dictionary, das jeder Klasse das Gewicht zuordnet, das Keras den Beispielen aus dieser Klasse zuweisen soll. Doch wie sollten wir die genauen Gewichte für jede Klasse bestimmen? Die Werte der Klassengewichte sollten sich auf das Gleichgewicht jeder Klasse in unserem Datensatz beziehen. Wenn etwa die Minderheitsklasse nur 0,1 % des Datensatzes ausmacht, ist es eine vernünftige Schlussfolgerung, dass unser Modell die Beispiele aus dieser Klasse mit 1000-mal mehr Gewicht behandelt als die Beispiele der Mehrheitsklasse. In der Praxis ist es üblich, diesen Gewichtswert für jede Klasse durch 2 zu teilen, sodass ein Beispiel durchschnittlich mit 1,0 gewichtet wird. Wenn also in einem Datensatz 0,1 % der Werte die Minderheitsklasse repräsentieren, können wir die Klassengewichte mit dem folgenden Code berechnen:

```
num_minority_examples = 1
num_majority_examples = 999
total_examples = num_minority_examples + num_majority_examples

minority_class_weight = 1/(num_minority_examples/total_examples)/2
majority_class_weight = 1/(num_majority_examples/total_examples)/2

# Die Gewichte an Keras in einem Dictionary übergeben.
# Der Schlüssel ist der Index jeder Klasse.
keras_class_weights = {0: majority_class_weight, 1: minority_class_weight}
```

Diese Gewichte würden wir dann beim Training an unser Modell übergeben:

```
model.fit(
    train_data,
    train_labels,
    class_weight=keras_class_weights
)
```

In BigQuery ML können wir im `OPTIONS`-Block den Wert `AUTO_CLASS_WEIGHTS = True` setzen, wenn wir unser Modell erstellen, um verschiedene Klassen nach der Häufigkeit ihres Vorkommens in den trainierten Daten zu gewichten.

Es mag zwar hilfreich sein, einer Heuristik der Klassenausgeglichenheit zu folgen, um Klassengewichte festzulegen, doch könnte die Geschäftsanwendung eines Modells auch die Klassengewichte vorschreiben, die wir zuweisen. Nehmen wir zum Beispiel ein Modell an, das Bilder von defekten Produkten klassifiziert. Wenn die Versandkosten eines defekten Produkts 10-mal höher sind als die Kosten für die falsche Klassifizierung eines normalen Produkts, würden wir 10 als Gewicht für unsere Minderheitsklasse wählen.

Bias der Ausgabeschicht

In Verbindung mit der Zuweisung von Klassengewichten ist es auch hilfreich, die Ausgabeschicht des Modells mit einem Bias zu initialisieren, um eine Unausgeglichenheit des Datensatzes zu berücksichtigen. Weshalb sollten wir den Bias-Anfangswert für unsere Ausgabeschicht manuell festlegen? Bei unausgewogenen Datensätzen hilft ein vorab festgelegter Ausgabe-Bias, dass das Modell schneller konvergiert. Das hängt damit zusammen, dass die letzte (Vorhersage-)Schicht eines trainierten Modells im Mittel den Logarithmus des Verhältnisses von Minderheits- zu Mehrheitsbeispielen im Datensatz ausgibt. Indem wir den Bias festlegen, beginnt das Modell bereits mit dem »richtigen« Wert, ohne ihn über den Gradientenabstieg entdecken zu müssen.

Standardmäßig verwendet Keras einen Bias von null. Dies entspricht dem Bias, den wir für einen perfekt ausgewogenen Datensatz verwenden wollen, wobei `log(1/1) = 0` ist. Mit der folgenden Formel können Sie den korrekten Bias berechnen und dabei die Ausgewogenheit unseres Datensatzes berücksichtigen:

```
bias = log(num_minority_examples / num_majority_examples)
```

Upsampling

Eine weitere gängige Technik für den Umgang mit unausgewogenen Datensätzen ist das *Upsampling*. Dabei überrepräsentieren wir unsere Minderheitsklasse, indem sowohl die Beispiele der Minderheitsklasse repliziert als auch zusätzliche, synthetische Beispiele generiert werden. Dies geschieht oft in Verbindung mit einem Downsampling der Mehrheitsklasse. Dieser Ansatz – die Kombination aus Downsampling und Upsampling – wurde 2002 vorgeschlagen und *Synthetic Minority Over-sampling Technique* (SMOTE, *https://oreil.ly/CFJPz*) genannt. SMOTE bietet einen Algorithmus, der diese synthetischen Beispiele konstruiert, indem er den Feature-Raum der Minderheitsklassenbeispiele im Datensatz analysiert und dann ähnliche Beispiele innerhalb dieses Feature-Raums mit einem Nächste-Nachbarn-Ansatz generiert. Abhängig davon, wie viele ähnliche Datenpunkte wir auf einmal betrachten wollen (auch als Anzahl der nächsten Nachbarn bezeichnet), generiert der SMOTE-Ansatz ein zufälliges, neues Minderheitsklassenbeispiel zwischen diesen Punkten.

Sehen Sie sich den Pima-Indian-Diabetes-Datensatz (*https://oreil.ly/ljqnc*) an, um die Funktionsweise auf hoher Ebene zu verstehen. Dieser Datensatz enthält zu 34 % Beispiele von Patientinnen und Patienten, die Diabetes hatten. Deshalb betrachten wir diese als unsere Minoritätsklasse. Tabelle 3-3 zeigt eine Teilmenge der Spalten für zwei Minoritätsklassenbeispiele.

Tabelle 3-3: Eine Teilmenge der Features für zwei Trainingsbeispiele aus der Minderheitsklasse (»hat Diabetes«) im Pima-Indian-Diabetes-Datensatz

Glucose (Glukose)	BloodPressure (Blutdruck)	SkinThickness (Hautdicke)	BMI
148	72	35	33,6
183	64	0	23,3

Ein neues synthetisches Beispiel, das auf diesen beiden tatsächlichen Beispielen aus dem Datensatz beruht, könnte wie das in Tabelle 3-4 aussehen, wobei der Mittelwert aus den Werten der jeweiligen Spalten berechnet wurde.

Tabelle 3-4: Ein synthetisches Beispiel, das aus den beiden Trainingsbeispielen der Minderheitsklasse nach dem SMOTE-Ansatz generiert wurde

Glucose	BloodPressure	SkinThickness	BMI
165.5	68	17,5	28,4

Die SMOTE-Technik bezieht sich vorrangig auf tabellarische Daten, aber eine ähnliche Logik lässt sich auch auf Bilddatensätze anwenden. Wenn wir zum Beispiel ein Modell erstellen, um zwischen bengalischen und siamesischen Katzen zu unterscheiden, und nur 10 % des Datensatzes Bilder von bengalischen Katzen enthalten, können wir zusätzliche Variationen von bengalischen Katzen in unserem Datensatz über Bilderweiterung mithilfe der Keras-Klasse `ImageDataGenerator` erzeugen. Mit ein paar Parametern erzeugt diese Klasse mehrere Variationen desselben Bilds durch Drehen, Zuschneiden, Anpassen der Helligkeit und mehr.

Kompromisse und Alternativen

Es gibt einige andere alternative Lösungen für das Erstellen von Modellen mit inhärent unausgewogenen Datensätzen, einschließlich Reframing des Problems und der Behandlung von Fällen der Anomalieerkennung. Außerdem stellen wir wichtige Überlegungen zu unausgewogenen Datensätzen an: die Gesamtgröße des Datensatzes, die optimalen Modellarchitekturen für verschiedene Problemtypen und Erklärungen zur Vorhersage bei Minderheitsklassen.

Reframing und Kaskade

Die Umgestaltung des Problems ist ein weiterer Ansatz, um mit unausgewogenen Datensätzen klarzukommen. Zunächst könnten wir das Problem von Klassifizierung zu Regression oder umgekehrt umstellen und dabei die Techniken verwenden, die in den Abschnitten zum Entwurfsmuster *Reframing* und zum Training einer *Kaskade* von Modellen beschrieben wurden. Nehmen wir zum Beispiel ein Regressionsproblem an, bei dem die Mehrheit der Trainingsdaten in einen bestimmten Bereich fällt und es wenige Ausreißer gibt. Wenn es uns nun um die Vorhersage von Ausreißerwerten geht, könnten wir dieses Problem in ein Klassifizierungsproblem konvertieren, indem wir die Mehrheit der Daten in einen Bucket und die Ausreißer in einen anderen einordnen.

Stellen Sie sich vor, Sie erstellten ein Modell mit dem Geburtendatensatz von BigQuery, um das Babygewicht vorherzusagen. Mit Pandas können wir ein Histogramm einer Stichprobe aus den Babygewichtsdaten erstellen, um die Gewichtsverteilung zu sehen:

```
%%bigquerydf
SELECT
  weight_pounds
FROM
  `bigquery-public-data.samples.natality`
LIMIT 10000
df.plot(kind='hist')
```

Abbildung 3-20 zeigt das resultierende Histogramm.

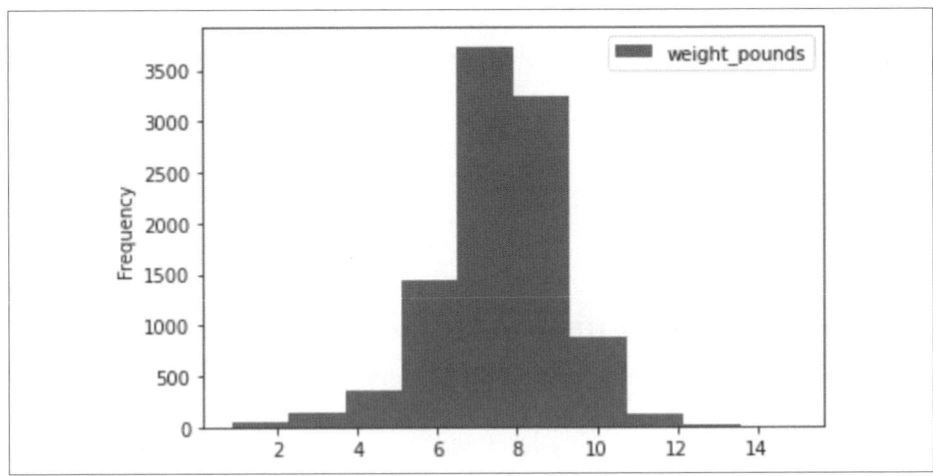

Abbildung 3-20: Ein Histogramm, das die Verteilung der Babygewichte für 10.000 Beispiele im BigQuery-Geburtendatensatz darstellt

Die Anzahl der Babys mit einem Gewicht von 3 Pfund macht im gesamten Datensatz 96.000 Beispiele aus (0,06 % der Daten). Babys mit einem Gewicht von 12 Pfund sind nur zu 0,05 % im Datensatz vertreten. Um eine gute Regressionsperformance über den gesamten Bereich zu erhalten, können wir Downsampling mit den Entwurfsmustern *Reframing* und *Kaskade* kombinieren. Zuerst teilen wir die Daten in drei Buckets auf: »untergewichtig«, »durchschnittlich« und »übergewichtig«. Dies können wir mit der folgenden Abfrage bewerkstelligen:

```
SELECT
  CASE
    WHEN weight_pounds < 5.5 THEN "underweight"
    WHEN weight_pounds > 9.5 THEN "overweight"
  ELSE
  "average"
END
  AS weight,
  COUNT(*) AS num_examples,
  round(count(*) / sum(count(*)) over(), 4) as percent_of_dataset
FROM
  `bigquery-public-data.samples.natality`
GROUP BY
  1
```

Tabelle 3-5 zeigt die Ergebnisse.

Tabelle 3-5: Der Prozentsatz jeder Gewichtsklasse im Geburtendatensatz

weight	num_examples	percent_of_dataset
Average	123781044	0.8981
Underweight	9649724	0.07
Overweight	4395995	0.0319

Zu Demonstrationszwecken nehmen wir 100.000 Beispiele aus jeder Klasse, um ein Modell auf einem aktualisierten, ausgeglichenen Datensatz zu trainieren:

```
SELECT
  is_male,
  gestation_weeks,
  mother_age,
  weight_pounds,
  weight
FROM (
  SELECT
    *,
    ROW_NUMBER() OVER (PARTITION BY weight ORDER BY RAND()) AS row_num
  FROM (
    SELECT
      is_male,
      gestation_weeks,
      mother_age,
      weight_pounds,
      CASE
        WHEN weight_pounds < 5.5 THEN "underweight"
        WHEN weight_pounds > 9.5 THEN "overweight"
      ELSE
      "average"
    END
      AS weight,
    FROM
      `bigquery-public-data.samples.natality`
    LIMIT
      4000000) )
  WHERE
    row_num < 100000
```

Die Ergebnisse dieser Abfrage können wir in einer Tabelle speichern, und mit einem ausgewogeneren Datensatz können wir nun ein Klassifizierungsmodell trainieren, um Babys als »untergewichtig«, »durchschnittlich« oder »übergewichtig« zu labeln:

```
CREATE OR REPLACE MODEL
  `project.dataset.baby_weight_classification` OPTIONS(model_type='logistic_reg',
    input_label_cols=['weight']) AS
SELECT
  is_male,
  weight_pounds,
  mother_age,
  gestation_weeks,
  weight
FROM
  `project.dataset.baby_weight`
```

Ein anderer Ansatz verwendet das Entwurfsmuster *Kaskade*, wobei drei separate Regressionsmodelle für jede Klasse trainiert werden. Dann können wir unsere Lösung mit einem Multidesign-Muster verwenden, indem wir unserem anfänglichen Klassifizierungsmodell ein Beispiel übergeben und entsprechend dem Ergebnis dieser Klassifizierung entscheiden, an welches Regressionsmodell das Beispiel für die numerische Vorhersage gesendet werden soll.

Anomalieerkennung

Es gibt zwei Ansätze, um mit Regressionsmodellen für unausgewogene Datensätze zu arbeiten:

- Den Fehler des Modells bei einer Vorhersage als Signal verwenden.
- Die eingehenden Daten clustern und den Abstand jedes neuen Datenpunkts zu vorhandenen Clustern vergleichen.

Um diese Lösungen besser zu verstehen, wollen wir ein Modell auf Daten trainieren, die von einem Sensor gesammelt werden, um die zukünftige Temperatur vorherzusagen. In diesem Fall muss die Modellausgabe ein numerischer Wert sein.

Für den ersten Ansatz – den Fehler als Signal verwenden – würden wir nach dem Training eines Modells den vorhergesagten Wert des Modells mit dem tatsächlichen Wert für den aktuellen Zeitpunkt vergleichen. Unterscheiden sich der vorhergesagte und der tatsächliche aktuelle Wert signifikant voneinander, könnten wir den eingehenden Datenpunkt als Anomalie markieren. Selbstverständlich setzt dies ein Modell voraus, das mit guter Genauigkeit auf genügend historischen Daten trainiert wurde, um sich auf seine Qualität für zukünftige Vorhersagen verlassen zu können. Der größte Nachteil dieses Ansatzes ist, dass neue Daten stets verfügbar sein müssen, damit wir die eingehenden Daten mit der Vorhersage des Modells vergleichen können. Daher eignet sich dieser Ansatz vor allem für Probleme mit Streaming- oder Zeitreihendaten.

Im zweiten Ansatz – Daten clustern – erstellen wir zunächst ein Modell mit einem Clustering-Algorithmus, einer Modellierungstechnik, die unsere Daten in Clustern organisiert. Clustering ist ein Verfahren des *nicht überwachten Lernens*, d.h., es sucht nach Mustern im Datensatz ohne irgendwelche Kenntnisse über Labels der Grundwahrheit. Ein gängiger Clustering-Algorithmus ist *k*-Means, den wir mit BigQuery ML implementieren können. Der folgende Code zeigt, wie ein *k*-Means-Modell auf dem Geburtendatensatz von BigQuery mit drei Features trainiert wird:

```
CREATE OR REPLACE MODEL
  `project-name.dataset-name.baby_weight` OPTIONS(model_type='kmeans',
    num_clusters=4) AS
SELECT
  weight_pounds,
  mother_age,
  gestation_weeks
FROM
  `bigquery-public-data.samples.natality`
LIMIT 10000
```

Das resultierende Modell clustert unsere Daten in vier Gruppen. Sobald das Modell erstellt ist, können wir Vorhersagen auf neuen Daten generieren und uns den Abstand dieser Vorhersage zu den vorhandenen Clustern ansehen. Ist der Abstand zu groß, können wir den Datenpunkt als Anomalie markieren. Um eine Clustervorhersage für unser Modell zu generieren, können wir die folgende Abfrage ausführen und ihr ein fingiertes Durchschnittsbeispiel aus dem Datensatz übergeben:

```
SELECT
  *
FROM
  ML.PREDICT (MODEL `project-name.dataset-name.baby_weight`,
    (
    SELECT
      7.0 as weight_pounds,
      28 as mother_age,
      40 as gestation_weeks
    )
  )
```

Die Abfrageergebnisse in Tabelle 3-6 zeigen uns den Abstand zwischen diesem Datenpunkt und den vom Modell generierten Clustern, den sogenannten Schwerpunkten (engl. *Centroids*).

Tabelle 3-6: Der Abstand zwischen unserem Beispieldatenpunkt mit dem durchschnittlichen Gewicht und jedem Cluster, das unser k-Means-Modell generiert hat

CENTROID_ID	NEAREST_CENTROIDS_DISTANCE.CENTROID_ID	NEAREST_CENTROIDS_DISTANCE.DISTANCE
4	4	0.29998627812137374
	1	1.2370167418282159
	2	1.376651161584178
	3	1.6853517159990536

Dieses Beispiel passt eindeutig in den Schwerpunkt 4, wie an dem geringen Abstand (0,29) zu sehen ist.

Wir können dies mit den Ergebnissen vergleichen, die wir erhalten, wenn wir einen Ausreißer – ein Beispiel mit Untergewicht – an das Modell senden, wie Tabelle 3-7 zeigt.

Tabelle 3-7: Der Abstand zwischen unserem Beispieldatenpunkt mit Untergewicht und allen Clustern, die unser k-Means-Modell generiert hat

CENTROID_ID	NEAREST_CENTROIDS_DISTANCE.CENTROID_ID	NEAREST_CENTROIDS_DISTANCE.DISTANCE
3	3	3.061985789261998
	4	3.3124603501734966
	2	4.330205096751425
	1	4.658614918595627

Hier ist der Abstand zwischen diesem Beispiel und jedem Schwerpunkt ziemlich groß. Wir könnten dann aus diesen hohen Abstandswerten schließen, dass der Datenpunkt eine Anomalie sein könnte. Dieser unüberwachte Clustering-Ansatz ist besonders nützlich, wenn wir die Labels für unsere Daten nicht im Voraus kennen. Nachdem wir Clustervorhersagen für genügend Beispiele generiert haben, könnten wir ein überwachtes Lernmodell erstellen, das die vorhergesagten Cluster als Labels verwendet.

Anzahl der verfügbaren Beispiele der Minderheitsklasse

Obwohl die Minderheitsklasse in unserem ersten Betrugserkennungsbeispiel nur 0,1 % der Daten ausgemacht hat, war der Datensatz so groß, dass wir immerhin noch mit 8.000 betrügerischen Datenpunkten arbeiten konnten. Für Datensätze mit noch weniger Beispielen in der Minderheitsklasse kann der resultierende Datensatz durch Downsampling zu klein werden für ein Modell, um noch daraus zu lernen. Es gibt keine starre Regel, um zu bestimmen, wie viele Beispiele zu wenig sind, um Downsampling zu verwenden, da dies weitgehend von unserem Problem und der Modellarchitektur abhängt. Eine allgemeine Faustregel besagt, dass man für einen unausgewogenen Datensatz kein Downsampling, sondern eine andere Lösung in Betracht ziehen sollte, wenn die Minderheitsklasse Hunderte von Beispielen umfasst.

Man darf auch nicht vergessen, dass einige Informationen, die in den Beispielen der Mehrheitsklasse gespeichert sind, naturgemäß verloren gehen, wenn eine Teilmenge aus der Mehrheitsklasse entfernt wird. Dies kann die Fähigkeit unseres Modells, die Mehrheitsklasse zu identifizieren, etwas verringern, aber oftmals überwiegen dennoch die Vorteile des Downsamplings.

Verschiedene Techniken kombinieren

Die oben beschriebenen Downsampling- und Klassengewichtungstechniken lassen sich für optimale Ergebnisse kombinieren. Dazu beginnen wir mit dem Downsampling unserer Daten, bis wir ein Gleichgewicht finden, das für unseren Anwendungsfall funktioniert. Anhand der Label-Verhältnisse für den ausgeglichenen Datensatz verwenden wir dann die im Abschnitt über gewichtete Klassen beschriebene Methode, um neue Gewichte an unser Modell zu übergeben. Die Kombination dieser Ansätze kann besonders nützlich sein, wenn wir ein Anomalieerkennungsproblem haben und uns vor allem um Vorhersagen für unsere Minderheitsklasse kümmern. Erstellen wir zum Beispiel ein Betrugserkennungsmodell, werden wir uns wahrscheinlich mehr um die Transaktionen kümmern wollen, die unser Modell als »Betrug« markiert, als um diejenigen, die es als »nicht betrügerisch« markiert. Und wie bei SMOTE erwähnt, wird darüber hinaus der Ansatz, synthetische Beispiele aus der Minderheitsklasse zu generieren, oft kombiniert mit dem Entfernen einer zufälligen Stichprobe von Beispielen aus der Mehrheitsklasse.

Downsampling wird oftmals mit dem Entwurfsmuster *Ensemble* kombiniert. Bei diesem Absatz wird eine zufällige Stichprobe aus der Mehrheitsklasse nicht vollständig entfernt, sondern wir verwenden andere Teilmengen dieser Klasse, um mehrere Modelle zu trainieren und dann diese Modelle zu einem Ensemble zusammenzufassen. Um das zu veranschaulichen, nehmen wir einen Datensatz mit 100 Beispielen in der Minderheitsklasse und 1.000 Beispielen in der Mehrheitsklasse an. Anstatt 900 Beispiele aus der Mehrheitsklasse zu entfernen, um den Datensatz perfekt auszugleichen, teilen wir die Beispiele der Mehrheitsklasse zufällig auf 10 Gruppen mit jeweils 100 Beispielen auf. Dann trainieren wir 10 Klassifizierer, jeden mit denselben 100 Beispielen aus der Minderheitsklasse und 100 anderen, zufällig ausgewählten Werten aus der Mehrheitsklasse. Die in Abbildung 3-11 dargestellte Bagging-Technik würde sich für diesen Ansatz gut eignen.

Zusätzlich zu diesen Ansätzen, die datenzentrierte Ansätze kombinieren, können wir auch den Schwellenwert für unseren Klassifizierer anpassen, um auf Präzision oder Treffergenauigkeit – je nach unserem Anwendungsfall – zu optimieren. Wenn es uns mehr darum geht, dass das Modell korrekt ist, wann immer es eine positive Klasse vorhersagt, optimieren wir unseren Vorhersageschwellenwert für die Trefferquote. Dies kann in jeder Situation gelten, in der wir falsch-positive Vorhersagen vermeiden wollen. Ist es dagegen kostspieliger, eine potenziell positive Klassifizierung zu verpassen, selbst wenn wir falsch liegen könnten, optimieren wir unser Modell auf die Trefferquote.

Eine Modellarchitektur auswählen

Abhängig von unserer Vorhersageaufgabe sind verschiedene Modellarchitekturen zu betrachten, wenn Probleme mit dem Entwurfsmuster *Rebalancing* gelöst werden. Wenn Sie mit tabellarischen Daten arbeiten und ein Klassifizierungsmodell für Anomalieerkennung erstellen, hat die Forschung (*https://oreil.ly/EnAab*) gezeigt, dass Entscheidungsbaummodelle bei diesen Aufgabentypen gut abschneiden. Baumbasierte Modelle funktionieren gut bei Problemen mit kleinen und unausgewogenen Datensätzen. XGBoost, scikit-learn und TensorFlow verfügen über Methoden, um Entscheidungsbaummodelle zu implementieren.

Einen binären Klassifizierer können wir in XGBoost mit dem folgenden Code implementieren:

```
# Das Modell erstellen.
model = xgb.XGBClassifier(
    objective='binary:logistic'
)

# Das Modell trainieren.
model.fit(
    train_data,
    train_labels
)
```

Wir können Downsampling und Klassengewichte in jedem dieser Frameworks verwenden, um unser Modell mit dem Entwurfsmuster *Rebalancing* weiter zu optimieren. Um zum Beispiel gewichtete Klassen unserem obigen XGBClassifier hinzuzufügen, ergänzen wir einen Gewichtsparameter `scale_pos_weight`, der nach der Ausgeglichenheit von Klassen in unserem Datensatz berechnet wird.

Wenn wir Anomalien in Zeitreihendaten erkennen, funktionieren LSTM-Modelle (*Long Short-Term Memory*) gut, um die in Sequenzen vorhandenen Muster zu identifizieren. Clustering-Modelle sind ebenso eine Option für tabellarische Daten mit unausgewogenen Klassen. Für unausgewogene Datensätze mit Bildeingabe verwenden wir Deep-Learning-Architekturen mit Downsampling, gewichteten Klassen, Upsampling oder einer Kombination dieser Techniken. Bei Textdaten ist es jedoch nicht so einfach (*https://oreil.ly/2ai2k*), synthetische Daten zu generieren, und man sollte sich hier am besten auf Downsampling und gewichtete Klassen stützen.

Unabhängig von der Datenmodalität, mit der wir arbeiten, sind Experimente mit verschiedenen Modellarchitekturen sinnvoll, um herauszufinden, welches Modell für unsere unausgewogenen Daten am besten geeignet ist.

Wie wichtig Erklärbarkeit ist

Wenn Sie Modelle erstellen, die seltene Ereignisse in Daten markieren sollen, wie zum Beispiel Anomalien, ist es besonders wichtig, zu verstehen, wie das Modell Vorhersagen trifft. Dadurch kann man zum einen überprüfen, ob das Modell die korrekten Signale aufnimmt, um seine Vorhersagen zu treffen, zum anderen kann man auch das Verhalten des Modells den Endbenutzern besser erklären. Es gibt einige Tools, die uns dabei unterstützen, Modelle zu interpretieren und Vorhersagen zu erklären. Hierzu gehören das Open-Source-Framework SHAP (*https://github.com/slundberg/shap*), das What-If-Tool (*https://oreil.ly/Vf3D-*) und Explainable AI auf Google Cloud (*https://oreil.ly/lDocn*).

Modellerklärungen können viele Formen annehmen, die sogenannten *Attributionswerte* sind eine davon. Sie sagen uns, wie sehr jedes Feature in unserem Modell die Vorhersage des Modells beeinflusst hat. Positive Attributionswerte bedeuten, dass ein bestimmtes Feature die Vorhersage unseres Modells nach oben treibt, und negative Attributionswerte bedeuten, dass das Feature die Vorhersage unseres Modells nach unten drückt. Je höher der absolute Wert einer Attribution, desto größer ist der Einfluss auf die Vorhersage des Modells. Bei Bild- und Textmodellen können Attributionen Ihnen die Pixel oder Wörter zeigen, die die Vorhersage Ihres Modells am meisten beeinflusst haben. Bei tabellarischen Modellen bieten Attributionen numerische Werte für jedes Feature, die dessen Gesamtwirkung auf die Vorhersage des Modells anzeigen.

Nachdem wir ein TensorFlow-Modell auf dem synthetischen Datensatz zur Betrugserkennung von Kaggle trainiert und es auf Explainable AI in der Google Cloud bereitgestellt haben, sehen wir uns einige Beispiele von Attributionen auf Instanzebene an. Abbildung 3-21 zeigt zwei Beispieltransaktionen, die unser Modell korrekt als Betrug identifiziert hat, zusammen mit ihren Feature-Attributionen.

Im ersten Beispiel, bei dem das Modell eine 99%ige Wahrscheinlichkeit für Betrug vorhergesagt hat, war der alte Kontostand auf dem Ursprungskonto vor Ausführung der Transaktion der größte Indikator für Betrug. Im zweiten Beispiel war unser Modell zu 89% sicher in seiner Vorhersage von Betrug, wobei der Betrag der Transaktion als größtes Signal für Betrug identifiziert wurde. Allerdings führte der Kontostand des Ursprungskontos dazu, dass unser Modell *weniger sicher* in der Vorhersage von Betrug war, und erklärt, warum die Vorhersagekonfidenz um 10 Prozentpunkte etwas *geringer* ist.

Erklärungen sind für jede Art von ML-Modell wichtig, aber wir können sehen, wie sie besonders nützlich für Modelle sind, die dem Entwurfsmuster *Rebalancing* folgen. Wenn wir es mit unausgewogenen Daten zu tun haben, ist es wichtig, über die Genauigkeits- und Fehlermetriken hinauszuschauen, um zu verifizieren, ob es sinnvolle Signale in unseren Daten aufgreift.

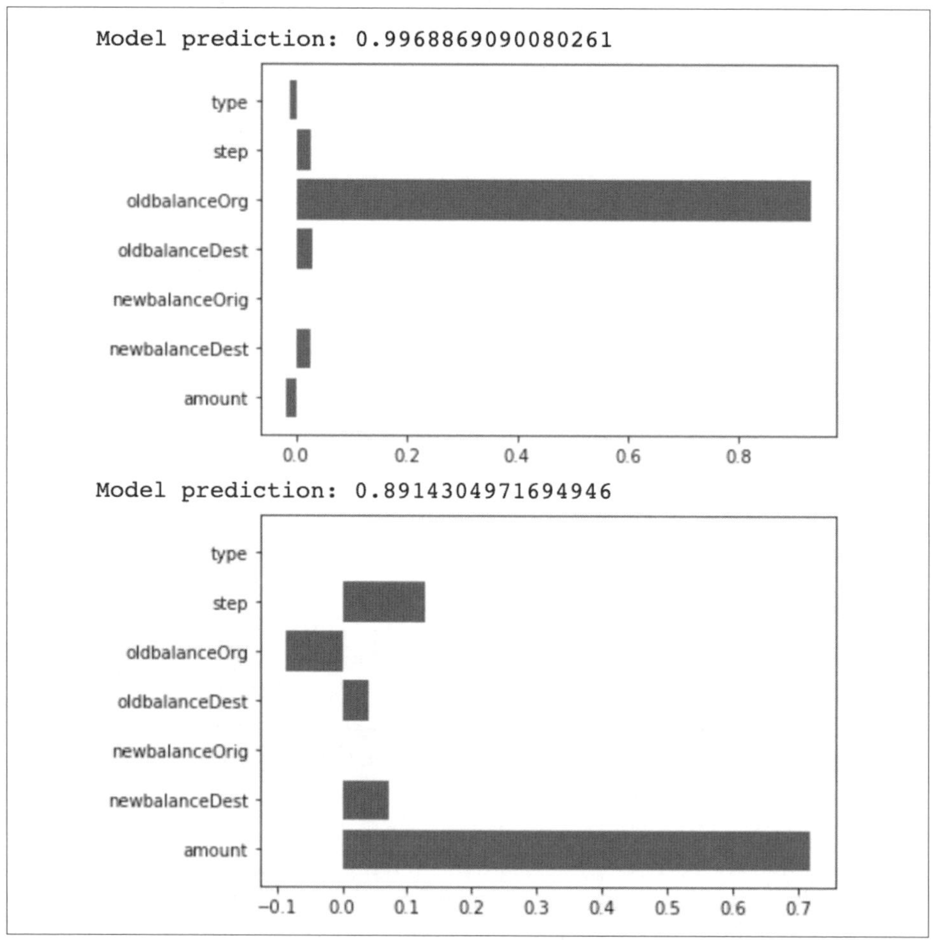

Abbildung 3-21: Feature-Attributionen von Explainable AI für zwei korrekt klassifizierte betrügerische Transaktionen

Zusammenfassung

Dieses Kapitel hat verschiedene Möglichkeiten erläutert, um eine Vorhersageaufgabe unter dem Aspekt der Modellarchitektur und der Modellausgabe darzustellen. Wenn Sie darüber nachdenken, wie Sie Ihr Modell anwenden wollen, kann das Ihre Entscheidung darüber beeinflussen, welche Art von Modell Sie erstellen und wie Sie Ihre Ausgabe für eine Vorhersage formatieren. Vor diesem Hintergrund haben wir mit dem Entwurfsmuster *Reframing* begonnen, bei dem es darum geht, Ihr Problem von einer Regressionsaufgabe in eine Klassifizierungsaufgabe zu ändern (oder umgekehrt), um die Qualität Ihres Modells zu verbessern. Hierzu können Sie die Label-Spalte in Ihren Daten neu formatieren. Als Nächstes haben wir das Entwurfsmuster *Multilabel* untersucht, das für Fälle gedacht ist, in denen einer Eingabe in Ihr Modell mehr als ein Label zugeordnet sein kann. Um diesen Fall zu behandeln, verwenden Sie die Sigmoid-Aktivierungsfunktion in der Ausgabeschicht mit binärem Kreuzentropieverlust.

Während sich die Entwurfsmuster *Reframing* und *Multilabel* auf die *Formatierung* der Modellausgabe konzentrieren, befasst sich das Entwurfsmuster *Ensemble* mit der *Architektur* von Modellen. Mit den verschiedenen Methoden des Musters lassen sich mehrere Modelle kombinieren, um die Ergebnisse des maschinellen Lernens von einem einzelnen Modell zu verbessern. Insbesondere umfasst das *Ensemble*-Muster Bagging, Boosting und Stacking – allesamt verschiedene Techniken, um mehrere Modelle in einem ML-System zusammenzufassen. Das Entwurfsmuster *Kaskade* ist ebenfalls ein Ansatz auf Modellebene. Es unterteilt ein ML-Problem in mehrere kleinere Probleme. Im Gegensatz zu Ensemble-Modellen erfordert das Kaskade-Muster, dass die Ausgaben eines Ursprungsmodells die Eingaben in nachgelagerte Modelle sind. Aufgrund der Komplexität, die Kaskadenmodelle erzeugen können, sollten Sie nur in Szenarios auf sie zurückgreifen, in denen die anfänglichen Klassifizierungs-Labels unterschiedlich und gleichermaßen wichtig sind.

Als Nächstes haben wir das Entwurfsmuster *Neutrale Klasse* vorgestellt, das sich mit der Problemdarstellung auf der Ausgabeebene befasst. Dieses Muster verbessert einen binären Klassifikator, indem es eine dritte – die »neutrale« – Klasse hinzufügt. Dies ist in den Fällen nützlich, in denen Sie beliebige oder weniger polarisierende Klassifizierungen erfassen möchten, die in keine der beiden eindeutigen binären Kategorien fallen. Schließlich bietet das Entwurfsmuster *Rebalancing* Lösungen für Fälle, in denen ein inhärenter unausgewogener Datensatz zu verarbeiten ist. Dieses Muster schlägt vor, Downsampling, gewichtete Klassen oder spezielle Reframing-Techniken zu verwenden, wenn es um Datensätze mit unausgewogenen Label-Klassen geht.

In Kapitel 2 und 3 ging es um die ersten Schritte, um ein ML-Problem zu strukturieren, insbesondere um das Formatieren von Eingabedaten, Modellarchitekturoptionen und die Darstellung von Modellausgaben. Im folgenden Kapitel steuern wir den nächsten Schritt im ML-Workflow an – Entwurfsmuster für Trainingsmodelle.

KAPITEL 4

Entwurfsmuster für das Modelltraining

Modelle für maschinelles Lernen werden üblicherweise iterativ trainiert. Diesen iterativen Prozess nennt man formlos *Trainingsschleife*. In diesem Kapitel erläutern wir, wie die typische Trainingsschleife aussieht, und katalogisieren eine Reihe von Situationen, in denen Sie möglicherweise etwas anderes tun möchten.

Typische Trainingsschleife

Modelle für maschinelles Lernen lassen sich mit verschiedenen Arten der Optimierung trainieren. Entscheidungsbäume werden oft Knoten für Knoten nach einem Informationsgewinnmaß aufgebaut. Genetische Algorithmen stellen die Modellparameter als Gene dar, und die Optimierungsmethode umfasst Techniken, die auf der Evolutionstheorie fußen. Der gängigste Ansatz, um die Parameter von ML-Modellen zu bestimmen, ist jedoch der *Gradientenabstieg*.

Stochastischer Gradientenabstieg

Bei großen Datensätzen wird der Gradientenabstieg auf Mini-Batches der Eingabedaten angewendet, um alles – angefangen bei linearen Modellen und gewichteten Entscheidungsbäumen (*Boosted Trees*) bis hin zu tiefen neuronalen Netzen (*Deep Neural Networks*, DNNs) und *Support Vector Machines* (SVMs) – zu trainieren. Man spricht hierbei vom *stochastischen Gradientenabstieg* (*SGD*), und Erweiterungen von SGD (wie zum Beispiel Adam und Adagrad) sind die De-facto-Optimierer, die in modernen ML-Frameworks verwendet werden.

Da SGD verlangt, dass das Training iterativ auf kleinen Batches des Trainingsdatensatzes stattfindet, läuft das Training eines ML-Modells in einer Schleife ab. SGD findet ein Minimum, stellt aber keine geschlossene Lösung dar. Und so müssen wir ermitteln, ob die Modellkonvergenz stattgefunden hat. Deshalb muss der Fehler (*Verlust* genannt) auf dem Trainingsdatensatz überwacht werden. Zu einer *Überanpassung* (engl. *Overfitting*) kann es kommen, wenn die Modellkomplexität höher ist, als es Größe und Abdeckung des Datensatzes zulassen. Leider können Sie nicht wissen, ob die Modellkomplexität für einen bestimmten Datensatz zu hoch ist, bis Sie das Modell tatsächlich auf diesem Datensatz trainieren. Daher muss die Auswertung innerhalb der Trainingsschleife stattfinden, und die *Fehlermetriken* auf einem zurückgehaltenen Teil der Trainingsdaten – dem sogenannten *Validierungsdatensatz* – müssen ebenfalls überwacht werden. Da die Trainings- und Validierungsdatensätze in der Trainingsschleife verwendet worden sind, ist es notwendig, einen weiteren Teil des Trainingsdatensatzes – den sogenannten *Testdatensatz* – zurückzuhalten, um die tatsächlichen Fehlermetriken zu melden, die für neue und bisher ungesehene Daten zu erwarten wären. Diese Auswertung wird am Ende durchgeführt.

Keras-Trainingsschleife

Die typische Trainingsschleife sieht in Keras wie folgt aus:

```
model = keras.Model(...)
model.compile(optimizer=keras.optimizers.Adam(),
              loss=keras.losses.categorical_crossentropy(),
              metrics=['accuracy'])
history = model.fit(x_train, y_train,
                    batch_size=64,
                    epochs=3,
                    validation_data=(x_val, y_val))
results = model.evaluate(x_test, y_test, batch_size=128))
model.save(...)
```

Hier verwendet das Modell den Adam-Optimierer, um SGD auf der Kreuzentropie über dem Trainingsdatensatz auszuführen, und meldet die für den Testdatensatz erhaltene endgültige Genauigkeit. Die Modellanpassung durchläuft den Trainingsdatensatz dreimal (jeder Durchgang über dem Trainingsdatensatz wird als *Epoche* bezeichnet), wobei das Modell Batches, bestehend aus jeweils 64 Trainingsbeispielen, sieht. Am Ende jeder Epoche werden die Fehlermetriken auf dem Validierungsdatensatz berechnet und zur Geschichte (`history`) hinzugefügt. Am Ende der Anpassungsschleife wird das Modell auf dem Testdatensatz bewertet, gespeichert und potenziell für das Serving bereitgestellt, wie Abbildung 4-1 zeigt.

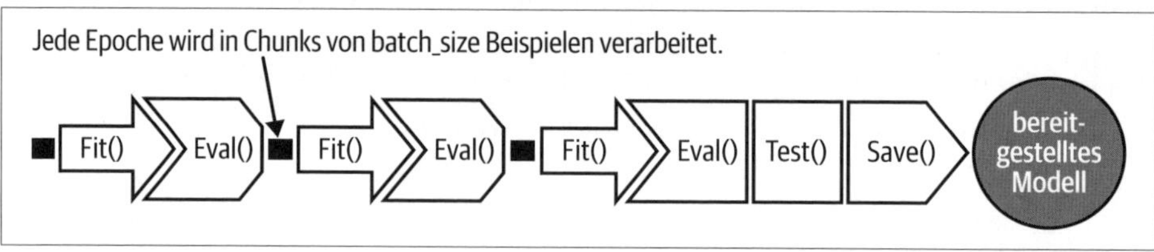

Abbildung 4-1: Eine typische Trainingsschleife, die aus drei Epochen besteht. Jede Epoche wird in Chunks von »batch_size« Beispielen verarbeitet. Am Ende der dritten Epoche wird das Modell auf dem Testdatensatz ausgewertet und für eine mögliche Bereitstellung als Webservice gespeichert.

Anstatt die vordefinierte Funktion `fit()` zu verwenden, können wir auch eine benutzerdefinierte Trainingsschleife schreiben, die explizit über die Batches iteriert. Aber wir werden dies für keines der in diesem Kapitel besprochenen Entwurfsmuster benötigen.

Training-Entwurfsmuster

Die in diesem Kapitel behandelten Entwurfsmuster haben alle damit zu tun, die typische Trainingsschleife in irgendeiner Weise zu modifizieren. In »Entwurfsmuster 11: Nützliche Überanpassung« verzichten wir darauf, einen Validierungs- oder Testdatensatz zu verwenden, weil wir absichtlich eine Überanpassung auf dem Trainingsdatensatz anstreben. In »Entwurfsmuster 12: Checkpoints« speichern wir den vollständigen Status des Modells periodisch, damit wir auf teilweise trainierte Modelle zugreifen können. Im Zusammenhang mit Checkpoints verwenden wir normalerweise auch *virtuelle Epochen*, in denen wir dazu entscheiden, die innere Schleife der Funktion `fit()` nicht auf dem vollständigen Trainingsdatensatz, sondern auf einer festen Anzahl von Trainingsbeispielen auszuführen. In »Entwurfsmuster 13: Transfer Learning« nehmen wir einen Teil eines zuvor trainierten Modells, frieren die Gewichte ein und integrieren diese nicht trainierbaren Schichten in ein neues Modell, das das gleiche Problem löst, allerdings auf einem kleineren Datensatz. In »Entwurfsmuster 14: Verteilungsstrategie« wird die Trainingsschleife in großem Umfang über mehrere Worker ausgeführt, oft mit Caching, Hardwarebeschleunigung und Parallelisierung. Schließlich wird in »Entwurfsmuster 15: Hyperparameter-Abstimmung« die Trainingsschleife selbst in eine Optimierungsmethode eingefügt, um den optimalen Satz von Hyperparametern für das Modell zu finden.

Entwurfsmuster 11: Nützliche Überanpassung

Nützliche Überanpassung ist ein Entwurfsmuster, bei dem wir darauf verzichten, Mechanismen zur Verallgemeinerung anzuwenden, weil wir absichtlich eine Überanpassung auf dem Trainingsdatensatz anstreben. In Situationen, in denen Überanpassung vorteilhaft sein kann, empfiehlt dieses Entwurfsmuster, maschinelles Lernen ohne Regularisierung, Dropout oder einen Validierungsdatensatz zum Early Stopping durchzuführen.

Problem

Ein Modell für maschinelles Lernen soll verallgemeinern und zuverlässige Vorhersagen mit neuen, ungesehenen Daten treffen. Wenn sich Ihr Modell an die Trainingsdaten *überanpasst* (zum Beispiel den Trainingsfehler über den Punkt hinaus verringert, an dem der Validierungsfehler zu steigen beginnt), kann es nicht mehr richtig verallgemeinern, und damit werden auch Ihre zukünftigen Vorhersagen schlechter. Lehrbücher mit Einführungen zum maschinellen Lernen raten dazu, Überanpassung durch Early Stopping und Techniken zur Regularisierung zu vermeiden.

Stellen Sie sich jedoch vor, Sie simulierten das Verhalten von physikalischen oder dynamischen Systemen, wie sie in der Klimaforschung, der Computerbiologie oder im Finanzwesen vorkommen. In derartigen Systemen lässt sich die Zeitabhängigkeit der Beobachtungen durch eine mathematische Funktion oder einen Satz von partiellen Differentialgleichungen (engl. *Partial Differential Equation*, PDE) beschreiben. Obwohl man die Gleichungen, die für viele dieser Systeme bestimmend sind, formal ausdrücken kann, haben sie keine Lösung in geschlossener Form. Stattdessen sind klassische numerische Methoden entwickelt worden, um die Lösungen für diese Systeme zu approximieren. Leider können diese Methoden bei vielen realen Anwendungen zu langsam sein, um sie in der Praxis zu verwenden.

Sehen Sie sich die Situation an, die in Abbildung 4-2 dargestellt ist. Die aus der physikalischen Umgebung gesammelten Beobachtungen dienen als Eingaben (oder anfängliche Startbedingungen) für ein physikalisch basiertes Modell, das iterative, numerische Berechnungen durchführt, um den präzisen Zustand des Systems zu berechnen. Wir nehmen an, dass die Anzahl der Möglichkeiten bei allen Beobachtungen endlich ist (zum Beispiel liegt die Temperatur zwischen 60 und 80 °C und wird in Schritten von 0,01 Grad gemessen). Es ist dann möglich, einen Trainingsdatensatz für das ML-System zu erstellen, der aus dem gesamten Eingaberaum besteht, und die Labels mithilfe des physikalischen Modells zu berechnen.

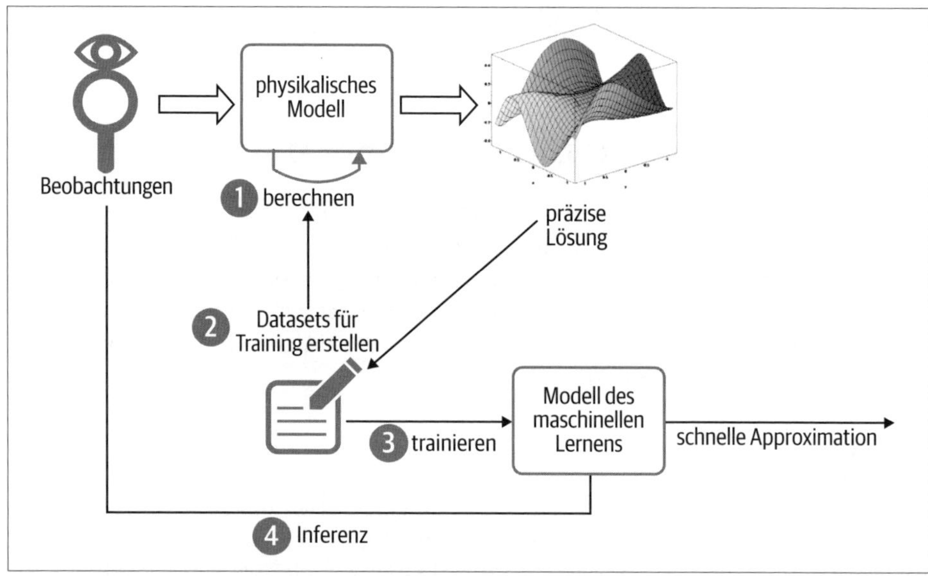

Abbildung 4-2: Eine Überanpassung ist in einer Situation akzeptabel, wenn der gesamte Domänenraum der Beobachtungen tabellarisch dargestellt werden kann und es ein physikalisches Modell gibt, das die genaue Lösung berechnen kann.

Das ML-Modell muss diese genau berechnete und nicht überlappende Nachschlagetabelle von Eingaben zu Ausgaben lernen. Es wäre kontraproduktiv, einen derartigen Datensatz in einen Trainingsdatensatz und einen Evaluierungsdatensatz aufzuteilen, weil wir dann erwarten würden, dass das Modell Teile des Eingaberaums lernt, die es im Trainingsdatensatz nicht gesehen hat.

Lösung

In diesem Szenario gibt es keine »ungesehenen« Daten, die verallgemeinert werden müssen, da alle möglichen Eingaben tabellarisch erfasst worden sind. Wenn man ein ML-Modell erstellt, das ein derartiges physikalisches Modell oder dynamisches System lernen soll, gibt es so etwas wie Überanpassung nicht. Das grundlegende ML-Trainingsparadigma sieht etwas anders aus. Hier gibt es ein physikalisches Phänomen, das Sie zu lernen versuchen und das durch eine darunterliegende PDE oder ein System von PDEs bestimmt wird. Maschinelles Lernen bietet lediglich einen datengesteuerten Ansatz, um die präzise Lösung anzunähern, und Konzepte wie Überanpassung müssen neu bewertet werden.

Zum Beispiel simuliert man mit einem Ray-Tracing-Ansatz Satellitenbilder, die sich aus der Ausgabe von numerischen Wettervorhersagemodellen ergeben würden. Dabei ist auch zu berechnen, welcher Anteil eines Sonnenstrahls durch die vorhergesagten Hydrometeoren (Regentropen, Schneeflocken, Hagelkörner, Eiskörner usw.) auf jeder atmosphärischen Ebene absorbiert wird. Es gibt eine endliche Anzahl möglicher Hydrometeortypen und eine endliche Anzahl von Höhen, die das numerische Modell vorhersagt. Somit muss das Ray-Tracing-Modell optische Gleichungen auf einen großen, aber endlichen Satz von Eingaben anwenden.

Die Gleichungen des Strahlungstransfers bestimmen das komplexe dynamische System der Ausbreitung elektromagnetischer Strahlung in der Atmosphäre, und Vorwärts-Strahlungsmodelle sind ein effektives Instrument, um auf den zukünftigen Zustand von Satellitenbildern zu schließen. Die klassischen numerischen Methoden, mit denen die Lösungen dieser Gleichungen berechnet werden, können jedoch einen enormen Rechenaufwand erfordern und sind zu langsam, um sie in der Praxis einzusetzen.

Hier kommt maschinelles Lernen ins Spiel. Mit maschinellem Lernen lässt sich ein Modell erstellen, das Lösungen für das Vorwärts-Strahlungstransfermodell (*https://oreil.ly/IkYKm*) annähert (siehe Abbildung 4-3). Der ursprünglich mit eher klassischen Methoden erreichten Lösung des Modells kann diese ML-Approximation nahe genug kommen. Der Vorteil ist, dass eine Inferenz mithilfe gelernter ML-Approximation (die lediglich eine geschlossene Formel berechnen muss) nur einen Bruchteil der Zeit für das Ray-Tracing (das numerische Methoden erfordern würde) benötigt. Gleichzeitig ist der Trainingsdatensatz zu groß (mehrere TBytes) und zu unhandlich, um ihn in der Produktion als Nachschlagetabelle zu verwenden.

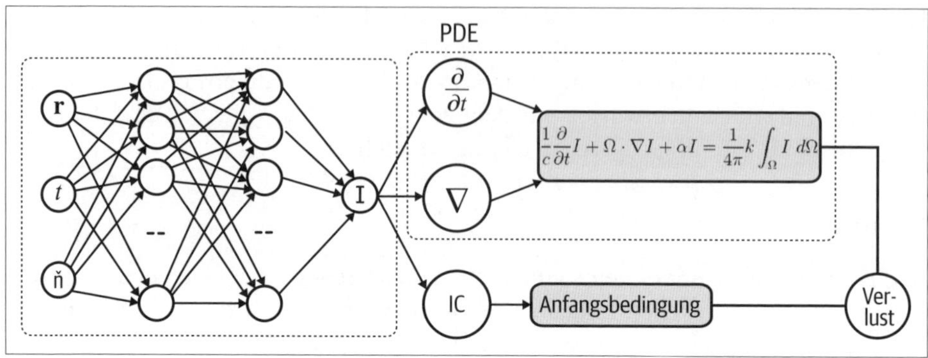

Abbildung 4-3: Architektur, um mit einem neuronalen Netz die Lösung einer partiellen Differentialgleichung zu modellieren, die für I(r, t, n) zu lösen ist

Es gibt einen wichtigen Unterschied zwischen dem Training eines ML-Modells, das die Lösung eines derartigen dynamischen Systems annähert, und dem Training eines ML-Modells, das Babygewichte basierend auf im Laufe der Jahre gesammelten Geburtsdaten vorhersagt. Das dynamische System ist nämlich ein Satz von Gleichungen, die den Gesetzen der elektromagnetischen Strahlung unterliegen – es gibt keine unbeobachtete Variable, kein Rauschen und keine statistische Variabilität. Für einen gegebenen Satz von Eingaben gibt es nur eine genau berechenbare Ausgabe. Es gibt keine Überschneidungen zwischen verschiedenen Beispielen im Trainingsdatensatz. Aus diesem Grund können wir die Bedenken in Bezug auf die Generalisierung über Bord werfen. Wir *möchten*, dass sich unser Modell so perfekt wie möglich an die Trainingsdaten anpasst, also »überanpasst«.

Dies steht im Gegensatz zum typischen Trainingsansatz eines ML-Modells, bei dem Überlegungen zu Bias, Varianz und Generalisierungsfehlern eine wichtige Rolle spielen. Traditionelles Training besagt, dass ein Modell die Trainingsdaten »zu gut« lernen kann und dass das Trainieren Ihres Modells bis zu dem Punkt, an dem die Verlustfunktion gleich null ist, eher ein Warnsignal auslöst als ein Grund zum Feiern ist. Eine Überanpassung des Trainingsdatensatzes auf diese Weise führt dazu, dass das Modell falsche Vorhersagen für neue, ungesehene Datenpunkte gibt. Der Unterschied besteht darin, dass wir im Voraus wissen, dass es keine ungesehenen Daten geben wird, sodass das Modell eine Lösung für eine partielle Differentialgleichung über das gesamte Eingabespektrum approximiert. Wenn Ihr neuronales Netz in der Lage ist, einen Satz von Parametern zu lernen, wobei die Verlustfunktion null ist, dann bestimmt dieser Parametersatz die tatsächliche Lösung der fraglichen partiellen Differentialgleichung.

Warum es funktioniert

Können alle möglichen Eingaben tabellarisch dargestellt werden, trifft ein überangepasstes Modell immer noch dieselben Vorhersagen – siehe die gestrichelte Linie in Abbildung 4-4 – wie das »wahre« Modell, wenn für alle möglichen Eingabepunkte trainiert wird. Somit ist Überanpassung kein Problem. Wir müssen darauf achten, dass Inferenzen auf abgerundete Werte der Eingaben erfolgen, wobei die Rundung durch die Auflösung bestimmt wird, mit der der Eingaberaum gerastert wurde.

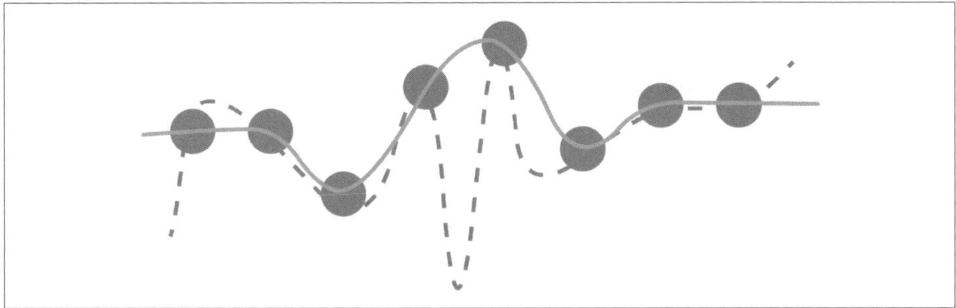

Abbildung 4-4: Überanpassung ist kein Problem, wenn für alle möglichen Eingabepunkte trainiert wird, da die Vorhersagen bei beiden Kurven gleich sind.

Ist es möglich, eine Modellfunktion zu finden, die beliebig nahe an die wahren Labels herankommt? Ein Hinweis darauf, warum dies funktioniert, ergibt sich aus dem *Universal Approximation Theorem* des Deep Learning, das im Wesentlichen besagt, dass jede Funktion (und ihre Ableitungen) durch ein neuronales Netz mit mindestens einer verdeckten Schicht und einer beliebigen »quetschenden« Aktivierungsfunktion wie Sigmoid angenähert werden kann. Das heißt, dass unabhängig von der gegebenen Funktion – solange sie sich einigermaßen gutartig verhält – ein neuronales Netz mit nur einer verdeckten Schicht existiert, das diese Funktion so genau wie gewünscht approximiert.[1]

Deep-Learning-Ansätze zum Lösen von Differentialgleichungen oder komplexen dynamischen Systemen streben danach, eine Funktion, die implizit durch eine Differentialgleichung oder ein System von Gleichungen definiert ist, mithilfe eines neuronalen Netzes darzustellen.

Überanpassung ist nützlich, wenn die beiden folgenden Bedingungen erfüllt sind:

- Es gibt kein Rauschen, sodass die Labels für Instanzen genau sind.
- Der vollständige Datensatz steht zur Verfügung (Sie verfügen über alle Beispiele, die es gibt). In diesem Fall wird Überanpassung zum Interpolieren des Datensatzes.

Kompromisse und Alternativen

Wir haben Überanpassung als nützlich eingeführt, wenn der Satz der Eingaben erschöpfend aufgelistet und das genaue Label für jeden Satz von Eingaben berechnet werden kann. Wenn sich der gesamte Eingaberaum tabellarisch auflisten lässt, ist

1 Es kann natürlich nicht sein, dass wir das Netz mit Gradientenabstieg lernen können, nur weil ein derartiges neuronales Netz existiert (weshalb die Änderung der Modellarchitektur mit zusätzlichen Schichten hilft – es macht die Verlustlandschaft zugänglicher für SGD).

Überanpassung kein Problem, da es keine ungesehenen Daten gibt. Jedoch ist das Entwurfsmuster *Nützliche Überanpassung* über diesen engen Anwendungsfall hinaus nützlich. In vielen realen Situationen bleibt das Konzept gültig, dass Überanpassung nützlich sein kann, selbst wenn eine oder mehrere dieser Bedingungen gelockert werden müssen.

Interpolation und Chaostheorie

Das ML-Modell funktioniert im Wesentlichen als Approximation einer Nachschlagetabelle von Eingaben zu Ausgaben. Ist die Nachschlagetabelle klein, verwenden Sie sie einfach als Nachschlagetabelle! Es ist nicht notwendig, sie durch ein ML-Modell anzunähern. Eine ML-Approximation ist nützlich in Situationen, in denen die Nachschlagetabelle zu groß ist, um sie effektiv zu verwenden. Sollte die Nachschlagetabelle zu unhandlich sein, ist es besser, sie als Trainingsdatensatz für ein ML-Modell zu behandeln, das die Nachschlagetabelle approximiert.

Wir haben aber nun angenommen, dass die Beobachtungen eine endliche Anzahl von Möglichkeiten haben, zum Beispiel dass die Temperatur in Schritten von 0,01 °C gemessen wird und zwischen 60 °C und 80 °C liegt. Dies wird der Fall sein, wenn die Beobachtungen mit digitalen Instrumenten vorgenommen werden. Andernfalls ist das ML-Modell erforderlich, um zwischen den Einträgen in der Nachschlagetabelle zu interpolieren.

ML-Modelle interpolieren, indem sie ungesehene Werte entsprechend ihrem Abstand zu Trainingsbeispielen gewichten. Eine derartige Interpolation funktioniert nur, wenn das zugrunde liegende System nicht chaotisch ist. In chaotischen Systemen können kleine Unterschiede in den Anfangsbedingungen zu dramatisch unterschiedlichen Ergebnissen führen, selbst wenn das System deterministisch ist.

In der Praxis hat jedoch jedes spezifische chaotische Phänomen eine bestimmte Auflösungsschwelle (*https://oreil.ly/F-drU*), ab der es für Modelle möglich ist, das Phänomen über kurze Zeiträume vorherzusagen. Wenn also die Nachschlagetabelle genügend fein ist und die Grenzen der Auflösbarkeit bekannt sind, können sich brauchbare Approximationen ergeben.

Monte-Carlo-Methoden

In der Realität ist es nicht immer möglich, alle möglichen Eingaben tabellarisch zu erfassen. Vielleicht greifen Sie zu einem Monte-Carlo-Ansatz (*https://oreil.ly/pTgS9*), um eine Stichprobe aus dem Eingaberaum zu ziehen und den Satz der Eingaben zu bilden. Das gilt insbesondere dort, wo nicht alle möglichen Eingabekombinationen physikalisch möglich sind.

In derartigen Fällen ist Überanpassung technisch möglich (siehe Abbildung 4-5, wobei die leeren Kreise durch falsche Schätzungen – dargestellt durch Kreise mit einem Kreuz – approximiert werden).

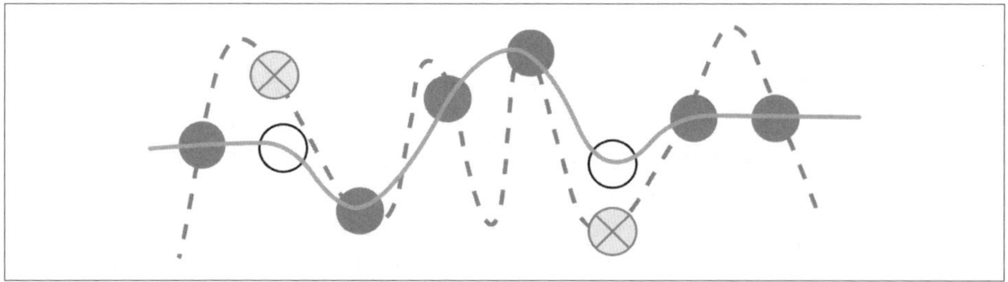

Abbildung 4-5: Wenn der Eingaberaum abgetastet und nicht tabellarisch erfasst wird, müssen Sie darauf achten, die Modellkomplexität zu begrenzen.

Aber auch hier können Sie sehen, dass das ML-Modell zwischen bekannten Antworten interpoliert. Die Berechnung ist immer deterministisch, nur die Eingabepunkte werden zufällig ausgewählt. Demzufolge enthalten diese bekannten Antworten kein Rauschen, und weil es keine unbeobachteten Variablen gibt, sind Fehler bei nicht in der Stichprobe enthaltenen Punkten streng durch die Modellkomplexität begrenzt. Hier kommt die Gefahr der Überanpassung von der Modellkomplexität und nicht von der Anpassung an das Rauschen. Überanpassung ist nicht so sehr ein Problem, wenn die Größe des Datensatzes größer als die Anzahl der freien Parameter ist. Daher bietet eine Kombination aus Modellen geringer Komplexität und schwacher Regularisierung eine praktische Möglichkeit, inakzeptable Überanpassung bei Monte-Carlo-Auswahl des Eingaberaums zu vermeiden.

Datengesteuerte Diskretisierungen

Obwohl sich für einige PDEs eine Lösung in geschlossener Form ableiten lässt, ist es üblicher, Lösungen mit numerischen Methoden zu bestimmen. Numerische Methoden von PDEs sind bereits ein großes Forschungsgebiet, und es gibt viele Bücher (*https://oreil.ly/RJWVQ*), Kurse (*https://oreil.ly/wcl_n*) und Fachzeitschriften (*https://msp.org/apde*), die sich mit diesem Thema beschäftigen. Ein gängiger Ansatz ist die Verwendung von Finite-Differenzen-Methoden – ähnlich dem Runge-Kutta-Verfahren – für die Lösung gewöhnlicher Differentialgleichungen. Dies geschieht typischerweise durch Diskretisierung des Differentialoperators der PDE und dem Suchen einer Lösung für das diskrete Problem auf einem räumlich-zeitlichen Gitter des ursprünglichen Bereichs. Wenn die Dimension des Problems groß wird, scheitert dieser maschenbasierte Ansatz wegen des Fluchs der Dimensionalität dramatisch, weil der Maschenabstand des Gitters klein genug (*https://oreil.ly/TxHD-*) sein muss, um die kleinste Feature-Größe der Lösung zu erfassen. Um also eine 10-fach höhere Auflösung eines Bilds zu erreichen, ist die 10.000-fache Rechenleistung erforderlich, da das Maschengitter in vier Dimensionen – für Raum und Zeit – skaliert werden muss.

Es ist jedoch möglich, mit maschinellen Lernmethoden (statt Monte-Carlo-Methoden) die Stichprobenpunkte auszuwählen, um datengesteuerte Diskretisierungen von PDEs zu erzeugen. Im Paper »Learning data-driven discretizations for PDEs«

(*https://oreil.ly/djDkK*) demonstrieren Bar-Sinai et al. die Wirksamkeit dieses Ansatzes. Die Autoren verwenden ein Gitter fester Punkte in geringer Auflösung, um sich einer Lösung anzunähern durch eine stückweise Polynominterpolation mithilfe von standardmäßigen Finite-Differenzen-Methoden sowie durch ein neuronales Netz. Die aus dem neuronalen Netz erhaltene Lösung übertrifft die numerische Simulation bei der Minimierung des absoluten Fehlers enorm und erreicht an manchen Stellen eine Verbesserung um 10^2 Größenordnungen. Während eine höhere Auflösung beträchtlich mehr Rechenleistung bei Finite-Differenzen-Methoden erfordert, ist das neuronale Netz in der Lage, eine hohe Performance mit nur marginalen Zusatzkosten beizubehalten. Techniken wie die Deep-Galerkin-Methode können dann Deep Learning verwenden, um eine maschenfreie Approximation der Lösung für die gegebene PDE zu liefern. Auf diese Weise wird das Lösen der partiellen Differentialgleichung auf ein verkettetes Optimierungsproblem reduziert (siehe »Entwurfsmuster 8: Kaskade« auf Seite 130).

Deep-Galerkin-Methode

Die Deep-Galerkin-Methode (*https://oreil.ly/rQy4d*) ist ein Deep-Learning-Algorithmus zum Lösen von partiellen Differentialgleichungen. Der Algorithmus ähnelt im Geiste den Galerkin-Methoden, die im Bereich der numerischen Analyse verwendet werden, wobei die Lösung mithilfe eines neuronalen Netzes anstelle einer Linearkombination von Basisfunktionen approximiert wird.

Unbeschränkte Domänen

Die Monte-Carlo-Methoden und die datengesteuerten Diskretisierungsmethoden gehen davon aus, dass eine Abtastung des gesamten Eingaberaums, wenn auch unvollkommen, möglich ist. Deshalb wurde das ML-Modell als Interpolation zwischen bekannten Punkten behandelt.

Verallgemeinerung und das Problem der Überanpassung lassen sich nur schwer ignorieren, wenn wir nicht in der Lage sind, Punkte im gesamten Bereich der Funktion abzutasten – zum Beispiel für Funktionen mit unbeschränkten Domänen oder Projektionen entlang einer Zeitachse in die Zukunft. In dieser Umgebung ist es wichtig, Überanpassung, Unteranpassung und Generalisierungsfehler zu berücksichtigen. Es hat sich nämlich gezeigt, dass zwar Techniken wie die Deep-Galerkin-Methode in gut abgetasteten Bereichen gut funktionieren, aber eine Funktion, die auf diese Weise gelernt wird, generalisiert nur mäßig in Bereichen außerhalb der Domäne, die in der Trainingsphase nicht abgetastet wurden. Dies kann problematisch sein, wenn partielle Differentialgleichungen durch maschinelles Lernen gelöst werden sollen, wenn diese Gleichungen auf unbeschränkten Domänen definiert sind, da es unmöglich wäre, eine repräsentative Stichprobe für das Training zu erfassen.

Wissen aus einem neuronalen Netz destillieren

Überanpassung ist auch gerechtfertigt, wenn Wissen aus einem großen ML-Modell in ein kleineres destilliert oder übertragen werden soll. Wissensdestillation ist nützlich, wenn die Lernkapazität des großen Modells nicht voll ausgeschöpft wird. In derartigen Fällen ist die rechentechnische Kapazität des großen Modells möglicherweise nicht notwendig. Es stimmt aber auch, dass kleinere Modelle schwieriger zu trainieren sind. Das kleinere Modell besitzt zwar genügend Kapazität, um das Wissen darzustellen, doch hat es vielleicht nicht genügend Kapazität, um das Wissen effizient zu lernen.

Die Lösung besteht darin, das kleinere Modell auf einer großen Menge von generierten Daten zu trainieren, die durch das größere Modell gelabelt werden. Das kleinere Modell lernt die Soft-Ausgabe des größeren Modells anstelle der tatsächlichen Labels auf realen Daten. Dies ist ein einfacheres Problem, das von dem kleineren Modell gelernt werden kann. Wie bei der Approximation einer numerischen Funktion durch ein ML-Modell soll das kleinere Modell die Vorhersagen des größeren ML-Modells getreu darstellen. Dieser zweite Trainingsschritt kann *Nützliche Überanpassung* verwenden.

Überanpassen eines Batches

In der Praxis erfordert das Training eines neuronalen Netzes zahlreiche Experimente. Praktiker:innen müssen viele Entscheidungen treffen, angefangen bei der Größe und der Architektur des Netzwerks bis hin zur Wahl der Lernrate, den Gewichtsinitialisierungen oder anderen Hyperparametern. Überanpassung auf einem kleinen Batch ist eine gute Plausibilitätsprüfung (*https://oreil.ly/AcLtu*) sowohl für den Modellcode als auch für die Dateneingabepipeline. Nur weil sich das Modell kompilieren lässt und der Code ohne Fehler läuft, heißt das nicht, dass Sie das berechnet haben, was Sie berechnet zu haben glauben, oder dass das Trainingsziel richtig konfiguriert ist. Ein ausreichend komplexes Modell *sollte* in der Lage sein, einen genügend kleinen Batch von Daten überanzupassen, vorausgesetzt, dass alles richtig eingerichtet ist. Wenn Sie also einen kleinen Batch mit einem Modell nicht überanpassen können, sollten Sie Ihren Modellcode, die Eingabepipeline und die Verlustfunktion noch einmal auf Fehler oder einfache Bugs überprüfen. Überanpassung auf einem Batch ist eine nützliche Technik, wenn man neuronale Netze trainiert und auf Fehler untersucht.

Überanpassung geht über nur einen Batch hinaus. Aus einer ganzheitlichen Perspektive folgt Überanpassung der allgemeinen Empfehlung, die in Bezug auf Deep Learning und Regularisierung häufig gegeben wird. Das am besten angepasste Modell ist ein großes Modell, das in geeigneter Weise regularisiert wurde (*https://oreil.ly/A7DFC*). Kurz gesagt, wenn Ihr tiefes neuronales Netz nicht zu einer Überanpassung an den Trainingsdatensatz in der Lage ist, sollten Sie ein größeres verwenden. Sobald Sie dann ein ausreichend großes

Modell haben, das zu einer Überanpassung an den Trainingsdatensatz fähig ist, können Sie Regularisierung anwenden, um die Validierungsgenauigkeit zu verbessern, selbst wenn die Trainingsgenauigkeit möglicherweise abnimmt.

Ihren Keras-Modellcode können Sie auf diese Weise mit dem `tf.data.Dataset` testen, das Sie für Ihre Eingabepipeline geschrieben haben. Wenn Ihre Trainingsdaten-Eingabepipeline zum Beispiel `trainds` heißt, rufen Sie mit `batch()` einen einzelnen Daten-Batch ab. Den vollständigen Code für dieses Beispiel finden Sie im Repository zu diesem Buch (*https://github.com/GoogleCloudPlatform/ml-design-patterns/blob/master/04_hacking_training_loop/distribution_strategies.ipynb*):

```
BATCH_SIZE = 256
single_batch = trainds.batch(BATCH_SIZE).take(1)
```

Wenn Sie dann das Modell trainieren, rufen Sie in der Methode `fit()` nicht den gesamten `trainds`-Datensatz auf, sondern verwenden diesen eben erzeugten einzelnen Batch:

```
model.fit(single_batch.repeat(),
          validation_data=evalds,
          ...)
```

Mit dem Aufruf von `repeat()` stellen wir sicher, dass uns die Daten nicht ausgehen, wenn wir auf diesem einzelnen Batch trainieren. Während des Trainings nehmen wir also diesen einen Batch immer und immer wieder. Alles andere (der Validierungsdatensatz, der Modellcode, die Engineered Features usw.) bleibt gleich.

Anstatt eine willkürliche Stichprobe des Trainingsdatensatzes auszuwählen, empfehlen wir, dass Sie eine Überanpassung an einem kleinen Datensatz vornehmen, dessen Beispiele sorgfältig auf korrekte Labels hin überprüft wurden. Entwerfen Sie die Architektur Ihres neuronalen Netzes so, dass es in der Lage ist, diesen Batch genau zu lernen und zu einem Verlust von null zu kommen. Dann nehmen Sie dasselbe Netz und trainieren es mit dem vollständigen Trainingsdatensatz.

Entwurfsmuster 12: Checkpoints

In *Checkpoints* speichern wir den vollständigen Status des Modells periodisch, sodass wir partiell trainierte Modelle zur Verfügung haben. Diese partiell trainierten Modelle können als endgültiges Modell dienen (im Fall eines vorzeitigen Stoppens) oder als Ausgangspunkte für das weitere Training (im Fall von Hardwareausfall und Feinabstimmung).

Problem

Je komplexer ein Modell ist (je mehr Schichten und Knoten zum Beispiel ein neuronales Netz hat), desto größer ist der erforderliche Datensatz, um das Modell effizient zu trainieren. Das liegt daran, dass komplexere Modelle in der Regel mehr abstimmbare Parameter haben. Nimmt die Modellgröße zu, dauert es auch länger, einen Batch von Beispielen anzupassen. Wenn der Umfang der Daten wächst (und eine feste Batch-Größe angenommen wird), steigt auch die Anzahl der Batches. Hinsichtlich der Rechenkomplexität bedeutet dieses zweiseitige Problem, dass das Training viel Zeit in Anspruch nimmt.

Derzeit dauert das Training eines Englisch-Deutsch-Übersetzungsmodells auf einem modernen TPU-Pod (*Tensor Processing Unit*) für einen relativ kleinen Datensatz ungefähr zwei Stunden (*https://oreil.ly/vDRve*). Für reale Datensätze, wie sie für das Training von Smart Devices verwendet werden, kann das Training mehrere Tage dauern.

Wenn ein Training so lange dauert, ist die Wahrscheinlichkeit eines Hardwareausfalls unangenehm hoch. Tritt ein Problem auf, möchten wir von einem Zwischenstadium aus fortfahren können, anstatt wieder ganz von vorn beginnen zu müssen.

Lösung

Am Ende jeder Epoche können wir den Modellstatus speichern. Wenn dann die Trainingsschleife aus irgendeinem Grund unterbrochen wird, können wir zum gespeicherten Modellzustand zurückgehen und neu starten. Allerdings müssen wir dabei darauf achten, dass wir den Zwischenzustand des Modells und nicht einfach das Modell speichern. Was heißt das?

Wenn das Training abgeschlossen ist, speichern oder exportieren wir das Modell, damit wir es für die Inferenz bereitstellen können. Ein exportiertes Modell enthält nicht den gesamten Modellstatus, sondern nur die notwendigen Informationen, um die Vorhersagefunktion zu erzeugen. Bei einem Entscheidungsbaum wären das die endgültigen Regeln für jeden Zwischenknoten und den vorhergesagten Wert für jeden Blattknoten. Für ein lineares Modell wären es die endgültigen Gewichts- und Bias-Werte. In einem vollständig verknüpften Netz müssten wir auch die Aktivierungsfunktionen und die Gewichte der versteckten Verbindungen hinzufügen.

Welche Daten zum Modellstatus, die ein exportiertes Modell nicht enthält, benötigen wir für die Wiederherstellung von einem Checkpoint aus? In einem exportierten Modell ist nicht zu sehen, welche Epochen- und Batch-Nummer das Modell gerade verarbeitet, was offensichtlich aber wichtig ist, um das Training wieder aufzunehmen. Doch es gibt noch mehr Informationen, die eine Modelltrainingsschleife enthalten kann. Für einen effektiven Gradientenabstieg könnte der Optimierer die Lernrate nach einem Zeitplan anpassen. Diese Lernrate ist in einem exportierten Modell nicht vorhanden. Darüber hinaus kann es stochastisches Verhalten im Modell geben, beispielsweise Dropouts. Dies wird im exportierten Modellstatus ebenfalls nicht erfasst. Modelle wie rekurrente neurale Netzwerke binden einen Verlauf der vorherigen Einsatzwerte ein. Im Allgemeinen kann der vollständige Modellstatus die vielfache Größe des exportierten Modells betragen.

Das Speichern des vollständigen Modellstatus, damit sich das Modelltraining von einem bestimmten Punkt aus fortsetzen lässt, wird *Checkpointing* genannt, und die gespeicherten Modelldateien heißen *Checkpoints*. Wie oft sollte man einen Checkpoint speichern? Der Modellstatus ändert sich aufgrund des Gradientenabstiegs nach jedem Batch. Wenn wir keine Arbeit verlieren wollen, sollten wir also aus technischer Sicht nach jedem Batch einen Checkpoint setzen. Allerdings sind Checkpoints riesig, und diese Ein-/Ausgabe würde einen beträchtlichen Overhead verursachen. Stattdessen bieten viele Modell-Frameworks typischerweise die Option, am Ende jeder Epoche einen Checkpoint anzulegen. Dies ist ein vernünftiger Kompromiss zwischen gar keinem Checkpointing und Checkpointing nach jedem Batch.

Um in Keras einen Modell-Checkpoint zu setzen, geben Sie in der Methode `fit()` einen Callback an:

```
checkpoint_path = '{}/checkpoints/taxi'.format(OUTDIR)
cp_callback = tf.keras.callbacks.ModelCheckpoint(checkpoint_path,
                                                 save_weights_only=False,
                                                 verbose=1)

history = model.fit(x_train, y_train,
                    batch_size=64,
                    epochs=3,
                    validation_data=(x_val, y_val),
                    verbose=2,
                    callbacks=[cp_callback])
```

Mit hinzugefügtem Checkpointing sieht die Trainingsschleife dann etwa wie in Abbildung 4-6 aus.

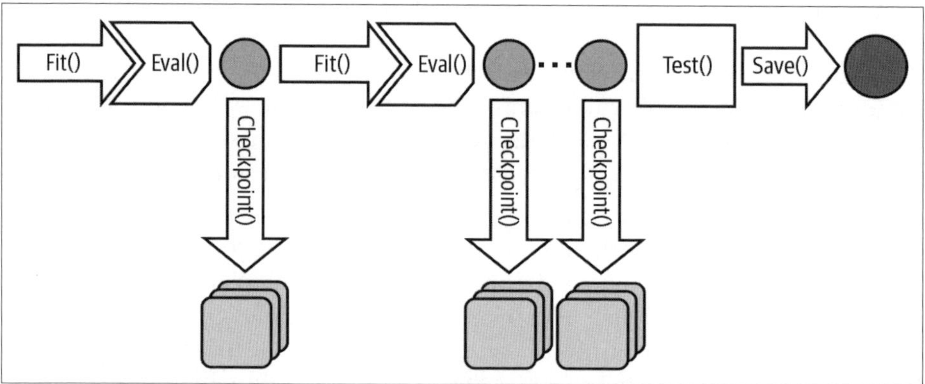

Abbildung 4-6: Checkpointing speichert den vollständigen Modellstatus am Ende jeder Epoche.

Checkpoints in PyTorch

Derzeit unterstützt PyTorch Checkpoints nicht direkt. Allerdings ist es möglich, die Status der meisten Objekte zu externalisieren. Um Checkpoints in PyTorch zu implementieren, rufen Sie die Epoche, den Modellstatus, den Status des Optimierers und alle anderen Informationen ab, die für die Wiederaufnahme des Trainings erforderlich sind, um sie zusammen mit dem Modell zu serialisieren:

```
torch.save({
            'epoch': epoch,
            'model_state_dict': model.state_dict(),
            'optimizer_state_dict': optimizer.state_dict(),
            'loss': loss,
            ...
            }, PATH)
```

Beim Laden von einem Checkpoint aus müssen Sie die erforderlichen Klassen erstellen und sie dann aus dem Checkpoint laden:

```
model = ...
optimizer = ...
checkpoint = torch.load(PATH)
model.load_state_dict(checkpoint['model_state_dict'])
optimizer.load_state_dict(checkpoint['optimizer_state_dict'])
epoch = checkpoint['epoch']
loss = checkpoint['loss']
```

Dieser Code liegt eine Ebene unterhalb von TensorFlow, bietet aber die Flexibilität, mehrere Modelle in einem Checkpoint zu speichern und auszuwählen, welche Teile des Modellstatus geladen oder nicht geladen werden sollen.

Warum es funktioniert

TensorFlow und Keras setzen das Training automatisch von einem Checkpoint aus fort, wenn Checkpoints im Ausgabepfad gefunden werden. Um das Training von Grund auf neu zu beginnen, müssen Sie von einem neuen Ausgabeverzeichnis beginnen (oder vorherige Checkpoints aus dem Ausgabeverzeichnis löschen). Dies funktioniert, weil Frameworks für maschinelles Lernen auf Unternehmensniveau die Anwesenheit von Checkpoint-Dateien anerkennen.

Selbst wenn Checkpoints hauptsächlich in Bezug auf Robustheit konzipiert sind, eröffnet die Verfügbarkeit von partiell trainierten Modellen eine Reihe anderer Anwendungsfälle. Das liegt daran, dass die partiell trainierten Modelle in der Regel besser verallgemeinerbar sind als die in späteren Iterationen erstellten Modelle. Warum dies auftritt, lässt sich intuitiv im TensorFlow-Playground (*https://oreil.ly/sRjkN*) erkennen, wie Abbildung 4-7 zeigt.

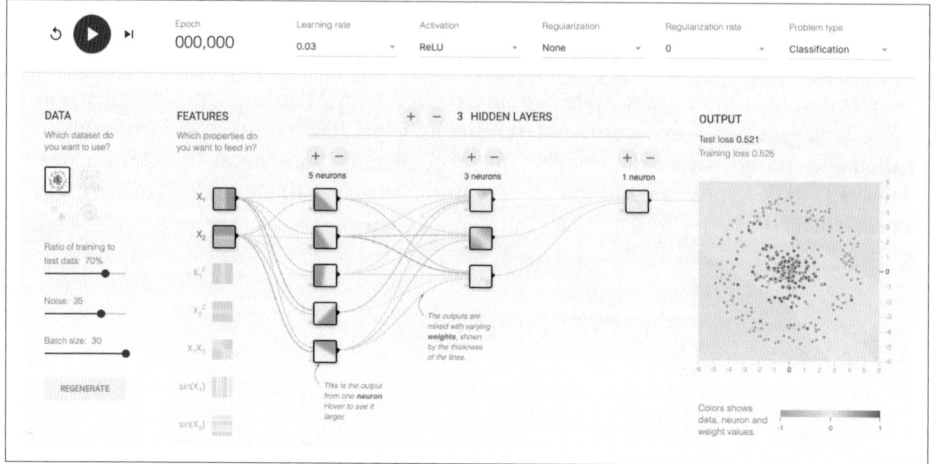

Abbildung 4-7: Ausgangspunkt des Problems zur Klassifizierung von Spiralen. Dieses Setup können Sie sich über https://oreil.ly/ISg9X in einem Webbrowser ansehen.

Im Playground wollen wir einen Klassifizierer erstellen, um zwischen blauen und orangefarbenen Punkten zu unterscheiden. (Wenn Sie die Printausgabe dieses Buchs lesen, folgen Sie bitte dem Link in einem Webbrowser.) Die beiden Eingabe-Features sind x_1 und x_2, die Koordinaten der Punkte. Anhand dieser Features muss das Modell die Wahrscheinlichkeit dafür ausgeben, dass der Punkt blau ist. Das Modell beginnt mit zufälligen Gewichten, und der Hintergrund der Punkte zeigt die Modellvorhersage für jeden Koordinatenpunkt. Wie Sie sehen, bewegt sich die Wahrscheinlichkeit aufgrund der zufälligen Gewichte für alle Punkte in der Nähe des Zentrumswerts.

Wenn Sie das Training beginnen, indem Sie auf den Pfeil links oben im Bild klicken, können Sie beobachten, wie das Modell langsam mit aufeinanderfolgenden Epochen zu lernen beginnt, wie Abbildung 4-8 zeigt.

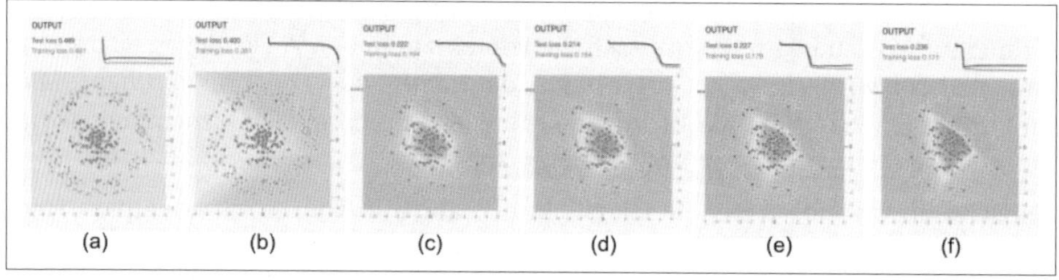

Abbildung 4-8: Die Lernergebnisse des Modells bei fortschreitendem Training. Die Diagramme oben stellen den Trainingsverlust und den Validierungsfehler dar, während die Bilder zeigen, wie das Modell im jeweiligen Stadium die Farbe eines Punkts bei jeder Koordinate im Raster vorhersagen würde.

Ein erster Hinweis auf das Lernen ist in Abbildung 4-8 (b) zu sehen. Abbildung 4-8 (c) zeigt, dass das Modell eine Ansicht der Daten von höherer Ebene aus gelernt hat. Von da an passt das Modell die Grenzen an, um immer mehr blaue Punkte in den mittleren Bereich zu bringen und dabei die orangefarbenen Punkte außen zu halten. Das hilft, aber nur bis zu einem gewissen Punkt. Wenn wir dann zu Abbildung 4-8 (e) kommen, beginnt die Anpassung der Gewichte, zufällige Störungen in den Trainingsdaten widerzuspiegeln. Diese sind jedoch kontraproduktiv für den Validierungsdatensatz.

Das Training können wir also in drei Phasen aufteilen. In der ersten Phase zwischen den Stufen (a) und (c) lernt das Modell die High-Level-Organisation der Daten. In der zweiten Phase zwischen den Stufen (c) und (e) lernt das Modell die Details. Wenn wir dann mit Stufe (f) zur dritten Phase kommen, findet eine Überanpassung des Modells statt. Ein partiell trainiertes Modell vom Ende von Phase 1 oder Phase 2 hat einige Vorteile, und zwar genau deshalb, weil es die High-Level-Organisation gelernt hat, aber noch nicht in den Details gefangen ist.

Kompromisse und Alternativen

Checkpoints sollen nicht nur Resilienz bieten, sondern uns auch ermöglichen, Early Stopping und Fähigkeiten zur Feinabstimmung zu implementieren.

Early Stopping

Je länger Sie trainieren, desto geringer ist im Allgemeinen der Verlust auf dem Trainingsdatensatz. Allerdings kann es sein, dass der Fehler mit dem Validierungsdatensatz ab einem bestimmten Punkt nicht mehr abnimmt. Wenn Sie beginnen, eine Überanpassung auf dem Trainingsdatensatz durchzuführen, könnte der Validierungsfehler sogar wieder ansteigen, wie in Abbildung 4-9 gezeigt.

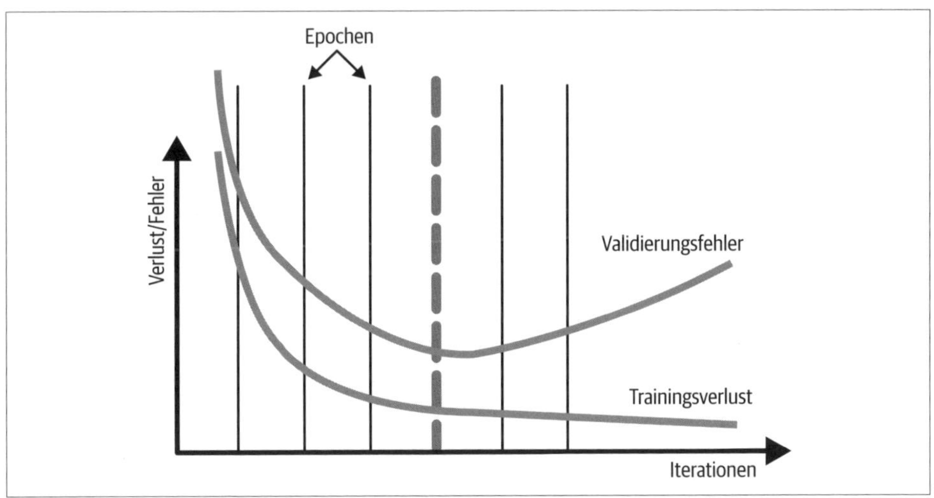

Abbildung 4-9: Typischerweise nimmt der Trainingsverlust weiter ab, je länger Sie trainieren, doch sobald Überanpassung einsetzt, wird der Validierungsfehler auf einem reservierten Datensatz nach oben gehen.

In derartigen Fällen kann es hilfreich sein, einen Blick auf den Validierungsfehler am Ende jeder Epoche zu werfen und das Training anzuhalten, wenn der Validierungsfehler größer ist als der der vorherigen Epoche. In Abbildung 4-9 ist dies am Ende der vierten Epoche der Fall, dargestellt durch eine dicke gestrichelte Linie. Man spricht hier vom *Early Stopping* (frühes Stoppen).

Würden wir am Ende jedes Batches einen Checkpoint setzen, wären wir in der Lage, das wahre Minimum zu erfassen, das vielleicht etwas vor oder nach der Epochengrenze gelegen hat. Mehr dazu lesen Sie in der Diskussion zu virtuellen Epochen in diesem Abschnitt für eine Methode, bei der Checkpoints häufiger gesetzt werden.

Bei häufigerem Checkpointing kann es hilfreich sein, wenn Early Stopping nicht übermäßig empfindlich auf kleine Störungen im Validierungsfehler reagiert. Stattdessen können wir Early Stopping erst anwenden, nachdem sich der Validierungsfehler für mehr als *N* Checkpoints nicht mehr verbessert.

Checkpoint-Auswahl. Während man Early Stopping implementieren kann, indem man das Training anhält, sobald der Validierungsfehler zunimmt, empfehlen wir, länger zu trainieren und den optimalen Lauf im Rahmen der Nachbearbeitung auszuwählen. Wir schlagen vor, bis in Phase 3 hinein zu trainieren (siehe die Erläuterungen zu den drei Phasen der Trainingsschleife im vorherigen Abschnitt »Warum es funktioniert« auf Seite 177), weil es nicht ungewöhnlich ist, dass der Validierungsfehler kurzzeitig ansteigt und dann wieder abfällt. Üblicherweise kommt das daher, dass sich das Training anfangs auf häufigere Szenarios konzentriert (Phase 1) und dann erst die selteneren Situationen in Angriff nimmt (Phase 2). Da seltene Situationen durch unvollkommene Stichproben zwischen den Trainings- und Validierungsdatensätzen entstehen können, sind gelegentliche Anstiege des Validierungsfehlers während des Trainingslaufs in Phase 2 zu erwarten. Darüber hinaus gibt es Situationen, die bei großen Modellen vorherrschend sind, wobei ein tiefer doppelter Abstieg (*https://oreil.ly/Kya8h*) zu erwarten ist. Deshalb ist es unerlässlich, vorsichtshalber etwas länger zu trainieren.

In unserem Beispiel werden wir das Modell nicht am Ende des Trainingslaufs exportieren, sondern den vierten Checkpoint laden und unser Modell stattdessen von dort aus exportieren. Dies wird als *Checkpoint-Auswahl* bezeichnet, und in TensorFlow lässt sich das mit *BestExporter* (*https://oreil.ly/UpN1a*) erreichen.

Regularisierung. Anstatt Early Stopping oder Checkpoint-Auswahl zu verwenden, könnten Sie versuchen, dem Modell L2-Regularisierung hinzuzufügen, sodass der Validierungsfehler nicht ansteigt und das Modell nie in Phase 3 gelangt. Vielmehr sollten sowohl der Trainingsverlust als auch der Validierungsfehler ein Plateau erreichen, wie Abbildung 4-10 zeigt. Eine derartige Trainingsschleife (bei der sowohl Trainings- als auch Validierungsmetriken ein Plateau erreichen) bezeichnen wir als *gutmütige* Trainingsschleife.

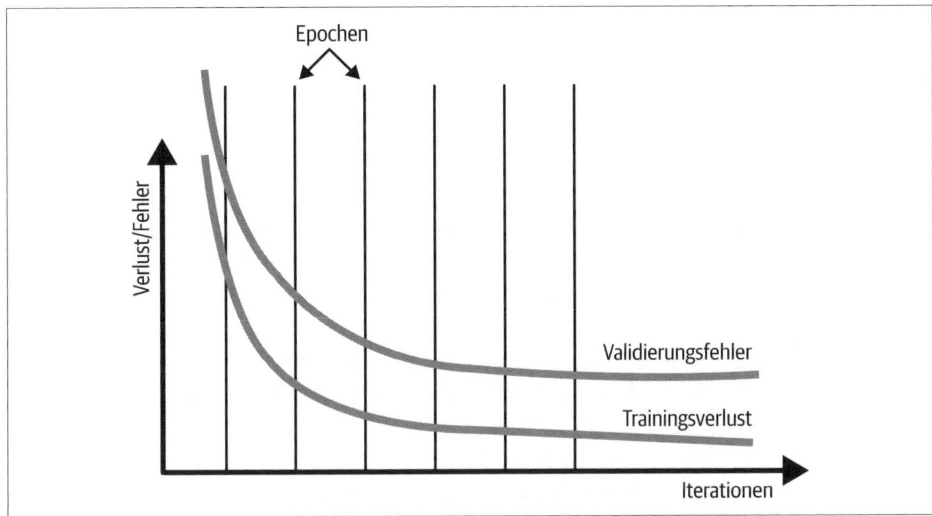

Abbildung 4-10: In der idealen Situation steigt der Validierungsfehler nicht an. Stattdessen stagnieren sowohl der Trainingsverlust als auch der Validierungsfehler.

Wenn wir kein Early Stopping durchführen und nur anhand des Trainingsverlusts über die Konvergenz entscheiden, brauchen wir keinen separaten Testdatensatz beiseitezulegen. Selbst wenn wir das Training frühzeitig beenden, kann es hilfreich sein, den Fortschritt des Modelltrainings anzuzeigen, insbesondere wenn das Training des Modells lange dauert. Zwar werden Performance und Fortschritt des Modelltrainings normalerweise für den Validierungsdatensatz während der Trainingsschleife überwacht, doch dient dies lediglich der Visualisierung. Da wir keine Maßnahmen aufgrund der angezeigten Metriken ergreifen müssen, können wir die Visualisierung auf dem Testdatensatz durchführen.

Regularisierung könnte besser sein als Early Stopping, weil Sie bei der Regularisierung den gesamten Datensatz heranziehen können, um die Gewichte des Modells zu ändern, während Sie beim Early Stopping etwa 10 bis 20% des Datensatzes verschwenden, nur um zu entscheiden, wann das Training zu stoppen ist. Andere Methoden, die Überanpassung begrenzen (wie zum Beispiel Dropout und die Verwendung von Modellen mit geringer Komplexität), sind ebenfalls gute Alternativen zum Early Stopping. Zudem deuten neuere Forschungen (*https://oreil.ly/FJ_iy*) darauf hin, dass doppelter Abstieg bei verschiedenartigsten Problemen des maschinellen Lernens vorkommt und es daher besser ist, länger zu trainieren, als durch Early Stopping eine suboptimale Lösung zu riskieren.

Zwei Teilungen. Steht die Empfehlung im Abschnitt zur Regularisierung nicht im Widerspruch zu den Empfehlungen in den vorherigen Abschnitten in Bezug auf Early Stopping oder Checkpoint-Auswahl? Nicht wirklich.

Wir empfehlen, dass Sie Ihre Daten zweiteilen: in einen Trainingsdatensatz und einen Evaluierungsdatensatz. Der Evaluierungsdatensatz spielt die Rolle des Testdatensatzes beim Experimentieren (wo es keinen Validierungsdatensatz gibt) und die Rolle des Validierungsdatensatzes in der Produktion (wo es keinen Testdatensatz gibt).

Je größer Ihr Trainingsdatensatz ist, desto komplexere Modelle können Sie verwenden und desto genauere Modelle erhalten. Wenn Sie mit Regularisierung statt Early Stopping oder Checkpoint-Auswahl arbeiten, können Sie einen größeren Trainingsdatensatz verwenden. In der Experimentierphase (wenn Sie verschiedene Modellarchitekturen, Trainingstechniken und Hyperparameter untersuchen) empfehlen wir, dass Sie Early Stopping abschalten und mit größeren Modellen trainieren (siehe auch »Entwurfsmuster 11: Nützliche Überanpassung« auf Seite 165). Damit soll sichergestellt werden, dass das Modell genügend Kapazität besitzt, um die Vorhersagemuster zu lernen. Überwachen Sie während dieses Prozesses die Fehlerkonvergenz auf der Trainingsteilung. Am Ende des Experimentierens können Sie mit dem Evaluierungsdatensatz diagnostizieren, wie gut Ihr Modell auf den Daten funktioniert, die es beim Training nicht kennengelernt hat.

Wenn Sie das Modell für den Einsatz in der Produktion trainieren, müssen Sie sich darauf vorbereiten, die Ergebnisse kontinuierlich zu evaluieren und das Modell erneut zu trainieren. Aktivieren Sie Early Stopping oder Checkpoint-Auswahl und überwachen Sie die Fehlermetriken auf dem Evaluierungsdatensatz. Entscheiden Sie sich zwischen Early Stopping und Checkpoint-Auswahl abhängig davon, ob Sie die Kosten kontrollieren müssen (hier würden Sie Early Stopping wählen) oder die Modellgenauigkeit priorisieren möchten (wofür die Checkpoint-Auswahl infrage käme).

Feinabstimmung

In einer gutmütigen Trainingsschleife verhält sich der Gradientenabstieg so, dass Sie entsprechend der Mehrheit Ihrer Daten schnell in die Nähe des optimalen Fehlers gelangen und dann langsam gegen den niedrigsten Fehler konvergieren, indem Sie auf Ausnahmefälle optimieren.

Stellen Sie sich nun vor, dass Sie das Modell regelmäßig mit frischen Daten neu trainieren müssen. Normalerweise würden Sie die frischen Daten betonen und nicht die Ausnahmefälle vom letzten Monat. Oftmals ist es besser, das Training nicht vom letzten Checkpoint an fortzusetzen, sondern vom Checkpoint, der in Abbildung 4-11 durch die blaue Linie markiert wird. Dies entspricht dem Beginn von Phase 2 der Modelltrainingsphasen, wie sie der Abschnitt »Warum es funktioniert« weiter oben in diesem Kapitel auf Seite 177 beschreibt. Damit stellen Sie sicher, dass Sie über eine allgemeine Methode verfügen, die Sie dann für einige Epochen nur mit den frischen Daten abstimmen können.

Wenn Sie von dem Checkpoint aus fortfahren, den die dicke senkrechte gestrichelte Linie markiert, befinden Sie sich in der vierten Epoche, sodass die Lernrate recht niedrig ist. Die frischen Daten werden also das Modell nicht dramatisch verändern. Allerdings wird sich das Modell optimal (im Kontext des größeren Modells) auf den frischen Daten verhalten, weil Sie es auf diesem kleineren Datensatz geschärft haben. Dieses *Feinabstimmung* genannte Verfahren erläutert der Abschnitt »Entwurfsmuster 13: Transfer Learning« auf Seite 186.

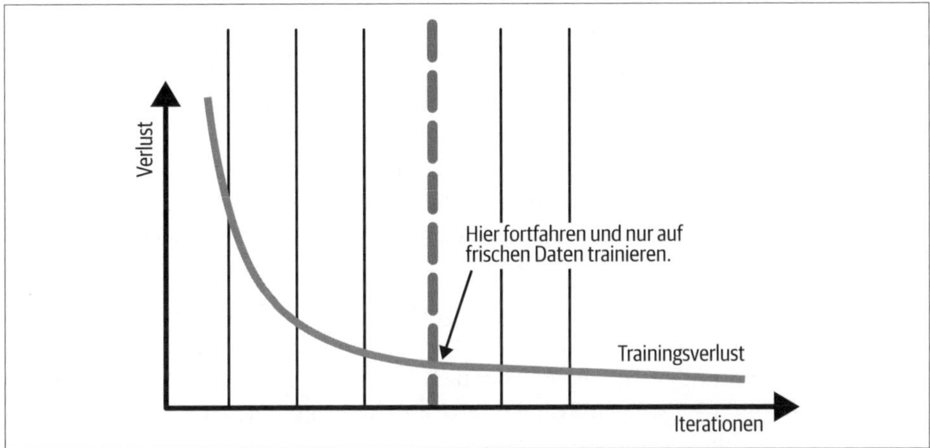

Abbildung 4-11: Von einem Checkpoint aus fortfahren, bevor der Trainingsverlust ein Plateau erreicht. Trainieren Sie darauffolgende Iterationen nur mit frischen Daten.

Die Feinabstimmung funktioniert nur, solange Sie die Modellarchitektur nicht verändern.

Es ist nicht notwendig, immer von einem früheren Checkpoint aus zu beginnen. In manchen Fällen kann der letzte Checkpoint (den das Modell schließlich verwendet) als Warmstart für eine andere Modelltrainingsiteration verwendet werden. Dennoch bietet der Start von einem früheren Checkpoint aus tendenziell eine bessere Generalisierung.

Eine Epoche neu definieren

Tutorials zum maschinellen Lernen enthalten oft Code wie diesen:

```
model.fit(X_train, y_train, batch_size=100, epochs=15)
```

Dieser Code nimmt an, dass Ihr Datensatz in den Arbeitsspeicher passt und folglich Ihr Modell 15 Epochen durchlaufen kann, ohne einen Maschinenfehler zu riskieren. Beide Annahmen sind unvernünftig – ML-Datensätze bewegen sich im Terabyte-Bereich. Und wenn ein Training Stunden dauern kann, ist die Wahrscheinlichkeit für einen Maschinenfehler hoch.

Um den obigen Code noch robuster zu machen, stellen Sie einen TensorFlow-Datensatz (*https://oreil.ly/EKJ4V*) – und nicht einfach ein NumPy-Array – bereit, weil der TensorFlow-Datensatz ein Out-of-Memory-Datensatz ist. Er bietet Iterationsfähigkeit und Lazy Loading. Der Code sieht nun folgendermaßen aus:

```
cp_callback = tf.keras.callbacks.ModelCheckpoint(...)
history = model.fit(trainds,
                    validation_data=evalds,
                    epochs=15,
                    batch_size=128,
                    callbacks=[cp_callback])
```

Allerdings bleibt es eine schlechte Idee, Epochen auf großen Datensätzen zu verwenden. Epochen mögen einfach zu verstehen sein, doch die Verwendung von Epochen führt in praktischen ML-Modellen zu schlechten Effekten. Um den Grund dafür zu sehen, stellen Sie sich einen Trainingsdatensatz mit einer Million Beispielen vor. Es kann verlockend sein, diesen Datensatz (zum Beispiel) einfach 15-mal zu durchlaufen, indem man die Anzahl der Epochen auf 15 setzt. Dabei gibt es mehrere Probleme:

- Die Anzahl der Epochen ist eine Ganzzahl, doch die Differenz der Trainingszeiten zwischen der 14,3-maligen und der 15-maligen Bearbeitung des Datensatzes kann Stunden betragen. Wenn das Modell nach der Verarbeitung von 14,3 Millionen Beispielen konvergiert, möchten Sie den Durchlauf vielleicht beenden und keine Rechenressourcen verschwenden, um weitere 0,7 Millionen Beispiele zu verarbeiten.
- Sie speichern einen Checkpoint einmal pro Epoche, doch es kann zu lange dauern, die Verarbeitung von einer Million Beispielen zwischen zwei Checkpoints abzuwarten. Um die Ausfallsicherheit zu erhöhen, werden Sie Checkpoints häufiger speichern.
- Datensätze wachsen mit der Zeit. Wenn Sie 100.000 weitere Beispiele bekommen, das Modell trainieren und einen höheren Fehler erhalten, stellt sich die Frage: Müssen Sie einen frühzeitigen Stopp einlegen, oder sind die neuen Daten in irgendeiner Weise beschädigt? Das lässt sich aber nicht beantworten, weil das vorherige Training mit 15 Millionen Beispielen gelaufen ist, das neue Training aber mit 16,5 Millionen Beispielen.
- Bei verteiltem Training mit einem Parameter-Server (siehe »Entwurfsmuster 14: Verteilungsstrategie« auf Seite 200) mit Datenparallelität und geeignetem Mischen ist das Konzept einer Epoche nicht mehr klar. Aufgrund potenziell zerstreuter Worker können Sie das System nur anweisen, auf einer bestimmten Anzahl von Mini-Batches zu trainieren.

Schritte pro Epoche. Anstatt für 15 Epochen zu trainieren, entscheiden Sie vielleicht, 143.000 Schritte zu trainieren, wobei `batch_size` gleich 100 ist:

```
NUM_STEPS = 143000
BATCH_SIZE = 100
NUM_CHECKPOINTS = 15
cp_callback = tf.keras.callbacks.ModelCheckpoint(...)
history = model.fit(trainds,
                    validation_data=evalds,
                    epochs=NUM_CHECKPOINTS,
```

```
steps_per_epoch=NUM_STEPS // NUM_CHECKPOINTS,
batch_size=BATCH_SIZE,
callbacks=[cp_callback])
```

In jedem Schritt sind die Gewichte basierend auf einem einzelnen Mini-Batch von Daten zu aktualisieren. Dies ermöglicht uns, bei 14,3 Epochen anzuhalten. Das beschert uns mehr Granularität, doch wir müssen eine »Epoche« als 1/15 der Gesamtzahl der Schritte definieren:

```
steps_per_epoch=NUM_STEPS // NUM_CHECKPOINTS,
```

Damit bekommen wir die richtige Anzahl von Checkpoints. Das funktioniert, solange wir gewährleisten, dass die Eingabepipeline `trainds` unendlich oft wiederholt wird:

```
trainds = trainds.repeat()
```

Die Methode `repeat()` ist erforderlich, weil wir `num_epochs` nicht mehr festlegen, sodass für die Anzahl der Epochen der Standardwert `1` gilt. Ohne `repeat()` verlässt das Modell die Trainingsschleife, sobald die Trainingsmuster nach einmaligem Lesen des Datensatzes erschöpft sind.

Erneutes Training mit mehr Daten. Was passiert, wenn wir weitere 100.000 Beispiele erhalten? Ganz einfach! Wir fügen Sie unserem Date Warehouse hinzu, aktualisieren aber nicht den Code. Unser Code wird immer noch 143.000 Schritte verarbeiten wollen und wird auch so viele Daten verarbeiten, nur dass die 10% der Beispiele, die er sieht, neuer sind. Wenn das Modell konvergiert, großartig. Andernfalls wissen wir, dass diese neuen Datenpunkte das Problem sind, weil wir nicht länger trainieren als vorher. Indem wir die Anzahl der Schritte konstant halten, sind wir in der Lage, die Auswirkungen der neuen Daten vom Training auf mehr Daten zu trennen.

Sobald wir 143.000 Schritte trainiert haben, starten wir das Training neu und lassen es etwas länger laufen (sagen wir 10.000 Schritte). Und solange das Modell konvergiert, verlängern wir das Training weiter. Dann aktualisieren wir die Zahl 143.000 im obigen Code (in der Praxis wird das ein Parameter für den Code sein), um die neue Anzahl von Schritten widerzuspiegeln.

Das funktioniert gut, bis Sie die Hyperparameter optimieren möchten. Bei einer Feinabstimmung der Hyperparameter werden Sie auch die Batch-Größe ändern wollen. Wenn Sie aber die Batch-Größe auf 50 setzen, werden Sie leider feststellen, dass Sie nur noch halb so lange trainieren. Denn wir trainieren für 143.000 Schritte, und jeder Schritt ist nur noch halb so lang wie vorher. Offenbar ist das nicht gut.

Virtuelle Epochen. Die Lösung besteht darin, die Gesamtanzahl der Trainingsbeispiele, die dem Modell gezeigt werden (nicht die Anzahl der Schritte, siehe Abbildung 4-12), konstant zu halten:

```
NUM_TRAINING_EXAMPLES = 1000 * 1000
STOP_POINT = 14.3
TOTAL_TRAINING_EXAMPLES = int(STOP_POINT * NUM_TRAINING_EXAMPLES)
BATCH_SIZE = 100
NUM_CHECKPOINTS = 15
steps_per_epoch = (TOTAL_TRAINING_EXAMPLES //
                   (BATCH_SIZE*NUM_CHECKPOINTS))
cp_callback = tf.keras.callbacks.ModelCheckpoint(...)
history = model.fit(trainds,
                    validation_data=evalds,
                    epochs=NUM_CHECKPOINTS,
                    steps_per_epoch=steps_per_epoch,
                    batch_size=BATCH_SIZE,
                    callbacks=[cp_callback])
```

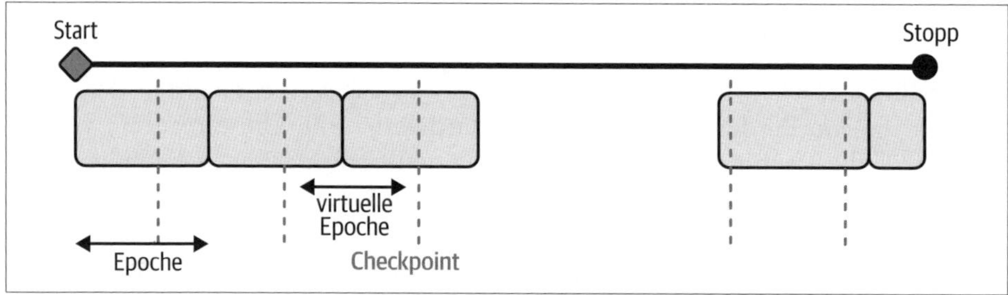

Abbildung 4-12: Eine virtuelle Epoche in Form der gewünschten Anzahl von Schritten zwischen Checkpoints definieren

Wenn Sie mehr Daten erhalten, trainieren Sie zuerst mit den alten Einstellungen, erhöhen dann die Anzahl der Beispiele entsprechend den neuen Daten und ändern schließlich den `STOP_POINT`, um widerzuspiegeln, wie oft Sie die Daten durchlaufen müssen, bis Konvergenz erreicht ist.

Diese Vorgehensweise ist nun selbst mit Hyperparameter-Feinabstimmung (siehe weiter unten in diesem Kapitel) sicher und bewahrt alle Vorteile, die Anzahl der Schritte konstant zu halten.

Entwurfsmuster 13: Transfer Learning

Beim *Transfer Learning* nehmen wir einen Teil eines zuvor trainierten Modells, frieren die Gewichte ein und binden diese nicht trainierbaren Schichten in ein neues Modell ein, das ein ähnliches Problem löst, allerdings auf einem kleineren Datensatz.

Problem

Das Training von benutzerdefinierten ML-Modellen auf unstrukturierten Daten erfordert äußerst große Datensätze, die nicht immer ohne Weiteres verfügbar sind. Nehmen wir ein Modell, das erkennen soll, ob das Röntgenbild eines Arms einen Knochenbruch enthält. Um hohe Genauigkeit zu erreichen, benötigen Sie Hunderttausende von Bildern, wenn nicht mehr. Bevor Ihr Modell lernt, wie ein gebrochener Knochen aussieht, muss es zuerst lernen, die Pixel, Kanten und Formen zu erkennen, die Teil der Bilder in Ihrem Datensatz sind. Das Gleiche gilt für Modelle, die auf Textdaten trainiert werden. Angenommen, wir erstellten ein Modell, das Beschreibungen von Patientensymptomen aufnimmt und die möglichen Bedingungen vorhersagt, die mit diesen Symptomen verbunden sind. Nun muss das Modell nicht nur lernen, eine Erkältung von einer Lungenentzündung zu unterscheiden, sondern auch die grundlegende Sprachsemantik und wie sich aus der Abfolge der Wörter eine Bedeutung ergibt. Zum Beispiel müsste das Modell nicht nur lernen, das Vorhandensein des Worts *Fieber* zu erkennen, sondern auch, dass die Sequenz *kein Fieber* eine andere Bedeutung hat als *hohes Fieber*.

Um zu sehen, wie viele Daten erforderlich sind, um hochgenaue Modelle zu trainieren, können wir uns ImageNet (*https://oreil.ly/t6583*) ansehen, eine Datenbank mit über 14 Millionen gelabelten Bildern. ImageNet wird häufig als Benchmark verwendet, um Frameworks für maschinelles Lernen auf unterschiedlicher Hardware zu evaluieren. Zum Beispiel greift die Benchmark-Suite MLPerf (*https://oreil.ly/hDPiJ*) auf ImageNet zurück, um die Zeiten zu vergleichen, die verschiedene ML-Frameworks auf unterschiedlicher Hardware benötigt haben, um eine Klassifizierungsgenauigkeit von 75,9% zu erreichen. In den Ergebnissen von MLPerf v0.7 Training benötigte ein TensorFlow-Modell, das auf einer TPU v3 von Google lief, ungefähr 30 Sekunden, um diese Zielgenauigkeit zu erreichen.[2] Mit mehr Trainingszeit können Modelle die Genauigkeit auf ImageNet noch steigern. Allerdings ist dies hauptsächlich der Größe von ImageNet zu verdanken. Die meisten Organisationen mit spezialisierten Vorhersageproblemen haben nicht annähernd so viele Daten zur Verfügung.

Da Anwendungsfälle wie die oben beschriebenen Bild- und Textbeispiele mit besonders spezialisierten Datendomänen zu tun haben, ist es auch nicht möglich, ein Standardmodell zu verwenden, um erfolgreich Knochenbrüche zu erkennen oder Krankheiten zu diagnostizieren. Ein Modell, das auf ImageNet trainiert wird, ist vielleicht in der Lage, ein Röntgenbild als *Röntgenaufnahme* oder *medizinische Bildgebung* zu labeln, aber es ist unwahrscheinlich, dass es das Bild auch als *gebrochenen Oberschenkelknochen* labelt. Da solche Modelle oft auf einer breiten Palette von High-Level-Label-Kategorien trainiert werden, würden wir nicht erwarten, dass sie in den Bildern die Bedingungen verstehen, die für unseren Datensatz spezifisch sind. Um dies in den Griff zu bekommen, brauchen wir eine Lösung, die es uns erlaubt, ein benutzerdefiniertes Modell zu erstellen und dabei nur die Daten zu verwenden, die wir zur Verfügung haben, und die Labels, die für uns relevant sind.

2 MLPerf v0.7 Training Closed ResNet. Abgerufen von *www.mlperf.org* am 23. September 2020, entry 0.7-67. Name und Logo von MLPerf sind Warenzeichen. Siehe *www.mlperf.org* für weitere Informationen.

Lösung

Mit dem Entwurfsmuster *Transfer Learning* können wir ein Modell, das auf der gleichen Art von Daten für eine ähnliche Aufgabe trainiert wurde, auf eine spezialisierte Aufgabe mit unseren eigenen benutzerdefinierten Daten anwenden. Mit »gleiche Art von Daten« ist Datenmodalität gemeint – Bilder, Text usw. Über eine breite Kategorie wie Bilder hinaus ist es ebenfalls ideal, ein Modell zu verwenden, das auf die gleichen Bildtypen vortrainiert wurde. Verwenden Sie zum Beispiel ein Modell, das auf Fotografien vortrainiert wurde, wenn Sie es für die Klassifizierung von Fotos einsetzen möchten, und ein Modell, das auf Fernerkundungsaufnahmen vortrainiert wurde, wenn Sie damit Satellitenbilder klassifizieren wollen. Mit »ähnliche Aufgabe« beziehen wir uns auf das zu lösende Problem. Um zum Beispiel Transfer Learning für die Bildklassifizierung auszuführen, ist es besser, mit einem Modell zu beginnen, das für Bildklassifizierung und nicht für Objekterkennung trainiert wurde.

Um beim Beispiel zu bleiben: Angenommen, wir erstellten einen binären Klassifizierer, um zu bestimmen, ob ein Röntgenbild einen Knochenbruch darstellt. Wir haben nur 200 Bilder von jeder Klasse: *gebrochen* und *nicht gebrochen*. Dies ist zwar nicht genug, um ein hochwertiges Modell von Grund auf zu trainieren, aber es reicht für Transfer Learning aus. Um dieses Problem mit Transfer Learning zu lösen, müssen wir ein Modell finden, das bereits auf einem großen Datensatz für Bildklassifizierung trainiert wurde. Dann entfernen wir die letzte Schicht aus diesem Modell, frieren die Gewichte des Modells ein und setzen das Training mit unseren 400 Röntgenbildern fort. Im Idealfall finden wir ein Modell, das auf einem Datensatz mit ähnlichen Bildern wie unsere Röntgenaufnahmen trainiert worden ist, beispielsweise mit Bildern, die in einem Labor oder unter anderen kontrollierten Bedingungen aufgenommen wurden. Allerdings können wir Transfer Learning auch dann verwenden, wenn die Datensätze unterschiedlich sind, solange die Vorhersageaufgabe die gleiche ist. In diesem Fall handelt es sich um eine Bildklassifizierung.

Transfer Learning können Sie neben der Bildklassifizierung für viele andere Vorhersageaufgaben einsetzen, solange es ein bereits trainiertes Modell gibt, das zu der Aufgabe passt, die Sie mit Ihrem Datensatz durchführen möchten. Zum Beispiel wird Transfer Learning häufig für Objekterkennung, Bildstilübertragung, Bilderzeugung, Textklassifizierung, maschinelle Übersetzung und mehr eingesetzt.

Transfer Learning funktioniert, weil es uns erlaubt, auf den Schultern von Giganten zu stehen und Modelle zu verwenden, die bereits auf extrem großen, gelabelten Datensätzen trainiert wurden. Dass wir Transfer Learning verwenden können, ist jahrelanger Forschung und Arbeit zu verdanken, die andere in das Erstellen dieser Datensätze für uns gesteckt haben. Gleichzeitig hat dies den Stand der Technik beim Transfer Learning vorangebracht. Ein Beispiel für einen solchen Datensatz ist das Projekt ImageNet, das 2006 von Fei-Fei-Li gestartet und 2009 veröffentlicht wurde. ImageNet[3] war wesentlich für die

3 Jia Deng et al., »ImageNet: A Large-Scale Hierarchical Image Database« (*https://ieeexplore.ieee.org/document/5206848*), IEEE Computer Society Conference on Computer Vision and Pattern Recognition (CVPR) (2009): 248–255.

Entwicklung des Transfer Learning und ebnete den Weg für andere große Datensätze wie COCO (*https://oreil.ly/mXt77*) und Open Images (*https://oreil.ly/QN9KU*).

Hinter Transfer Learning steht die Idee, die Gewichte und Schichten von einem Modell zu übernehmen, das in derselben Domäne wie Ihre Vorhersageaufgabe trainiert wurde. In den meisten Deep-Learning-Modellen enthält die letzte Schicht die Klassifizierungs-Labels oder die Ausgaben, die für Ihre Vorhersageaufgabe spezifisch sind. Beim Transfer Learning entfernen wir diese Schicht, frieren die trainierten Gewichte des Modells ein und ersetzen die letzte Schicht durch die Ausgabe für unsere spezialisierte Vorhersageaufgabe, bevor wir das Training fortsetzen. Wie das funktioniert, zeigt Abbildung 4-13.

Die vorletzte Schicht des Modells (die Schicht, die vor der Ausgabeschicht des Modells liegt) wird typischerweise als *Flaschenhalsschicht* eingerichtet. Im nächsten Abschnitt erläutern wir die Flaschenhalsschicht zusammen mit verschiedenen Möglichkeiten, Transfer Learning in TensorFlow zu implementieren.

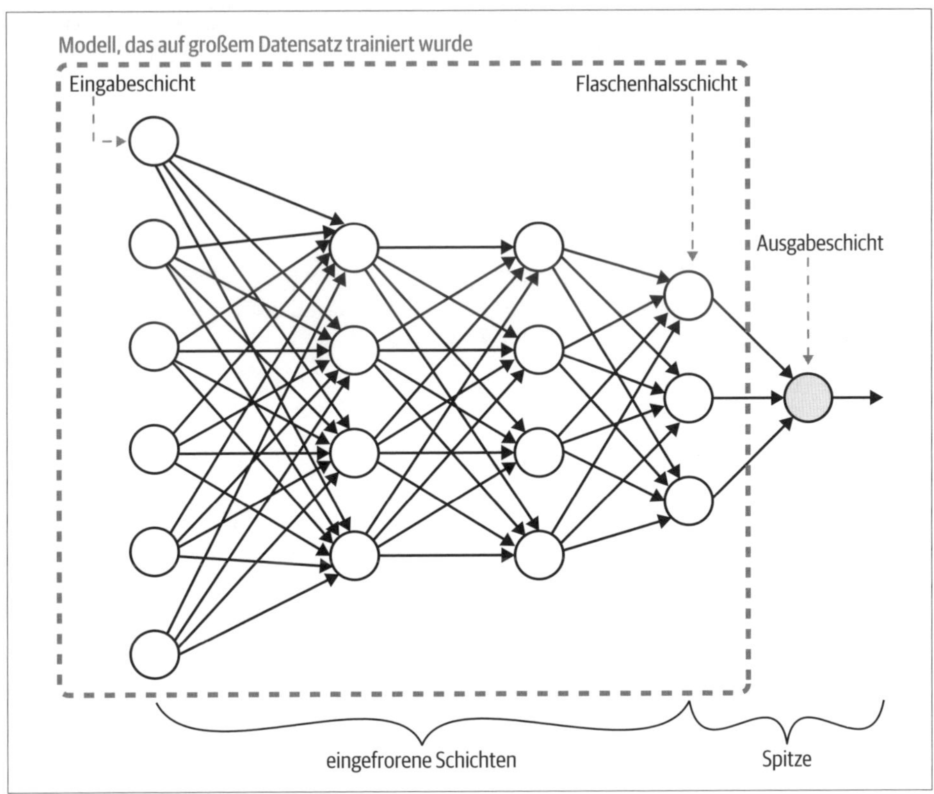

Abbildung 4-13: Beim Transfer Learning wird ein Modell auf einem großen Datensatz trainiert. Die »Spitze« des Modells (typischerweise nur die Ausgabeschicht) wird entfernt, und die Gewichte der übrigen Schichten werden eingefroren. Die letzte Schicht des verbleibenden Modells ist die sogenannte Flaschenhalsschicht.

Flaschenhalsschicht

In Bezug auf ein gesamtes Modell repräsentiert die Flaschenhalsschicht die Eingabe (typischerweise ein Bild- oder Textdokument) im Raum mit der niedrigsten Dimensionalität. Konkreter ausgedrückt: Wenn wir Daten in unser Modell einspeisen, sehen die ersten Schichten diese Daten nahezu in ihrer Originalform. Um zu sehen, wie das funktioniert, fahren wir mit einem Beispiel aus der medizinischen Bildgebung fort, aber dieses Mal erstellen wir ein Modell (*https://oreil.ly/QfOU_*) mit einem kolorektalen Histologiedatensatz (*https://oreil.ly/r4HHq*), um die Histologiebilder in eine von acht Kategorien zu klassifizieren.

Um das Modell zu untersuchen, das wir für das Transfer Learning verwenden werden, laden wir die VGG-Modellarchitektur herunter, die auf dem ImageNet-Datensatz vortrainiert wurde.

```
vgg_model_withtop = tf.keras.applications.VGG19(
    include_top=True,
    weights='imagenet',
)
```

Die Einstellung `include_top=True` bedeutet, dass wir das vollständige VGG-Modell laden, einschließlich der Ausgabeschicht. Bei ImageNet klassifiziert das Modell Bilder in 1.000 verschiedene Klassen, sodass die Ausgabeschicht ein 1.000-elementiges Array ist. Sehen wir uns die Ausgabe von `model.summary()` an, um zu verstehen, welche Schicht als Flaschenhals verwendet wird. Aus Platzgründen haben wir hier einige der mittleren Schichten weggelassen:

```
Model: "vgg19"

_________________________________________________________________
Layer (type)                 Output Shape              Param #
=================================================================
input_3 (InputLayer)         [(None, 224, 224, 3)]     0
_________________________________________________________________
block1_conv1 (Conv2D)        (None, 224, 224, 64)      1792
...hier weitere Schichten...
_________________________________________________________________
block5_conv3 (Conv2D)        (None, 14, 14, 512)       2359808
_________________________________________________________________
block5_conv4 (Conv2D)        (None, 14, 14, 512)       2359808
_________________________________________________________________
block5_pool (MaxPooling2D)   (None, 7, 7, 512)         0
_________________________________________________________________
flatten (Flatten)            (None, 25088)             0
_________________________________________________________________
fc1 (Dense)                  (None, 4096)              102764544
_________________________________________________________________
fc2 (Dense)                  (None, 4096)              16781312
_________________________________________________________________
predictions (Dense)          (None, 1000)              4097000
=================================================================
Total params: 143,667,240
Trainable params: 143,667,240
Non-trainable params: 0

_________________________________________________________________
```

Wie Sie sehen, akzeptiert das VGG-Modell Bilder als Array von 224 × 224 × 3 Pixeln. Dieses 128-elementige Array wird dann über aufeinanderfolgende Schichten (von denen jede die Dimensionalität des Arrays ändern kann) geleitet, bis es in der Schicht `flatten` zu einem 25.088 × 1-dimensionalen Array abgeflacht wird. Schließlich wird es in die Ausgabeschicht eingespeist, die ein 1.000-elementiges Array (für jede Klasse in ImageNet) zurückgibt. In diesem Beispiel wählen wir die Schicht `block5_pool` als Flaschenhalsschicht aus, wenn wir dieses Modell anpassen, um es auf unseren medizinischen Histologiebildern zu trainieren. Die Flaschenhalsschicht produziert ein 7 × 7 × 512-dimensionales Array, das das Eingabebild mit weniger Dimensionen darstellt. Es behält noch genügend Informationen aus dem Eingabebild bei, um es klassifizieren zu können. Wenn wir dieses Modell auf unsere Klassifizierungsaufgabe für medizinische Bilder anwenden, hoffen wir, dass die Informationsdestillation ausreicht, um unseren Datensatz erfolgreich zu klassifizieren.

Der Histologiedatensatz enthält Bilder als (150, 150, 3)-dimensionale Arrays. Diese 150 × 150 × 3-Darstellung ist die *höchste* Dimensionalität. Um das VGG-Modell mit unseren Bilddaten zu verwenden, können wir es mit dem folgenden Code laden:

```
vgg_model = tf.keras.applications.VGG19(
    include_top=False,
    weights='imagenet',
    input_shape=((150,150,3))
)

vgg_model.trainable = False
```

Mit der Einstellung `include_top=False` legen wir fest, dass die letzte Schicht von VGG als Flaschenhalsschicht geladen wird. Der Parameter `input_shape`, den wir übergeben haben, entspricht der Eingabeform unserer Histologiebilder. Eine Zusammenfassung der letzten Schichten dieses aktualisierten VGG-Modells sieht folgendermaßen aus:

```
block5_conv3 (Conv2D)      (None, 9, 9, 512)       2359808
_________________________________________________________________
block5_conv4 (Conv2D)      (None, 9, 9, 512)       2359808
_________________________________________________________________
block5_pool (MaxPooling2D) (None, 4, 4, 512)       0
=================================================================
Total params: 20,024,384
Trainable params: 0
Non-trainable params: 20,024,384
_________________________________________________________________
```

Die letzte Schicht ist nun unsere Flaschenhalsschicht. Wie Sie sicherlich bemerkt haben, ist die Größe von `block5_pool` jetzt (4, 4, 512), während sie zuvor (7, 7, 512) war. Das liegt daran, dass wir VGG mit einem Parameter `input_shape` instanziiert haben, um der Größe der Bilder in unserem Datensatz zu entsprechen. Zu erwähnen ist auch, dass die Einstellung `include_top=False` hartcodiert ist, um `block5_pool` als Flaschenhalsschicht zu verwenden. Wenn Sie dies aber anpassen möchten, können Sie das vollständige Modell laden und alle zusätzlichen Schichten löschen, die Sie nicht verwenden wollen.

Bevor Sie dieses Modell jedoch trainieren können, müssen Sie noch einige Schichten darübersetzen, die für Ihre Daten und die Klassifizierungsaufgabe spezifisch sind. Außerdem ist es wichtig, dass es 0 trainierbare Parameter im aktuellen Modell gibt, da wir `trainable=False` gesetzt haben.

Als allgemeine Faustregel gilt, dass die Eingabeschicht typischerweise die letzte, am wenigsten dimensionale, abgeflachte Schicht vor einer Abflachungsoperation ist.

Da beide die Features in reduzierter Dimensionalität darstellen, sind Flaschenhalsschichten konzeptionell mit Einbettungen vergleichbar. Zum Beispiel ist die Flaschenhalsschicht in einem Autoencoder-Modell mit einer Encoder-Decoder-Architektur eine Einbettung. In diesem Fall dient der Flaschenhals als mittlere Schicht des Modells, die die ursprünglichen Eingabedaten auf eine Darstellung mit niedrigerer Dimensionalität abbildet. Diese verwendet dann der Decoder (die zweite Hälfte des Netzes), um die Eingabe zurück auf ihre ursprüngliche höherdimensionale Darstellung abzubilden. Ein Schema für die Flaschenhalsschicht in einem Autoencoder zeigt Abbildung 2-13 in Kapitel 2.

Eine Einbettungsschicht ist im Wesentlichen eine Nachschlagetabelle mit Gewichten, die ein bestimmtes Feature auf eine Dimension im Vektorraum abbildet. Der Hauptunterschied besteht darin, dass die Gewichte in einer Einbettungsschicht trainiert werden können, während die Gewichte aller Schichten bis zur und einschließlich der Flaschenhalsschicht eingefroren sind. Mit anderen Worten, das gesamte Netz bis zur und einschließlich der Flaschenhalsschicht ist nicht trainierbar, und die Gewichte in den Schichten nach dem Flaschenhals sind die einzigen trainierbaren Schichten im Modell.

Erwähnenswert ist auch, dass die vortrainierten Einbettungen im Entwurfsmuster *Transfer Learning* verwendet werden können. Wenn Sie ein Modell erstellen, das eine Einbettungsschicht umfasst, können Sie entweder eine vorhandene (vortrainierte) Einbettungssuche nutzen oder Ihre eigene Einbettungsschicht von Grund auf neu trainieren.

Alles in allem ist Transfer Learning eine Lösung, die Sie nutzen können, um ein ähnliches Problem auf einem kleineren Datensatz zu lösen. Transfer Learning bedient sich immer einer Flaschenhalsschicht mit nicht trainierbaren, eingefrorenen Gewichten. Einbettungen sind eine Art der Datenrepräsentation. Letztendlich kommt es auf den Zweck an. Besteht der Zweck darin, ein ähnliches Modell zu trainieren, würden Sie Transfer Learning verwenden. Möchten Sie ein Eingabebild prägnanter darstellen, würden Sie folglich eine Einbettung nutzen. Der Code könnte genau der gleiche sein.

Transfer Learning implementieren

Transfer Learning können Sie in Keras nach einer der beiden folgenden Methoden implementieren:

- Ein vortrainiertes Modell laden, die Schichten nach dem Flaschenhals entfernen und eine neue letzte Schicht mit Ihren eigenen Daten und Labels hinzufügen.
- Ein vortrainiertes TensorFlow-Hub-Modul (*https://tfhub.dev/*) als Grundlage für Ihre Transfer-Learning-Aufgabe verwenden.

Sehen wir uns zuerst an, wie Sie ein vortrainiertes Modell laden und selbst verwenden. Hierfür bauen wir auf dem weiter oben eingeführten Beispiel mit dem VGG-Modell auf. Beachten Sie, dass VGG eine Modellarchitektur ist, während ImageNet die Daten liefert, auf denen VGG trainiert wurde. Gemeinsam machen sie das vortrainierte Modell aus, das wir für das Transfer Learning verwenden. Per Transfer Learning wollen wir hier Bilder aus der kolorektalen Histologie klassifizieren. Während der ursprüngliche Datensatz 1.000 Labels enthält, wird unser resultierendes Modell nur acht von uns festgelegte Klassen zurückgeben im Gegensatz zu den Tausenden von Labels in ImageNet.

Ein vortrainiertes Modell zu laden, um damit die *ursprünglichen Labels* zu klassifizieren, auf denen das Modell trainiert wurde, ist kein Transfer Learning. Vielmehr bedeutet Transfer Learning, einen Schritt weiterzugehen und die letzten Schichten des Modells durch Ihre eigene Vorhersageaufgabe zu ersetzen.

Das VGG-Modell, das wir geladen haben, wird unser Basismodell sein. Wir müssen einige Schichten hinzufügen, um die Ausgabe unserer Flaschenhalsschicht abzuflachen, und diese abgeflachte Ausgabe in ein 8-elementiges Softmax-Array einspeisen:

```
global_avg_layer = tf.keras.layers.GlobalAveragePooling2D()
feature_batch_avg = global_avg_layer(feature_batch)

prediction_layer = tf.keras.layers.Dense(8, activation='softmax')
prediction_batch = prediction_layer(feature_batch_avg)
```

Schließlich können wir über die `Sequential`-API unser neues Transfer-Learning-Modell als Stapel von Schichten erstellen:

```
histology_model = keras.Sequential([
  vgg_model,
  global_avg_layer,
  prediction_layer
])
```

Sehen Sie sich die Ausgabe von `model.summary()` für unser Transfer-Learning-Modell an:

```
_________________________________________________________________
Layer (type)                 Output Shape              Param #
=================================================================
vgg19 (Model)                (None, 4, 4, 512)         20024384
_________________________________________________________________
global_average_pooling2d (Gl (None, 512)               0
_________________________________________________________________
dense (Dense)                (None, 8)                 4104
=================================================================
Total params: 20,028,488
Trainable params: 4,104
Non-trainable params: 20,024,384
_________________________________________________________________
```

Wichtig ist hier, dass die einzigen trainierbaren Parameter *nach* unserer Flaschenhalsschicht kommen. In diesem Beispiel wird die Flaschenhalsschicht durch die Feature-Vektoren aus dem VGG-Modell gebildet. Nachdem Sie dieses Modell kompiliert haben, können Sie es mit dem Datensatz der Histologiebilder trainieren.

Vortrainierte Einbettungen

So wie wir in der Lage sind, ein vortrainiertes Modell in eigener Regie zu laden, können wir auch Transfer Learning implementieren, indem wir die vielen vortrainierten Modelle von TF Hub, einer Bibliothek von vortrainierten Modellen, nutzen. Diese sogenannten Module decken ein breites Spektrum von Datendomänen und Anwendungsfällen ab, einschließlich Klassifizierung, Objekterkennung, maschineller Übersetzung und mehr. In TensorFlow können Sie diese Module als Schicht laden und dann Ihre eigene Klassifizierungsschicht darüberlegen.

Um zu sehen, wie TF Hub funktioniert, erstellen wir ein Modell, das Filmkritiken entweder als *positiv* oder als *negativ* klassifiziert. Zuerst laden wir ein vortrainiertes Einbettungsmodell, das auf einem großen Korpus von Nachrichtenartikeln trainiert wurde. Dieses Modell können wir als `hub.KerasLayer` instanziieren:

```
hub_layer = hub.KerasLayer(
    "https://tfhub.dev/google/tf2-preview/gnews-swivel-20dim/1",
    input_shape=[], dtype=tf.string, trainable=True)
```

Um unseren Klassifizierer zu erstellen, können wir weitere Schichten darauf stapeln:

```
model = keras.Sequential([
  hub_layer,
  keras.layers.Dense(32, activation='relu'),
  keras.layers.Dense(1, activation='sigmoid')
])
```

Nun können wir dieses Modell trainieren, indem wir unseren eigenen Textdatensatz als Eingabe übergeben. Die resultierende Vorhersage ist ein 1-elementiges Array, das anzeigt, ob unser Modell den gegebenen Text als positiv oder negativ einschätzt.

Warum es funktioniert

Um zu verstehen, warum Transfer Learning funktioniert, sehen wir uns zunächst eine Analogie an. Wenn Kinder ihre erste Sprache lernen, werden sie mit vielen Beispielen konfrontiert und korrigiert, sollten sie etwas falsch identifizieren. Wenn sie zum Beispiel zum ersten Mal lernen, eine Katze zu identifizieren, sehen sie, wie ihre Eltern auf die Katze zeigen und das Wort »Katze« sagen. Und durch Wiederholungen festigen sich die Bahnen in ihrem Gehirn. Sagen sie aber, es sei eine Katze, wenn sie sich auf ein Tier beziehen, das keine Katze ist, werden sie dementsprechend korrigiert. Lernt das Kind dann, wie ein Hund zu identifizieren ist, muss es nicht bei null anfangen. Es kann einen ähnlichen Erkennungsprozess wie bei der Katze verwenden, ihn aber auf eine etwas andere Aufgabe anwenden. Auf dieses Weise hat das Kind eine Grundlage für das Lernen geschaffen. Es hat nicht nur neue Dinge gelernt, sondern auch, *wie* es neue Dinge lernen kann. Wendet man diese Lernmethoden auf verschiedene Domänen an, ist das etwa vergleichbar damit, wie Transfer Learning funktioniert.

Wie läuft dies nun in neuronalen Netzen ab? In einem typischen *Convolutional Neural Network* (CNN) geschieht das Lernen hierarchisch. Die ersten Schichten lernen, die in einem Bild vorhandenen Ränder und Formen zu erkennen. Im Katzenbeispiel könnte das bedeuten, dass das Modell Bereiche in einem Bild identifizieren kann, in denen der Rand des Katzenkörpers auf den Hintergrund trifft. Die nächsten Schichten im Modell beginnen, Gruppen von Kanten zu verstehen – vielleicht gibt es zwei Kanten, die sich in der linken oberen Ecke des Bilds treffen. Die letzten Schichten eines CNN können dann diese Gruppen von Kanten zusammensetzen und ein Verständnis für verschiedene Features im Bild entwickeln. Im Katzenbeispiel könnte das Modell in der Lage sein, zwei dreieckige Formen im oberen Teil des Bilds und zwei ovale Formen darunter zu erkennen. Als Menschen wissen wir, dass diese Dreiecksformen die Ohren und die ovalen Formen die Augen sind.

Abbildung 4-14 visualisiert diesen Prozess mit einer Darstellung aus der Forschung von Zeiler und Fergus (*https://oreil.ly/VzRV_*) zur Dekonstruktion von CNNs, um die verschiedenen Features zu verstehen, die in jeder Schicht des Modells aktiviert wurden. Für jede Schicht in einem 5-schichtigen CNN zeigt die Abbildung die Feature-Map eines Bilds für eine bestimmte Schicht neben dem eigentlichen Bild. So können wir sehen, wie die Wahrnehmung eines Bilds durch das Modell voranschreitet, während es sich durch das Netz bewegt. Die Schichten 1 und 2 erkennen nur Kanten, Schicht 3 beginnt, Objekte herauszustellen, und die Schichten 4 und 5 können Schwerpunkte im gesamten Bild verstehen.

Für unser Modell sind das aber einfach nur Gruppierungen von Pixelwerten. Es weiß nicht, dass es sich bei den dreieckigen und ovalen Formen um Ohren und Augen handelt – es weiß nur, dass es spezifische Gruppierungen von Features mit den Labels, auf denen es trainiert wurde, assoziieren kann. Auf diese Weise unterscheidet sich der Lernprozess des Modells, welche Gruppen von Features eine Katze ausmachen, nicht wesentlich von dem Lernen der Gruppen von Features, die zu anderen Objekten gehören, beispielsweise einem Tisch, einem Berg oder sogar einem Prominenten. Für ein Modell sind dies alles nur verschiedene Kombinationen von Pixelwerten, Kanten und Formen.

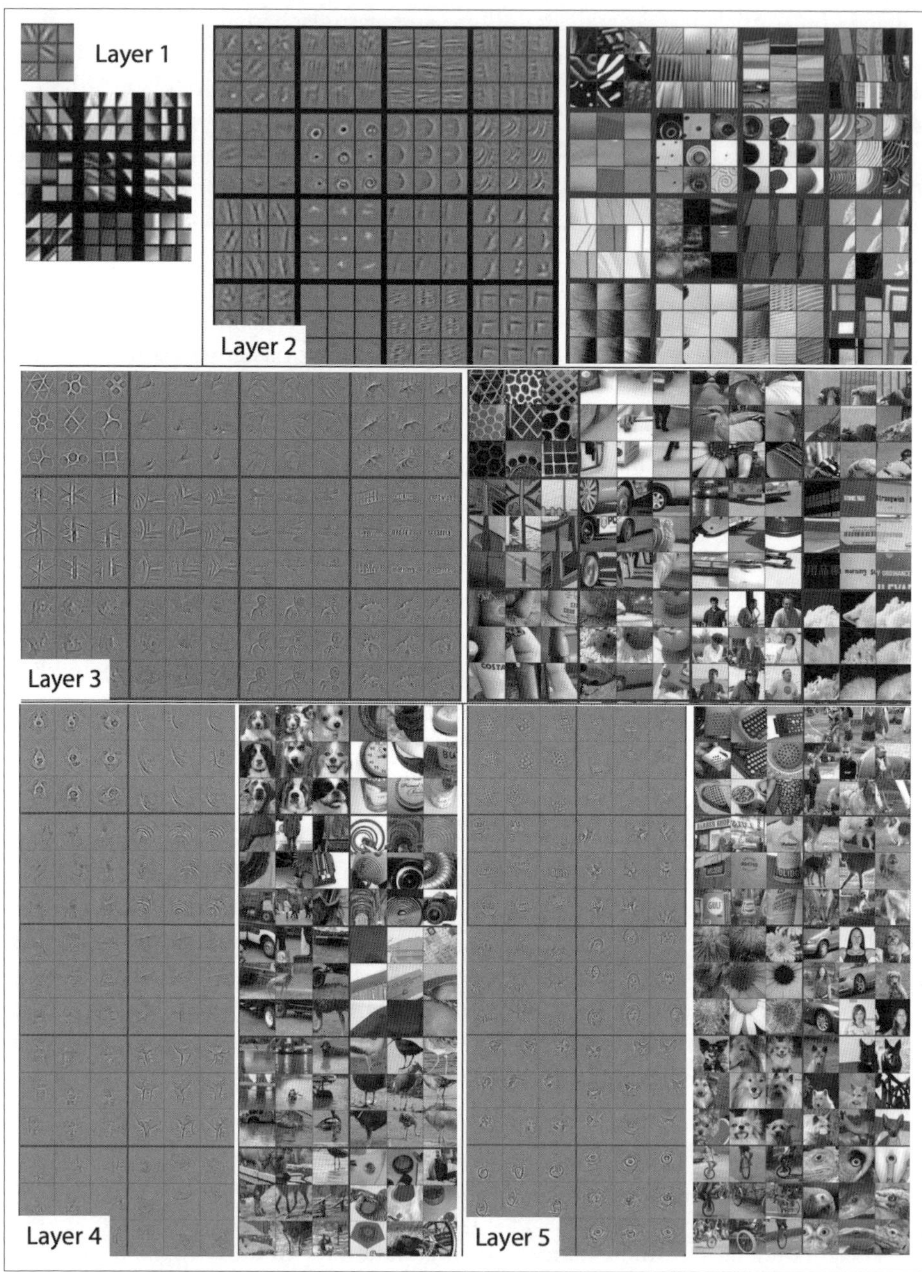

Abbildung 4-14: Die Forschung von Zeiler und Fergus (2013) zur Dekonstruktion von CNNs hilft uns, zu visualisieren, wie ein CNN Bilder auf jeder Schicht des Netzes sieht.

Kompromisse und Alternativen

Bisher sind wir noch nicht auf Methoden eingegangen, die die Gewichte unseres ursprünglichen Modells ändern, wenn wir Transfer Learning implementieren. Hier untersuchen wir zwei Ansätze dafür: Feature-Extraktion und Feinabstimmung. Außerdem erörtern wir, warum sich Transfer Learning hauptsächlich auf Bild- und Textmodelle konzentriert, und werfen einen Blick auf die Beziehung zwischen Testsatzeinbettungen und Transfer Learning.

Feinabstimmung gegenüber Feature-Extraktion

Die *Feature-Extraktion* beschreibt einen Ansatz für Transfer Learning, bei dem Sie die Gewichte aller Schichten vor der Flaschenhalsschicht einfrieren und die folgenden Schichten auf Ihren eigenen Daten und Labels trainieren. Alternativ können Sie stattdessen auch die Gewichte der Schichten des vortrainierten Modells fein abstimmen. Per Feinabstimmung können Sie entweder die Gewichte jeder Schicht im vortrainierten Modell aktualisieren oder nur einige der Schichten unmittelbar vor dem Flaschenhals. Ein Transfer-Learning-Modell mithilfe von Feinabstimmung zu trainieren, dauert gewöhnlich länger als eine Feature-Extraktion. In unserem Textklassifizierungsbeispiel weiter oben ist Ihnen sicherlich aufgefallen, dass wir `trainable=True` gesetzt haben, als wir unsere TF-Hub-Schicht initialisierten. Dies ist ein Beispiel für Feinabstimmung.

Bei der Feinabstimmung ist es üblich, die Gewichte der anfänglichen Schichten des Modells eingefroren zu lassen, da diese Schichten daraufhin trainiert wurden, grundlegende Features zu erkennen, die oft für viele Arten von Bildern gleich sind. Um ein MobileNet-Modell fein abzustimmen, würden wir beispielsweise `trainable=False` nur für eine Teilmenge der Schichten im Modell setzen, anstatt jede Schicht trainierbar zu machen. Um zum Beispiel nach der 1.000sten Schicht fein abzustimmen, könnten wir folgenden Code ausführen:

```
base_model = tf.keras.applications.MobileNetV2(input_shape=(160,160,3),
                                               include_top=False,
                                               weights='imagenet')
for layer in base_model.layers[:100]:
  layer.trainable =  False
```

Um zu bestimmen, wie viele Schichten einzufrieren sind, wird die sogenannte *progressive Feinabstimmung* (*https://oreil.ly/fAv1S*) empfohlen. Bei diesem Ansatz gibt man eingefrorene Schichten iterativ nach jedem Trainingslauf wieder frei, um die ideale Anzahl von Schichten für eine Feinabstimmung zu ermitteln. Dies funktioniert am besten und ist am effizientesten, wenn Sie die Lernrate niedrig (0,001 ist üblich) und die Anzahl der Trainingsiterationen relativ klein halten. Um progressive Feinabstimmung zu implementieren, geben Sie zunächst nur die letzte Schicht Ihres transferierten Modells frei (die Schicht, die am nächsten zur Ausgabe liegt) und berechnen den Verlust des Modells nach dem Training. Dann geben Sie weitere Schichten (eine nach der anderen) frei, bis Sie die Eingabeschicht erreichen oder bis der Verlust auf einem Plateau verbleibt. Dies verwenden Sie, um die Anzahl der Schichten für die Feinabstimmung festzulegen.

Wie sollten Sie feststellen, ob Sie eine Feinabstimmung vornehmen oder alle Schichten Ihres vortrainierten Modells einfrieren? Bei einem kleinen Datensatz ist es in der Regel am besten, das vortrainierte Modell als Feature-Extraktor zu verwenden, anstatt eine Feinabstimmung vorzunehmen. Wenn Sie die Gewichte eines Modells neu trainieren, das wahrscheinlich auf Tausenden oder Millionen von Beispielen trainiert wurde, kann eine Feinabstimmung dazu führen, dass das aktualisierte Modell an Ihren kleinen Datensatz überangepasst wird und die verallgemeinerten Informationen verloren gehen, die von diesen Millionen Beispielen gelernt wurden. Es hängt zwar von Ihren Daten und der Vorhersageaufgabe ab, doch wenn wir hier »kleiner Datensatz« sagen, meinen wir Datensätze mit Hunderten oder ein paar Tausend Trainingsbeispielen.

Bei der Entscheidung für eine Feinabstimmung ist als weiterer Faktor zu berücksichtigen, wie stark sich Ihre Vorhersageaufgabe der Aufgabe des verwendeten vortrainierten Modells ähnelt. Ist die Vorhersageaufgabe ähnlich oder eine Fortsetzung des vorherigen Trainings, wie es in unserem Modell für die Stimmungsanalyse von Filmrezensionen der Fall war, kann Feinabstimmung zu genaueren Ergebnissen führen. Weicht die Aufgabe ab oder unterscheiden sich die Datensätze signifikant, ist es am besten, alle Schichten des vortrainierten Modells einzufrieren, anstatt sie fein abzustimmen. Tabelle 4-1 fasst die wichtigsten Punkte zusammen.[4]

Tabelle 4-1: Kriterien für die Entscheidung zwischen Feature-Extraktion und Feinabstimmung

Kriterium	Feature-Extraktion	Feinabstimmung
Wie groß ist der Datensatz?	klein	groß
Ist unsere Vorhersageaufgabe die gleiche wie die des vortrainierten Modells?	unterschiedliche Aufgaben	gleiche Aufgabe oder ähnliche Aufgabe mit der gleichen Klassenverteilung von Labels
Budget für Trainingszeit und Rechenkosten?	niedrig	hoch

In unserem Textbeispiel wurde das vortrainierte Modell auf einem Korpus aus Nachrichtentexten trainiert, unser Anwendungsfall hat aber mit Stimmungsanalyse zu tun. Da diese Aufgaben unterschiedlich sind, sollten wir das ursprüngliche Modell als Feature-Extraktor verwenden, anstatt es fein abzustimmen. Ein Beispiel für verschiedene Vorhersageaufgaben in einer Bilddomäne könnte die Verwendung unseres MobileNet-Modells sein, das auf ImageNet trainiert wurde und als Ausgangspunkt für Transfer Learning auf einem Datensatz medizinischer Bilder dienen kann. Obwohl es bei beiden Aufgaben um Bildklassifizierung geht, sind die Bilder in den beiden Datensätzen von sehr unterschiedlicher Natur.

4 Weitere Informationen finden Sie in »CS231n Convolutional Neural Networks for Visual Recognition« (*https://oreil.ly/w109T*).

Fokus auf Bild- und Textmodelle

Vielleicht haben Sie bemerkt, dass alle Beispiele in diesem Abschnitt mit Bild- und Textdaten zu tun hatten. Das liegt daran, dass Transfer Learning hauptsächlich für Fälle gedacht ist, in denen man eine ähnliche Aufgabe auf die gleiche Datendomäne anwenden kann. Modelle, die mit tabellarischen Daten trainiert werden, decken jedoch eine potenziell unendliche Anzahl möglicher Vorhersageaufgaben und Datentypen ab. Nun könnten Sie ein Modell auf tabellarischen Daten trainieren, um vorherzusagen, wie Sie Eintrittskarten für Ihre Veranstaltung auspreisen sollten, wie wahrscheinlich jemand einen Kredit zurückzahlen wird, wie der Umsatz Ihrer Firma im nächsten Quartal aussieht, wie lange eine Taxifahrt dauert usw. Die konkreten Daten für diese Aufgaben sind ebenfalls unglaublich vielfältig, wobei das Ticketproblem von Informationen über Künstler und Veranstaltungsorte, das Kreditproblem vom persönlichen Einkommen und die Dauer der Taxifahrt von den städtischen Verkehrsmustern abhängt. Aus diesen Gründen ist es von Haus aus nicht trivial, das Gelernte von einem tabellarischen Modell auf ein anderes zu übertragen.

Obwohl Transfer Learning bei tabellarischen Daten noch nicht so weit verbreitet ist wie bei Bild- und Textdomänen, präsentiert die Forschung in diesem Bereich mit TabNet (*https://oreil.ly/HI5Xl*) eine neue Modellarchitektur. Die meisten tabellarischen Modelle erfordern umfangreiches Feature Engineering im Vergleich zu Bild- und Textmodellen. TabNet bedient sich einer Technik, die erstmals mit unüberwachtem Lernen (Unsupervised Learning) die Darstellungen für tabellarische Features lernt und dann diese gelernten Darstellungen einer Feinabstimmung unterzieht, um Vorhersagen zu erzeugen. Auf diese Weise automatisiert TabNet das Feature Engineering für tabellarische Modelle.

Einbettungen von Wörtern vs. Sätzen

In unseren Erläuterungen zu Texteinbettungen haben wir uns vorrangig auf *Wort*-Einbettungen konzentriert. *Satz*-Einbettungen stellen einen anderen Typ von Texteinbettungen dar. Während Worteinbettungen einzelne Wörter in einem Vektorraum repräsentieren, stehen Satzeinbettungen für ganze Sätze. Folglich sind Worteinbettungen kontextunabhängig. Sehen Sie sich an, wie sich das beim folgenden Satz verhält:

> *»I've left you fresh baked cookies on the left side of the kitchen counter.«*

In diesem Satz erscheint das Wort *left* zweimal, zuerst als Verb (dt. lassen, hinterlassen) und dann als Adjektiv (dt. links). Wenn wir für diesen Satz Worteinbettungen generieren, erhalten wir für jedes Wort ein eigenes Array. Bei Worteinbettungen wäre das Array für beide Instanzen des Worts *left* dasselbe. Mit Einbettungen auf Satzebene erhalten wir jedoch einen einzigen Vektor, der den gesamten Satz repräsentiert. Es gibt verschiedene Ansätze, um Satzeinbettungen zu erzeugen – von der Mittelung der Worteinbettungen eines Satzes bis hin zum Training eines überwachten Lernmodells auf einem großen Textkorpus, um die Einbettungen zu erzeugen.

Was hat das mit Transfer Learning zu tun? Die zweite Methode – Training eines überwachten Lernmodells, um Einbettungen auf Satzebene zu generieren – ist eigentlich eine Form des Transfer Learning. Diesen Ansatz verwenden der *Universal Sentence Encoder* (*https://oreil.ly/Y0Ry9*) von Google (verfügbar in TF Hub) und BERT (*https://oreil.ly/l_gQf*). Diese Methoden unterscheiden sich von den Worteinbettungen dadurch, dass sie über das einfache Nachschlagen von Gewichten für einzelne Wörter hinausgehen. Stattdessen sind sie durch Training eines Modells auf einem großen Datensatz mit unterschiedlichem Text erstellt worden, um die von Wortfolgen vermittelte Bedeutung zu verstehen. Somit können sie vom Konzept her auf verschiedene Aufgaben mit natürlicher Sprache übertragen und zum Aufbau von Modellen verwendet werden, die Transfer Learning implementieren.

Entwurfsmuster 14: Verteilungsstrategie

In der *Verteilungsstrategie* wird die Trainingsschleife insgesamt über mehrere Worker ausgeführt, oft mit Caching, Hardwarebeschleunigung und Parallelisierung.

Problem

Heutzutage ist es üblich, dass große neuronale Netze über Millionen von Parametern konfiguriert und auf riesigen Datenmengen trainiert werden. Es hat sich gezeigt, dass sich die Modellperformance beim Deep Learning durch Hochskalieren in Bezug auf die Anzahl der Trainingsbeispiele und/oder die Anzahl der Modellparameter drastisch verbessert. Mit zunehmender Größe von Modellen und Daten nehmen allerdings auch die Rechen- und Speicheranforderungen proportional zu, sodass die erforderliche Zeit zum Trainieren dieser Modelle zu einem der größten Probleme beim Deep Learning wird.

GPUs bringen einen beträchtlichen Schub an Rechenleistung und drücken die Trainingszeit von mäßig großen tiefen neuronalen Netzen auf akzeptable Werte. Bei sehr großen Modellen, die auf massiven Datenmengen trainiert werden, genügen allerdings einzelne GPUs nicht, um akzeptable Trainingszeiten zu erreichen. Derzeit erfordert das Training von ResNet-50 mit dem ImageNet-Datensatz für 90 Epochen als Benchmark auf einer einzelnen NVIDIA-M40-GPU 10^{18} Operationen einfacher Genauigkeit und dauert 14 Tage. Da KI mehr und mehr eingesetzt wird, um Probleme mit komplexen Domänen zu lösen, und es Open-Source-Bibliotheken wie TensorFlow und PyTorch erleichtern, Deep-Learning-Modelle zu erstellen, haben sich große neuronale Netze, die mit ResNet-50 vergleichbar sind, zur Norm entwickelt.

Dies ist ein Problem. Wenn es zwei Wochen dauert, um ein neuronales Netz zu trainieren, müssen Sie zwei Wochen warten, bevor Sie zu neuen Ideen übergehen oder mit dem Optimieren von Einstellungen experimentieren können. Darüber hinaus ist es bei einigen komplexeren Problemen wie der medizinischen Bilderstellung, dem autonomen Fahren oder der Sprachübersetzung nicht immer machbar, das Problem in kleinere Komponenten zu zerlegen oder nur mit einer Teilmenge der Daten zu arbeiten. Nur mit dem vollen Umfang der Daten lässt sich beurteilen, ob etwas funktioniert oder nicht.

Die Trainingszeit geht im wahrsten Sinne des Wortes ins Geld. In der Welt des serverlosen maschinellen Lernens ist es möglich, Trainingsjobs an einen Cloud-Dienst zu übertragen, bei dem die Trainingszeit in Rechnung gestellt wird, anstatt selbst eine teure GPU anzuschaffen. Die Kosten für das Training eines Modells summieren sich schnell, egal ob man in eine GPU investiert oder für einen serverlosen Trainingsdienst bezahlt.

Gibt es eine Möglichkeit, das Training dieser großen neuronalen Netze zu beschleunigen?

Lösung

Das Training lässt sich durch Verteilungsstrategien in der Trainingsschleife beschleunigen. Es gibt verschiedene Verteilungstechniken, aber die gemeinsame Idee ist, den Aufwand für das Training des Modells auf mehrere Rechner aufzuteilen. Dafür gibt es zwei Möglichkeiten: *Datenparallelität* und *Modellparallelität*. Bei der Datenparallelität werden die Berechnungen auf verschiedene Computer aufgeteilt, und verschiedene Worker trainieren auf verschiedenen Teilmengen der Trainingsdaten. Bei Modellparallelität wird das Modell aufgeteilt, und verschiedene Worker führen die Berechnungen für verschiedene Teile des Modells durch. In diesem Abschnitt konzentrieren wir uns auf Datenparallelität und zeigen Implementierungen in TensorFlow mit der Bibliothek `tf.distribute.Strategy`. Die Modellparallelität erörtern wir im Abschnitt »Kompromisse und Alternativen« auf Seite 208.

Um Datenparallelität zu implementieren, muss es eine Methode geben, damit verschiedene Worker Gradienten berechnen und diese Informationen teilen können, um die Modellparameter zu aktualisieren. Dadurch wird sichergestellt, dass alle Worker konsistent sind und das Modell mit jedem Gradientenschritt trainiert wird. Grob gesagt, kann Datenparallelität entweder synchron oder asynchron ausgeführt werden.

Synchrones Training

Beim synchronen Training trainieren die Worker parallel auf verschiedenen Slices der Eingabedaten, und die Gradientenwerte werden am Ende jedes Trainingsschritts aggregiert. Dies wird über einen *All-reduce-Algorithmus* durchgeführt. Das heißt, dass jeder Worker, typischerweise eine GPU, auf seinem Gerät über eine Kopie des Modells verfügt, und es wird – für einen einzelnen Schritt des stochastischen Gradientenabstiegs (SGD) – ein Mini-Batch von Daten auf jeden der separaten Worker aufgeteilt. Jedes Gerät führt einen Vorwärtsdurchlauf mit seinem Teil des Mini-Batches durch und berechnet Gradienten für jeden Parameter des Modells. Diese lokal berechneten Gradienten werden dann von jedem Gerät gesammelt und aggregiert (zum Beispiel gemittelt), um für jeden Parameter ein einzelnes Gradienten-Update zu erzeugen. Ein zentraler Server speichert die aktuellste Kopie der Modellparameter und führt den Gradientenschritt entsprechend den Gradienten durch, die von den einzelnen Workern empfangen wurden. Sobald die Modellparameter gemäß diesem aggregierten Gradientenschritt aktualisiert wurden, wird das neue Modell zusammen mit einer anderen Teilung des nächsten Mini-Batches an die Worker zurückgesendet, und der Vorgang wiederholt sich. Abbildung 4-15 zeigt eine typische All-reduce-Architektur für synchrone Datenverteilung.

Wie bei jeder Parallelisierungsstrategie fällt auch bei ihr zusätzlicher Overhead an, um die Zeitabläufe und die Kommunikation zwischen den Workern zu verwalten. Große Modelle könnten zu E/A-Flaschenhälsen führen, wenn Daten während des Trainings von der CPU zur GPU übertragen werden. Zudem können langsame Netzwerke Verzögerungen verursachen.

In TensorFlow unterstützt `tf.distribute.MirroredStrategy` synchrones, verteiltes Training über mehrere GPUs auf demselben Computer. Jeder Modellparameter wird auf alle Worker gespiegelt und als einzelne konzeptionelle Variable namens `MirroredVariable` gespeichert. Im All-reduce-Schritt werden alle Gradiententensoren auf jedem Gerät verfügbar gemacht. Damit lässt sich der Overhead der Synchronisation erheblich reduzieren. Zudem sind verschiedene andere Implementierungen für den All-reduce-Algorithmus verfügbar, von denen viele NVIDIA NCCL (*https://oreil.ly/HX4NE*) nutzen.

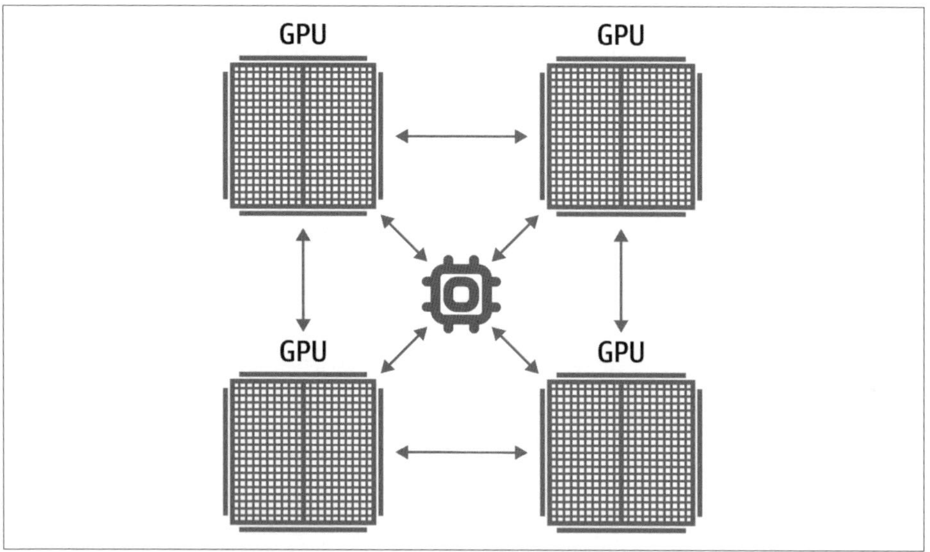

Abbildung 4-15: Beim synchronen Training speichert jeder Worker eine Kopie des Modells und berechnet Gradienten mit einer Slice der Trainingsdaten im Mini-Batch.

Um diese gespiegelte Strategie in Keras zu implementieren, erstellen Sie zuerst eine Instanz der gespiegelten Verteilungsstrategie. Dann verschieben Sie das Erstellen und Kompilieren des Modells in den Gültigkeitsbereich dieser Instanz. Der folgende Code zeigt, wie MirroredStrategy beim Training eines neuronalen Netzes mit drei Schichten zu verwenden ist:

```
mirrored_strategy = tf.distribute.MirroredStrategy()
with mirrored_strategy.scope():
    model = tf.keras.Sequential([tf.keras.layers.Dense(32, input_shape=(5,)),
                                 tf.keras.layers.Dense(16, activation='relu'),
                                 tf.keras.layers.Dense(1)])
model.compile(loss='mse', optimizer='sgd')
```

Da das Modell innerhalb dieses Gültigkeitsbereichs erstellt wird, werden die Parameter des Modells als gespiegelte Variablen statt regulärer Variablen erzeugt. Wenn es um die Anpassung des Modells an den Datensatz geht, wird alles genauso wie zuvor ausgeführt. Der Modellcode bleibt derselbe! Um verteiltes Training zu aktivieren, müssen Sie lediglich den Modellcode in den Bereich der Verteilungsstrategie einhüllen. Die MirroredStrategy kümmert sich um das Replizieren der Modellparameter auf die verfügbaren GPUs, das Aggregieren der Gradienten und mehr. Um das Modell zu trainieren oder auszuwerten, rufen wir wie gewohnt einfach fit() oder evaluate() auf:

```
model.fit(train_dataset, epochs=2)
model.evaluate(train_dataset)
```

Während des Trainings wird der Batch der Eingabedaten gleichmäßig auf die einzelnen Worker aufgeteilt. Wenn Sie zum Beispiel zwei GPUs verwenden, wird eine Batch-Größe von 10 auf die zwei GPUs aufgeteilt, und jede erhält in jedem Schritt fünf Trainingsbeispiele. In Keras gibt es auch andere synchrone Verteilungsstrategien wie CentralStorageStrategy und MultiWorkerMirroredStrategy. Mit MultiWorkerMirroredStrategy ist es möglich, die Verteilung nicht nur mit GPUs von ein und demselben Computer zu realisieren, sondern auf mehrere Computer auszudehnen. In CentralStorageStrategy werden die Modellvariablen nicht gespiegelt, sondern auf der CPU untergebracht, und die Operationen werden über alle lokalen GPUs repliziert. Somit finden die Variablenaktualisierungen nur an einer Stelle statt.

Bei der Wahl zwischen verschiedenen Verteilungsstrategien hängt die beste Option von Ihrer Computertopologie ab und davon, wie schnell die CPUs und GPUs miteinander kommunizieren können. Tabelle 4-2 fasst zusammen, wie die verschiedenen hier beschriebenen Strategien bei diesen Kriterien abschneiden.

Tabelle 4-2: Die Entscheidung für eine Verteilungsstrategie hängt von Ihrer Computertopologie ab und davon, wie schnell die CPUs und GPUs miteinander kommunizieren können.

	Schnellere CPU-GPU-Verbindung	**Schnellere GPU-GPU-Verbindung**
Ein Computer mit mehreren GPUs	CentralStorageStrategy	MirroredStrategy
Mehrere Computer mit mehreren GPUs	MultiWorkerMirroredStrategy	MultiWorkerMirroredStrategy

Verteilte Datenparallelität in PyTorch

In PyTorch verwendet der Code immer `DistributedDataParallel`, ob Sie nun eine GPU oder mehrere GPUs zur Verfügung haben und ob das Modell auf einem Computer oder auf mehreren Computern läuft. Stattdessen bestimmt die Verteilungsstrategie, wie und wo Sie die Vorgänge starten und wie Sie das Sampling, das Laden von Daten usw. untereinander koordinieren.

Zuerst initialisieren wir den Prozess und warten darauf, dass andere Prozesse starten und die Kommunikation einrichten:

```
torch.distributed.init_process_group(backend="nccl")
```

Dann legen wir die Gerätenummer fest, indem wir einen Rang von der Befehlszeile abrufen. Dabei steht der Rang 0 für den Masterprozess, und 1, 2, 3, ... sind die Worker:

```
device = torch.device("cuda:{}".format(local_rank))
```

Das Modell wird wie üblich in jedem der Prozesse erstellt, aber an dieses Gerät (`device`) gesendet. Eine verteilte Version des Modells, die ihren Anteil am Batch verarbeitet, wird mit `DistributedDataParallel` erstellt:

```
model = model.to(device)
ddp_model = DistributedDataParallel(model, device_ids=[local_rank],
                                    output_device=local_rank)
```

Die Daten selbst werden mit einem `DistributedSampler` aufgeteilt, und jeder Batch von Daten wird auch an das Gerät gesendet:

```
sampler = DistributedSampler(dataset=trainds)
loader = DataLoader(dataset=trainds, batch_size=batch_size,
                    sampler=sampler, num_workers=4)

...
for data in train_loader:
    features, labels = data[0].to(device), data[1].to(device)
```

Wenn ein PyTorch-Trainer gestartet wird, werden ihm als Parameter die Gesamtanzahl der Knoten und sein eigener Rang übergeben:

```
python -m torch.distributed.launch --nproc_per_node=4 \
    --nnodes=16 --node_rank=3 --master_addr="192.168.0.1" \
    --master_port=1234 my_pytorch.py
```

Bei nur einem Knoten ist dies äquivalent zur `MirroredStrategy` von TensorFlow, und wenn die Anzahl der Knoten größer als 1 ist, entspricht das der `MultiWorkerMirroredStrategy` von TensorFlow. Wenn es nur einen Prozess pro Knoten und auch nur einen Knoten gibt, haben wir eine `OneDeviceStrategy`. Sofern es das in `init_process_group` übergebene Backend (in diesem Fall NCCL) unterstützt, wird für alle diese Fälle eine optimierte Kommunikation bereitgestellt.

Asynchrones Training

Beim asynchronen Training trainieren die Worker unabhängig voneinander auf verschiedenen Slices der Eingabedaten. Die Modellgewichte und Parameter werden asynchron aktualisiert, typischerweise über eine Parameter-Server-Architektur (*https://oreil.ly/Wkk5B*). Das heißt, dass kein Worker auf Aktualisierungen des Modells von einem der anderen Worker wartet. In der Parameter-Server-Architektur gibt es einen einzigen Parameter-Server, der die aktuellen Werte der Modellgewichte verwaltet, wie Abbildung 4-16 zeigt.

Wie beim synchronen Training wird für jeden SGD-Schritt ein Mini-Batch von Daten auf die einzelnen Worker aufgeteilt. Jedes Gerät führt einen Vorwärtspass mit seinem Anteil des Mini-Batches durch und berechnet Gradienten für jeden Parameter des Modells. Der Parameter-Server erhält diese Gradienten, aktualisiert die Parameter und sendet die neuen Modellparameter mit einer anderen Aufteilung des nächsten Mini-Batches zurück an die Worker.

Synchrones und asynchrones Training unterscheiden sich im Wesentlichen dadurch, dass der Parameter-Server kein *All*-reduce ausführt. Stattdessen berechnet er die neuen Modellparameter periodisch auf der Grundlage der Gradientenaktualisierungen, die er seit der letzten Berechnung empfangen hat. In der Regel erreicht asynchrone Verteilung einen höheren Durchsatz als synchrones Training, weil ein langsamer Worker die Trainingsschritte nicht behindert. Fällt ein einzelner Worker aus, läuft das Training wie geplant weiter, und zwar mit den anderen Workern, während der ausgefallene Worker neu startet. Im Ergebnis können einige Aufteilungen des Mini-Batches während des Trainings verloren gehen, weshalb es zu schwierig ist, genau zu verfolgen, wie viele Epochen der Daten verarbeitet wurden. Dies ist ein weiterer Grund dafür, dass wir beim Training großer verteilter Jobs in der Regel virtuelle Epochen statt Epochen angeben. Mehr zu virtuellen Epochen finden Sie im Abschnitt »Entwurfsmuster 12: Checkpoints« auf Seite 174.

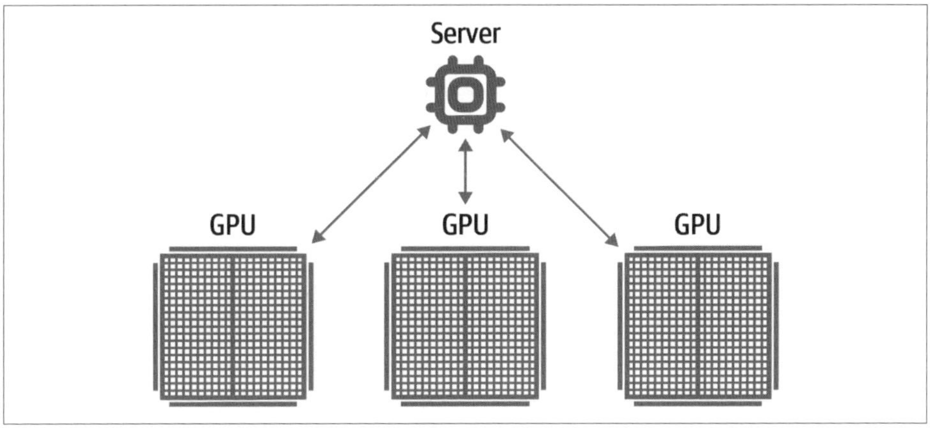

Abbildung 4-16: Beim asynchronen Training führt jeder Worker einen Gradientenabstiegsschritt mit einem Teil des Mini-Batches aus. Keiner der Worker wartet auf Aktualisierungen des Modells von einem der anderen Worker.

Da es außerdem keine Synchronisierung zwischen den Gewichtsaktualisierungen gibt, ist es möglich, dass ein Worker die Modellgewichte basierend auf einem veralteten Modellzustand aktualisiert. In der Praxis scheint das aber kein Problem zu sein. Typischerweise werden große neuronale Netze für mehrere Epochen trainiert, und diese kleinen Diskrepanzen sind am Ende zu vernachlässigen.

In Keras implementiert `ParameterServerStrategy` ein asynchrones Parameter-Server-Training auf mehreren Computern. Wenn man diese Verteilung verwendet, designiert man einige Computer als Worker, und einige behält man als Parameter-Server. Die Parameter-Server speichern jede Variable des Modells, und die Berechnungen werden auf den Workern durchgeführt, typischerweise auf GPUs.

Die Implementierung ist ähnlich wie bei anderen Verteilungsstrategien in Keras. Zum Beispiel würden Sie in Ihrem Code einfach `MirroredStrategy()` durch `ParameterServerStrategy()` ersetzen.

Erwähnenswert ist auch die Verteilungsstrategie `OneDeviceStrategy` in Keras. Sie platziert alle in ihrem Gültigkeitsbereich erzeugten Variablen auf dem angegebenen Gerät. Diese Strategie ist besonders nützlich, um Ihren Code zu testen, bevor Sie zu anderen Strategien wechseln, die die Verteilung tatsächlich auf mehrere Geräte/Computer vornehmen.

Synchrones und asynchrones Training haben jeweils ihre Vor- und Nachteile, wobei die Entscheidung zwischen den beiden oft von Hardware- und Netzwerkbeschränkungen abhängt.

Synchrones Training ist besonders anfällig für langsame Geräte oder schlechte Netzwerkverbindungen, da das Training zum Stillstand kommt, wenn auf die Aktualisierungen von allen Workern gewartet wird. Das heißt, synchrone Verteilung ist vorzuziehen, wenn alle Geräte auf einem einzelnen Host versammelt sind und es schnelle Geräte (zum Beispiel TPUs oder GPUs) mit starken Verbindungen gibt. Dagegen ist die asynchrone Verteilung zu bevorzugen, wenn es viele Worker gibt, die wenig Leistung bieten oder unzuverlässig sind. Wenn ein einzelner Worker ausfällt oder bei der Rückgabe eines Gradienten-Updates stecken bleibt, bringt er die Trainingsschleife nicht zum Stillstand. Hinderlich sind einzig und allein E/A-Beschränkungen.

Warum es funktioniert

Große, komplexe neuronale Netze benötigen große Mengen an Trainingsdaten, um effektiv zu sein. Verteilte Trainingsschemata erhöhen den Durchsatz der Daten, die von diesen Modellen verarbeitet werden, drastisch und können die Trainingszeiten effektiv von Wochen auf Stunden drücken. Ressourcen, die von Worker- und Parameter-Server-Aufgaben gemeinsam genutzt werden, führen zu einer drastischen Steigerung des Datendurchsatzes. Abbildung 4-17 zeigt den Durchsatz der Trainingsdaten – in diesem Fall Bilder – als Vergleich bei verschiedenen Verteilungs-Setups.[5] Am auffälligsten ist, dass der Durchsatz mit der Anzahl der Worker-Knoten zunimmt, und obwohl Parameter-Server Aufgaben ausführen, die nichts mit den Berechnungen der Worker auf den GPUs zu tun haben, ist die Aufteilung der Arbeitslast auf mehrere Computer die vorteilhafteste Strategie.

Darüber hinaus senkt die Datenparallelisierung die Zeit bis zur Konvergenz während des Trainings. Eine ähnliche Studie hat gezeigt, dass mehr Worker zu einem viel schnelleren Minimumverlust führen.[6] In Abbildung 4-18 werden die Zeiten bis zum Minimum bei verschiedenen Verteilungsstrategien gegenübergestellt. Wenn die Anzahl der Worker zunimmt, verringert sich die Zeit bis zum minimalen Trainingsverlust drastisch, wobei sich die Geschwindigkeit bei acht Workern im Vergleich zu nur einem Worker um fast das Fünffache erhöht.

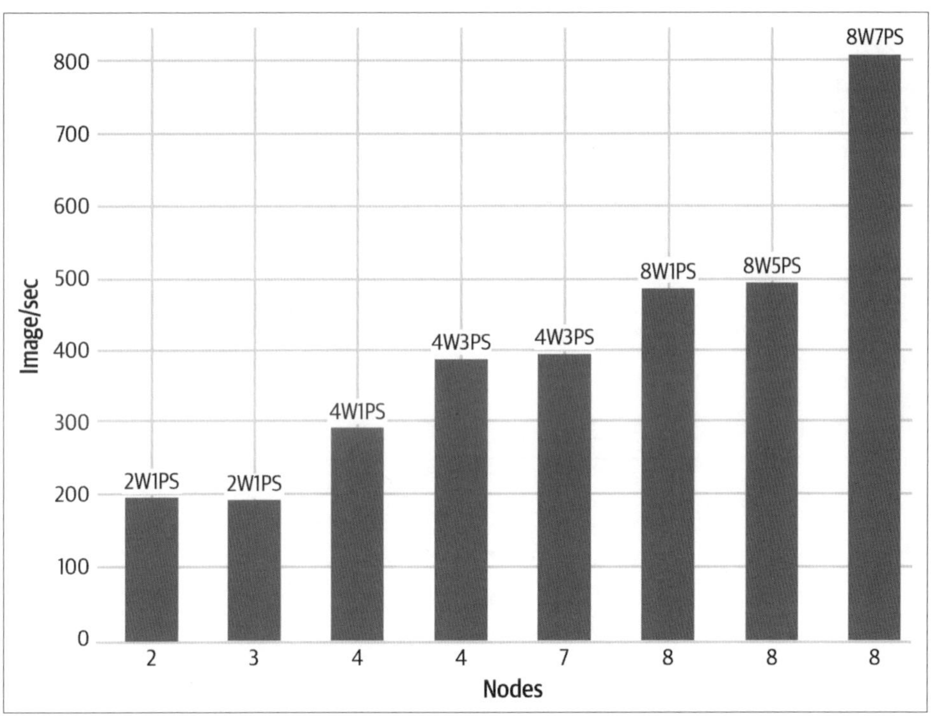

Abbildung 4-17: Vergleich des Durchsatzes zwischen verschiedenen Verteilungskonfigurationen. Hier steht 2W1PS für zwei Worker und einen Parameter-Server.

5 Victor Campos et al., »Distributed training strategies for a computer vision deep learning algorithm on a distributed GPU cluster«, International Conference on Computational Science, ICCS 2017, Juni 12–14, 2017.

6 Ebd.

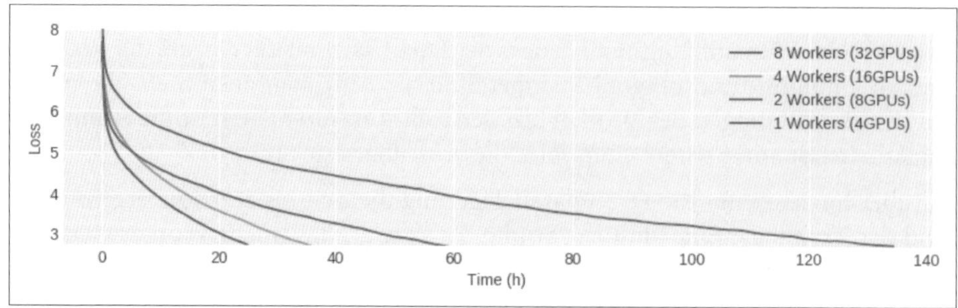

Abbildung 4-18: Mit zunehmender Anzahl von GPUs sinkt die Zeit bis zur Konvergenz beim Training.

Kompromisse und Alternativen

Neben der Datenparallelität sind auch andere Aspekte der Verteilung zu berücksichtigen, beispielsweise Modellparallelität, andere Trainingsbeschleuniger (z. B. TPUs) und andere Betrachtungen (wie zum Beispiel E/A-Beschränkungen und Batch-Größe).

Modellparallelität

In manchen Fällen ist das neuronale Netz so groß, dass es nicht in den Arbeitsspeicher eines einzelnen Geräts passt. So hat das Projekt *Neural Machine Translation* von Google (*https://oreil.ly/xL4Cu*) Milliarden von Parametern. Um Modelle dieser Größe zu trainieren, müssen sie auf mehrere Geräte aufgeteilt werden,[7] wie Abbildung 4-19 zeigt.

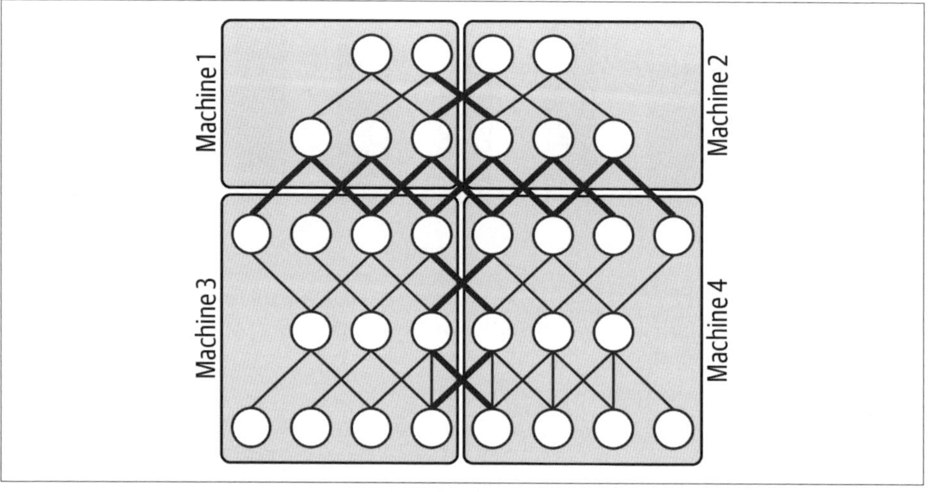

Abbildung 4-19: Modellparallelität partitioniert das Modell auf mehrere Geräte.

7 Jeffrey Dean et al., »Large Scale Distributed Deep Networks«, NIPS Proceedings (2012).

Dies ist die sogenannte *Modellparallelität*. Indem man Teile eines Netzes und ihre dazugehörigen Berechnungen auf mehrere Kerne partitioniert, wird die Rechen- und Speicherlast auf mehrere Geräte verteilt. Jedes Gerät arbeitet während des Trainings mit demselben Mini-Batch an Daten, führt aber nur Berechnungen aus, die sich auf die einzelnen Komponenten des Modells beziehen.

Modell- oder Datenparallelität?

A priori ist keines der beiden Systeme besser als das andere. Jedes hat seine eigenen Vorteile. Typischerweise bestimmt die Modellarchitektur, ob es besser ist, auf Daten- oder Modellparallelität zu setzen.

Insbesondere verbessert die Modellparallelität die Effizienz, wenn der Rechenaufwand pro Neuronaktivität hoch ist, wie zum Beispiel in breiten Modellen mit vielen vollständig verbundenen Schichten. Das hängt damit zusammen, dass der Wert des Neurons zwischen verschiedenen Komponenten des Modells kommuniziert wird. Außerhalb des Trainingsparadigmas bietet Modellparallelität einen zusätzlichen Vorteil für die Bedienung sehr großer Modelle, bei denen eine geringe Latenz erforderlich ist. Das Verteilen der Berechnungen eines großen Modells auf mehrere Geräte kann die Gesamtberechnungszeit erheblich reduzieren, wenn Vorhersagen online zu erstellen sind.

Andererseits ist Datenparallelität effizienter, wenn der Rechenaufwand pro Gewicht hoch ist, etwa wenn Faltungsschichten beteiligt sind. Das liegt daran, dass die Modellgewichte (und ihre Gradientenaktualisierungen) zwischen verschiedenen Workern übergeben werden.

Je nach der Größe Ihres Modells und Problems kann es notwendig sein, beides zu nutzen. Bei Mesh TensorFlow (*https://oreil.ly/svS4q*) handelt sich um eine Bibliothek (*https://github.com/tensorflow/mesh*), die für verteiltes Deep Learning konzipiert ist und die synchrone Datenparallelität mit Modellparallelität kombiniert. Sie ist als Schicht über TensorFlow implementiert und erleichtert es, Tensoren über verschiedene Dimensionen aufzuteilen. Die Aufteilung über die Batch-Schicht ist gleichbedeutend mit Datenparallelität, während die Aufteilung über eine andere Dimension – zum Beispiel eine Dimension, die die Größe einer versteckten Schicht repräsentiert – Modellparallelität erreicht.

ASICs für bessere Performance bei geringeren Kosten

Um den Trainingsprozess zu beschleunigen, kann man die zugrunde liegende Hardware schneller machen, beispielsweise durch Verwendung anwendungsspezifischer integrierter Schaltungen (*Application-Specific Integrated Circuits*, ASICs). Beim maschinellen Lernen bezieht sich das auf Hardwarekomponenten, die speziell dafür entwickelt wurden, die Performance bei Matrixberechnungen zu optimieren, wie sie im Kern der Trainingsschleife üblich sind. TPUs in Google Cloud sind ASICs, mit denen sich sowohl Modelle trainieren als auch Vorhersagen treffen lassen. Eine ähnliche Form bietet Microsoft Azure mit dem Azure FPGA (*Field-Programmable Gate Array*), das ebenfalls ein benutzerdefinierter Chip für maschinelles Lernen wie der ASIC ist, außer dass man ihn bei Bedarf neu konfigurieren kann. Diese Chips sind in der Lage, die Zeit bis zur Genauigkeit beim Training großer, komplexer neuronaler Netzmodelle erheblich zu minimieren. Ein Modell, das auf GPUs zwei Wochen zum Trainieren braucht, kann auf TPUs in wenigen Stunden konvergieren.

Es gibt noch weitere Vorteile, kundenspezifische Chips für maschinelles Lernen zu verwenden. Da die Beschleuniger (GPUs, FPGAs, TPUs usw.) schneller geworden sind, ist die Ein-/Ausgabe zu einem bedeutenden Flaschenhals im ML-Training geworden. Viele Trainingsprozesse verschwenden Prozessorzyklen, indem sie darauf warten, Daten zu lesen und zum Beschleuniger zu verschieben, und auf Gradientenaktualisierungen warten, um All-reduce durchzuführen. TPU-Pods (wobei ein Pod aus Tausenden von TPUs besteht) verfügen über sehr schnelle Zwischenverbindungen, sodass wir uns um den Kommunikations-Overhead innerhalb eines Pods in der Regel keine Gedanken machen müssen. Da es außerdem sehr viel Speicherplatz auf der Festplatte gibt, ist es auch möglich, Daten präemptiv zu laden und CPU-Aufrufe weniger häufig auszuführen. Im Ergebnis sollten Sie viel größere Batches verwenden, um von Chips wie TPUs mit hoher Speicherkapazität und schnellen Zwischenverbindungen voll zu profitieren.

In Bezug auf verteiltes Training ermöglicht `TPUStrategy`, dass Sie verteilte Trainingsjobs auf TPUs ausführen. Hinter den Kulissen ist `TPUStrategy` dasselbe wie `MirroredStrategy`, obwohl TPUs ihre eigene Implementierung des All-reduce-Algorithmus haben.

Die `TPUStrategy` verwenden Sie ähnlich wie die anderen Verteilungsstrategien in TensorFlow. Ein Unterschied ist, dass Sie zuerst einen `TPUClusterResolver` einrichten müssen, der auf den Standort der TPUs zeigt. Derzeit sind TPUs in Google Colab kostenlos verfügbar, und Sie müssen dort keine Argumente für `tpu_address` angeben:

```
cluster_resolver = tf.distribute.cluster_resolver.TPUClusterResolver(
    tpu=tpu_address)
tf.config.experimental_connect_to_cluster(cluster_resolver)
tf.tpu.experimental.initialize_tpu_system(cluster_resolver)
tpu_strategy = tf.distribute.experimental.TPUStrategy(cluster_resolver)
```

Eine Batch-Größe wählen

Die Batch-Größe ist ein weiterer wichtiger Faktor, der zu berücksichtigen ist. Insbesondere bei synchroner Datenparallelität ist es bei großen Modellen besser, die Gesamtanzahl von Trainingsdurchläufen zu verringern, weil bei jedem Trainingsschritt das aktualisierte Modell auf die verschiedenen Worker verteilt werden muss, was wegen der Übertragungszeit eine Verlangsamung bedeutet. Deshalb ist es wichtig, die Mini-Batch-Größe so weit wie möglich zu erhöhen, damit die gleiche Performance mit weniger Schritten erreicht werden kann.

Es hat sich jedoch gezeigt (*https://oreil.ly/FOtIX*), dass sehr große Batches die Konvergenzgeschwindigkeit beim stochastischen Gradientenabstieg sowie die Qualität der endgültigen Lösung negativ beeinflussen.[8] Abbildung 4-20 zeigt, dass eine Erhöhung der Batch-Größe allein letztlich zu einem Anstieg des Top-1-Validierungsfehlers führt. Tatsächlich wird argumentiert, dass eine lineare Skalierung der Lernrate als Funktion der Batch-Größe notwendig ist, um den Validierungsfehler niedrig zu halten und gleichzeitig die Zeit des verteilten Trainings zu verringern.

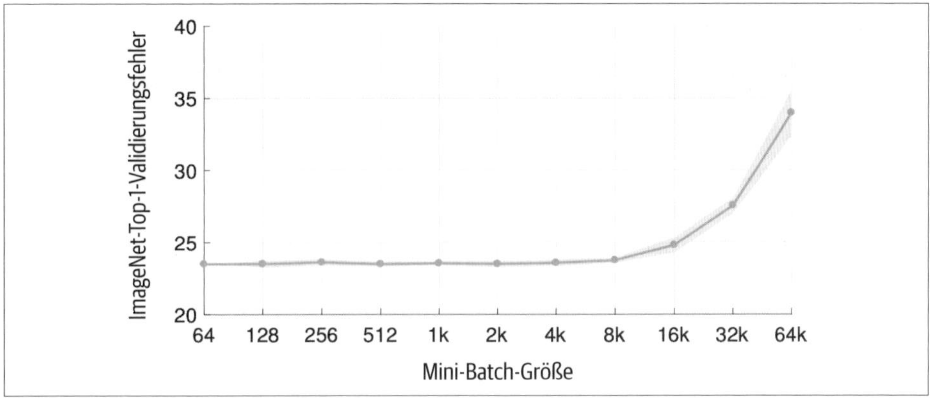

Abbildung 4-20: Es hat sich gezeigt, dass große Batch-Größen die Qualität des endgültigen trainierten Modells beeinträchtigen.

Somit ist das Festlegen der Mini-Batch-Größe im Rahmen des verteilten Trainings ein eigner komplexer Optimierungsraum, da sie sowohl die statistische Genauigkeit (Generalisierung) als auch die Hardwareeffizienz (Nutzung) des Modells beeinflusst. Eine verwandte Arbeit (*https://oreil.ly/yeALI*), die sich auf diese Optimierung konzentriert, stellt eine schichtweise adaptive Optimierungstechnik für große Batches namens LAMB vor, die die BERT-Trainingszeit von drei Tagen auf nur 76 Minuten reduzieren konnte.

E/A-Wartezeiten minimieren

GPUs und TPUs können Daten viel schneller verarbeiten als CPUs. Wenn man verteilte Strategien mit mehreren Beschleunigern verwendet, können E/A-Pipelines nur schwer mithalten, wodurch ein Flaschenhals zu effizienterem Training entsteht. Genauer gesagt: Bevor ein Trainingsschritt abgeschlossen ist, sind die Daten für den nächsten Schritt nicht zur Verarbeitung verfügbar. Abbildung 4-21 veranschaulicht dies. Die CPU verarbeitet die Eingabepipeline: Daten aus dem Speicher lesen, aufbereiten und an den Beschleuniger zur Berechnung senden. Da verteilte Strategien das Training beschleunigen, sind effiziente Eingabepipelines mehr denn je notwendig, um die verfügbare Rechenleistung voll auszunutzen.

8 Priya Goyal et al., »Accurate, Large Minibatch SGD: Training ImageNet in 1 Hour« (2017), arXiv: 1706.02677v2 [cs.CV].

Dies lässt sich auf verschiedene Arten erreichen, unter anderem mit optimierten Dateiformaten wie `TFRecords` und Datenpipelines, die mit der TensorFlow-API `tf.data` aufgebaut werden. Die `tf.data`-API ermöglicht es, große Datenmengen zu verarbeiten, und sie verfügt über integrierte Transformationen, um flexible, effiziente Pipelines zu erstellen. Zum Beispiel überlappen sich `tf.data.Dataset.prefetch` und die Vorverarbeitung und die Modellausführung eines Trainingsschritts. Wenn also das Modell den Trainingsschritt *N* ausführt, liest die Eingabepipeline die Daten und bereitet sie für den Trainingsschritt *N + 1* auf, wie Abbildung 4-22 zeigt.

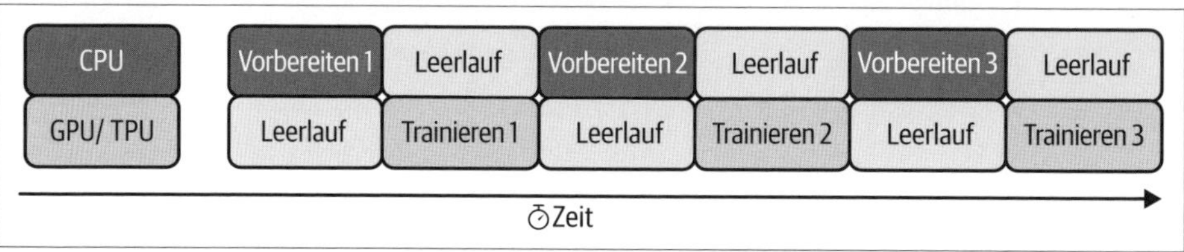

Abbildung 4-21: Bei verteiltem Training auf mehreren GPUs/TPUs sind effiziente Eingabepipelines unabdingbar.

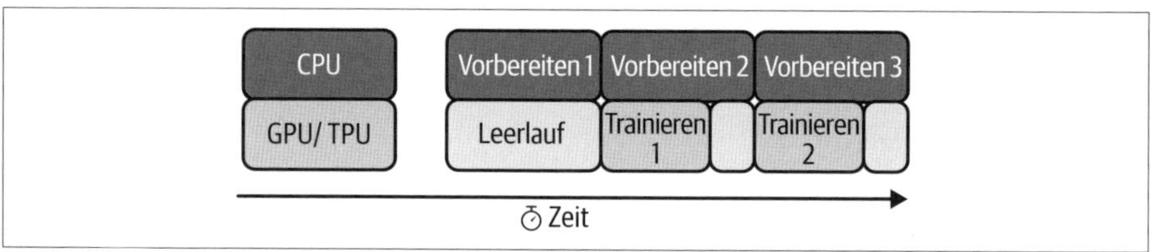

Abbildung 4-22: Prefetching überlappt sich mit Vorverarbeitung und Modellausführung – während das Modell einen Trainingsschritt ausführt, liest die Eingabepipeline Daten und bereitet sie für den nächsten Schritt vor.

Entwurfsmuster 15: Hyperparameter-Abstimmung

Beim Entwurfsmuster *Hyperparameter-Abstimmung* wird die Trainingsschleife selbst in eine Optimierungsmethode eingefügt, um den optimalen Satz von Modellhyperparametern zu ermitteln.

Problem

Im maschinellen Lernen geht es beim Modelltraining darum, den optimalen Satz von Breakpoints (im Fall von Entscheidungsbäumen), Gewichten (im Fall von neuronalen Netzen) oder Supportvektoren (im Fall von SVMs) zu finden. Wir bezeichnen diese als *Modellparameter*. Um aber das Modelltraining durchzuführen und die optimalen Modellparameter zu ermitteln, müssen wir oftmals verschiedene Dinge hartcodieren. Zum Beispiel können wir festlegen, dass ein Baum maximal fünf Ebenen tief sein soll (im Fall von Entscheidungsbäumen), dass die Aktivierungsfunktion ReLU ist (bei neuronalen Netzen) oder welchen Satz von Kernels wir verwenden wollen (in SVMs). Bei diesen Parametern sprechen wir von *Hyperparametern*.

Modellparameter beziehen sich auf die Gewichte und Bias, die Ihr Modell gelernt hat. Somit haben Sie keine direkte Kontrolle über die Modellparameter, da sie größtenteils eine Funktion Ihrer Trainingsdaten, Modellarchitektur und vielen anderen Faktoren sind. Mit anderen Worten: Die Modellparameter können Sie nicht manuell einstellen. Die Gewichte Ihres Modells werden mit zufälligen Werten initialisiert und dann von Ihrem Modell optimiert, wenn es die Trainingsdurchläufe absolviert. Dagegen beziehen sich Hyperparameter auf die Parameter, die Sie als Modellersteller kontrollieren können. Dazu gehören Werte wie Lernrate, Anzahl von Epochen, Anzahl von Schichten im Modell und weitere.

Manuelle Abstimmung

Da Sie die Werte für verschiedene Hyperparameter manuell auswählen können, könnte Ihr erster Gedanke ein Versuch-und-Irrtum-Ansatz sein, um die optimale Kombination von Hyperparameterwerten zu finden. Dies mag für Modelle funktionieren, die sich in Sekunden oder Minuten trainieren lassen, doch bei größeren Modellen, die viel Trainingszeit und Infrastruktur benötigen, kann es schnell teurer werden. Stellen Sie sich vor, dass Sie ein Bildklassifizierungsmodell trainieren, was auf GPUs Stunden dauert. Sie entscheiden sich für einige Hyperparameterwerte, die Sie ausprobieren möchten, und warten dann auf die Ergebnisse des ersten Trainingslaufs. Anhand dieser Ergebnisse passen Sie die Hyperparameter an, trainieren das Modell erneut, vergleichen die Ergebnisse mit dem ersten Lauf und entscheiden sich dann für die besten Hyperparameterwerte, indem Sie sich den Trainingslauf mit den besten Metriken ansehen.

Dieser Ansatz weist einige Probleme auf. Erstens haben Sie nahezu einen Tag und viele Rechenstunden für diese Aufgabe aufgewendet. Zweitens gibt es keine Möglichkeit, zu erkennen, wann Sie bei der optimalen Kombination von Hyperparameterwerten angekommen sind. Bisher haben Sie nur zwei verschiedene Kombinationen ausprobiert, und weil Sie mehrere Werte auf einmal geändert haben, wissen Sie nicht, welcher Parameter die Performance am meisten beeinflusst hat. Selbst mit zusätzlichen Versuchen verschlingt dieser Ansatz schnell Rechenressourcen und Ihre Zeit. Zudem erhalten Sie möglicherweise nicht einmal die optimalen Hyperparameterwerte.

Mit dem Begriff *Versuch* meinen wir hier einen einzelnen Trainingslauf mit einem Satz von Hyperparameterwerten.

Rastersuche und kombinatorische Explosion

Eine Version des zuvor beschriebenen Versuch-und-Irrtum-Ansatzes ist die besser strukturierte *Rastersuche*. Wenn wir Hyperparameter-Abstimmung mit Rastersuche implementieren, wählen wir eine Liste von möglichen Werten, die wir für jeden zu optimierenden Hyperparameter ausprobieren möchten. Nehmen wir zum Beispiel im `RandomForestRegressor()`-Modell von scikit-learn an, dass Sie die folgende Kombination aus Werten für die Hyperparameter `max_depth` und `n_estimators` des Modells ausprobieren möchten:

```
grid_values = {
  'max_depth': [5, 10, 100],
  'n_estimators': [100, 150, 200]
}
```

Per Rastersuche würden wir jede Kombination der angegebenen Werte ausprobieren und dann die Kombination verwenden, die die beste Bewertungsmetrik für unser Modell liefert. Sehen wir uns an, wie dies bei einem Random-Forest-Modell funktioniert, das auf dem in scikit-learn vorinstallierten *Boston Housing Dataset* trainiert wurde. Das Modell soll den Preis eines Hauses basierend auf einer Reihe von Faktoren voraussagen. Wir können eine Rastersuche ausführen, indem wir eine Instanz der Klasse `GridSearchCV` erstellen und das Modell trainieren, dem wir die Werte übergeben, die wir zuvor definiert haben:

```
from sklearn.ensemble import RandomForestRegressor
from sklearn.datasets import load_boston

X, y = load_boston(return_X_y=True)
housing_model = RandomForestRegressor()

grid_search_housing = GridSearchCV(
    housing_model, param_grid=grid_vals, scoring='max_error')
grid_search_housing.fit(X, y)
```

Der Parameter `scoring` gibt hier die Metriken an, die wir optimieren wollen. Bei diesem Regressionsmodell wollen wir die Kombination aus Hyperparametern verwenden, die den geringsten Fehler für unser Modell ergibt. Um die beste Kombination von Werten aus der Rastersuche zu erhalten, können wir `grid_search_housing.best_params_` ausführen. Dieser Aufruf gibt Folgendes zurück:

```
{'max_depth': 100, 'n_estimators': 150}
```

Wir vergleichen dies mit dem Fehler, den wir beim Training eines Random-Forest-Regressor-Modells ohne Hyperparameter-Abstimmung erhalten, wenn wir die Standardwerte von scikit-learn für diese Parameter verwenden. Diese Rastersuche funktioniert gut in dem kleinen Beispiel, das wir oben definiert haben, doch bei komplexeren Modellen werden wir wahrscheinlich mehr als zwei Hyperparameter optimieren wollen, jeweils mit einem breiten Bereich von möglichen Werten. Letztlich führt die Rastersuche zu einer *kombinatorischen Explosion* – wenn wir weitere Hyperparameter und Werte unserem Raster von Optionen hinzufügen, nimmt die Anzahl der möglichen Kombinationen, die wir ausprobieren müssen, und die erforderliche Zeit, um sie alle auszuprobieren, erheblich zu.

Dieser Ansatz hat außerdem das Problem, dass bei der Auswahl verschiedener Kombinationen keine Logik angewendet wird. Rastersuche ist praktisch eine Brute-Force-Lösung, die jede mögliche Wertekombination ausprobiert. Nehmen wir an, dass der Fehler unseres Modells nach einem bestimmten `max_depth`-Wert zunimmt. Der Algorithmus der Rastersuche lernt nicht aus vorherigen Versuchen und weiß daher nicht, wann er keine max_depth-Werte mehr nach einem bestimmten Schwellenwert ausprobieren soll. Er versucht einfach, jeden Wert auszuprobieren, den Sie unabhängig von den Ergebnissen angeben.

Mit RandomizedSearchCV, die eine *Zufallssuche* (engl. *Random Search*) implementiert, unterstützt scikit-learn eine alternative Methode zur Rastersuche. Anstatt alle möglichen Kombinationen von Hyperparametern aus einem Satz auszuprobieren, legen Sie fest, wie oft Sie zufällige Stichprobenwerte für jeden Hyperparameter ziehen möchten. Um die Zufallssuche in scikit-learn zu implementieren, erstellen Sie eine Instanz von RandomizedSearchCV und übergeben ihr ein Dictionary ähnlich dem obigen grid_values, wobei Sie *Bereiche* statt *konkreter Werte* spezifizieren. Eine Zufallssuche läuft schneller als eine Rastersuche, da sie nicht jede mögliche Kombination in der Menge der möglichen Werte ausprobiert, aber es ist sehr wahrscheinlich, dass die optimale Menge von Hyperparametern nicht unter den zufällig ausgewählten ist.

Für eine robuste Hyperparameter-Abstimmung brauchen wir eine Lösung, die skaliert und aus vorherigen Versuchen lernt, um eine optimale Kombination von Hyperparameterwerten zu suchen.

Lösung

Die Bibliothek keras-tuner implementiert bayessche Optimierung für eine Hyperparametersuche direkt in Keras. Um keras-tuner zu verwenden, definieren wir unser Modell in einer Funktion, die ein Hyperparameterargument übernimmt, hier hp genannt. Wir können dann hp überall in der Funktion verwenden, in der wir einen Hyperparameter einbinden möchten. Dabei spezifizieren wir den Namen des Hyperparameters, den Datentyp, den Wertebereich, den wir durchsuchen möchten, und um wie viel der Wert inkrementiert werden sollte, wenn wir einen neuen Wert ausprobieren.

Anstatt den Hyperparameterwert hartzucodieren, wenn wir in unserem Keras-Modell eine Schicht definieren, legen wir ihn mit einer Hyperparametervariablen fest. So bedeutet die folgende Anweisung, dass wir die Anzahl der Neuronen in der ersten verdeckten Schicht unseres neuronalen Netzes optimieren wollen:

```
keras.layers.Dense(hp.Int('first_hidden', 32, 256, step=32), activation='relu')
```

In dieser Anweisung ist first_hidden der Name, den wir diesem Hyperparameter gegeben haben, 32 ist der Minimalwert, den wir für ihn definiert haben, 256 ist das Maximum, und 32 bestimmt den Betrag, um den wir diesen Wert innerhalb des vorher definierten Bereichs inkrementieren wollen. Wenn wir ein MNIST-Klassifizierungsmodell erstellen, sieht die vollständige Funktion, die wir an keras-tuner übergeben würden, wie folgt aus:

```
def build_model(hp):
  model = keras.Sequential([
    keras.layers.Flatten(input_shape=(28, 28)),
```

```
    keras.layers.Dense(
      hp.Int('first_hidden', 32, 256, step=32), activation='relu'),
    keras.layers.Dense(
      hp.Int('second_hidden', 32, 256, step=32), activation='relu'),
    keras.layers.Dense(10, activation='softmax')
  ])

    model.compile(
      optimizer=tf.keras.optimizers.Adam(
        hp.Float('learning_rate', .005, .01, sampling='log')),
      loss='sparse_categorical_crossentropy',
      metrics=['accuracy'])

    return model
```

Die Bibliothek keras-tuner unterstützt viele verschiedene Optimierungsalgorithmen. Mit den folgenden Anweisungen instanziieren wir unseren Tuner mit bayesscher Optimierung und legen als Optimierungsziel Validierungsgenauigkeit fest:

```
import kerastuner as kt

tuner = kt.BayesianOptimization(
    build_model,
    objective='val_accuracy',
    max_trials=10
)
```

Der Code, mit dem Sie die Optimierungsjobs ausführen, ähnelt dem Code für das Training des Modells mit fit(). Wenn er läuft, können Sie die Werte für die drei Hyperparameter sehen, die für jeden Versuch ausgewählt wurden. Ist der Job abgeschlossen, erscheint die Hyperparameterkombination, die den besten Versuch ergeben hat. Abbildung 4-23 zeigt die Beispielausgabe für einen einzelnen Versuchslauf mit keras-tuner.

```
Hyperparameters:
|-first_hidden: 35
|-learning_rate: 0.005798007789002127
|-second_hidden: 160
Epoch 1/10
1688/1688 [==============================] - 5s 3ms/step - loss: 1.5554 - accuracy: 0.7540 - val_loss: 0.4973 - val_accuracy: 0.8753
Epoch 2/10
1688/1688 [==============================] - 5s 3ms/step - loss: 0.4308 - accuracy: 0.8874 - val_loss: 0.3429 - val_accuracy: 0.9042
Epoch 3/10
1688/1688 [==============================] - 5s 3ms/step - loss: 0.3867 - accuracy: 0.9051 - val_loss: 0.2888 - val_accuracy: 0.9343
Epoch 4/10
1688/1688 [==============================] - 5s 3ms/step - loss: 0.3864 - accuracy: 0.9070 - val_loss: 0.2665 - val_accuracy: 0.9333
Epoch 5/10
1688/1688 [==============================] - 5s 3ms/step - loss: 0.4957 - accuracy: 0.8849 - val_loss: 0.3942 - val_accuracy: 0.9165
Epoch 6/10
1688/1688 [==============================] - 5s 3ms/step - loss: 0.4518 - accuracy: 0.8968 - val_loss: 0.3776 - val_accuracy: 0.9260
Epoch 7/10
1688/1688 [==============================] - 5s 3ms/step - loss: 0.4181 - accuracy: 0.9065 - val_loss: 0.3471 - val_accuracy: 0.9287
Epoch 8/10
1688/1688 [==============================] - 5s 3ms/step - loss: 0.4361 - accuracy: 0.9017 - val_loss: 0.3558 - val_accuracy: 0.9222
Epoch 9/10
1688/1688 [==============================] - 5s 3ms/step - loss: 0.4278 - accuracy: 0.9047 - val_loss: 0.3847 - val_accuracy: 0.9132
Epoch 10/10
1688/1688 [==============================] - 5s 3ms/step - loss: 0.4383 - accuracy: 0.9004 - val_loss: 0.4232 - val_accuracy: 0.9243
Trial complete
Trial summary
|-Trial ID: 9b9b7bb5dbeb5e2dff1cae569202b6a1
|-Score: 0.934333324432373
|-Best step: 0
```

Abbildung 4-23: Ausgabe für einen Versuchslauf der Hyperparameter-Abstimmung mit keras-tuner. Oben sind die vom Tuner ausgewählten Hyperparameter zu sehen, und der Zusammenfassungsabschnitt (»Trial summary«) gibt die resultierende Optimierungsmetrik an.

Neben den hier gezeigten Beispielen bringt `keras-tuner` zusätzliche Funktionen mit, die wir hier nicht beschrieben haben. Sie können mit verschiedenen Anzahlen von Schichten für Ihr Modell experimentieren, wenn Sie einen Parameter `hp.Int()` in einer Schleife definieren. Außerdem können Sie statt eines Bereichs einen festen Satz von Werten für einen Hyperparameter bereitstellen.

Für komplexere Modelle könnten Sie den Parameter `hp.Choice()` nutzen, um mit verschiedenen Arten von Schichten – beispielsweise `BasicLSTMCell` und `BasicRNNCell` – zu experimentieren. Die Bibliothek `keras-tuner` eignet sich für jede Umgebung, in der Sie ein Keras-Modell trainieren können.

Warum es funktioniert

Obwohl Raster- und Zufallssuche effizienter sind als ein Versuch-und-Irrtum-Ansatz zur Hyperparameter-Abstimmung, werden diese Verfahren schnell teuer für Modelle, die sich durch beträchtliche Trainingszeiten oder einen großen Hyperparametersuchraum auszeichnen.

Da sowohl die ML-Modelle selbst als auch der Prozess der Hyperparametersuche Optimierungsprobleme sind, liegt die Vermutung für einen Ansatz nahe, der *lernt*, die optimale Hyperparameterkombination in einem gegebenen Bereich von möglichen Werten zu finden, genau wie unsere Modelle aus den Trainingsdaten lernen.

Die Hyperparameteroptimierung können wir uns als äußere Optimierungsschleife vorstellen (siehe Abbildung 4-24), wobei die innere Schleife aus dem typischen Modelltraining besteht.

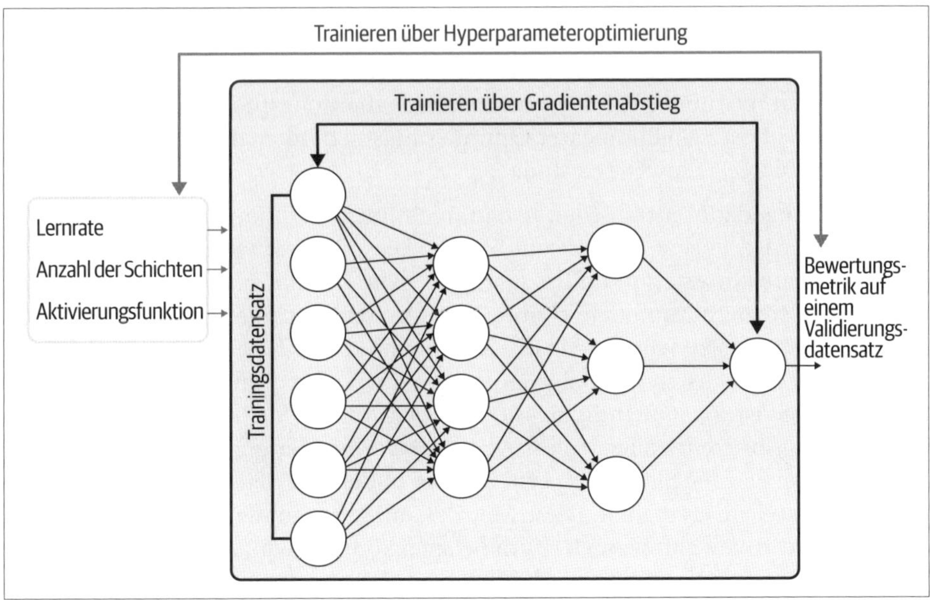

Abbildung 4-24: Eine Hyperparameter-Abstimmung kann man sich als äußere Optimierungsschleife vorstellen.

Selbst wenn wir neuronale Netze als das Modell darstellen, dessen Parameter zu optimieren sind, wäre diese Lösung akzeptabel für andere Arten von ML-Modellen. Obwohl die Anwendungsfälle häufiger sind, bei denen ein einzelnes bestes Modell aus allen potenziellen Hyperparametern auszuwählen ist, gibt es auch Fälle, in denen das Hyperparameter-Framework verwendet werden kann, um eine Familie von Modellen zu generieren, die als Ensemble fungieren können (siehe die Diskussion zum Entwurfsmuster *Ensemble* in Kapitel 3).

Nichtlineare Abstimmung

Die zu optimierenden Hyperparameter lassen sich zwei Gruppen zuordnen: Parameter, die sich auf die *Architektur* des Modells beziehen, und Parameter, die das *Training* des Modells steuern. Die Hyperparameter für die Modellarchitektur, wie die Anzahl der Schichten in Ihrem Modell oder die Anzahl der Neuronen pro Schicht, steuern die mathematische Funktion, die dem ML-Modell zugrunde liegt. Die Parameter für das Modelltraining, wie die Anzahl der Epochen, die Lernrate und die Batch-Größe, steuern die Trainingsschleife und haben oftmals mit der Art und Weise zu tun, wie der Optimierer für den Gradientenabstieg arbeitet. Angesichts beider Arten von Parametern dürfte klar sein, dass die Gesamtfunktion des Modells in Bezug auf diese Hyperparameter im Allgemeinen nicht differenzierbar ist.

Die innere Trainingsschleife ist differenzierbar, und die Suche nach optimalen Parametern lässt sich über den stochastischen Gradientenabstieg durchführen. Ein einzelner Schritt eines ML-Modells, das über stochastischen Gradientenabstieg trainiert wird, dauert vielleicht nur wenige Millisekunden. Ein einzelner Versuch im Hyperparameter-Abstimmungsproblem bedeutet andererseits das Training eines vollständigen Modells auf dem Trainingsdatensatz und kann mehrere Stunden beanspruchen. Darüber hinaus verlangt das Abstimmungsproblem für die Hyperparameter die Lösung nichtlinearer Optimierungsmethoden, die auf nicht differenzierbare Probleme anzuwenden sind.

Sobald wir uns dafür entschieden haben, nichtlineare Optimierungsmethoden zu verwenden, wird unsere Metrikwahl breiter. Diese Metrik wird auf dem Validierungsdatensatz bewertet und muss nicht mit dem Trainingsverlust identisch sein. Für ein Klassifizierungsmodell könnte Ihre Optimierungsmetrik die Genauigkeit sein, und demzufolge würden Sie die Kombination von Hyperparametern finden wollen, die zur höchsten Modellgenauigkeit führt, selbst wenn der Verlust binäre Kreuzentropie ist. Bei einem Regressionsmodell werden Sie den mittleren absoluten Fehler optimieren wollen, selbst wenn der Verlust der quadratische Fehler ist. In diesem Fall würden Sie die Hyperparameter finden, die den *niedrigsten* mittleren quadratischen Fehler ergeben. Diese Metrik kann sogar auf der Grundlage von Geschäftszielen ausgewählt werden. Zum Beispiel könnten wir anstreben, den erwarteten Umsatz zu maximieren oder Verluste durch Betrug zu minimieren.

Bayessche Optimierung

Bayessche Optimierung ist eine Technik zur Optimierung von Blackbox-Funktionen, die ursprünglich in den 1970er-Jahren von Jonas Mockus entwickelt wurde (*https://oreil.ly/Ak24H*). Sie ist auf viele Bereiche angewendet worden und 2012 (*https://oreil.ly/KkGlG*) erstmals auf *Hyperparameter-Abstimmung*, auf die wir uns hier auch beschränken. In diesem Zusammenhang ist ein ML-Modell unsere *Blackbox-Funktion*, da ML-Modelle aus den von uns bereitgestellten Eingaben einen Satz von Ausgaben erzeugen, ohne dass wir die internen Details des Modells selbst kennen müssen. Das Training unseres ML-Modells bezeichnet man als Aufruf der *Zielfunktion*.

Mit bayesscher Optimierung verfolgen wir das Ziel, unser Modell so wenig wie möglich direkt zu trainieren, da dies kostspielig ist. Denken Sie daran, dass wir jedes Mal den gesamten Trainingszyklus unseres Modells durchlaufen müssen, wenn wir eine neue Kombination aus Hyperparametern für unser Modell ausprobieren wollen. Das mag trivial erscheinen bei einem kleinen Modell wie dem von scikit-learn, das wir oben trainiert haben, doch für viele Produktionsmodelle erfordert der Trainingsprozess einen erheblichen Aufwand an Infrastruktur und Zeit.

Anstatt unser Modell jedes Mal zu trainieren, wenn wir eine neue Kombination von Hyperparametern ausprobieren, definiert bayessche Optimierung eine neue Funktion, die unser Modell emuliert, aber viel billiger in der Ausführung ist. Es handelt sich um eine sogenannte *Surrogatfunktion* – die Eingaben dieser Funktion sind Ihre Hyperparameterwerte, und die Ausgabe ist Ihre Optimierungsmetrik. Die Surrogatfunktion wird viel häufiger als die Zielfunktion aufgerufen mit dem Ziel, eine optimale Kombination von Hyperparametern zu finden, bevor ein Trainingslauf für Ihr Modell abgeschlossen ist. Dieser Ansatz wendet im Vergleich zur Rastersuche mehr Rechenzeit für die Auswahl der Hyperparameter für jeden Versuch auf. Da dies jedoch erheblich billiger ist, als jedes Mal unsere Zielfunktion auszuführen, wenn wir verschiedene Hyperparameter ausprobieren, ist der bayessche Ansatz mit einer Surrogatfunktion zu bevorzugen. Zu den gängigen Ansätzen zur Erzeugung einer Surrogatfunktion gehören ein Gauß-Prozess (*https://oreil.ly/-Srjj*) oder ein baumstrukturierter Parzen-Schätzer (*https://oreil.ly/UqxDd*).

Bis jetzt haben wir die verschiedenen Teile der bayesschen Optimierung nur angesprochen, aber wie arbeiten sie zusammen? Zuerst müssen wir die Hyperparameter auswählen, die wir optimieren wollen, und für jeden Hyperparameter einen Wertebereich definieren. Dieser Teil des Prozesses ist manuell und definiert den Raum, in dem unser Algorithmus nach optimalen Werten sucht. Wir müssen auch unsere Zielfunktion definieren, d.h. den Code, der unseren Modelltrainingsprozess aufruft. Von da an entwickelt die bayessche Optimierung eine Surrogatfunktion, um unseren Modelltrainingsprozess zu simulieren, und verwendet diese Funktion, um die beste Kombination von Hyperparametern zu ermitteln, die auf unser Modell angewendet wird. Erst wenn diese Surrogatfunktion bei einer vermutlich guten Kombination von Hyperparametern ankommt, führen wir einen vollständigen

Trainingslauf (Versuch) auf unserem Modell aus. Die Ergebnisse gehen dann zurück an die Surrogatfunktion, und der Vorgang wiederholt sich für die Anzahl der Versuche, die wir festgelegt haben.

Kompromisse und Alternativen

Genetische Algorithmen sind eine Alternative zu bayesschen Methoden für die Hyperparameter-Abstimmung, aber sie erfordern in der Regel mehr Modelltrainingsläufe als bayessche Methoden. Wir zeigen auch, wie Sie einen verwalteten Dienst für die Hyperparameter-Abstimmung für Modelle verwenden, die mit verschiedensten ML-Frameworks erstellt wurden.

Vollständig verwaltete Hyperparameter-Abstimmung

Der Ansatz mit `keras-tuner` lässt sich möglicherweise nicht auf große ML-Probleme skalieren, da die Versuche parallel laufen sollen und die Wahrscheinlichkeit für einen Computerfehler und andere Ausfälle wächst, wenn sich die Zeit für das Modelltraining auf Stunden ausdehnt. Daher ist für die Hyperparameter-Abstimmung ein vollständig verwalteter, robuster Ansatz nützlich, der Blackbox-Optimierung bietet. Ein Beispiel für einen verwalteten Dienst, der bayessche Optimierung implementiert, ist der von der Google Cloud AI Platform bereitgestellte *Hyperparameter-Abstimmung* (*https://oreil.ly/MO8FZ*). Dieser Dienst basiert auf Vizier (*https://oreil.ly/tScQa*), einem Blackbox-Optimierungstool, das Google intern verwendet.

Die zugrunde liegenden Konzepte des Cloud-Diensts funktionieren ähnlich wie bei `keras-tuner`: Sie geben Name, Typ, Bereich und Skala jedes Hyperparameters an, und Ihr Modelltrainingscode verweist auf diese Werte. Wir zeigen, wie Sie Hyperparameter-Abstimmung in AI Platform ausführen. Hierfür verwenden wir ein PyTorch-Modell, das auf dem BigQuery-Geburtendatensatz trainiert wird, um das Geburtsgewicht eines Babys vorherzusagen.

Im ersten Schritt erstellen Sie eine *config.yaml*-Datei, in der Sie die Hyperparameter spezifizieren, die der Job optimieren soll, zusammen mit einigen anderen Metadaten zu Ihrem Job. Die Verwendung des Cloud-Diensts hat unter anderem den Vorteil, dass Sie Ihren Abstimmungsjob skalieren können, indem Sie ihn auf GPUs oder TPUs ausführen und auf mehrere Parameterserver verteilen. In dieser Konfigurationsdatei geben Sie auch die Gesamtanzahl der Hyperparameter-Versuche an, die Sie ausführen möchten, und wie viele dieser Versuche parallel laufen sollen. Je mehr Sie parallel ausführen, desto schneller läuft Ihr Job. Allerdings besteht der Vorteil, weniger Versuche parallel auszuführen, darin, dass der Dienst von den Ergebnissen jedes fertiggestellten Versuchs lernen kann, um die nächsten Versuche zu optimieren.

Für unser Modell zeigt der nachfolgende Code, wie eine Konfigurationsdatei aussehen könnte, die GPUs nutzt. In diesem Beispiel stimmen wir drei Hyperparameter ab – die Lernrate unseres Modells, den Momentumwert des Optimierers (*https://oreil.ly/8mHPQ*) und die Anzahl der Neuronen in der versteckten Schicht unseres

Modells. Außerdem legen wir unsere Optimierungsmetrik fest. Im Beispiel verfolgen wir das Ziel, den Verlust des Modells auf dem Validierungsdatensatz zu minimieren:

```
trainingInput:
  scaleTier: BASIC_GPU
  parameterServerType: large_model
  workerCount: 9
  parameterServerCount: 3
  hyperparameters:
    goal: MINIMIZE
    maxTrials: 10
    maxParallelTrials: 5
    hyperparameterMetricTag: val_error
    enableTrialEarlyStopping: TRUE
    params:
    - parameterName: lr
      type: DOUBLE
      minValue: 0.0001
      maxValue: 0.1
      scaleType: UNIT_LINEAR_SCALE
    - parameterName: momentum
      type: DOUBLE
      minValue: 0.0
      maxValue: 1.0
      scaleType: UNIT_LINEAR_SCALE
    - parameterName: hidden-layer-size
      type: INTEGER
      minValue: 8
      maxValue: 32
      scaleType: UNIT_LINEAR_SCALE
```

Anstatt diese Werte in einer Konfigurationsdatei zu definieren, funktioniert das auch über die AI Platform Python API.

Hierfür müssen wir unserem Code einen Argument-Parser hinzufügen, der die in der obigen Datei definierten Argumente spezifiziert, und dann auf diese Hyperparameter überall dort verweisen, wo sie in unserem Modellcode erscheinen.

Als Nächstes erstellen wir unser Modell mit der PyTorch-API `nn.Sequential` mit dem SGD-Optimierer. Da unser Modell das Babygewicht als Gleitkommazahl vorhersagt, wird dies ein Regressionsmodell sein. Die einzelnen Hyperparameter spezifizieren mit der Variablen args, die die in unserem Argument-Parser definierten Variablen enthält:

```
import torch.nn as nn

model = nn.Sequential(nn.Linear(num_features, args.hidden_layer_size),
                      nn.ReLU(),
                      nn.Linear(args.hidden_layer_size, 1))

optimizer = torch.optim.SGD(model.parameters(), lr=args.lr,
                            momentum=args.momentum)
```

Am Ende unseres Modelltrainingscodes erstellen wir eine Instanz von `HyperTune()` und übergeben ihr die Metrik, die wir zu optimieren versuchen. Dies wird den resultierenden Wert unserer Optimierungsmetrik nach jedem Trainingslauf melden. Wichtig ist, dass die von uns gewählte Optimierungsmetrik auf unseren Test- oder Validierungsdatensätzen und nicht auf unserem Trainingsdatensatz berechnet wird:

```
import hypertune

hpt = hypertune.HyperTune()

val_mse = 0
num_batches = 0

criterion = nn.MSELoss()

with torch.no_grad():
    for i, (data, label) in enumerate(validation_dataloader):
        num_batches += 1
        y_pred = model(data)
        mse = criterion(y_pred, label.view(-1,1))
        val_mse += mse.item()
        avg_val_mse = (val_mse / num_batches)

    hpt.report_hyperparameter_tuning_metric(
        hyperparameter_metric_tag='val_mse',
        metric_value=avg_val_mse,
        global_step=epochs
    )
```

Sobald wir unseren Trainingsjob an AI Platform gesendet haben, können wir die Protokolle in der Cloud-Konsole überwachen. Nach jedem fertiggestellten Versuch sehen Sie die für jeden Hyperparameter gewählten Werte und den resultierenden Wert Ihrer Optimierungsmetrik, wie Abbildung 4-25 zeigt.

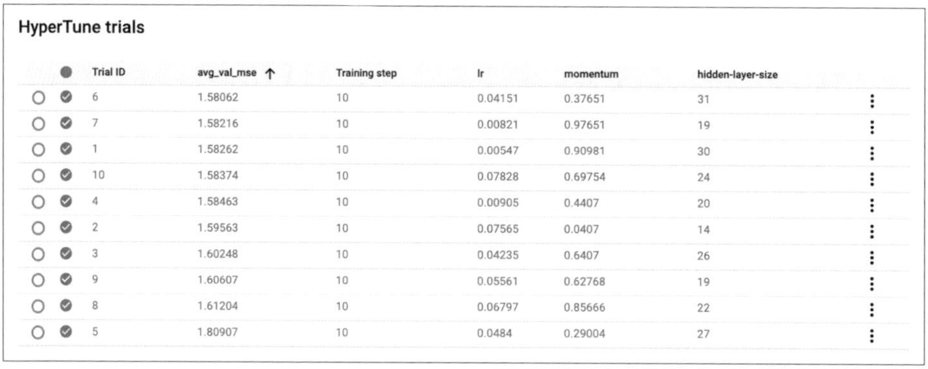

HyperTune trials

Trial ID	avg_val_mse ↑	Training step	lr	momentum	hidden-layer-size
6	1.58062	10	0.04151	0.37651	31
7	1.58216	10	0.00821	0.97651	19
1	1.58262	10	0.00547	0.90981	30
10	1.58374	10	0.07828	0.69754	24
4	1.58463	10	0.00905	0.4407	20
2	1.59563	10	0.07565	0.0407	14
3	1.60248	10	0.04235	0.6407	26
9	1.60607	10	0.05561	0.62768	19
8	1.61204	10	0.06797	0.85666	22
5	1.80907	10	0.0484	0.29004	27

Abbildung 4-25: Ein Beispiel für die HyperTune-Zusammenfassung in der AI-Platform-Konsole. Die Werte gelten für ein PyTorch-Modell, das drei Modellparameter optimiert. Das Ziel besteht darin, den mittleren quadratischen Fehler beim Validierungsdatensatz zu minimieren.

Standardmäßig verwendet AI Platform Training eine bayessche Optimierung für Ihren Optimierungsjob, aber Sie können stattdessen auch Rastersuche oder Zufallssuche als Algorithmus angeben. Der Cloud-Dienst optimiert auch Ihre Hyperparametersuche über Trainingsjobs hinweg. Wenn wir einen anderen Trainingsjob ausführen, der dem obigen ähnlich ist, aber einige Anpassungen an unseren Hyperparametern und am Suchraum vornehmen, wird er die Ergebnisse unseres letzten Jobs verwenden, um effizient Werte für die nächste Versuchsgruppe auszuwählen.

Wir haben hier ein PyTorch-Beispiel gezeigt, doch Sie können AI Platform Training für Hyperparameter-Abstimmung in jedem ML-Framework verwenden, indem Sie Ihren Trainingscode packen und eine *setup.py*-Datei bereitstellen, die alle Bibliotheksabhängigkeiten installiert.

Genetische Algorithmen

Wir haben verschiedene Algorithmen für eine Hyperparameter-Abstimmung untersucht: manuelle Suche, Rastersuche, Zufallssuche und bayessche Optimierung. Eine weniger verbreitete Alternative ist ein genetischer Algorithmus, der im weitesten Sinn auf der Evolutionstheorie der natürlichen Auswahl von Charles Darwin basiert. Diese auch als »Survival of the fittest« (im Deutschen so viel wie »das Überleben der am besten angepassten Individuen«) bekannte Theorie besagt, dass die leistungsfähigsten (»fittesten«) Mitglieder einer Population überleben und ihre Gene an zukünftige Generationen weitergeben, während weniger fitte Mitglieder dies nicht tun. Genetische Algorithmen sind auf verschiedene Arten von Optimierungsproblemen angewendet worden, einschließlich Hyperparameter-Abstimmung.

In Bezug auf die Hyperparametersuche definiert man bei einem genetischen Ansatz zuerst eine *Fitnessfunktion*. Diese Funktion misst die Qualität eines bestimmten Versuchs und lässt sich typischerweise durch die Optimierungsmetrik (Genauigkeit, Fehler usw.) Ihres Modells definieren. Nachdem Sie Ihre Fitnessfunktion definiert haben, wählen Sie zufällig ein paar Kombinationen von Hyperparametern aus Ihrem Suchraum aus und führen für jede dieser Kombinationen einen Versuch durch. Dann nehmen Sie die Hyperparameter aus den Versuchen, die am besten abgeschnitten haben, und definieren mit diesen Werten Ihren neuen Suchraum. Dieser Suchraum wird zu Ihrer neuen »Population«. Daraus generieren Sie neue Wertekombinationen, die Sie in Ihrer nächsten Versuchsreihe verwenden. Diesen Vorgang setzen Sie fort, wobei Sie die Anzahl der ausgeführten Versuche verringern, bis Sie bei einem Ergebnis ankommen, das Ihre Anforderungen erfüllt.

Da sie die Ergebnisse vorheriger Versuche für eine Verbesserung verwenden, sind genetische Algorithmen »eleganter« als manuelle Suche, Rastersuche und Zufallssuche. Ist jedoch der Hyperparametersuchraum groß, nimmt die Komplexität genetischer Algorithmen zu. Anstatt wie bei der bayesschen Optimierung eine Surrogatfunktion als Proxy für das Modelltraining zu verwenden, müssen genetische Algorithmen Ihr Modell für jede mögliche Kombination von Hyperparameterwerten trainieren. Zudem sind genetische Algorithmen derzeit weniger verbreitet, und es gibt weniger ML-Frameworks, die sie von Haus aus für die Hyperparameter-Abstimmung unterstützen.

Zusammenfassung

Dieses Kapitel hat sich auf Entwurfsmuster konzentriert, die die typische SGD-Trainingsschleife des maschinellen Lernens modifizieren. Begonnen haben wir mit einem Blick auf das Muster *Nützliche Überanpassung*, das Situationen abdeckt, in denen Überanpassung von Vorteil ist. Wenn zum Beispiel datengesteuerte Methoden wie maschinelles Lernen verwendet werden, um Lösungen für komplexe dynamische Systeme zu approximieren, oder PDEs, bei denen der vollständige Eingaberaum abgedeckt werden kann, ist Überanpassung an die Trainingsmenge das Ziel. Zudem ist Überanpassung ein nützliches Instrument bei Entwicklung und Fehlersuche von ML-Modellarchitekturen. Als Nächstes haben wir *Checkpoints* von Modellen behandelt und gezeigt, wie man sie beim Training von ML-Modellen einsetzt. In diesem Entwurfsmuster speichern wir den vollständigen Status des Modells periodisch während des Trainings. Diese Checkpoints können als endgültiges Modell verwendet werden, wie es beim Early Stopping der Fall ist, oder als Ausgangspunkte dienen wie im Fall von Trainingsfehlern oder Feinabstimmungen.

Beim Entwurfsmuster *Transfer Learning* geht es darum, Teile eines zuvor trainierten Modells wiederzuverwenden. Transfer Learning ist eine nützliche Methode, um die per Feature-Extraktion gelernten Schichten des vortrainierten Modells zu nutzen, wenn der eigene Datensatz begrenzt ist. Es bietet sich auch an, um ein vortrainiertes Modell, das auf einem großen generischen Datensatz trainiert wurde, auf Ihren spezifischeren Datensatz abzustimmen.

Wir haben dann das Entwurfsmuster *Verteilungsstrategie* erörtert. Das Trainieren großer, komplexer neuronaler Netze kann sehr viel Zeit in Anspruch nehmen. Verteilungsstrategien bieten verschiedene Möglichkeiten, die Trainingsschleife so zu modifizieren, dass sie in großem Maßstab auf mehreren Workern mit Parallelisierung und Hardwarebeschleunigern ausgeführt werden kann.

Schließlich haben wir beim Entwurfsmuster *Hyperparameter-Abstimmung* erläutert, wie sich die SGD-Trainingsschleife selbst in Bezug auf Modellhyperparameter optimieren lässt. Wir haben einige nützliche Bibliotheken vorgestellt, mit denen Sie Hyperparameter-Abstimmung für Modelle implementieren können, die mit Keras und PyTorch erstellt wurden.

Das nächste Kapitel befasst sich mit Entwurfsmustern, die sich auf die Robustheit beziehen (gegenüber einer großen Anzahl von Anfragen, Spitzenbelastungen beim Datenverkehr oder Änderungsmanagement), wenn Modelle in die Produktion überführt werden.

KAPITEL 5

Entwurfsmuster für robustes Serving

Ein ML-Modell soll Rückschlüsse aus Daten ziehen, die es während des Trainings nicht gesehen hat. Sobald also ein Modell trainiert ist, wird es typischerweise in einer Produktionsumgebung bereitgestellt und verwendet, um Vorhersagen als Reaktion auf eingehende Anfragen zu treffen. Von Software, die in Produktionsumgebungen bereitgestellt wird, erwartet man, dass sie robust ist und nur wenige menschliche Eingriffe erfordert, um sie am Laufen zu halten. Die Entwurfsmuster in diesem Kapitel lösen Probleme, die mit Robustheit unter verschiedenen Umständen in Bezug auf ML-Modelle in der Produktion zu tun haben.

Das Entwurfsmuster *Zustandslose Serving-Funktion* ermöglicht der Serving-Infrastruktur, Tausende oder sogar Millionen von Vorhersageanfragen pro Sekunde zu verarbeiten. Im Entwurfsmuster *Batch-Serving* kann die Serving-Infrastruktur gelegentliche oder periodische Anfragen für Millionen bis Milliarden von Vorhersagen asynchron verarbeiten. Diese Muster sind nicht nur wegen der Robustheit nützlich, sondern auch, weil sie die Kopplung zwischen Erstellern und Benutzern von ML-Modellen verringern.

Mit dem Entwurfsmuster *Kontinuierliche Modellbewertung* lässt sich erkennen, wann ein bereitgestelltes Modell nicht mehr zweckmäßig ist. Beim Entwurfsmuster *Zweiphasen-Vorhersagen* begegnen Sie dem Problem, Modelle anspruchsvoll und performant zu halten, wenn sie auf verteilten Geräten bereitgestellt werden sollen. Das Entwurfsmuster *Keyed Predictions* ist notwendig, um mehrere der in diesem Kapitel vorgestellten Entwurfsmuster zu implementieren.

Entwurfsmuster 16: Zustandslose Serving-Funktion

Das Entwurfsmuster *Zustandslose Serving-Funktion* ermöglicht einem ML-System in der Produktion, Tausende bis Millionen von Vorhersageanfragen pro Sekunde synchron zu verarbeiten. Das ML-Produktionssystem ist um eine zustandslose Funktion herum konzipiert, die die Architektur und die Gewichte eines trainierten Modells erfasst.

Zustandslose Funktionen

Eine zustandslose Funktion ist eine Funktion, deren Ausgaben allein durch ihre Eingaben bestimmt werden. Zum Beispiel ist die folgende Funktion zustandslos:

```
def stateless_fn(x):
    return 3*x + 15
```

Man kann sich eine zustandslose Funktion als unveränderliches Objekt vorstellen, bei dem die Gewichte und Bias als Konstanten gespeichert sind:

```
class Stateless:
    def __init__(self):
        self.weight = 3
        self.bias = 15
    def __call__(self, x):
        return self.weight*x + self.bias
```

Eine Funktion, die einen Zähler darüber verwaltet, wie oft sie aufgerufen wurde, und abhängig davon, ob der Zähler ungerade oder gerade ist, einen anderen Wert zurückgibt, ist ein Beispiel für eine Funktion, die zustandsbehaftet und nicht zustandslos ist.

```
class State:
    def __init__(self):
        self.counter = 0
    def __call__(self, x):
        self.counter += 1
        if self.counter % 2 == 0:
            return 3*x + 15
        else:
            return 3*x - 15
```

Ob Sie `stateless_fn(3)` oder `Stateless()(3)` aufrufen, der Rückgabewert ist immer 24, während

```
a = State()
```

mit dem anschließenden Aufruf

```
a(3)
```

einen Wert zurückgibt, der zwischen -6 und 24 schwankt. Der Zähler ist in diesem Fall der Zustand der Funktion, und die Ausgabe hängt sowohl von der Eingabe (`x`) als auch vom Zustand (`counter`) ab. Der Zustand wird normalerweise mit Klassenvariablen (wie in unserem Beispiel) oder mit globalen Variablen verwaltet.

Da zustandslose Komponenten keinen Zustand haben, lassen sie sich von mehreren Clients gemeinsam nutzen. Server erstellen typischerweise einen Instanzpool zustandsloser Komponenten und verwenden diesen, um eingehende Clientanfragen zu bedienen. Andererseits müssen zustandsbehaftete Komponenten den Konversationsstatus jedes Clients darstellen. Den Lebenszyklus von zustandsbehafteten Komponenten muss der Server verwalten. Zum Beispiel müssen sie initialisiert werden, wenn die erste Anfrage eintrifft, und zerstört werden, wenn der Client beendet wird oder ein Time-out eintritt. Aufgrund dieser Faktoren sind zustandslose Komponenten in hohem Maße skalierbar, während zustandsbehaftete Komponenten teuer und schwierig zu verwalten sind. Beim Entwurf von Unternehmensanwendungen achten die Architekten darauf, die Anzahl der zustandsbehafteten Komponenten zu minimieren. Zum Beispiel werden Webanwendungen oft auf Basis von REST-APIs konzipiert, und diese übertragen bei jedem Aufruf den Zustand vom Client auf den Server.

In einem ML-Modell werden beim Training unzählige Zustände erfasst. Dinge wie die Epochennummer und die Lernrate sind Teil eines Modellzustands und müssen gespeichert werden, da die Lernrate typischerweise mit jeder nachfolgenden Epoche gesenkt wird. Indem wir sagen, dass das Modell als zustandslose Funktion exportiert werden muss, verlangen wir von den Programmierern des Modell-Frameworks, diese zustandsbehafteten Variablen zu verfolgen und nicht in die exportierte Datei einzubinden.

Wenn man zustandslose Funktionen verwendet, wird der Servercode einfacher und besser skalierbar, der Clientcode kann aber komplizierter werden. Zum Beispiel sind einige Modellfunktionen von Haus aus zustandsabhängig. Ein Modell zur Rechtschreibkorrektur, das Wörter übernimmt und die korrigierte Form zurückgibt, muss zustandsbehaftet sein, da es die vorherigen Wörter kennen muss, um ein Wort wie »there« je nach Kontext in »their« zu korrigieren. Modelle, die auf Sequenzen operieren, verwalten Verlaufsdaten mithilfe spezieller Strukturen wie Einheiten in rekurrenten neuronalen Netzen. Wenn man in solchen Fällen das Modell als zustandslose Funktion exportieren muss, ist es erforderlich, die Eingabe von einem einzelnen Wort auf beispielsweise einen ganzen Satz zu verändern. Clients eines Modells zur Rechtschreibkorrektur müssen demnach den Zustand verwalten (um eine Folge von Wörtern zu sammeln und sie in Sätze zu zerlegen) und ihn zusammen mit jeder Anfrage senden. Die daraus entstehende clientseitige Komplexität wird am deutlichsten, wenn der Client der Rechtschreibkorrektur wegen eines später hinzugefügten Kontexts zurückgehen und ein vorheriges Wort ändern muss.

Problem

Nehmen wir ein Textklassifizierungsmodell, das mit Filmkritiken aus der IMDb (*Internet Movie Database*) trainiert wird. Für die erste Schicht des Modells verwenden wir eine vortrainierte Einbettung, die Text auf 20-dimensionale Einbettungsvektoren abbildet (den vollständigen Code finden Sie im Notebook *serving_function.ipynb* im GitHub-Repository für dieses Buch unter *https://github.com/GoogleCloudPlatform/ml-design-patterns/blob/master/05_resilience/serving_function.ipynb*):

```
model = tf.keras.Sequential()
embedding = (
        "https://tfhub.dev/google/tf2-preview/gnews-swivel-20dim-with-oov/1")
hub_layer = hub.KerasLayer(embedding, input_shape=[],
                           dtype=tf.string, trainable=True, name='full_text')
```

```
model.add(hub_layer)
model.add(tf.keras.layers.Dense(16, activation='relu', name='h1_dense'))
model.add(tf.keras.layers.Dense(1, name='positive_review_logits'))
```

Die Einbettungsschicht wird von TensorFlow Hub bezogen und als trainierbar markiert, sodass wir eine Feinabstimmung (siehe »Entwurfsmuster 13: Transfer Learning« auf Seite 186 in Kapitel 4) für das Vokabular aus den IMDb-Kritiken vornehmen können. Die nachfolgenden Schichten sind die eines einfachen neuronalen Netzes mit einer versteckten Schicht und einer Logit-Ausgabeschicht. Dieses Modell kann dann auf dem Datensatz der Filmrezensionen trainiert werden, um vorhersagen zu können, ob eine Kritik positiv oder negativ ist.

Mit dem trainierten Modell können wir anschließend Rückschlüsse darauf ziehen, wie positiv eine Kritik ist:

```
review1 = 'The film is based on a prize-winning novel.'
review2 = 'The film is fast moving and has several great action scenes.'
review3 = 'The film was very boring. I walked out half-way.'
logits = model.predict(x=tf.constant([review1, review2, review3]))
```

Das Ergebnis ist ein zweidimensionales Array, das etwa so aussehen könnte:

```
[[ 0.6965847]
 [ 1.61773  ]
 [-0.7543597]]
```

Wenn man `model.predict()` auf einem speicherinternen Objekt (oder einem in den Arbeitsspeicher geladenen trainierbaren Objekt) aufruft, um Rückschlüsse zu ziehen, wie es im obigen Codefragment beschrieben ist, tauchen mehrere Probleme auf:

- Wir müssen das gesamte Keras-Modell in den Arbeitsspeicher laden. Die Texteinbettungsschicht, die als trainierbar eingerichtet wurde, kann ziemlich groß sein, weil sie Einbettungen für das vollständige Vokabular der englischen Wörter speichern muss. Deep-Learning-Modelle mit vielen Schichten können ebenfalls recht groß sein.
- Die vorangegangene Architektur setzt der Latenz Grenzen, weil Aufrufe der Methode `predict()` nacheinander gesendet werden müssen.
- Auch wenn Data Scientists bevorzugt Python als Programmiersprache wählen, wird die Modellinferenz wahrscheinlich von Programmen aufgerufen, deren Entwickler andere Sprachen bevorzugen, oder auf mobilen Plattformen wie Android oder iOS, die andere Sprachen erfordern.
- Die Eingaben und Ausgaben, mit denen sich das Modell am effektivsten trainieren lässt, sind möglicherweise nicht benutzerfreundlich. In unserem Beispiel kommen die Ausgaben des Modells von Logits (*https://oreil.ly/qCWdH*), weil sie für den Gradientenabstieg besser geeignet sind. Deshalb ist auch die zweite Zahl im Ausgabearray größer als 1. Clients möchten in der Regel den Sigmoid-Wert dieser Ausgabe haben, damit der Ausgabebereich von 0 bis 1 reicht und in einem benutzerfreundlicheren Format als Wahrscheinlichkeit in-

terpretiert werden kann. Die erforderliche Nachbearbeitung werden wir auf dem Server durchführen, um den Clientcode so einfach wie möglich zu halten. In ähnlicher Weise kann das Modell aus komprimierten, binären Datensätzen trainiert worden sein, während wir in der Produktion in der Lage sein wollen, selbstbeschreibende Formate wie JSON zu verarbeiten.

Lösung

Die Lösung besteht aus den folgenden Schritten:

1. Exportieren Sie das Modell in ein Format, das den mathematischen Kern des Modells erfasst und unabhängig von der Programmiersprache ist.
2. Im Produktionssystem wird die Formel, die aus den »Vorwärtsberechnungen« des Modells besteht, als zustandslose Funktion wiederhergestellt.
3. Die zustandslose Funktion wird in einem Framework bereitgestellt, das einen REST-Endpunkt bietet.

Modellexport

Im ersten Schritt der Lösung exportieren Sie das Modell in ein Format (TensorFlow verwendet SavedModel [*https://oreil.ly/9TjS3*], eine andere Wahl ist ONNX [*https://onnx.ai/*]), das den mathematischen Kern des Modells erfasst. Der gesamte Modellzustand (Lernrate, Dropout, Kurzschluss usw.) muss nicht gespeichert werden – nur die mathematische Formel, die erforderlich ist, um die Ausgabe aus den Eingaben zu berechnen. Typischerweise sind die trainierten Gewichtswerte Konstanten in der mathematischen Formel.

In Keras wird dies folgendermaßen erreicht:

```
model.save('export/mymodel')
```

Das SavedModel-Format basiert auf Protokollpuffern (*https://oreil.ly/g3Vjc*) für einen plattformneutralen, effizienten Wiederherstellungsmechanismus. Mit anderen Worten: Die Methode `model.save()` schreibt das Modell als Protokollpuffer (mit der Dateierweiterung *.pb*) und externalisiert die trainierten Gewichte, Vokabularien usw. in andere Dateien in einer standardmäßigen Verzeichnisstruktur.

```
export/.../variables/variables.data-00000-of-00001
export/.../assets/tokens.txt
export/.../saved_model.pb
```

Inferenz in Python

In einem Produktionssystem wird die Formel des Modells aus dem Protokollpuffer und anderen zugeordneten Dateien als zustandslose Funktion wiederhergestellt, die einer spezifischen Modellsignatur mit Eingabe- und Ausgabevariablennamen und Datentypen entspricht.

Mit dem TensorFlow-Tool saved_model_cli können wir die exportierten Dateien untersuchen, um die Signatur der zustandslosen Funktion zu ermitteln, die wir beim Serving verwenden können.

```
saved_model_cli show --dir ${export_path} \
    --tag_set serve --signature_def serving_default
```

Die Ausgabe sieht so aus:

```
The given SavedModel SignatureDef contains the following input(s):
  inputs['full_text_input'] tensor_info:
      dtype: DT_STRING
      shape: (-1)
      name: serving_default_full_text_input:0
The given SavedModel SignatureDef contains the following output(s):
  outputs['positive_review_logits'] tensor_info:
      dtype: DT_FLOAT
      shape: (-1, 1)
      name: StatefulPartitionedCall_2:0
Method name is: tensorflow/serving/predict
```

Die Signatur gibt an, dass die Vorhersagemethode einen String (namens full_text_input) in Form eines 1-elementigen Arrays als Eingabe übernimmt und eine Gleitkommazahl namens positive_review_logits ausgibt. Diese Namen leiten sich aus den Namen ab, die wir den Keras-Schichten zugewiesen haben:

```
hub_layer = hub.KerasLayer(..., name='full_text')
...
model.add(tf.keras.layers.Dense(1, name='positive_review_logits'))
```

Die Serving-Funktion können wir wie folgt erhalten und zur Herleitung verwenden:

```
serving_fn = tf.keras.models.load_model(export_path). \
                     signatures['serving_default']
outputs = serving_fn(full_text_input=
                     tf.constant([review1, review2, review3]))
logit = outputs['positive_review_logits']
```

Beachten Sie, wie wir die Eingabe- und Ausgabenamen von der Serving-Funktion im Code verwenden.

Einen Web-Endpunkt erstellen

Den obigen Code können Sie in eine Webanwendung oder ein serverloses Framework wie Google App Engine, Heroku, AWS Lambda, Azure Functions, Google Cloud Functions, Cloud Run usw. einfügen. Diesen Frameworks ist gemeinsam, dass der Entwickler eine Funktion spezifizieren kann, die ausgeführt werden soll. Die Frameworks kümmern sich um die automatische Skalierung der Infrastruktur, sodass sich eine große Anzahl von Vorhersageanfragen pro Sekunde bei geringer Latenz verarbeiten lässt.

Zum Beispiel können wir die Serving-Funktion aus Cloud-Funktionen heraus wie folgt aufrufen:

```
serving_fn = None
def handler(request):
    global serving_fn
    if serving_fn is None:
        serving_fn = (tf.keras.models.load_model(export_path)
                              .signatures['serving_default'])
    request_json = request.get_json(silent=True)
    if request_json and 'review' in request_json:
        review = request_json['review']
        outputs = serving_fn(full_text_input=tf.constant([review]))
        return outputs['positive_review_logits']
```

Achten Sie darauf, die Serving-Funktion als globale Variable (oder als Singleton-Klasse) zu definieren, damit sie nicht als Reaktion auf jede Anfrage neu geladen wird. In der Praxis wird die Serving-Funktion nur bei Kaltstarts aus dem Exportpfad (auf Google Cloud Storage) neu geladen.

Warum es funktioniert

Der Ansatz, ein Modell in eine zustandslose Funktion zu exportieren und die zustandslose Funktion in einem Framework für Webanwendungen bereitzustellen, funktioniert, weil Frameworks für Webanwendungen automatische Skalierung bieten, vollständig verwaltet werden können und sprachneutral sind. Zudem sind sie auch den Software- und Geschäftsentwicklungsteams vertraut, die möglicherweise keine Erfahrung mit maschinellem Lernen haben. Dies hat ebenfalls Vorteile für die agile Entwicklung – ein ML Engineer oder Data Scientist kann das Modell unabhängig ändern, und Anwendungsentwickler:innen müssen lediglich den Endpunkt ändern, auf den er zugreift.

Automatische Skalierung

Die Skalierung von Web-Endpunkten auf Millionen von Anfragen pro Sekunde ist ein wohlbekanntes technisches Problem. Anstatt Services speziell für maschinelles Lernen zu erstellen, können wir uns auf jahrzehntelange Ingenieurarbeit stützen, die in die Entwicklung robuster Webanwendungen und Webserver geflossen ist. Cloud-Provider wissen, wie Web-Endpunkte effizient und mit minimalen Vorbereitungszeiten automatisch skaliert werden.

Wir müssen nicht einmal selbst das Serving-System schreiben. Die meisten modernen ML-Frameworks für Unternehmen verfügen über ein Serving-Subsystem. Zum Beispiel gibt es bei TensorFlow ein TensorFlow Serving und bei PyTorch ein Subsystem TorchServe. Wenn wir diese Serving-Subsysteme verwenden, können wir einfach die exportierte Datei bereitstellen, und die Software kümmert sich um das Erstellen eines Web-Endpunkts.

Vollständig verwaltet

Cloud-Plattformen abstrahieren auch die Verwaltung und Installation von Komponenten wie TensorFlow Serving. Um etwa auf Google Cloud eine Serving-Funktion als REST-API bereitzustellen, müssen Sie lediglich dieses Befehlszeilenprogramm ausführen, das den Standort der gespeicherten SavedModel-Ausgabe liefert:

```
gcloud ai-platform versions create ${MODEL_VERSION} \
       --model ${MODEL_NAME} --origin ${MODEL_LOCATION} \
       --runtime-version $TFVERSION
```

In SageMaker von Amazon ist es ähnlich einfach, ein TensorFlow SavedModel bereitzustellen:

```
model = Model(model_data=MODEL_LOCATION, role='SomeRole')
predictor = model.deploy(initial_instance_count=1,
                         instance_type='ml.c5.xlarge')
```

Mit einem einsatzbereiten REST-Endpunkt können wir eine Vorhersageanforderung als JSON mit dem Formular senden:

```
{"instances":
  [
      {"reviews": "The film is based on a prize-winning novel."},
      {"reviews": "The film is fast moving and has several great action scenes."},
      {"reviews": "The film was very boring. I walked out half-way."}
  ]
}
```

Zurück bekommen wir die vorhergesagten Werte. Diese sind ebenfalls in eine JSON-Struktur eingehüllt:

```
{"predictions": [{ "positive_review_logits": [0.6965846419334412]},
                 {"positive_review_logits": [1.6177300214767456]},
                 {"positive_review_logits": [-0.754359781742096]}]}
```

Indem wir Clients erlauben, JSON-Anfragen mit mehreren Instanzen in der Anfrage zu senden – was man als *JSON-Batchverarbeitung* bezeichnet –, erlauben wir Clients, den höheren Durchsatz, der mit weniger Netzwerkaufrufen verbunden ist, gegen die erhöhte Parallelisierung abzuwägen, wenn sie mehr Anfragen mit weniger Instanzen pro Anfrage senden.

Neben der Batchverarbeitung gibt es noch andere Knöpfe und Hebel, um die Performance zu verbessern oder die Kosten zu senken. Zum Beispiel hilft ein Computer mit leistungsfähigeren GPUs, die Performance von Deep-Learning-Modellen zu verbessern. Bei einem Computer mit mehreren Beschleunigern und/oder Threads lässt sich die Anzahl der Anfragen pro Sekunde erhöhen. Ein automatisch skalierender Cluster aus Computern kann helfen, die Kosten bei Spitzenbelastungen zu senken. Derartige Optimierungen werden oft vom ML/DevOps-Team vorgenommen, manche sind ML-spezifisch, andere nicht.

Sprachneutral

Jede moderne Programmiersprache beherrscht REST. Zudem wird ein Discovery-Service bereitgestellt, um die erforderlichen HTTP-Stubs automatisch zu generieren. Somit können Python-Clients die REST-API wie im nachfolgenden Code gezeigt aufrufen. Beachten Sie, dass dieser Code nichts Framework-spezifisches enthält. Da der Cloud-Dienst die Besonderheiten unseres ML-Modells abstrahiert, müssen wir keine Verweise auf Keras oder TensorFlow angeben:

```
credentials = GoogleCredentials.get_application_default()
api = discovery.build("ml", "v1", credentials = credentials,
            discoveryServiceUrl = "https://storage.googleapis.com/cloud-
ml/discovery/ml_v1_discovery.json")

request_data = {"instances":
  [
   {"reviews": "The film is based on a prize-winning novel."},
   {"reviews": "The film is fast moving and has several great action scenes."},
   {"reviews": "The film was very boring. I walked out half-way."}
  ]
}

parent = "projects/{}/models/imdb".format("PROJECT", "v1")
response = api.projects().predict(body = request_data,
                                  name = parent).execute()
```

Das Äquivalent des obigen Codes lässt sich in vielen Sprachen schreiben (wir zeigen Python, weil wir davon ausgehen, dass Sie damit einigermaßen vertraut sind). Derzeit können Entwickler:innen auf die Discovery-API (*https://oreil.ly/zCZir*) von Java, PHP, .NET, JavaScript, Objective-C, Dart, Ruby, Node.js und Go zugreifen.

Leistungsstarkes Ökosystem

Da Frameworks für Webanwendungen so weit verbreitet sind, gibt es eine ganze Menge Werkzeuge, um Webanwendungen zu messen, zu überwachen und zu verwalten. Wenn wir das ML-Modell in einem Framework für Webanwendungen bereitstellen, lässt sich das Modell mit Tools, die Ingenieuren für die Betriebssicherheit von Software, IT-Administratoren und DevOps-Personal vertraut sind, überwachen und drosseln. Kenntnisse über maschinelles Lernen brauchen sie nicht. In ähnlicher Weise wissen Ihre Entwicklerkolleg:innen im Unternehmen, wie man Webanwendungen mithilfe von API-Gateways misst und zu Geld macht. Dieses Wissen können sie übertragen und auf die Messung und Monetarisierung von ML-Modellen anwenden.

Kompromisse und Alternativen

Nach David Wheeler (*https://oreil.ly/uskud*) besteht die Lösung für jedes Computerproblem darin, eine zusätzliche Abstraktionsschicht einzuführen. Die Spezifikation einer exportierten zustandslosen Funktion bietet diese zusätzliche Ebene der

Indirektion. Das Entwurfsmuster *Zustandslose Serving-Funktion* ermöglicht uns, die Serving-Signatur zu ändern, um zusätzliche Funktionalität bereitzustellen, beispielsweise zusätzliche Vor- und Nachverarbeitung, die über das hinausgeht, was das ML-Modell leistet. In der Tat lassen sich nach diesem Entwurfsmuster mehrere Endpunkte für ein Modell bereitstellen. Darüber hinaus kann das Muster helfen, Onlinevorhersagen mit geringer Latenz für Modelle zu erzeugen, die auf Systemen wie Data Warehouses trainiert wurden, bei denen lang laufende Abfragen gang und gäbe sind.

Benutzerdefinierte Serving-Funktion

Die Ausgabeschicht unseres Textklassifizierungsmodells ist eine Dense-Schicht, deren Ausgabe im Bereich $(-\infty,\infty)$ liegt:

```
model.add(tf.keras.layers.Dense(1, name='positive_review_logits'))
```

Unsere Verlustfunktion berücksichtigt dies:

```
model.compile(optimizer='adam',
              loss=tf.keras.losses.BinaryCrossentropy(
                      from_logits=True),
              metrics=['accuracy'])
```

Wenn wir das Modell zur Vorhersage verwenden, gibt das Modell naturgemäß die Vorhersage zurück, für die es trainiert wurde, d.h., es gibt die Logits aus. Was Clients erwarten, ist jedoch die Wahrscheinlichkeit, mit der die Kritik positiv ist. Um dies zu lösen, müssen wir die Sigmoid-Ausgabe des Modells zurückgeben.

Hierfür können wir eine benutzerdefinierte Serving-Funktion schreiben und sie stattdessen exportieren. Die folgende Serving-Funktion in Keras fügt eine Wahrscheinlichkeit hinzu und gibt ein Dictionary zurück, das sowohl die Logits als auch die Wahrscheinlichkeiten für jede der als Eingabe bereitgestellten Rezensionen enthält:

```
@tf.function(input_signature=[tf.TensorSpec([None],
                              dtype=tf.string)])
def add_prob(reviews):
    logits = model(reviews, training=False) # Modell aufrufen
    probs = tf.sigmoid(logits)
    return {
        'positive_review_logits' : logits,
        'positive_review_probability' : probs
    }
```

Die obige Funktion können wir dann als den Serving-Standard exportieren:

```
model.save(export_path, signatures={'serving_default': add_prob})
```

Die Methodendefinition von `add_prob` wird in `export_path` gespeichert und als Reaktion auf eine Clientanfrage aufgerufen.

Die Serving-Signatur des exportierten Modells spiegelt den neuen Eingabenamen (beachten Sie den Namen des Eingabeparameters für add_prob) sowie die Schlüssel und Datentypen des Ausgabewörterbuchs wider:

```
The given SavedModel SignatureDef contains the following input(s):
    inputs['reviews'] tensor_info:
        dtype: DT_STRING
        shape: (-1)
        name: serving_default_reviews:0
The given SavedModel SignatureDef contains the following output(s):
    outputs['positive_review_logits'] tensor_info:
        dtype: DT_FLOAT
        shape: (-1, 1)
        name: StatefulPartitionedCall_2:0
    outputs['positive_review_probability'] tensor_info:
        dtype: DT_FLOAT
        shape: (-1, 1)
        name: StatefulPartitionedCall_2:1
Method name is: tensorflow/serving/predict
```

Wenn Sie dieses Modell bereitstellen und für Schlussfolgerungen verwenden, enthält das ausgegebene JSON sowohl die Logits als auch die Wahrscheinlichkeiten:

```
{'predictions': [
   {'positive_review_probability': [0.6674301028251648],
    'positive_review_logits': [0.6965846419334412]},
   {'positive_review_probability': [0.8344818353652954],
    'positive_review_logits': [1.6177300214767456]},
   {'positive_review_probability': [0.31987208127975464],
    'positive_review_logits': [-0.754359781742096]}
]}
```

Bei add_prob handelt es sich um eine Funktion, die wir selbst schreiben. In diesem Fall haben wir die Ausgabe ein wenig nachbearbeitet. Allerdings hätten wir in dieser Funktion so ziemlich alles (was zustandslos ist) tun können, was uns vorschwebt.

Mehrere Signaturen

Es ist durchaus üblich, dass Modelle mehrere Ziele oder Clients mit unterschiedlichen Anforderungen unterstützen. Während bei der Ausgabe eines Dictionarys verschiedene Clients herausziehen können, was Sie wollen, ist dies in manchen Fällen nicht ideal. Um zum Beispiel eine Wahrscheinlichkeit von den Logits zu erhalten, mussten wir lediglich die Funktion `tf.sigmoid()` aufrufen. Das ist recht preiswert, und es auch nicht problematisch, die Berechnung selbst für Clients durchzuführen, die die Ergebnisse verwerfen. Wäre die Funktion andererseits teuer gewesen, kann ihre Berechnung für Clients, die den Wert nicht benötigen, erheblichen Overhead verursachen.

Wenn nur wenige Clients eine sehr teure Operation benötigen, ist es hilfreich, mehrere Serving-Signaturen bereitzustellen und das Serving-Framework vom Client darüber informieren zu lassen, welche Signatur aufgerufen werden soll. Dies geschieht, indem man beim Exportieren des Modells einen anderen Namen als serving_default angibt. Zum Beispiel könnten wir folgendermaßen zwei Signaturen schreiben:

```
model.save(export_path, signatures={
        'serving_default': func1,
        'expensive_result': func2,
    })
```

Dann schließt die eingehende JSON-Anfrage den Signaturnamen ein, um auszuwählen, welcher Serving-Endpunkt des Modells gewünscht wird:

```
{
  "signature_name": "expensive_result",
   {"instances": ...}
}
```

Onlinevorhersage

Da die exportierte Serving-Funktion letztlich nur ein Dateiformat verkörpert, kann sie verwendet werden, um die Funktionalität für Onlinevorhersagen zu realisieren, wenn das ursprüngliche ML-Trainings-Framework von Haus aus keine Onlinevorhersagen unterstützt.

Zum Beispiel können wir ein Modell trainieren, um abzuleiten, ob ein Baby besondere Aufmerksamkeit benötigt oder nicht, indem wir ein logistisches Regressionsmodell auf dem Geburtendatensatz trainieren:

```
CREATE OR REPLACE MODEL
 mlpatterns.neutral_3classes OPTIONS(model_type='logistic_reg',
  input_label_cols=['health']) AS
SELECT
IF
 (apgar_1min = 10,
  'Healthy',
 IF
  (apgar_1min >= 8,
   'Neutral',
   'NeedsAttention')) AS health,
 plurality,
 mother_age,
 gestation_weeks,
 ever_born
FROM
 `bigquery-public-data.samples.natality`
WHERE
 apgar_1min <= 10
```

Nachdem das Modell trainiert ist, können wir eine Vorhersage per SQL durchführen:

```
SELECT * FROM ML.PREDICT(MODEL mlpatterns.neutral_3classes,
    (SELECT
     2 AS plurality,
     32 AS mother_age,
     41 AS gestation_weeks,
```

```
            1 AS ever_born
        )
    )
```

Allerdings ist BigQuery hauptsächlich für verteilte Datenverarbeitung gedacht. Auch wenn es großartig gewesen ist, das ML-Modell auf Gigabytes von Daten zu trainieren, ist die Verwendung eines derartigen Systems nicht die beste Lösung, um Schlussfolgerungen auf einer einzigen Zeile auszuführen – die Latenzen können durchaus eine Sekunde oder zwei Sekunden betragen. Stattdessen ist die `ML.PREDICT`-Funktionalität eher für Batch-Serving geeignet.

Um Onlinevorhersagen durchzuführen, können wir BigQuery anweisen, das Modell als TensorFlow SavedModel zu exportieren:

```
bq extract -m --destination_format=ML_TF_SAVED_MODEL \
    mlpatterns.neutral_3classes gs://${BUCKET}/export/baby_health
```

Jetzt können wir das SavedModel in einem Serving-Framework wie Cloud AI Platform bereitstellen, das SavedModel unterstützt, um von den Vorteilen eines automatisch skalierten ML-Modell-Servings mit geringer Latenz zu profitieren. Den vollständigen Code finden Sie auf GitHub im Notebook unter *https://github.com/GoogleCloudPlatform/ml-design-patterns/blob/master/05_resilience/serving_function.ipynb*.

Selbst wenn diese Fähigkeit zum Exportieren des Modells als SavedModel nicht vorhanden wäre, hätten wir die Gewichte extrahieren, ein mathematisches Modell zum Ausführen des linearen Modells schreiben, es in einem Container verpacken und das Container-Image in einer Serving-Plattform bereitstellen können.

Vorhersagebibliothek

Anstatt die Serving-Funktion als Microservice bereitzustellen, der sich über eine REST-API aufrufen lässt, ist es möglich, den Vorhersagecode als Bibliotheksfunktion zu implementieren. Die Bibliotheksfunktion würde das exportierte Modell laden, wenn sie erstmals aufgerufen wird, die Methode `model.predict()` mit der bereitgestellten Eingabe aufrufen und das Ergebnis zurückgeben. Anwendungsentwickler:innen, die für eine Vorhersage auf die Bibliothek zurückgreifen müssen, können dann die Bibliothek in ihre Anwendungen einbinden.

Eine Bibliotheksfunktion ist eine bessere Alternative als ein Microservice, wenn das Modell nicht über ein Netzwerk aufgerufen werden kann, entweder aus physischen Gründen (keine Netzwerkkonnektivität) oder aufgrund von Performanceeinschränkungen. Der Ansatz mit Bibliotheksfunktion lädt auch die Rechenlast auf den Client ab, was vom Standpunkt des Budgets aus vorzuziehen sein könnte. Der Bibliotheksansatz mit `TensorFlow.js` kann Site-übergreifende Probleme vermeiden, wenn der Wunsch besteht, das Modell in einem Browser laufen zu lassen. Nachteilig beim Bibliotheksansatz ist vor allem, dass Wartung und Aktualisierungen des Modells schwierig sind – der gesamte Clientcode, der das Modell verwendet, muss aktualisiert werden, um die neue Version der Bibliothek zu verwenden. Je häufiger ein Modell aktualisiert wird, desto attraktiver wird der Microservices-Ansatz. Ein weiterer Nachteil besteht darin, dass der Bibliotheksansatz auf Programmiersprachen beschränkt ist, für die Bibliotheken geschrieben werden, während der Ansatz mit der REST-API das Modell für Anwendungen öffnet, die in so ziemlich jeder modernen Programmiersprache geschrieben werden.

Der Bibliotheksentwickler sollte darauf achten, einen Threadpool und Parallelisierung zu nutzen, um den erforderlichen Durchsatz zu unterstützen. Allerdings gibt es in der Regel eine Grenze für die Skalierbarkeit, die sich mit diesem Ansatz erreichen lässt.

Entwurfsmuster 17: Batch-Serving

Das Entwurfsmuster *Batch-Serving* nutzt die Softwareinfrastruktur, die häufig für die verteilte Datenverarbeitung verwendet wird, um Schlussfolgerungen auf einer großen Anzahl von Instanzen auf einmal durchzuführen.

Problem

Üblicherweise werden Vorhersagen einzeln und auf Anforderung ausgeführt. Ob eine Kreditkartentransaktion betrügerisch ist oder nicht, wird festgestellt, wenn die Zahlung verarbeitet wird. Ob ein Baby eine Intensivversorgung benötigt, wird ermittelt, wenn das Baby unmittelbar nach der Geburt untersucht wird. Wenn Sie also ein Modell in einem ML-Serving-Framework bereitstellen, wird es so eingerichtet, dass es eine Instanz oder höchstens ein paar Tausend Instanzen verarbeitet, die in eine einzige Anfrage eingebettet sind.

Die Architektur des Serving-Frameworks ist darauf ausgelegt, eine einzelne Anfrage synchron und so schnell wie möglich zu verarbeiten, wie es »Entwurfsmuster 16: Zustandslose Serving-Funktion« auf Seite 225 erörtert hat. Die Serving-Infrastruktur ist in der Regel als Microservice konzipiert, der den Großteil der Berechnungen (wie bei tiefen CNNs) auf Hochleistungshardware wie zum Beispiel TPUs (*Tensor Processing Units*) oder GPUs (*Graphics Processing Units*) auslagert und die mit mehreren Softwareschichten verbundene Ineffizienz minimiert.

Unter bestimmten Umständen müssen Vorhersagen aber asynchron über großen Datenmengen ausgeführt werden. Zum Beispiel könnte die Entscheidung, ob eine Lagerhaltungseinheit (*Stock-Keeping Unit*, SKU) nachbestellt werden soll, ein Vorgang sein, der stündlich ausgeführt wird und nicht jedes Mal, wenn die SKU an der Registrierkasse gekauft wird. Musikdienste könnten personalisierte tägliche Playlists für jeden einzelnen ihrer Benutzer erstellen und sie an die betreffenden Benutzer verteilen. Die personalisierte Playlist wird nicht bei jeder Interaktion des Benutzers mit der Musiksoftware erstellt. Das ML-Modell muss deshalb Vorhersagen für Millionen von Instanzen gleichzeitig treffen und nicht einzeln für jeweils eine Instanz.

Der Versuch, einem Softwareendpunkt, der konzeptionell jeweils eine Anfrage verarbeitet, Millionen von SKUs oder Milliarden von Benutzern zu senden, wird das ML-Modell überfordern.

Lösung

Das Entwurfsmuster *Batch-Serving* verwendet eine verteilte Datenverarbeitungsinfrastruktur (MapReduce, Apache Spark, BigQuery, Apache Beam usw.), um ML-Inferenz auf einer großen Anzahl von Instanzen asynchron auszuführen.

Bei der Diskussion zum Entwurfsmuster *Zustandslose Serving-Funktion* haben wir ein Textklassifizierungsmodell trainiert, um auszugeben, ob eine Rezension positiv oder negativ war. Nehmen wir an, wir wollten dieses Modell auf jede Beschwerde anwenden, die jemals beim *United States Consumer Finance Protection Bureau* (CFPB) eingereicht wurde.

Wir können das Keras-Modell in BigQuery wie folgt laden (den vollständigen Code finden Sie auf GitHub in einem Notebook unter *https://github.com/GoogleCloudPlatform/ml-design-patterns/blob/master/05_resilience/batch_serving.ipynb*):

```
CREATE OR REPLACE MODEL mlpatterns.imdb_sentiment
OPTIONS(model_type='tensorflow', model_path='gs://.../*')
```

Wo man normalerweise ein Modell mit Daten in BigQuery trainieren würde, laden wir hier einfach ein extern trainiertes Modell. Danach ist es jedoch möglich, ML-Vorhersagen mit BigQuery durchzuführen. So gibt zum Beispiel die SQL-Abfrage

```
SELECT * FROM ML.PREDICT(MODEL mlpatterns.imdb_sentiment,
  (SELECT 'This was very well done.' AS reviews)
)
```

eine `positive_review_probability` von 0,82 zurück.

Es ist nicht gerade effizient, mit einem verteilten Datenverarbeitungssystem wie BigQuery einmalige Vorhersagen durchzuführen. Wie sieht es aber aus, wenn wir das ML-Modell auf jede Beschwerde in der CFPB-Datenbank anwenden wollen?[1] Wir können die obige Abfrage einfach anpassen und dabei sicherstellen, dass auf die Spalte `consumer_complaint_narrative` in der inneren `SELECT`-Anweisung über den Alias `reviews` als die zu bewertenden Rezensionen zugegriffen wird:

```
SELECT * FROM ML.PREDICT(MODEL mlpatterns.imdb_sentiment,
  (SELECT consumer_complaint_narrative AS reviews
```

1 Sie sind neugierig, wie eine »positive« Beschwerde aussieht? Hier eine Kostprobe:

»Ich bekomme morgens und abends Anrufe von XXXX. Ich habe ihnen gesagt, dass sie diese vielen Anrufe sein lassen sollen, aber sie rufen immer noch an, sogar am Sonntagmorgen. An einem Sonntagmorgen hatte ich zwei Anrufe nacheinander von XXXX XXXX. Neun Anrufe habe ich am Samstag bekommen. Auch unter der Woche habe ich an jedem Tag etwa neun Anrufe erhalten.«

Dass der Beschwerdeführer unglücklich ist, lässt sich einzig daran erkennen, dass er die Anrufer gebeten hat, damit aufzuhören. Andernfalls könnte es sich bei den restlichen Aussagen durchaus um jemanden handeln, der damit prahlt, wie beliebt er ist!

```
    FROM `bigquery-public-data`.cfpb_complaints.complaint_database
    WHERE consumer_complaint_narrative IS NOT NULL
    )
)
```

Die Datenbank umfasst mehr als 1,5 Millionen Beschwerden, die aber in rund 30 Sekunden verarbeitet werden, was die Vorzüge eines Frameworks für verteilte Datenverarbeitung beweist.

Warum es funktioniert

Das Entwurfsmuster *Zustandslose Serving-Funktion* ist für das Serving mit geringer Latenz ausgelegt, um Tausende von gleichzeitigen Anfragen zu unterstützen. Ein derartiges Framework zu verwenden, um Millionen von Elementen gelegentlich oder periodisch zu verarbeiten, kann ziemlich teuer werden. Wenn die Latenz bei solchen Anfragen keine große Rolle spielt, ist es kostengünstiger, eine Architektur für verteilte Datenverarbeitung zu verwenden, um ML-Modelle auf Millionen von Elementen aufzurufen. Der Grund dafür ist, dass das Aufrufen eines ML-Modells auf Millionen von Elementen ein hochgradig paralleles Problem darstellt – es ist möglich, eine Million von Elementen auf 1.000 Gruppen zu je 1.000 Elementen aufzuteilen, jede Gruppe von Elementen an einen Computer zu senden und dann die Ergebnisse zu kombinieren. Das Ergebnis des ML-Modells auf Element Nummer 2.000 ist völlig unabhängig vom Ergebnis des ML-Modells auf Element Nummer 3.000. Somit ist es möglich, die Arbeit aufzuteilen und besser zu bewältigen.

Nehmen Sie zum Beispiel die Abfrage, um die fünf positivsten Beschwerden zu finden:

```
WITH all_complaints AS (
SELECT * FROM ML.PREDICT(MODEL mlpatterns.imdb_sentiment,
  (SELECT consumer_complaint_narrative AS reviews
   FROM `bigquery-public-data`.cfpb_complaints.complaint_database
   WHERE consumer_complaint_narrative IS NOT NULL
   )
)
)
SELECT * FROM all_complaints
ORDER BY positive_review_probability DESC LIMIT 5
```

Wie die Ausführungsdetails in der BigQuery-Webkonsole zeigen, hat die gesamte Abfrage 35 Sekunden gedauert (siehe den mit *#1* markierten Kasten in Abbildung 5-1).

Der erste Schritt (siehe Kasten *#2* in Abbildung 5-1) liest die Spalte `consumer_complaint_narrative` aus dem öffentlichen BigQuery-Datensatz, wenn deren Inhalt nicht `NULL` ist. Aus der Anzahl der in Kasten *#3* hervorgehobenen Zeilen geht hervor, dass dabei 1.582.045 Werte gelesen werden. Die Ausgabe dieses Schritts wird in *10* Fragmente (engl. *Shards*) geschrieben (siehe Kasten *#4* in Abbildung 5-1).

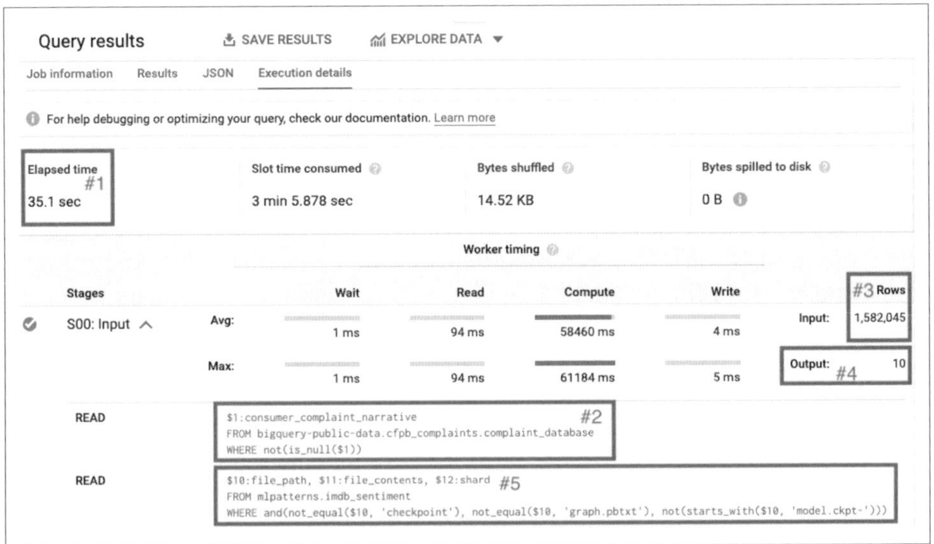

Abbildung 5-1: Die ersten beiden Schritte einer Abfrage, um die fünf »positivsten« Beschwerden im CFPB-Datensatz mit Verbraucherbeschwerden zu finden

Der zweite Schritt liest die Daten aus diesem Fragment (beachten Sie das `$12:shard` in der Abfrage, siehe Kasten #5 in Abbildung 5-1), ruft aber auch die Felder `file_path` und `file_contents` des ML-Modells `imdb_sentiment` ab und wendet das Modell auf die Daten in jedem Fragment an. MapReduce funktioniert so, dass jedes Fragment durch einen Worker verarbeitet wird, sodass die Tatsache, dass es zehn Fragmente gibt, anzeigt, dass der zweite Schritt von zehn Workern ausgeführt wird. Die ursprünglich 1,5 Millionen Zeilen würden über viele Dateien hinweg gespeichert, und der erste Schritt wäre wahrscheinlich von so vielen Workern verarbeitet worden, wie es der Anzahl der Dateien entspricht, die dieses Datenset umfasst.

Die restlichen Schritte werden in Abbildung 5-2 dargestellt.

SORT	`$20 DESC` `LIMIT 5`
COMPUTE	`$20 := STRUCT_FIELD_OP(1, $30)` `$21 := STRUCT_FIELD_OP(0, $30)`
BUFFERING_COMPUTE	`$30 := TENSORFLOW_PREDICT_SIGNATURE_ID(MAKE_STRUCT(STRUCT_FIELD_OP(0, $61), STRUCT_FIELD_OP(1, $61), STRUCT_FIELD_OP(2, $61), STRUCT_FIELD_OP(-1, $61)), $60, NULL, ...)`
JOIN	`CROSS EACH WITH EACH`
COMPUTE	`$40 := TENSORFLOW_LOAD_TYPE_MODEL_ID(MAKE_STRUCT($52, $51, $50), NULL, '', '', 'mlpatterns.imdb_sentiment', ARRAY<...>)`

AGGREGATE	`$50 := ARRAY_AGG($12)`
	`$51 := ARRAY_AGG($11)`
	`$52 := ARRAY_AGG($10)`

WRITE	`$80, $81, $82` `TO __stage00_output`

Abbildung 5-2: Der dritte und weitere Schritte der Abfrage, um die fünf »positivsten« Beschwerden zu finden

Der dritte Schritt sortiert den Datensatz in absteigender Reihenfolge und beschränkt die Ergebnisse auf fünf Elemente. Dies geschieht auf jedem Worker, sodass jeder der zehn Worker die fünf positivsten Beschwerden in »seinem« Fragment findet. Die übrigen Schritte rufen die restlichen Datenteile ab, formatieren sie und schreiben sie in die Ausgabe.

Der letzte (hier nicht gezeigte) Schritt nimmt die 50 Beschwerden, sortiert sie und wählt die fünf aus, die das eigentliche Ergebnis bilden. Die Fähigkeit, Arbeiten auf diese Weise über viele Worker zu verteilen, ermöglicht BigQuery, die gesamte Operation mit 1,5 Millionen Dokumenten in 35 Sekunden abzuwickeln.

Kompromisse und Alternativen

Das Entwurfsmuster *Batch-Serving* hängt von der Fähigkeit ab, eine Aufgabe auf mehrere Worker aufzuteilen. Somit beschränkt es sich nicht auf Data Warehouses oder sogar SQL. Jedes MapReduce-Framework wird funktionieren. Allerdings sind SQL Data Warehouses in der Regel am einfachsten und oftmals die Standardwahl, insbesondere wenn die Daten strukturiert sind.

Auch wenn Batch-Serving verwendet wird, wenn die Latenz kein Problem darstellt, ist es möglich, vorberechnete Ergebnisse und periodisches Auffrischen einzubinden, um dies in Szenarios zu nutzen, in denen der Platz für mögliche Vorhersageeingaben begrenzt ist.

Batch- und Stream-Pipelines

Frameworks wie Apache Spark oder Apache Beam sind nützlich, wenn die Eingabe eine Vorverarbeitung erfordert, bevor sie dem Modell zugeführt werden kann, wenn die Ausgaben des ML-Modells eine Nachbearbeitung verlangen oder wenn sich Vor- bzw. Nachbearbeitung nur schwer in SQL ausdrücken lassen. Wenn es sich bei den Eingaben für das Modell um Bilder, Audio oder Video handelt, kommt SQL nicht infrage, und man muss auf ein Datenverarbeitungs-Framework zurückgreifen, das mit unstrukturierten Daten umgehen kann. Diese Frameworks können auch von beschleunigter Hardware wie TPUs und GPUs profitieren, um Bilddaten vorzuverarbeiten.

Ein Framework wie Apache Beam verwendet man zum Beispiel auch, wenn der Clientcode einen Zustand verwalten muss. Der Grund dafür liegt häufig darin, dass eine der Eingaben in das ML-Modell ein Durchschnittswert für ein Zeitfenster ist. In diesem Fall muss der Clientcode gleitende Durchschnitte des eintreffenden Datenstroms bilden und dem ML-Modell den gleitenden Durchschnitt bereitstellen.

Stellen Sie sich vor, wir erstellten ein Moderationssystem für Kommentare und möchten Personen zurückweisen, die mehr als zweimal am Tag Kommentare zu einer bestimmten Person schreiben. Wenn ein Kommentator zum Beispiel die beiden ersten Male etwas über Präsident Obama schreibt, lassen wir ihn gewähren, blockieren aber alle Versuche dieses Kommentators, Präsident Obama für den Rest des Tages zu erwähnen. Dies ist ein Beispiel für eine Nachbearbeitung, die den Zustand verwalten muss, weil wir einen Zähler benötigen, der beziffert, wie oft jeder Kommentator eine bestimmte Persönlichkeit erwähnt hat. Darüber hinaus muss dieser Zähler über eine rotierende Zeitspanne von 24 Stunden laufen.

Diese Aufgabe lässt sich mit einem Framework für verteilte Datenverarbeitung erledigen, das Zustände verwalten kann. Hier kommt Apache Beam ins Spiel. Der Aufruf eines ML-Modells, um Erwähnungen eines Prominenten zu erkennen und sie mit einem kanonischen Wissensgraphen zu verknüpfen (sodass sowohl eine Erwähnung von Obama als auch eine Erwähnung von Präsident Obama mit *en.wikipedia.org/wiki/Barack_Obama* verknüpft sind), lässt sich von Apache Beam aus mit dem folgenden Code erreichen (den vollständigen Code finden Sie auf GitHub im Notebook unter *https://github.com/GoogleCloudPlatform/ml-design-patterns/blob/master/05_resilience/nlp_api.ipynb*):

```
| beam.Map(lambda x : nlp.Document(x, type='PLAIN_TEXT'))
| nlp.AnnotateText(features)
| beam.Map(parse_nlp_result)
```

Hier parst `parse_nlp_result` die JSON-Anfrage, die die Texttransformation `AnnotateText` durchläuft, die hinter den Kulissen eine NLP-API aufruft.

Zwischengespeicherte Ergebnisse beim Batch-Serving

Wir haben Batch-Serving als Möglichkeit beschrieben, ein Modell über Millionen von Elementen aufzurufen, wenn das Modell normalerweise mit dem Entwurfsmuster *Zustandslose Serving-Funktion* online bedient wird. Natürlich kann Batch-Serving selbst dann funktionieren, wenn das Modell kein Online-Serving unterstützt. Entscheidend ist, dass das ML-Framework, das für die Inferenz zuständig ist, von den Vorteilen der hochgradig parallelen Verarbeitung profitieren kann.

Zum Beispiel müssen Empfehlungsmaschinen eine dünn besetzte Matrix ausfüllen, die aus allen Benutzer-Element-Paaren besteht. Ein typisches Unternehmen mag zehn Millionen Stammbenutzer und 10.000 Artikel im Produktkatalog haben. Um eine Empfehlung für einen Benutzer zu erzeugen, müssen Empfehlungswerte für jeden der 10.000 Artikel berechnet und nach Rang sortiert werden. Die fünf besten Ergebnisse bekommt dann der Benutzer zu sehen. Eine Serving-Funktion kann dies kaum in nahezu Echtzeit bewerkstelligen. Dennoch bedeutet die Echtzeitforderung, dass es ebenfalls nicht genügt, einfach mit Batch-Serving zu arbeiten.

In derartigen Fällen verwenden Sie Batch-Serving, um Empfehlungen für alle zehn Millionen Benutzer vorauszuberechnen:

```
SELECT
  *
FROM
  ML.RECOMMEND(MODEL mlpatterns.recommendation_model)
```

Speichern Sie die Ergebnisse in einer relationalen Datenbank wie MySQL, Datastore oder Cloud Spanner (es gibt vordefinierte Transferdienste und Datenflussvorlagen (*https://github.com/GoogleCloudPlatform/DataflowTemplates/blob/master/src/main/java/com/google/cloud/teleport/templates/BigQueryToDatastore.java*), die dies tun können). Wenn ein Benutzer den Shop besucht, werden die Empfehlungen für diesen Benutzer aus der Datenbank abgerufen sowie unmittelbar und bei sehr geringer Latenz bereitgestellt.

Im Hintergrund werden die Empfehlungen periodisch aufgefrischt. Zum Beispiel könnten wir das Empfehlungsmodell stündlich neu trainieren, basierend auf den letzten Aktionen auf der Website. Dann können wir Schlussfolgerungen nur für die Benutzer ziehen, die die Website in der letzten Stunde besucht haben:

```
SELECT
  *
FROM
  ML.RECOMMEND(MODEL mlpatterns.recommendation_model,
  (
  SELECT DISTINCT
    visitorId
  FROM
    mlpatterns.analytics_session_data
  WHERE
    visitTime > TIME_DIFF(CURRENT_TIME(), 1 HOUR)
  ))
```

Wir können nun die entsprechenden Zeilen in der relationalen Datenbank aktualisieren, die für das Serving verwendet wird.

Lambda-Architektur

Ein ML-System für die Produktion, das sowohl Online-Serving als auch Batch-Serving unterstützt, wird als *Lambda-Architektur* (*https://oreil.ly/jLZ46*) bezeichnet – ein derartiges ML-System für die Produktion ermöglicht ML-Praktiker:innen, einen Kompromiss zwischen Latenz (über das Entwurfsmuster *Zustandslose Serving-Funktion*) und Durchsatz (über das Entwurfsmuster *Batch-Serving*) zu finden.

Trotz seines Namens ist AWS Lambda (*https://oreil.ly/RqPan*) keine Lambda-Architektur. Es ist ein serverloses Framework zur Skalierung zustandsloser Funktionen, ähnlich wie Google Cloud Functions oder Azure Functions.

Typischerweise wird eine Lambda-Architektur unterstützt, indem separate Systeme für *Online-Serving* und *Batch-Serving* vorhanden sind. Zum Beispiel wird in Google Cloud die Online-Serving-Infrastruktur durch Cloud AI Platform Predictions bereitgestellt und die Batch-Serving-Infrastruktur durch BigQuery und Cloud Dataflow (Cloud AI Platform Predictions bietet eine komfortable Schnittstelle, sodass Benutzer Dataflow nicht explizit verwenden müssen). Es ist möglich, ein TensorFlow-Modell in BigQuery für Batch-Serving zu importieren. Ebenso kann man ein trainiertes BigQuery-ML-Modell als TensorFlow SavedModel für Online-Serving exportieren. Durch diese bidirektionale Kompatibilität sind Benutzer von

Google Cloud in der Lage, jeden Punkt im Kompromiss zwischen Latenz und Durchsatz zu treffen.

Entwurfsmuster 18: Kontinuierliche Modellbewertung

Das Entwurfsmuster *Kontinuierliche Modellbewertung* behandelt das häufige Problem, erkennen zu müssen, wann ein bereitgestelltes Modell nicht mehr seinem Zweck entspricht, und daraufhin eine bestimmte Maßnahme zu ergreifen.

Problem

Sie haben nun Ihr Modell trainiert. Sie haben die Rohdaten zusammengetragen, aufbereitet, Features herausgearbeitet, Einbettungsschichten erzeugt, Hyperparameter abgestimmt, das ganze Drum und Dran. Sie sind in der Lage, auf Ihrem reservierten Testdatensatz eine Genauigkeit von 96% zu erreichen. Erstaunlich! Sie sind sogar den mühsamen Prozess durchgegangen, Ihr Modell bereitzustellen, indem Sie es aus einem Jupyter-Notebook in ein ML-Modell in der Produktion überführt haben, und bedienen Vorhersagen über eine REST-API. Glückwunsch! Sie haben es geschafft. Sie sind fertig!

Nun, nicht ganz. Bereitstellung ist noch nicht das Ende im Lebenszyklus eines ML-Modells. Woher wissen Sie, ob Ihr Modell in der freien Wildbahn wie erwartet funktioniert? Wie sieht es aus, wenn unerwartete Änderungen in den eingehenden Daten auftreten? Oder wenn das Modell keine genauen oder nützlichen Vorhersagen mehr liefert? Wie lassen sich diese Änderungen erkennen?

Die Welt ist dynamisch, doch die Entwicklung eines ML-Modells erzeugt normalerweise ein statisches Modell aus historischen Daten. Sobald also ein Modell in die Produktion geht, kann es qualitativ nachlassen und in seinen Vorhersagen immer unzuverlässiger werden. Dafür sind vor allem zwei Ursachen maßgebend: Konzeptdrift und Datendrift.

Konzeptdrift tritt immer dann auf, wenn sich die Beziehung zwischen den Modelleingaben und dem Ziel geändert hat. Dies passiert oft, weil sich die zugrunde liegenden Annahmen Ihres Modells geändert haben, beispielsweise bei Modellen, die trainiert wurden, um gegnerisches oder konkurrierendes Verhalten zu lernen, wie es bei Betrugserkennung, Spamfiltern, Börsenhandel, Onlinewerbeanzeigen oder Cybersicherheit der Fall ist. In diesen Szenarios zielt ein prädiktives Modell darauf ab, Muster zu identifizieren, die für erwünschte (oder unerwünschte) Aktivitäten charakteristisch sind, während das gegnerische Modell lernt, sich anzupassen, und sein Verhalten möglicherweise ändert, wenn sich die Umstände ändern. Denken Sie zum Beispiel an ein Modell, das entwickelt wurde, um Kreditkartenbetrug zu erkennen. Die Art und Weise, wie Menschen Kreditkarten nutzen, hat sich im Laufe der Zeit verändert, und somit haben sich auch die allgemeinen Eigenschaften des Kreditkartenbetrugs geändert. Als zum Beispiel die Technik »Chip und Pin« eingeführt wurde, haben sich die betrügerischen Transaktionen mehr und mehr in den Onlinebereich verlagert. So wie sich das betrügerische Verhalten angepasst hat, ging die Performance eines Modells, das vor dieser Technik entwickelt worden ist, plötzlich zurück, und die Modellvorhersagen wurden weniger genau.

Die *Datendrift* ist ein weiterer Grund dafür, dass sich die Performance eines Modells im Laufe der Zeit verschlechtert. Das Problem der Datendrift haben wir in »Allgemeine Herausforderungen beim maschinellen Lernen« auf Seite 28 in Kapitel 1 eingeführt. Datendrift bezieht sich auf alle Änderungen an den Daten, die in Ihr Modell zur Vorhersage eingespeist werden, im Vergleich zu den Daten, mit denen das Modell trainiert wurde. Die Gründe für Datendrift sind vielfältig: Das Eingabedatenschema ändert sich an der Quelle (wenn beispielsweise vorgelagerte Felder hinzugefügt oder gelöscht werden), die Feature-Verteilungen ändern sich im Laufe der Zeit (beispielsweise könnten in einem Krankenhaus mehr jüngere Erwachsene behandelt werden, weil in der Nähe ein Skigebiet eröffnet wurde), oder die Bedeutung der Daten ändert sich, auch wenn sich die Struktur/das Schema nicht geändert hat (zum Beispiel kann es sich mit der Zeit ändern, ab wann ein Patient als »übergewichtig« gilt). Software-Updates könnten neue Bugs einführen, oder das Geschäftsszenario ändert sich, und es entsteht ein neues Produkt-Label, das vorher in den Trainingsdaten nicht vorhanden war. ETL-Pipelines zum Erstellen, Trainieren und Vorhersagen mit ML-Modellen können spröde und undurchsichtig sein, und jede dieser Änderungen hätte drastische Auswirkungen auf die Performance Ihres Modells.

Die Modellbereitstellung ist ein kontinuierlicher Prozess, und um der Konzept- oder Datendrift zu begegnen, müssen Sie Ihren Trainingsdatensatz aktualisieren und Ihr Modell mit frischen Daten neu trainieren, um Vorhersagen zu verbessern. Aber woher wissen Sie, wann erneutes Training notwendig ist? Und wie oft sollten Sie neu trainieren? Datenvorverarbeitung und Modelltraining kann sowohl zeit- als auch kostenintensiv sein, und jeder Schritt im Entwicklungszyklus des Modells bedeutet zusätzlichen Aufwand für Entwicklung, Überwachung und Wartung.

Lösung

Eine Verschlechterung des Modells erkennen Sie am direktesten, wenn Sie kontinuierlich die Vorhersageperformance im Laufe der Zeit überwachen und diese Performance mit denselben Bewertungsmetriken messen, wie Sie sie während der Entwicklung verwendet haben. Mit einer derartigen kontinuierlichen Modellbewertung und -überwachung stellen wir fest, ob das Modell oder irgendwelche Änderungen, die wir am Modell vorgenommen haben, so funktionieren, wie sie sollten.

Konzept

Eine derartige kontinuierliche Bewertung erfordert den Zugriff auf die Rohdaten der Vorhersageanforderung und die vom Modell generierten Vorhersagen sowie die Grundwahrheit, und zwar alles am selben Ort. Google Cloud AI Platform bietet die Möglichkeit, die bereitgestellte Modellversion zu konfigurieren, sodass von den online gestellten Eingaben und Ausgaben der Vorhersage regelmäßig Stichproben erfasst und in einer Tabelle in BigQuery gespeichert werden. Um den Dienst für eine große Anzahl von Anfragen pro Sekunde performant zu halten, können wir konfigurieren, wie viele Daten abgetastet werden, und zwar als Prozentwert bezogen auf die Anzahl der eingehenden Anfragen. Um die Performancemetriken zu messen, ist es notwendig, diese gespeicherte Stichprobe von Vorhersagen mit der Grundwahrheit zu kombinieren.

In den meisten Situationen kann es einige Zeit dauern, bevor die Labels der Grundwahrheit zur Verfügung stehen. Zum Beispiel kann es bei einem Modell zur Kundenabwanderung sein, dass erst mit dem nächsten Abonnementzyklus bekannt ist, welche Kunden den Dienst gekündigt haben. Oder bei einem Finanzprognosemodell ist der wahre Umsatz erst nach dem Quartalsabschluss und dem Gewinnbericht bekannt. In beiden Fällen kann die Bewertung erst dann erfolgen, wenn die Daten der Grundwahrheit verfügbar sind.

Um zu zeigen, wie kontinuierliche Bewertung funktioniert, stellen wir auf der Google Cloud AI Platform ein Textklassifizierungsmodell bereit, das auf dem Hacker-News-Datensatz trainiert wurde. Den vollständigen Code für dieses Beispiel finden Sie im Repository zu diesem Buch unter *https://github.com/GoogleCloudPlatform/ml-design-patterns/blob/master/05_resilience/continuous_eval.ipynb*.

Das Modell bereitstellen

Die Eingabe für unseren Trainingsdatensatz besteht aus dem Titel eines Artikels und dem dazugehörenden Label, das die Nachrichtenquelle des Artikels bezeichnet und `nytimes`, `techcrunch` oder `github` sein kann. Da sich Nachrichtentrends im Laufe der Zeit entwickeln, ändern sich auch die Wörter, die in einer Schlagzeile der *New York Times* vorkommen. In ähnlicher Weise beeinflussen neue Technologieprodukte die Wörter, die im Nachrichtenportal *TechCrunch* zu finden sind. Durch kontinuierliche Bewertung können wir die Modellvorhersagen überwachen, um zu verfolgen, wie sich diese Trends auf die Modellperformance auswirken, und bei Bedarf ein erneutes Training einleiten.

Wir nehmen an, dass das Modell mit einer benutzerdefinierten Serving-Eingabefunktion exportiert wird, wie es »Entwurfsmuster 16: Zustandslose Serving-Funktion« auf Seite 225 beschreibt:

```
@tf.function(input_signature=[tf.TensorSpec([None], dtype=tf.string)])
def source_name(text):
    labels = tf.constant(['github', 'nytimes', 'techcrunch'],dtype=tf.string)
    probs = txtcls_model(text, training=False)
    indices = tf.argmax(probs, axis=1)
    pred_source = tf.gather(params=labels, indices=indices)
    pred_confidence = tf.reduce_max(probs, axis=1)
    return {'source': pred_source,
            'confidence': pred_confidence}
```

Wenn wir nach dem Bereitstellen dieses Modells eine Onlinevorhersage auslösen, liefert das Modell die vorhergesagte Nachrichtenquelle als Stringwert und einen numerischen Score, der angibt, wie sicher das Modell ist. Zum Beispiel können wir eine Onlinevorhersage erstellen, indem wir ein JSON-Eingabebeispiel in eine Datei *input.json* schreiben und zur Vorhersage senden:

```
%%writefile input.json
{"text":
"YouTube introduces Video Chapters to make it easier to navigate longer videos"}
```

Als Ausgabe erhält man die folgende Vorhersage:

```
CONFIDENCE  SOURCE
0.918685    techcrunch
```

Vorhersagen speichern

Sobald das Modell bereitgestellt ist, können wir einen Job einrichten, um eine Stichprobe der Vorhersageanforderungen zu speichern – indem wir nur eine Stichprobe und nicht alle Anforderungen speichern, vermeiden wir, dass das Serving-System unnötig verlangsamt wird. Wir können dazu im Abschnitt *Continuous Evaluation* der Google Cloud AI Platform (CAIP) den `LabelKey` (die Spalte, die die Ausgabe des Modells darstellt, in unserem Fall die Quelle, da wir die Quelle des Artikels vorhersagen), einen `ScoreKey` in den Vorhersageausgaben (einen numerischen Wert, in unserem Fall `confidence`) und eine Tabelle in BigQuery, in der ein Teil der Onlinevorhersageanforderungen gespeichert wird, angeben. In unserem Beispielcode heißt die Tabelle `txtcls_eval.swivel`. Nachdem dies konfiguriert ist, streamt CAIP bei jeder Onlinevorhersage den Modellnamen, die Modellversion, den Zeitstempel der Vorhersageanforderung, die rohe Vorhersageeingabe und die Ausgabe des Modells in die angegebene BigQuery-Tabelle, wie in Tabelle 5-1 gezeigt.

Tabelle 5-1: Ein Teil der Onlinevorhersageanforderungen und der rohen Vorhersageausgabe wird in einer Tabelle in BigQuery gespeichert.

Row	model	model_version	time	raw_data	raw_prediction	groundtruth
1	txtcls	swivel	2020-06-10 01:40:32 UTC	{"instances": [{"text": "Astronauts Dock With Space Station After Historic SpaceX Launch"}]}	{"predictions": [{"source": "github", "confidence": 0.9994275569915771}]}	*null*
2	txtcls	swivel	2020-06-10 01:37:46 UTC	{"instances": [{"text": "Senate Confirms First lack Air Force Chief"}]}	{"predictions": [{"source": "nytimes", "confidence": 0.9989787340164185}]}	*null*

Tabelle 5-1: Ein Teil der Onlinevorhersageanforderungen und der rohen Vorhersageausgabe wird in einer Tabelle in BigQuery gespeichert. (Fortsetzung)

Row	model	model_ version	time	raw_data	raw_prediction	groundtruth
3	txtcls	swivel	2020-06-09 21:21:47 UTC	{"instances": [{"text": "A native Mac app wrapper for WhatsApp Web"}]}	{"predictions": [{"source": "github", "confidence": 0.745254397392273}]}	*null*

Die Grundwahrheit erfassen

Es ist ebenfalls notwendig, die *Grundwahrheit* (engl. *Ground Truth*) für jede der Instanzen zu erfassen, die an das Modell zur Vorhersage gesendet werden. Dies kann auf verschiedene Arten geschehen, je nach Anwendungsfall und Datenverfügbarkeit. Zum Beispiel könnte man auf einen Dienst mit menschlichen Label-Erstellern zurückgreifen – alle Instanzen, die an das Modell zur Vorhersage gesendet werden, oder vielleicht nur diejenigen, für die das Modell eine marginale Konfidenz ausweist, werden zur menschlichen Annotation gesendet. Die meisten Cloud-Provider bieten einen Dienst mit menschlichen Label-Erstellern an, um Instanzen auf diese Weise im großen Maßstab zu labeln.

Labels für Grundwahrheiten lassen sich davon ableiten, wie Benutzer mit dem Modell und seinen Vorhersagen interagieren. Indem man Benutzer eine bestimmte Aktion ausführen lässt, ist es möglich, implizites Feedback für die Vorhersage eines Modells zu erhalten oder ein Grundwahrheiten-Label zu erzeugen. Wenn zum Beispiel ein Benutzer eine der vorgeschlagenen alternativen Routen in Google Maps wählt, dient die gewählte Route als implizite Grundwahrheit. Um es deutlicher zu formulieren: Wenn ein Benutzer einen empfohlenen Film bewertet, ist dies ein klarer Hinweis auf die Grundwahrheit für ein Modell, das zur Vorhersage von Benutzerbewertungen erstellt wurde, um Empfehlungen auszugeben. Ähnlich verhält es sich, wenn das Modell dem Benutzer erlaubt, die Vorhersage zu ändern. Kann beispielsweise eine Ärztin oder ein Arzt die vom Modell vorgeschlagene Diagnose ändern, ist dies ein klares Signal für die Grundwahrheit.

Denken Sie unbedingt daran, wie sich die Rückkopplungsschleife der Modellvorhersagen und das Erfassen der Grundwahrheit auf die Trainingsdaten auswirken können. Nehmen wir an, Sie hätten ein Modell erstellt, um vorherzusagen, wann ein Einkaufswagen verworfen wird. Sie können sogar den Status des Einkaufswagens in regelmäßigen Abständen überprüfen, um Grundwahrheiten-Labels für die Modellbewertung zu erzeugen. Wenn jedoch Ihr Modell vorschlägt, dass ein Benutzer seinen Einkaufswagen aufgeben wird, und Sie ihm Versandkostenfreiheit oder einen Rabatt anbieten, um sein Verhalten zu beeinflussen, werden Sie nie erfahren, ob die ursprüngliche Modellvorhersage korrekt war. Kurz gesagt: Sie haben die Annahmen im Design der Modellbewertung verletzt und müssen die Labels für die Grundwahrheit auf andere Weise bestimmen. Diese

Aufgabe, ein bestimmtes Ergebnis unter einem anderen Szenario einzuschätzen, wird als *kontrafaktisches Denken* bezeichnet. Es tritt häufig auf in Anwendungsfällen wie Betrugserkennung, Medizin und Werbung, in denen die Vorhersagen eines Modells wahrscheinlich zu einer Intervention führen, die das Lernen der tatsächlichen Grundwahrheit für dieses Beispiel verschleiern können.

Die Modellperformance bewerten

Anfangs ist die Spalte `groundtruth` der Tabelle `txtcls_eval.swivel` in BigQuery leer. Die Labels für die Grundwahrheit können wir bereitstellen, sobald sie verfügbar sind, indem wir den Wert direkt mit einer SQL-Anweisung aktualisieren. Natürlich sollten wir sicherstellen, dass die Grundwahrheit verfügbar ist, bevor wir einen Bewertungsjob ausführen. Beachten Sie, dass die Grundwahrheit der gleichen JSON-Struktur folgt wie die vom Modell ausgegebene Vorhersage:

```
UPDATE
 txtcls_eval.swivel
SET
 groundtruth = '{"predictions": [{"source": "techcrunch"}]}'
WHERE
 raw_data = '{"instances":
[{"text": "YouTube introduces Video Chapters to help navigate longer
videos"}]}'
```

Um mehr Zeilen zu aktualisieren, verwenden wir anstelle von `UPDATE` eine `MERGE`-Anweisung. Sobald die Grundwahrheit der Tabelle hinzugefügt wurde, lassen sich die Texteingabe und die Vorhersage des Modells leicht untersuchen und mit der Grundwahrheit vergleichen, wie Tabelle 5-2 zeigt:

```
SELECT
  model,
  model_version,
  time,
  REGEXP_EXTRACT(raw_data, r'.*"text": "(.*)"') AS text,
  REGEXP_EXTRACT(raw_prediction, r'.*"source": "(.*?)"') AS prediction,
  REGEXP_EXTRACT(raw_prediction, r'.*"confidence": (0.\d{2}).*') AS confidence,
  REGEXP_EXTRACT(groundtruth, r'.*"source": "(.*?)"') AS groundtruth,
FROM
  txtcls_eval.swivel
```

Tabelle 5-2: Sobald die Grundwahrheit verfügbar ist, kann man sie der ursprünglichen BigQuery-Tabelle hinzufügen und die Performance des Modells bewerten.

Row	model	model_ version	time	text	prediction	confidence	groundtruth
1	txtcls	swivel	2020-06-10 01:38:13 UTC	A native Mac app wrapper for WhatsApp Web	github	0.77	github
2	txtcls	swivel	2020-06-10 01:37:46 UTC	Senate Confirms First Black Air Force Chief	nytimes	0.99	nytimes

Tabelle 5-2: Sobald die Grundwahrheit verfügbar ist, kann man sie der ursprünglichen BigQuery-Tabelle hinzufügen und die Performance des Modells bewerten. (Fortsetzung)

Row	model	model_ version	time	text	prediction	confidence	groundtruth
3	txtcls	swivel	2020-06-10 01:40:32 UTC	Astronauts Dock With Space Station After Historic SpaceX Launch	github	0.99	nytimes
4	txtcls	swivel	2020-06-09 21:21:44 UTC	YouTube introduces Video Chapters to make it easier to navigate longer videos	techcrunch	0.77	techcrunch

Mit diesen Informationen, die in BigQuery zugänglich sind, können wir die Bewertungstabelle in einen Dataframe `df_evals` laden und direkt die Bewertungsmetriken für diese Modellversion berechnen. Da es sich um eine Multiklassenklassifizierung handelt, können wir die Präzision, die Trefferquote und das F1-Maß für jede Klasse berechnen. Außerdem können wir eine Wahrheitsmatrix erstellen, mit deren Hilfe analysiert werden kann, woran Modellvorhersagen innerhalb bestimmter kategorischer Label möglicherweise leiden. Abbildung 5-3 zeigt die Wahrheitsmatrix, die die Vorhersagen dieses Modells mit der Grundwahrheit vergleicht.

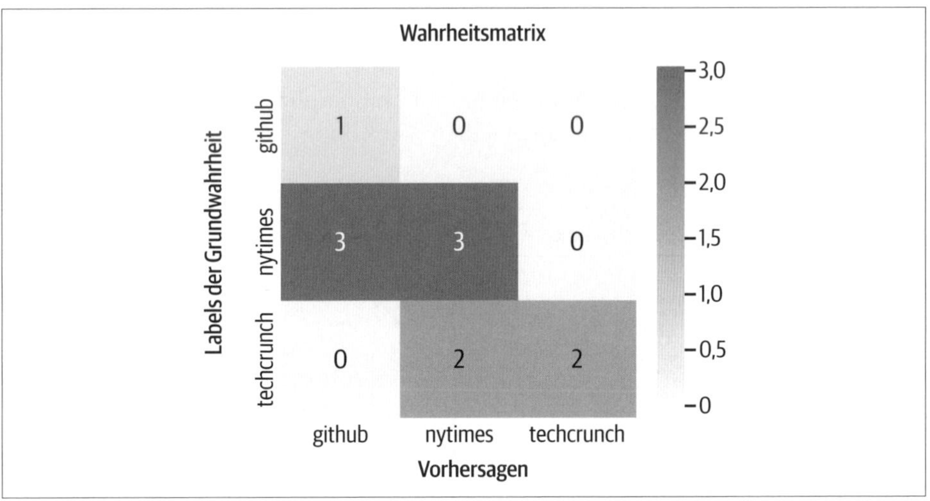

Abbildung 5-3: Eine Wahrheitsmatrix zeigt alle Paare aus Grundwahrheiten-Labels und Vorhersagen, sodass Sie die Performance Ihres Modells innerhalb verschiedener Klassen untersuchen können.

Kontinuierliche Bewertung

Wir sollten sicherstellen, dass die Ausgabetabelle auch die Modellversion und den Zeitstempel der Vorhersageanfragen erfasst, damit wir dieselbe Tabelle zur kontinuierlichen Bewertung von zwei verschiedenen Modellversionen verwenden können, um Metriken zwischen den Modellen zu vergleichen. Wenn wir zum Beispiel eine neuere Version unseres Modells namens `swivel_v2` bereitstellen, das auf neueren Daten trainiert wurde oder andere Hyperparameter verwendet, können wir dessen Performance vergleichen, indem wir den Dataframe mit der Bewertung entsprechend der Modellversion aufteilen:

```
df_v1 = df_evals[df_evals.version == "swivel"]
df_v2 = df_evals[df_evals.version == "swivel_v2"]
```

In ähnlicher Weise können wir Zeitscheiben für die Bewertung erzeugen, wobei wir uns auf Modellvorhersagen innerhalb des letzten Monats oder der letzten Woche konzentrieren:

```
today = pd.Timestamp.now(tz='UTC')
one_month_ago = today - pd.DateOffset(months=1)
one_week_ago = today - pd.DateOffset(weeks=1)

df_prev_month = df_evals[df_evals.time >= one_month_ago]
df_prev_week = df_evals[df_evals.time >= one_week_ago]
```

Um die obigen Bewertungen kontinuierlich durchzuführen, kann das Notebook (oder eine containerisierte Form) mit einer Zeitplanung versehen werden. Wir können es so einrichten, dass es ein erneutes Training auslöst, wenn die Bewertungsmetrik unter einen bestimmten Schwellenwert fällt.

Warum es funktioniert

Bei der Entwicklung von ML-Modellen nimmt man implizit an, dass die Trainings-, Validierungs- und Testdaten aus derselben Verteilung stammen, wie Abbildung 5-4 zeigt.

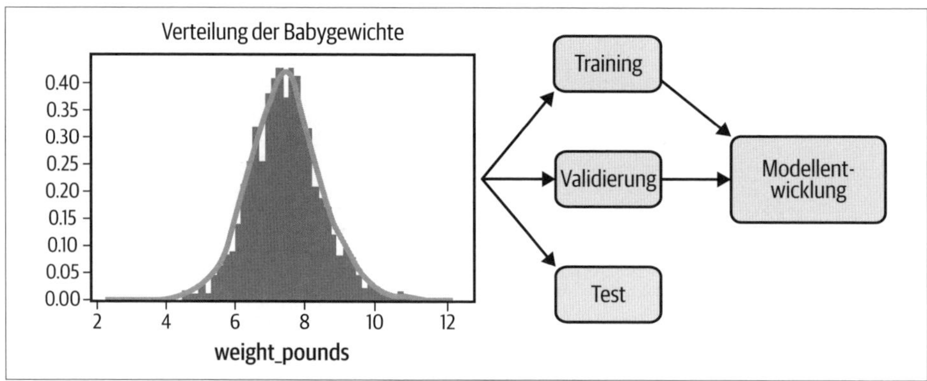

Abbildung 5-4: Bei der Entwicklung eines ML-Modells stammen die Trainings-, Validierungs- und Testdaten aus derselben Datenverteilung. Sobald aber das Modell bereitgestellt wird, kann sich diese Verteilung ändern, was die Modellperformance erheblich beeinträchtigt.

Wenn wir Modelle in der Produktion bereitstellen, impliziert diese Annahme, dass zukünftige Daten den vergangenen Daten ähnlich sind. Sobald aber das Modell »in der freien Wildbahn« – in der Produktion – eingesetzt wird, trifft diese Annahme in Bezug auf statische Daten möglicherweise nicht mehr zu. Tatsächlich haben es viele ML-Systeme in der Produktion mit sich schnell ändernden nicht stationären Daten zu tun, und Modelle veralten mit der Zeit, was sich negativ auf die Qualität der Vorhersagen auswirkt.

Die kontinuierliche Modellbewertung bietet ein Framework, um die Performance eines bereitgestellten Modells ausschließlich anhand neuer Daten zu bewerten. Damit ist es möglich, eine Modellalterung so früh wie möglich zu erkennen. Aus diesen Informationen kann man ableiten, wie häufig ein Modell neu trainiert oder wann es durch eine gänzlich neue Version ersetzt werden muss.

Indem die Eingaben und Ausgaben von Vorhersagen erfasst und mit der Grundwahrheit verglichen werden, ist es möglich, die Modellperformance quantitativ zu verfolgen oder mit A/B-Tests zu messen, wie verschiedene Modellversionen in der aktuellen Umgebung abschneiden, ohne die Performance der Versionen aus der Vergangenheit zu berücksichtigen.

Kompromisse und Alternativen

Die kontinuierliche Bewertung soll ein Instrument bieten, die Modellperformance zu überwachen und Modelle in der Produktion aktuell zu halten. Auf diese Weise liefert kontinuierliche Bewertung einen Auslöser (Trigger) dafür, wann das Modell neu trainiert werden muss. In diesem Fall ist es wichtig, die Toleranzschwellen für die Modellperformance, die damit verbundenen Kompromisse und die Rolle des geplanten Neutrainings zu berücksichtigen. Zudem helfen Techniken und Tools wie TFX, Daten- und Konzeptdrift präventiv zu erkennen, indem sie die Verteilungen der Eingabedaten direkt überwachen.

Auslöser für erneutes Trainieren

Die Modellperformance lässt in der Regel mit der Zeit nach. Wie viel das ist, können Sie durch kontinuierliche Bewertung genau und in strukturierter Form messen. Dadurch erfahren Sie auch, wann Sie ein erneutes Training auslösen müssen. Heißt das, Sie sollten Ihr Modell erneut trainieren, sobald die Performance nachlässt? Das kommt darauf an. Die Antwort auf diese Frage ist eng an den geschäftlichen Anwendungsfall gebunden und sollte zusammen mit den Bewertungsmetriken und der Modellbewertung diskutiert werden. Je nach Komplexität des Modells und der ETL-Pipelines können die Kosten für ein erneutes Training sehr hoch sein. Es ist also abzuwägen, welche Leistungsverschlechterung im Verhältnis zu diesen Kosten akzeptabel ist.

Serverlose Trigger

Cloud Functions, *AWS Lambda* und *Azure Functions* bieten serverlose Funktionen, um das erneute Trainieren über Auslöser (Trigger) zu automatisieren. Der Triggertyp bestimmt, wie und wann Ihre Funktion ausgeführt wird – zum Beispiel Nachrichten, die in einer Nachrichtenwarteschlange veröffentlicht werden, eine Änderungsbenachrichtigung von einem Cloud-Storage-Bucket, die anzeigt, dass eine neue Datei hinzugefügt wurde, Änderungen an Daten in einer Datenbank oder sogar eine HTTPS-Anfrage. Sobald das Ereignis ausgelöst wurde, wird der Funktionscode ausgeführt.

Im Zusammenhang mit einem erneuten Training wäre der Auslöser für das Cloud-Ereignis eine signifikante Änderung oder Verringerung der Modellgenauigkeit. Die ausgeführte Funktion bzw. Aktion wäre der Aufruf der Trainingspipeline, um das Modell erneut zu trainieren und die neue Version bereitzustellen. Der Abschnitt »Entwurfsmuster 25: Workflow-Pipeline« auf Seite 312 beschreibt, wie sich dies bewerkstelligen lässt. Workflow-Pipelines containerisieren und orchestrieren den End-to-End-Workflow für maschinelles Lernen von der Erfassung und Validierung der Daten bis zum Erstellen, Trainieren und Bereitstellen des Modells. Sobald Sie die neue Modellversion bereitgestellt haben, können Sie sie mit der aktuellen Version vergleichen, um zu entscheiden, ob sie ersetzt werden sollte.

Den Schwellenwert selbst kann man als absoluten Wert festlegen. Zum Beispiel wird das Modell erneut trainiert, sobald die Modellgenauigkeit unter 95% fällt. Oder man legt den Schwellenwert als Änderungsrate der Performance fest, beispielsweise sobald die Performance einen Abwärtstrend erfährt. Welchen Ansatz man für die Auswahl des Schwellenwerts wählt, ist letztlich eine philosophische Entscheidung ähnlich der für das Checkpointing des Modells während des Trainings. Mit einem höheren, empfindlicheren Schwellenwert bleiben die Modelle in der Produktion aktuell, doch es entstehen höhere Kosten für häufiges Neutrainieren sowie technischer Overhead, um die verschiedenen Modellversionen zu verwalten und zwischen ihnen zu wechseln. Bei einem niedrigeren Schwellenwert sinken die Trainingskosten, doch die Modelle in der Produktion sind dann nicht mehr ganz aktuell. Abbildung 5-5 veranschaulicht diesen Kompromiss zwischen dem Performanceschwellenwert und seinem Einfluss auf die Anzahl der Jobs für erneutes Modelltraining.

Wird die Pipeline für das erneute Trainieren des Modells durch einen derartigen Schwellenwert automatisch ausgelöst, ist es wichtig, auch die Trigger zu verfolgen und zu validieren. Wenn Sie nicht wissen, wann Ihr Modell erneut trainiert wurde, führt das unweigerlich zu Problemen. Selbst wenn der Vorgang automatisiert ist, sollten Sie immer die Kontrolle über das Neutrainieren Ihres Modells behalten, um das Modell in der Produktion besser zu verstehen und zu debuggen.

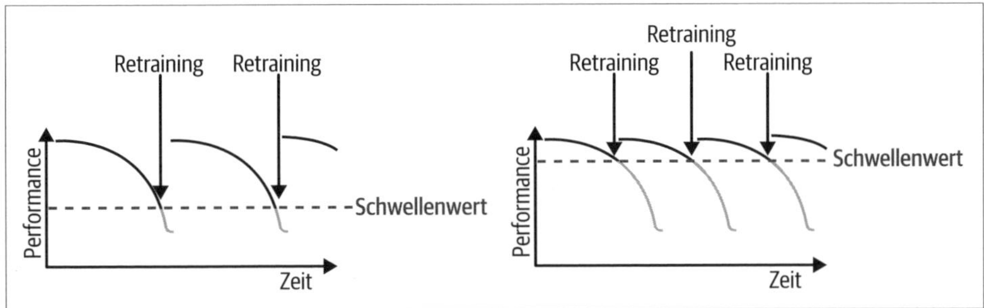

Abbildung 5-5: Die Festlegung eines höheren Schwellenwerts für die Modellperformance gewährleistet ein qualitativ besseres Modell in der Produktion, erfordert aber häufigere Jobs für das Retraining, was kostspielig sein kann.

Geplantes Retraining

Die kontinuierliche Bewertung liefert ein entscheidendes Signal für den Zeitpunkt, zu dem Sie Ihr Modell erneut trainieren sollten. Dieses Retraining wird oft durch eine Feinabstimmung des vorherigen Modells mit allen neu gesammelten Trainingsdaten durchgeführt. Während die kontinuierliche Bewertung jeden Tag erfolgen kann, finden geplante Retraining-Jobs vielleicht nur jede Woche oder jeden Monat statt (siehe Abbildung 5-6).

Sobald eine neue Version des Modells trainiert ist, wird ihre Performance mit der der aktuellen Modellversion verglichen. Das aktualisierte Modell wird nur dann als Ersatz bereitgestellt, wenn es dem vorherigen Modell in Bezug auf einen Testsatz der aktuellen Daten leistungsmäßig überlegen ist.

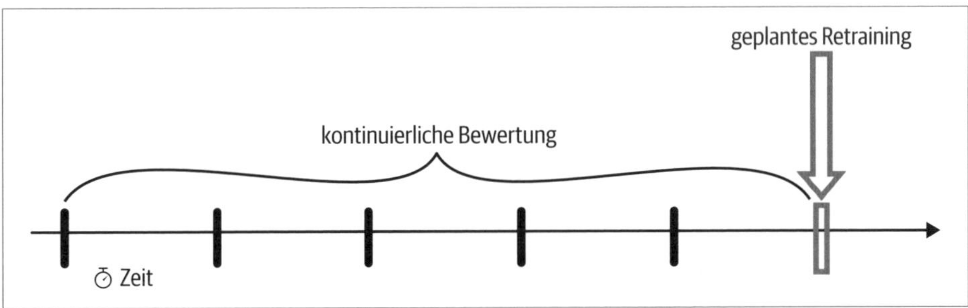

Abbildung 5-6: Die kontinuierliche Bewertung liefert eine tägliche Modellbewertung, wenn neue Daten erfasst werden. Periodisches Retraining und Modellvergleich bieten eine Bewertung zu konkreten Zeitpunkten.

Wie sollten Sie also Retraining planen? Die Zeitschiene für das Retraining ergibt sich aus dem geschäftlichen Anwendungsfall, dem Vorhandensein neuer Daten und den Kosten (in Bezug auf Zeit und Geld) für die Ausführung der Retraining-Pipeline. Manchmal geht es bereits aus dem Zeithorizont des Modells hervor, wann Retraining-Jobs zu planen sind. Wenn zum Beispiel das Modell die Gewinne des nächsten Quartals vorhersagen soll, ergibt es keinen Sinn, häufiger zu trainieren, da Sie neue Labels für Grundwahrheiten nur einmal pro Quartal erhalten. Sind der Umfang und das Vorkommen der neuen Daten jedoch hoch, wäre es vorteilhaft, häufiger erneut zu trainieren. Die extremste Version davon ist maschinelles Onlinelernen (*https://oreil.ly/Mj-DA*). Einige Anwendungen für maschinelles Lernen wie zum Beispiel Anzeigenschaltung oder Newsfeed-Empfehlungen erfordern Onlineentscheidungen in Echtzeit und können die Performance kontinuierlich verbessern, indem sie Parametergewichte mit jedem neuen Trainingsbeispiel erneut trainieren und aktualisieren.

Im Allgemeinen ist der optimale Zeitrahmen etwas, das Sie als Praktiker:in durch Erfahrung und Experimentieren bestimmen werden. Wenn Sie versuchen, eine sich schnell ändernde Aufgabe zu modellieren, beispielsweise ein gegnerisches oder konkurrierendes Verhalten, ist es sinnvoll, einen Zeitplan mit häufigeren Retrainings einzurichten. Ist das Problem eher statisch, wie beim Vorhersagen des Geburtsgewichts eines Babys, sollten weniger häufige Retrainings genügen.

In jedem Fall ist es hilfreich, eine automatisierte Pipeline einzurichten, die den gesamten Vorgang für erneutes Training mit einem einzigen API-Aufruf ausführen kann. Tools wie Cloud Composer/Apache Airflow und AI Platform Pipelines sind nützlich, um ML-Workflows zu erstellen, zu planen und zu überwachen – von der Vorverarbeitung der Rohdaten über das Training bis zur Abstimmung der Hyperparameter und der Bereitstellung. Der Abschnitt »Entwurfsmuster 25: Workflow-Pipeline« auf Seite 312 befasst sich näher mit diesem Thema.

Datenvalidierung mit TFX

Datenverteilungen können sich im Laufe der Zeit ändern, wie Abbildung 5-7 zeigt. Nehmen Sie zum Beispiel den Datensatz mit den Geburtsgewichten. Da sich die medizinischen und gesellschaftlichen Standards mit der Zeit ändern, ändert sich auch die Beziehung zwischen Modell-Features wie zum Beispiel dem Alter der Mutter oder der Anzahl der Schwangerschaftswochen in Bezug auf das Label des Modells, nämlich das Gewicht des Babys. Diese Datendrift wirkt sich negativ auf die Fähigkeit des Modells aus, auf neue Daten zu generalisieren. Kurz gesagt, Ihr Modell ist veraltet und muss mit frischen Daten neu trainiert werden.

Wenngleich die kontinuierliche Bewertung eine Post-hoc-Methode für die Überwachung eines bereitgestellten Modells darstellt, ist sie darüber hinaus auch wertvoll, um die neuen Daten zu überwachen, die beim Serving empfangen wurden, und um präventiv Änderungen in Datenverteilungen zu identifizieren.

Die Datenvalidierung von TFX ist ein nützliches Tool, um dies zu erreichen. TFX (*https://oreil.ly/RP2e9*) ist eine End-to-End-Plattform für die Bereitstellung von ML-Modellen, die von Google als Open Source angeboten werden. Mithilfe der Datenvalidierungsbibliothek können Sie die Datenbeispiele, die im Training verwendet werden, mit denjenigen, die beim Serving erfasst werden, vergleichen. Die Datenvalidierung erkennt Anomalien in den Daten, Training-Serving-Abweichungen oder Datendrift. Die TensorFlow-Datenvalidierung erzeugt Datenvisualisierungen mit Facets (*https://oreil.ly/NE-SQ*), einem Open-Source-Visualisierungstool für maschinelles Lernen. Facets Overview gibt einen Überblick über die Verteilungen von Werten über verschiedene Features und kann verschiedenartige häufige und ungewöhnliche Probleme aufdecken, wie zum Beispiel unerwartete Feature-Werte, fehlende Feature-Werte und Training-Serving-Abweichungen.

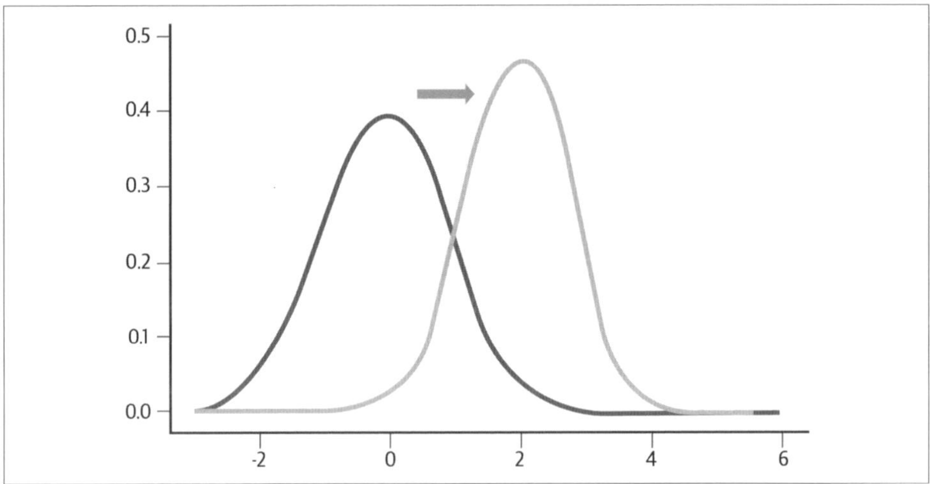

Abbildung 5-7: Datenverteilungen können sich im Laufe der Zeit ändern. Mit Datendrift ist jede Änderung gemeint, die an den Daten aufgetreten ist, im Vergleich zu den Daten, die für das Training verwendet wurden.

Intervall für erneutes Trainieren abschätzen

Eine nützliche und relativ kostengünstige Taktik, um zu verstehen, wie Daten- und Konzeptdrift Ihr Modell beeinflussen, besteht darin, ein Modell nur mit veralteten Daten zu trainieren und die Performance dieses Modells mit aktuelleren Daten zu bewerten (siehe Abbildung 5-8). Dies imitiert den Prozess der kontinuierlichen Modellbewertung in einer Offlineumgebung. Das heißt, Sie sammeln Daten von vor sechs Monaten oder einem Jahr und durchlaufen den üblichen Workflow der Modellentwicklung, indem Sie Features generieren, Hyperparameter optimieren und relevante Bewertungsmetriken erfassen. Dann vergleichen Sie diese Bewertungsmetriken mit den Modellvorhersagen für neuere Daten, die nur einen Monat zuvor gesammelt wurden. Wie viel schlechter schneidet Ihr veraltetes Modell mit den aktuellen Daten ab? Dies ergibt eine gute Einschätzung für die Rate, mit der die Performance eines Modells im Laufe der Zeit abfällt und wie oft ein Retraining erforderlich sein könnte.

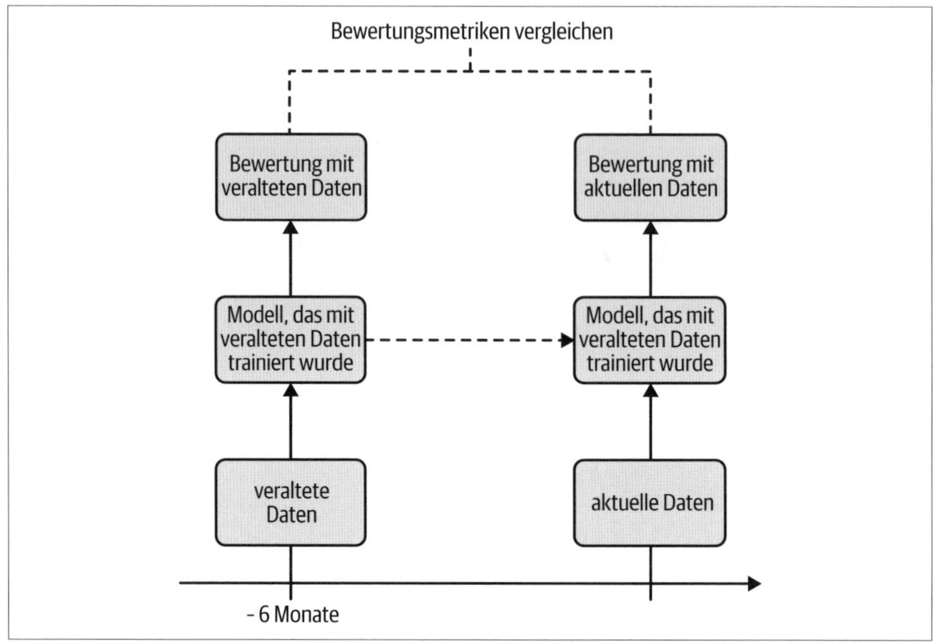

Abbildung 5-8: Das Training eines Modells mit veralteten Daten und die Bewertung mit aktuellen Daten imitiert die kontinuierliche Bewertung in einer Offlineumgebung.

Entwurfsmuster 19: Zweiphasen-Vorhersagen

Mit dem Entwurfsmuster *Zweiphasen-Vorhersagen* lässt sich das Problem lösen, große, komplexe Modelle performant zu halten, wenn sie auf verteilten Geräten bereitgestellt werden müssen. Hierfür werden die Anwendungsfälle in zwei Phasen aufgeteilt, wobei nur die einfachere Phase an der Peripherie ausgeführt wird.

Problem

Beim Bereitstellen von ML-Modellen können wir uns nicht immer darauf verlassen, dass die Endbenutzer über zuverlässige Internetverbindungen verfügen. In derartigen Situationen werden Modelle an der *Peripherie* bereitgestellt – sie werden auf ein Gerät des Benutzers geladen und benötigen keine Internetverbindung, um Vorhersagen zu generieren. Aufgrund der Gerätebeschränkungen müssen Modelle, die an der Peripherie bereitgestellt werden, in der Regel kleiner sein als Modelle, die in der Cloud bereitgestellt werden. Folglich ist ein Kompromiss zu schließen zwischen Modellkomplexität und Größe, Aktualisierungshäufigkeit, Genauigkeit und geringer Latenz.

Es gibt verschiedene Szenarios, in denen wir unser Modell an der Peripherie bereitstellen möchten. Ein Beispiel ist ein Fitnesstracker, bei dem ein Modell Empfehlungen für Benutzer auf der Grundlage ihrer Aktivität ausgibt, die durch Beschleunigungsmesser und Gyroskopbewegung erfasst wird. Es ist nicht unwahrscheinlich, dass ein Benutzer in einem abgelegenen Außenbereich ohne Internetverbindung trainiert. In diesen Fällen soll unsere Anwendung aber weiterhin funktionieren. Ein weiteres Beispiel ist eine Umweltanwendung, die anhand von Temperatur- und anderen Umweltdaten Vorhersagen für zukünftige Trends liefert. In beiden Beispielen kann es langsam und teuer sein, kontinuierlich Vorhersagen aus einem in der Cloud bereitgestellten Modell zu generieren, selbst wenn eine Internetverbindung besteht.

Um ein trainiertes Modell in ein Format zu konvertieren, das auf Peripheriegeräten funktioniert, durchlaufen Modelle oftmals einen Prozess, den man als *Quantisierung* bezeichnet, in dem gelernte Modellgewichte durch weniger Bytes dargestellt werden. Zum Beispiel verwendet TensorFlow das als TensorFlow Lite bezeichnete Format, um gespeicherte Modelle in ein kleineres Format umzuwandeln (*https://oreil.ly/UaMq7*), das für das Serving an der Peripherie optimiert ist. Neben der Quantisierung können Modelle, die für Peripheriegeräte vorgesehen sind, kleiner beginnen, um den strengeren Speicher- und Prozessoreinschränkungen zu genügen.

Die Quantisierung und andere von TF Lite eingesetzte Techniken reduzieren die Größe und Vorhersagelatenz der resultierenden ML-Modelle erheblich, was jedoch von einer geringeren Modellgenauigkeit begleitet wird. Und da wir uns nicht immer darauf verlassen können, dass Peripheriegeräte über Konnektivität verfügen, stellt die rechtzeitige Bereitstellung neuer Modellversionen auf diesen Geräten eine weitere Herausforderung dar.

Wie sich diese Kompromisse in der Praxis auswirken, zeigt ein Blick auf die Optionen für das Training von Peripheriemodellen in Cloud AutoML Vision (*https://oreil.ly/MWsQH*) in Abbildung 5-9.

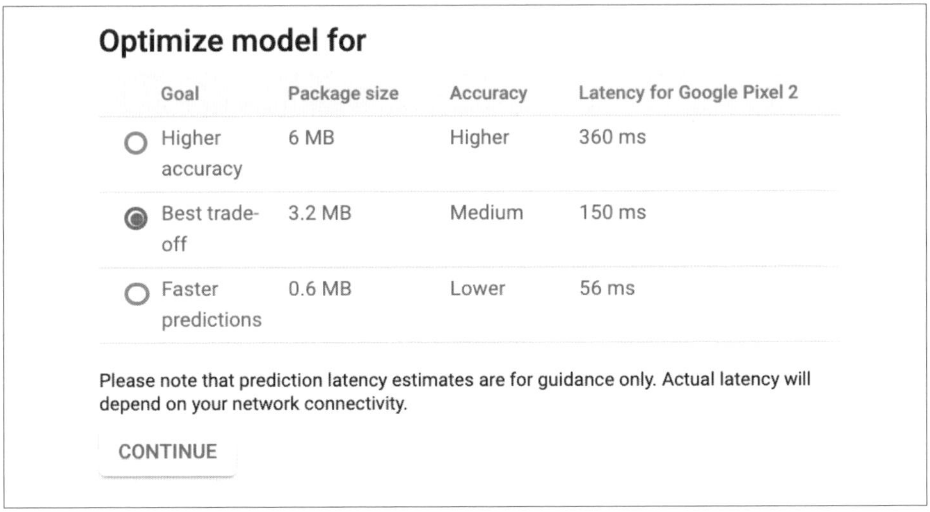

Optimize model for

Goal	Package size	Accuracy	Latency for Google Pixel 2
Higher accuracy	6 MB	Higher	360 ms
Best trade-off	3.2 MB	Medium	150 ms
Faster predictions	0.6 MB	Lower	56 ms

Please note that prediction latency estimates are for guidance only. Actual latency will depend on your network connectivity.

CONTINUE

Abbildung 5-9: In Cloud AutoML Vision: Kompromisse zwischen Genauigkeit, Modellgröße und Latenz für Modelle, die an der Peripherie bereitgestellt werden

Um derartige Kompromisse zu berücksichtigen, brauchen wir eine Lösung, die die verringerte Größe und Latenz von Peripheriemodellen gegen die zusätzliche Raffinesse und Genauigkeit von Cloud-Modellen abwägt.

Lösung

Mit dem Entwurfsmuster *Zweiphasen-Vorhersagen* teilen wir unser Problem in zwei Teile auf. Wir beginnen mit einem kleineren, kostengünstigeren Modell, das auf einem Gerät bereitgestellt werden kann. Da dieses Modell typischerweise eine einfachere Aufgabe hat, kann es diese Aufgabe auf dem Gerät mit relativ hoher Genauigkeit erfüllen. Darauf folgt ein zweites, komplexeres Modell, das in der Cloud bereitgestellt und nur bei Bedarf ausgelöst wird. Natürlich setzt dieses Entwurfsmuster ein Problem voraus, das sich in zwei Teile mit unterschiedlicher Komplexität zerlegen lässt. Ein Beispiel für ein derartiges Problem sind intelligente Geräte wie Google Home (*https://oreil.ly/3ROKg*), die durch ein *Aktivierungswort* (engl. *Wake Word*, auch Aufwachwort, Triggerwort) aktiviert werden. Daraufhin können sie dann Fragen beantworten und Befehle ausführen, die sich auf das Einstellen von Alarmen, das Lesen von Nachrichten und die Interaktion mit integrierten Geräten wie Leuchten und Thermostaten beziehen. Zum Beispiel wird Google Home aktiviert, indem man »OK Google« oder »Hey Google« sagt. Sobald das Gerät ein Aktivierungswort erkennt, können Benutzer komplexere Fragen stellen wie: »Kannst du ein Treffen mit Sara um 10 Uhr ansetzen?«

Dieses Problem lässt sich in zwei getrennte Teile zerlegen: ein anfängliches Modell, das auf ein Aktivierungswort hört, und ein komplexeres Modell, das jede andere Benutzeranfrage verstehen und beantworten kann. Beide Modelle führen eine Audioerkennung durch. Allerdings muss das erste Modell lediglich eine binäre Klassifizierung realisieren: Stimmt das eben Gehörte mit dem Aktivierungswort überein oder nicht? Dieses Modell hat zwar nur eine geringe Komplexität, es muss aber ständig laufen. Es wäre teuer, würde man es in der Cloud bereitstellen. Das zweite Modell benötigt *Audioerkennung* und das *Verstehen* natürlicher Sprache, um die Abfrage des Benutzers zu parsen. Es muss nur laufen, wenn ein Benutzer eine Frage stellt, seine Genauigkeit sollte aber hoch sein. Das Entwurfsmuster *Zweiphasen-Vorhersagen* kann dies lösen, indem das Modell für das Aktivierungswort auf dem Gerät und das komplexere Modell in der Cloud bereitgestellt wird.

Neben diesem Anwendungsfall bei intelligenten Geräten gibt es viele andere Situationen, in denen das Entwurfsmuster *Zweiphasen-Vorhersagen* infrage kommt. Nehmen wir an, Sie arbeiteten in einer Fabrikhalle, in der zu einem bestimmten Zeitpunkt viele verschiedene Maschinen in Betrieb sind. Läuft eine Maschine nicht mehr richtig, macht sie typischerweise ein Geräusch, das sich mit einer Störung in Verbindung bringen lässt. Es gibt verschiedene Geräusche, die jeder einzelnen Maschine und deren charakteristischen Störungsmustern zugeordnet werden können. Im Idealfall können Sie ein Modell erstellen, um problematische Geräusche zu erkennen und zu identifizieren, was sie bedeuten. Mit Zweiphasen-Vorhersagen könnten Sie ein Offlinemodell erstellen, um anomale Geräusche zu erkennen. Ein zweites Cloud-Modell könnte dann identifizieren, ob das gewöhnliche Geräusch auf eine Fehlfunktion hinweist.

Das Entwurfsmuster *Zweiphasen-Vorhersagen* könnten Sie auch bei einem bildbasiertes Szenario einsetzen. Angenommen, Sie hätten Kameras in der freien Natur eingesetzt, um gefährdete Arten zu identifizieren und zu verfolgen. Nun lassen Sie das eine Modell auf dem Gerät erkennen, ob das letzte aufgenommene Bild ein gefährdetes Tier darstellt. Wenn das zutrifft, kann dieses Bild dann an ein Cloud-Modell gesendet werden, das die konkrete Tierart auf dem Bild bestimmt.

Um das Entwurfsmuster *Zweiphasen-Vorhersagen* zu veranschaulichen, nutzen wir einen allgemeinen Datensatz für Audioerkennung von Kaggle (*https://oreil.ly/I89Pr*). Dieser Datensatz enthält etwa 9.000 Audiosamples bekannter Geräusche mit insgesamt 41 Label-Kategorien, darunter »Cello«, »Klopfen«, »Telefon«, »Trompete« und mehr. Die erste Phase unserer Lösung wird ein Modell sein, das vorhersagt, ob ein bestimmtes Geräusch von einem Musikinstrument stammt oder nicht. Dann erhalten wir für Geräusche, die das erste Modell als Instrument kategorisiert, eine Vorhersage von einem Modell, das in der Cloud bereitgestellt wird, um das konkrete Instrument aus insgesamt 18 möglichen Optionen vorherzusagen. Abbildung 5-10 zeigt den zweiphasigen Ablauf für dieses Beispiel.

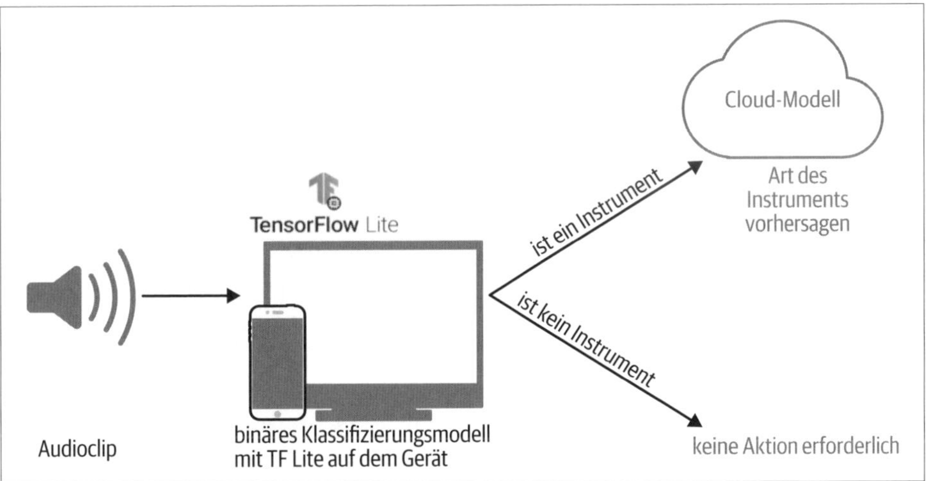

Abbildung 5-10: Instrumentenklänge nach dem Entwurfsmuster Zweiphasen-Vorhersagen identifizieren

Um die einzelnen Modelle zu erstellen, konvertieren wir die Audiodaten in Spektrogramme, d. h. visuelle Darstellungen von Klängen. Dadurch können wir gängige Bildmodellarchitekturen zusammen mit dem Entwurfsmuster *Transfer Learning* verwenden, um dieses Problem zu lösen. Abbildung 5-11 zeigt das Spektrogramm eines Saxofon-Audioclips aus unserem Datensatz.

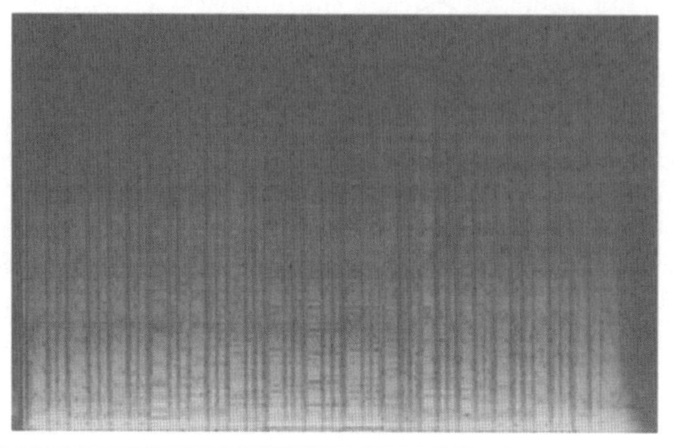

Abbildung 5-11: Die Bilddarstellung (Spektrogramm) eines Saxofon-Audioclips aus unserem Trainingsdatensatz. Den Code für die Konvertierung von .wav-Dateien in Spektrogramme finden Sie im GitHub-Repository unter »https://github.com/GoogleCloudPlatform/ml-design-patterns/blob/master/05_resilience/audio_to_spectro.ipynb«.

Phase 1: Das Offlinemodell erstellen

Das erste Modell in unserer Zweiphasen-Vorhersagen-Lösung sollte klein genug sein, um auf ein mobiles Gerät geladen werden zu können, damit man schnell darauf zugreifen kann, ohne auf eine Internetverbindung angewiesen zu sein. Aufbauend auf dem oben vorgestellten Instrumentenbeispiel, geben wir ein Beispiel für die erste Vorhersagephase, indem wir ein binäres Klassifizierungsmodell erstellen, das für Inferenz auf dem Gerät optimiert ist.

Der ursprüngliche Sound-Datensatz enthält 41 Labels für verschiedene Arten von Audioclips. Unser erstes Modell wird nur zwei Labels erhalten: »nstrument (Instrument) und `not instrument` (kein Instrument). Wir erstellen es mit der MobileNetV2-Modellarchitektur (*https://oreil.ly/zvbzR*), die auf dem ImageNet-Datensatz trainiert wurde. Die direkt in Keras verfügbare Architektur MobileNetV2 ist optimiert für Modelle, die auf dem Gerät bedient werden. Für unser Modell frieren wir die MobileNetV2-Gewichte ein und laden es ohne das oberste Element, damit wir unsere eigene Ausgabeschicht mit binärer Klassifizierung hinzufügen können:

```
mobilenet = tf.keras.applications.MobileNetV2(
    input_shape=((128,128,3)),
    include_top=False,
    weights='imagenet'
)
mobilenet.trainable = False
```

Wenn wir unsere Spektrogrammbilder in Verzeichnissen mit dem entsprechenden Label-Namen organisieren, können wir mit der Klasse `ImageDataGenerator` von Keras unsere Trainings- und Validierungsdatensätze erstellen:

```
train_data_gen = image_generator.flow_from_directory(
    directory=data_dir,
    batch_size=32,
    shuffle=True,
    target_size=(128,128),
    classes = ['not_instrument','instrument'],
    class_mode='binary')
```

Mit den eingerichteten Trainings- und Validierungsdatensätzen können wir das Modell wie gewohnt trainieren. Um trainierte Modelle zum Serving zu exportieren, ruft man üblicherweise die Methode `model.save()` von TensorFlow auf. Denken Sie aber daran, dass dieses Modell auf dem Gerät bedient wird, und deshalb sollte es so klein wie möglich bleiben. Um ein Modell zu erstellen, das diesen Anforderungen genügt, verwenden wir die Bibliothek TensorFlow Lite (*https://oreil.ly/dyx93*). Diese Bibliothek ist dafür optimiert, Modelle direkt auf mobilen und eingebetteten Geräten zu erstellen und zu bedienen, die möglicherweise keine zuverlässige Internetverbindung haben. TF Lite bringt Hilfsprogramme mit, die das Quantisieren von Modellen beim und nach dem Training unterstützen.

Um das trainierte Modell für das Serving auf dem Peripheriegerät vorzubereiten, exportieren wir es mittels TF Lite in einem optimierten Format:

```
converter = tf.lite.TFLiteConverter.from_keras_model(model)
converter.optimizations = [tf.lite.Optimize.DEFAULT]
tflite_model = converter.convert()
open('converted_model.tflite', 'wb').write(tflite_model)
```

Dies ist der schnellste Weg, um ein Modell nach dem Training zu quantisieren. Mit den Standardeinstellungen der Optimierung reduziert TF Lite die Gewichte unseres Modells auf ihre 8-Bit-Darstellung. Außerdem werden die Eingaben zur Inferenzzeit quantisiert, wenn wir Vorhersagen auf unserem Modell durchführen. Mit dem obigen Code beansprucht das exportierte TF-Lite-Modell nur noch ein Viertel des Platzes gegenüber dem Exportieren ohne Quantisierung.

Um Ihr Modell für Offlineinferenz weiter zu optimieren, können Sie auch die Gewichte des Modells während des Trainings quantisieren oder sämtliche mathematischen Operationen Ihres Modells zusätzlich zu den Gewichten quantisieren. Derzeit ist das per Quantisierung optimierte Training für TensorFlow-2-Modelle auf der Roadmap (*https://oreil.ly/RuONn*).

Eine Vorhersage auf einem TF-Lite-Modell generieren Sie mit dem TF-Lite-Interpreter, der für geringe Latenz optimiert ist. Wahrscheinlich werden Sie Ihr Modell auf ein Android- oder iOS-Gerät laden und Vorhersagen direkt aus Ihrem Anwendungscode heraus generieren. Für beide Plattformen sind APIs verfügbar. Wir zeigen hier aber den Python-Code für das Generieren von Vorhersagen, damit Sie ihn aus demselben Notebook heraus ausführen können, in dem Sie Ihr Modell erstellt haben. Zunächst erzeugen wir eine Instanz des Interpreters von TF Lite und rufen Details über das erwartete Ein- und Ausgabeformat ab:

```
interpreter = tf.lite.Interpreter(model_path="converted_model.tflite")
interpreter.allocate_tensors()
input_details = interpreter.get_input_details()
output_details = interpreter.get_output_details()
```

Für das oben trainierte MobileNetV2-Modell mit binärer Klassifizierung sieht input_details wie folgt aus:

```
[{'dtype': numpy.float32,
    'index': 0,
    'name': 'mobilenetv2_1.00_128_input',
    'quantization': (0.0, 0),
    'quantization_parameters': {'quantized_dimension': 0,
    'scales': array([], dtype=float32),
    'zero_points': array([], dtype=int32)},
    'shape': array([  1, 128, 128,  3], dtype=int32),
    'shape_signature': array([  1, 128, 128,  3], dtype=int32),
    'sparsity_parameters': {}}]
```

Wir übergeben dann das erste Bild aus unserem Validierungs-Batch an das geladene TF-Lite-Modell zur Vorhersage, rufen den Interpreter auf und erhalten die Ausgabe:

```
input_data = np.array([image_batch[21]], dtype=np.float32)
interpreter.set_tensor(input_details[0]['index'], input_data)

interpreter.invoke()
output_data = interpreter.get_tensor(output_details[0]['index'])
print(output_data)
```

Die resultierende Ausgabe ist ein Sigmoid-Array mit einem einzelnen Wert im Bereich [0, 1], der angibt, ob der verarbeitete Eingabeklang von einem Instrument stammt oder nicht.

Je nachdem, wie kostspielig es ist, Ihr Cloud-Modell aufzurufen, können Sie die Metrik ändern, für die Sie optimieren, wenn Sie das Gerätemodell trainieren. Zum Beispiel könnten Sie sich dafür entscheiden, auf Genauigkeit statt Trefferquote zu optimieren, wenn Sie mehr Wert darauf legen, falsch positive Ergebnisse zu vermeiden.

Da unser Modell nun auf dem Gerät arbeitet, können wir schnelle Vorhersagen erhalten, ohne auf eine Internetverbindung angewiesen zu sein. Wenn das Modell sicher ist, dass ein bestimmtes Geräusch nicht von einem Instrument stammt, können wir hier aufhören. Sagt das Modell »Instrument« voraus, fahren wir fort und senden den Audioclip an ein komplexeres Modell, das in der Cloud gehostet wird.

Welche Modelle sind »at the Edge« geeignet?

Wie sollte man bestimmen, ob ein Modell »at the Edge« geeignet ist? Es gibt einige Überlegungen in Bezug auf Modellgröße, Komplexität und verfügbare Hardware. Als Faustregel gilt, dass kleinere, weniger komplexe Modelle für die Ausführung auf Geräten besser optimiert sind. Das hängt damit zusammen, dass Peripheriemodelle durch den verfügbaren Gerätespeicher eingeschränkt sind. Wenn Modelle – durch Quantisierung oder andere Techniken – verkleinert werden, geschieht dies oftmals auf Kosten der Genauigkeit. Daher sind Modelle mit einer einfacheren Vorhersageaufgabe und Modellarchitektur am besten für Peripheriegeräte geeignet. Mit »einfacher« meinen wir Kompromisse wie zum Beispiel die Bevorzugung der binären Klassifizierung gegenüber der Multiklassenklassifizierung oder die Wahl einer weniger komplexen Modellarchitektur (wie zum Beispiel ein Entscheidungsbaum oder ein lineares Regressionsmodell), sofern dies möglich ist.

Wenn Sie Modelle at the Edge bereitstellen und dabei bestimmte Einschränkungen hinsichtlich Modellgröße und Komplexität einhalten müssen, lohnt sich ein Blick auf Hardware, die speziell auf ML-Inferenz zugeschnitten ist. So bietet das Coral-Edge-TPU-Board (*https://oreil.ly/N2NOs*) einen kundenspezifischen ASCI, der für hohe Leistung bei ML-Inferenz im Offlinebetrieb auf TensorFlow-Lite-Modellen optimiert ist. In ähnlicher Weise ist die Plattform Jetson Nano (*https://oreil.ly/GUOQc*) von NVIDIA für peripherieoptimierte, energieeffiziente ML-Inferenz ausgelegt. Die Hardwareunterstützung für ML-Inferenz entwickelt sich schnell weiter, da eingebettetes, geräteorientiertes maschinelles Lernen immer häufiger eingesetzt wird.

Phase 2: Das Cloud-Modell erstellen

Da unser in der Cloud gehostetes Modell nicht für Inferenz ohne Netzwerkverbindung optimiert werden muss, können wir einen eher traditionellen Ansatz verfolgen, um das Modell zu trainieren, zu exportieren und bereitzustellen. Je nach Anwendungsfall Ihrer Zweiphasen-Vorhersage kann dieses zweite Modell viele verschiedene Formen annehmen. Im Google-Home-Beispiel könnte Phase 2 mehrere Modelle umfassen: eines, das die Audioeingabe eines Sprechers in Text konvertiert, und ein zweites, das per NLP den Text versteht und die Anfrage des Benutzers weiterleitet. Wenn der Benutzer etwas Komplexeres fragt, könnte sogar ein drittes Modell eine Empfehlung auf der Grundlage von Benutzerpräferenzen oder vergangener Aktivitäten aussprechen.

In unserem Instrumentenbeispiel wird die zweite Phase unserer Lösung ein Multiklassenmodell sein, das Klänge einer von 18 möglichen Instrumentenkategorien zuordnet. Da dieses Modell nicht auf einem Gerät bereitgestellt werden muss, können wir eine größere Modellarchitektur wie VGG als Ausgangspunkt verwenden und dann dem Entwurfsmuster *Transfer Learning* folgen, das Kapitel 4 skizziert hat.

Wir laden VGG, das auf dem ImageNet-Datensatz trainiert wurde, geben die Größe unserer Spektrogrammbilder im Parameter `input_shape` an und frieren die Gewichte des Modells ein, bevor wir unsere Softmax-Ausgabeschicht der Klassifizierung hinzufügen:

```
vgg_model = tf.keras.applications.VGG19(
    include_top=False,
    weights='imagenet',
    input_shape=((128,128,3))
)

vgg_model.trainable = False
```

Unsere Ausgabe wird ein 18-elementiges Array von Softmax-Wahrscheinlichkeiten sein:

```
prediction_layer = tf.keras.layers.Dense(18, activation='softmax')
```

Wir beschränken unseren Datensatz auf die Audioclips von Instrumenten und transformieren dann die Instrumenten-Labels in 18-elementige 1-aus-n-Vektoren. Den gleichen `image_generator`-Ansatz wie oben können wir verwenden, um unser Modell mit den Bildern zu trainieren. Anstatt unser Modell als TF-Lite-Modell zu exportieren, können wir es mit `model.save()` zum Serving exportieren.

Um die Bereitstellung des Phase-2-Modells in der Cloud zu demonstrieren, verwenden wir Cloud AI Platform Prediction (*https://oreil.ly/P5Cn9*). Wir müssen unsere gespeicherten Modell-Assets in einen Cloud-Storage-Bucket hochladen und dann das Modell bereitstellen, indem wir das Framework spezifizieren und AI Platform Prediction auf unseren Storage-Bucket zeigen lassen.

Für die zweite Phase des Entwurfsmusters *Zweiphasen-Vorhersagen* können Sie jedes Cloud-basierte Tool zur Bereitstellung benutzerdefinierter Modelle verwenden. Neben AI Platform Prediction von Google Cloud bieten sowohl AWS SageMaker (*https://oreil.ly/zIHey*) als auch Azure Machine Learning (*https://oreil.ly/dCxHE*) Dienste für die Bereitstellung benutzerdefinierter Modelle an.

Wenn wir unser Modell als TensorFlow SavedModel exportieren, können wir eine URL auf einen Cloud-Storage-Bucket direkt an die Methode `model.save` übergeben:

```
model.save('gs://your_storage_bucket/path')
```

Diese Anweisung exportiert das Modell im TF-SavedModel-Format und lädt es in unseren Cloud-Storage-Bucket hoch.

In AI Platform enthält eine Modellressource verschiedene Versionen unseres Modells. Jedes Modell kann Hunderte von Versionen haben. Zuerst erstellen wir die Modellressource mithilfe von `gcloud`, dem Google Cloud CLI:

```
gcloud ai-platform models create instrument_classification
```

Es gibt mehrere Möglichkeiten, unser Modell bereitzustellen. Wir verwenden gcloud und lassen AI Platform auf das Unterverzeichnis zeigen, das die gespeicherten Modell-Assets enthält:

```
gcloud ai-platform versions create v1 \
  --model instrument_classification \
  --origin 'gs://your_storage_bucket/path/model_timestamp' \
  --runtime-version=2.1 \
  --framework='tensorflow' \
  --python-version=3.7
```

Nun können wir Vorhersageanfragen an unser Modell über die AI-Platform-Prediction-API stellen, die Online- und Batch-Vorhersagen unterstützt. Mit der Onlinevorhersage können wir Vorhersagen in nahezu Echtzeit für wenige Beispiele auf einmal erhalten. Bei Hunderten oder Tausenden von Beispielen können wir einen Batch-Vorhersage-Job einrichten, der asynchron im Hintergrund läuft und die Vorhersageergebnisse nach Abschluss in eine Datei ausgibt.

Für Situationen, in denen das Gerät, das unser Modell aufruft, nicht immer mit dem Internet verbunden ist, könnten wir Audioclips für die Instrumentenvorhersage auf dem Gerät speichern, während es offline ist. Sobald die Verbindung wiederhergestellt ist, können wir diese Clips zur Vorhersage an das in der Cloud gehostete Modell senden.

Kompromisse und Alternativen

Während das Entwurfsmuster *Zweiphasen-Vorhersagen* für viele Fälle funktioniert, gibt es Situationen, in denen Ihre Endbenutzer möglicherweise nur über eine schlechte Internetverbindung verfügen und Sie sich demzufolge nicht darauf verlassen können, ein in der Cloud gehostetes Modell aufrufen zu können. In diesem Abschnitt erörtern wir zwei reine Offlinealternativen, ein Szenario, in dem ein Client viele Vorhersageanfragen auf einmal stellen muss, und Vorschläge, wie kontinuierliche Bewertung für Offlinemodelle realisierbar ist.

Eigenständiges Einphasenmodell

Manchmal haben die Endbenutzer Ihres Modells nur eine schlechte oder gar keine Internetverbindung. Selbst wenn die Geräte dieser Benutzer nicht in der Lage sind, zuverlässig auf ein Cloud-Modell zuzugreifen, ist es dennoch wichtig, ihnen den Zugriff auf Ihre Anwendung zu ermöglichen. Anstatt sich in diesem Fall auf einen Zweiphasen-Vorhersage-Fluss zu verlassen, machen Sie Ihr erstes Modell so robust, dass es autark sein kann.

Hierzu können wir eine kleinere Version unseres komplexen Modells erstellen und Benutzern die Möglichkeit geben, dieses einfachere, kleinere Modell herunterzuladen, um es während des Offlinebetriebs zu verwenden. Diese Offlinemodelle sind vielleicht nicht ganz so genau wie ihre Onlinegegenstücke, doch ist diese Lösung deutlich besser, als überhaupt keine Offlineunterstützung zu haben. Um komplexere Modelle zu erstellen, die für Offlineinferenz ausgelegt sind, verwenden Sie am besten ein Tool, mit dem Sie die Gewichte und andere mathematische Operationen sowohl beim als auch nach dem Training quantisieren können. Dies wird als *quantisierungsbewusstes Training* (*https://oreil.ly/ABd8r*) bezeichnet.

Ein Beispiel für eine Anwendung, die ein einfacheres Offlinemodell bietet, ist Google Translate (*https://oreil.ly/uEWAM*). Dieser Onlineübersetzungsdienst ist in Hunderten von Sprachen verfügbar. Allerdings gibt es viele Szenarios, in denen Sie auf einen Übersetzungsdienst ohne Internetzugriff zurückgreifen müssen. Hierfür ermöglicht Google Ihnen, Offlineübersetzungen in über 50 verschiedenen Sprachen herunterzuladen. Diese Offlinemodelle sind mit einem Umfang von etwa 40 bis 50 MByte relativ klein und kommen in ihrer Genauigkeit den komplexeren Onlineversionen recht nahe. Abbildung 5-12 zeigt einen Qualitätsvergleich von geräteorientierten und Onlineübersetzungsmodellen.

Abbildung 5-12: Ein Vergleich zwischen verschiedenen Modellen der maschinellen Übersetzung: geräteorientierte phrasenbasierte und (neuere) neuronale maschinelle Modelle sowie neuronale maschinelle Onlineübersetzung (Quelle: The Keyword, »https://oreil.ly/S_woM«)

Ein weiteres Beispiel für ein eigenständiges Einphasenmodell ist Google Bolo (*https://oreil.ly/zTy79*), eine sprachbasierte Sprachenlernanwendung für Kinder. Die App funktioniert komplett offline und wurde mit der Absicht entwickelt, Bevölkerungsgruppen zu helfen, denen ein zuverlässiger Internetzugriff nicht immer zur Verfügung steht.

Offlineunterstützung für spezifische Anwendungsfälle

Um Ihre Anwendung für Benutzer mit minimaler Internetkonnektivität nutzbar zu machen, können Sie auch nur bestimmte Teile der App offline zur Verfügung stellen. Dabei aktivieren Sie offline nur einige allgemeine Features oder speichern die Vorhersageergebnisse eines ML-Modells zwischen, um sie später offline zu verwenden. Mit dieser Alternative bleiben wir trotzdem bei zwei Vorhersagephasen, beschränken aber die Anwendungsfälle, die unser Offlinemodell abdeckt. Bei diesem Ansatz arbeitet die App hinreichend offline, sobald die Konnektivität jedoch wiederhergestellt ist, bietet sie die volle Funktionalität.

Zum Beispiel können Sie bei Google Maps Karten und Wegbeschreibungen im Voraus herunterladen. Damit die Wegbeschreibungen auf einem mobilen Gerät nicht zu viel Platz belegen, lassen sich nur die Pkw-Fahranweisungen offline verfügbar machen (und keine Anweisungen für Fußgänger oder Radfahrer). Ein weiteres Beispiel ist eine Fitnessanwendung, die Ihre Schritte verfolgt und Empfehlungen für zukünftige Aktivitäten ausgibt. Nehmen wir an, Sie nutzten die App am häufigsten, um die Anzahl der Schritte für den laufenden Tag abzufragen. Um diesen Anwendungsfall offline zu unterstützen, könnten Sie die Daten des Fitnesstrackers mit dem Gerät eines Benutzers über Bluetooth synchronisieren, sodass sich der Fitnessstatus des aktuellen Tages offline überprüfen lässt. Um die Performance unserer App zu optimieren, könnten wir beschließen, den Fitnessverlauf und Empfehlungen nur online verfügbar zu machen.

Darauf aufbauend, könnten wir die Abfragen des Benutzers speichern, während sein Gerät offline ist, und sie an ein Cloud-Modell senden, wenn die Verbindung wiederhergestellt ist, um detailliertere Ergebnisse zu liefern. Darüber hinaus ließe sich sogar ein Modell für grundlegende Empfehlungen offline verfügbar machen mit der Absicht, dieses mit verbesserten Ergebnissen zu ergänzen, wenn die App in der Lage ist, die Abfragen des Benutzers an ein in der Cloud gehostetes Modell zu senden. Mit dieser Lösung erhält der Benutzer trotzdem eine gewisse Funktionalität, wenn er nicht verbunden ist. Sobald er wieder online ist, kann er dann von einer voll funktionsfähigen App und einem robusten ML-Modell profitieren.

Viele Vorhersagen in nahezu Echtzeit verarbeiten

In anderen Fällen haben die Endbenutzer Ihres ML-Modells zwar eine zuverlässige Verbindung, müssen aber möglicherweise Hunderte oder sogar Tausende von Vorhersagen an Ihr Modell auf einmal absetzen. Wenn Sie nur ein in der Cloud gehostetes Modell haben und jede Vorhersage einen API-Aufruf an einen gehosteten Dienst erfordert, kann es zu viel Zeit in Anspruch nehmen, Vorhersageantworten für Tausende von Beispielen auf einmal abzurufen.

Um dies zu verstehen, denken wir einmal an eingebettete Geräte, die in verschiedenen Bereichen im Haus eines Benutzers installiert sind. Diese Geräte erfassen Daten zu Temperatur, Luftdruck und Luftqualität. In der Cloud haben wir ein Modell bereitgestellt, das Anomalien aus diesen Sensordaten erkennen soll. Da die Sensoren ständig neue Daten erfassen, wäre es ineffizient und teuer, jeden eingehenden Datenpunkt an das Cloud-Modell zu senden. Stattdessen können wir ein Modell direkt auf den Sensoren bereitstellen, um mögliche Anomaliekandidaten aus den eingehenden Daten zu identifizieren. Wir können dann nur die potenziellen Anomalien an unser Cloud-Modell senden, das eine konsolidierte Überprüfung durchführt und die Sensormesswerte von allen Standorten einbezieht. Dies ist eine Variation des weiter oben beschriebenen Entwurfsmusters *Zweiphasen-Vorhersagen*, wobei der Hauptunterschied darin besteht, dass sowohl das Offline- als auch das Cloud-Modell die gleiche Vorhersageaufgabe ausführen, jedoch mit verschiedenen Eingaben. In diesem Fall drosseln die Modelle letztlich die Anzahl der Vorhersageanfragen, die gleichzeitig an das Cloud-Modell gesendet werden.

Kontinuierliche Bewertung für Offlinemodelle

Wie können wir sicherstellen, dass unsere geräteorientierten Modelle auf dem neuesten Stand bleiben und nicht unter Datendrift leiden? Es gibt einige Optionen für die kontinuierliche Bewertung von Modellen, die keine Netzwerkkonnektivität haben. Erstens könnten wir eine Teilmenge der auf dem Gerät empfangenen Vorhersagen speichern. Dann könnten wir regelmäßig die Performance unseres Modells anhand dieser Beispiele bewerten und feststellen, ob das Modell neu trainiert werden muss. Im Fall unseres Zweiphasen-Modells ist es wichtig, diese Bewertung regelmäßig durchzuführen, da wahrscheinlich viele Aufrufe unseres Gerätemodells nicht an das Cloud-Modell der zweiten Phase weitergeleitet werden. Des Weiteren ist es ebenfalls möglich, ein Replikat des geräteorientierten Modells *online* und nur zum Zweck der kontinuierlichen Bewertung auszuführen. Diese Lösung ist zu bevorzugen, wenn Ihre Offline- und Cloud-Modelle ähnliche Vorhersageaufgaben ausführen wie bei der zuvor erwähnten Übersetzung.

Entwurfsmuster 20: Keyed Predictions

Normalerweise trainieren Sie Ihr Modell auf den gleichen Eingabe-Features, wie sie dem bereitgestellten Modell in Echtzeit zugeführt werden. Allerdings kann es in vielen Situationen vorteilhaft sein, wenn Ihr Modell auch einen vom Client bereitgestellten Schlüssel durchläuft. Dieses *Keyed Predictions* genannte Entwurfsmuster ist eine Notwendigkeit, um mehrere der in diesem Kapitel vorgestellten Entwurfsmuster skalierbar zu implementieren.

Problem

Wenn Ihr Modell als Webservice bereitgestellt wird und eine einzelne Eingabe entgegennimmt, ist es ziemlich klar, welche Ausgabe welcher Eingabe entspricht. Doch wie sieht es aus, wenn Ihr Modell eine Datei mit einer Million Eingaben akzeptiert und eine Datei mit einer Million Ausgabevorhersagen zurücksendet?

Man könnte annehmen, es läge auf der Hand, dass die erste Ausgabeinstanz der ersten Eingabeinstanz entspricht, die zweite Ausgabeinstanz der zweiten Eingabeinstanz usw. Allerdings ist es bei einer 1:1-Beziehung notwendig, dass jeder Serverknoten den kompletten Satz von Eingaben seriell verarbeitet. Es wäre viel vorteilhafter, Sie würden ein System für verteilte Datenverarbeitung verwenden und die Instanzen auf mehrere Computer verteilen, dann alle resultierenden Ausgaben einsammeln und zurücksenden. Problematisch bei diesem Ansatz ist jedoch, dass die Ausgaben durcheinandergeraten werden. Wenn man fordert, dass die Ausgaben in der gleichen Weise geordnet sein müssen, entstehen Skalierbarkeitsherausforderungen. Und stellt man die Ausgaben in ungeordneter Form bereit, müssen die Clients irgendwie erfahren, welche Ausgabe welcher Eingabe entspricht.

Das gleiche Problem tritt auf, wenn Ihr Online-Serving-System ein Array von Instanzen akzeptiert, wie es beim Entwurfsmuster *Zustandslose Serving-Funktion* erörtert wurde. Die lokale Verarbeitung einer großen Anzahl von Instanzen führt zu Hot Spots. Serverknoten, die nur einige Anfragen empfangen, werden mithalten können, aber alle Serverknoten, die ein besonders großes Array empfangen, geraten irgendwann ins Hintertreffen. Diese Hot Spots werden Sie dazu zwingen, Ihre Servercomputer leistungsfähiger zu machen, als sie sein müssen. Deshalb beschränken viele Online-Serving-Systeme die Anzahl der Instanzen, die in einer Anfrage gesendet werden. Wenn es keine derartige Grenze gibt oder wenn das Modell rechentechnisch so umfangreich ist, dass Anfragen mit weniger Instanzen als dieser Grenze den Server überlasten können, stoßen Sie auf das Problem der Hot Spots. Daher wird jede Lösung für das Batch-Serving-Problem auch das Problem der Hot Spots beim Online-Serving angehen.

Lösung

Die Lösung ist die Verwendung von Weiterleitungsschlüsseln. Man lässt den Client einen Schlüssel bereitstellen, der mit jeder Eingabe verknüpft ist. Nehmen Sie zum Beispiel an (siehe Abbildung 5-13), Ihr Modell wäre mit drei Eingaben (`a, b, c`) trainiert worden, wie links zu sehen, um die Ausgabe `d` zu erzeugen, die rechts dargestellt ist. Lassen Sie Ihre Clients (`k, a, b, c`) an Ihr Modell übergeben, wobei `k` ein Schlüssel mit einem eindeutigen Bezeichner ist. Der Schlüssel kann so einfach sein wie die Nummerierung der Eingabeinstanzen 1, 2, 3, ..., usw. Ihr Modell gibt dann (`k, d`) zurück, und somit kann der Client herausfinden, welche Ausgabeinstanz welcher Eingabeinstanz entspricht.

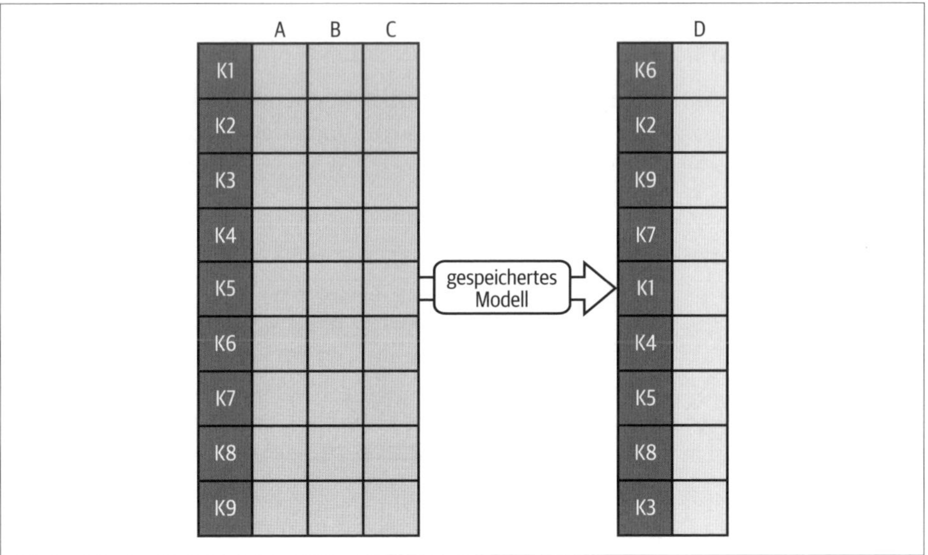

Abbildung 5-13: Der Client stellt mit jeder Eingabeinstanz einen eindeutigen Schlüssel bereit. Das Serving-System ordnet diese Schlüssel der entsprechenden Vorhersage zu. Dadurch kann der Client die richtige Vorhersage für jede Eingabe abrufen, selbst wenn die Ausgaben nicht in der richtigen Reihenfolge eintreffen.

Wie man Schlüssel in Keras durchreicht

Um Ihr Keras-Modell dazu zu bringen, Schlüssel durchzureichen, geben Sie eine Serving-Signatur an, wenn Sie das Modell exportieren.

Zum Beispiel ruft der folgende Code ein Modell auf, das sonst vier Eingaben (`is_male`, `mother_age`, `plurality` und `gestation_weeks`) benötigt und zusätzlich einen Schlüssel übernimmt, den es zusammen mit der ursprünglichen Ausgabe des Modells (`babyweight`) an die Ausgabe weiterreicht:

```
# Serving-Funktion, die Schlüssel durchreicht.
@tf.function(input_signature=[{
    'is_male': tf.TensorSpec([None,], dtype=tf.string, name='is_male'),
    'mother_age': tf.TensorSpec([None,], dtype=tf.float32, name='mother_age'),
    'plurality': tf.TensorSpec([None,], dtype=tf.string, name='plurality'),
    'gestation_weeks': tf.TensorSpec([None,], dtype=tf.float32,
                                     name='gestation_weeks'),
    'key': tf.TensorSpec([None,], dtype=tf.string, name='key')
}])
def keyed_prediction(inputs):
    feats = inputs.copy()
    key = feats.pop('key') # Den Schlüssel aus der Eingabe abrufen.
    output = model(feats) # Modell aufrufen.
    return {'key': key, 'babyweight': output}
```

Dieses Modell wird dann gespeichert, wie es beim Entwurfsmuster *Zustandslose Serving-Funktion* beschrieben wurde:

```
model.save(EXPORT_PATH,
           signatures={'serving_default': keyed_prediction})
```

Einem vorhandenen Modell codierte Vorhersagefunktionen hinzufügen

Der obige Code funktioniert sogar, wenn das ursprüngliche Modell nicht mit einer Serving-Funktion gespeichert wurde. Laden Sie einfach das Modell mit `tf.saved_model.load()`, weisen Sie eine Serving-Funktion zu und verwenden Sie das obige Codefragment, wie Abbildung 5-14 zeigt.

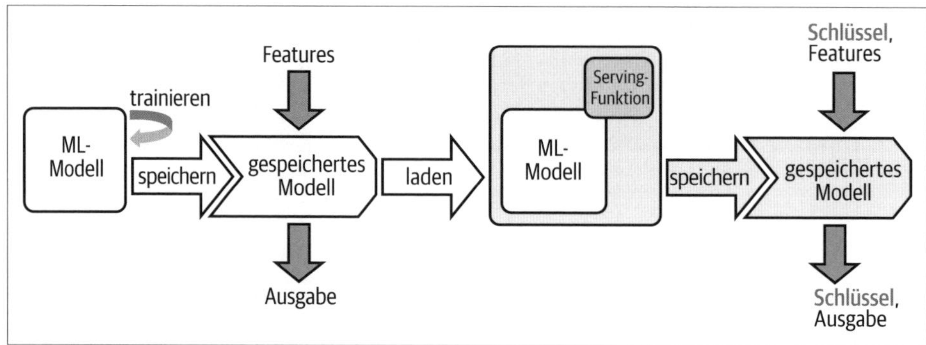

Abbildung 5-14: Ein SavedModel laden, eine nicht standardmäßige Serving-Funktion hinzufügen und das Modell speichern

Dabei sollten Sie vorzugsweise eine Serving-Funktion bereitstellen, die das ältere, schlüssellose Verhalten repliziert:

```
# Serving-Funktion, die keinen Schlüssel erfordert.
@tf.function(input_signature=[{
    'is_male': tf.TensorSpec([None,], dtype=tf.string, name='is_male'),
    'mother_age': tf.TensorSpec([None,],  dtype=tf.float32, name='mother_age'),
    'plurality': tf.TensorSpec([None,], dtype=tf.string, name='plurality'),
    'gestation_weeks': tf.TensorSpec([None,], dtype=tf.float32,
                                              name='gestation_weeks')
}])
def nokey_prediction(inputs):
    output = model(inputs) # invoke model
    return {'babyweight': output}
```

Verwenden Sie das vorherige Verhalten als Standard und fügen Sie die Funktion `keyed_prediction` als neue Serving-Funktion hinzu:

```
model.save(EXPORT_PATH,
           signatures={'serving_default': nokey_prediction,
                       'keyed_prediction': keyed_prediction
})
```

Kompromisse und Alternativen

Weshalb kann der Server nicht einfach den erhaltenen Eingaben Schlüssel zuweisen? Bei der Onlinevorhersage ist es möglich, dass Server eindeutige Anfrage-IDs zuweisen, denen jegliche semantische Information fehlt. Bei der Batch-Vorhersage besteht das Problem darin, dass die Eingaben den Ausgaben zugeordnet werden müssen, sodass es nicht genügt, dass der Server eine eindeutige ID zuweist, da sie nicht mit den Eingaben verknüpft werden kann. Der Server muss den Eingaben, die er empfängt, Schlüssel zuweisen, bevor er das Modell aufruft, die Schlüssel verwenden, um die Ausgaben zu sortieren, und dann die Schlüssel entfernen, bevor er die Ausgaben weitersendet. Problematisch dabei ist, dass das Sortieren in der verteilten Datenverarbeitung sehr rechenintensiv ist.

Die vom Client bereitgestellten Schlüssel sind auch in verschiedenen anderen Situationen nützlich – beim asynchronen Serving und bei der Bewertung. In diesen beiden Situationen ist es wünschenswert, dass das, was einen Schlüssel ausmacht, spezifisch für den Anwendungsfall wird und identifizierbar sein muss. Deshalb wird die Lösung einfacher, wenn Clients aufgefordert werden, einen Schlüssel bereitzustellen.

Asynchrones Serving

Viele ML-Modelle in der Produktion sind heutzutage neuronale Netze. Und in neuronalen Netzen sind viele Matrizenmultiplikationen auszuführen. Auf Hardware wie GPUs und TPUs lassen sich Matrizenmultiplikationen effizienter ausführen, wenn man sicherstellen kann, dass die Matrizen innerhalb bestimmter Größenbereiche und/oder Vielfachen einer bestimmten Anzahl liegen. Es kann daher hilfreich sein, Anfragen zu akkumulieren (natürlich nur bis zu einer maximalen Latenz) und die eingehenden Anfragen in Chunks zu verarbeiten. Da die Chunks aus verschachtelten Anfragen von mehreren Clients bestehen, muss der Schlüssel in diesem Fall auch eine Art Clientkennung enthalten.

Kontinuierliche Bewertung

Wenn Sie mit kontinuierlicher Bewertung arbeiten, kann es hilfreich sein, Metadaten über die Vorhersageanforderungen zu protokollieren, damit Sie überwachen können, ob die Performance allgemein oder nur in bestimmten Situationen abfällt. Ein derartiges Slicing wird erheblich erleichtert, wenn der Schlüssel die betreffende Situation kennzeichnet. Nehmen wir zum Beispiel an, dass wir eine Fairness Lens (siehe Kapitel 7) zuweisen müssen, um sicherzustellen, dass die Performance unseres Modells über verschiedene Kundensegmente hinweg fair ist (zum Beispiel Alter und/oder Ethnie des Kunden). Das Modell wird das Kundensegment nicht als Eingabe verwenden, doch wir müssen die Performance des Modells bewerten, aufgeteilt nach Kundensegmenten. In derartigen Fällen wird das Slicing erleichtert, wenn die Kundensegmente in den Schlüssel eingebettet sind (ein Beispielschlüssel wäre 35-Black-Male-34324323).

Als alternative Lösung könnte das Modell die nicht erkannten Eingaben ignorieren und nicht nur die Vorhersageausgaben zurücksenden, sondern auch alle Eingaben einschließlich der nicht erkannten.

Auf diese Weise kann der Client Eingaben mit Ausgaben abgleichen, doch ist das aufwendiger in Bezug auf die Bandbreite und clientseitige Berechnungen.

Da Hochleistungsserver mehrere Clients unterstützen, durch einen Cluster unterstützt werden und Anfragen stapelweise verarbeiten, um Leistungsvorteile zu erzielen, ist es besser, dies von vornherein einzuplanen – fordern Sie, dass Clients mit jeder Vorhersage Schlüssel bereitstellen und dass Clients Schlüssel angeben, die keine Konflikte mit anderen Clients verursachen.

Zusammenfassung

Dieses Kapitel hat sich mit Techniken für die Operationalisierung (oder Messbarmachung) von ML-Modellen befasst, um sicherzustellen, dass sie belastbar sind und sich für die Belastung in der Produktion skalieren lassen. Alle hier angesprochenen Resilienzmuster beziehen sich auf die Bereitstellungs- und Serving-Schritte in einem typischen ML-Workflow.

Zu Beginn hat dieses Kapitel gezeigt, wie Sie Ihr trainiertes ML-Modell nach dem Entwurfsmuster *Zustandslose Serving-Funktion* als zustandslose Funktion kapseln können. Eine Serving-Funktion entkoppelt die Trainings- und Bereitstellungsumgebungen Ihres Modells, indem eine Funktion definiert wird, die Inferenz auf einer exportierten Version Ihres Modells durchführt und an einem REST-Endpunkt bereitgestellt wird. Nicht alle Produktionsmodelle erfordern sofortige Vorhersageergebnisse, da es Situationen gibt, in denen Sie einen großen Datenstapel zur Vorhersage an Ihr Modell schicken müssen, die Ergebnisse aber nicht unverzüglich benötigen. Wir haben gesehen, wie das Entwurfsmuster *Batch-Serving* dies mithilfe einer verteilten Datenverarbeitungsinfrastruktur löst, die konzeptionell viele Modellvorhersagen asynchron als Hintergrundjob ausführt und die Ausgabe an einen bestimmten Speicherort schreibt.

Als Nächstes haben Sie mit dem Entwurfsmuster *Kontinuierliche Modellbewertung* einen Ansatz kennengelernt, mit dem Sie überprüfen können, ob Ihr bereitgestelltes Modell auch bei neuen Daten noch gut abschneidet. Dieses Muster geht die Probleme der Daten- und Konzeptdrift an, indem es Ihr Modell regelmäßig bewertet und anhand dieser Ergebnisse bestimmt, ob ein erneutes Training notwendig ist. Mit dem Entwurfsmuster *Zweiphasen-Vorhersagen* haben wir eine Lösung für spezielle Anwendungsfälle gefunden, bei denen Modelle an der Peripherie bereitgestellt werden müssen. Wenn Sie ein Problem in zwei logische Teile zerlegen können, erstellt dieses Muster zunächst ein einfacheres Modell, das sich auf dem Gerät bereitstellen lässt. Dieses Peripheriemodell ist mit einem komplexeren Modell verbunden, das in der Cloud gehostet wird. Schließlich haben wir im Entwurfsmuster *Keyed Prediction* erörtert, warum es vorteilhaft sein kann, bei Vorhersageanfragen mit jedem Beispiel einen eindeutigen Schlüssel bereitzustellen. Damit gewährleisten Sie, dass Ihr Client jede Vorhersageausgabe mit dem richtigen Eingabebeispiel verknüpfen kann.

Im nächsten Kapitel lernen Sie Muster für *Reproduzierbarkeit* kennen. Diese Muster begegnen den Herausforderungen, die mit der inhärenten Zufälligkeit in vielen Aspekten des maschinellen Lernens zu tun haben, und konzentrieren sich darauf, bei jedem Lauf eines maschinellen Lernprozesses zuverlässige, konsistente Ergebnisse zu ermöglichen.

KAPITEL 6

Entwurfsmuster für Reproduzierbarkeit

Software-Best-Practices wie zum Beispiel Unit-Tests gehen davon aus, dass ausgeführter Code eine deterministische Ausgabe liefert:

```
def sigmoid(x):
    return 1.0 / (1 + np.exp(-x))

class TestSigmoid(unittest.TestCase):
    def test_zero(self):
        self.assertAlmostEqual(sigmoid(0), 0.5)

    def test_neginf(self):
        self.assertAlmostEqual(sigmoid(float("-inf")), 0)

    def test_inf(self):
        self.assertAlmostEqual(sigmoid(float("inf")), 1)
```

Beim maschinellen Lernen ist eine derartige Reproduzierbarkeit schwierig. Beim Training werden ML-Modelle mit Zufallswerten initialisiert und dann basierend auf den Trainingsdaten angepasst. Wenn Sie aber in dem von scikit-learn implementierten einfachen k-Means-Algorithmus `random_state` festlegen, liefert der Algorithmus jedes Mal die gleichen Ergebnisse:

```
def cluster_kmeans(X):
    from sklearn import cluster
    k_means = cluster.KMeans(n_clusters=10, random_state=10)
    labels = k_means.fit(X).labels_[::]
    return labels
```

Abgesehen vom zufälligen Startwert (*Seed*) müssen viele andere Artefakte festgelegt werden, um Reproduzierbarkeit beim Training sicherzustellen. Darüber hinaus besteht maschinelles Lernen aus verschiedenen Phasen wie zum Beispiel Training, Bereitstellung und Retraining. Oft ist es wichtig, dass manche Dinge auch über diese Phasen hinweg reproduzierbar sind.

Dieses Kapitel stellt Entwurfsmuster vor, die mit verschiedenen Aspekten der Reproduzierbarkeit zu tun haben. Das Entwurfsmuster *Transformation* erfasst Abhängigkeiten bei der Datenaufbereitung aus der Modell-Trainingspipeline, um sie beim Serving zu reproduzieren. Das Entwurfsmuster *Wiederholbare Aufteilung* befasst sich mit der Art und Weise, wie die Daten zwischen Trainings-, Validierungs- und Testdatensätzen aufzuteilen sind, damit ein im Training verwendetes Beispiel niemals für die Bewertung oder das Testen herangezogen wird, selbst wenn der Datensatz wächst. Beim Entwurfsmuster *Bridged Schema* geht es darum, wie sich Reproduzierbarkeit sicherstellen lässt, wenn der Trainingsdatensatz eine Mischung von Daten ist, die verschiedenen Schemas entsprechen. Das Entwurfsmuster *Workflow-Pipeline* erfasst alle Schritte im ML-Prozess, um sicherzustellen, dass beim Retraining des Modells Teile der Pipeline wiederverwendet werden können. Beim Entwurfsmuster *Feature Store* dreht sich alles um Reproduzierbarkeit und Wiederverwendbarkeit von Features über verschiedene ML-Jobs hinweg. Das Entwurfsmuster *Windowed Inference* stellt sicher, dass sich Features, die dynamisch und zeitabhängig berechnet werden, zwischen Training und Serving korrekt wiederholen lassen. Die *Versionierung* von Daten und Modellen ist eine Voraussetzung für den Umgang mit vielen der in diesem Kapitel beschriebenen Entwurfsmuster.

Entwurfsmuster 21: Transformation

Das Entwurfsmuster *Transformation* erleichtert es, ein ML-Modell in die Produktion zu überführen, indem Eingaben, Features und Transformationen sorgfältig getrennt bleiben.

Problem

Das Problem ist, dass die Eingaben in ein ML-Modell nicht die *Features* sind, die das ML-Modell bei seinen Berechnungen verwendet. Zum Beispiel sind die Eingaben in einem Textklassifizierungsmodell die rohen Textdokumente, und die Features sind die numerischen Darstellungen dieses Texts in der Einbettung. Wenn wir ein ML-Modell trainieren, dann trainieren wir es mit Features, die aus den rohen Eingaben extrahiert werden. Wir nehmen hier dieses Modell, das mit BigQuery ML dafür trainiert wurde, die Dauer von Fahrradtouren in London vorherzusagen:

```
CREATE OR REPLACE MODEL ch09eu.bicycle_model
OPTIONS(input_label_cols=['duration'],
        model_type='linear_reg')
AS
SELECT
    duration
    , start_station_name
    , CAST(EXTRACT(dayofweek from start_date) AS STRING)
    as dayofweek
    , CAST(EXTRACT(hour from start_date) AS STRING)
    as hourofday
FROM
    `bigquery-public-data.london_bicycles.cycle_hire`
```

Dieses Modell hat drei Features (`start_station_name`, `dayofweek` und `hourofday`), die aus zwei Eingaben (`start_station_name` und `start_date`) berechnet werden, wie Abbildung 6-1 zeigt.

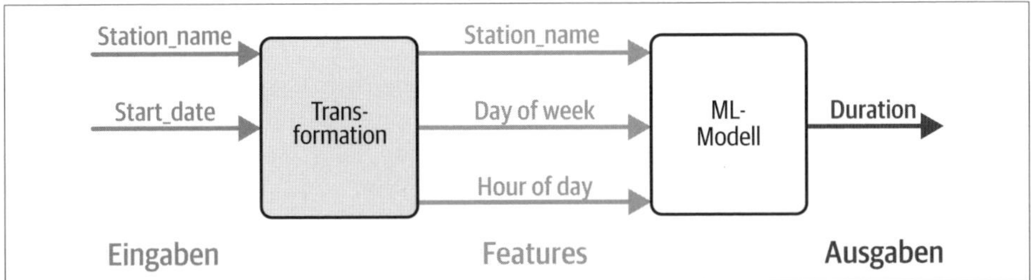

Abbildung 6-1: Das Modell umfasst drei Features, die aus zwei Eingaben berechnet werden.

Der obige SQL-Code mischt aber die Eingaben und Features, ohne dabei die ausgeführten Transformationen zu verfolgen. Das macht sich bemerkbar, wenn wir versuchen, mit diesem Modell Vorhersagen zu treffen. Da das Modell auf drei Features trainiert wurde, muss die Vorhersagesignatur wie folgt aussehen:

```
SELECT * FROM ML.PREDICT(MODEL ch09eu.bicycle_model,(
   'Kings Cross' AS start_station_name
 , '3' as dayofweek
 , '18' as hourofday
))
```

Zur Inferenzzeit müssen wir wissen, auf welchen Features das Modell trainiert wurde, wie sie interpretiert werden sollen und wie die angewandten Transformationen im Detail aussehen – zum Beispiel, dass wir `'3'` für den Wochentag (`dayofweek`) einzugeben haben. Was bedeutet diese `'3'`? Dienstag oder Mittwoch? Das hängt davon ab, welche Bibliothek das Modell verwendet oder welchen Tag wir als Wochenanfang betrachten!

Die *Verzerrungen zwischen Training und Serving*, die aus Unterschieden bei diesen Faktoren zwischen Trainings- und Serving-Umgebungen resultieren, ist einer der Hauptgründe, warum es so schwierig ist, ML-Modelle in produktionsreife Versionen zu überführen.

Lösung

Die Lösung besteht darin, die zum Konvertieren der Modelleingaben in Features angewandten Transformationen explizit zu erfassen. In BigQuery ML erledigen Sie dies mit der `TRANSFORM`-Klausel. Damit stellen Sie sicher, dass die Transformationen automatisch während `ML.PREDICT` angewendet werden.

Mit der Unterstützung für `TRANSFORM` sollte das obige Modell wie folgt umgeschrieben werden:

```
CREATE OR REPLACE MODEL ch09eu.bicycle_model
OPTIONS(input_label_cols=['duration'],
        model_type='linear_reg')
TRANSFORM(
 SELECT * EXCEPT(start_date)
 , CAST(EXTRACT(dayofweek from start_date) AS STRING)
```

```
 as dayofweek -- feature1
 , CAST(EXTRACT(hour from start_date) AS STRING)
 as hourofday -- feature2
)
AS
SELECT
 duration, start_station_name, start_date -- Eingaben
FROM
 `bigquery-public-data.london_bicycles.cycle_hire`
```

Die Eingaben (in der SELECT-Klausel) haben wir jetzt klar von den Features (in der TRANSFORM-Klausel) getrennt. Die Vorhersage ist jetzt viel einfacher. Wir brauchen lediglich den Stationsnamen und einen Zeitstempel (die Eingaben) an das Modell zu senden:

```
SELECT * FROM ML.PREDICT(MODEL ch09eu.bicycle_model,(
    'Kings Cross' AS start_station_name
  , CURRENT_TIMESTAMP() as start_date
))
```

Das Modell kümmert sich dann darum, die entsprechenden Transformationen durchzuführen, um die erforderlichen Features zu erzeugen. Dazu erfasst es sowohl die Transformationslogik als auch die Artefakte (wie zum Beispiel Skalierungskonstanten, Einbettungskoeffizienten, Nachschlagetabellen usw.), die für die Transformation benötigt werden.

Solange wir genau darauf achten, in der SELECT-Anweisung nur die Roheingaben zu verwenden und die gesamte darauffolgende Verarbeitung der Eingabe in der TRANSFORM-Klausel unterzubringen, wendet BigQuery ML diese Transformationen während der Vorhersage automatisch an.

Kompromisse und Alternativen

Die oben beschriebene Lösung funktioniert, weil BigQuery ML die Transformationslogik und Artefakte für uns verfolgt, sie im Modellgraphen speichert und die Transformationen während der Vorhersage automatisch anwendet.

Wenn wir ein Framework verwenden, das das Entwurfsmuster *Transformation* von Haus aus nicht unterstützt, sollten wir unsere Modellarchitektur so entwerfen, dass sich die während des Trainings durchgeführten Transformationen während des Servings leicht reproduzieren lassen. Wir erreichen das, indem wir die Transformationen im Modellgraphen speichern oder ein Repository von transformierten Features erstellen (siehe »Entwurfsmuster 26: Feature Store« auf Seite 325).

Transformationen in TensorFlow und Keras

Nehmen wir an, wir trainierten ein ML-Modell mit sechs Eingaben (Breitengrad beim Zusteigen, Längengrad beim Zusteigen, Breitengrad beim Aussteigen, Längengrad beim Aussteigen, Anzahl der Mitfahrer und Zeit des Zusteigens), um den Taxitarif in New York zu schätzen. TensorFlow unterstützt das Konzept der Feature-Spalten, die im Modellgraphen gespeichert werden. Allerdings geht die API konzeptionell davon aus, dass die Roheingaben die gleichen sind wie die Features.

Wenn wir zum Beispiel die Breiten- und Längengrade skalieren wollen (Details hierzu siehe »Einfache Datendarstellungen« auf Seite 40 in Kapitel 2), erstellen wir ein transformiertes Feature, das den euklidischen Abstand darstellt, und extrahieren die Stunde des Tages aus dem Zeitstempel. Den Modellgraphen (siehe Abbildung 6-2) müssen wir sorgfältig entwerfen und dabei das *Transformation*-Konzept im Hinterkopf behalten. Beachten Sie im unten erläuterten Code, wie wir drei separate Schichten in unserem Keras-Modell entwerfen – die Eingabeschicht, die Transformationsschicht und eine `DenseFeatures`-Schicht.

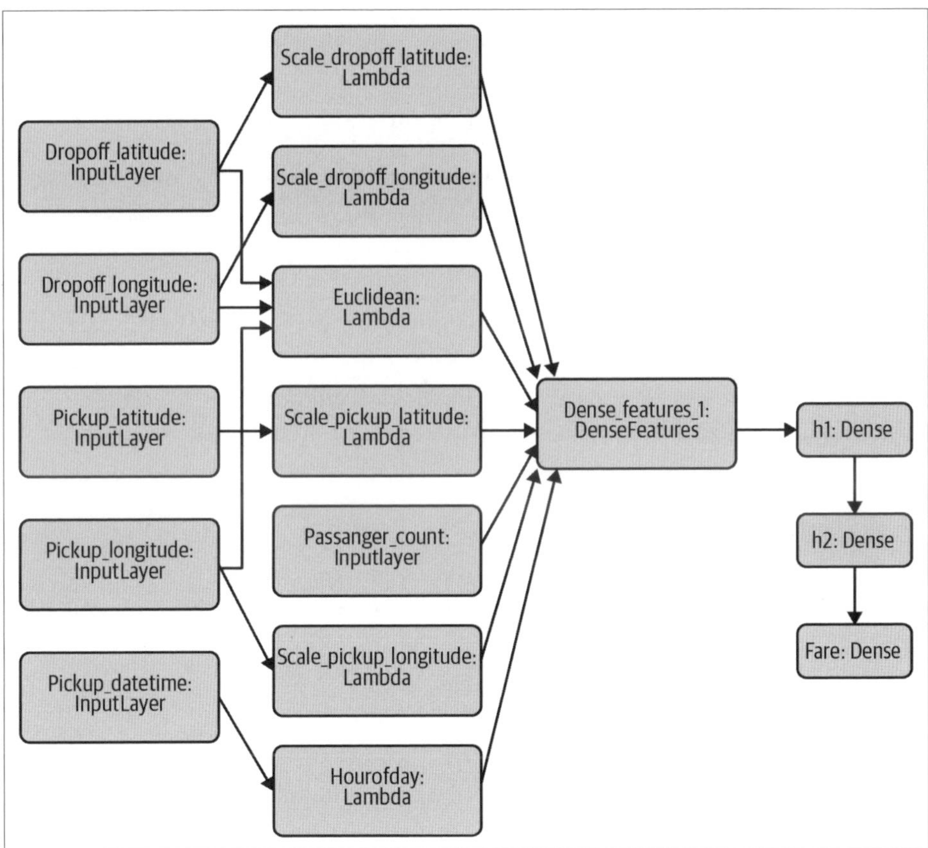

Abbildung 6-2: Der Modellgraph für das Problem der Taxitarifschätzung in Keras

Machen Sie zunächst jede Eingabe in das Keras-Modell zu einer `Input`-Schicht (den vollständigen Code finden Sie auf GitHub in einem Notebook unter *https://github.com/GoogleCloudPlatform/training-data-analyst/blob/master/quests/serverlessml/06_feateng_keras/solution/taxifare_fc.ipynb*):

```
inputs = {
        colname : tf.keras.layers.Input(
                    name=colname, shape=(), dtype='float32')
            for colname in ['pickup_longitude', 'pickup_latitude',
                            'dropoff_longitude', 'dropoff_latitude']
}
```

In Abbildung 6-2 sind die Kästen mit dropoff_latitude, dropoff_longitude usw. gekennzeichnet.

Als Zweites verwalten Sie ein Dictionary der transformierten Features und machen jede Transformation entweder zu einer Keras-Vorverarbeitungsschicht oder zu einer Lambda-Schicht. Hier skalieren wir die Eingaben mithilfe von Lambda-Schichten:

```
transformed = {}
for lon_col in ['pickup_longitude', 'dropoff_longitude']:
            transformed[lon_col] = tf.keras.layers.Lambda(
                lambda x: (x+78)/8.0,
                name='scale_{}'.format(lon_col)
            )(inputs[lon_col])
for lat_col in ['pickup_latitude', 'dropoff_latitude']:
            transformed[lat_col] = tf.keras.layers.Lambda(
                lambda x: (x-37)/8.0,
                name='scale_{}'.format(lat_col)
            )(inputs[lat_col])
```

In Abbildung 6-2 sind dies die Kästen, die mit scale_dropoff_latitude, scale_dropoff_longitude usw. gekennzeichnet sind.

Außerdem richten wir eine Lambda-Schicht für den euklidischen Abstand ein, der aus vier der Input-Schichten berechnet wird (siehe Abbildung 6-2):

```
def euclidean(params):
    lon1, lat1, lon2, lat2 = params
    londiff = lon2 - lon1
    latdiff = lat2 - lat1
    return tf.sqrt(londiff*londiff + latdiff*latdiff)
transformed['euclidean'] = tf.keras.layers.Lambda(euclidean, name='euclidean')([
            inputs['pickup_longitude'],
            inputs['pickup_latitude'],
            inputs['dropoff_longitude'],
            inputs['dropoff_latitude']
        ])
```

Ebenso ist die Spalte, in der die Stunde des Tages aus dem Zeitstempel gespeichert wird, eine Lambda-Schicht:

```
transformed['hourofday'] = tf.keras.layers.Lambda(
            lambda x: tf.strings.to_number(tf.strings.substr(x, 11, 2),
                                           out_type=tf.dtypes.int32),
            name='hourofday'
        )(inputs['pickup_datetime'])
```

Drittens werden alle diese transformierten Schichten zu einer DenseFeatures-Schicht verkettet:

```
dnn_inputs = tf.keras.layers.DenseFeatures(feature_columns.values())(transformed)
```

Da der Konstruktor für DenseFeatures einen Satz von Feature-Spalten benötigt, müssen wir angeben, wie die einzelnen transformierten Werte zu übernehmen sind, und sie in eine Eingabe für das neuronale Netz konvertieren. Wir können sie so verwenden, wie sie sind, 1-aus-n-codieren oder die Zahlen partitionieren. Der Einfachheit halber verwenden wir sie einfach alle so, wie sie sind:

```
feature_columns = {
        colname: tf.feature_column.numeric_column(colname)
            for colname in ['pickup_longitude', 'pickup_latitude',
                            'dropoff_longitude', 'dropoff_latitude']
}
feature_columns['euclidean'] = \
               tf.feature_column.numeric_column('euclidean')
```

Nachdem wir eine DenseFeatures-Eingabeschicht haben, können wir den Rest des Keras-Modells wie gewohnt aufbauen:

```
h1 = tf.keras.layers.Dense(32, activation='relu', name='h1')(dnn_inputs)
h2 = tf.keras.layers.Dense(8, activation='relu', name='h2')(h1)
output = tf.keras.layers.Dense(1, name='fare')(h2)
model = tf.keras.models.Model(inputs, output)
model.compile(optimizer='adam', loss='mse', metrics=['mse'])
```

Das vollständige Beispiel finden Sie auf GitHub unter *https://github.com/GoogleCloudPlatform/training-data-analyst/blob/master/quests/serverlessml/06_feateng_keras/solution/taxifare_fc.ipynb*.

Die erste Schicht des Keras-Modells ist als inputs-Schicht eingerichtet. Die zweite Schicht ist die Transform-Schicht. Die DenseFeatures-Schicht als dritte Schicht kombiniert die ersten beiden Schichten. Nach dieser Folge von Schichten beginnt die übliche Modellarchitektur. Da die transform-Schicht Teil des Modellgraphen ist, funktionieren die üblichen Lösungen mit Serving-Funktion und Batch-Serving (siehe Kapitel 5) wie gehabt.

Effiziente Transformationen mit tf.transform

Nachteilig beim obigen Ansatz ist, dass die Transformationen bei jeder Iteration des Trainings durchgeführt werden. Das ist nicht tragisch, wenn wir lediglich mit bekannten Konstanten skalieren. Doch wie sieht es aus, wenn unsere Transformationen rechenintensiver sind? Was ist, wenn wir nach dem Mittelwert und der Varianz skalieren wollen, wobei wir zuerst sämtliche Daten durchlaufen müssen, um diese Variablen zu berechnen?

Es ist hilfreich, zu unterscheiden zwischen Transformationen auf *Instanzebene*, die direkt Teil des Modells sein können (wobei der einzige Nachteil darin besteht, sie bei jeder Trainingsiteration anzuwenden), und Transformationen auf *Datensatzebene*, bei denen wir einen vollständigen Durchlauf benötigen, um die Gesamtstatistiken oder das Vokabular einer kategorialen Variablen zu berechnen. Solche Transformationen auf Datensatzebene können nicht Teil des Modells sein und müssen als skalierbarer Vorverarbeitungsschritt angewendet werden, der die Transformation erzeugt und dabei die Logik und die Artefakte (Mittelwert, Varianz, Vokabular usw.) erfasst, die dem Modell zugeordnet werden. Für Transformationen auf Datensatzebene verwenden Sie `tf.transform`.

Die Bibliothek `tf.transform` (die Teil von TensorFlow Extended (*https://oreil.ly/OznI3*) ist) bietet eine effiziente Möglichkeit, Transformationen über einen Vorverarbeitungsdurchlauf durch die Daten durchzuführen und die resultierenden Features und Transformationsartefakte zu speichern, sodass sich die Transformationen durch TensorFlow Serving während der Vorhersagezeit anwenden lassen.

Der erste Schritt besteht darin, die Transformationsfunktion zu definieren. Um zum Beispiel alle Eingaben so zu skalieren, dass sich der Mittelwert null und die Einheitsvarianz ergeben, würden wir die folgende Vorverarbeitungsfunktion erstellen (den vollständigen Code finden Sie auf GitHub unter *https://github.com/tensorflow/tfx/blob/master/tfx/examples/chicago_taxi_pipeline/taxi_utils_native_keras.py*):

```
def preprocessing_fn(inputs):
    outputs = {}
    for key in ...:
        outputs[key + '_z'] = tft.scale_to_z_score(inputs[key])
        outputs[key + '_bkt'] = tft.bucketize(inputs[key], 5)
    return outputs
```

Vor dem Training werden die Rohdaten in Apache Beam gelesen und mit der obigen Funktion transformiert:

```
transformed_dataset, transform_fn = (raw_dataset |
    beam_impl.AnalyzeAndTransformDataset(preprocessing_fn))
transformed_data, transformed_metadata = transformed_dataset
```

Die transformierten Daten werden dann in einem Format ausgegeben, das für das Lesen durch die Trainingspipeline geeignet ist:

```
transformed_data | tfrecordio.WriteToTFRecord(
    PATH_TO_TFT_ARTIFACTS,
    coder=example_proto_coder.ExampleProtoCoder(
        transformed_metadata.schema))
```

Die Beam-Pipeline speichert auch die Vorverarbeitungsfunktion, die ausgeführt werden muss, zusammen mit allen Artefakten, die die Funktion benötigt, in einem Artefakt im TensorFlow-Graph-Format. Zum Beispiel würde dieses Artefakt im obigen Fall den Mittelwert und die Varianz für die Skalierung der Zahlen und die Bucket-Grenzen für die Partitionierung der Zahlen enthalten. Die Trainingsfunktion liest transformierte Daten, und demzufolge müssen die Transformationen innerhalb der Trainingsschleife nicht wiederholt werden.

Die Serving-Funktion muss diese Artefakte laden und eine Transformationsschicht erstellen:

```
tf_transform_output = tft.TFTransformOutput(PATH_TO_TFT_ARTIFACTS)
tf_transform_layer = tf_transform_output.transform_features_layer()
```

Dann kann die Serving-Funktion die Transform-Schicht auf die geparsten Eingabe-Features anwenden und das Modell mit den transformierten Daten aufrufen, um die Modellausgabe zu berechnen:

```
@tf.function
def serve_tf_examples_fn(serialized_tf_examples):
    feature_spec = tf_transform_output.raw_feature_spec()
    feature_spec.pop(_LABEL_KEY)
    parsed_features = tf.io.parse_example(serialized_tf_examples, feature_spec)
    transformed_features = tf_transform_layer(parsed_features)
    return model(transformed_features)
```

Auf diese Weise stellen wir sicher, dass die Transformationen für das Serving in den Modellgraphen eingefügt werden. Da das Modelltraining auf den transformierten Daten stattfindet, muss unsere Trainingsschleife diese Transformationen nicht während jeder Epoche durchführen.

Text- und Bildtransformationen

In Textmodellen ist es üblich, den Eingabetext aufzubereiten (unter anderem Satzzeichen, Stoppwörter, Großschreibung, Stemming usw. entfernen) und erst dann den bereinigten Text dem Modell als Feature bereitzustellen. Zum Feature Engineering für Texteingaben gehören auch die Tokenisierung und das Abgleichen mit regulären Ausdrücken. Wichtig ist, die gleichen Bereinigungs- oder Extraktionsschritte auch zur Inferenzzeit auszuführen.

Die Notwendigkeit, Transformationen zu erfassen, ist selbst dann wichtig, wenn es kein explizites Feature Engineering gibt, etwas beim Deep Learning mit Bildern. Bildmodelle besitzen in der Regel eine Eingabeschicht, die für Bilder einer bestimmten Größe ausgelegt ist. Bilder mit abweichenden Größen muss man beschneiden, auffüllen oder auf die feststehende Eingabegröße bringen, bevor sie in das Modell eingespeist werden. Andere gängige Transformationen in Bildmodellen sind Farbmanipulationen (Gammakorrektur, Graustufenumwandlung usw.) und Lagekorrekturen. Entscheidend ist, dass derartige Transformationen sowohl auf dem Trainingsdatensatz als auch während der Inferenzzeit identisch durchgeführt werden. Das Entwurfsmuster *Transformation* hilft, diese Reproduzierbarkeit sicherzustellen.

Bei Bildmodellen wendet man einige Transformationen (wie zum Beispiel Datenerweiterung durch zufälliges Cropping und Zoomen) nur während des Trainings an. Diese Transformationen müssen während der Inferenz nicht erfasst werden, und sie sind auch nicht Teil des Entwurfsmusters *Transformation*.

Alternative Musteransätze

Ein alternativer Ansatz, der das Problem der Verzerrung zwischen Training und Serving lösen soll, ist das Muster *Feature Store*. Es besteht aus einem koordinierten Berechnungsmodul und Repository von transformierten Feature-Daten. Das Berechnungsmodul unterstützt Zugriffe mit niedriger Latenz für die Inferenz und die

Batch-Erstellung von transformierten Features, während das Daten-Repository schnellen Zugriff auf transformierte Features für das Modelltraining bietet. Ein Feature-Speicher hat den Vorteil, dass die Transformationsoperationen nicht in den Modellgraphen passen müssen. Wenn zum Beispiel der Feature-Speicher Java unterstützt, könnten Sie die Vorverarbeitungsoperationen in Java durchführen, während das Modell selbst in PyTorch geschrieben sein könnte. Der Nachteil eines Feature Store besteht darin, dass er das Modell vom Feature Store abhängig und die Serving-Infrastruktur wesentlich komplexer macht.

Die Programmiersprache und das für die Transformation der Features verwendete Framework kann man auch von der Sprache, mit der das Modell geschrieben wird, trennen, indem man die Vorverarbeitung in Containern durchführt und diese benutzerdefinierten Container sowohl als Teil des Trainings als auch des Servings verwendet. Auf dieses Verfahren, das auch in der Praxis von Kubeflow Serving übernommen wird, geht der Abschnitt »Entwurfsmuster 25: Workflow-Pipeline« auf Seite 312 ein.

Entwurfsmuster 22: Wiederholbare Aufteilung

Um wiederholbares und reproduzierbares Sampling sicherzustellen, ist es notwendig, eine gut verteilte Spalte und eine deterministische Hashfunktion zu verwenden, um die verfügbaren Daten in Trainings-, Validierungs- und Testdatensätze aufzuteilen.

Problem

Viele Tutorials zum maschinellen Lernen schlagen vor, mit Code ähnlich dem folgenden die Daten zufällig auf Trainings-, Validierungs- und Testdatensätze aufzuteilen:

```
df = pd.DataFrame(...)
rnd = np.random.rand(len(df))
train = df[ rnd < 0.8  ]
valid = df[ rnd >= 0.8 & rnd < 0.9 ]
test  = df[ rnd >= 0.9 ]
```

Leider versagt dieser Ansatz in vielen realen Situationen, denn die Zeilen sind nur selten unabhängig. Wenn wir zum Beispiel ein Modell trainieren, um Flugverspätungen vorherzusagen, werden die Ankunftsverspätungen der Flüge am gleichen Tag stark miteinander korreliert sein. Dies führt zu einem Informationsverlust zwischen dem Trainings- und dem Testdatensatz, wenn einige Flüge an einem bestimmten Tag im Trainingsdatensatz und einige andere Flüge am selben Tag im Testdatensatz vorkommen. Dieser Verlust infolge korrelierter Zeilen ist ein häufig auftretendes Problem, das wir beim maschinellen Lernen vermeiden müssen.

Außerdem bewirkt jede Ausführung der Funktion `rand()`, dass die Daten neu sortiert werden. Wenn wir also das Programm erneut ausführen, erhalten wir zu 80 %

andere Zeilen. Das kann zu Problemen führen, wenn wir mit verschiedenen ML-Modellen mit dem Ziel experimentieren, das beste Modell auszuwählen – wir müssen die Modellperformance auf demselben Testdatensatz vergleichen. Um dem zu begegnen, müssen wir den Startwert für die Zufallszahlenerzeugung im Voraus festlegen oder die Daten nach ihrer Aufteilung speichern. Es empfiehlt sich auch nicht, die Aufteilung der Daten fest zu codieren, denn beim Einsatz von Techniken wie Bootstrapping, Kreuzvalidierung und Hyperparameter-Optimierung müssen wir diese Datenteilung ändern, und zwar in einer Weise, die es uns erlaubt, individuelle Versuche durchzuführen.

Für das maschinelle Lernen brauchen wir ein leichtgewichtiges, wiederholbares Teilen der Daten, das unabhängig von der Programmiersprache oder den zufälligen Startwerten funktioniert. Außerdem wollen wir sicherstellen, dass korrelierte Zeilen in denselben Teilbereich fallen. Zum Beispiel wollen wir keine Flüge vom 2. Januar 2019 im Testdatensatz haben, wenn Flüge an diesem Tag im Trainingsdatensatz vorhanden sind.

Lösung

Zunächst identifizieren wir eine Spalte, die die Korrelationsbeziehung zwischen den Zeilen erfasst. In unserem Datensatz mit den Verspätungen von Fluggesellschaften ist dies die Spalte `date`. Dann verwenden wir die letzten Stellen einer Hashfunktion für diese Spalte, um die Daten aufzuteilen. Für das Problem der Flugverspätungen können wir mit dem Hashing-Algorithmus *Farm-Fingerprint* auf der Spalte `date` die verfügbaren Daten in Trainings-, Validierungs- und Testdatensätze aufteilen.

Weitere Informationen zum Farm-Fingerprint-Algorithmus, die Unterstützung anderer Frameworks und Sprachen sowie die Beziehung zwischen Hashing und Kryptografie finden Sie unter »Entwurfsmuster 1: Hashed Feature« auf Seite 50 in Kapitel 2. Insbesondere sind Open-Source-Wrapper des Farm-Hash-Algorithmus (*https://github.com/google/farmhash*) in einer Reihe von Sprachen (einschließlich Python [*https://oreil.ly/526Dc*]) verfügbar, sodass sich dieses Muster sogar dann anwenden lässt, wenn sich die Daten nicht in einem Data Warehouse befinden, das einen wiederholbaren und gebrauchsfertigen Hash unterstützt.

Mit der folgenden Anweisung teilen Sie den Datensatz basierend auf dem Hashwert der Spalte `date` auf:

```
SELECT
  airline,
  departure_airport,
  departure_schedule,
  arrival_airport,
  arrival_delay
FROM
```

```
  `bigquery-samples`.airline_ontime_data.flights
WHERE
  ABS(MOD(FARM_FINGERPRINT(date), 10)) < 8 -- 80% for TRAIN
```

Um bezüglich der Spalte date zu teilen, berechnen wir ihren Hashwert mit der Funktion FARM_FINGERPRINT und bilden dann mit der Modulo-Funktion eine beliebige Untermenge, die 80% der Zeilen enthält. Dies ist jetzt wiederholbar – da die Funktion FARM_FINGERPRINT bei jedem Aufruf mit einem bestimmten Datum den gleichen Wert zurückgibt, können wir sicher sein, dass wir jedes Mal die gleichen 80% der Daten erhalten. Im Ergebnis werden alle Flüge an einem bestimmten Datum zum selben Teilbereich gehören – Training, Validierung oder Test. Dies ist unabhängig vom Zufallsstartwert wiederholbar. Möchten wir unsere Daten nach arrival_airport aufteilen (sodass 80% der Flughäfen im Trainingsdatensatz vorkommen, weil wir vielleicht versuchen, etwas über Flughafeneinrichtungen vorherzusagen), würden wir den Hashwert auf arrival_airport statt auf date berechnen.

Die Validierungsdaten lassen sich ebenfalls ganz einfach erhalten: Ändern Sie den Ausdruck < 8 in der obigen Abfrage in =8 und für die Testdaten in =9. Somit erhalten wir 10% der Stichproben für die Validierung und 10% für die Tests.

Was gilt es bei der Auswahl der Spalte, nach der aufgeteilt werden soll, zu beachten? Die Spalte date muss mehrere Eigenschaften haben, damit wir sie als Aufteilungsspalte verwenden können:

- Zeilen mit dem gleichen Datum neigen dazu, korreliert zu sein – dies ist wiederum der Hauptgrund dafür, dass wir sicherstellen wollen, alle Zeilen mit dem gleichen Datum im selben Teilbereich unterzubringen.
- Der Wert von date ist keine Eingabe in das Modell, obwohl er als Kriterium für die Aufteilung dient. Aus date extrahierte Features wie zum Beispiel der Wochentag oder die Stunde des Tages können Eingaben sein, doch wir können keine tatsächliche Eingabe als das Feld verwenden, mit dem aufgeteilt wird, weil das trainierte Modell 20% der möglichen Eingabewerte für die date-Spalte nicht gesehen hat, wenn wir 80% der Daten zum Training verwenden.
- Es müssen genügend date-Werte vorhanden sein. Da wir den Hashwert berechnen und den Modulo in Bezug auf 10 suchen, benötigen wir mindestens zehn eindeutige Hashwerte. Je mehr eindeutige Werte wir haben, desto besser. Um auf der sicheren Seite zu sein, nimmt man das Drei- bis Fünffache des Nenners für den Modulo, sodass wir in diesem Fall etwa 40 eindeutige date-Werte anstreben.
- Das Label muss unter den Datumswerten gut verteilt sein. Wenn sich herausstellt, dass sämtliche Verspätungen am 1. Januar passiert sind und es im Rest des Jahres keine Verspätungen gegeben hat, funktioniert das nicht, da die geteilten Datensätze verzerrt wären. Orientieren Sie sich vorsichtshalber an einem Diagramm, um sicherzustellen, dass alle drei Aufteilungen eine ähnliche Verteilung von Labels aufweisen. Um ganz sicherzugehen, gewährleisten Sie, dass die Verteilungen der Labels nach Abflugverspätung und anderen Eingabewerten in den drei Datensätzen ähnlich sind.

Wir können die Überprüfung, ob die Label-Verteilungen in den drei Datensätzen ähnlich sind, mit dem Kolmogorow-Smirnow-Test automatisieren: Stellen Sie einfach die kumulativen Verteilungsfunktionen der Labels in den drei Datensätzen dar und ermitteln Sie den maximalen Abstand zwischen jedem Paar. Je kleiner der maximale Abstand, desto besser ist die Aufteilung.

Kompromisse und Alternativen

Dieser Abschnitt beschreibt nun einige Varianten dazu, wie sich wiederholtes Teilen durchführen lässt, und erörtert die Vor- und Nachteile der einzelnen Varianten. Außerdem untersuchen wir, wie sich diese Idee erweitern lässt, um wiederholbare Stichproben zu entnehmen und nicht nur Aufteilungen vorzunehmen.

Einzelne Abfrage

Wir brauchen keine drei separaten Abfragen, um Trainings-, Validierungs- und Testteilungen zu generieren. Es ist auch möglich, dies in einer einzigen Abfrage zu tun:

```
CREATE OR REPLACE TABLE mydataset.mytable AS
SELECT
  airline,
  departure_airport,
  departure_schedule,
  arrival_airport,
  arrival_delay,
CASE(ABS(MOD(FARM_FINGERPRINT(date), 10)))
    WHEN 9 THEN 'test'
    WHEN 8 THEN 'validation'
    ELSE 'training' END AS split_col
FROM
  `bigquery-samples`.airline_ontime_data.flights
```

Wir können dann anhand der Spalte `split_col` entscheiden, in welchen der drei Datensätze eine bestimmte Zeile fällt. Eine einzelne Abfrage verringert zwar die Rechenzeit, erfordert aber, dass eine neue Tabelle erzeugt oder die Quelltabelle modifiziert wird, um die zusätzliche Spalte `split_col` hinzuzufügen.

Zufällige Aufteilung

Wie sieht es aus, wenn die Zeilen nicht korreliert sind? In diesem Fall streben wir eine zufällige wiederholbare Aufteilung an, verfügen aber nicht über eine Spalte, die sich als Aufteilungskriterium anbietet. Wir können einen Hashwert für die gesamte Datenzeile bilden, indem wir sie in einen String konvertieren und die Hashfunktion mit diesem String aufrufen:

```
SELECT
  airline,
  departure_airport,
  departure_schedule,
```

```
    arrival_airport,
    arrival_delay
  FROM
    `bigquery-samples`.airline_ontime_data.flights f
  WHERE
    ABS(MOD(FARM_FINGERPRINT(TO_JSON_STRING(f), 10)) < 8
```

Wenn doppelte Zeilen vorkommen, landen sie immer im selben Teilungsbereich. Ist das so gewollt, gibt es nichts weiter zu tun. Andernfalls müssen wir eine eindeutige ID-Spalte in die SELECT-Abfrage einbauen.

Aufteilen nach mehreren Spalten

Bisher haben wir die Korrelation zwischen Zeilen in einer einzelnen Spalte erfasst. Was ist, wenn eine Kombination von Spalten die Korrelation von zwei Zeilen erfassen soll? In derartigen Fällen verketten Sie einfach die Felder (was ein *Feature Cross* ist), bevor Sie den Hashwert berechnen. Nehmen wir zum Beispiel an, wir möchten nur sicherstellen, dass Flüge vom selben Flughafen am selben Tag nicht in verschiedenen Teilungsbereichen auftauchen. Das erreichen Sie mit einer Anweisung wie der folgenden:

```
  SELECT
    airline,
    departure_airport,
    departure_schedule,
    arrival_airport,
    arrival_delay
  FROM
    `bigquery-samples`.airline_ontime_data.flights
  WHERE
    ABS(MOD(FARM_FINGERPRINT(CONCAT(date, arrival_airport)), 10)) < 8
```

Wenn wir auf einem Feature Cross aus mehreren Spalten aufteilen, *können* wir `arrival_airport` als eine der Eingaben in das Modell verwenden, da es sowohl in den Trainings- als auch in den Testsätzen Beispiele für jeden bestimmten Flughafen geben wird. Hätten wir andererseits nur bezüglich `arrival_airport` geteilt, werden die Trainings- und Testsätze einen sich gegenseitig ausschließenden Satz von Ankunftsflughäfen enthalten, und daher kann `arrival_airport` keine Eingabe des Modells sein.

Wiederholbares Sampling

Die grundlegende Lösung ist gut, wenn wir 80 % des gesamten Datensatzes für das Training benötigen. Wie sieht es aber aus, wenn wir mit einem kleineren Datensatz als dem in BigQuery vorhandenen experimentieren möchten? Dies ist bei lokaler Entwicklung üblich. Der Datensatz für Flüge umfasst 70 Millionen Zeilen, vielleicht wollen wir aber einen kleineren Datensatz von einer Million Flügen haben. Wie würden wir einen von 70 Flügen herausgreifen und dann 80 % davon als Trainingsdaten nehmen?

Was wir *nicht* tun können, ist etwas in der folgenden Art:

```
SELECT
  date,
  airline,
  departure_airport,
  departure_schedule,
  arrival_airport,
  arrival_delay
FROM
  `bigquery-samples`.airline_ontime_data.flights
WHERE
  ABS(MOD(FARM_FINGERPRINT(date), 70)) = 0
  AND ABS(MOD(FARM_FINGERPRINT(date), 10)) < 8
```

Wir können nicht 1 aus 70 Zeilen herausgreifen und dann 8 aus 10. Wenn wir Zahlen auswählen, die durch 70 teilbar sind, sind sie natürlich auch durch 10 teilbar! Die zweite Modulo-Operation ist nutzlos.

Hier eine bessere Lösung:

```
SELECT
  date,
  airline,
  departure_airport,
  departure_schedule,
  arrival_airport,
  arrival_delay
FROM
  `bigquery-samples`.airline_ontime_data.flights
WHERE
  ABS(MOD(FARM_FINGERPRINT(date), 70)) = 0
  AND ABS(MOD(FARM_FINGERPRINT(date), 700)) < 560
```

In dieser Abfrage ist die 700 gleich 70 * 10, und die 560 ist 70 * 8. Die erste Modulo-Operation greift 1 aus 70 Zeilen heraus und die zweite Modulo-Operation 8 aus 10 dieser Zeilen. Für die Validierungsdaten ersetzen Sie die Bedingung `< 560` durch den entsprechenden Bereich:

```
ABS(MOD(FARM_FINGERPRINT(date), 70)) = 0
AND ABS(MOD(FARM_FINGERPRINT(date), 700)) BETWEEN 560 AND 629
```

Im obigen Code stammen unsere eine Million Flüge von nur 1/70 der Tage im Datensatz. Dies kann genau das sein, was wir wollen – zum Beispiel können wir das volle Spektrum der Flüge an einem bestimmten Tag modellieren, wenn wir mit dem kleineren Datensatz experimentieren. Wenn wir jedoch 1/70 der Flüge an einem bestimmten Tag haben wollen, müssen wir `RAND()` verwenden und das Ergebnis als neue Tabelle speichern, um Wiederholbarkeit zu ermöglichen. Aus dieser kleineren Tabelle können wir mit der Funktion `FARM_FINGERPRINT()` eine Stichprobe von 80 % der Datumswerte entnehmen. Da diese neue Tabelle nur eine Million Zeilen umfasst und nur dem Experimentieren dient, kann die Duplizierung akzeptabel sein.

Sequenzielle Aufteilung

Bei Zeitreihenmodellen ist der Ansatz üblich, sequenzielle Aufteilungen der Daten zu verwenden. Um zum Beispiel ein Nachfragevorhersagemodell zu trainieren, bei dem wir ein Modell auf den Daten der letzten 45 Tage trainieren, um die Nachfrage für die nächsten 14 Tage vorherzusagen, würden wir das Modell (vollständiger Code unter *https://github.com/GoogleCloudPlatform/bigquery-oreilly-book/blob/master/blogs/bqml_arima/bqml_arima.ipynb*) trainieren, indem wir die notwendigen Daten abrufen:

```
CREATE OR REPLACE MODEL ch09eu.numrentals_forecast
OPTIONS(model_type='ARIMA',
        time_series_data_col='numrentals',
        time_series_timestamp_col='date') AS
SELECT
    CAST(EXTRACT(date from start_date) AS TIMESTAMP) AS date
    , COUNT(*) AS numrentals
FROM
    `bigquery-public-data`.london_bicycles.cycle_hire
GROUP BY date
HAVING date BETWEEN
DATE_SUB(CURRENT_DATE(), INTERVAL 45 DAY) AND CURRENT_DATE()
```

Eine derartige sequenzielle Aufteilung der Daten ist auch in sich schnell verändernden Umgebungen notwendig, selbst wenn das Ziel nicht darin besteht, den Zukunftswert einer Zeitreihe vorherzusagen. Zum Beispiel passen sich in einem Betrugserkennungsmodell die Betrüger schnell an den Betrugsalgorithmus an, und das Modell muss daher ständig auf den neuesten Daten neu trainiert werden, um zukünftigen Betrug vorherzusagen. Es genügt nicht, die Bewertungsdaten aus einem zufälligen Aufteilungsbereich des historischen Datensatzes zu generieren, da das Ziel darin besteht, Verhalten vorherzusagen, das Betrüger in der Zukunft an den Tag legen. Das indirekte Ziel ist das gleiche wie das eines Zeitreihenmodells: Ein gutes Modell wird in der Lage sein, auf historischen Daten zu trainieren und zukünftigen Betrug vorherzusagen. Um dies korrekt zu bewerten, müssen die Daten zeitlich sequenziell aufgeteilt werden, zum Beispiel so (vollständiger Code unter *https://github.com/GoogleCloudPlatform/training-data-analyst/blob/master/blogs/bigquery_datascience/bigquery_tensorflow.ipynb*):

```
def read_dataset(client, row_restriction, batch_size=2048):
    ...
    bqsession = client.read_session(
    ...
        row_restriction=row_restriction)
    dataset = bqsession.parallel_read_rows()
    return (dataset.prefetch(1).map(features_and_labels)
               .shuffle(batch_size*10).batch(batch_size))

client = BigQueryClient()
train_df = read_dataset(client, 'Time <= 144803', 2048)
eval_df = read_dataset(client, 'Time > 144803', 2048)
```

Eine sequenzielle Aufteilung der Daten ist auch dann erforderlich, wenn die Daten zwischen aufeinanderfolgenden Zeitpunkten stark korreliert sind. Zum Beispiel sind bei der Wettervorhersage die Wetterdaten von aufeinanderfolgenden Tagen stark korreliert. Daher ist es nicht sinnvoll, den 12. Oktober im Trainingsdatensatz und den 13. Oktober im Testdatensatz unterzubringen, da dann mit erheblichen Datenverlusten zu rechnen ist (stellen Sie sich zum Beispiel vor, dass am 12. Oktober ein Hurrikan durch das Land zieht). Da das Wetter außerdem stark von der Jahreszeit abhängig ist, müssen Tage aus allen Jahreszeiten in allen drei Aufteilungen enthalten sein. Um das Vorhersagemodell richtig zu bewerten, kann man zwar bei einer sequenziellen Aufteilung bleiben, die jahreszeitliche Abhängigkeit aber berücksichtigen, indem man die ersten 20 Tage jedes Monats dem Trainingsdatensatz, die nächsten 5 Tage dem Validierungsdatensatz und die letzten 5 Tage dem Testdatensatz zuordnet.

In allen diesen Fällen verlangt die wiederholbare Aufteilung nur, dass wir die Logik, die für die Aufteilung zuständig ist, in die Versionskontrolle aufnehmen und die Aktualisierung der Modellversion sicherstellen, wenn die Logik geändert wird.

Stratifizierte Aufteilung

Das obige Beispiel dafür, wie sich die Wettermuster zwischen verschiedenen Jahreszeiten unterscheiden, zeigt eine Situation, in der die Aufteilung stattfinden muss, nachdem der Datensatz *stratifiziert* (geschichtet) wurde. Da wir sicherstellen mussten, dass in jeder Aufteilung Beispiele für alle Jahreszeiten enthalten sind, haben wir den Datensatz zunächst nach Monaten stratifiziert und dann erst aufgeteilt. Die ersten 20 Tage jedes Monats haben wir im Trainingsdatensatz, die nächsten 5 Tage im Validierungsdatensatz und die letzten 5 Tage im Testdatensatz verwendet. Müssten wir uns nicht um die Korrelation zwischen aufeinanderfolgenden Tagen kümmern, könnten wir die Datumswerte innerhalb jedes Monats zufällig aufteilen.

Je größer der Datensatz ist, desto weniger müssen wir uns mit Stratifizierung befassen. Bei sehr großen Datensätzen ist die Wahrscheinlichkeit sehr hoch, dass die Feature-Werte unter allen Aufteilungen gut verteilt sind. Daher ist beim maschinellen Lernen im großen Maßstab eine Stratifizierung nur bei Datensätzen mit schiefen Verteilungen erforderlich. Zum Beispiel umfasst der Flüge-Datensatz weniger als 1% der Flüge, die vor 6:00 Uhr starten, sodass es möglicherweise nur wenige Flüge gibt, die dieses Kriterium erfüllen. Wenn es für unseren geschäftlichen Anwendungsfall entscheidend ist, das Verhalten dieser Flüge korrekt widerzuspiegeln, sollten wir den Datensatz basierend auf der Stunde des Abflugs stratifizieren und jede Schicht gleichmäßig aufteilen.

Die Abflugzeit war ein Beispiel für ein verzerrtes Feature. In einem unausgewogenen Klassifizierungsproblem (wie zum Beispiel der Betrugserkennung, bei der die Anzahl der Betrugsbeispiele recht gering ist) könnten wir den Datensatz nach dem Label stratifizieren und jede Stratifizierung gleichmäßig aufteilen. Dies ist auch wichtig, wenn bei einem Multilabel-Problem einige der Labels seltener sind als andere. Damit befasst sich »Entwurfsmuster 10: Rebalancing« auf Seite 144 in Kapitel 3.

Unstrukturierte Daten

Obwohl wir uns in diesem Abschnitt auf strukturierte Daten konzentriert haben, gelten die gleichen Prinzipien auch für unstrukturierte Daten wie Bilder, Videos, Audiodateien oder Freiformtexte. Die Aufteilung nehmen Sie einfach anhand der Metadaten vor. Wenn zum Beispiel Videos, die am selben Tag aufgenommen wurden, korreliert sind, nehmen Sie das Erfassungsdatum eines Videos aus dessen Metadaten, um die Videos auf unabhängige Datensätze aufzuteilen. Ähnlich verhält es sich, wenn Textrezensionen von derselben Person korreliert sind: Verwenden Sie den Farm-Fingerprint der `user_id` des Rezensenten, um wiederholt Rezensionen zwischen den Datensätzen aufzuteilen. Wenn die Metadaten nicht verfügbar sind oder es keine Korrelation zwischen den Instanzen gibt, codieren Sie das Bild oder Video mit Base64-Codierung und berechnen den Fingerabdruck der codierten Daten.

Eine einfache Methode, Textdatensätze aufzuteilen, verwendet den Hashwert des Texts selbst für die Aufteilung. Allerdings ähnelt dies einer zufälligen Aufteilung und geht nicht auf das Problem der Korrelationen zwischen Rezensionen ein. Wenn zum Beispiel eine Person in ihren negativen Rezensionen häufig das Wort »atemberaubend« verwendet oder wenn jemand sämtliche Star-Wars-Filme als schlecht bewertet, sind deren Rezensionen korreliert. In ähnlicher Weise lassen sich Bild- oder Audiodatensätze aufteilen, indem man den Hashwert des Dateinamens für die Aufteilung verwendet. Allerdings löst dies nicht das Problem von Korrelationen zwischen Bildern oder Videos. Es lohnt sich also, genau darüber nachzudenken, wie man einen Datensatz am besten aufteilt. Unserer Erfahrung nach lassen sich viele Probleme mit schlechter ML-Performance beheben, indem man potenzielle Korrelationen bei der Datenaufteilung (und Datenerfassung) einkalkuliert.

Bei der Berechnung von Einbettungen oder dem Vortraining von Autoencodern sollten wir sicherstellen, dass wir zuerst die Daten aufteilen und diese Vorberechnungen nur auf dem Trainingsdatensatz durchführen. Deshalb sollte das Aufteilen nicht auf den Einbettungen der Bilder, Videos oder Texte erfolgen, es sei denn, diese Einbettungen wurden auf einem gänzlich separaten Datensatz erzeugt.

Entwurfsmuster 23: Bridged Schema

Das Entwurfsmuster *Bridged Schema* bietet Möglichkeiten, die zum Training eines Modells verwendeten Daten von einem älteren, ursprünglichen Datenschema an neuere, bessere Daten anzupassen. Dieses Muster ist nützlich, denn wenn der Provider von Eingabedaten Verbesserungen an seinem Datenfeed vornimmt, dauert es oft eine Weile, bis genügend Daten des verbesserten Schemas gesammelt sind, um ein Ersatzmodell angemessen trainieren zu können. Das Entwurfsmuster *Bridged Schema* versetzt uns in die Lage, möglichst viele der verfügbaren neueren Daten zu verwenden, sie aber um einige der älteren Daten aufzustocken, um die Modellgenauigkeit zu verbessern.

Problem

Betrachten Sie eine POS-Anwendung (POS – *Point of Sale*, also Kasse, Verkaufsstelle), die vorschlägt, wie viel Trinkgeld man einem Zusteller geben sollte. Die Anwendung könnte ein ML-Modell verwenden, das den Trinkgeldbetrag vorhersagt und dabei die Bestellmenge, die Lieferzeit, die Lieferentfernung usw. berücksichtigt. Ein derartiges Modell würde man auf den tatsächlich von Kunden gegebenen Trinkgeldern trainieren.

Eine der Eingaben in das Modell soll die Zahlungsart sein. In den historischen Daten ist dies als »Bar« oder »Karte« verzeichnet. Nehmen wir nun aber an, dass das Zahlungssystem aktualisiert wurde und es jetzt mehr Details über die Art der verwendeten Karte bereitstellt (Geschenkkarte, Debitkarte, Kreditkarte). Diese Information ist äußerst nützlich, da das Trinkgeldverhalten zwischen den drei Arten von Karten variiert.

Zum Zeitpunkt der Vorhersage werden die neueren Informationen stets verfügbar sein, da wir immer die Trinkgeldbeträge für Transaktionen vorhersagen, die nach der Aktualisierung des Zahlungssystems durchgeführt wurden. Da die neuen Informationen äußerst wertvoll sind und dem Vorhersagesystem bereits in der Produktion zur Verfügung stehen, möchten wir sie sobald wie möglich im Modell verwenden.

Wir können ein neues Modell nicht ausschließlich auf den neueren Daten trainieren, da die Menge der neuen Daten ziemlich klein sein wird, denn sie ist auf die Transaktionen nach der Aktualisierung des Zahlungssystems beschränkt. Da die Qualität eines ML-Modells stark von der Datenmenge abhängt, mit der es trainiert wird, schneidet ein Modell, das nur mit den neuen Daten trainiert wird, höchstwahrscheinlich schlecht ab.

Lösung

Die Lösung besteht darin, das Schema der alten Daten zu überbrücken, um den neuen Daten zu entsprechen. Dann trainieren wir ein ML-Modell mit möglichst vielen der verfügbaren neuen Daten und stocken es mit den älteren Daten auf. Zwei Fragen sind nun zu beantworten. Erstens: Wie gleichen wir die Tatsache aus, dass die älteren Daten nur zwei Kategorien für die Zahlungsart haben, während die neuen Daten vier Kategorien unterscheiden? Zweitens: Wie erfolgt die Aufstockung, um Datensätze für Training, Validierung und Testen zu erzeugen?

Bridged Schema

Betrachten wir den Fall, in dem die älteren Daten zwei Kategorien umfassen (Bargeld und Karte). Im neuen Schema ist die Kartenkategorie jetzt viel granularer (Geschenkkarte, Debitkarte, Kreditkarte). Was wir wissen, ist, dass eine in den alten Daten als »card« codierte Transaktion zu einer dieser Arten gehört hätte, der tatsächliche Typ aber nicht aufgezeichnet worden ist. Es ist möglich, das Schema probabilistisch oder statisch zu überbrücken. Wir empfehlen die statische Methode, doch das Ganze ist einfacher zu verstehen, wenn wir zuerst die probabilistische Methode durchgehen.

Probabilistische Methode. Angenommen, wir schätzten anhand der neueren Trainingsdaten, dass sich die Kartentransaktionen auf 10% Geschenkkarten, 30% Debitkarten und 60% Kreditkarten verteilen. Jedes Mal, wenn ein älteres Trainingsbeispiel in das Trainerprogramm geladen wird, könnten wir den Kartentyp auswählen, indem wir eine gleichverteilte Zufallszahl im Bereich [0, 100) erzeugen und eine Geschenkkarte wählen, wenn die Zufallszahl kleiner als 10 ist, eine Debitkarte, wenn sie im Bereich [10, 40) liegt, und sonst eine Kreditkarte. Vorausgesetzt, dass wir für genügend Epochen trainieren, würde jedes Trainingsbeispiel durch alle drei Kategorien dargestellt, aber proportional zu ihrer tatsächlichen Vorkommenshäufigkeit. Die neueren Trainingsbeispiele würden natürlich immer die tatsächlich aufgezeichnete Kategorie haben.

Der probabilistische Ansatz ist insofern gerechtfertigt, dass wir jedes ältere Beispiel so behandeln, als wäre es schon Hunderte Male vorgekommen. Wenn der Trainer die Daten durchläuft, simulieren wir in jeder Epoche eine dieser Instanzen. In der Simulation erwarten wir, dass in 10% der Fälle, in denen die Transaktion mit Karte abgewickelt wurde, dies mit einer Geschenkkarte erfolgt ist. Deshalb wählen wir in 10% der Fälle »gift card« als Wert der kategorialen Eingabe aus. Dies ist natürlich eine vereinfachte Darstellung – nur weil Geschenkkarten in insgesamt 10% der Fälle verwendet werden, trifft es nicht zu, dass Geschenkkarten in 10% der Fälle für eine bestimmte Transaktion verwendet werden. Ein extremes Beispiel könnte sein, dass Taxiunternehmen die Verwendung von Geschenkkarten bei Fahrten zum Flughafen untersagen, sodass eine Geschenkkarte für einige historische Beispiele nicht einmal ein legaler Wert wäre. Allerdings nehmen wir in Ermangelung zusätzlicher Informationen an, dass die Häufigkeitsverteilung für sämtliche historischen Beispiele die gleiche ist.

Statische Methode. Kategoriale Variablen werden in der Regel 1-aus-n-codiert. Wenn wir dem oben beschriebenen probabilistischen Ansatz folgen und lange genug trainieren, wird der durchschnittliche 1-aus-n-codierte Wert, der dem Trainingsprogramm für »card« in den älteren Daten präsentiert wird, `[0, 0.1, 0.3, 0.6]` lauten. Die erste `0` entspricht der Kategorie »cash«. Die zweite Zahl ist `0.1`, weil diese Zahl bei 10% der Kartentransaktionen `1` und in allen anderen Fällen `0` ist. Ähnlich ist es bei `0.3` für Debitkarten und `0.6` für Kreditkarten.

Um die älteren Daten in das neuere Schema zu überführen, können wir die älteren kategorialen Daten in diese Darstellung transformieren, wobei wir die A-priori-Wahrscheinlichkeit der neuen Klassen einfügen, wie wir sie aus den Trainingsdaten geschätzt haben. Die neueren Daten werden hingegen `[0, 0, 1, 0]` für eine Transaktion lauten, von der bekannt ist, dass sie mit einer Debitkarte abgewickelt wurde.

Wir empfehlen die statische Methode statt der probabilistischen Methode, weil sie effektiv das ist, was passiert, wenn die probabilistische Methode lange genug läuft. Sie ist auch viel einfacher zu implementieren, da jede Kartenzahlung aus den alten Daten genau den gleichen Wert hat (das vierelementige Array `[0, 0.1, 0.3, 0.6]`). Die älteren Daten können wir in einer Codezeile aktualisieren, anstatt ein Skript zu schreiben, um Zufallszahlen wie in der probabilistischen Methode zu erzeugen. Zudem ist sie auch rechentechnisch viel weniger aufwendig.

Erweiterte Daten

Um die neuen Daten möglichst gut nutzen zu können, sollten Sie nur zwei Aufteilungen der Daten verwenden, was in »Entwurfsmuster 12: Checkpoints« auf Seite 174 in Kapitel 4 erörtert wird. Angenommen, wir hätten eine Million Beispiele mit dem alten Schema zur Verfügung, aber nur 5.000 Beispiele mit dem neuen Schema. Wie sollten wir die Trainings- und Bewertungsdatensätze erstellen?

Nehmen wir zuerst den Bewertungsdatensatz. Wichtig ist, zu erkennen, dass das Training eines ML-Modells den Zweck hat, Vorhersagen auf bisher nicht gesehenen Daten zu treffen. Die ungesehenen Daten sind in unserem Fall ausschließlich Daten, die dem neuen Schema entsprechen. Demzufolge müssen wir eine ausreichende Anzahl von Beispielen aus den neuen Daten beiseitelegen, um die Verallgemeinerungsleistung adäquat zu bewerten. Vielleicht brauchen wir 2.000 Beispiele in unserem Bewertungsdatensatz, um sicher zu sein, dass das Modell auch in der Produktion gut abschneidet. Der Bewertungsdatensatz enthält keinerlei ältere Beispiele, die an das neue Schema angepasst wurden.

Woher wissen wir, ob wir 1.000 Beispiele im Bewertungsdatensatz benötigen oder 2.000? Um diese Zahl zu schätzen, berechnen wir die Bewertungsmetrik des aktuellen Produktionsmodells (das auf dem alten Schema trainiert wurde) auf Teilmengen seines Bewertungsdatensatzes und bestimmen, wie groß die Teilmenge sein muss, damit die Bewertungsmetrik konsistent ist. Die Bewertungsmetrik auf verschiedenen Teilmengen lässt sich mit dem folgenden Code berechnen (wobei der vollständige Code wie üblich im Code-Repository für dieses Buch auf GitHub unter *https://github.com/GoogleCloudPlatform/ml-design-patterns/blob/master/06_reproducibility/bridging_schema.ipynb* zu finden ist):

```
for subset_size in range(100, 5000, 100):
    sizes.append(subset_size)
    # Variabilität der Bewertungsmetrik auf dieser
    # Teilmengengröße über 25 Versuche berechnen.
    scores = []
    for x in range(1, 25):
```

```
        indices = np.random.choice(N_eval,
                        size=subset_size, replace=False)
        scores.append(
            model.score(df_eval[indices],
                        df_old.loc[N_train+indices, 'tip'])
        )
    score_mean.append(np.mean(scores))
    score_stddev.append(np.std(scores))
```

Im obigen Code probieren wir Bewertungsgrößen von 100, 200, ..., 5.000 aus. Für jede Teilmengengröße bewerten wir das Modell 25-mal – jedes Mal auf einer anderen, zufällig ausgewählten Teilmenge der vollständigen Auswertungsmenge. Da dies die Bewertungsmenge des aktuellen Produktionsmodells ist (das wir mit einer Million Beispielen trainieren können), könnte der Bewertungsdatensatz hier Hunderttausende von Beispielen enthalten. Wir können dann die Standardabweichung der Bewertungsmetrik über die 25 Teilmengen berechnen, dies bei verschiedenen Bewertungsgrößen wiederholen und diese Standardabweichung über der Bewertungsgröße grafisch darstellen. Das resultierende Diagramm sieht dann etwa wie das in Abbildung 6-3 aus.

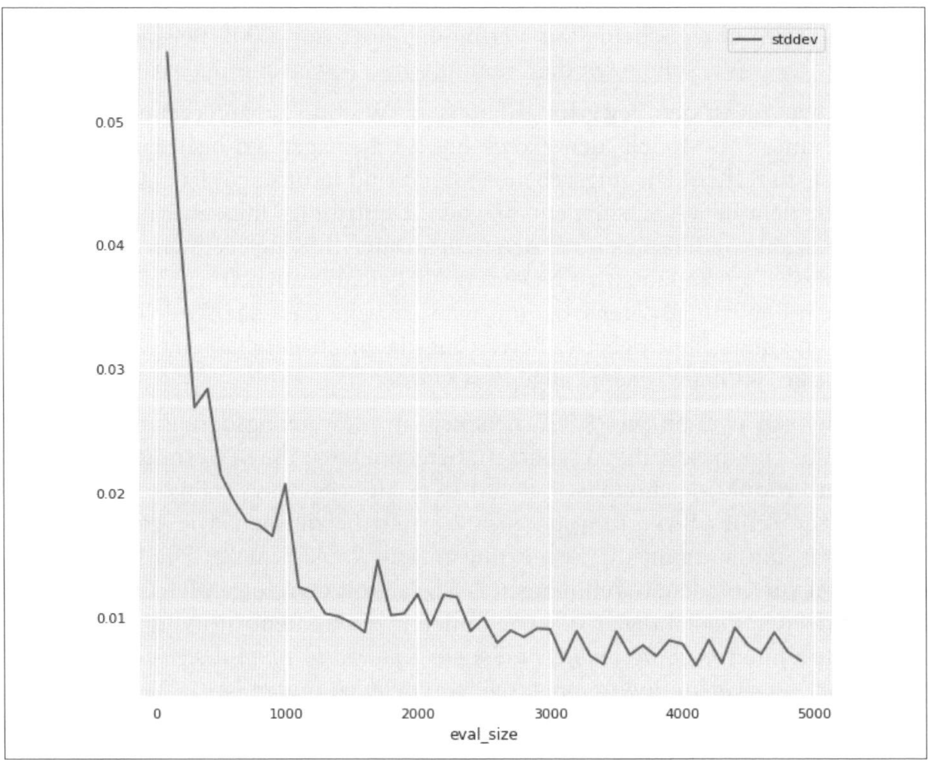

Abbildung 6-3: Um die Anzahl der benötigten Bewertungsbeispiele zu ermitteln, werten Sie das Produktionsmodell auf Teilmengen variierender Größen aus und verfolgen die Variabilität der Bewertungsmetrik nach der Größe der Teilmenge. Hier geht die Standardabweichung ab etwa 2.000 Beispielen in ein Plateau über.

Aus Abbildung 6-3 geht hervor, dass die Anzahl der Bewertungsbeispiele mindestens 2.000 betragen muss und besser noch bei 3.000 oder mehr liegen sollte. Für den Rest dieser Diskussion gehen wir davon aus, dass wir die Bewertung mit 2.500 Beispielen vornehmen.

Der Trainingsdatensatz würde die übrigen 2.500 neuen Beispiele enthalten (die Menge der verfügbaren neuen Daten, nachdem 2.500 für die Bewertung zurückgehalten wurden), ergänzt durch einige ältere Beispiele, die auf das neue Schema angepasst wurden. Woher wissen wir, wie viele ältere Beispiele wir brauchen? Wir wissen es nicht. Dies ist ein Hyperparameter, den wir optimieren müssen. So erkennen wir beim Trinkgeldproblem mithilfe der Rastersuche aus Abbildung 6-4, dass die Bewertungsmetrik bis 20.000 Beispiele steil abfällt und dann ein Plateau erreicht (das Notebook mit allen Details finden Sie auf GitHub unter *https://github.com/GoogleCloudPlatform/ml-design-patterns/blob/master/06_reproducibility/bridging_schema.ipynb*).

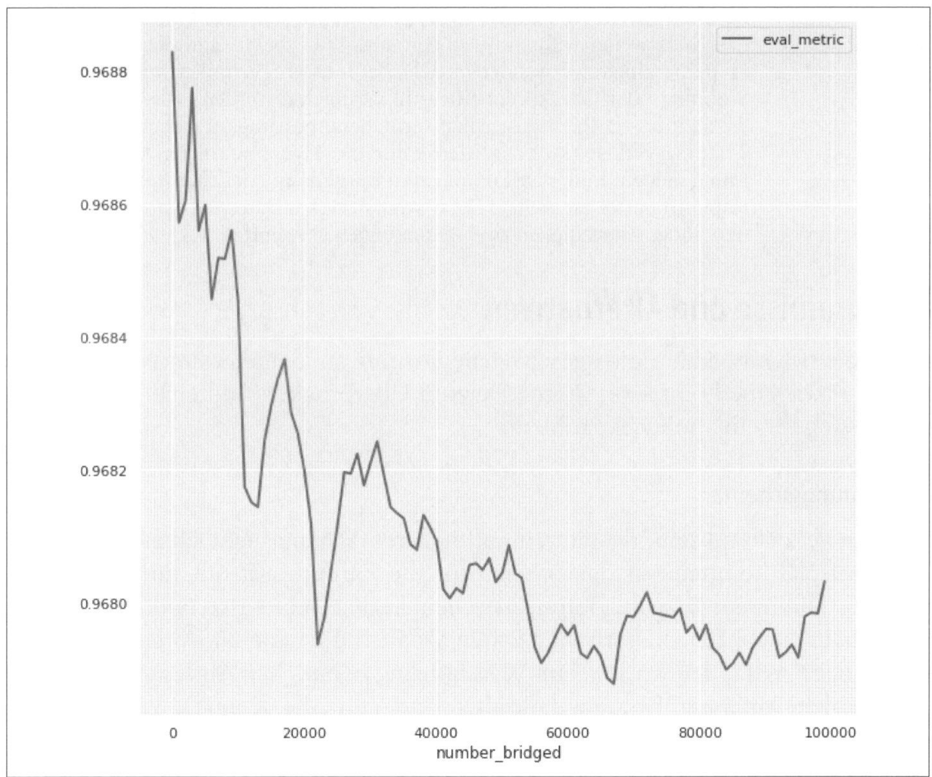

Abbildung 6-4: Die Anzahl der zu überbrückenden älteren Beispiele durch Hyperparameter-Optimierung ermitteln. In diesem Fall ist es offensichtlich, dass es nach 20.000 überbrückten Beispielen rückläufige Erträge gibt.

Um beste Ergebnisse zu erreichen, sollten wir die kleinste Anzahl älterer Beispiele wählen, mit der wir auskommen können – im Idealfall werden wir uns immer weniger auf überbrückte Beispiele stützen, wenn die Anzahl der Beispiele im Laufe der Zeit zunimmt. Irgendwann werden wir in der Lage sein, auf die älteren Beispiele gänzlich zu verzichten.

Erwähnenswert ist, dass bei diesem Problem die Überbrückung vorteilhaft ist, da die Bewertungsmetrik ohne die überbrückten Beispiele schlechter ist. Wenn dies nicht der Fall ist, sollte man wieder die Imputationsmethode ins Auge fassen (die Methode zur Auswahl des statischen Werts, der für die Überbrückung verwendet wird). Im nächsten Abschnitt schlagen wir eine alternative Imputationsmethode (Kaskade) vor.

Es ist äußerst wichtig, die Performance des neueren Modells, das auf überbrückten Beispielen trainiert wird, mit der Performance des älteren, unveränderten Modells auf dem Bewertungsdatensatz zu vergleichen. Es könnte sein, dass die neuen Informationen noch keinen ausreichenden Wert haben.

Da wir anhand des Bewertungsdatensatzes testen, ob das überbrückte Modell einen Wert hat oder nicht, ist es wichtig, dass der Bewertungsdatensatz weder während des Trainings noch beim Optimieren der Hyperparameter verwendet wird. Daher müssen Techniken wie Early Stopping oder Checkpoint-Auswahl vermieden werden. Verwenden Sie stattdessen Regularisierung, um Überanpassung zu steuern. Der Trainingsverlust muss als Metrik für die Hyperparameter-Abstimmung dienen. In der Diskussion zum Entwurfsmuster *Checkpoints* in Kapitel 4 finden Sie weitere Details dazu, wie Sie Daten einsparen können, indem Sie lediglich zwei Aufteilungen verwenden.

Kompromisse und Alternativen

Sehen Sie sich einen häufig vorgeschlagenen Ansatz an, der allerdings nicht funktioniert, sowie eine komplexe Alternative zum Überbrücken und eine Erweiterung der Lösung für ein ähnliches Problem.

Vereinigungsschema

Es kann verlockend sein, die älteren und neueren Schemas einfach zu vereinigen. Zum Beispiel könnten wir das Schema für die Zahlungsart mit fünf möglichen Werten definieren: Bargeld, Karte, Geschenkkarte, Debitkarte und Kreditkarte. Das macht sowohl die historischen Daten als auch die neueren Daten gültig, und das ist der Ansatz, den wir im Data Warehousing bei solchen Änderungen anwenden würden. Auf diese Weise sind die alten Daten und die neuen Daten gültig, und zwar so, wie sie sind, und ohne Änderungen.

Der abwärtskompatible Ansatz *Vereinigung von Schemas* funktioniert jedoch nicht für maschinelles Lernen.

Zur Vorhersagezeit bekommen wir niemals den Wert »card« für die Zahlungsart, weil die Eingabeprovider ausnahmslos aktualisiert wurden. Unterm Strich waren alle diese Trainingsinstanzen umsonst. Für die Reproduzierbarkeit (deshalb ist dieses Muster als Reproduzierbarkeitsmuster klassifiziert) müssen wir das ältere Schema in das neuere Schema überführen und können die beiden Schemas nicht vereinigen.

Die Methode Kaskadieren

In der Statistik versteht man unter *Imputation* eine Reihe von Techniken, mit denen sich fehlende Daten durch gültige Werte vervollständigen lassen. Eine gängige Imputationstechnik ersetzt einen NULL-Wert durch den Mittelwert dieser Spalte in den Trainingsdaten. Warum wählen wir den Mittelwert? Weil in Ermangelung weiterer Informationen und unter der Annahme, dass die Werte normalverteilt sind, der wahrscheinlichste Wert der Mittelwert ist.

Die in der Hauptlösung erörterte statische Methode, a priori Häufigkeiten zuzuweisen, ist ebenfalls eine Imputationsmethode. Wir nehmen an, dass die kategoriale Variable entsprechend einem Häufigkeitsdiagramm (das wir aus den Trainingsdaten schätzen) verteilt ist, und imputieren den mittleren 1-aus-n-codierten Wert (gemäß dieser Häufigkeitsverteilung) der »fehlenden« kategorialen Variablen.

Kennen wir eine andere Möglichkeit, unbekannte Werte anhand von Beispielen zu schätzen? Ja, natürlich! Maschinelles Lernen. Wir können nämlich eine Kaskade von Modellen trainieren (siehe »Entwurfsmuster 8: Kaskade« auf Seite 130 in Kapitel 3). Das erste Modell verwendet die neuen Beispiele, die verfügbar sind, um ein ML-Modell zu trainieren und den Kartentyp vorherzusagen. Wenn das ursprüngliche Trinkgeld-Modell fünf Eingänge hat, wird dieses Modell vier Eingänge haben. Der fünfte Eingang (die Zahlungsart) wird das Label für dieses Modell sein. Die Ausgabe des ersten Modells wird dann verwendet, um das zweite Modell zu trainieren.

In der Praxis fügt das Kaskadenmuster zu viel Komplexität für etwas hinzu, das als temporäre Abhilfe gedacht ist, bis genügend neue Daten zur Verfügung stehen. Die statische Methode ist im Grunde das einfachste ML-Modell – es ist das Modell, das wir erhalten würden, wenn wir uninformative Eingaben hätten. Wir empfehlen den statischen Ansatz und die Verwendung des Entwurfsmusters *Kaskade* nur, wenn die statische Methode nicht gut genug funktioniert.

Mit neuen Features umgehen

Eine Überbrückung könnte auch dann erforderlich sein, wenn der Provider der Eingabedaten zusätzliche Informationen dem Eingabestrom hinzufügt. So könnten wir in dem Beispiel des Taxitarifs Daten darüber empfangen, ob die Scheibenwischer des Taxis eingeschaltet sind oder ob sich das Fahrzeug bewegt. Aus diesen Daten können wir ein Feature erstellen, das aussagt, ob es zu Beginn der Taxifahrt geregnet hat, wie viel Prozent der Fahrzeit das Taxi im Leerlauf war usw.

Wenn wir neue Eingabe-Features haben, die wir sofort verwenden wollen, sollten wir die älteren Daten überbrücken (wo dieses neue Feature fehlen wird), indem wir einen Wert für das neue Feature imputieren. Empfohlene Imputationswerte sind:

- der Mittelwert des Features, wenn das Feature numerisch und normalverteilt ist,
- der Medianwert des Features, wenn das Feature numerisch ist und eine schiefe Verteilung aufweist oder viele Ausreißer enthält,
- der Medianwert des Features, wenn das Feature kategorial und sortierbar ist,
- der Modus des Features, wenn das Feature kategorial und nicht sortierbar ist,
- die Häufigkeit, mit der das Feature wahr ist, wenn es sich um ein boolesches Feature handelt.

Wenn das Feature angibt, ob es regnet oder nicht, ist es boolesch, und somit würde der imputierte Wert beispielsweise 0,02 sein, wenn es im Trainingsdatensatz 2% der Zeit regnet. Ist das Feature der Anteil der Leerlaufminuten, könnten wir den Medianwert verwenden. Der Ansatz mit dem Entwurfsmuster *Kaskade* bleibt für alle diese Fälle praktikabel, wobei aber eine statische Imputation einfacher und oftmals ausreichend ist.

Mit Genauigkeitserhöhungen umgehen

Wenn der Provider der Eingaben die Genauigkeit seines Datenstroms erhöht, folgen Sie dem Überbrückungsansatz, um einen Trainingsdatensatz zu erstellen, der aus Daten mit höherer Auflösung besteht und mit einigen der älteren Daten ergänzt wird.

Bei Gleitkommawerten ist es nicht notwendig, die älteren Daten explizit zu überbrücken, um sie an die Genauigkeit der neueren Daten anzupassen. Um den Grund dafür zu sehen, betrachten Sie den Fall, in dem einige Daten ursprünglich mit einer Dezimalstelle (z.B. 3,5 oder 4,2) bereitgestellt wurden, jetzt aber mit zwei Dezimalstellen angegeben werden (z.B. 3,48 oder 4,23). Wenn wir annehmen, dass 3,5 in den älteren Daten aus Werten besteht, die in den neueren Daten im Bereich [3,45; 3,55] gleichverteilt[1] sind, wäre der statistisch imputierte Wert 3,5, was genau der Wert ist, der in den älteren Daten gespeichert ist.

Bei kategorialen Werten – wenn zum Beispiel die älteren Daten den Ort als `state` oder `provincial code` gespeichert haben und die neueren Daten `county` oder `district code` liefern – verwenden Sie die Häufigkeitsverteilung der `county`-Werte innerhalb der `state`-Werte, wie in der Hauptlösung beschrieben, um eine statische Imputation zu realisieren.

1 Die Funktion der Wahrscheinlichkeitsverteilung muss nicht im gesamten Bereich gleichförmig sein – wir fordern lediglich, dass die ursprünglichen Klassen eng genug sind, damit wir die Funktion der Wahrscheinlichkeitsverteilung durch eine Treppenfunktion approximieren können. Diese Annahme scheitert bei einer stark schiefen Verteilung, für die es in den älteren Daten nicht genügend Stichproben gibt. In solchen Fällen ist es möglich, dass 3,46 wahrscheinlicher ist als 3,54. Dies müsste im überbrückten Datensatz berücksichtigt werden.

Entwurfsmuster 24: Windowed Inference

Das Entwurfsmuster *Windowed Inference* behandelt Modelle, die eine fortlaufende Sequenz von Instanzen benötigen, um die Inferenz auszuführen. Dieses Muster funktioniert, indem der Modellstatus externalisiert und das Modell von einer Streamanalyse-Pipeline aufgerufen wird. Nützlich ist dieses Muster auch, wenn ein ML-Modell Features benötigt, die aus Aggregaten über Zeitfenster berechnet werden müssen. Indem der Zustand in eine Stream-Pipeline externalisiert wird, stellt das Entwurfsmuster *Windowed Inference* sicher, dass dynamisch und zeitabhängig berechnete Features zwischen Training und Serving korrekt wiederholt werden können. Es ist eine Möglichkeit, um bei zeitlichen Aggregat-Features eine Verzerrung zwischen Training und Serving zu vermeiden.

Problem

Sehen Sie sich die Ankunftsverspätungen am Flughafen Dallas Fort Worth (DFW) an, die in Abbildung 6-5 für einige Tage im Mai 2010 dargestellt sind (das vollständige Notebook finden Sie auf GitHub unter *https://github.com/GoogleCloudPlatform/ml-design-patterns/blob/master/06_reproducibility/stateful_stream.ipynb*).

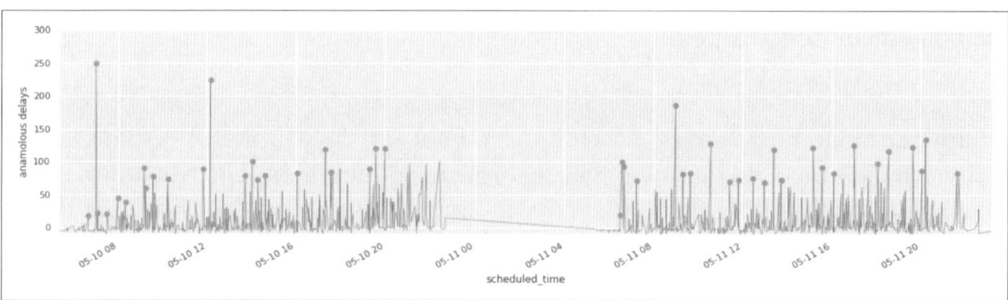

Abbildung 6-5: Ankunftsverspätungen am Flughafen Dallas Fort Worth (DFW) am 10. und 11. Mai 2010. Ungewöhnliche Ankunftsverspätungen sind mit einem Punkt markiert.

Die Ankunftsverspätungen weisen eine beträchtliche Variabilität auf, doch es ist trotzdem möglich, ungewöhnlich große Ankunftsverspätungen (markiert durch einen Punkt) festzustellen. Beachten Sie, dass die Definition von »ungewöhnlich« je nach Kontext variiert. Am frühen Morgen (linke Ecke des Diagramms) sind die meisten Flüge pünktlich, sodass selbst die kleine Spitze anomal ist. Mitten am Tag (nach 12 Uhr am 10. Mai) steigt die Variabilität an, und Verspätungen von 25 Minuten sind recht häufig, aber eine 75-minütige Verspätung ist dennoch ungewöhnlich.

Ob eine bestimmte Verspätung anomal ist, hängt vom zeitlichen Kontext ab, beispielsweise von den Ankunftsverspätungen, die in den letzten zwei Stunden beobachtet wurden. Um festzustellen, ob eine Verspätung anomal ist, müssen wir den Dataframe zunächst nach der Zeit sortieren, wie im Diagramm in Abbildung 6-5 und hier in Pandas zu sehen:

```
df = df.sort_values(by='scheduled_time').set_index('scheduled_time')
```

Dann müssen wir eine Funktion zur Anomalieerkennung auf gleitende Fenster von zwei Stunden anwenden:

```
df['delay'].rolling('2h').apply(is_anomaly, raw=False)
```

Die Funktion zur Anomalieerkennung `is_anomaly` kann recht anspruchsvoll sein, doch wir nehmen den einfachen Fall, indem wir Extremwerte verwerfen und einen Datenwert als anomal bezeichnen, wenn er mehr als vier Standardabweichungen vom Mittelwert im Zweistundenfenster abweicht:

```
def is_anomaly(d):
    outcome = d[-1] # das letzte Element

    # Kleinst- und Größtwert sowie aktuelles (letztes) Element verwerfen.
    xarr = d.drop(index=[d.idxmin(), d.idxmax(), d.index[-1]])
    prediction = xarr.mean()
    acceptable_deviation = 4 * xarr.std()
    return np.abs(outcome - prediction) > acceptable_deviation
```

Dies funktioniert bei historischen (Trainings-)Daten, da der gesamte Dataframe verfügbar ist. Doch wenn wir Rückschlüsse aus unserem Produktionsmodell ziehen, steht uns natürlich nicht der gesamte Dataframe zur Verfügung. In der Produktion empfangen wir die Informationen über die Ankunft von Flügen einzeln, wenn jeder Flug eintrifft. Somit haben wir lediglich einen einzelnen Verzögerungswert zu einem Zeitstempel:

```
2010-02-03 08:45:00,19.0
```

Wenn der obige Flug (um 08:45 Uhr am 3. Februar) 19 Minuten Verspätung hat, stellt sich die Frage, ob diese Verspätung üblich ist oder nicht. Um ML-Inferenz für einen Flug durchzuführen, brauchen wir normalerweise nur die Features dieses Flugs. In diesem Fall benötigt das Modell jedoch Informationen über alle Flüge zum Flughafen DFW zwischen 06:45 und 08:45 Uhr:

```
2010-02-03 06:45:00,?
2010-02-03 06:?:00,?
...
2010-02-03 08:45:00,19.0
```

Es ist nicht möglich, Inferenz für einen Flug nach dem anderen durchzuführen. Wir müssen dem Modell irgendwie Informationen über alle vorherigen Flüge bereitstellen.

Wie führen wir Inferenz aus, wenn das Modell nicht nur eine Instanz verlangt, sondern eine Sequenz von Instanzen?

Lösung

Die Lösung ist eine zustandsbehaftete Streamverarbeitung – d. h. eine Streamverarbeitung, die den Modellzustand über die Zeit hinweg verfolgt:

- Auf die Ankunftsdaten des Flugs wird ein gleitendes Fenster angewendet. Das gleitende Fenster erstreckt sich über zwei Stunden, doch das Fenster kann auch häufiger geschlossen werden, beispielsweise alle zehn Minuten. In einem derartigen Fall werden die Aggregatwerte alle zehn Minuten über die letzten zwei Stunden berechnet.

- Der interne Modellzustand (dies könnte die Liste der Flüge sein) wird mit Fluginformationen jedes Mal aktualisiert, wenn ein neuer Flug eintrifft. Dadurch entsteht eine Aufzeichnung des Flugdatenverlaufs über zwei Stunden.
- Bei jedem Schließen des Fensters (alle zehn Minuten in unserem Beispiel) wird ein ML-Zeitreihenmodell auf der Zweistundenliste der Flüge trainiert. Dieses Modell dient dann dazu, zukünftige Flugverspätungen vorherzusagen und die Konfidenzintervalle solcher Vorhersagen anzugeben.
- Die Parameter des Zeitreihenmodells werden in eine Zustandsvariable externalisiert. Wir könnten auf ein Zeitreihenmodell wie ARIMA (*Autoregressive Integrated Moving Average*) oder LSTMs (*Long Short-Term Memory*) zurückgreifen. Dabei wären die Modellparameter die ARIMA-Modellkoeffizienten bzw. die LSTM-Modellgewichte. Um den Code verständlich zu halten, verwenden wir ein Regressionsmodell nullter Ordnung.[2] Somit werden unsere Modellparameter die durchschnittliche Flugverspätung und die Varianz der Flugverspätungen über dem Zweistundenfenster sein.
- Wenn ein Flug ankommt, lässt sich seine Ankunftsverspätung mithilfe des externalisierten Modellzustands als anomal oder nicht klassifizieren – hierfür ist die vollständige Liste der Flüge in den letzten zwei Stunden nicht erforderlich.

Für Streaming-Pipelines können wir Apache Beam verwenden, weil dann derselbe Code sowohl auf den historischen Daten als auch auf neu eintreffenden Daten funktioniert. In Apache Beam richten Sie das gleitende Fenster wie folgt ein (den vollständigen Code finden Sie auf GitHub unter *https://github.com/GoogleCloudPlatform/ml-design-patterns/blob/master/06_reproducibility/find_anomalies_model.py*):

```
windowed = (data
        | 'window' >> beam.WindowInto(
              beam.window.SlidingWindows(2 * 60 * 60, 10*60))
```

Das Modell wird aktualisiert, indem alle in den letzten zwei Stunden gesammelten Flugdaten kombiniert und an eine Funktion, die wir `ModelFn` nennen, übergeben werden:

```
model_state = (windowed
        | 'model' >> beam.transforms.CombineGlobally(ModelFn()))
```

`ModelFn` aktualisiert den internen Modellzustand mit Fluginformationen. Hier besteht der interne Modellzustand aus einem Pandas-Dataframe, der mit den Flügen im Fenster aktualisiert wird:

```
class ModelFn(beam.CombineFn):
    def create_accumulator(self):
```

2 Anders ausgedrückt: Wir berechnen den Durchschnitt.

```
        return pd.DataFrame()

    def add_input(self, df, window):
        return df.append(window, ignore_index=True)
```

Bei jedem Schließen des Fensters wird die Ausgabe extrahiert. Hier besteht die Ausgabe (die wir als externalisierten Modellzustand bezeichnen) aus den Modellparametern:

```
def extract_output(self, df):
    if len(df) < 1:
        return {}
    orig = df['delay'].values
    xarr = np.delete(orig, [np.argmin(orig), np.argmax(orig)])
    return {
        'prediction': np.mean(xarr),
        'acceptable_deviation': 4 * np.std(xarr)
    }
```

Der externalisierte Modellzustand wird alle zehn Minuten basierend auf einem rollierenden Zweistundenfenster aktualisiert.

Schließzeit des Fensters	prediction (Vorhersage)	acceptable_deviation (akzeptierte Abweichung)
2010-05-10T06:35:00	-2.8421052631578947	10.48412597725367
2010-05-10T06:45:00	-2.6818181818181817	12.083729926046008
2010-05-10T06:55:00	-2.9615384615384617	11.765962341537781

Der oben gezeigte Code zum Extrahieren der Modellparameter ähnelt dem im Pandas-Fall, wird aber innerhalb einer Beam-Pipeline ausgeführt. Dadurch kann der Code im Streaming arbeiten, aber der Modellstatus ist nur im Kontext des gleitenden Fensters verfügbar. Um bei jedem eintreffenden Flug eine Inferenz durchzuführen, müssen wir den Modellzustand externalisieren (ähnlich wie wir die Modellgewichte im Entwurfsmuster *Zustandslose Serving-Funktion* in eine Datei exportiert haben, um sie vom Kontext des Trainingsprogramms, in dem diese Gewichte berechnet werden, zu entkoppeln):

```
model_external = beam.pvalue.AsSingleton(model_state)
```

Anhand dieses externalisierten Zustands lässt sich erkennen, ob ein bestimmter Flug anomal ist oder nicht:

```
def is_anomaly(flight, model_external_state):
    result = flight.copy()
    error = flight['delay'] - model_external_state['prediction']
    tolerance = model_external_state['acceptable_deviation']
    result['is_anomaly'] = np.abs(error) > tolerance
    return result
```

Die Funktion `is_anomaly` wird dann auf jedes Element im letzten Bereich des gleitenden Fensters angewendet:

```
anomalies = (windowed
        | 'latest_slice' >> beam.FlatMap(is_latest_slice)
        | 'find_anomaly' >> beam.Map(is_anomaly, model_external))
```

Kompromisse und Alternativen

Die oben vorgeschlagene Lösung ist im Fall von Datenströmen mit hohem Durchsatz rechentechnisch effizient, lässt sich aber weiter verbessern, wenn die ML-Modellparameter online aktualisiert werden können. Dieses Muster ist zudem anwendbar auf zustandsbehaftete ML-Modelle wie zum Beispiel rekurrente neuronale Netze und wenn ein zustandsloses Modell zustandsbehaftete Eingabe-Features erfordert.

Den Rechenaufwand verringern

Im Abschnitt »Problem« weiter oben haben wir den folgenden Pandas-Code verwendet:

```
dfw['delay'].rolling('2h').apply(is_anomaly, raw=False);
```

Hingegen sieht der Beam-Code im Abschnitt »Lösung« so aus:

```
windowed = (data
        | 'window' >> beam.WindowInto(
                beam.window.SlidingWindows(2 * 60 * 60, 10*60))
model_state = (windowed
        | 'model' >> beam.transforms.CombineGlobally(ModelFn()))
```

Signifikante Unterschiede zwischen dem gleitenden Fenster in Pandas und dem gleitenden Fenster in Apache Beam ergeben sich daraus, wie oft die Funktion `is_anomaly` aufgerufen wird und wie oft die Modellparameter (Mittelwert und Standardabweichung) berechnet werden müssen. Die folgenden Abschnitte gehen näher darauf ein.

Pro Element im Vergleich zu einem Zeitintervall. Im Pandas-Code wird die Funktion `is_anomaly` auf jeder Instanz im Datensatz aufgerufen. Der Code zur Anomalieerkennung berechnet die Modellparameter und wendet sie unmittelbar auf das letzte Element im Fenster an. In der Beam-Pipeline wird der Modellzustand ebenfalls auf jedem gleitenden Fenster erzeugt, wobei aber das gleitende Fenster in diesem Fall auf der Zeit basiert. Daher werden die Modellparameter nur einmal alle zehn Minuten berechnet.

Die Anomalieerkennung selbst wird auf jeder Instanz durchgeführt:

```
anomalies = (windowed
        | 'latest_slice' >> beam.FlatMap(is_latest_slice)
        | 'find_anomaly' >> beam.Map(is_anomaly, model_external))
```

Hier wird das rechenintensive Training sorgfältig von der rechentechnisch preiswerten Inferenz getrennt. Der rechenintensive Teil wird nur alle zehn Minuten ausgeführt, während jede Instanz als *anomal* oder *nicht anomal* klassifiziert werden kann.

Datenströme mit hohem Durchsatz. Das Datenvolumen nimmt ständig zu, und das ist zu einem großen Teil auf Echtzeitdaten zurückzuführen. Folglich muss dieses Muster auf Datenströme mit hohem Durchsatz angewendet werden – Ströme, bei denen die Anzahl der Elemente über Tausende Elemente pro Sekunde liegen kann. Denken Sie zum Beispiel an Klickströme von Websites oder Streams der Maschinenaktivität von Computern, tragbaren Geräten oder Autos.

Die vorgeschlagene Lösung mit einer Streaming-Pipeline hat den Vorteil, dass das Modell nicht bei jeder Instanz neu trainiert werden muss, was beim Pandas-Code laut Aussage im Abschnitt »Problem« der Fall ist. Allerdings gibt die vorgeschlagene Lösung diese Gewinne wieder zurück, indem sie einen speicherinternen Dataframe aller empfangenen Datensätze erstellt. Wenn wir 5.000 Elemente pro Sekunde empfangen, wird der Dataframe über zehn Minuten drei Millionen Datensätze enthalten. Da es zwölf gleitende Fenster gibt, die zu jedem Zeitpunkt verwaltet werden müssen (Zehnminutenfenster, jedes über zwei Stunden), kann der Speicherbedarf beträchtlich werden.

Wenn alle empfangenen Datensätze gespeichert werden, um die Modellparameter am Ende des Fensters zu berechnen, kann dies zu Problemen führen. Hat der Datenstrom einen hohen Durchsatz, ist es unabdingbar, die Modellparameter mit jedem Element aktualisieren zu können. Dies lässt sich erreichen, indem man `ModelFn` wie folgt ändert (vollständiger Code auf GitHub unter *https://github.com/GoogleCloudPlatform/ml-design-patterns/blob/master/06_reproducibility/find_anomalies_model.py*):

```
class OnlineModelFn(beam.CombineFn):
    ...
    def add_input(self, inmem_state, input_dict):
        (sum, sumsq, count) = inmem_state
        input = input_dict['delay']
        return (sum + input, sumsq + input*input, count + 1)

    def extract_output(self, inmem_state):
        (sum, sumsq, count) = inmem_state
    ...
        mean = sum / count
        variance = (sumsq / count) - mean*mean
        stddev = np.sqrt(variance) if variance > 0 else 0
        return {
            'prediction': mean,
            'acceptable_deviation': 4 * stddev
        }
    ...
```

Der Hauptunterschied besteht darin, dass im Arbeitsspeicher nur drei Gleitkommazahlen (`sum`, `sum`^{2}, `count`), die zum Extrahieren des Modellzustands erforderlich sind, und nicht das gesamte Dataframe der empfangenen Instanzen gehalten werden. Wenn jeweils nur eine Instanz der Modellparameter aktualisiert wird, spricht man von einer *Online-Aktualisierung*, die nur möglich ist, wenn das Modelltraining keine Iteration über den gesamten Datensatz erfordert. Daher wird in der obigen Implementierung die Varianz berechnet, indem eine Summe von x^2 verwaltet wird, sodass sich ein zweiter Durchlauf durch die Daten erübrigt, nachdem der Mittelwert berechnet wurde.

Streaming SQL

Besteht unsere Infrastruktur aus einer hochperformanten SQL-Datenbank, die Streaming-Daten verarbeiten kann, lässt sich das Entwurfsmuster *Windowed Inference* in einer alternativen Form als Aggregationsfenster implementieren (vollständiger Code auf GitHub unter *https://github.com/GoogleCloudPlatform/ml-design-patterns/blob/master/06_reproducibility/find_anomalies_model.py*).

Wir ziehen die Flugdaten aus BigQuery heraus:

```
WITH data AS (
  SELECT
    PARSE_DATETIME('%Y-%m-%d-%H%M',
                   CONCAT(CAST(date AS STRING),
                   '-', FORMAT('%04d', arrival_schedule))
                   ) AS scheduled_arrival_time,
      arrival_delay
  FROM `bigquery-samples.airline_ontime_data.flights`
  WHERE arrival_airport = 'DFW' AND SUBSTR(date, 0, 7) = '2010-05'
),
```

Dann erstellen wir den Modellzustand `model_state`, indem wir die Modellparameter über ein Zeitfenster berechnen, das als zwei Stunden vor bis eine Sekunde vor spezifiziert ist:

```
model_state AS (
  SELECT
    scheduled_arrival_time,
    arrival_delay,
    AVG(arrival_delay) OVER (time_window) AS prediction,
    4*STDDEV(arrival_delay) OVER (time_window) AS acceptable_deviation
  FROM data
  WINDOW time_window AS
    (ORDER BY UNIX_SECONDS(TIMESTAMP(scheduled_arrival_time))
     RANGE BETWEEN 7200 PRECEDING AND 1 PRECEDING)
  )
```

Schließlich wenden wir den Algorithmus zur Erkennung von Anomalien auf jede Instanz an:

```
SELECT
  *,
  (ABS(arrival_delay - prediction) > acceptable_deviation) AS is_anomaly
FROM model_state
```

Tabelle 6-1 zeigt ein Ergebnis, wobei die Ankunftsverspätung von 54 Minuten als Anomalie markiert ist, da alle vorherigen Flüge früher angekommen sind.

Tabelle 6-1: Das Ergebnis einer BigQuery-Abfrage, die bestimmt, ob eingehende Flugdaten eine Anomalie darstellen

scheduled_arrival_time	arrival_delay	prediction	acceptable_deviation	is_anomaly
2010-05-01T05:45:00	-18.0	-8.25	62.51399843235114	false
2010-05-01T06:00:00	-13.0	-10.2	56.878818553131005	false
2010-05-01T06:35:00	-1.0	-10.666	51.0790237442599	false
2010-05-01T06:45:00	-9.0	-9.28576	48.86521793473886	false
2010-05-01T07:00:00	**54.0**	-9.25	45.24220532707422	**true**

Im Gegensatz zur Apache-Beam-Lösung erlaubt uns die Effizienz von verteiltem SQL, das Zweistundenfenster zentriert über jeder Instanz zu berechnen (statt mit einer Auflösung von Zehnminutenfenstern). Nachteilig ist jedoch, dass BigQuery zu einer relativ hohen Latenz (in der Größenordnung von Sekunden) neigt und sich daher nicht für Echtzeitsteuerungsanwendungen eignet.

Sequenzmodelle

Das Muster *Windowed Inference*, bei dem ein gleitendes Fenster vorheriger Instanzen an eine Inferenzfunktion übergeben wird, ist nicht nur bei der Erkennung von Anomalien oder sogar bei Zeitserienmodellen nützlich. Insbesondere eignet es sich für jede Klasse von Modellen, wie zum Beispiel für Sequenzmodelle, die einen vergangenheitsbezogenen Zustand benötigen. So muss ein Übersetzungsmodell mehrere aufeinanderfolgende Wörter sehen, bevor es die Übersetzung ausführen und dabei den Kontext des Worts berücksichtigen kann. Schließlich variiert die Übersetzung der Wörter »left«, »Chicago« und »road« zwischen den Sätzen »I left Chicago by road« (Ich verließ Chicago mit dem Auto) und »Turn left on Chicago Road« (Biegen Sie links ab auf die Chicago Road).

Aus Performancegründen wird das Übersetzungsmodell so eingerichtet, dass es zustandslos ist und der Benutzer den Kontext bereitstellen muss. Ein zustandsloses Modell kann beispielsweise als Reaktion auf zunehmenden Datenverkehr automatisch skaliert und parallel aufgerufen werden, um die Übersetzung zu beschleunigen. So könnte die Übersetzung des berühmten Monologs aus Shakespeares Hamlet ins Deutsche diesen Schritten folgen, wobei das fett gedruckte Wort in der Mitte herausgegriffen und übersetzt wird:

Eingabe (9 Wörter, auf jeder Seite 4)	Ausgabe
The undiscovered country, from **whose** bourn No traveller returns	dessen
undiscovered country, from whose **bourn** No traveller returns, puzzles	Bourn
country, from whose bourn **No** traveller returns, puzzles the	Kein
from whose bourn No **traveller** returns, puzzles the will,	Reisender

Der Client benötigt daher eine Streaming-Pipeline. Die Pipeline könnte den englischen Eingabetext übernehmen, ihn tokenisieren, jeweils neun Token auf einmal weitersenden, die Ausgaben sammeln und sie zu deutschen Sätzen und Absätzen verketten.

Die meisten Sequenzmodelle, wie zum Beispiel rekurrente neuronale Netze und LSTMs, benötigen Streaming-Pipelines für eine leistungsstarke Inferenz.

Zustandsbehaftete Features

Das Muster *Windowed Inference* kann nützlich sein, wenn ein Eingabe-Feature für das Modell einen Zustand erfordert, obwohl das Modell selbst zustandslos ist. Nehmen wir zum Beispiel an, wir trainierten ein Modell, um Ankunftsverspätungen vorherzusagen, und eine der Eingaben in das Modell ist die Abflugverspätung. Nun könnten wir die durchschnittliche Abflugverspätung der Flüge von diesem Flughafen in den letzten zwei Stunden als Eingabe in das Modell einbeziehen wollen.

Während des Trainings können wir den Datensatz mit einer SQL-Fensterfunktion erstellen:

```
WITH data AS (
  SELECT
    SAFE.PARSE_DATETIME('%Y-%m-%d-%H%M',
                  CONCAT(CAST(date AS STRING), '-',
                  FORMAT('%04d', departure_schedule))
                  ) AS scheduled_depart_time,
    arrival_delay,
    departure_delay,
    departure_airport
  FROM `bigquery-samples.airline_ontime_data.flights`
  WHERE arrival_airport = 'DFW'
),

  SELECT
    * EXCEPT(scheduled_depart_time),
    EXTRACT(hour from scheduled_depart_time) AS hour_of_day,
    AVG(departure_delay) OVER (depart_time_window) AS avg_depart_delay
  FROM data

  WINDOW depart_time_window AS
    (PARTITION BY departure_airport ORDER BY
     UNIX_SECONDS(TIMESTAMP(scheduled_depart_time))
     RANGE BETWEEN 7200 PRECEDING AND 1 PRECEDING)
```

Der Trainingsdatensatz enthält nun die durchschnittliche Verspätung als weiteres Feature:

Zeile	arrival_delay	departure_delay	departure_airport	hour_of_day	avg_depart_delay
1	-3.0	-7.0	LFT	8	-4.0
2	56.0	50.0	LFT	8	41.0
3	-14.0	-9.0	LFT	8	5.0
4	-3.0	0.0	LFT	8	-2.0

Während der Inferenz benötigen wir jedoch eine Streaming-Pipeline, um diese durchschnittliche Abflugverspätung zu berechnen, damit wir sie an das Modell weitergeben können. Um die Schiefe zwischen Training und Serving zu begrenzen, ist es besser, dasselbe SQL in einer Fensterfunktion in einer Streaming-Pipeline zu verwenden, anstatt zu versuchen, das SQL in Scala, Python oder Java zu übersetzen.

Vorhersageanfragen im Stapel verarbeiten

Das Muster *Windowed Inference* bietet sich auch in einem weiteren Szenario an, selbst wenn das Modell zustandslos ist, nämlich wenn das Modell in der Cloud bereitgestellt wird, der Client aber in einem Gerät oder lokal eingebettet ist. Hier könnte die Netzwerklatenz stark anwachsen, wenn Inferenzanfragen einzeln nacheinander an ein in der Cloud bereitgestelltes Modell gesendet werden. In dieser Situation kommt das in »Entwurfsmuster 19: Zweiphasen-Vorhersagen« auf Seite 258 in Kapitel 5 beschriebene Muster infrage, bei dem die erste Phase mit einer Pipeline eine Reihe von Anfragen sammelt und die zweite Phase sie in einem Batch an den Dienst sendet.

Dies ist nur für latenztolerante Anwendungsfälle geeignet. Wenn wir Eingabeinstanzen über fünf Minuten sammeln, muss der Client eine Verzögerung bis zu fünf Minuten bei der Rückgabe der Vorhersagen tolerieren.

Entwurfsmuster 25: Workflow-Pipeline

Im Entwurfsmuster *Workflow-Pipeline* gehen wir das Problem an, eine durchgängig reproduzierbare Pipeline zu erzeugen, indem die Schritte in unserem ML-Prozess containerisiert und orchestriert werden. Die Containerisierung lässt sich explizit bewerkstelligen oder mithilfe eines Frameworks, das den Vorgang vereinfacht.

Problem

Ein einzelner Data Scientist mag in der Lage sein, die Schritte von Datenaufbereitung, Training und Modellbereitstellung (dargestellt in Abbildung 6-6) von Anfang bis Ende mit einem einzigen Skript oder Notebook zu absolvieren. Wenn jedoch jeder Schritt in einem ML-Prozess komplexer wird und mehr Personen in einer Organisation an dieser Codebasis mitwirken wollen, lässt sich die Ausführung dieser Schritte in einem einzelnen Notebook nicht mehr skalieren.

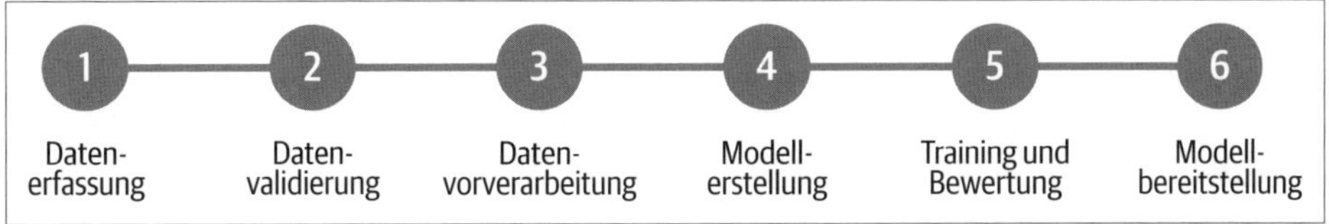

Abbildung 6-6: Die Schritte in einem typischen End-zu-End-ML-Workflow. Diese Darstellung ist nicht allumfassend, beinhaltet aber die häufigsten Schritte im ML-Entwicklungsprozess.

In der herkömmlichen Programmierung beschreibt man *monolithische Anwendungen* als solche, bei denen die gesamte Logik der Anwendung von einem einzigen Programm realisiert wird. Um ein kleines Feature in einer monolithischen App zu testen, müssen wir das gesamte Programm ausführen. Gleiches gilt für die Bereitstellung oder das Debuggen von monolithischen Anwendungen. Um einen kleinen Bugfix für einen Teil des Programms bereitzustellen, müssen Sie die gesamte Anwendung bereitstellen, was schnell unhandlich werden kann. Wenn sämtliche Teile der Codebasis untrennbar miteinander verknüpft sind, wird es für einzelne Entwickler:innen schwierig, Fehler zu beheben und unabhängig an verschiedenen Teilen der Anwendung zu arbeiten. In den letzten Jahren wurden monolithische Anwendungen zugunsten einer *Microservices*-Architektur ersetzt, bei der einzelne Teile der Geschäftslogik als isolierte (Mikro-)Codepakete gebaut und bereitgestellt werden. Mit Microservices wird eine große Anwendung in kleinere, besser handhabbare Teile zerlegt, sodass Entwickler:innen Teile einer Anwendung unabhängig voneinander erstellen, debuggen und bereitstellen können.

Diese Diskussion von Monolith versus Microservice bietet eine gute Analogie, wenn es darum geht, ML-Workflows zu skalieren, Zusammenarbeit zu ermöglichen und sicherzustellen, dass ML-Schritte über verschiedene Workflows reproduzierbar und wiederverwendbar sind. Wenn jemand ein ML-Modell allein aufbaut, ist die Iteration bei einem »monolithischen« Ansatz möglicherweise schneller. Oftmals funktioniert er auch, wenn eine Person aktiv an der Entwicklung und Verwaltung jedes Teils beteiligt ist: Erfassung und Vorverarbeitung der Daten, Modellentwicklung, Training und Bereitstellung. Wird aber dieser Workflow skaliert, könnten verschiedene Menschen oder Gruppen in einer Organisation für unterschiedliche Schritte zuständig sein. Um den ML-Workflow zu skalieren, brauchen wir eine Möglichkeit für das Team, das das Modell entwickelt, Versuche unabhängig vom Schritt der Datenvorverarbeitung auszuführen. Darüber hinaus müssen wir die Performance für jeden Schritt der Pipeline verfolgen und die von jedem Teil des Prozesses erzeugten Ausgabedateien verwalten.

Wenn die anfängliche Entwicklung für jeden Schritt abgeschlossen ist, müssen wir darüber hinaus Vorgänge wie erneutes Training planen oder ereignisgesteuerte Pipeline-Läufe erzeugen, die als Reaktion auf Änderungen in Ihrer Umgebung aufgerufen werden, weil zum Beispiel neue Trainingsdaten zu einem Bucket hinzugefügt werden. In derartigen Fällen wird es für die Lösung erforderlich sein, dass wir den gesamten Workflow von Anfang bis Ende in einem Aufruf ausführen können und dabei trotzdem noch in der Lage sind, die Ausgabe und die Fehler von einzelnen Schritten zu verfolgen.

Lösung

Um die Probleme in den Griff zu bekommen, die mit der Skalierung von ML-Prozessen zusammenhängen, können wir jeden Schritt in unserem ML-Workflow zu einem separaten, containerisierten Dienst machen. Container garantieren, dass wir denselben Code in verschiedenen Umgebungen ausführen können und dass das Verhalten zwischen den einzelnen Läufen konsistent ist. Diese einzelnen containerisierten Schritte werden dann miteinander verkettet, sodass eine *Pipeline* entsteht, die sich mit einem REST-API-Aufruf ausführen lässt. Da Pipeline-Schritte in Containern laufen, können wir sie auf einem Entwicklungslaptop, mit einer lokalen Infrastruktur oder mit einem gehosteten Cloud-Dienst ausführen. Dieser Pipeline-Workflow erlaubt den Teammitgliedern, Pipeline-Schritte unabhängig voneinander zu entwickeln. Container ermöglichen es auch, eine komplette Pipeline von Anfang bis Ende reproduzierbar auszuführen, da sie Konsistenz zwischen der Abhängigkeit von Bibliotheksversionen und Laufzeitumgebungen garantieren. Und da die Containerisierung von Pipeline-Schritten eine Trennung von Belangen ermöglicht, können die einzelnen Schritte verschiedene Laufzeit- und Sprachversionen verwenden.

Es gibt viele Tools, mit denen sich Pipelines sowohl lokal als auch in der Cloud erstellen lassen. Dazu gehören Cloud AI Platform Pipelines (*https://oreil.ly/nJo1p*), TensorFlow Extended (TFX, *https://oreil.ly/OznI3*), Kubeflow Pipelines (KFP, *https://oreil.ly/BoegQ*), MLflow (*https://mlflow.org/*) und Apache Airflow (*https://oreil.ly/63_GG*). Um das Entwurfsmuster *Workflow-Pipeline* hier zu demonstrieren, definieren wir unsere Pipeline mit *TFX* und führen sie auf *Cloud AI Platform Pipelines* aus, einem gehosteten Dienst für die Ausführung von ML-Pipelines auf Google Cloud mit der zugrunde liegenden Containerinfrastruktur *Google Kubernetes Engine* (GKE).

Die als *Komponenten* bezeichneten Schritte in TFX-Pipelines sind sowohl in vorgefertigten als auch in anpassbaren Versionen verfügbar. Normalerweise nimmt die erste Komponente einer TFX-Pipeline Daten aus einer externen Quelle auf. Diese wird als `ExampleGen`-Komponente bezeichnet, wobei sich `Example` auf die ML-Terminologie für eine gelabelte im Training verwendete Instanz bezieht. Mit `ExampleGen`-Komponenten (*https://oreil.ly/Sjx9F*) können Sie Daten aus CSV-Dateien, TFRecords, BigQuery oder einer benutzerdefinierten Quelle beziehen. Zum Beispiel ist es mit der Komponente `BigQueryExampleGen` möglich, die Verbindung zu Daten, die in BigQuery gespeichert sind, mit unserer Pipeline herzustellen, indem wir eine Abfrage angeben, die die Daten abruft. Dann speichert sie diese Daten als TFRecords in einem GCS-Bucket, sodass sie von der nächsten Komponente verwendet werden können. Dies ist eine Komponente, die wir anpassen, indem wir ihr eine Abfrage übergeben. Konzeptionell sind diese `ExampleGen`-Komponenten auf die Datenerfassungsphase eines ML-Workflows ausgerichtet, der in Abbildung 6-6 skizziert ist.

Der nächste Schritt in diesem Workflow ist die Datenvalidierung. Nachdem wir die Daten eingelesen haben, können wir sie an andere Komponenten weitergeben, um sie zu transformieren oder zu analysieren, bevor ein Modell trainiert wird. Die Komponente `StatisticsGen` (*https://oreil.ly/kX1QY*) übernimmt Daten, die von einem `ExampleGen`-Schritt eingelesen wurden, und generiert zusammenfassende Statistiken über die bereitgestellten Daten. Die Komponente `SchemaGen` (*https://oreil.ly/QpBlu*) gibt das abgeleitete Schema aus unseren eingelesenen Daten aus. Mit der Ausgabe von `SchemaGen` führt der `ExampleValidator` (*https://oreil.ly/UD7Uh*) eine Anomalieerkennung auf unserem Datensatz durch und prüft auf Anzeichen von Datendrift oder potenzieller Verzerrung zwischen Training und Serving.[3] Die Komponente `Transform` (*https://oreil.ly/xsJYT*) übernimmt ebenfalls die Ausgabe von `SchemaGen` und realisiert das Feature Engineering, um unsere Dateneingabe in das richtige Format für unser Modell zu transformieren. Dies kann die Konvertierung von Freiform-Texteingaben in Einbettungen, die Normalisierung numerischer Eingaben und vieles mehr beinhalten. Sobald unsere Daten aufbereitet sind, um sie in ein Modell einzuspeisen, können wir sie an die Komponente `Trainer` (*https://oreil.ly/XFtR_*) übergeben. Wenn wir unsere `Trainer`-Komponente einrichten, zeigen wir auf eine Funktion, die unseren Modellcode definiert, und wir können festlegen, wo wir das Modell trainieren möchten. Hier zeigen wir, wie Cloud AI Platform Training von dieser Komponente zu verwenden ist. Schließlich ist die Komponente `Pusher` (*https://oreil.ly/qP8GU*) dafür zuständig, das Modell bereitzustellen. Es gibt viele andere vorgefertigte Komponenten (*https://oreil.ly/gHv_z*), die von TFX bereitgestellt werden – wir haben hier nur ein paar aufgeführt, die wir in unserer Beispielpipeline verwenden.

Für dieses Beispiel greifen wir auf den NOAA-Hurrikan-Datensatz in BigQuery zurück, um ein Modell zu erstellen, das den SSHS-Code[4] für einen Hurrikan ableitet. Die Features, die Komponenten und den Modellcode halten wir relativ kurz, um uns auf das Tooling für die Pipeline zu konzentrieren. Die nachstehend skizzierten Schritte unserer Pipeline folgen grob dem in Abbildung 6-6 dargestellten Workflow:

1. *Datenerfassung*: Führen Sie eine Abfrage aus, um die Hurrikan-Daten aus BigQuery zu bekommen.
2. *Datenvalidierung*: Verwenden Sie die Komponente `ExampleValidator`, um Anomalien zu identifizieren und auf Datendrift zu überprüfen.
3. *Datenanalyse und Vorverarbeitung*: Generieren Sie einige Statistiken über die Daten und definieren Sie das Schema.

---

3 Weitere Informationen zur Datenvalidierung finden Sie im Abschnitt »Entwurfsmuster 30: Fairness Lens« auf Seite 376 in Kapitel 7.

4 SSHS steht für *Saffir-Simpson Hurricane Scale* (Saffir-Simpson-Hurrikan-Windskala, *https://oreil.ly/62kf3*) und ist eine Skala von 1 bis 5, die zur Messung der Stärke und Schwere eines Hurrikans verwendet wird. Beachten Sie, dass das ML-Modell nicht die Schwere des Hurrikans zu einem späteren Zeitpunkt vorhersagt. Stattdessen lernt es einfach die in der Saffir-Simpson-Hurrikan-Windskala verwendeten Schwellenwerte für die Windgeschwindigkeit.

4. *Modelltraining*: Trainieren Sie ein `tf.keras`-Modell auf AI Platform.
5. *Modellbereitstellung*: Stellen Sie das trainierte Modell auf AI Platform Prediction[5] bereit.

Wenn unsere Pipeline vollständig ist, können wir den gesamten oben skizzierten Vorgang mit einem einzigen API-Aufruf starten. Zunächst erläutern wir das Gerüst für eine typische TFX-Pipeline und wie sich diese auf AI Platform ausführen lässt.

Die TFX-Pipeline erstellen

Wie verwenden die `tfx`-Befehlszeilentools, um unsere Pipeline zu erstellen und aufzurufen. Neue Aufrufe einer Pipeline werden als Läufe bezeichnet, die sich von Aktualisierungen unterscheiden, die wir an der Pipeline selbst vornehmen, wie zum Beispiel das Hinzufügen einer neuen Komponente. Mit der TFX-CLI können wir beides bewerkstelligen. Wir können das Gerüst für unsere Pipeline in einem einzigen Python-Skript definieren, das zwei Hauptteile umfasst:

- Eine Instanz von `tfx.orchestration.pipeline` (*https://github.com/tensorflow/tfx/blob/master/tfx/orchestration/pipeline.py*), in der wir unsere Pipeline und die darin enthaltenen Komponenten definieren.
- Eine Instanz von `kubeflow_dag_runner` (*https://github.com/tensorflow/tfx/blob/master/tfx/orchestration/kubeflow/kubeflow_dag_runner.py*) aus der `tfx`-Bibliothek (*https://github.com/tensorflow/tfx*). Wir verwenden diese, um unsere Pipeline zu erstellen und auszuführen. Neben dem Kubeflow-Runner gibt es auch eine API für die Ausführung von TFX-Pipelines mit Apache Beam (*https://oreil.ly/hnOvF*), über die wir unsere Pipeline lokal ausführen könnten.

Die Pipeline (vollständiger Code auf GitHub unter *https://github.com/GoogleCloudPlatform/ml-design-patterns/tree/master/06_reproducibility/workflow_pipeline*) wird die oben definierten fünf Schritte oder Komponenten umfassen, und wir können unsere Pipeline mit dem folgenden Code definieren:

```
pipeline.Pipeline(
      pipeline_name='huricane_prediction',
      pipeline_root='path/to/pipeline/code',
      components=[
          bigquery_gen, statistics_gen, schema_gen, train, model_pusher
      ]
  )
```

Um die von TFX bereitgestellte Komponente `BigQueryExampleGen` zu verwenden, übergeben wir die Abfrage, die unsere Daten abrufen wird. Diese Komponente können wir in einer Zeile Code definieren, wobei `query` unsere BigQuery-SQL-Abfrage als String enthält:

```
bigquery_gen = BigQueryExampleGen(query=query)
```

5 Während die Bereitstellung der letzte Schritt in unserer Beispielpipeline ist, umfassen Produktionspipelines oft mehr Schritte, wie z.B. das Speichern des Modells in einem gemeinsamen Repository oder das Ausführen einer separaten Serving-Pipeline, die CI/CD und Tests durchführt.

Ein weiterer Vorteil von Pipelines besteht darin, dass sie Tools mitbringen, um die Eingabe, die Ausgabeartefakte und die Protokolle für jede Komponente verfolgen zu können. Zum Beispiel ist die Ausgabe der Komponente `statistics_gen` eine Zusammenfassung unseres Datensatzes, wie Abbildung 6-7 zeigt. Bei `statistics_gen` (*https://oreil.ly/wvq9n*) handelt es sich um eine vorgefertigte Komponente, die in TFX verfügbar ist und die TF Data Validation verwendet, um zusammenfassende Statistiken über unseren Datensatz zu generieren.

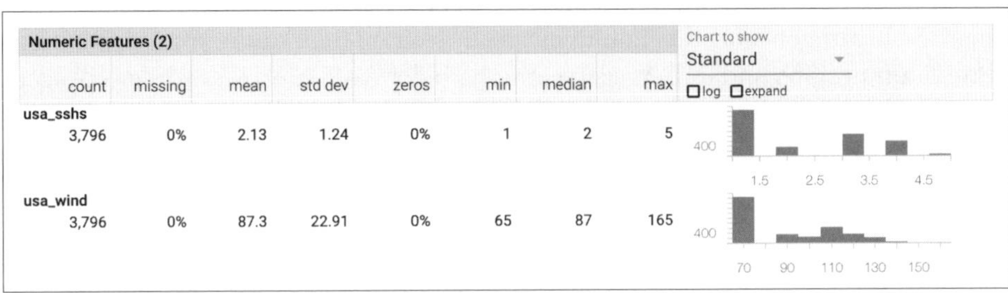

Abbildung 6-7: Das Ausgabeartefakt der Komponente »statistics_gen« in einer TFX-Pipeline

Die Pipeline auf Cloud AI Platform ausführen

Wir können die TFX-Pipeline auf Cloud AI Platform Pipelines ausführen, wo die systemnahen Details der Infrastruktur für uns verwaltet werden. Um eine Pipeline auf AI Platform bereitzustellen, verpacken wir unseren Pipeline-Code als Docker-Container (*https://oreil.ly/rdXeb*) und hosten ihn auf *Google Container Registry* (GCR, *https://oreil.ly/m5wqD*).[6] Sobald unser containerisierter Pipeline-Code auf GCR gepusht wurde, erstellen wir die Pipeline mit der TFX-CLI:

```
tfx pipeline create \
--pipeline-path=kubeflow_dag_runner.py \
--endpoint='your-pipelines-dashboard-url' \
--build-target-image='gcr.io/your-pipeline-container-url'
```

Im obigen Befehl entspricht der Endpunkt der URL unseres AI-Platform-Pipelines-Dashboards. Wenn der Befehl abgearbeitet ist, sehen wir die eben erstellte Pipeline im Pipelines-Dashboard. Der Befehl `create` erzeugt eine Pipeline-*Ressource*, die sich aufrufen lässt, indem wir einen Lauf erstellen:

```
tfx run create --pipeline-name='your-pipeline-name' --endpoint='pipeline-url'
```

Nach dem Ausführen dieses Befehls können wir ein Diagramm sehen, das in Echtzeit aktualisiert wird, wenn unsere Pipeline jeden Schritt durchläuft. Im Pipelines-Dashboard können wir einzelne Schritte weiter untersuchen, um alle Artefakte, die sie generieren, Metadaten und mehr zu sehen. Abbildung 6-8 zeigt ein Beispiel der Ausgabe für einen einzelnen Schritt.

6 Beachten Sie, dass Sie zum Ausführen von TFX-Pipelines auf der AI Platform Ihren Code derzeit auf GCR hosten müssen und keinen anderen Container-Registry-Dienst wie DockerHub verwenden können.

Wir könnten das Modell direkt in unserer containerisierten Pipeline auf GKE trainieren, doch TFX bietet ein Hilfsprogramm für die Verwendung von Cloud AI Platform Training als Teil unseres Prozesses. Zudem verfügt TFX über eine Erweiterung, um das trainierte Modell auf AI Platform Prediction bereitzustellen. Diese beiden Integrationen nutzen wir in unserer Pipeline. Mit AI Platform Training profitieren wir auch von spezialisierter Hardware für das Training unserer Modelle, wie zum Beispiel von GPUs oder TPUs – und das auf kostengünstige Weise. Des Weiteren gibt es eine Option, um verteiltes Training zu verwenden, was das Training beschleunigen und die Trainingskosten minimieren kann. Wir können einzelne Trainingsjobs und ihre Ausgabe innerhalb der AI-Platform-Konsole verfolgen.

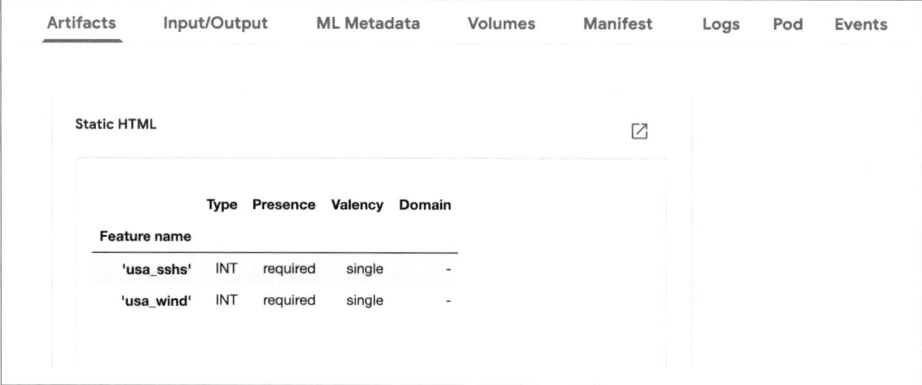

Abbildung 6-8: Ausgabe der Komponente »schema_gen« einer ML-Pipeline. Die obere Menüleiste zeigt die für jeden einzelnen Pipeline-Schritt verfügbaren Daten.

Wenn man eine Pipeline mit TFX oder Kubeflow Pipelines erstellt, hat das den Vorteil, nicht an Google Cloud gebunden zu sein. Den gleichen Code, den wir hier mit AI Platform Pipelines von Google demonstrieren, können wir auf Azure ML Pipelines (*https://oreil.ly/A5Rxe*), Amazon SageMaker (*https://oreil.ly/A5Rxe*) oder lokal ausführen.

Um einen Trainingsschritt in TFX zu implementieren, verwenden wir die Komponente `Trainer` (*https://oreil.ly/TGKcP*) und übergeben ihr die Informationen zu den Trainingsdaten als Modelleingabe zusammen mit unserem Modelltrainingscode. TFX bietet eine Erweiterung, um den Trainingsschritt auf AI Platform auszuführen. Hierfür importieren wir `tfx.extensions.google_cloud_ai_platform.trainer` und geben Details zu unserer AI-Platform-Trainingskonfiguration an. Dazu gehören der Projektname, die Region und der GCR-Standort des Containers mit Trainingscode.

In ähnlicher Weise verfügt TFX auch über eine AI-Platform-Komponente `Pusher` (*https://oreil.ly/bJavO*), um trainierte Modelle auf AI Platform Prediction bereitzustellen. Um die `Pusher`-Komponente mit AI Platform zu verwenden, geben wir Details zum Namen und zur Version unseres Modells an zusammen mit einer Serving-

Funktion, die AI Platform das Format der Eingabedaten mitteilt, die für unser Modell zu erwarten sind. Damit haben wir eine vollständige Pipeline, die Daten beschafft, sie analysiert, die Datentransformation durchführt und schließlich das Modell mit AI Platform trainiert und bereitstellt.

Warum es funktioniert

Ohne den ML-Code als Pipeline auszuführen, wäre es für andere schwierig, unsere Arbeit zuverlässig zu reproduzieren. Denn sie müssten unseren Code für Vorverarbeitung, Modellentwicklung, Training und Serving nehmen und versuchen, die gleiche Umgebung zu replizieren, in der wir ihn ausgeführt haben, und dabei Bibliotheksabhängigkeiten, Authentifizierung und mehr berücksichtigen. Wenn es eine Logik gibt, die die Auswahl nachgelagerter Komponenten basierend auf der Ausgabe vorgelagerter Komponenten steuert, muss diese Logik ebenfalls zuverlässig repliziert werden. Das Entwurfsmuster *Workflow-Pipeline* ermöglicht anderen, unseren gesamten ML-Workflow end-to-end sowohl lokal als auch in Cloud-Umgebungen auszuführen und zu überwachen, wobei sich die Ausgabe der einzelnen Schritte weiterhin debuggen lässt. Indem wir jeden Schritt der Pipeline containerisieren, versetzen wir andere in die Lage, sowohl die Umgebung, in der wir die Pipeline erstellt haben, als auch den gesamten Workflow, der in der Pipeline erfasst ist, zu reproduzieren. Das erlaubt uns auch, die Umgebung möglicherweise Monate später zu reproduzieren, um regulatorische Anforderungen zu unterstützen. Schließlich gibt uns das Dashboard mit TFX und AI Platform Pipelines eine Benutzeroberfläche, in der wir die bei jeder Pipeline-Ausführung erzeugten Ausgabeartefakte nachverfolgen können. Darauf geht der Abschnitt »Kompromisse und Alternativen« auf Seite 346 näher ein.

Da sich jede Pipeline-Komponente in ihrem eigenen Container befindet, können verschiedene Teammitglieder parallel arbeiten, indem sie separate Teile der Pipeline erstellen und testen. Dies ermöglicht eine schnellere Entwicklung und minimiert die Risiken, die durch einen eher monolithischen ML-Prozess entstehen, bei dem die Schritte untrennbar miteinander verknüpft sind. Zum Beispiel können sich die Paketabhängigkeiten und der Code für den Datenaufbereitungsschritt erheblich von denen der Modellbereitstellung unterscheiden. Indem man diese Schritte als Teile einer Pipeline erstellt, lässt sich jeder Teil in einem separaten Container mit eigenen Abhängigkeiten erzeugen und – wenn er fertiggestellt ist – in eine größere Pipeline einbinden.

Alles in allem verbindet das Entwurfsmuster *Workflow-Pipeline* die Vorteile eines gerichteten azyklischen Graphen (*Directed Acyclic Graph*, DAG) mit den Vorteilen vorgefertigter Komponenten aus Pipeline-Frameworks wie TFX. Da die Pipeline ein DAG ist, steht es uns frei, einzelne Schritte auszuführen oder die gesamte Pipeline end-to-end abarbeiten zu lassen. Darüber hinaus können wir jeden Schritt der Pipeline über verschiedene Läufe hinweg protokollieren und überwachen sowie Artefakte von jedem Schritt und der Pipeline-Ausführung an einem zentralen Ort nachverfolgen. Vorgefertigte Komponenten bieten eigenständige, einsatzbereite Schritte für gängige Komponenten von ML-Workflows, einschließlich Training, Bewertung und Inferenz. Diese Komponenten laufen als individuelle Container, wo auch immer wir unsere Pipeline ausführen möchten.

Kompromisse und Alternativen

Anstatt ein Pipeline-Framework zu verwenden, besteht die Hauptalternative darin, die Schritte unseres ML-Workflows mit einem provisorischen Ansatz auszuführen, um die Notebooks und die von jedem Schritt erzeugte Ausgabe zu verfolgen. Natürlich ist es mit einem gewissen Aufwand verbunden, die verschiedenen Teile unseres ML-Workflows in eine organisierte Pipeline umzuwandeln. Dieser Abschnitt zeigt Ihnen einige Variationen und Erweiterungen des Entwurfsmusters *Workflow-Pipeline*: manuelles Erstellen von Containern, Automatisieren einer Pipeline mit Tools für kontinuierliche Integration und Bereitstellung (*Continuous Integration/ Continuous Delivery*, CI/CD), Prozesse für die Überführung einer Workflow-Pipeline von der Entwicklung in die Produktion und alternative Tools, um Pipelines zu erstellen und zu orchestrieren. Außerdem werden wir untersuchen, wie sich Pipelines einsetzen lassen, um Metadaten zu verfolgen.

Benutzerdefinierte Komponenten erstellen

Unsere Pipeline müssen wir nicht unbedingt mit vorgefertigten oder anpassbaren TFX-Komponenten konstruieren – wir können auch eigene Container definieren und sie als Komponenten nutzen oder eine Python-Funktion in eine Komponente verwandeln.

Um die von TFX bereitgestellten containerbasierten Komponenten (*https://oreil.ly/5ryEn*) zu nutzen, übergeben wir der Methode `create_container_component` die Eingaben und Ausgaben für unsere Komponente und ein grundlegendes Docker-Image zusammen mit allen Einstiegspunktbefehlen für den Container. Zum Beispiel ruft die folgende containerbasierte Komponente das Befehlszeilentool `bq` auf, um einen BigQuery-Datensatz herunterzuladen:

```
component = create_container_component(
    name='DownloadBQData',
    parameters={
        'dataset_name': string,
        'storage_location': string
    },
    image='google/cloud-sdk:278.0.0',
,
    command=[
        'bq', 'extract', '--compression=csv', '--field_delimiter=,',
        InputValuePlaceholder('dataset_name'),
        InputValuePlaceholder('storage_location'),
    ]
)
```

Es ist am besten, ein Basis-Image zu verwenden, das bereits die meisten der benötigten Abhängigkeiten enthält. Wir verwenden hier das Google-Cloud-SDK-Image, das auch das Befehlszeilentool `bq` zur Verfügung stellt.

Genauso ist es möglich, eine benutzerdefinierte Python-Funktion mit dem Dekorator `@component` in eine TFX-Komponente zu konvertieren. Um das zu demonstrieren, nehmen wir einen Schritt an, der einen Cloud-Storage-Bucket erstellt und zur Vorbereitung von Ressourcen dient, die in unserer Pipeline verwendet werden. Diesen benutzerdefinierten Schritt definieren wir mit dem folgenden Code:

```
from google.cloud import storage
client = storage.Client(project="your-cloud-project")

@component
def CreateBucketComponent(
    bucket_name: Parameter[string] = 'your-bucket-name',
    ) -> OutputDict(bucket_info=string):
  client.create_bucket('gs://' + bucket_name)
  bucket_info = storage_client.get_bucket('gs://' + bucket_name)

  return {
    'bucket_info': bucket_info
  }
```

Dann können wir diese Komponente unserer Pipeline-Definition hinzufügen:

```
create_bucket = CreateBucketComponent(
    bucket_name='my-bucket')
```

CI/CD mit Pipelines integrieren

Pipelines werden Sie nicht nur über das Dashboard oder programmgesteuert über die CLI oder die API aufrufen, sondern Sie werden wahrscheinlich auch Läufe der Pipeline automatisieren wollen, wenn das Modell in der Produktion eingesetzt wird. So kann es beispielsweise sinnvoll sein, die Pipeline immer dann aufzurufen, wenn eine bestimmte Menge an neuen Trainingsdaten verfügbar ist. Oder wir möchten einen Pipeline-Lauf auslösen, wenn sich der Quellcode für die Pipeline ändert. Und wenn wir unsere Workflow-Pipeline mit CI/CD ausstatten, lassen sich Triggerereignisse einfacher mit Pipeline-Läufen verbinden.

Es sind viele verwaltete Dienste verfügbar, um Trigger einzurichten, die eine Pipeline starten, wenn wir ein Modell auf neuen Daten neu trainieren möchten. Wir könnten einen verwalteten Planungsdienst verwenden, um unsere Pipeline nach einem Zeitplan aufzurufen. Alternativ könnten wir einen serverlosen, ereignisbasierten Dienst wie Cloud Functions (*https://oreil.ly/rVyzX*) nutzen, um unsere Pipeline zu starten, wenn an einem Speicherort neue Daten hinzugefügt werden. In unserer Funktion könnten wir Bedingungen festlegen – etwa einen Schwellenwert für die Menge neuer Daten, die hinzugefügt werden müssen, damit ein Retraining erforderlich wird –, um einen neuen Pipeline-Lauf zu anzustoßen. Sobald genügend neue Trainingsdaten verfügbar sind, können wir einen Pipeline-Lauf instanziieren, um das Modell erneut zu trainieren und bereitzustellen, wie Abbildung 6-9 zeigt.

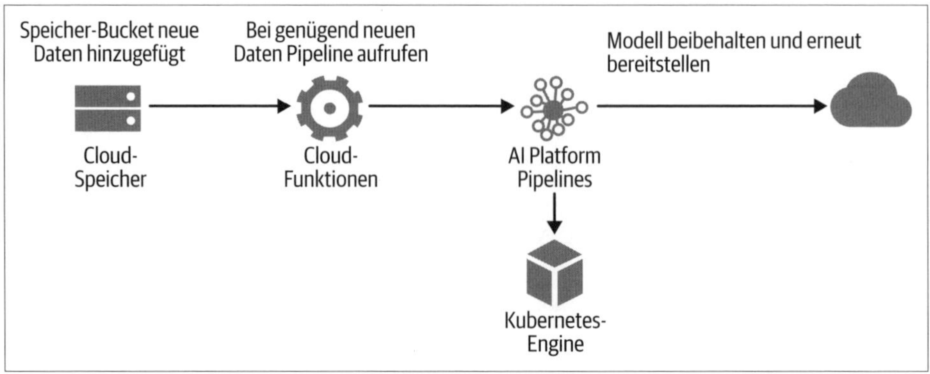

Abbildung 6-9: Ein CI/CD-Workflow, der über Cloud Functions eine Pipeline aufruft, wenn genügend neue Daten einem Speicherort hinzugefügt wurden

Möchten wir unsere Pipeline basierend auf Änderungen am Quellcode auslösen, kann ein verwalteter CI/CD-Dienst wie Cloud Build (*https://oreil.ly/kz8Aa*) helfen. Wenn Cloud Build unseren Code ausführt, wird er als Folge von containerisierten Schritten ausgeführt. Dieser Ansatz passt gut in den Kontext von Pipelines. Wir können Cloud Build mit GitHub Actions (*https://oreil.ly/G2Xwv*) oder GitLab Triggers (*https://oreil.ly/m_dYr*) in dem Repository, in dem sich unser Pipeline-Code befindet, verbinden. Wird der Code bestätigt, baut Cloud Build dann auf Basis des neuen Codes die Container, die zu unserer Pipeline gehören, und erzeugt einen Lauf.

Apache Airflow und Kubeflow Pipelines

Neben TFX sind Apache Airflow (*https://oreil.ly/rQlqK*) und Kubeflow Pipelines (*https://oreil.ly/e_7zJ*) Alternativen für die Implementierung des Musters *Workflow-Pipeline*. Wie TFX verarbeiten sowohl Airflow als auch KFP die Pipelines als DAG, bei dem der Workflow für jeden Schritt in einem Python-Skript definiert wird. Dann nehmen sie dieses Skript und stellen APIs bereit, um den Graphen auf der angegebenen Infrastruktur zu planen und zu orchestrieren. Sowohl Airflow als auch KFP sind Open Source und können daher lokal oder in der Cloud laufen.

Da man Airflow üblicherweise für das Data Engineering verwendet, kommt es auch für die Daten-ETL-Aufgaben einer Organisation infrage. Airflow bietet zwar robuste Tools, um Jobs auszuführen, wurde aber als universelle Lösung erstellt und nicht im Hinblick auf ML-Workloads entworfen. KFP hingegen wurde speziell für maschinelles Lernen konzipiert und arbeitet auf einer niedrigeren Ebene als TFX, ist dafür aber flexibler, wenn es darum geht, wie Pipeline-Schritte definiert werden. Während TFX seinen eigenen Orchestrierungsansatz implementiert, können wir bei KFP wählen, wie wir unsere Pipelines über seine API orchestrieren. Abbildung 6-10 fasst die Beziehung zwischen TFX, KFP und Kubeflow zusammen.

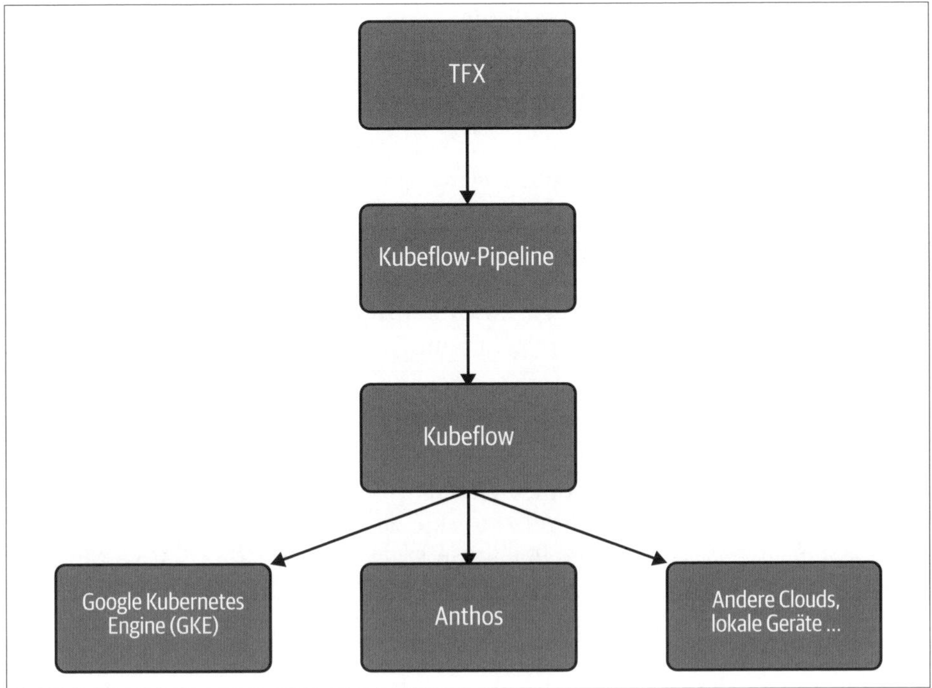

Abbildung 6-10: Die Beziehung zwischen TFX, Kubeflow Pipelines, Kubeflow und der zugrunde liegenden Infrastruktur. TFX operiert auf der höchsten Ebene und über Kubeflow Pipelines, wobei vorgefertigte Komponenten spezifische Ansätze für gängige Workflow-Schritte bieten. Die von Kubeflow Pipelines bereitgestellte API ermöglicht es, eine ML-Pipeline zu definieren und zu orchestrieren. Dadurch lassen sich die einzelnen Schritte flexibler implementieren. Sowohl TFX als auch KFP laufen auf Kubeflow, einer Plattform für die Ausführung von containerbasierten ML-Workloads auf Kubernetes. Alle Tools in dieser Grafik sind Open Source, sodass die zugrunde liegende Infrastruktur, auf der die Pipeline läuft, Sache des Benutzers ist – zu den Optionen gehören GKE, Anthos, Azure, AWS sowie lokale Tools.

Entwicklungs- vs. Produktionspipelines

Die Art, wie eine Pipeline aufgerufen wird, ändert sich oft, wenn wir von der Entwicklung in die Produktion übergehen. Wahrscheinlich werden wir unsere Pipeline von einem Notebook aus erstellen und als Prototyp bereitstellen. Dadurch ist es ohne Weiteres möglich, eine Notebook-Zelle auszuführen, um die Pipeline erneut aufzurufen, Fehler zu debuggen und den Code zu aktualisieren – alles in derselben Umgebung. Sobald alles für die Produktion bereit ist, können wir unseren Komponentencode und die Pipeline-Definition in ein einzelnes Skript verschieben. Mit der im Skript definierten Pipeline können wir Läufe planen und es anderen in unserer Organisation erleichtern, die Pipeline reproduzierbar aufzurufen. Ein Tool, das für die Überführung in die Produktion zur Verfügung steht, ist *Kale* (*https://github.com/kubeflow-kale/kale*). Es übernimmt Jupyter-Notebook-Code und konvertiert ihn mithilfe der Kubeflow Pipelines API in ein Skript.

Eine Produktionspipeline ermöglicht auch die Orchestrierung eines ML-Workflows. Unter *Orchestrierung* ist zu verstehen, dass wir unserer Pipeline Logik hinzufügen, um zu bestimmen, welche Schritte ausgeführt werden und welches Ergebnis diese Schritte haben werden. Zum Beispiel könnten wir uns dafür entscheiden, nur Modelle in der Produktion bereitzustellen, die eine Genauigkeit von 95 % oder mehr aufweisen. Wenn neu verfügbare Daten einen Pipeline-Lauf auslösen und ein aktualisiertes Modell trainieren, können wir mit zusätzlicher Logik die Ausgabe unserer Bewertungskomponente überprüfen, um die Bereitstellungskomponente auszuführen, wenn die Genauigkeit über unserem Schwellenwert liegt, oder andernfalls den Pipeline-Lauf beenden. Sowohl Airflow als auch Kubeflow Pipelines, die bereits in diesem Abschnitt erwähnt wurden, bieten APIs für die Pipeline-Orchestrierung.

Herkunft in ML-Pipelines verfolgen

Pipelines bieten mit der sogenannten *Herkunftsverfolgung* (*Lineage Tracking*) die Möglichkeit, Modellmetadaten und Artefakte zu verfolgen. Jedes Mal, wenn wir eine Pipeline aufrufen, wird eine Reihe von Artefakten generiert. Diese Artefakte könnten Datensatzzusammenfassungen, exportierte Modelle, Modellbewertungsergebnisse, Metadaten zu spezifischen Pipeline-Aufrufen und mehr enthalten. Die Herkunftsverfolgung erlaubt uns, den Verlauf unserer Modellversionen zusammen mit anderen Modellartefakten zu visualisieren. Zum Beispiel können wir in AI Platform Pipelines im Pipelines-Dashboard sehen, auf welchen Daten eine Modellversion trainiert worden ist, aufgeschlüsselt sowohl nach Datenschema als auch nach Datum. Abbildung 6-11 zeigt das Dashboard *Lineage Explorer* für eine TFX-Pipeline, die auf AI Platform läuft. Hier lassen sich die Eingabe- und Ausgabeartefakte verfolgen, die mit einem bestimmten Modell verbunden sind.

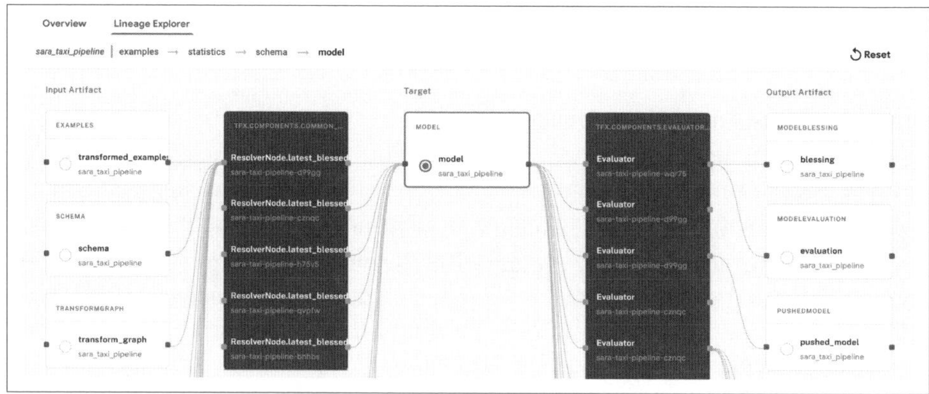

Abbildung 6-11: Der Abschnitt »Lineage Explorer« des Dashboards von AI Platform Pipelines für eine TFX-Pipeline

Wenn man die Artefakte, die während unseres Pipeline-Laufs erzeugt werden, per Herkunftsverfolgung verwaltet, profitiert man davon, dass die Herkunftsverfolgung sowohl Cloud-basierte als auch lokale Umgebungen unterstützt. Dadurch sind wir flexibel, wenn es darum geht, wo Modelle trainiert und bereitgestellt sowie die Modellmetadaten gespeichert werden. Darüber hinaus ist die Herkunftsverfolgung ein wichtiger Aspekt, um ML-Pipelines reproduzierbar zu machen, da sie Vergleiche zwischen Metadaten und Artefakten aus verschiedenen Pipeline-Läufen erlaubt.

Entwurfsmuster 26: Feature Store

Das Entwurfsmuster *Feature Store* vereinfacht die Verwaltung und Wiederverwendung von Features über Projekte hinweg, denn es entkoppelt den Prozess der Feature-Erstellung von der Entwicklung der Modelle, die diese Features verwenden.

Problem

Ein gutes Feature Engineering ist entscheidend für den Erfolg vieler ML-Lösungen. Allerdings ist es auch einer der zeitaufwendigsten Teile der Modellentwicklung. Einige Features erfordern erhebliches Domänenwissen, um Berechnungen korrekt auszuführen, und Änderungen in der Geschäftsstrategie können sich darauf auswirken, wie ein Feature berechnet werden sollte. Um eine konsistente Berechnung derartiger Features sicherzustellen, ist es besser, wenn diese Features unter der Kontrolle von Domänenexperten und nicht von ML Engineers stehen. Bei einigen Eingabefeldern lassen sich verschiedene Datendarstellungen wählen (siehe Kapitel 2), um sie für maschinelles Lernen besser geeignet zu machen. In der Regel experimentiert ein ML Engineers oder Data Scientist mit mehreren verschiedenen Transformationen, um festzustellen, welche hilfreich sind und welche nicht, bevor er entscheidet, welche Features das endgültige Modell umfassen wird. Die im Modell verwendeten Daten stammen oftmals nicht nur aus einer einzigen Quelle. Manche Daten kommen aus einem Data Warehouse, andere Daten liegen vielleicht als unstrukturierte Daten in einem Speicher-Bucket, und wieder andere Daten entstehen durch Streaming in Echtzeit. Die Struktur der Daten kann ebenfalls zwischen diesen Quellen variieren, sodass jede Eingabe ihre eigenen Schritte für das Feature Engineering benötigt, bevor sie in ein Modell eingespeist werden kann. Da diese Entwicklung oft auf einem virtuellen Computer oder einem persönlichen Rechner stattfindet, ist die Feature-Erzeugung an die Softwareumgebung gebunden, in der das Modell erstellt wird. Und je komplexer das Modell wird, desto komplizierter werden diese Datenpipelines.

Ein Ad-hoc-Ansatz, bei dem Features nach Bedarf von ML-Projekten erstellt werden, mag für die einmalige Modellentwicklung und das Training funktionieren, doch wenn Organisationen skalieren, ist diese Methode des Feature Engineerings nicht mehr praktikabel, und es entstehen erhebliche Probleme:

- Ad-hoc-Features lassen sich nicht einfach wiederverwenden. Features werden immer wieder neu erzeugt, entweder von einzelnen Benutzern oder innerhalb von Teams, oder sie verlassen nie die Pipelines (oder Notebooks), in denen sie erstellt wurden. Besonders problematisch ist dies bei Features, die kompliziert zu berechnen sind. Das kann daran liegen, dass sie durch teure Prozesse abgeleitet werden, wie zum Beispiel vortrainierte Benutzer- oder Katalogelementeinbettungen. In anderen Fällen kann es daran liegen, dass die Features von vorgelagerten Prozessen erfasst werden, etwa von Geschäftsprioritäten, vertraglicher Verfügbarkeit oder Marktsegmentierung. Komplexität kann auch dadurch entstehen, dass Features auf höherer Ebene Aggregationen über die Zeit beinhalten, wie zum Beispiel die Anzahl der Bestellungen eines Kunden im letzten Monat. Aufwand und Zeit werden verschwendet, wenn die gleichen Features für jedes neue Projekt von Grund auf neu erstellt werden.

- Data Governance wird erschwert, wenn jedes ML-Projekt die Features von sensitiven Daten anders berechnet.
- Ad-hoc-Features können nicht einfach von Teams oder Projekten gemeinsam genutzt werden. In vielen Organisationen werden dieselben Rohdaten von mehreren Teams verwendet, aber die einzelnen Teams können Features unterschiedlich definieren, und es gibt keinen einfachen Zugriff auf eine Feature-Dokumentation. Dies behindert auch die effektive, teamübergreifende Zusammenarbeit, was zu siloartig strukturierter Arbeit und unnötig doppeltem Aufwand führt.
- Ad-hoc-Features, die für Training und Serving verwendet werden, sind inkonsistent – d.h., es entsteht eine Verzerrung zwischen Training und Serving. Typischerweise wird mit vergangenheitsbezogenen Daten trainiert, und zwar mit Batch-Features, die offline erstellt werden. Das Serving erfolgt jedoch normalerweise online. Unterscheidet sich die Feature-Pipeline für das Training in irgendeiner Form von der Pipeline, die in der Produktion für das Serving verwendet wird (zum Beispiel unterschiedliche Bibliotheken, Vorverarbeitungscode oder Sprachen), besteht die Gefahr einer Schieflage zwischen Training und Serving.
- Es ist schwierig, Features in die Produktion zu überführen. Es gibt kein standardisiertes Framework, um Features für ML-Modelle online und Batch-Features für das Modelltraining offline bereitzustellen. Modelle werden offline mit Features trainiert, die in Batch-Prozessen entstehen, aber wenn diese Features für die Produktion erstellt werden, legt man vor allem Wert auf niedrige Latenz und weniger auf hohen Durchsatz. Das Framework für die Generierung und Speicherung der Features ist nicht flexibel genug, um beiden Szenarios zu entsprechen.

Kurz gesagt, bremst der Ad-hoc-Ansatz für das Feature Engineering die Modellentwicklung, bedeutet aber doppelten Aufwand und einen ineffizienten Arbeitsablauf. Darüber hinaus ist die Feature-Erstellung zwischen Training und Inferenz inkonsistent, birgt das Risiko von Verzerrungen zwischen Training und Serving oder führt zu Datenlecks, weil versehentlich Label-Informationen in die Eingabe der Modellpipeline gelangen.

Lösung

Die Lösung besteht darin, einen gemeinsamen Feature-Speicher zu erstellen, einen zentralen Ort zum Speichern und Dokumentieren von Feature-Datensätzen, die dem Aufbau von ML-Modellen dienen und projekt- und teamübergreifend genutzt werden können. Der Feature-Speicher agiert als Schnittstelle zwischen den Pipelines des Data Engineers für die Feature-Erstellung und dem Workflow des Data Scientists, der Modelle mit diesen Features erstellt (siehe Abbildung 6-12). Auf diese Weise gibt es ein zentrales Repository, das vorberechnete Features aufnimmt, was die Entwicklungszeit verkürzt und die Feature-Erkennung erleichtert. Dadurch lassen sich auch die grundlegenden Prinzipien der Softwaretechnik – wie Versionierung, Dokumentation und Zugriffssteuerung – auf die erstellten Features anwenden.

Ein typischer Feature-Speicher wird mit zwei wichtigen Entwurfsmerkmalen aufgebaut: Werkzeuge, um große Feature-Datenmengen schnell zu verarbeiten, und eine Methode zum Speichern von Features, die sowohl den Zugriff mit geringer Latenz (für Inferenz) als auch den Zugriff auf große Batches (für das Modelltraining) unterstützt. Außerdem gibt es eine Metadatenschicht, die die Dokumentation und die Versionierung verschiedener Feature-Sätze vereinfacht, und eine API, die das Laden und Abrufen von Feature-Daten verwaltet.

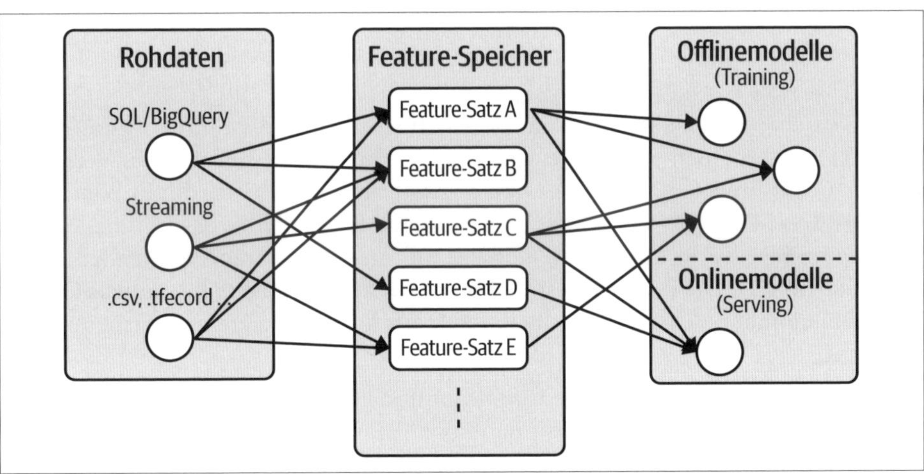

Abbildung 6-12: Ein Feature-Speicher bildet eine Brücke zwischen Rohdatenquellen und dem Modelltraining und -Serving.

Die typische Arbeit eines Data oder ML Engineers besteht darin, Rohdaten (strukturierte oder gestreamte) aus einer Datenquelle zu lesen, verschiedene Transformationen auf den Daten mit dem bevorzugten Framework zur Verarbeitung der Daten anzuwenden und die transformierten Features im Feature-Speicher zu speichern. Anstatt Feature-Pipelines zu erstellen, um ein einzelnes ML-Modell zu unterstützen, entkoppelt das Muster *Feature Store* das Feature Engineering von der Modellentwicklung. Insbesondere werden Tools wie Apache Beam, Flink oder Spark häufig eingesetzt, um Daten im Batch wie auch in gestreamter Form zu verarbeiten. Damit treten ebenfalls weniger Training-Serving-Verzerrungen auf, da die Feature-Daten von denselben Pipelines zur Feature-Erstellung kommen.

Die erstellten Features werden in einem Datenspeicher untergebracht, um sie für Training und Serving abzurufen. Für das Abrufen der Features wird die Geschwindigkeit optimiert. Ein Modell in der Produktion, das eine Onlineanwendung unterstützt, muss gegebenenfalls Echtzeitvorhersagen innerhalb von Millisekunden produzieren, weshalb eine geringe Latenz entscheidend ist. Für das Training ist jedoch eine höhere Latenz kein Problem. Vielmehr liegt hier der Schwerpunkt auf einem hohen Durchsatz, da vergangenheitsbezogene Features in großen Batches für das Training abgerufen werden. Ein Feature-Speicher ist für beide Anwendungsfälle konzipiert, indem er verschiedene Datenspeicher für den Online- und den Offlinezugriff auf Features verwendet. So kann ein Feature-Speicher beispielsweise Cassandra oder Redis als Datenspeicher für das Onlineabrufen von Features verwenden und Hive oder BigQuery, um vergangenheitsbezogene Feature-Mengen in großen Batches abzurufen.

Letztlich beherbergt ein typischer Feature-Speicher viele verschiedene Feature-Sets mit Features, die aus unzähligen Rohdatenquellen erstellt wurden. Eine integrierte Metadatenschicht dokumentiert die Feature-Sets und bietet eine Registrierung für eine einfache Feature-Discovery und eine teamübergreifende Zusammenarbeit.

Feast

Als praktisches Beispiel für dieses Muster betrachten wir Feast (*https://github.com/feast-dev*), einen Open-Source-Feature-Speicher für maschinelles Lernen, der von Google Cloud und Gojek (*https://oreil.ly/PszIn*) entwickelt wurde. Er basiert auf Google-Cloud-Diensten (*https://oreil.ly/ecJou*), die BigQuery für das Offline-Modelltraining und Redis für das Online-Serving mit niedriger Latenz verwenden (siehe Abbildung 6-13). Die Feature-Erstellung geschieht mit Apache Beam, was konsistente Datenpipelines sowohl für die Batch- als auch für die Streamverarbeitung ermöglicht.

Um zu zeigen, wie dies in der Praxis funktioniert, verwenden wir einen öffentlichen BigQuery-Datensatz mit Informationen über Taxifahrten in New York City.[7] Jede Zeile der Tabelle enthält einen Zeitstempel für das Zusteigen sowie Breiten- und Längengrad beim Zusteigen, Breiten- und Längengrad beim Aussteigen, die Anzahl der Fahrgäste und die Kosten der Taxifahrt. Das ML-Modell soll nun anhand dieser Merkmale die Kosten der Taxifahrt – als `fare_amount` bezeichnet – vorhersagen.

Dieses Modell profitiert vom Engineering zusätzlicher Features aus den Rohdaten. Da zum Beispiel die Kosten einer Taxifahrt auf der Entfernung und der Dauer der Fahrt basieren, ist die vorab berechnete Entfernung zwischen Zusteigen und Aus-

7 Die Daten sind in der BigQuery-Tabelle verfügbar: *bigquery-public-data.new_york_taxi_trips.tlc_yellow_trips_2016*.

steigen ein nützliches Feature. Sobald dieses Feature im Datensatz berechnet ist, können wir es in einem Feature-Satz zur späteren Verwendung speichern.

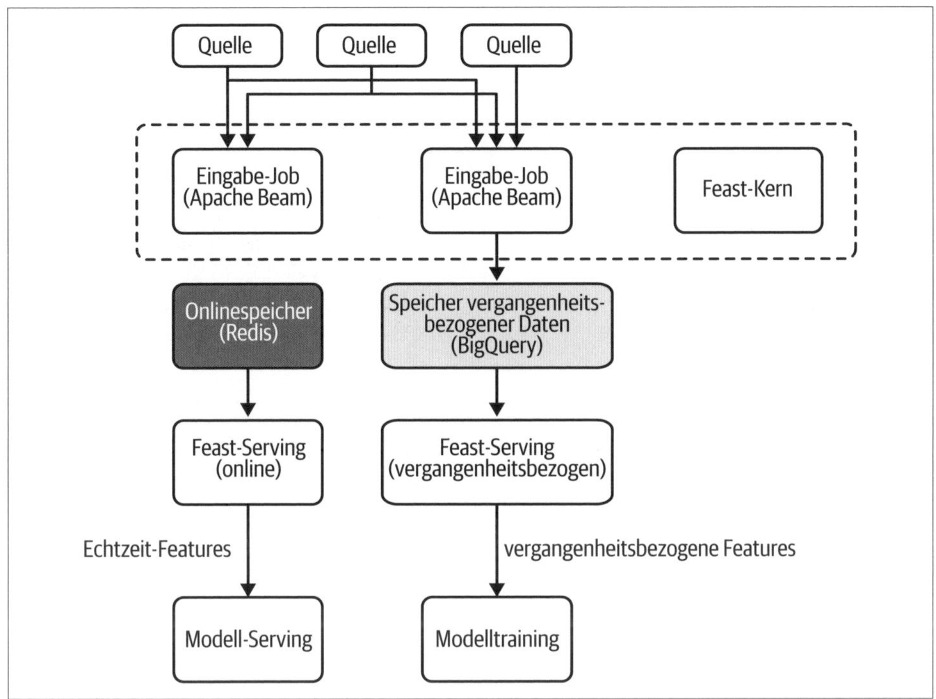

Abbildung 6-13: Die Architektur des Feast-Feature-Speichers im Überblick. Feast baut auf Google BigQuery, Redis und Apache Beam auf.

Features zu Feast hinzufügen. In Feast werden Daten mithilfe von Feature-Sets gespeichert. Ein `FeatureSet` enthält das Datenschema und die Datenquelleninformationen, egal ob die Daten aus einem Pandas-Dataframe oder einem gestreamten Kafka-Topic stammen. Durch Feature-Sets weiß Feast, woher die Daten stammen, die es für ein Feature benötigt, wie sie eingelesen werden und welche grundlegenden Eigenschaften die Datentypen besitzen. Gruppen von Features können zusammen eingelesen und gespeichert werden, und Feature-Sets bieten effiziente Speichermechanismen und logisches Namespacing der Daten innerhalb dieser Speicher.

Sobald unser Feature-Set registriert ist, startet Feast einen Apache-Beam-Job, um den Feature-Speicher mit Daten aus der Quelle zu füllen. Ein Feature-Set wird verwendet, um sowohl Offline- als auch Online-Feature-Speicher zu generieren, wodurch sichergestellt wird, dass Entwickler:innen ihr Modell mit denselben Daten trainieren und bereitstellen. Feast gewährleistet, dass die Quelldaten mit dem erwarteten Schema des Feature-Sets übereinstimmen.

Um Feature-Daten in Feast einzulesen, sind vier Schritte zu absolvieren, wie Abbildung 6-14 zeigt.

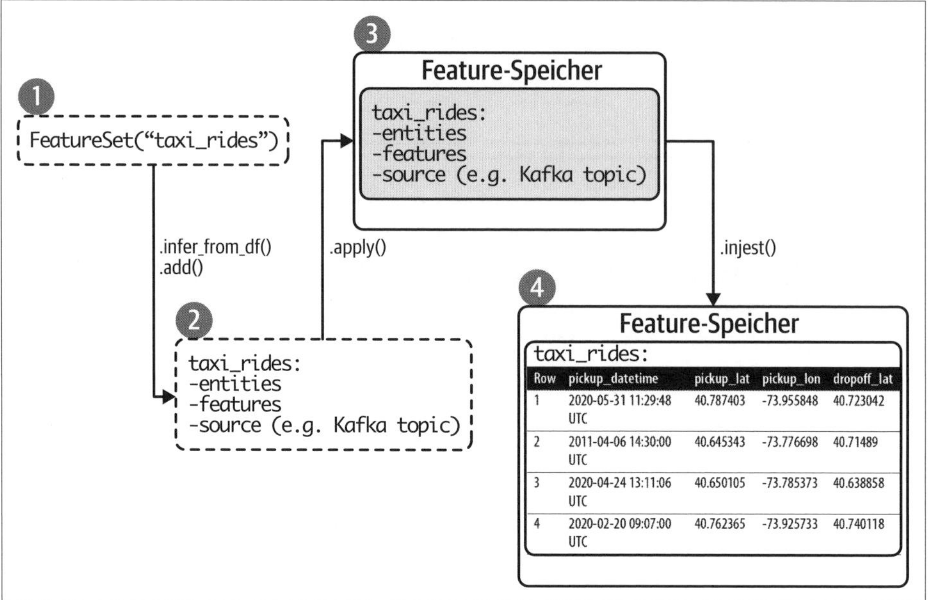

Abbildung 6-14: Feature-Daten werden in vier Schritten nach Feast eingelesen: ein »FeatureSet« erzeugen, Entitäten und Features hinzufügen, das »FeatureSet« registrieren und die Feature-Daten in das »FeatureSet« einlesen.

Die vier Schritte sehen folgendermaßen aus:

1. Ein `FeatureSet` erstellen. Das Feature-Set spezifiziert die Entitäten, die Features und die Quelle.
2. Entitäten und Features dem `FeatureSet` hinzufügen.
3. Das `FeatureSet` registrieren. Daraufhin wird in Feast ein benanntes Feature-Set angelegt. Das Feature-Set enthält keine Feature-Daten.
4. Feature-Daten in das `FeatureSet` laden.

Im Repository zu diesem Buch finden Sie ein Notebook mit dem vollständigen Code für dieses Beispiel (*https://github.com/GoogleCloudPlatform/ml-design-patterns/blob/master/06_reproducibility/feature_store.ipynb*).

Ein FeatureSet erstellen. Mit dem Python-SDK richten wir einen Client ein, um die Verbindung zu einer Feast-Bereitstellung herzustellen:

```
from feast import Client, FeatureSet, Entity, ValueType

# Mit einer vorhandenen Feast-Bereitstellung verbinden.
client = Client(core_url='localhost:6565')
```

Um zu überprüfen, ob der Client verbunden ist, geben wir die vorhandenen Feature-Sets mit dem Befehl `client.list_feature_sets()` aus. Falls es sich um eine neue Bereitstellung handelt, gibt der Befehl eine leere Liste zurück. Möchten Sie ein neues Feature-Set erstellen, instanziieren Sie die Klasse `FeatureSet` und übergeben dabei den Namen des Feature-Sets:

```
# Ein Feature-Set erstellen.
taxi_fs = FeatureSet("taxi_rides")
```

Entitäten und Features dem FeatureSet hinzufügen. Im Kontext von Feast bestehen Feature-Sets aus Entitäten und Features. Entitäten dienen als Schlüssel für die Suche nach Feature-Werten und verknüpfen Features zwischen verschiedenen Feature-Sets, wenn Datensätze für Training oder Serving erstellt werden. Die Entität fungiert als Bezeichner für ein maßgebliches Merkmal, das in Ihrem Datensatz vorkommt. Sie ist ein Objekt, das sich modellieren lässt und Informationen speichert. Im Kontext eines Mitfahr- oder Essenslieferdiensts könnte die maßgebliche Entität `customer_id`, `order_id`, `driver_id` oder `restaurant_id` sein, im Kontext eines Churn-Modells `customer_id` oder `segment_id`. In unserem Beispiel ist die Entität die `taxi_id`, ein eindeutiger Bezeichner für den Taxiunternehmer jeder Fahrt.

In diesem Stadium enthält das von uns erstellte Feature-Set namens `taxi_rides` weder Entitäten noch Features. Über den Client des Feast-Kerns können wir diese Daten einem Pandas-Dataframe entnehmen, der die Rohdateneingaben und -entitäten enthält, wie Tabelle 6-2 angibt.

Tabelle 6-2: Der Datensatz mit Taxifahrten enthält Informationen über Taxifahrten in New York. Die Entität »taxi_id« ist ein eindeutiger Bezeichner für den Taxiunternehmer jeder Fahrt.

Row	pickup_ datetime	pickup_lat	pickup_lon	dropoff_lat	dropoff_lon	num_ pass	taxi_ id	fare_ amt
1	2020-05-31 11:29:48 UTC	40.787403	-73.955848	40.723042	-73.993106	2	0	15.3
2	2011-04-06 14:30:00 UTC	40.645343	-73.776698	40.71489	73.987242	2	0	45.0
3	2020-04-24 13:11:06 UTC	40.650105	-73.785373	40.638858	-73.9678	2	2	32.1
4	2020-02-20 09:07:00 UTC	40.762365	-73.925733	40.740118	-73.986487	2	1	21.3

Streaming-Datenquellen definieren, wenn ein Feature-Set erstellt wird

Benutzer können Streaming-Datenquellen definieren, wenn sie ein Feature-Set erstellen. Sobald ein Feature-Set mit einer Quelle registriert ist, füllt Feast automatisch seine Speicher mit Daten aus dieser Quelle. Das folgende Beispiel zeigt ein Feature-Set mit einer vom Benutzer bereitgestellten Quelle, das Streaming-Daten aus einem Kafka-Topic abruft:

```
feature_set = FeatureSet(
    name="stream_feature",
    entities=[
        Entity("taxi_id", ValueType.INT64)
    ],
    features=[
        Feature("traffic_last_5min", ValueType.INT64)
    ],
    source=KafkaSource(
        brokers="mybroker:9092",
        topic="my_feature_topic"
    )
)
```

Der Zeitstempel pickup_datetime (Zeit beim Zusteigen) ist hier wichtig, da er benötigt wird, um Batch-Features abzurufen, und dazu dient, zeitlich korrekte Verknüpfungen für Batch-Features zu gewährleisten. Um ein zusätzliches Feature – wie zum Beispiel den euklidischen Abstand – zu generieren, laden Sie den Datensatz in einen Pandas-Dataframe und berechnen das Feature:

```
# Dataframe laden.
taxi_df = pd.read_csv("taxi-train.csv")

# Feature Engineering für euklidischen Abstand.
taxi_df['euclid_dist'] = taxi_df.apply(compute_dist, axis=1)
```

Mit der Methode `.add(...)` können wir Entitäten und Features dem Feature-Set hinzufügen. Alternativ erzeugt die Methode `.infer_fields_from_df(...)` die Entitäten und Features für unser `FeatureSet` direkt aus dem Pandas-Dataframe. Dazu spezifizieren Sie einfach den Spaltennamen, der die Entität repräsentiert. Das Schema und die Datentypen für die Features des Feature-Sets werden dann aus dem Dataframe abgeleitet:

```
# Die Features des Feature-Sets aus dem Pandas-Dataframe ableiten.
    taxi_fs.infer_fields_from_df(taxi_df,
                entities=[Entity(name='taxi_id', dtype=ValueType.INT64)],
replace_existing_features=True)
```

Das FeatureSet registrieren. Sobald das `FeatureSet` erzeugt ist, können wir es mit `client.apply(taxi_fs)` bei Feast registrieren. Um sich davon zu überzeugen, dass das Feature-Set korrekt registriert wurde oder um den Inhalt eines anderen Feature-Sets zu inspizieren, können Sie es mit der Methode `.get_feature_set()` abrufen:

```
print(client.get_feature_set("taxi_rides"))
```

Diese Anweisung gibt ein JSON-Objekt zurück, das das Datenschema für das Feature-Set `taxi_rides` enthält:

```
{
  "spec": {
    "name": "taxi_rides",
    "entities": [
      {
        "name": "key",
        "valueType": "INT64"
      }
    ],
    "features": [
      {
        "name": "dropoff_lon",
        "valueType": "DOUBLE"
      },
      {
        "name": "pickup_lon",
        "valueType": "DOUBLE"
      },
      ...
    ...
    ],
    }
}
```

Feature-Daten in das FeatureSet einlesen. Wenn wir mit unserem Schema zufrieden sind, können wir die Feature-Daten aus dem Dataframe mit der Methode `.ingest(...)` in Feast einlesen. Der Methode übergeben wir das Feature-Set namens `taxi_fs` und den Dataframe `taxi_df`, aus dem die Feature-Daten gefüllt werden sollen:

```
# Feature-Daten für dieses spezifische Feature-Set in Feast einlesen.
client.ingest(taxi_fs, taxi_df)
```

Der Fortschritt beim Einlesen wird auf dem Bildschirm ausgegeben. Demnach haben wir 28.247 Zeilen in das Feature-Set `taxi_rides` in Feast eingelesen:

```
100%|██████████|28247/28247 [00:02<00:00, 2771.19rows/s]
Ingestion complete!

Ingestion statistics:
Success: 28247/28247 rows ingested
```

In dieser Phase listet jetzt der Aufruf von `client.list_feature_sets()` das Feature-Set `taxi_rides` auf, das wir eben erstellt haben, und gibt `[default/taxi_rides]` zurück. Hier bezieht sich `default` auf den Projektbereich des Feature-Sets innerhalb von Feast. Dies lässt sich beim Instanziieren des Feature-Sets ändern, um bestimmte Feature-Sets im Projektzugriff zu halten.

Datensätze können sich mit der Zeit ändern, wodurch sich auch die Feature-Sets ändern. Sobald ein Feature-Set in Feast erstellt ist, lassen sich nur wenige Änderungen vornehmen. Die folgenden Änderungen sind zum Beispiel erlaubt:

- Neue Features hinzufügen.
- Vorhandene Features entfernen. (Beachten Sie, dass Features lediglich eine Löschmarkierung erhalten und im Datensatz verbleiben, also nicht vollständig entfernt werden. Dadurch können neue Features die Namen von zuvor gelöschten Features annehmen.)
- Schemas von Features ändern.
- Die Quelle des Feature-Sets oder das `max_age` der Feature-Set-Beispiele ändern.

Die folgenden Änderungen sind nicht erlaubt:

- Änderungen am Namen des Feature-Sets.
- Änderungen an Entitäten.
- Änderungen an den Namen vorhandener Features.

Daten aus Feast abrufen

Sobald ein Feature-Set mit Features bestückt ist, können wir vergangenheitsbezogene oder Online-Features abrufen. Benutzer und Produktionssysteme rufen Feature-Daten über eine Serving-Datenzugriffsschicht von Feast ab. Da Feast sowohl Offline- als auch Onlinespeichertypen unterstützt, ist es üblich, für beide Typen Feast-Bereitstellungen vorzusehen, wie Abbildung 6-15 zeigt. In den beiden Feature-Speichern sind die gleichen Feature-Daten enthalten, was die Konsistenz zwischen Training und Serving sicherstellt.

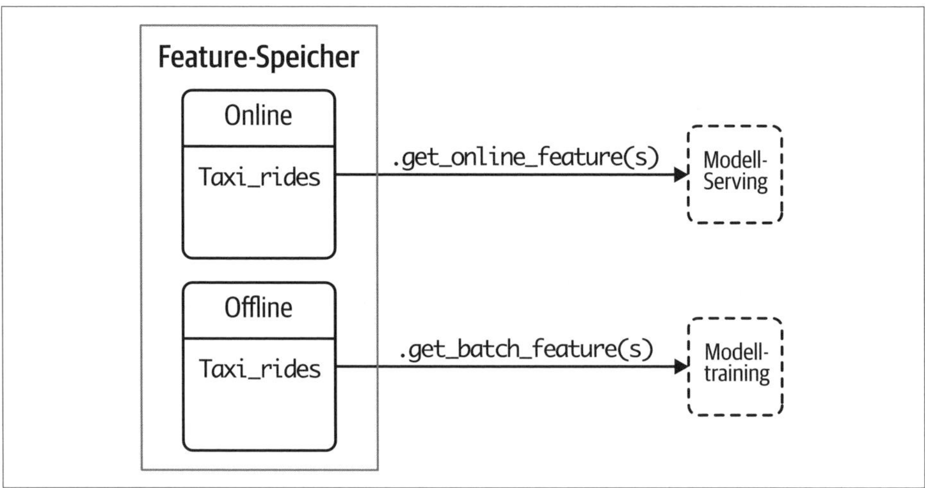

Abbildung 6-15: Feature-Daten können entweder offline abgerufen werden, um vergangenheitsbezogene Features für das Modelltraining zu verwenden, oder online für das Serving.

Auf diese Bereitstellungen kann über einen separaten Online- und Batch-Client zugegriffen werden:

```
_feast_online_client = Client(serving_url='localhost:6566')
_feast_batch_client = Client(serving_url='localhost:6567',
                             core_url='localhost:6565')
```

Batch-Serving. BigQuery unterstützt es, vergangenheitsbezogene Features zum Trainieren eines Modells abzurufen. Der Zugriff darauf erfolgt mit dem Batch-Serving-Client über die Methode `.get_batch_features(...)`. In unserem Beispiel übergeben wir Feast einen Pandas-Dataframe mit den Entitäten und Zeitstempeln, über die die Feature-Daten verknüpft werden. Dadurch ist Feast in der Lage, einen zeitpunktkorrekten Datensatz basierend auf den angeforderten Features zu erstellen:

```
# Eine Entität df aller Entitäten und Zeitstempel erstellen.
entity_df = pd.DataFrame(
    {
        "datetime": taxi_df.datetime,
        "taxi_id": taxi_df.taxi_id,
    }
)
```

Um vergangenheitsbezogene Features abzurufen, verweisen Sie auf die Features im Feature-Set nach dem Namen des Feature-Sets und dem Namen des Features, getrennt durch einen Doppelpunkt – zum Beispiel `taxi_rides:pickup_lat`:

```
    FS_NAME = taxi_rides
model_features = ['pickup_lat',
                  'pickup_lon',
                  'dropoff_lat',
                  'dropoff_lon',
                  'num_pass',
                  'euclid_dist']
    label = 'fare_amt'

    features = model_features + [label]

# Trainingsdatensatz von Feast abrufen.
dataset = _feast_batch_client.get_batch_features(
    feature_refs=[FS_NAME + ":" + feature for feature in features],
    entity_rows=entity_df).to_dataframe()
```

Der Dataframe-Datensatz enthält jetzt alle Features und das Label für unser Modell – abgerufen direkt aus dem Feature-Speicher.

Online-Serving. Für das Online-Serving speichert Feast nur die neuesten Entitätswerte im Unterschied zum vergangenheitsbezogenen Serving, bei dem sämtliche historischen Werte gespeichert werden. Online-Serving mit Feast ist auf sehr geringe Latenz ausgelegt, und Feast bietet eine gRPC-API, die von Redis unterstützt wird. Um zum Beispiel Online-Features abzurufen, wenn Online-Vorhersagen mit dem trainierten Modell erfolgen sollen, verwenden wir die Methode `.get_online_features(...)`, der wir die Features, die wir erfassen wollen, und die Entität übergeben:

```
# Online-Features für eine einzelne taxi_id abrufen.
online_features = _feast_online_client.get_online_features(
    feature_refs=["taxi_rides:pickup_lat",
"taxi_rides:pickup_lon",
    "taxi_rides:dropoff_lat",
"taxi_rides:dropoff_lon",
        "taxi_rides:num_pass",
"taxi_rides:euclid_dist"],
    entity_rows=[
        GetOnlineFeaturesRequest.EntityRow(
            fields={
                "taxi_id": Value(
                int64_val=5)
            }
        )
    ]
)
```

Dieser Code speichert `online_features` als Liste von Karten, wobei der Eintrag in der Liste die neuesten Feature-Werte für die bereitgestellte Entität enthält, hier `taxi_id = 5`:

```
field_values {
  fields {
    key: "taxi_id"
    value {
      int64_val: 5
    }
  }
  fields {
    key: "taxi_rides:dropoff_lat"
    value {
        double_val: 40.78923797607422
    }
  }
  fields {
    key: "taxi_rides:dropoff_lon"
    value {
      double_val: -73.96871948242188
    }
...
```

Um für dieses Beispiel eine Online-Vorhersage zu erstellen, übergeben wir die Feldwerte aus dem in `online_features` zurückgegebenen Objekt als Pandas-Dataframe namens `predict_df` an `model.predict`:

```
predict_df = pd.DataFrame.from_dict(online_features_dict)
model.predict(predict_df)
```

Warum es funktioniert

Feature-Speicher funktionieren, weil sie das Feature Engineering von der Feature-Nutzung entkoppeln, sodass Feature-Entwicklung und -Erstellung unabhängig von der Nutzung der Features während der Modellentwicklung erfolgen können. Wenn Features zum Feature-Speicher hinzukommen, sind sie sofort sowohl für das Training als auch für das Serving verfügbar und werden an einem einzigen Ort gespeichert. Damit wird die Konsistenz zwischen Training und Serving des Modells gewährleistet.

Zum Beispiel empfängt ein Modell, das als kundenorientierte Anwendung bereitgestellt wird, vielleicht nur zehn Eingabewerte von einem Client, doch müssen diese zehn Eingaben gegebenenfalls per Feature Engineering in viele weitere Features transformiert werden, bevor sie an ein Modell gesendet werden. Diese konstruierten Features werden innerhalb des Feature-Speichers verwaltet. Es ist entscheidend, dass die Pipeline für das Abrufen von Features während der Entwicklung dieselbe ist wie beim Serving des Modells. Ein Feature-Speicher stellt diese Konsistenz sicher (siehe Abbildung 6-16).

Feast erreicht dies mithilfe von Beam auf dem Backend für Feature-Einlesepipelines, die Feature-Werte in die Feature-Sets schreiben, und verwendet Redis und BigQuery für das Abrufen von Features online bzw. offline (siehe Abbildung 6-17).[8] Wie bei jedem Feature-Speicher kümmert sich die Eingabepipeline auch um Teilausfälle oder Racebedingungen, die dazu führen können, dass manche Daten in dem einen Speicher vorhanden sind, im anderen aber nicht.

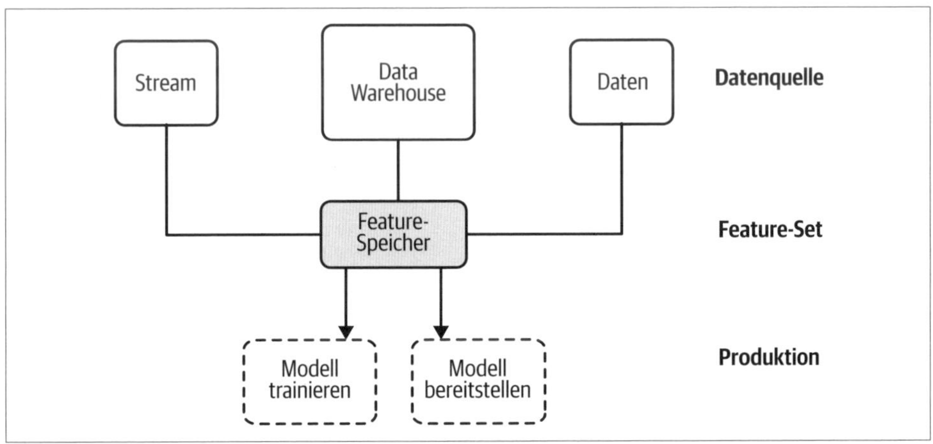

Abbildung 6-16: Ein Feature-Speicher gewährleistet, dass die Feature-Engineering-Pipelines zwischen Training und Serving des Modells konsistent sind (siehe auch https://docs.feast.dev/).

8 Siehe den Gojek-Blog »Feast: Bridging ML Models and Data« unter *https://oreil.ly/YVta5*.

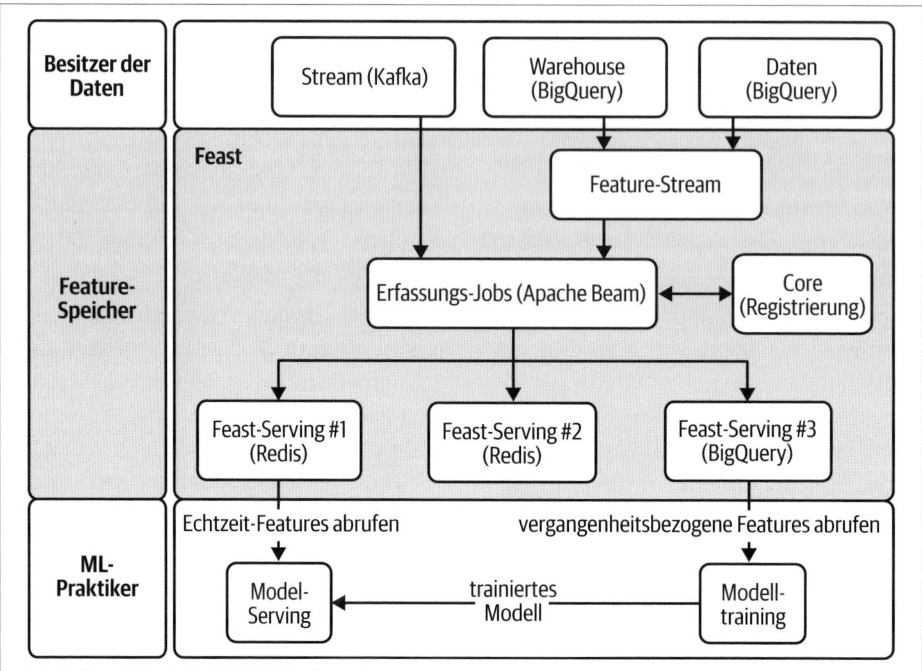

Abbildung 6-17: Feast verwendet Beam im Backend für das Einlesen von Features sowie Redis und BigQuery für das Abrufen von Features online und offline.

Verschiedene Systeme können Daten in unterschiedlichen Raten produzieren, und jeder Feature-Speicher ist flexibel genug, um mit diesen unterschiedlichen Kadenzen umzugehen, sowohl beim Einlesen als auch beim Abrufen (siehe Abbildung 6-18).

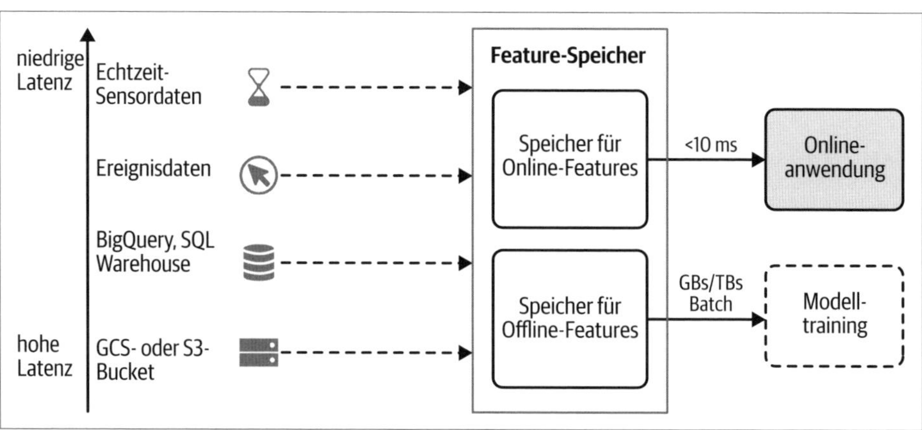

Abbildung 6-18: Das Entwurfsmuster Feature Store kann sowohl die Anforderungen an eine hohe Skalierbarkeit der Daten für große Batches während des Trainings als auch an eine äußerst niedrige Latenz für das Serving von Onlineanwendungen erfüllen.

Zum Beispiel könnten Sensordaten in Echtzeit entstehen und jede Sekunde eintreffen, oder es könnte eine monatliche Datei geben, die von einem externen System generiert wird und eine Zusammenfassung der Transaktionen des letzten Monats enthält. Alle diese Daten müssen verarbeitet und in den Feature-Speicher eingelesen werden. Ebenso kann es verschiedene Zeithorizonte für das Abrufen von Daten aus dem Feature-Speicher geben. Beispielsweise kann eine benutzerorientierte Onlineanwendung mit sehr geringer Latenz arbeiten und sekundengenaue Features verwenden, während Features beim Trainieren des Modells offline als großer Batch abgerufen werden, aber mit höherer Latenz.

Es gibt keine einzelne Datenbank, die *sowohl* die Skalierung auf potenziell Terabyte-große Datenmengen *als auch* auf extrem niedrige Latenz in der Größenordnung von Millisekunden beherrscht. Der Feature-Speicher erreicht dies mit separaten Online- und Offline-Feature-Speichern und stellt sicher, dass Features in beiden Szenarios konsistent behandelt werden.

Schließlich fungiert ein Feature-Speicher als Repository mit Versionskontrolle für Feature-Datensätze, sodass sich die gleichen CI/CD-Praktiken der Code- und Modellentwicklung auf den Prozess des Feature Engineerings anwenden lassen. Das bedeutet, dass neue ML-Projekte mit einer Feature-Auswahl aus einem Katalog starten, anstatt das Feature Engineering von Grund auf neu zu absolvieren. Dadurch können Organisationen einen Skaleneffekt erzielen – wenn neue Features erzeugt und dem Feature-Speicher hinzugefügt werden, geht es einfacher und schneller, neue Modelle zu erstellen, die diese Features wiederverwenden.

Kompromisse und Alternativen

Das hier besprochene Feast-Framework baut auf Google BigQuery, Redis und Apache Beam auf. Es gibt aber auch Feature-Speicher, die sich auf andere Tools und Tech Stacks stützen. Und obwohl ein Feature-Speicher die empfohlene Methode darstellt, Features in großem Umfang zu verwalten, bietet `tf.transform` eine alternative Lösung, die das Problem der Training-Serving-Verzerrung angeht, aber nicht die Wiederverwendbarkeit von Features. Zudem gibt es einige alternative Verwendungen eines Feature-Speichers, auf die wir bisher noch nicht näher eingegangen sind, beispielsweise wie ein Feature-Speicher mit Daten aus verschiedenen Quellen umgeht und mit Daten, die bei verschiedenen Kadenzen eintreffen.

Alternative Implementierungen

Viele große Technologieunternehmen wie Uber, LinkedIn, Airbnb, Netflix und Comcast hosten ihre eigene Version eines Feature-Speichers, obwohl die Architekturen und Tools variieren. Michelangelo Palette von Uber basiert auf Spark/Scala und verwendet Hive für das Erstellen von Offline-Features und Cassandra für Online-Features. Hopsworks bietet einen anderen Open-Source-Feature-Speicher als Alternative zu Feast und basiert auf Dataframes, die Spark verwenden, sowie Pandas mit Hive für Offlinezugriffe und MySQL-Cluster für den Onlinezugriff auf

Features. Airbnb hat einen eigenen Feature-Speicher als Teil seines ML-Produktions-Frameworks namens Zipline entwickelt. Es verwendet Spark und Flink für Feature-Engineering-Jobs und Hive für die Feature-Speicherung. Unabhängig vom verwendeten Tech Stack sind die primären Komponenten des Feature-Speichers die gleichen:

- Ein Tool, um große Feature-Engineering-Jobs schnell abzuarbeiten, zum Beispiel Spark, Flink oder Beam.
- Eine Speicherkomponente für die Aufnahme der erstellten Feature-Sets, zum Beispiel Hive, Cloud-Speicher (Amazon S3, Google Cloud Storage), BigQuery, Redis, BigTable und/oder Cassandra. Die von Feast verwendete Kombination (BigQuery und Redis) ist dafür optimiert, Features offline versus online (mit niedriger Latenz) abzurufen.
- Eine Metadatenebene für Informationen zu Feature-Version, Dokumentation und Feature-Registrierung, um das Auffinden und die gemeinsame Nutzung von Feature-Sets zu vereinfachen.
- Eine API zum Einlesen und Abrufen von Features in den/aus dem Feature-Speicher.

Das Entwurfsmuster Transformation

Wenn sich der Feature-Engineering-Code zwischen Training und Inferenz unterscheidet, besteht die Gefahr, dass die beiden Codequellen nicht konsistent sind. Dies führt zu einer Training-Serving-Verzerrung, und Modellvorhersagen sind möglicherweise nicht zuverlässig, da die Features nicht gleich sein können. Feature-Speicher umgehen dieses Problem, indem sie ihre Feature-Engineering-Jobs die Feature-Daten sowohl in eine Online- als auch in eine Offlinedatenbank schreiben lassen. Und obwohl ein Feature-Speicher selbst keine Feature-Transformationen durchführt, bietet er eine Möglichkeit, um die vorgelagerten Feature-Engineering-Schritte von der Modellbereitstellung zu trennen und eine zeitnahe Korrektheit zu gewährleisten.

Das in diesem Kapitel besprochene Entwurfsmuster *Transformation* erlaubt es zudem, Feature-Transformationen separat und reproduzierbar zu halten. Zum Beispiel lassen sich mit `tf.transform` Daten mit genau dem gleichen Code vorverarbeiten, der sowohl für das Training eines Modells als auch für die Bereitstellung von Vorhersagen in der Produktion verwendet wird. Eine Training-Serving-Verzerrung tritt daher nicht auf. So ist sichergestellt, dass die Feature-Engineering-Pipelines für Training und Serving konsistent sind.

Der Feature-Speicher bietet jedoch den zusätzlichen Vorteil der Wiederverwendbarkeit von Features, was `tf.transform` nicht hat. Obwohl `tf.transform`-Pipelines die Reproduzierbarkeit sicherstellen, werden Features nur für dieses Modell erstellt und entwickelt; andere Modelle und Pipelines können sie nicht einfach gemeinsam nutzen oder wiederverwenden.

Andererseits achtet `tf.transform` besonders darauf, dass die Feature-Erstellung während des Servings auf beschleunigter Hardware erfolgt, da sie Teil des Serving-Graphen ist. Feature-Speicher bieten diese Fähigkeit heute in der Regel nicht.

Entwurfsmuster 27: Modellversionierung

Beim Entwurfsmuster *Modellversionierung* wird Abwärtskompatibilität erreicht, indem ein geändertes Modell als Microservice mit einem anderen REST-Endpunkt bereitgestellt wird. Dies ist eine notwendige Voraussetzung für viele der anderen Muster, die dieses Kapitel beschreibt.

Problem

Wie wir bei der *Datendrift* (in Kapitel 1 eingeführt) gesehen haben, können Modelle im Laufe der Zeit veralten und müssen regelmäßig aktualisiert werden, um sicherzustellen, dass sie die Änderungsziele einer Organisation und die Umgebung, die mit ihren Trainingsdaten verbunden ist, widerspiegeln. Die Bereitstellung von Modellaktualisierungen in der Produktion wirkt sich unweigerlich darauf aus, wie sich Modelle bei neuen Daten verhalten. Um uns dieser Herausforderung zu stellen, brauchen wir einen Ansatz, der die Produktionsmodelle auf dem neuesten Stand hält, während die Abwärtskompatibilität für bestehende Modellbenutzer gewahrt bleibt.

Aktualisierungen an einem vorhandenen Modell können sich auf die Modellarchitektur beziehen, um die Genauigkeit zu verbessern, oder auf das Retraining eines Modells auf aktuelleren Daten, um der Datendrift zu begegnen. Derartige Änderungen erfordern höchstwahrscheinlich kein anderes Modellausgabeformat, wirken sich aber auf die Vorhersageergebnisse aus, die ein Benutzer vom Modell erhält. Nehmen wir als Beispiel an, wir erstellten ein Modell, das das Genre eines Buchs anhand seiner Beschreibung vorhersagt und die vorhergesagten Genres verwendet, um Empfehlungen für Benutzer zu geben. Unser anfängliches Modell haben wir auf einem Datensatz älterer klassischer Bücher trainiert, jetzt aber Zugriff erhalten auf neue Daten Tausender neuerer Büchern, die wir für das Training verwenden können. Das Training auf diesem aktualisierten Datensatz verbessert unsere Gesamtgenauigkeit des Modells, verringert aber leicht die Genauigkeit bei älteren »klassischen« Büchern. Um dies in den Griff zu bekommen, brauchen wir eine Lösung, die es Benutzern ermöglicht, eine ältere Version unseres Modells zu wählen, wenn sie dies wünschen.

Alternativ dazu könnten die Endbenutzer unseres Modells mehr Informationen darüber anfordern, wie das Modell zu einer bestimmten Vorhersage gelangt. In einem medizinischen Anwendungsfall möchte der Arzt vielleicht die Regionen in einem Röntgenbild sehen, die ein Modell dazu veranlasst haben, das Vorhandensein einer Krankheit vorherzusagen, anstatt sich allein auf das vorhergesagte Label zu verlassen. In diesem Fall müsste die Antwort eines bereitgestellten Modells aktualisiert werden, um die hervorgehobenen Regionen einzubeziehen. Dieser Vorgang wird als *Erklärbarkeit* bezeichnet und in Kapitel 7 näher erläutert.

Wenn wir Aktualisierungen für unser Modell bereitstellen, möchten wir wahrscheinlich auch verfolgen können, wie das Modell in der Produktion abschneidet, um die Performance mit vorherigen Iterationen zu vergleichen. Vielleicht möchten wir auch eine Möglichkeit haben, ein neues Modell nur mit einer Teilmenge unserer Benutzer zu testen. Sowohl die Performanceüberwachung als auch A/B-Tests werden zusammen mit anderen möglichen Modelländerungen schwer dadurch zu lösen sein, dass bei jeder Aktualisierung ein einzelnes Produktionsmodell ersetzt wird. Denn dabei werden Anwendungen außer Tritt gebracht, die sich auf ein bestimmtes Format unserer Modellausgabe verlassen. Um dies in den Griff zu bekommen, ist eine Lösung gefragt, bei der wir unser Modell kontinuierlich aktualisieren können, ohne vorhandene Benutzer zu beeinträchtigen.

Lösung

Um Aktualisierungen eines Modells ordnungsgemäß zu verarbeiten, stellen Sie mehrere Modellversionen mit verschiedenen REST-Endpunkten bereit. Dies gewährleistet die Abwärtskompatibilität – indem mehrere Versionen eines zu einem bestimmten Zeitpunkt bereitgestellten Modells verfügbar gehalten werden, können Benutzer, die auf ältere Versionen angewiesen sind, den Dienst weiterhin nutzen. Die Versionierung ermöglicht auch eine feinstufige Performanceüberwachung und Analysefunktionen über verschiedene Versionen hinweg. Wir können Genauigkeits- und Nutzungsstatistiken vergleichen und anhand dieser Daten bestimmen, wann eine bestimmte Version offline genommen werden sollte. Wenn wir eine Modellaktualisierung nur mit einer kleinen Teilmenge von Benutzern testen möchten, macht es das Entwurfsmuster *Modellversionierung* möglich, A/B-Tests durchzuführen. Darüber hinaus ist bei der Modellversionierung jede bereitgestellte Version unseres Modells ein Microservice – somit werden Änderungen an unserem Modell von unserem Anwendungs-Frontend entkoppelt. Um Unterstützung für eine neue Version hinzuzufügen, müssen die Anwendungsentwickler:innen unseres Teams nur den Namen des API-Endpunkts ändern, der auf das Modell zeigt. Wenn eine neue Modellversion das Antwortformat des Modells ändert, müssen wir natürlich unsere App dementsprechend anpassen, doch Modell- und Anwendungscode bleiben immer noch getrennt. Data Scientists oder ML Engineers können demzufolge eine neue Modellversion bereitstellen und testen, ohne sich darum kümmern zu müssen, ob unsere Produktionsanwendung aussteigt.

Arten von Modellbenutzern

Wenn wir von »Endbenutzern« unseres Modells sprechen, schließt dies zwei verschiedene Personengruppen ein. Machen wir den API-Endpunkt unseres Modells für Anwendungsentwickler:innen außerhalb unserer Organisation verfügbar, kann man sich diese Entwickler:innen als eine Art von Modellbenutzer vorstellen. Sie erstellen Anwendungen, die sich auf unser Modell stützen, um Vorhersagen für andere bereitzustellen. Am wichtigsten für diese Benutzer ist der Vorteil der Abwärtskompatibilität, die mit der Modellversionierung einhergeht. Wenn sich das Format der Antworten unseres Modells ändert, möchten Anwendungsentwickler:innen vielleicht eine ältere Modellversion verwenden, bis sie ihren Anwendungscode aktualisiert haben, um das neueste Antwortformat zu unterstützen.

Zur anderen Gruppe von Endbenutzern gehören diejenigen, die eine Anwendung einsetzen, die unser bereitgestelltes Modell aufruft. Unter anderem könnte dies eine Ärztin sein, der sich auf unser Modell verlässt, um in einem Bild das Vorhandensein einer Krankheit vorherzusagen, oder jemand, der unsere App zur Buchempfehlung verwendet, vielleicht die Businessabteilung unserer Organisation, die die Ausgabe eines von uns erstellten Umsatzvorhersagemodells analysiert usw. Bei dieser Gruppe von Benutzern ist es weniger wahrscheinlich, dass sie Probleme mit der Abwärtskompatibilität bekommen, doch vielleicht möchten sie selbst entscheiden können, ab wann sie ein neues Feature unserer App nutzen. Wenn sich Benutzer verschiedenen Gruppen zuordnen lassen (z.B. basierend auf ihrer App-Nutzung), können wir jeder Gruppe verschiedene Modellversionen je nach ihren Präferenzen anbieten.

Modellversionierung mit einem verwalteten Dienst

Die Versionierung wollen wir an einem Modell, das Flugverspätungen vorhersagt, demonstrieren. Dieses Modell stellen wir auf Cloud AI Platform Prediction (*https://oreil.ly/-GAVQ*) bereit. Da wir uns in den vorherigen Kapiteln `SavedModel` von TensorFlow angesehen haben, verwenden wir hier ein XGBoost-Modell.

Nachdem wir das Modell trainiert haben, können wir es exportieren, um es für das Serving bereitzumachen:

```
model.save_model('model.bst')
```

Wenn wir dieses Modell auf AI Platform bereitstellen, müssen wir eine Modellversion erzeugen, die auf dieses `model.bst` in einem Cloud-Storage-Bucket zeigt.

In AI Platform können einer Modellressource viele Versionen zugeordnet sein. Um eine neue Version mit der gcloud-CLI zu erstellen, führen Sie den folgenden Befehl in einem Terminal aus:

```
gcloud ai-platform versions create 'v1' \
  --model 'flight_delay_prediction' \
  --origin gs://your-gcs-bucket \
  --runtime-version=1.15 \
  --framework 'XGBOOST' \
  --python-version=3.7
```

Das bereitgestellte Modell ist nun über den Endpunkt `/models/flight_delay_predictions/versions/v1` in einer HTTPS-URL zugänglich, die an unser Projekt gebunden ist. Da dies bislang die einzige bereitgestellte Version ist, gilt sie als *Standardversion*. Wenn wir also keine Version in unserer API-Anfrage angeben, verwendet der Vorhersagedienst die Version v1. Jetzt können wir Vorhersagen für unser bereitgestelltes Modell treffen, indem wir ihm Beispiele in einem Format senden, das das Modell erwartet – in diesem Fall ein 110-elementiges Array mit Dummy-codierten Flughafencodes (den vollständigen Code finden Sie im Notebook auf GitHub unter *https://github.com/GoogleCloudPlatform/ml-design-patterns/blob/master/06_reproducibility/model_versioning.ipynb*). Das Modell gibt den Ausgabewert einer Sigmoid-Aktivierungsfunktion zurück, d.h. einen Gleitkommawert zwischen 0 und 1, der die Wahrscheinlichkeit einer Verspätung von mehr als 30 Minuten für einen bestimmten Flug anzeigt.

Mit dem folgenden gcloud-Befehl setzen wir eine Vorhersageanfrage an unser bereitgestelltes Modell ab, wobei *input.json* eine Datei mit – durch Zeilenschaltungen getrennten – Beispielen ist, die zur Vorhersage gesendet werden sollen:

```
gcloud ai-platform predict --model 'flight_delay_prediction'
--version 'v1'
--json-request 'input.json'
```

Wenn wir fünf Beispiele zur Vorhersage senden, erhalten wir ein Array mit fünf Elementen zurück, das den Ausgaben der Sigmoid-Aktivierungsfunktionen für die einzelnen Testbeispiele entspricht und wie folgt aussehen könnte:

```
[0.019, 0.998, 0.213, 0.002, 0.004]
```

Da wir nun ein funktionsfähiges Modell in der Produktion haben, stellen wir uns vor, dass unser Data-Science-Team beschließt, das Modell von XGBoost auf TensorFlow umzustellen, weil dessen Genauigkeit besser ist und es Zugriff auf zusätzliche Werkzeuge im TensorFlow-Ökosystem bietet. Das Modell hat das gleiche Ein- und Ausgabeformat, doch die Architektur und das Format der exportierten Assets haben sich geändert. Statt in einer *.bst*-Datei ist das Modell jetzt im TensorFlow-SavedModel-Format gespeichert. Im Idealfall können wir unsere zugrunde liegenden Modell-Assets von unserem Anwendungs-Frontend getrennt halten – Anwendungsentwickler:innen können sich dann auf die Funktionalität der Anwendung konzentrieren und müssen sich nicht um eine Änderung im Modellformat kümmern, die gar keinen Einfluss auf die Art und Weise hat, wie Endbenutzer mit dem Modell interagieren. In einer derartigen Situation kann die Modellversionierung helfen. Wir stellen unser TensorFlow-Modell als zweite Version unter der gleichen flight_delay_prediction-Modellressource bereit. Endbenutzer können auf die neue Version für verbesserte Performance aktualisieren, indem sie einfach den Versionsnamen im API-Endpunkt ändern.

Um unsere zweite Version bereitzustellen, exportieren wir das Modell und kopieren es in ein neues Unterverzeichnis in dem Bucket, den wir bisher verwendet haben. Wir können den gleichen Bereitstellungsbefehl wie oben verwenden, ersetzen aber den Versionsnamen durch v2 und zeigen auf den Cloud-Storage-Speicherort des neuen Modells. Wie Abbildung 6-19 zeigt, können wir nun beide bereitgestellten Versionen in unserer Cloud-Konsole sehen.

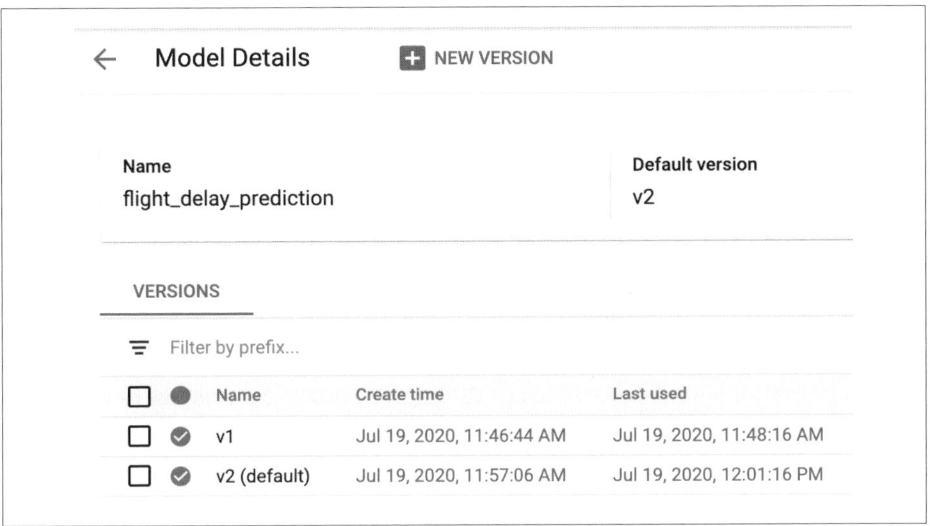

Abbildung 6-19: Das Dashboard für die Verwaltung von Modellen und Versionen in der Cloud-AI-Platform-Konsole

Wir haben hier auch `v2` als neue Standardversion festgelegt, damit Benutzer eine Antwort von `v2` erhalten, wenn sie keine Version explizit angeben. Da die Ein- und Ausgabeformate unseres Modells gleich sind, können Clients upgraden, ohne sich über störende Änderungen Gedanken machen zu müssen.

Sowohl Azure als auch AWS verfügen über ähnliche Dienste für die Modellversionierung. Azure stellt die Modellbereitstellung und -versionierung mit Azure Machine Learning (*https://oreil.ly/Q7NWh*) bereit. In AWS sind diese Dienste in SageMaker (*https://oreil.ly/r98Ve*) verfügbar.

Ein ML Engineer, der eine neue Version eines Modells als ML-Modellendpunkt bereitstellt, möchte vielleicht ein API-Gateway wie Apigee verwenden, das die aufzurufende Modellversion bestimmt. Für diese Vorgehensweise gibt es verschiedene Gründe, einschließlich A/B-Tests einer neuen Version. Für A/B-Tests möchten Sie vielleicht ein Modell-Update mit einer zufällig ausgewählten Gruppe von 10% der Anwendungsnutzer haben, um zu verfolgen, wie es sich auf die gesamte Auseinandersetzung mit der App auswirkt. Das API-Gateway bestimmt anhand der ID oder IP-Adresse eines Benutzers, welche bereitgestellte Modellversion aufgerufen werden soll.

Bei mehreren bereitgestellten Modellversionen ermöglicht AI Platform die Performanceüberwachung und -analyse über verschiedene Versionen hinweg. Somit können wir Fehler zu einer bestimmten Version verfolgen, den Datenverkehr überwachen und dies mit zusätzlichen Daten kombinieren, die wir in unserer Anwendung sammeln.

Versionierung, um mit neu verfügbaren Daten umzugehen

Neben dem Umgang mit Änderungen an unserem Modell selbst bietet sich Versionierung auch an, wenn neue Trainingsdaten verfügbar werden. Unter der Annahme, dass diese neuen Daten dem gleichen Schema folgen, das beim Training des ursprünglichen Modells verwendet wurde, muss unbedingt verfolgt werden, *wann* die Daten für jede neu trainierte Version erfasst wurden. Ein Ansatz für diese Verfolgung ist es, den Zeitstempelbereich jedes Trainingsdatensatzes im Namen einer Modellversion zu codieren. Wenn zum Beispiel die neueste Version eines Modells auf Daten aus dem Jahr 2019 trainiert wurde, könnten wir die Version `v20190101_20191231` nennen.

In Kombination mit »Entwurfsmuster 18: Kontinuierliche Modellbewertung« auf Seite 245 (siehe Kapitel 5) hilft uns dieser Ansatz, zu bestimmen, wann ältere Modellversionen offline genommen werden sollten oder wie weit zurück die Trainingsdaten gehen müssten. Die fortlaufende Auswertung könnte uns dabei helfen, festzustellen, dass unser Modell am besten abschneidet, wenn es auf Daten aus den letzten zwei Jahren trainiert wurde. Dies könnte dann darüber Aufschluss geben, welche Versionen wir entfernen und wie viele Daten zu verwenden sind, wenn neuere Versionen trainiert werden.

Kompromisse und Alternativen

Wir empfehlen zwar das Entwurfsmuster *Modellversionierung* gegenüber der Verwaltung einer einzelnen Modellversion, es gibt aber einige Implementierungsalternativen für oben skizzierte Lösung. Hier sehen wir uns andere serverlose und Open-Source-Tools für dieses Muster und den Ansatz der Erstellung mehrerer Serving-Funktionen an. Außerdem erörtern wir, wann man eine gänzlich neue Modellressource statt einer Version erstellen sollte.

Andere serverlose Versionierungstools

Wir haben einen verwalteten Dienst verwendet, der speziell für die Versionierung von ML-Modellen entwickelt wurde, wir könnten aber ähnliche Ergebnisse mit anderen serverlosen Angeboten erreichen. Hinter den Kulissen ist jede Modellversion eine zustandslose Funktion mit bestimmten Eingabe- und Ausgabeformaten, die hinter einem REST-Endpunkt bereitgestellt wird. Demzufolge könnten wir einen Dienst wie beispielsweise Cloud Run (*https://oreil.ly/KERBV*) verwenden, um jede Version in einem separaten Container zu erzeugen und bereitzustellen. Jeder Container hat eine eindeutige URL und kann durch eine API-Anfrage aufgerufen werden. Bei diesem Ansatz sind wir flexibler darin, die bereitgestellte Modellumgebung zu konfigurieren, und können auch Funktionen wie die serverseitige Vorverarbeitung für Modelleingaben hinzufügen. In unserem obigen Beispiel der Flugverspätungen werden wir unseren Clients vielleicht nicht zumuten wollen, kategoriale Werte 1-aus-n zu codieren. Stattdessen könnten wir den Clients erlauben, die kategorialen Werte als Strings zu übergeben, und die Vorverarbeitung in unserem Container vornehmen.

Weshalb sollten wir einen verwalteten ML-Dienst wie AI Platform Prediction anstelle eines allgemeineren serverlosen Tools verwenden? Da AI Platform speziell für die Bereitstellung von ML-Modellen konzipiert ist, unterstützt es von Haus aus die Bereitstellung der Modelle mit GPUs, die für maschinelles Lernen optimiert sind. Zudem beherrscht es die Verwaltung von Abhängigkeiten. Als wir oben unser XGBoost-Modell bereitstellten, mussten wir uns nicht um die Installation der korrekten XGBoost-Version oder andere Bibliotheksabhängigkeiten kümmern.

TensorFlow-Serving

Anstatt Cloud AI Platform oder ein anderes Cloud-basiertes serverloses Angebot für die Modellversionierung zu verwenden, könnten wir auch zu einem Open-Source-Tool wie TensorFlow Serving (*https://oreil.ly/NzDA9*) greifen. Für die Implementierung von TensorFlow Serving wird empfohlen, einen Docker-Container über das neueste `tensorflow/serving`-Docker-Image (*https://oreil.ly/G0_Z7*) zu verwenden. Mit Docker könnten wir dann das Modell auf jeder gewünschten Hardware bereitstellen, GPUs eingeschlossen. Die TensorFlow Serving-API bringt integrierte Unterstützung für die Modellversionierung mit und folgt einem ähnlichen Ansatz wie dem, den der Abschnitt »Lösung« beschrieben hat. Neben TensorFlow Serving gibt es weitere Open-Source-Modell-Serving-Optionen, unter anderem Seldon (*https://oreil.ly/Cddpi*) und MLFlow (*https://mlflow.org/*).

Mehrere Serving-Funktionen

Anstatt mehrere Versionen bereitzustellen, ist es auch möglich, mehrere Serving-Funktionen für eine einzelne Version eines exportierten Modells zu definieren. Der Abschnitt »Entwurfsmuster 16: Zustandslose Serving-Funktion« auf Seite 225 (in Kapitel 5 eingeführt) hat erläutert, wie ein trainiertes Modell als zustandslose Funktion für das Serving in der Produktion zu exportieren ist. Dies ist besonders nützlich, wenn Modelleingaben eine Vorverarbeitung benötigen, um die vom Client gesendeten Daten in das Format zu transformieren, das das Modell erwartet.

Um den Anforderungen verschiedener Gruppen von Modellendbenutzern zu entsprechen, können wir mehrere Serving-Funktionen definieren, wenn wir unser Modell exportieren. Diese Serving-Funktionen sind Teil einer exportierten Modellversion, und dieses Modell wird an einem einzigen REST-Endpunkt bereitgestellt. In TensorFlow werden Serving-Funktionen mithilfe von *Modellsignaturen* implementiert. Diese definieren das Eingabe- und Ausgabeformat, das ein Modell erwartet. Mit dem Dekorator `@tf.function` können wir mehrere Serving-Funktionen definieren und jeder Funktion eine Eingabesignatur übergeben.

Im Anwendungscode, in dem wir unser bereitgestelltes Modell aufrufen, würden wir anhand der vom Client gesendeten Daten bestimmen, welche Serving-Funktion zu verwenden ist. Zum Beispiel würde eine Anfrage wie

```
{"signature_name": "get_genre", "instances": ... }
```

an die exportierte Signatur namens get_genre gesendet, während eine Anfrage wie

```
{"signature_name": "get_genre_with_explanation", "instances": ... }
```

an die exportierte Signatur namens `get_genre_with_explanation` gesendet würde.

Demzufolge kann die Bereitstellung mehrerer Signaturen das Problem der Abwärtskompatibilität lösen. Es besteht allerdings ein wesentlicher Unterschied – es gibt nur ein Modell, und wenn dieses Modell bereitgestellt wird, werden alle Signaturen gleichzeitig aktualisiert. In unserem ursprünglichen Beispiel, in dem das Modell geändert wurde, um nicht mehr nur ein Genre bereitzustellen, sondern mehrere Genres, hat sich die Modellarchitektur geändert. Der Ansatz mit mehreren Signaturen würde bei diesem Beispiel nicht funktionieren, da wir zwei verschiedene Modelle haben. Außerdem ist die Lösung mit mehreren Signaturen nicht geeignet, wenn wir verschiedene Versionen des Modells getrennt halten und die ältere Version mit der Zeit veralten lassen wollen.

Es ist besser, mehrere Signaturen zu verwenden als mehrere Versionen, wenn Sie künftig *beide* Modellversionen beibehalten möchten. In einem Szenario, in dem es einige Kunden gibt, die einfach nur die beste Antwort wünschen, und andere Kunden, die sowohl die beste Antwort als auch eine Erklärung bevorzugen, besteht ein zusätzlicher Vorteil darin, alle Signaturen mit einem neueren Modell zu aktualisieren, anstatt die Versionen jedes Mal einzeln aktualisieren zu müssen, wenn das Modell erneut trainiert und bereitgestellt wird.

Wie sehen Szenarios aus, in denen wir beide Versionen des Modells beibehalten möchten? Bei einem Textklassifizierungsmodell haben wir möglicherweise einige Kunden, die dem Modell den Rohtext senden müssen, und andere, die den Rohtext in Matrizen transformieren können, bevor sie eine Vorhersage bekommen. Basierend auf den Anfragedaten vom Client kann das Modell-Framework bestimmen, welche Serving-Funktion zu verwenden ist. Da die Übergabe von Texteinbettungsmatrizen an ein Modell weniger aufwendig ist als die Vorverarbeitung von Rohtext, ist dies ein Beispiel, bei dem mehrere Serving-Funktionen die serverseitige Verarbeitungszeit verringern könnten. Erwähnenswert ist auch, dass wir mehrere Serving-Funktionen mit mehreren Modellversionen haben können, auch wenn die Gefahr besteht, dass dies zu viel Komplexität erzeugt.

Neue Modelle versus neue Modellversionen

Manchmal ist es schwierig, zu entscheiden, ob eine andere Modellversion oder eine vollkommen neue Modellressource erstellt werden soll. Wir empfehlen, ein neues Modell zu erstellen, wenn sich die Vorhersageaufgabe eines Modells ändert. Eine neue Vorhersageaufgabe führt in der Regel zu einem anderen Modellausgabeformat, und wenn man dieses ändert, könnten vorhandene Clients nicht mehr funktionieren. Sofern Sie sich nicht sicher sind, ob eine neue Version oder ein neues Modell besser ist, überlegen Sie sich, ob Sie vorhandene Clients aktualisieren wollen. Wenn die Antwort »Ja« lautet, haben wir wahrscheinlich das Modell verbessert, ohne die Vorhersageaufgabe zu ändern. Dann genügt es, eine neue Version zu erstellen. Haben wir das Modell in einer Weise geändert, dass Benutzer entscheiden müssen, ob sie aktualisieren möchten, werden wir wahrscheinlich eine neue Modellressource erstellen.

Um dies in der Praxis an einem Beispiel zu sehen, kehren wir zu unserem Flugvorhersagemodell zurück. Das aktuelle Modell hat definiert, was es als Verspätung betrachtet (mehr als 30 Minuten Verspätung), doch unsere Endbenutzer haben diesbezüglich vielleicht andere Meinungen. Einige Benutzer sind der Ansicht, dass 15 Minuten bereits als Verspätung zählen, während andere denken, dass ein Flug erst dann verspätet ist, wenn er über eine Stunde später ankommt. Stellen wir uns vor, dass wir unseren Benutzern die Möglichkeit geben möchten, ihre eigene Definition von »verspätet« einzubringen, anstatt unsere zu verwenden. In diesem Fall kommt »Entwurfsmuster 5: Reframing« auf Seite 100 (in Kapitel 3 erläutert) infrage, um das Modell in ein Regressionsmodell zu ändern. Das Eingabeformat für dieses Modell bleibt gleich, doch die Ausgabe ist jetzt ein numerischer Wert, der die Verspätungsvorhersage darstellt.

Die Art und Weise, wie unsere Modellbenutzer diese Antwort analysieren, wird sich natürlich von der ersten Version unterscheiden. Mit unserem neuesten Regressionsmodell könnten sich App-Entwickler:innen dafür entscheiden, die vorhergesagte Verspätung anzuzeigen, wenn Benutzer nach Flügen suchen. Dabei wird etwas wie »Dieser Flug hat normalerweise mehr als 30 Minuten Verspätung« aus der ersten Version ersetzt. In diesem Szenario ist es am besten, eine neue *Modellressource* zu erstellen, vielleicht `flight_model_regression` genannt, um die Änderungen widerzuspiegeln. Auf diese Weise können die App-Entwickler:innen wählen, welche Version sie verwenden möchten, und wir können weiterhin Performanceaktualisierungen für jedes Modell vornehmen, indem wir neue Versionen bereitstellen.

Zusammenfassung

Im Mittelpunkt dieses Kapitels stehen Entwurfsmuster, die sich mit verschiedenen Aspekten der Reproduzierbarkeit befassen. Beginnend mit dem Entwurfsmuster *Transformation* haben wir gesehen, wie dieses Muster eingesetzt wird, um die Reproduzierbarkeit der Datenvorbereitungsabhängigkeiten zwischen der Pipeline für das Training des Modells und der Pipeline für das Serving des Modells sicherzustellen. Hierzu werden die angewendeten Transformationen erfasst, um die Modelleingaben in die Modell-Features zu konvertieren. Das Entwurfsmuster *Wiederholbare Aufteilung* erfasst die Art und Weise, wie die Daten auf die Datensätze für

Training, Validierung und Test aufgeteilt werden, um sicherzustellen, dass ein beim Training verwendetes Beispiel niemals für die Evaluierung oder das Testen verwendet wird, selbst wenn der Datensatz wächst.

Beim Entwurfsmuster *Bridged Schema* geht es darum, wie sich die Reproduzierbarkeit sicherstellen lässt, wenn ein Trainingsdatensatz ein Hybrid aus neueren Daten und älteren Daten mit einem anderen Schema ist. Dadurch lassen sich zwei Datensätze mit verschiedenen Schemas in konsistenter Weise für das Training kombinieren. Als Nächstes haben wir das Entwurfsmuster *Windows Inference* vorgestellt. Es gewährleistet, dass dynamisch und zeitabhängig berechnete Features korrekt zwischen Training und Serving wiederholt werden können. Dieses Entwurfsmuster ist vor allem dann nützlich, wenn ML-Modelle Features benötigen, die aus Aggregaten über Zeitfenstern berechnet werden.

Das Entwurfsmuster *Workflow-Pipeline* befasst sich mit dem Problem, eine end-to-end reproduzierbare Pipeline zu erstellen, indem die Schritte in unserem ML-Workflow containerisiert und orchestriert werden. Als Nächstes haben wir gesehen, wie das Entwurfsmuster *Feature Store* verwendet werden kann, um Reproduzierbarkeit und Wiederverwendbarkeit von Features über verschiedene ML-Jobs hinweg in den Griff zu bekommen. Zum Abschluss dieses Kapitels hat das Entwurfsmuster *Modellversionierung* gezeigt, wie sich Abwärtskompatibilität erreichen lässt, indem ein geändertes Modell als Microservice mit einem anderen REST-Endpunkt bereitgestellt wird.

Im nächsten Kapitel sehen wir uns Entwurfsmuster an, die dabei helfen, KI verantwortungsbewusst einzusetzen.

KAPITEL 7

Verantwortungsbewusste KI

Bis jetzt haben wir uns auf Muster konzentriert, die Daten- und Entwicklungsteams helfen sollen, Modelle für den Produktionseinsatz vorzubereiten, zu erstellen, zu trainieren und zu skalieren. Diese Muster richten sich hauptsächlich an Teams, die direkt mit dem Entwicklungsprozess von ML-Modellen zu tun haben. Sobald ein Modell in die Produktion überführt ist, geht sein Einfluss weit über die Teams hinaus, die es erstellt haben. In diesem Kapitel beschäftigen wir uns mit den anderen *Stakeholdern* eines Modells, und zwar sowohl innerhalb als auch außerhalb einer Organisation. Zu den Stakeholdern gehören zum Beispiel Führungskräfte, deren Geschäftsziele die Ziele eines Modells diktieren, die Endbenutzer eines Modells sowie Wirtschaftsprüfer:innen und Compliance-Behörden.

Es gibt mehrere Gruppen von Modell-Stakeholdern, auf die wir uns in diesem Kapitel beziehen werden:

Modellersteller:innen
: Data Scientists und ML-Forscher:innen, die direkt beim Aufbau von ML-Modellen beteiligt sind.

ML Engineers
: Mitglieder von MLOps-Teams, die direkt an der Bereitstellung von ML-Modellen beteiligt sind.

Entscheidungsträger:innen der Unternehmen
: Entscheiden, ob sie das ML-Modell in ihre Geschäftsprozesse oder kundenorientierten Anwendungen einbinden wollen, und müssen bewerten, ob das Modell für diesen Zweck geeignet ist.

Endbenutzer von ML-Systemen
: Nutzen die Vorhersagen aus einem ML-Modell. Es gibt verschiedene Arten von Modellendbenutzern: Kundinnen und Kunden, Mitarbeiter:innen und Mischformen davon. Beispiele sind ein Kunde, dem ein Modell eine Filmempfehlung gibt, ein Mitarbeiter in einer Fabrikhalle, der mit einem Modell zur visuellen Inspektion bestimmt, ob ein Produkt defekt ist, oder eine Ärztin, die ein Modell zur Unterstützung der Patientendiagnose heranzieht.

Regulierungs- und Compliance-Behörden
: Personen und Organisationen, die auf Führungsebene eine Zusammenfassung dessen benötigen, wie ein Modell Entscheidungen aus der Perspektive der Einhaltung von gesetzlichen Bestimmungen trifft. Dazu könnten Finanzprüfer:innen, Regierungsbehörden oder Governance-Teams innerhalb von Organisationen gehören.

In diesem Kapitel sehen wir uns Muster an, die sich mit dem Einfluss auf Einzelpersonen und Gruppen außerhalb des Teams und der Organisation, die das Modell erstellen, befassen. Das Entwurfsmuster *Heuristischer Benchmark* bietet eine Möglichkeit, die Performance des Modells in einen Kontext zu setzen, den Endbenutzer und Entscheidungsträger:innen verstehen können. Im Entwurfsmuster *Erklärbare Vorhersagen* (*Explainable Predictions*) geht es um Ansätze, die das Vertrauen in ML-Systeme verbessern, indem sie das Verständnis der Signale fördern, die ein Modell zum Erstellen von Vorlagen verwendet. Das Entwurfsmuster *Fairness Lens* soll sicherstellen, dass sich Modelle über verschiedene Teilmengen von Benutzern und Vorhersageszenarios hinweg gleich verhalten.

Zusammengenommen, fallen die Muster in diesem Kapitel unter die Praxis der *verantwortungsvollen KI* (*https://oreil.ly/MlJkM*, engl. *Responsible AI*). Dies ist ein aktiver Forschungsbereich, der sich mit den besten Möglichkeiten beschäftigt, Fairness, Interpretierbarkeit, Datenschutz und Sicherheit in KI-Systeme einzubauen. Zu den empfohlenen Praktiken für verantwortungsbewusste KI gehört die Anwendung eines menschenorientierten Designansatzes, indem während der gesamten Projektentwicklung die verschiedensten Benutzer und Use-Case-Szenarios einbezogen, die Grenzen von Datensätzen und Modellen verstanden und ML-Systeme nach der Bereitstellung weiterhin überwacht und aktualisiert werden. Verantwortungsbewusste KI-Muster sind nicht auf die drei Entwurfsmuster beschränkt, die wir in diesem Kapitel vorstellen – viele der Muster aus früheren Kapiteln (wie zum Beispiel *Kontinuierliche Modellbewertung*, *Wiederholbare Aufteilung* und *Neutrale Klasse*, um nur einige zu nennen) bieten Methoden, um diese empfohlenen Praktiken umzusetzen und das Ziel zu erreichen, Fairness, Interpretierbarkeit, Datenschutz und Sicherheit in KI-Systeme einzubauen.

Entwurfsmuster 28: Heuristischer Benchmark

Das Muster *Heuristischer Benchmark* vergleicht ein ML-Modell mit einer einfachen, leicht verständlichen Heuristik, um die Performance für die Entscheidungsträger:innen des Unternehmens zu erklären.

Problem

Angenommen, ein Fahrradverleih möchte die voraussichtliche Dauer der Verleihvorgänge nutzen, um eine dynamische Preisgestaltung zu konzipieren. Nach dem Training eines ML-Modells zur Vorhersage der Mietdauer eines Fahrrads wird das

Modell auf einem Testdatensatz bewertet, und es wird festgestellt, dass der mittlere absolute Fehler (*Mean Absolute Error*, MAE) des trainierten Modells 1.200 Sekunden beträgt. Wenn Sie dieses Modell den Entscheidungsträger:innen im Unternehmen präsentieren, werden Sie wahrscheinlich gefragt: »Ist ein MAE von 1.200 Sekunden gut oder schlecht?« Auf diese Frage müssen wir vorbereitet sein, wenn wir ein Modell entwickeln und es den Stakeholdern des Unternehmens vorstellen. Trainieren wir ein Bildklassifizierungsmodell mit Artikeln aus einem Produktkatalog und die mittlere Präzision (*Mean Average Precision*, MAP) beträgt 95 %, können wir die Frage erwarten: »Ist ein MAP von 95 % gut oder schlecht?«

Es nützt nichts, mit den Schultern zu zucken und zu sagen, dass dies von der Problemstellung abhängt. Natürlich tut es das. Was ist also ein guter MAI für das Fahrradverleihproblem in New York City? Wie sieht es in London aus? Was ist ein guter MAP für die Aufgabe der Bildklassifizierung in einem Produktkatalog?

Die Modellperformance wird in der Regel in Form von nüchternen, harten Zahlen angegeben, die für den Endbenutzer nur schwer in einen Kontext zu bringen sind. Die Erklärungen der Formeln für MAP, MAE usw. liefern auch nicht die Intuition, nach der Entscheidungsträger:innen in Unternehmen fragen.

Lösung

Wenn es sich um das zweite ML-Modell handelt, das für eine Aufgabe entwickelt wird, lässt sich die Performance des Modells leicht mit der derzeit eingesetzten Version vergleichen. Es ist ganz einfach zu sagen, dass der MAE jetzt 30 Sekunden niedriger liegt oder dass der MAP um 1 % gestiegen ist. Das funktioniert sogar, wenn der aktuelle Arbeitsablauf in der Produktion kein maschinelles Lernen verwendet. Solange diese Aufgabe bereits in der Produktion durchgeführt wird und Bewertungsmetriken gesammelt werden, können wir die Performance unseres neuen ML-Modells mit der aktuellen Produktionsmethodik vergleichen.

Wie sieht es aber aus, wenn es keine aktuelle Produktionsmethodik gibt und wir das allererste Modell für eine Aufgabe auf der grünen Wiese bauen? In derartigen Fällen besteht die Lösung darin, einen einfachen Benchmark zu erstellen, der ausschließlich dem Vergleich mit unserem neu entwickelten ML-Modell dient. Wir nennen dies einen heuristischen Benchmark.

Ein guter *Heuristischer Benchmark* sollte leichtverständlich und relativ trivial zu berechnen sein. Wenn wir uns dabei ertappen, den vom Benchmark verwendeten Algorithmus verteidigen oder debuggen zu müssen, sollten wir nach einem einfacheren und verständlicheren Benchmark suchen. Gute Beispiele für einen heuristischen Benchmark sind Konstanten, Faustregeln oder Massenstatistiken (wie zum Beispiel Mittelwert, Median oder Modus). Widerstehen Sie der Versuchung, selbst ein einfaches ML-Modell wie zum Beispiel eine lineare Regression auf einem Datensatz zu trainieren und dies als Benchmark zu verwenden – lineare Regression ist wahrscheinlich nicht intuitiv genug, insbesondere wenn wir beginnen, kategoriale Variablen, mehr als eine Handvoll von Eingaben oder konstruierte Features einzubeziehen.

Verwenden Sie keinen heuristischen Benchmark, wenn es bereits eine betriebliche Praxis gibt. Vergleichen Sie stattdessen Ihr Modell mit dem vorhandenen Standard. Die bestehende betriebliche Praxis muss nicht unbedingt maschinelles Lernen verwenden – es ist lediglich eine Technik, die momentan für die Lösung des Problems verwendet wird.

Tabelle 7-1 gibt Beispiele für gute heuristische Benchmarks und beschreibt Situationen, in denen wir sie einsetzen können. Beispielcode für die Implementierungen dieser heuristischen Benchmarks finden Sie im GitHub-Repository zu diesem Buch unter *https://github.com/GoogleCloudPlatform/ml-design-patterns/blob/master/07_responsible_ai/heuristic_benchmark.ipynb*.

Tabelle 7-1: Heuristische Benchmarks für einige ausgewählte Szenarios (siehe Code in GitHub unter https://oreil.ly/WoESU)

Szenario	Heuristischer Benchmark	Beispielaufgabe	Implementierung für Beispielaufgabe
Regressionsproblem, bei dem Features und Interaktionen zwischen Features vom Unternehmen nicht gut verstanden werden.	Mittelwert oder Median-Wert des Label-Werts über die Trainingsdaten. Wählen Sie den Median, wenn es viele Ausreißer gibt.	Zeitintervall, bevor eine Frage auf Stack Overflow beantwortet wird.	Voraussagen, dass es immer 2.120 Sekunden dauern wird. 2.120 Sekunden ist der Median der Zeit bis zur ersten Antwort über den gesamten Trainingsdatensatz.
Binäres Klassifizierungsproblem, bei dem Features und Interaktionen zwischen Features vom Unternehmen nicht gut verstanden werden.	Gesamtanteil der positiven Ergebnisse in den Trainingsdaten.	Ob eine akzeptierte Antwort in Stack Overflow bearbeitet werden soll oder nicht.	Voraussagen von 0,36 als Ausgabewahrscheinlichkeit für alle Antworten. 0,36 ist der Anteil der akzeptierten Antworten insgesamt, die bearbeitet werden.
Multilabel-Klassifizierungsproblem, bei dem Features und Interaktionen zwischen Features vom Unternehmen nicht gut verstanden werden.	Verteilung des Label-Werts über den Trainingsdaten.	Land, aus dem eine Stack-Overflow-Frage beantwortet wird.	Voraussagen von 0,03 für Frankreich, 0,08 für Indien und so weiter. Dies sind die Anteile der Antworten, die von Personen aus Frankreich, Indien usw. geschrieben wurden.
Regressionsproblem, bei dem es ein einziges sehr wichtiges numerisches Feature gibt.	Lineare Regression basierend auf dem intuitiv wichtigsten Feature.	Vorhersage der Höhe des Taxitarifs bei gegebenen Zusteige- und Aussteigepunkten. Die Entfernung zwischen den beiden Punkten ist intuitiv ein Schlüsselmerkmal.	Fahrpreis = 4,64 $ pro Kilometer. Die 4,64 $ werden aus den Trainingsdaten über alle Fahrten berechnet.

Tabelle 7-1: Heuristische Benchmarks für einige ausgewählte Szenarios (siehe Code in GitHub unter https://oreil.ly/WoESU) (Fortsetzung)

Szenario	Heuristischer Benchmark	Beispielaufgabe	Implementierung für Beispielaufgabe
Regressionsproblem mit einem oder zwei wichtigen Features. Die Features können numerisch oder kategorial sein, sollten aber häufig verwendete Heuristiken sein.	Nachschlagetabelle, in der die Zeilen und Spalten den Hauptmerkmalen entsprechen (gegebenenfalls diskretisiert) und die Vorhersage für jede Zelle das durchschnittliche Label in dieser Zelle ist, die über die Trainingsdaten geschätzt wurde.	Vorhersage der Dauer des Fahrradverleihs. Hier sind die beiden wichtigsten Features die Station, an der das Fahrrad ausgeliehen wird, und ob es sich um die Hauptverkehrszeit für Pendler handelt oder nicht.	Nachschlagetabelle der durchschnittlichen Mietdauer von jeder Station basierend auf der Hauptverkehrszeit im Vergleich zur Nicht-Hauptverkehrszeit.
Klassifizierungsproblem mit einem oder zwei wichtigen Features. Die Features können numerisch oder kategorial sein.	Wie oben, nur dass die Vorhersage für jede Zelle die Verteilung der Labels in dieser Zelle ist. Wenn das Ziel darin besteht, eine einzelne Klasse vorherzusagen, berechnen Sie den Modus der Labels in jeder Zelle.	Vorhersage, ob eine Stack-Overflow-Frage innerhalb eines Tages beantwortet wird. Das wichtigste Feature ist hier das primäre Tag.	Für jedes Tag den Anteil der Fragen berechnen, die innerhalb eines Tages beantwortet werden.
Regressionsproblem, das die Vorhersage des zukünftigen Werts einer Zeitreihe beinhaltet.	Persistenz oder linearer Trend. Berücksichtigen Sie die Saisonalität. Vergleichen Sie bei jährlichen Daten mit dem gleichen Tag/der gleichen Woche/dem gleichen Quartal des Vorjahres.	Wöchentliches Umsatzvolumen vorhersagen.	Voraussagen, dass der Umsatz der nächsten Woche $= s_0$ ist, wobei s_0 der Umsatz dieser Woche ist. (oder) Der Umsatz der nächsten Woche $= s_0 + (s_0 - s_{-1})$, wobei s_{-1} der Umsatz der letzten Woche ist. (oder) Umsatz der nächsten Woche $= s_{-1y}$, wobei s_{-1y} der Umsatz der entsprechenden Woche des letzten Jahres ist. Widerstehen Sie der Versuchung, die drei Optionen zu kombinieren, da der Wert der relativen Gewichte nicht intuitiv ist.

Tabelle 7-1: Heuristische Benchmarks für einige ausgewählte Szenarios (siehe Code in GitHub unter https://oreil.ly/WoESU) (Fortsetzung)

Szenario	Heuristischer Benchmark	Beispielaufgabe	Implementierung für Beispielaufgabe
Klassifizierungsproblem, das derzeit von menschlichen Experten gelöst wird. Dies ist häufig bei Bild-, Video- und Textaufgaben der Fall und umfasst Szenarios, bei denen die routinemäßige Lösung des Problems durch menschliche Experten zu kostspielig ist.	Performance menschlicher Experten.	Erkennen von Augenkrankheiten anhand von Netzhautscans.	Jedes Bild von drei oder mehr Ärzten untersuchen lassen. Behandeln Sie die Entscheidung einer Mehrheit von Ärzten als richtig und betrachten Sie das Perzentil-Ranking des ML-Modells unter den menschlichen Experten.
Vorbeugende oder vorausschauende Wartung.	Führen Sie die Wartung nach einem festen Zeitplan durch.	Vorbeugende Wartung eines Autos.	Bringen Sie die Fahrzeuge alle drei Monate zur Wartung. Die drei Monate sind die mittlere Zeit bis zum Ausfall von Fahrzeugen ab dem letzten Wartungsdatum.
Anomalieerkennung.	99. Perzentilwert, der aus dem Trainingsdatensatz geschätzt wird.	Einen Denial-of-Service-Angriff (DoS) aus dem Netzwerkverkehr identifizieren.	Suchen Sie das 99. Perzentil der Anzahl der Anfragen pro Minute in den vergangenheitsbezogenen Daten. Überschreitet in einem beliebigen einminütigen Zeitraum die Anzahl der Anfragen diese Zahl, kennzeichnen Sie dies als DoS-Angriff.
Empfehlungsmodell.	Empfehlen Sie den beliebtesten Artikel in der Kategorie des letzten Kaufs des Kunden.	Filme an Benutzer empfehlen.	Wenn ein Benutzer gerade *Inception* (einen Science-Fiction-Film) gesehen hat (und ihn mochte), empfehlen Sie ihm *Icarus* (den beliebtesten Science-Fiction-Film, den er noch nicht gesehen hat).

Viele der Szenarios in Tabelle 7-1 beziehen sich auf »wichtige Features«. Diese Features sind dahin gehend wichtig, dass sie in der Branche weithin akzeptiert sind, weil sie einen nachvollziehbaren Einfluss auf das Vorhersageproblem haben. Dabei handelt es sich nicht um Features, die mit Methoden der Feature-Wichtigkeit in Ihrem Trainingsdatensatz ermittelt wurden. Zum Beispiel ist es in der Taxibranche allgemein anerkannt, dass die wichtigste Determinante für einen Taxitarif die Entfernung ist und dass längere Fahrten mehr kosten. Das macht die Entfernung zu einem wichtigen Feature, nicht das Ergebnis einer Studie zur Feature-Wichtigkeit.

Kompromisse und Alternativen

Oftmals werden Sie feststellen, dass ein heuristischer Benchmark über seinen eigentlichen Zweck (nämlich die Erklärung der Modellperformance) hinaus nützlich ist. In manchen Fällen kann der heuristische Benchmark eine spezielle Datenerfassung erfordern. Schließlich gibt es Fälle, in denen ein heuristischer Benchmark unzureichend ist, weil der Vergleich selbst einen Kontext benötigt.

Entwicklungsprüfung

Oft erweist sich ein heuristischer Benchmark nicht nur als nützlich, um die Leistung von ML-Modellen zu erklären. Während der Entwicklung kann er auch helfen, Probleme mit einem bestimmten Modellansatz zu diagnostizieren.

Nehmen wir zum Beispiel an, wir erstellten ein Modell, um die Mietdauer vorherzusagen, und unser Benchmark ist eine Nachschlagetabelle der durchschnittlichen Mietdauer, die den Stationsnamen enthält und angibt, ob es sich um die Hauptverkehrszeit für Pendler handelt oder nicht:

```
CREATE TEMPORARY FUNCTION is_peak_hour(start_date TIMESTAMP) AS
    EXTRACT(DAYOFWEEK FROM start_date) BETWEEN 2 AND 6 -- weekday
    AND (
        EXTRACT(HOUR FROM start_date) BETWEEN 6 AND 10
        OR
        EXTRACT(HOUR FROM start_date) BETWEEN 15 AND 18)

;

SELECT
    start_station_name,
    is_peak_hour(start_date) AS is_peak,
    AVG(duration) AS predicted_duration,
FROM `bigquery-public-data.london_bicycles.cycle_hire`
GROUP BY 1, 2
```

Wenn Sie Ihr Modell entwickeln, empfiehlt es sich, die Performance Ihres ML-Modells mit diesem Benchmark zu vergleichen. Zu diesem Zweck bewerten Sie die Modellperformance bei verschiedenen Stratifikationen des Bewertungsdatensatzes. Hier wird der Datensatz nach `start_station_name` und `is_peak` stratifiziert. Auf diese Weise können Sie leicht feststellen, ob Ihr Modell die stark frequentierten und beliebten Stationen überbetont und die seltenen Stationen im Datensatz ignoriert. Wenn dies der Fall ist, können Sie damit experimentieren, die Modellkomplexität zu erhöhen oder den Datensatz so auszugleichen, dass weniger beliebte Stationen übergewichtet werden.

Menschliche Experten

Wir haben empfohlen, bei Klassifizierungsproblemen wie der Diagnose von Augenkrankheiten – bei der die Arbeit von menschlichen Experten durchgeführt wird – in den Benchmark ein Gremium solcher Experten einzubeziehen. Indem man drei oder mehr Ärzte jedes Bild untersuchen lässt, ist es möglich, das Ausmaß, in dem menschliche Ärzte Fehler machen, zu identifizieren und die Fehlerrate des Modells mit der der menschlichen Experten zu vergleichen. Bei solchen Bildklassifizierungsproblemen ist dies eine natürliche Erweiterung der Labeling-Phase, da die Labels für Augenkrankheiten von Menschen erstellt werden.

Manchmal ist es vorteilhaft, menschliche Experten heranzuziehen, selbst wenn wir die eigentliche Grundwahrheit (engl. *Ground Truth*) haben. Wenn Sie zum Beispiel ein Modell erstellen, um die Kosten für eine Autoreparatur nach einem Unfall vorherzusagen, können Sie sich die vergangenheitsbezogenen Daten ansehen und die tatsächlichen Kosten für die Reparatur ermitteln. In der Regel werden Sie für dieses Problem keine menschlichen Experten bemühen, da die Grundwahrheit direkt aus dem Vergangenheitsdatensatz verfügbar ist. Um aber den Benchmark zu kommunizieren, kann es hilfreich sein, Versicherungsgutachter die Autos für eine Schadensschätzung bewerten zu lassen und die Schätzungen des Modells mit denen der Gutachter zu vergleichen.

Der Einsatz menschlicher Experten muss nicht auf unstrukturierte Daten beschränkt sein, wie es bei Augenerkrankungen oder Schätzungen von Schadenskosten der Fall ist. Wenn Sie zum Beispiel ein Modell erstellen, um vorherzusagen, ob ein Kredit innerhalb eines Jahres refinanziert wird oder nicht, liegen die Daten in Tabellenform vor, und die Grundwahrheit ist in den Vergangenheitsdaten verfügbar. Allerdings könnten Sie selbst in diesem Fall menschliche Experten bitten, refinanzierte Kredite zu identifizieren, um zu kommunizieren, wie oft die Kreditvermittler auf dem Gebiet richtig liegen würden.

Nutzwert

Selbst wenn Sie ein funktionierendes Modell oder eine hervorragende Heuristik für Vergleichszwecke haben, müssen Sie den Einfluss der Verbesserung erklären, die Ihr Modell bietet. Zu kommunizieren, dass der MAE um 30 Sekunden niedriger liegt oder dass der MAP um 1 % zugenommen hat, mag nicht immer genügen. Die nächste Frage könnte sehr wohl lauten: »Ist eine Verbesserung von 1 % gut? Lohnt sich der Aufwand, ein ML-Modell in die Produktion zu überführen, anstatt die einfache heuristische Regel anzuwenden?«

Wenn möglich, sollten Sie die Verbesserung der Modellperformance in den Nutzwert des Modells übersetzen. Der Wert könnte sich in Geld ausdrücken lassen, aber auch einem anderen Maßstab des Nutzens entsprechen, beispielsweise bessere Suchergebnisse, frühere Erkennung von Krankheiten oder weniger Abfall durch verbesserte Produktionsleistung. Dieser Nutzwert hilft bei der Entscheidung, ob dieses Modell bereitgestellt werden soll oder nicht, da die Bereitstellung oder Änderung eines Produktionsmodells immer mit gewissen Kosten in Bezug auf Zuverlässigkeit und Fehlerbudgets verbunden ist. Wenn zum Beispiel das Bildklassifizierungsmodell dazu dient, ein Bestellformular auszufüllen, kann man berechnen, dass eine 1%ige Verbesserung zu 20 weniger abgebrochenen Bestellungen pro Tag führt und es demzufolge einen bestimmten Geldbetrag wert ist. Liegt dieser höher als der Schwellenwert, den Ihr Site-Reliability-Engineering-Team festgelegt hat, stellen Sie das Modell bereit.

In unserem Fahrradverleihproblem könnte es möglich sein, die Auswirkungen auf das Geschäft mithilfe dieses Modells zu messen. Zum Beispiel könnten wir die erhöhte Verfügbarkeit von Fahrrädern oder die höheren Gewinne berechnen, die auf der Verwendung des Modells in einer Lösung mit dynamischer Preisgestaltung basieren.

Entwurfsmuster 29: Erklärbare Vorhersagen

Das Entwurfsmuster *Erklärbare Vorhersagen* erhöht das Vertrauen in ML-Systeme, indem es Benutzern ein Verständnis dafür vermittelt, wie und warum Modelle bestimmte Vorhersagen treffen. Während sich Modelle wie Entscheidungsbäume vom Design her interpretieren lassen, ist es bei tiefen neuronalen Netzen aufgrund ihrer Architektur von Haus aus schwierig, sie zu erklären. Für alle Modelle ist es nützlich, Vorhersagen interpretieren zu können, um die Kombinationen der Features, die das Modellverhalten beeinflussen, zu verstehen.

Problem

Wenn ein ML-Modell evaluiert wird, um festzustellen, ob es produktionsreif ist, erzählen Metriken wie Genauigkeit, Präzision, Trefferquote und mittlerer quadratischer Fehler nur einen Teil der Geschichte. Sie liefern Daten darüber, wie *korrekt* die Vorhersagen eines Modells relativ zur den Werten der Grundwahrheit im Testdatensatz sind, aber sie geben keinen Aufschluss darüber, warum ein Modell zu diesen Vorhersagen gelangt. Deshalb zögern Benutzer in vielen ML-Szenarios möglicherweise, die Vorhersagen eines Modells für bare Münze zu nehmen.

Um dies zu verstehen, betrachten wir ein Modell (*https://oreil.ly/5W-2n*), das den Schweregrad der diabetischen Retinopathie (DR) anhand eines Netzhautbilds vorhersagt.[1] Das Modell liefert eine Softmax-Ausgabe, die die Wahrscheinlichkeit anzeigt, dass ein einzelnes Bild in eine von fünf Kategorien fällt, die dem Schweregrad der DR im Bild zugeordnet sind – von 1 (keine DR vorhanden) bis 5 (proliferative DR, die schlimmste Form). Angenommen, das Modell gäbe für ein bestimmtes Bild eine 95%ige Konfidenz zurück, dass das Bild proliferative DR zeigt. Dies mag wie ein genaues Ergebnis mit hoher Sicherheit erscheinen, doch wenn sich ein Arzt für eine Diagnose am Patienten ausschließlich auf diese Modellausgabe verlässt, weiß er noch nicht, *wie* das Modell zu dieser Vorhersage gekommen ist. Vielleicht hat das Modell die richtigen Regionen im Bild identifiziert, die auf DR hinweisen, doch es besteht auch die Möglichkeit, dass die Vorhersage des Modells auf Pixeln im Bild beruht, die keine Anzeichen für die Krankheit sind. Beispielsweise könnten einige Bilder im Datensatz Arztnotizen oder andere Anmerkungen enthalten. Das Modell könnte fälschlicherweise das Vorhandensein einer Anmerkung für seine Vorhersage verwenden, anstatt die krankhaften Bereiche im Bild zu bewerten.[2] In

1 DR ist eine Augenerkrankung, die Millionen von Menschen auf der ganzen Welt betrifft. Sie kann zur Erblindung führen, doch wenn sie früh erkannt wird, lässt sie sich erfolgreich behandeln. Unter *https://oreil.ly/ix21h* können Sie mehr dazu erfahren und auch den Datensatz finden.

2 In dieser Studie (*https://oreil.ly/qowNO*) wurden Erläuterungen verwendet, um in radiologischen Bildern vorhandene Anmerkungen zu identifizieren und zu korrigieren.

der aktuellen Form des Modells lassen sich der Vorhersage keine Regionen in einem Bild zuordnen. Das wiederum erschwert dem Arzt, dem Modell zu vertrauen.

Die medizinische Bildgebung ist lediglich ein Beispiel – es gibt viele Branchen, Szenarios und Modelltypen, bei denen ein mangelnder Einblick in den Entscheidungsprozess eines Modells zu Problemen mit dem Vertrauen der Benutzer führen kann. Wenn ein ML-Modell dazu dient, die Kreditwürdigkeit einer Person oder eine andere Finanzkennzahl vorherzusagen, möchten die Benutzer wahrscheinlich wissen, warum sie einen bestimmten Score erhalten haben. War es ein Zahlungsverzug? Bestehen zu viele Kreditlinien? Ist mangelnde Bonität die Ursache? Vielleicht verlässt sich das Modell für seine Vorhersagen ausschließlich auf demografische Daten und baut somit ohne unser Wissen Verzerrungen in das Modell ein. Da nur der Score vorliegt, gibt es keine Möglichkeit, zu erfahren, wie das Modell zu seiner Vorhersage gelangt ist.

Neben den Endbenutzern von Modellen gibt es noch eine weitere Gruppe von Stakeholdern, die mit behördlichen und Compliance Standards für ML-Modelle zu tun haben, da Modelle in bestimmten Branchen möglicherweise eine Revision oder zusätzliche Transparenz erfordern. Stakeholder, die an der Überprüfung von Modellen beteiligt sind, benötigen wahrscheinlich auf höherer Ebene eine Zusammenfassung dessen, wie das Modell zu seinen Vorhersagen kommt, um seine Verwendung und Wirkung zu rechtfertigen. Metriken wie die Genauigkeit sind in diesem Fall nicht hilfreich – ohne Einblick in die Gründe, *warum* ein Modell die Vorhersagen trifft, kann sein Einsatz problematisch werden.

Schließlich können wir als Data Scientists und ML Engineers die Qualität unserer Modelle nur bis zu einem gewissen Grad verbessern, wenn wir nicht verstehen, auf welche Features sie sich bei ihren Vorhersagen stützen. Wir müssen also überprüfen können, ob die Modelle so funktionieren, wie wir es erwarten. Nehmen wir zum Beispiel an, wir trainierten ein Modell auf tabellarischen Daten, um vorherzusagen, ob ein Flug verspätet ist. Das Modell wird auf 20 Features trainiert. Hinter den Kulissen stützt es sich vielleicht nur auf zwei dieser 20 Features, und wenn wir den Rest entfernen würden, könnten wir die Performance des Systems erheblich verbessern. Vielleicht ist aber auch jedes dieser 20 Features notwendig, um den angestrebten Grad an Genauigkeit zu erreichen. Ohne weitere Details darüber, was das Modell verwendet, ist das kaum in Erfahrung zu bringen.

Lösung

Um mit dem unvermeidlich Unbekannten im maschinellen Lernen umzugehen, brauchen wir einen Weg, um zu verstehen, wie Modelle unter der Haube funktionieren. Techniken zum Verstehen und Kommunizieren, wie und warum ein ML-Modell Vorhersagen trifft, sind aktive Forschungsgebiete. Die auch als Interpretierbarkeit oder Modellverständnis bezeichnete *Erklärbarkeit* ist ein neues und sich schnell entwickelndes Feld innerhalb des maschinellen Lernens und kann je nach Architektur eines Modells und der Art der Daten, auf denen es trainiert wird, verschiedene Formen annehmen. Außerdem kann Erklärbarkeit dabei helfen, Verzerrungen in ML-Modellen aufzudecken, worauf wir beim Entwurfsmuster *Fairness Lens* in diesem Kapitel zu sprechen kommen. Hier konzentrieren wir uns auf das Erklären von tiefen neuronalen Netzen mithilfe von Feature-Attributionen. Um das im Kontext zu verstehen, betrachten wir Erklärbarkeit zuerst für Modelle mit weniger komplexen Architekturen.

Einfachere Modelle wie Entscheidungsbäume sind leichter zu erklären als tiefe Modelle, da sie oft *durch ihr Design interpretierbar* sind. Das heißt, dass ihre gelernten Gewichte einen direkten Einblick in die Art und Weise geben, wie das Modell Vorhersagen trifft. So können bei einem Modell der linearen Regression mit unabhängigen Eingabe-Features die Gewichte manchmal interpretierbar sein. Nehmen wir ein Modell der linearen Regression, das die Kraftstoffeffizienz eines Autos vorhersagt.[3] In scikit-learn (*https://oreil.ly/V9GT5*) können wir die gelernten Koeffizienten für ein Modell der linearen Regression wie folgt erhalten:

```
model = LinearRegression().fit(x_train, y_train)
coefficients = model.coef_
```

Abbildung 7-1 zeigt die resultierenden Koeffizienten für jedes Feature in unserem Modell.

	Learned coefficients
cylinders	-0.926610
displacement	0.037055
horsepower	-0.017953
weight	-0.007286
acceleration	0.164976
model year	0.723584
origin_1	-1.779775
origin_2	0.781041
origin_3	0.998735

Abbildung 7-1: Die gelernten Koeffizienten von unserem Modell der linearen Regression für die Kraftstoffeffizienz, das den Kraftstoffverbrauch eines Autos vorhersagt. Wir haben »get_dummies()« von Pandas verwendet, um das ursprüngliche Feature in eine boolesche Spalte zu konvertieren, da es kategorial ist.

Die Koeffizienten zeigen uns die Beziehung zwischen jedem Feature und der Ausgabe des Modells, dem vorhergesagten Kraftstoffverbrauch (in Meilen pro Gallone, MPG). So können wir aus diesen Koeffizienten zum Beispiel schließen, dass für je-

3 Das hier beschriebene Modell wird auf einem öffentlichen UCI-Datensatz (*https://oreil.ly/cNixp*) trainiert.

den zusätzlichen Zylinder in einem Auto der vorhergesagte MPG-Wert unseres Modells abnimmt. Außerdem hat das Modell gelernt, dass neu eingeführte Fahrzeuge (durch das Feature `model year` [Modelljahr] gekennzeichnet) oftmals eine höhere Kraftstoffeffizienz haben. Aus diesen Beziehungen zwischen den Features unseres Modells und der Ausgabe dieser Koeffizienten können wir wesentlich mehr erfahren als von den gelernten Gewichten einer versteckten Schicht in einem tiefen neuronalen Netz. Deshalb spricht man bei Modellen wie dem oben vorgestellten oftmals von *interpretierbar nach Design*.

Es ist zwar verlockend, den gelernten Gewichten in Modellen mit linearer Regression oder Entscheidungsbäumen eine signifikante Bedeutung zuzuweisen, dabei ist aber äußerste Vorsicht geboten. Die Schlussfolgerungen, die wir zuvor gezogen haben, sind immer noch richtig (d.h. inverse Beziehung zwischen der Anzahl von Zylindern und der Kraftstoffeffizienz), doch wir können nicht aus der Größe der Koeffizienten schließen, dass zum Beispiel die Herkunft als kategoriales Feature oder die Anzahl der Zylinder wichtiger für unser Modell ist als die Leistung oder das Gewicht. Zum einen wird jedes dieser Merkmale in einer anderen Einheit dargestellt. Ein Zylinder ist nicht mit einem Pfund gleichzusetzen – die Autos in diesem Datensatz haben höchstens acht Zylinder, wiegen aber über 3.000 Pfund. Zum anderen ist die Herkunft ein kategoriales Feature, das mit Dummy-Werten dargestellt wird, sodass jeder Herkunftswert nur 0 oder 1 sein kann. Die Koeffizienten sagen auch nichts aus über die Beziehung zwischen den Features in unserem Modell. Mehr Zylinder sind oft mit mehr PS korreliert, doch lässt sich dies nicht aus den gelernten Gewichten schließen.[4]

Bei komplexeren Modellen verwenden wir *Post-hoc*-Methoden der Erklärbarkeit, um die Beziehungen zwischen den Features eines Modells und dessen Ausgabe anzunähern. Normalerweise führen Post-hoc-Methoden diese Analyse durch, ohne sich auf die Interna des Modells wie die gelernten Gewichte zu verlassen. Dies ist ein Bereich der laufenden Forschung, und es gibt eine Vielzahl von vorgeschlagenen Erklärungsmethoden sowie Werkzeuge, mit denen Sie diese Methoden Ihrem ML-Workflow hinzufügen können. Wir gehen hier auf Erklärungsmethoden ein, die als *Feature-Attributionen* bekannt sind. Diese Methoden zielen darauf ab, die Ausgabe eines Modells – sei es ein Bild, eine Klassifizierung oder ein numerischer Wert – seinen Features zuzuordnen. Hierfür werden jedem Feature Attributionswerte zugewiesen, die angeben, wie viel dieses Feature zur Ausgabe beigetragen hat. Es gibt zwei Arten von Feature-Attributionen:

Instanzebene
: Feature-Attributionen, die die Ausgabe eines Modells für eine einzelne Vorhersage erklären. Zum Beispiel würde in einem Modell, das vorhersagt, ob jemandem eine Kreditlinie eingeräumt werden sollte, eine Feature-Attribution

---

4 Die scikit-learn-Dokumentation (***https://oreil.ly/DAmIm***) geht detaillierter darauf ein, wie die gelernten Gewichte in linearen Modellen korrekt zu interpretieren sind.

auf Instanzebene Aufschluss darüber geben, warum der Antrag einer bestimmten Person abgelehnt wurde. In einem Bildmodell könnte eine Attribution auf Instanzebene die Pixel in einem Bild hervorheben, die zur Vorhersage geführt haben, dass das Bild eine Katze zeigt.

Global

Globale Feature-Attributionen analysieren das Verhalten des Modells über ein Aggregat, um Rückschlüsse auf das Verhalten des Modells als Ganzes zu ziehen. Dies geschieht typischerweise durch Mittelung von Feature-Attributionen auf Instanzebene aus einem Testdatensatz. In einem Modell, das vorhersagt, ob ein Flug verspätet sein wird, könnten globale Attributionen uns sagen, dass alles in allem extremes Wetter das signifikanteste Feature bei der Vorhersage von Verspätungen ist.

Tabelle 7-2 skizziert die beiden Feature-Attributionsmethoden[5], die wir untersuchen, und bietet verschiedene Ansätze, die sowohl für Erklärungen auf Instanzebene als auch für globale Erklärungen verwendet werden können.

Tabelle 7-2: Beschreibungen verschiedener Erklärungsmethoden und Links zu entsprechenden Forschungsarbeiten

Name	Beschreibung	Paper
Sampled Shapley	Basierend auf dem Konzept des Shapley-Werts[6] bestimmt dieser Ansatz den marginalen Beitrag eines Features, indem berechnet wird, wie sehr das Hinzufügen und Entfernen dieses Features eine Vorhersage beeinflusst. Die Analyse erfolgt über mehrere Kombinationen von Feature-Werten.	*https://oreil.ly/ubEjW*
Integrated Gradients (IG)	Unter Verwendung einer vordefinierten Modell-Baseline berechnet IG die Ableitungen (Gradienten) entlang des Pfads von dieser Baseline zu einer bestimmten Eingabe.	*https://oreil.ly/sy8f8*

Diese Ansätze könnten wir zwar von Grund auf neu implementieren, doch es gibt Tools, mit denen sich Feature-Attributionen einfacher bilden lassen. Mit den verfügbaren Open-Source- und Cloud-basierten Erklärbarkeitstools können wir uns auf das Debuggen, Verbessern und Zusammenfassen unserer Modelle konzentrieren.

Modell-Baseline

Um diese Tools verwenden zu können, müssen wir zunächst das Konzept einer *Baseline* verstehen und wie es auf das Erklären von Modellen mit Feature-Attributionen anzuwenden ist. Eine Erklärbarkeitsmethode soll die Frage beantworten:

5 Wir konzentrieren uns auf diese beiden Erklärbarkeitsmethoden, da sie stark verbreitet sind und eine breite Palette an Modelltypen abdecken. Es gibt aber noch viele weitere Methoden und Frameworks, die nicht in dieser Analyse erscheinen, wie zum Beispiel LIME (*https://oreil.ly/0c4uB*) und ELI5 (*https://github.com/TeamHG-Memex/eli5*).

6 Der Shapley-Wert wurde 1951 in einem Paper von Lloyd Shapley (*https://oreil.ly/xCrqU*) eingeführt. Er basiert auf Konzepten aus der Spieltheorie.

»Warum hat das Modell X vorhergesagt?« Feature-Attributionen weisen hierzu jedem Feature numerische Werte zu, die anzeigen, wie viel das betreffende Feature zur endgültigen Ausgabe beigetragen hat. Nehmen wir als Beispiel ein Modell, das anhand einiger demografischer und gesundheitlicher Daten vorhersagt, ob ein Patient eine Herzerkrankung hat. Für ein einzelnes Beispiel in unserem Testdatensatz stellen wir uns vor, dass der Attributionswert für das Cholesterin-Feature eines Patienten 0,4 beträgt und der Attributionswert für seinen Blutdruck –0,2 ist. Ohne Kontext sagen diese Attributionswerte nicht viel , und unsere erste Frage wird wahrscheinlich lauten: »0,4 und –0,2 relativ wozu?« Dieses *Wozu* ist die *Baseline* des Modells.

Wann immer wir Feature-Attributionswerte bekommen, sind sie alle relativ zu einem vordefinierten Baseline-Vorhersagewert für unser Modell. Baseline-Vorhersagen können entweder *informativ* oder *uninformativ* sein. Uninformative Baselines werden typischerweise mit einem Durchschnittsfall in einem Trainingsdatensatz verglichen. In einem Bildmodell könnte eine uninformative Baseline ein einfarbiges schwarzes oder weißes Bild sein. In einem Textmodell könnte die uninformative Baseline aus Nullwerten für die Einbettungsmatrizen des Modells oder aus Stoppwörtern wie »der«, »ist« oder »und« bestehen. In einem Modell mit numerischen Eingaben ist es üblich, eine Vorhersage mit dem Median-Wert für jedes Feature im Modell zu erzeugen und diese dann als Baseline zu verwenden.

Baselines festlegen

Wie wir über eine Baseline denken, hängt davon ab, ob unser Modell eine Regressions- oder eine Klassifizierungsaufgabe ausführt. Bei einer Regressionsaufgabe hat ein Modell *genau einen* numerischen Baseline-Vorhersagewert. Stellen Sie sich in unserem Beispiel mit dem Kraftstoffverbrauch eines Autos vor, dass wir die Baseline nach dem Median-Ansatz berechnen. Das folgende Array enthält die Median-Werte für die acht Features in unserem Datensatz:

```
[151.0, 93.5, 2803.5, 15.5, 76.0, 1.0, 0.0, 0.0]
```

Wenn wir dieses an unser Modell senden, ergibt sich ein vorhergesagter MPG-Wert von 22,9. Folglich verwenden wir für jede Vorhersage, die wir mit diesem Modell treffen, 22,9 MPG als Baseline, um Vorhersagen zu vergleichen.

Stellen Sie sich nun vor, wir folgten dem Reframing-Muster und änderten dieses Regressionsproblem in ein Klassifizierungsproblem. Hierfür definieren wir »niedrige«, »mittlere« und »hohe« Buckets für die Kraftstoffeffizienz, und unser Modell gibt dementsprechend ein dreielementiges Softmax-Array aus. Es gibt die Wahrscheinlichkeit an, dass ein bestimmtes Auto der jeweiligen Klasse entspricht. Wenn wir dieselbe Median-Eingabe wie oben als Baseline verwenden, gibt unser Klassifizierungsmodell nun die folgende Baseline-Vorhersage zurück:

```
[0.1, 0.7, 0.2]
```

Damit haben wir jetzt einen anderen Baseline-Vorhersagewert für jede Klasse. Angenommen, wir generierten eine neue Vorhersage für ein Beispiel aus unserem Testdatensatz und unser Modell gäbe das folgende Array aus, das eine 90%ige Wahrscheinlichkeit vorhersagt, dass dieses Auto eine »niedrige« Kraftstoffeffizient hat:

```
[0.9, 0.06, 0.04]
```

Die resultierenden Feature-Attributionswerte sollten erklären, warum das Modell 0,9 im Vergleich zum Baseline-Vorhersagewert von 0,1 für die Klasse »niedrig« vorhergesagt hat. Wir können uns auch Feature-Attributionswerte für die anderen Klassen ansehen, um zum Beispiel zu verstehen, warum unser Modell für dasselbe Auto eine 6%ige Chance vorhersagt, zu unserer »mittleren« Kraftstoffeffizienzklasse zu gehören.

Abbildung 7-2 zeigt Feature-Attributionen auf Instanzebene für ein Modell, das die Dauer einer Fahrradtour vorhersagt. Die uninformative Baseline für dieses Modell ist eine Tourdauer von 13,6 Minuten, die wir erhalten, wenn wir eine Vorhersage mit dem Median-Wert für jedes Feature in unserem Datensatz generieren. Ist die Vorhersage eines Modells *kleiner als* der Baseline-Vorhersagewert, sollten wir erwarten, dass die meisten Attributionswerte negativ sind und umgekehrt. In diesem Beispiel erhalten wir eine vorhergesagte Dauer von 10,71, die geringer als die Baseline des Modells ist, was auch erklärt, warum viele der Attributionswerte negativ sind. Wir können die wichtigsten Features bestimmen, indem wir den Absolutwert der Feature-Attributionen nehmen. In diesem Beispiel ist die Länge der Tour das wichtigste Feature, was dazu geführt hat, dass die Vorhersage unseres Modells um 2,4 Minuten niedriger als die Baseline ausgefallen ist. Zusätzlich sollten wir uns zur Kontrolle davon überzeugen, dass die Werte der Feature-Attributionen ungefähr der Differenz zwischen der aktuellen Vorhersage und der Baseline-Vorhersage entsprechen.

```
Baseline prediction:  13.61
Predicted duration:  10.71

Name            Feature value    Attribution value
------------  ---------------  -------------------
distance          1395.51            -2.44478
start_hr            18               -1.29039
max_temp            20.7239           0.690506
temp                16.168            0.12629
dew_point            7.83396          0.0110318
prcp                 0.03            -0.00134132
weekday              1                0
wdsp                 0                0
rain_drizzle         0                0
```

Abbildung 7-2: Die Feature-Attributionswerte für ein einzelnes Beispiel in einem Modell, das die Dauer einer Fahrradtour vorhersagt. Die Baseline des Modells, die mit dem Median der einzelnen Feature-Werte berechnet wird, beträgt 13,6 Minuten, und die Attributionswerte zeigen, wie sehr jedes Feature die Vorhersage beeinflusst hat.

Informative Baselines vergleichen dagegen die Vorhersage eines Modells mit einem bestimmten alternativen Szenario. In einem Modell, das betrügerische Transaktionen identifiziert, könnte eine informative Baseline die Frage beantworten: »Warum wurde diese Transaktion als betrügerisch und nicht als ordnungsgemäße Transaktion identifiziert?« Anstatt die Baseline aus den Median-Werten der Features über den gesamten Trainingsdatensatz zu berechnen, würden wir den Median nur von den nicht betrügerischen Werten nehmen. In einem Bildmodell enthalten die Trainingsbilder vielleicht einen signifikanten Anteil von schwarzen und weißen Pixeln, sodass die Verwendung dieser Pixel als Baseline in ungenauen Vorhersagen resultieren würde. In diesem Fall müssten wir ein anderes *informatives* Baseline-Bild verwenden.

Heuristische Benchmarks und Modell-Baselines

Wie hängen Modell-Baselines mit dem Entwurfsmuster *Heuristischer Benchmark* zusammen? Ein heuristischer Benchmark ist als Ausgangspunkt für die Zusammenfassung eines Modells auf globaler Ebene gedacht, oftmals vor der Implementierung von Erklärbarkeit. Wenn Sie Erklärbarkeit verwenden, bleibt es Ihnen überlassen, welche Art von Baseline (informativ oder uninformativ) Sie wählen und wie Sie sie berechnen. Mit den im Entwurfsmuster *Heuristischer Benchmark* beschriebenen Techniken könnten Sie ebenso die Baseline eines Modells bestimmen, um sie mit einer Erklärbarkeitsmethode zu verwenden.

Sowohl heuristische Benchmarks als auch Modell-Baselines bieten ein Framework für die Beantwortung der Frage: »Warum hat das Modell X im Vergleich zu Y gemacht?« Heuristische Benchmarks sind ein erster Schritt in der Modellanalyse und stellen einen möglichen Ansatz zur Berechnung einer Baseline dar. Wenn wir in diesem Abschnitt den Begriff *Baseline* verwenden, beziehen wir uns speziell auf den Wert, der als Bezugspunkt in Erklärbarkeitsmethoden verwendet wird.

SHAP

Die Open-Source-Bibliothek *SHAP* (*https://github.com/slundberg/shap*) bietet eine Python-API, über die sich Feature-Attributionen für viele Modelltypen abrufen lassen, und basiert auf dem Konzept des Shapley-Werts, der in Tabelle 7-2 eingeführt wurde. Um Feature-Attributionswerte zu bestimmen, berechnet SHAP, wie viel das Hinzufügen oder Entfernen jedes Features zur Vorhersageausgabe eines Modells beiträgt. Diese Analyse wird über viele verschiedene Kombinationen von Feature-Werten und Modellausgaben durchgeführt.

SHAP ist Framework-unabhängig und funktioniert mit Modellen, die auf Bild-, Text- oder Tabellendaten trainiert wurden. Um zu sehen, wie SHAP in der Praxis arbeitet, verwenden wir den bereits erwähnten Datensatz zur Kraftstoffeffizienz. Dieses Mal erstellen wir ein tiefes Modell mit der `Sequential`-API von Keras:

```
model = tf.keras.Sequential([
  tf.keras.layers.Dense(16, input_shape=(len(x_train.iloc[0])),
  tf.keras.layers.Dense(16, activation='relu'),
  tf.keras.layers.Dense(1)
])
```

Um SHAP einzusetzen, erstellen wir zuerst ein DeepExplainer-Objekt, indem wir ihm unser Modell und eine Teilmenge der Beispiele aus unserem Trainingsdatensatz übergeben. Dann erhalten wir die Attributionswerte für die ersten zehn Beispiele in unserem Testdatensatz:

```
import shap
explainer = shap.DeepExplainer(model, x_train[:100])
attribution_values = explainer.shap_values(x_test.values[:10])
```

SHAP bringt einige integrierte Visualisierungsmethoden mit, die es einfacher machen, die resultierenden Attributionswerte zu verstehen. Wir verwenden die Methode force_plot() von SHAP, um die Attributionswerte für das erste Beispiel in unserem Testdatensatz zu plotten:

```
shap.force_plot(
  explainer.expected_value[0],
  shap_values[0][0,:],
  x_test.iloc[0,:]
)
```

Im obigen Code ist explainer.expected_value die Baseline unseres Modells. SHAP berechnet die Baseline als Mittelwert der Ausgabe des Modells über den Datensatz, den wir beim Erstellen von explainer übergeben haben (in diesem Fall x_train [:100]). Wir hätten aber auch unseren eigenen Baseline-Wert an force_plot() übergeben können. Der Wert der Grundwahrheit für dieses Beispiel ist 14 Meilen pro Gallone, unser Modell sagt 13,16 voraus. Daher wird unsere Erklärung die Vorhersage des Modells von 13,16 mit Feature-Attributionswerten begründen. In diesem Fall liegen die Attributionswerte relativ zur Baseline des Modells von 24,16 MPG. Die Attributionswerte sollten sich deshalb zu etwa 11 summieren, der Differenz zwischen der Baseline des Modells und der Vorhersage für dieses Beispiel. Die wichtigsten Features sind diejenigen, die die größten Absolutwerte haben. Abbildung 7-7 zeigt die resultierende Darstellung für die Attributionswerte dieses Beispiels.

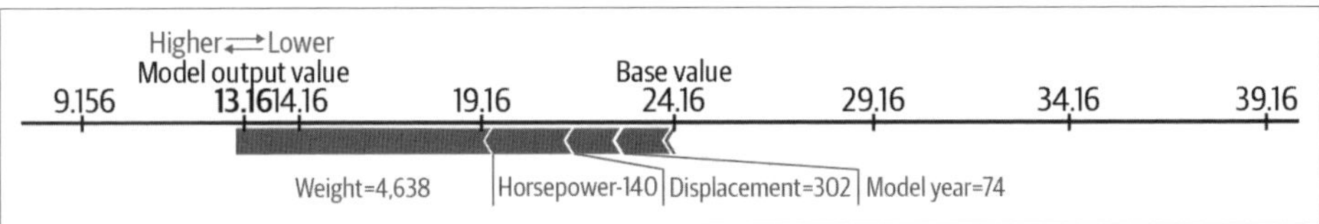

Abbildung 7-3: Die Feature-Attributionswerte für ein Beispiel aus unserem Modell zur Vorhersage der Kraftstoffeffizienz. In diesem Fall ist das Gewicht des Autos der signifikanteste Indikator für MPG mit einem Feature-Attributionswert von etwa 6. Hätte die Vorhersage unseres Modells über der Baseline von 24,16 gelegen, würden wir stattdessen überwiegend negative Attributionswerte sehen.

In diesem Beispiel ist der wichtigste Indikator für die Kraftstoffeffizienz das Gewicht, das die Vorhersage unseres Modells um etwa 6 MPG gegenüber der Baseline nach unten drückt. Danach folgen Pferdestärken (*Horsepower*), Hubraum (*Displacement*) und das Modelljahr des Autos. Eine Zusammenfassung (oder globale Erklärung) der Feature-Attributionswerte für die ersten zehn Beispiele aus unserem Testdatensatz bekommen wir mit dem folgenden Code:

```
shap.summary_plot(
  shap_values,
  feature_names=data.columns.tolist(),
  class_names=['MPG']
)
```

Das Ergebnis ist das Zusammenfassungsdiagramm, das Abbildung 7-4 darstellt.

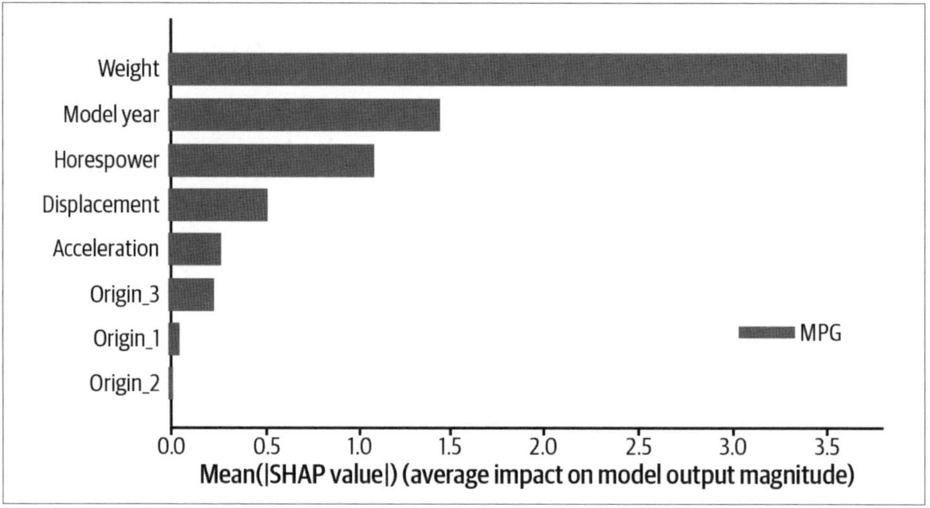

Abbildung 7-4: Ein Beispiel für Feature-Attributionen auf globaler Ebene für das Modell der Kraftstoffeffizienz, berechnet mit den ersten zehn Beispielen aus dem Testdatensatz

In der Praxis würden wir einen größeren Datensatz haben und die Attributionen auf globaler Ebene für mehr Beispiele berechnen wollen. Wir könnten dann diese Analyse heranziehen, um das Verhalten unseres Modells für andere Stakeholder innerhalb und außerhalb unserer Organisation zusammenzufassen.

Erklärungen zu bereitgestellten Modellen

SHAP bietet eine intuitive API, um Attributionen in Python abzurufen, die man normalerweise in einer Skript- oder Notebook-Umgebung verwendet. Dies funktioniert gut während der Modellentwicklung, doch es gibt Szenarios, in denen Sie an Erklärungen zu einem bereitgestellten Modell zusätzlich zur Vorhersageausgabe des Modells interessiert sind. In diesem Fall sind Cloud-basierte Erklärbarkeitstools die beste Option. Wir zeigen hier, wie Sie Feature-Attributionen zu einem bereitgestellten Modell mit Explainable AI (*https://oreil.ly/lDocn*) von Google Cloud bekommen.

Derzeit funktioniert Explainable AI mit benutzerdefinierten TensorFlow-Modellen und Modellen für tabellarische Daten, die mit AutoML erstellt wurden.

Wir stellen ein Bildmodell auf AI Platform bereit, um Erklärungen zu zeigen, doch wir könnten auch Explainable AI mit TensorFlow-Modellen verwenden, die auf Tabellen- oder Textdaten trainiert wurden. Für den Anfang stellen wir ein TensorFlow-Hub-Modell (*https://oreil.ly/Ws8jx*) auf dem ImageNet-Datensatz bereit. Damit wir uns auf die Aufgabe konzentrieren können, Erklärungen zu erhalten, führen wir keinerlei Transfer Learning auf dem Modell durch und verwenden die ursprünglichen 1.000 Label-Klassen von ImageNet:

```
model = tf.keras.Sequential([
    hub.KerasLayer(".../mobilenet_v2/classification/2",
                   input_shape=(224,224,3)),
    tf.keras.layers.Softmax()
])
```

Wenn Sie ein Modell auf AI Platform mit Erklärungen bereitstellen, müssen Sie zuerst eine Metadatendatei erzeugen, auf die der Erklärungsdienst zurückgreift, um Feature-Attributionen zu berechnen. Diese Metadaten liegen in einer JSON-Datei vor und enthalten Informationen zur Baseline, die wir verwenden möchten, und den Teilen des Modells, die wir erklärt haben wollen. Um diesen Vorgang zu vereinfachen, bietet Explainable AI ein SDK, das Metadaten über den folgenden Code generiert:

```
from explainable_ai_sdk.metadata.tf.v2 import SavedModelMetadataBuilder

model_dir = 'path/to/savedmodel/dir'

model_builder = SavedModelMetadataBuilder(model_dir) model_builder.set_image_
metadata('input_tensor_name')
model_builder.save_metadata(model_dir)
```

Da dieser Code keine Modell-Baseline spezifiziert, wird die Standard-Baseline verwendet (die bei Bildmodellen ein Schwarz-Weiß-Bild ist). Mit einem optionalen Parameter `input_baselines` in der Methode `set_image_metadata` können wir eine benutzerdefinierte Baseline festlegen. Führen Sie die obige Methode `save_metadata` aus, erhalten Sie eine Datei *explanation_metadata.json* in einem Modellverzeichnis (den vollständigen Code finden Sie im GitHub-Repository unter *https://github.com/GoogleCloudPlatform/ml-design-patterns/blob/master/07_stakeholder_management/explainability.ipynb*).

Wenn Sie dieses SDK über AI Platform Notebooks verwenden, haben Sie auch die Möglichkeit, Erklärungen lokal innerhalb einer Notebook-Instanz zu generieren, ohne Ihr Modell in der Cloud bereitzustellen. Dies lässt sich über die Methode `load_model_from_local_path` bewerkstelligen.

Mit dem exportierten Modell und der Datei *explanation_metadata.json* in einem Storage-Bucket sind Sie bereit, eine neue Modellversion zu erstellen. Dabei geben Sie dann auch die Erklärungsmethode an, die Sie verwenden möchten.

Um Ihr Modell auf AI Platform bereitzustellen, kopieren Sie Ihr Modellverzeichnis in einen Cloud-Storage-Bucket und erzeugen mithilfe der `gcloud`-CLI eine Modellversion. In AI Platform können Sie unter drei Erklärungsmethoden wählen:

Integrierte Gradienten (IG)
: Diese im IG-Paper (*https://oreil.ly/FJhMd*) eingeführte Methode funktioniert mit jedem differenzierbaren TensorFlow-Modell – Bild, Text oder Tabelle. Bei Bildmodellen, die auf AI Platform bereitgestellt werden, gibt IG ein Bild mit hervorgehobenen Pixeln zurück. Diese kennzeichnen die Bereiche, die die Vorhersage des Modells signalisiert haben.

Sampled Shapley
: Basierend auf dem Paper *Sampled Shapley* (*https://oreil.ly/EAS8T*) verwendet diese Methode einen Ansatz ähnlich der Open-Source-Bibliothek SHAP. Auf AI Platform können wir diese Methode mit Tabellen- und Text-TensorFlow-Modellen verwenden. Da IG nur mit differenzierbaren Modellen funktioniert, verwendet AutoML Tables die Methode Sampled Shapley, um Feature-Attributionen für alle Modelle zu berechnen.

XRAI
: Dieser Ansatz (*https://oreil.ly/niGVQ*) baut auf IG auf und wendet Glättung an, um bereichsbasierte Attributionen zurückzugeben. XRAI funktioniert nur mit Bildmodellen, die auf AI Platform bereitgestellt werden.

In unserem `gcloud`-Befehl geben wir die gewünschte Erklärungsmethode an sowie die Anzahl der integralen Schritte oder Pfade, die die Methode bei der Berechnung der Attributionswerte verwenden soll.[7] Der Parameter `steps` bezieht sich auf die Anzahl der Feature-Kombinationen, die für jede Ausgabe gesampelt werden. Je größer diese Anzahl, desto exakter ist im Allgemeinen die Erklärungsgenauigkeit:

```
!gcloud beta ai-platform versions create $VERSION_NAME \
--model $MODEL_NAME \
--origin $GCS_VERSION_LOCATION \
--runtime-version 2.1 \
--framework TENSORFLOW \
--python-version 3.7 \
--machine-type n1-standard-4 \
--explanation-method xrai \
--num-integral-steps 25
```

Sobald das Modell bereitgestellt ist, können wir mithilfe des Explainable-AI-SDK Erklärungen erhalten:

```
model = explainable_ai_sdk.load_model_from_ai_platform(
  GCP_PROJECT,
  MODEL_NAME,
  VERSION_NAME
)
```

7 Weitere Details zu diesen Erklärungsmethoden und ihrer Implementierung finden Sie im Whitepaper *Explainable AI* (*https://oreil.ly/PYn8P*).

```
request = model.explain([test_img])

# Bild mit Pixel-Attributionen ausgeben.
request[0].visualize_attributions()
```

Abbildung 7-5 zeigt einen Vergleich der IG- und XRAI-Erklärungen, die Explainable AI für unser ImageNet-Modell zurückgegeben hat. Die hervorgehobenen Pixelbereiche zeigen die Pixel, die am meisten zur Vorhersage »Husky« unseres Modells beigetragen haben.

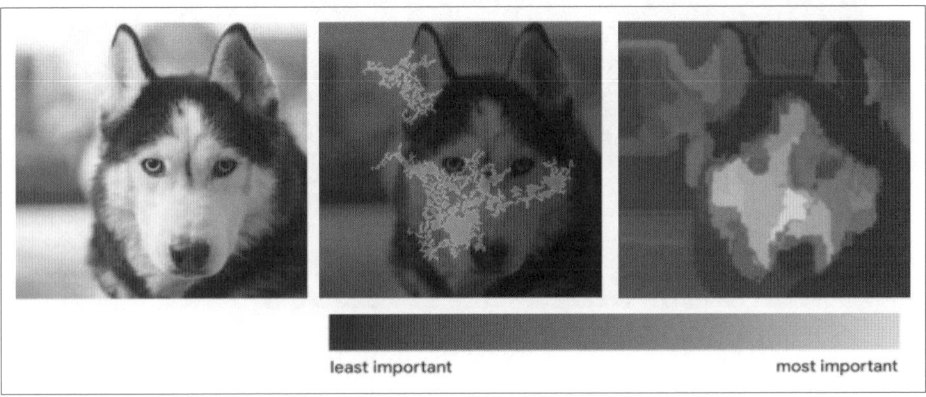

Abbildung 7-5: Die von Explainable AI zurückgegebenen Feature-Attributionen für ein ImageNet-Modell, das auf AI Platform bereitgestellt wurde. Links das Originalbild. Die IG-Attributionen sind in der Mitte zu sehen und die XRAI-Attributionen im rechten Bild. Der Schlüssel unterhalb der Bilder zeigt, was den Regionen in XRAI entspricht – hellere Regionen sind die wichtigsten, und dunklere Bereiche repräsentieren die unwichtigsten Regionen.

Normalerweise wird IG für »nicht natürliche« Bilder empfohlen, wie sie etwa in medizinischen Einrichtungen, unter Fabrikbedingungen oder in Laborumgebungen aufgenommen werden. XRAI funktioniert üblicherweise am besten für Bilder, die aus natürlichen Umgebungen stammen – wie das Bild dieses Huskys. Um zu verstehen, warum IG für »nicht natürliche« Bilder bevorzugt wird, sehen Sie sich die IG-Attributionen für das Bild der diabetischen Retinopathie in Abbildung 7-6 an. In Fällen wie diesem medizinischen Bild ist es hilfreich, die Attributionen auf einer feinkörnigen Pixelebene zu sehen. Im Bild mit dem Hund hingegen ist es weniger wichtig, die genauen Pixel zu kennen, die das Modell zur Vorhersage von »Husky« veranlasst haben, und XRAI liefert uns eine überblicksartige Zusammenfassung der wichtigsten Regionen.

Explainable AI funktioniert auch mit *AutoML Tables* (*https://oreil.ly/CSQly*), einem Tool zum Trainieren und Bereitstellen von Modellen für tabellarische Daten. AutoML Tables übernimmt die Vorverarbeitung der Daten und wählt das beste Modell für unsere Daten aus, d. h., wir brauchen keinerlei Modellcode zu schreiben. Feature-Attributionen über Explainable AI sind standardmäßig aktiviert für Modelle, die in AutoML Tables trainiert wurden, und es werden sowohl globale Erklärungen als auch Erklärungen auf Instanzebene bereitgestellt.

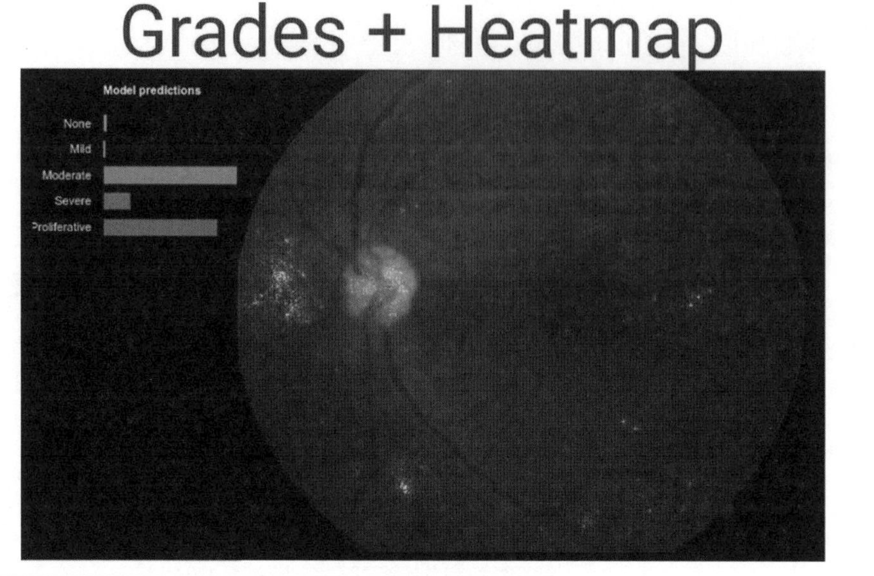

Abbildung 7-6: Im Rahmen einer Studie (https://oreil.ly/Xp_vp) von Rory Sayres und Kollegen im Jahr 2019 wurden verschiedene Gruppen von Augenärzten gebeten, den Grad der DR auf einem Bild in drei Szenarios zu bewerten: das Bild allein ohne Modellvorhersagen, das Bild mit Modellvorhersagen und das Bild mit Vorhersagen und Pixel-Attributionen (hier gezeigt). Man erkennt, wie Pixel-Attributionen helfen können, das Vertrauen in die Vorhersage des Modells zu erhöhen.

Kompromisse und Alternativen

Obwohl Erklärungen wichtige Einblicke in die Art und Weise geben, wie ein Modell Entscheidungen trifft, sind sie nur so gut wie die Trainingsdaten des Modells, die Qualität des Modells und die gewählte Baseline. In diesem Abschnitt diskutieren wir einige Einschränkungen der Erklärbarkeit sowie einige Alternativen zu Feature-Attributionen.

Bias der Datenauswahl

Oft hört man, dass maschinelles Lernen nach dem Prinzip »Garbage In, Garbage Out« arbeitet. Mit anderen Worten: Ein Modell ist nur so gut wie die Daten, mit denen es trainiert wurde. Wenn wir ein Bildmodell trainieren, um zehn verschiedene Katzenrassen zu identifizieren, sind diese zehn Katzenrassen alles, was es kennt. Legen wir nun dem Modell das Bild eines Hundes vor, kann es nur versuchen, den Hund einer der zehn Katzenkategorien zuzuordnen, mit denen es trainiert wurde. Es würde dies sogar mit hoher Wahrscheinlichkeit tun. Das heißt, Modelle sind eine direkte Repräsentation ihrer Trainingsdaten.

Wenn wir unausgeglichene Daten vor dem Training eines Modells nicht erkennen, können Erklärungsmethoden wie Feature-Attributionen helfen, den Bias der Datenauswahl ans Licht zu bringen. Nehmen wir als Beispiel an, wir erstellten ein Modell, um den Bootstyp vorherzusagen, der auf einem Bild zu sehen ist. Weiterhin nehmen wir an, dass es ein Bild aus unserem Testdatensatz korrekt als »Kajak« labelt, doch mithilfe von Feature-Attributionen finden wir heraus, dass sich das Modell auf das Paddel des Boots verlässt, um »Kajak« vorherzusagen, und nicht auf die Form des Boots. Dies ist ein Zeichen dafür, dass unser Datensatz möglicherweise nicht genügend Variation in den Trainingsbildern für jede Klasse hat – wir müssen wahrscheinlich zurückgehen und mehr Bilder von Kajaks aus verschiedenen Winkeln hinzufügen, und zwar sowohl mit als auch ohne Paddel.

Kontrafaktische Analyse und beispielbasierte Erklärungen

Neben Feature-Attributionen – im Abschnitt »Lösungen« beschrieben – gibt es viele andere Ansätze, um die Ausgabe von ML-Modellen zu erklären. Dieser Abschnitt soll keine erschöpfende Liste aller Erklärbarkeitstechniken liefern, denn dieser Bereich entwickelt sich schnell weiter. Wir beschreiben hier kurz und knapp zwei weitere Ansätze: kontrafaktische Analyse und beispielbasierte Erklärungen.

Die kontrafaktische Analyse ist eine Erklärbarkeitstechnik auf Instanzebene, die sich darauf bezieht, Beispiele aus unserem Datensatz mit ähnlichen Features zu finden, die zu anderen Vorhersagen unseres Modells geführt haben. Eine Möglichkeit hierfür ist das *What-If-Tool* (*https://oreil.ly/Vf3D-*), ein Open-Source-Tool, das die Ausgabe von ML-Modellen bewertet und visualisiert. Einen ausführlicheren Überblick über das What-If-Tool erhalten Sie beim Entwurfsmuster *Fairness Lens* – an dieser Stelle konzentrieren wir uns speziell auf dessen kontrafaktische Analysefunktionalität. Wenn wir Datenpunkte aus unserem Testdatensatz im What-If-Tool visualisieren, haben wir die Möglichkeit, den nächstgelegenen kontrafaktischen Datenpunkt zu einem ausgewählten Punkt zu zeigen. Auf diese Weise können wir die Feature-Werte und Modellvorhersagen für diese beiden Datenpunkte vergleichen, was uns beim Verständnis helfen kann, auf welche Features sich unser Modell am meisten stützt. Abbildung 7-7 zeigt einen kontrafaktischen Vergleich für zwei Datenpunkte aus einem Datensatz mit Hypothekenanträgen. Im Fettdruck sind die Features dargestellt, bei denen sich diese beiden Datenpunkte unterscheiden, und unten ist die Modellausgabe für jeden Datenpunkt zu sehen.

Beispielbasierte Erklärungen vergleichen neue Beispiele und ihre korrespondierenden Vorhersagen mit ähnlichen Beispielen aus unserem Trainingsdatensatz. Derartige Erklärungen sind besonders nützlich für das Verständnis, wie unser Trainingsdatensatz das Modellverhalten beeinflusst. Am besten funktionieren beispielbasierte Erklärungen bei Bild- oder Textdaten. Zudem können sie eingängiger sein als Feature-Attributionen oder kontrafaktische Analysen, da sie die Vorhersage eines Modells direkt auf die für das Training verwendeten Daten abbilden.

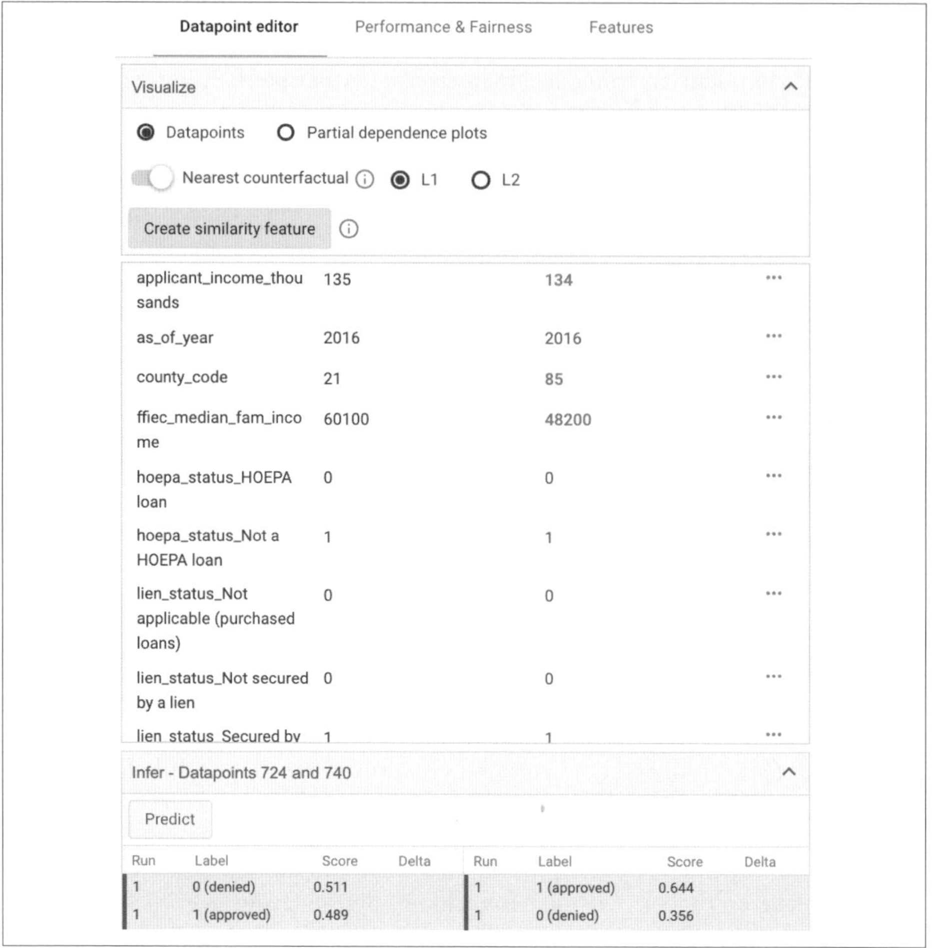

Abbildung 7-7: Kontrafaktische Analyse im What-If-Tool für zwei Datenpunkte aus einem Datensatz für US-Hypothekenanträge. Die Unterschiede zwischen den beiden Datenpunkten sind fett dargestellt. Weitere Informationen zu diesem Datensatz finden Sie in der Diskussion des Entwurfsmusters Fairness Lens in diesem Kapitel.

Um diesen Ansatz besser zu verstehen, sehen wir uns das Spiel *Quick, Draw!* (*https://oreil.ly/-QsHl*) an.[8] Das Spiel fordert die Spieler auf, einen Gegenstand zu zeichnen, und errät in Echtzeit, was sie zeichnen. Zum Einsatz kommt dabei ein tiefes neuronales Netz, das auf Tausenden von Zeichnungen anderer Personen trainiert wurde. Nachdem die Spieler eine Zeichnung beendet haben, können sie sich anhand von Beispielen aus dem Trainingsdatensatz ansehen, wie das neuronale Netz zu seiner Vorhersage gelangt ist. Abbildung 7-8 zeigt die beispielbasierten Erklärungen für eine Zeichnung von Pommes frites, die das Modell erfolgreich erkannt hat.

8 Weitere Details zu Quick, Draw! und beispielbasierte Erklärungen finden Sie im Paper *https://oreil.ly/Yvexy*.

Abbildung 7-8: Beispielbasierte Erklärungen aus dem Spiel Quick, Draw!, die zeigen, wie das Modell anhand von Beispielen aus dem Trainingsdatensatz korrekt »Pommes frites« (engl. French Fries) für die gegebene Zeichnung vorhergesagt hat

Grenzen von Erklärungen

Die Erklärbarkeit stellt eine signifikante Verbesserung beim Verstehen und Interpretieren von Modellen dar. Allerdings sollten wir uns davor hüten, den Erklärungen in unserem Modell zu viel Vertrauen zu schenken oder anzunehmen, dass sie perfekte Einblicke in ein Modell bieten. Erklärungen sind in jeder Form eine direkte Widerspiegelung unserer Trainingsdaten, des Modells und der ausgewählten Baseline. Wir können also nicht erwarten, dass unsere Erklärungen von hoher Qualität sind, wenn unser Trainingsdatensatz eine ungenaue Repräsentation der Gruppen ist, die von unserem Modell widergespiegelt werden, oder wenn die von uns gewählte Baseline für das zu lösende Problem nicht gut funktioniert.

Außerdem ist die Beziehung, die Erklärungen zwischen den Features und der Ausgabe eines Modells identifizieren können, nur für unsere Daten und unser Modell repräsentativ und nicht unbedingt für die Umgebung außerhalb dieses Kontexts. Nehmen wir als Beispiel an, wir trainierten ein Modell, um betrügerische Kreditkartentransaktionen zu identifizieren. Es findet als Feature-Attribution auf globaler Ebene heraus, dass der Betrag einer Transaktion das Feature ist, das am ehesten auf

Betrug hinweist. Es wäre aber falsch, daraus zu schließen, dass der Betrag *immer* der größte Indikator für Kreditkartenbetrug ist – dies ist nur der Fall im Kontext unseres Trainingsdatensatzes, Modells und des festgelegten Baseline-Werts.

Erklärungen können wir uns als wichtige Ergänzung zu Genauigkeit, Fehlern und anderen Metriken vorstellen, mit denen ML-Modelle bewertet werden. Sie bieten nützliche Einblicke in die Qualität und den potenziellen Bias eines Modells, sollten aber nicht das einzige Kriterium eines hochwertigen Modells sein. Wir empfehlen, Erklärungen als ein Teil der Kriterien für die Modellevaluierung zu verwenden, und zwar zusätzlich zur Daten- und Modellevaluierung und zu vielen anderen Mustern, die in diesem und den vorherigen Kapiteln beschrieben wurden.

Entwurfsmuster 30: Fairness Lens

Das Entwurfsmuster *Fairness Lens* schlägt die Verwendung von Techniken zur Vor- und Nachbearbeitung vor, um sicherzustellen, dass Modellvorhersagen für verschiedene Benutzergruppen und Szenarios fair und gleichberechtigt sind. Fairness beim maschinellen Lernen ist ein sich ständig weiterentwickelndes Forschungsgebiet, und es gibt keine allgemeingültige Lösung oder Definition, um ein Modell »fair« zu machen. Den gesamten ML-Workflow – von der Datenerfassung bis zur Modellbereitstellung – durch eine Fairnesslinse zu bewerten, ist unerlässlich, um erfolgreiche, hochqualitative Modelle zu erstellen.

Problem

Mit dem Wort »Maschine« im Namen kann man leicht annehmen, dass ML-Modelle nicht voreingenommen sein können. Schließlich sind Modelle das Ergebnis von Mustern, die von einem Computer gelernt wurden, oder nicht? Das Problem bei dieser Denkweise ist, dass die Datensätze, aus denen Modelle lernen, von *Menschen* und nicht von Maschinen erstellt werden. Und Menschen sind voller Vorurteile. Diese angeborene menschliche Voreingenommenheit ist unvermeidlich, aber nicht immer unbedingt schlecht. Nehmen Sie zum Beispiel einen Datensatz, auf dem ein Modell zur Erkennung von Finanzbetrug trainiert wird – diese Daten werden höchstwahrscheinlich stark unausgewogen sein und nur sehr wenige betrügerische Beispiele enthalten, da Betrug in den meisten Fällen relativ selten ist. Dies ist ein Beispiel für natürlich auftretende Unausgewogenheit, da sie die statistischen Eigenschaften des ursprünglichen Datensatzes widerspiegelt. Voreingenommenheit wird *schädlich*, wenn sie sich auf verschiedene Gruppen von Menschen unterschiedlich auswirkt. Dies wird als *problematischer Bias* bezeichnet und ist das, worauf wir uns in diesem Abschnitt konzentrieren. Wenn ein derartiger Bias unberücksichtigt bleibt, kann er seinen Weg in Modelle finden und negative Effekte hervorrufen, da Produktionsmodelle den in den Daten enthaltenen Bias direkt widerspiegeln.

Problematischer Bias ist selbst in Situationen vorhanden, in denen Sie ihn vielleicht nicht erwarten. Nehmen Sie zum Beispiel an, Sie erstellten ein Modell, um verschiedene Typen von Kleidung und Accessoires zu identifizieren. Ihre Aufgabe ist es, alle Bilder von Schuhen für den Trainingsdatensatz zu sammeln. Wenn man an Schuhe denkt, notieren wir uns das Erste, was uns in den Sinn kommt. Ist es ein Tennisschuh? Ein Slipper? Ein Flipflop? Was ist mit einem Stiletto? Angenommen, wir lebten in einer Klimazone, die das ganze Jahr über warm ist und in der meisten Menschen, die wir kennen, die ganze Zeit Sandalen tragen. Wenn wir jetzt an einen Schuh denken, kommt uns eine Sandale als Erstes in den Sinn. Daher sammeln wir unterschiedliche Darstellungen von Sandalen mit verschiedenen Arten von Riemen, Sohlenstärken, Farben und mehr. Wir fügen diese dem größeren Bekleidungsdatensatz hinzu, und wenn wir das Modell an einem Testdatensatz von Bildern mit den Schuhen unserer Freunde testen, erreicht es eine Genauigkeit von 95% beim Label »Schuh«. Das Modell sieht vielversprechend aus, aber Probleme treten auf, wenn unsere Kolleg:innen von anderen Standorten das Modell auf Bildern ihrer Absatzschuhe und Sneakers testen. Für ihre Bilder wird das Label »Schuh« überhaupt nicht zurückgegeben.

Dieses Schuhbeispiel zeigt einen Bias in der Verteilung der Trainingsdaten, und obwohl es übermäßig vereinfacht erscheinen mag, treten derartige Verzerrungen häufig in Produktionsumgebungen auf. Verzerrte Datenverteilungen kommen vor, wenn die gesammelten Daten nicht die gesamte Population widerspiegeln, auf die unser Modell angewendet wird. Bei einem auf Menschen ausgerichteten Datensatz sind derartige Verzerrungen besonders offensichtlich, wenn Alter, Ethnie, Geschlecht, Religion, sexuelle Orientierung und andere Identitätseigenschaften nicht gleichmäßig vertreten sind.[9]

Selbst wenn der Datensatz in Bezug auf diese Identitätseigenschaften ausgeglichen erscheint, unterliegt er einem Bias, der mit der Darstellung dieser Gruppen in den Daten zu tun hat. Angenommen, wir trainierten ein Stimmungsanalysemodell, um Restaurantkritiken auf einer Skala von 1 (äußerst negativ) bis 5 (äußerst positiv) zu klassifizieren. Wir haben darauf geachtet, dass die verschiedenen Restaurantarten in einem ausgewogenen Verhältnis in den Daten vertreten sind. Es zeigt sich aber, dass die Mehrheit der Kritiken für Fischrestaurants positiv ist, während die meisten Kritiken von vegetarischen Restaurants negativ ausfallen. Diesen Bias in der Datenrepräsentation wird unser Modell direkt abbilden. Wann immer neue Kritiken für vegetarische Restaurants hinzukommen, haben diese eine viel höhere Chance, als negativ eingestuft zu werden, was sich dann auf die Wahrscheinlichkeit auswirken könnte, dass jemand in Zukunft diese Restaurants besucht. Dies wird auch als *Reporting Bias* (Berichterstattungsfehler) bezeichnet, da der Datensatz (hier die »berichteten« Daten) die reale Welt nicht genau widerspiegelt.

Ein häufiger Trugschluss beim Umgang mit Datenverzerrungen ist, dass sich das Problem beheben lässt, wenn man die verzerrten Bereiche aus dem Datensatz ent-

9 Für einen detaillierteren Blick darauf, wie Ethnien- und Geschlechter-Bias ihren Weg in Bildklassifizierungsmodelle finden können, siehe Joy Buolamwini und Timmit Gebru, »Gender Shades: Intersectional Accuracy Disparities in Commercial Gender Classification«, Proceedings of Machine Learning Research 81 (2018): 1–15 (*https://oreil.ly/1zw3e*).

fernt. Angenommen, wir erstellten ein Modell, um die Wahrscheinlichkeit vorherzusagen, dass jemand mit einem Kredit in Verzug gerät. Wenn wir feststellen, dass das Modell Menschen verschiedener Ethnien unfair behandelt, könnten wir annehmen, dass sich dies korrigieren lässt, wenn wir einfach die Ethnie als Merkmal aus dem Datensatz entfernen. Das Problem dabei ist, dass aufgrund von systematischen Verzerrungen Merkmale wie Ethnie und Geschlecht oftmals implizit in anderen Merkmalen wie etwa Postleitzahl oder Einkommen widergespiegelt werden. Dies ist der sogenannte *implizite* oder *Proxy-Bias*. Wenn man offensichtliche Features mit potenziellem Bias wie Ethnie und Geschlecht entfernt, kann dies oft schlimmer sein, als sie zu behalten, da es sonst schwerer ist, Fälle von Verzerrungen im Modell zu identifizieren und zu korrigieren.

Verzerrungen können ebenfalls beim Erfassen und Aufbereiten der Daten durch die Art und Weise entstehen, wie die Daten gelabelt werden. Auch wenn Teams das Labeling großer Datensätze oftmals auslagern, müssen Sie verstehen, wie die Label-Ersteller Verzerrungen in einen Datensatz einbringen können, falls das Labeling subjektiv ist. Dies wird als Experimenter-Bias bezeichnet. Stellen Sie sich vor, Sie erstellten ein Stimmungsanalysemodell und haben das Labeling an eine Gruppe von 20 Personen ausgelagert – es ist deren Aufgabe, jeden Text mit einem Label auf einer Skala von 1 (negativ) bis 5 (positiv) zu versehen. Derartige Analysen sind äußerst subjektiv und können durch die eigene Kultur, die Erziehung und viele andere Faktoren beeinflusst werden. Bevor wir unser Modell mit diesen Daten trainieren, sollten wir sicherstellen, dass diese Gruppe von 20 Label-Erstellern einen breit gefächerten Bevölkerungsmix darstellt.

Bias kann nicht nur durch die Daten eingebracht werden, sondern auch beim Modelltraining durch die gewählte Zielfunktion entstehen. Wenn wir zum Beispiel unser Modell im Hinblick auf die Gesamtgenauigkeit optimieren, spiegelt das nicht unbedingt die Modellperformance über alle Slices von Daten wider. In Fällen, in denen Datensätze von Natur aus unausgewogen sind, bleiben bei Verwendung der Genauigkeit als einziger Metrik möglicherweise Fälle unberücksichtigt, in denen unser Modell unterdurchschnittlich abschneidet oder unfaire Entscheidungen für Minderheitsklassen in den Daten trifft.

Dieses Buch hat gezeigt, dass maschinelles Lernen die Fähigkeit besitzt, die Produktivität zu verbessern, den Geschäftswert zu erhöhen und Aufgaben zu automatisieren, die vorher manuell erledigt wurden. Als Data Scientists und ML Engineers haben wir eine gemeinsame Verantwortung dafür, dass die von uns erstellten Modelle keine negativen Auswirkungen auf die Bevölkerungsgruppen haben, die mit ihnen arbeiten.

Lösung

Um problematische Verzerrungen beim maschinellen Lernen in den Griff zu bekommen, brauchen wir Lösungen, um sowohl die Bereiche von schädlichem Bias in den Daten vor dem Trainieren eines Modells zu identifizieren als auch unser trainiertes

Modell durch eine Fairnesslinse zu bewerten. Das Entwurfsmuster *Fairness Lens* bietet Ansätze, um Datensätze und Modelle zu erstellen, die alle Gruppen von Benutzern gleich behandeln. Wir beschreiben hier Techniken für beide Arten der Analyse mithilfe des What-If-Tools (*https://oreil.ly/Sk36z*), einem Open-Source-Tool für Datensatz- und Modellevaluierung, das sich in vielen Python-Notebook-Umgebungen ausführen lässt.

Bevor Sie mit den Tools fortfahren, die dieser Abschnitt beschreibt, lohnt es sich, sowohl den Datensatz als auch die Vorhersageaufgabe zu analysieren, um festzustellen, ob die Gefahr problematischer Verzerrungen besteht. Dazu muss man sich genauer ansehen, *wer* von einem Modell betroffen ist und *wie* diese Gruppen betroffen sein werden. Wenn ein problematischer Bias wahrscheinlich ist, bieten die in diesem Abschnitt skizzierten Ansätze einen guten Ausgangspunkt, um derartige Verzerrungen abzuschwächen. Wenn ein Datensatz dagegen eine natürlich vorkommende Verzerrung enthält, die keine negativen Auswirkungen auf verschiedene Personengruppen hat, bietet das Entwurfsmuster im Abschnitt »Entwurfsmuster 10: Rebalancing« auf Seite 144 in Kapitel 3 Lösungen für den Umgang mit Daten, die von Haus aus unausgewogen sind.

In diesem Abschnitt beziehen wir uns auf einen öffentlichen Datensatz von US-Hypothekenanträgen (*https://oreil.ly/azFUV*). Kreditagenturen in den USA sind verpflichtet, Daten zu einem individuellen Antrag zu melden, beispielsweise die Art des Kredits, das Einkommen des Antragstellers, die Agentur, die den Kredit bearbeitet, und den Status des Antrags. Wir werden ein Modell zur Bewilligung von Kreditanträgen trainieren, um verschiedene Aspekte der Fairness zu demonstrieren. Da dieser Datensatz unseres Wissens von keiner Agentur verwendet wird, um ML-Modelle zu trainieren, sind die von uns geschwenkten roten Fairnessflaggen nur hypothetisch.

Wir haben eine Teilmenge dieses Datensatzes erzeugt und einige Vorverarbeitungen vorgenommen, um ihn für ein binäres Klassifizierungsproblem aufzubereiten – ob ein Antrag genehmigt oder abgelehnt wurde. Abbildung 7-9 zeigt eine Vorschau auf den Datensatz.

as_of_year	agency_code	loan_type	property_type	loan_purpose	occupancy	loan_amt_thousands	preapproval	county_code	applicant_income_thousands	purchaser_type	hoepa_status	lien_status	population
2016	Consumer Financial Protection Bureau (CFPB)	Conventional (any loan other than FHA, VA, FSA...	One to four-family (other than manufactured ho...	Refinancing	1	110.0	Not applicable	119.0	55.0	Freddie Mac (FHLMC)	Not a HOEPA loan	Secured by a first lien	5930.0
2016	Department of Housing and Urban Development (HUD)	Conventional (any loan other than FHA, VA, FSA...	One to four-family (other than manufactured ho...	Home purchase	1	480.0	Not applicable	33.0	270.0	Loan was not originated or was not sold in cal...	Not a HOEPA loan	Secured by a first lien	4791.0
2016	Federal Deposit Insurance Corporation (FDIC)	Conventional (any loan other than FHA, VA, FSA...	One to four-family (other than manufactured ho...	Refinancing	2	240.0	Not applicable	59.0	96.0	Commercial bank, savings bank or savings assoc...	Not a HOEPA loan	Secured by a first lien	3439.0
2016	Office of the Comptroller of the Currency (OCC)	Conventional (any loan other than FHA, VA, FSA...	One to four-family (other than manufactured ho...	Refinancing	1	76.0	Not applicable	65.0	85.0	Loan was not originated or was not sold in cal...	Not a HOEPA loan	Secured by a subordinate lien	3952.0

Abbildung 7-9: Eine Vorschau auf einige Spalten aus dem Datensatz der US-Hypothekenanträge, auf den dieser Abschnitt Bezug nimmt

Vor dem Training

Da ML-Modelle eine direkte Repräsentation der Daten sind, mit denen sie trainiert werden, ist es möglich, einen großen Teil der Verzerrungen abzuschwächen, bevor ein Modell erstellt oder trainiert wird. Hierzu führt man eine gründliche Datenanalyse durch und verwendet die Ergebnisse dieser Analyse, um die Daten anzupassen. Konzentrieren Sie sich in dieser Phase auf den im Abschnitt »Problem« skizzierten Bias, der bei der Erfassung oder der Darstellung der Daten entstehen kann. Tabelle 7-3 zeigt ein paar Fragen, die für jede Art von Bias je nach Datentyp zu berücksichtigen sind.

Tabelle 7-3: Beschreibungen verschiedener Arten von Datenverzerrungen

	Definition	Überlegungen zur Analyse
Bias der Datenverteilung	Daten, die keine gleichmäßige Repräsentation aller möglichen Gruppen enthalten, die das Modell in der Produktion verwenden werden.	Enthalten die Daten einen ausgewogenen Satz von Beispielen über alle relevanten demografischen Slices (Geschlecht, Alter, Ethnie, Religion usw.)? Enthält jedes Label in den Daten eine ausgewogene Aufteilung aller möglichen Variationen dieses Labels (wie im Schuhbeispiel im Abschnitt »Problem«)?
Bias der Datendarstellung	Daten, die gut ausgewogen sind, aber verschiedene Datenabschnitte nicht gleichmäßig darstellen.	Sind bei Klassifizierungsmodellen die Labels über relevante Features hinweg ausgewogen? Enthalten zum Beispiel die Daten in einem Datensatz, der für die Vorhersage der Kreditwürdigkeit bestimmt ist, eine gleichmäßige Repräsentation bezüglich Geschlecht, Ethnie und anderer Identitätseigenschaften von Personen, die als unwahrscheinlich für die Rückzahlung eines Kredits markiert sind? Gibt es einen Bias in der Art und Weise, wie verschiedene demografische Gruppen in den Daten dargestellt werden? Dies ist besonders relevant für Modelle, die die Stimmung oder einen Bewertungswert vorhersagen. Gib es subjektive Verzerrungen, die von den Label-Erstellern eingebracht wurden?

Nachdem wir unsere Daten untersucht und in Bezug auf Verzerrungen korrigiert haben, sollten wir die gleichen Überlegungen anstellen, wenn wir die Daten in Trainings-, Test- und Validierungsdatensätze aufteilen. Sobald also der komplette Datensatz ausgeglichen ist, kommt es darauf an, dass die Trainings-, Test- und Validierungsdatensätze ebenso ausgeglichen bleiben. Um zu unserem Beispiel mit den Schuhbildern zurückzukommen, stellen wir uns vor, dass wir unseren Datensatz so verbessert haben, dass er verschiedenartige Bilder der zehn Schuharten enthält. Der Trainingsdatensatz sollte einen ähnlichen Prozentsatz jedes Schuhtyps enthalten wie die Test- und Validierungsdatensätze. Dadurch wird sichergestellt, dass unser Modell reale Szenarios widerspiegelt und in diesen bewertet wird.

Um zu sehen, wie sich diese Datensatzanalyse in der Praxis darstellt, verwenden wir das What-If-Tool auf dem oben eingeführten Hypotheken-Datensatz. Damit können wir die aktuelle Ausgewogenheit unserer Daten über verschiedene Slices hinweg visualisieren. Das What-If-Tool funktioniert sowohl mit als auch ohne Modell. Da wir unser Modell noch nicht erstellt haben, können wir das What-If-Tool-Widget initialisieren, indem wir nur unsere Daten übergeben:

```
config_builder = WitConfigBuilder(test_examples, column_names)
WitWidget(config_builder)
```

Abbildung 7-10 zeigt das Tool, wenn es 1.000 Beispiele aus unserem Datensatz lädt, die wir ihm übergeben haben. Die erste Registerkarte ist der *Datapoint editor*. Hier sehen Sie die Daten im Überblick und können einzelne Beispiele inspizieren.

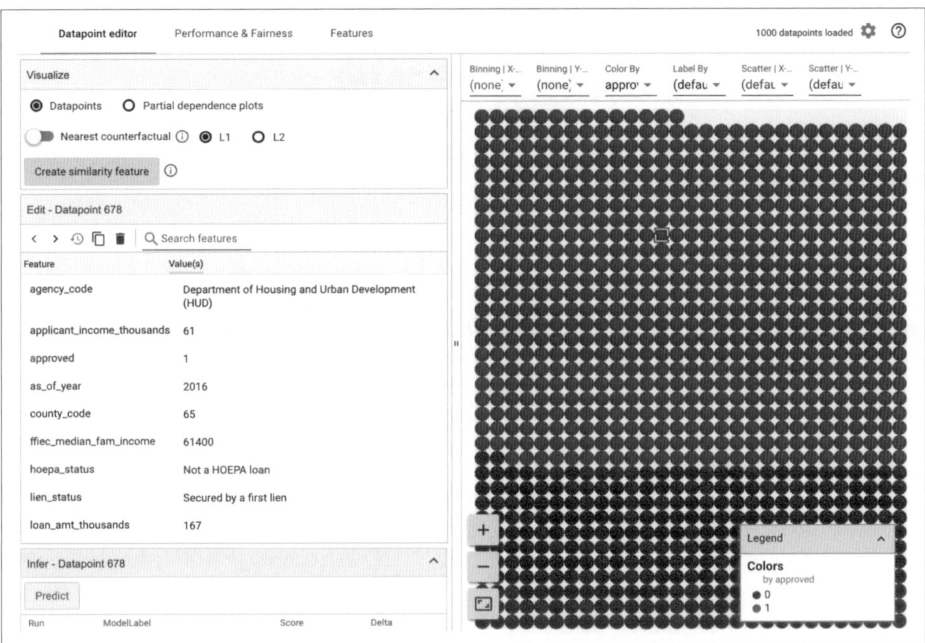

Abbildung 7-10: Das What-If-Tool mit der Registerkarte »Datapoint editor«. Hier können Sie sehen, wie die Daten nach Label-Klasse aufgeteilt sind, und Features für einzelne Beispiele aus dem Datensatz inspizieren.

In dieser Visualisierung sind die Datenpunkte entsprechend dem Label eingefärbt – ob ein Hypothekenantrag genehmigt wurde oder nicht. Außerdem ist ein einzelnes Beispiel hervorgehoben, und wir können die dazugehörigen Feature-Werte sehen.

Es gibt viele Optionen, um die Visualisierung im Datenpunkteditor anzupassen. Die Anwendung dieser Optionen kann beim Verständnis helfen, wie der Datensatz über verschiedene Slices aufgeteilt ist. Wenn Sie die gleiche Farbcodierung nach Label beibehalten und die Spalte `agency_code` aus dem Drop-down-Menü *Binning | Y-Axis* auswählen, zeigt das Tool ein Diagramm, das darstellt, wie ausgewogen die Daten in Bezug auf die Agentur sind, die den Kredit für jeden Antrag übernimmt (siehe Abbildung 7-11).

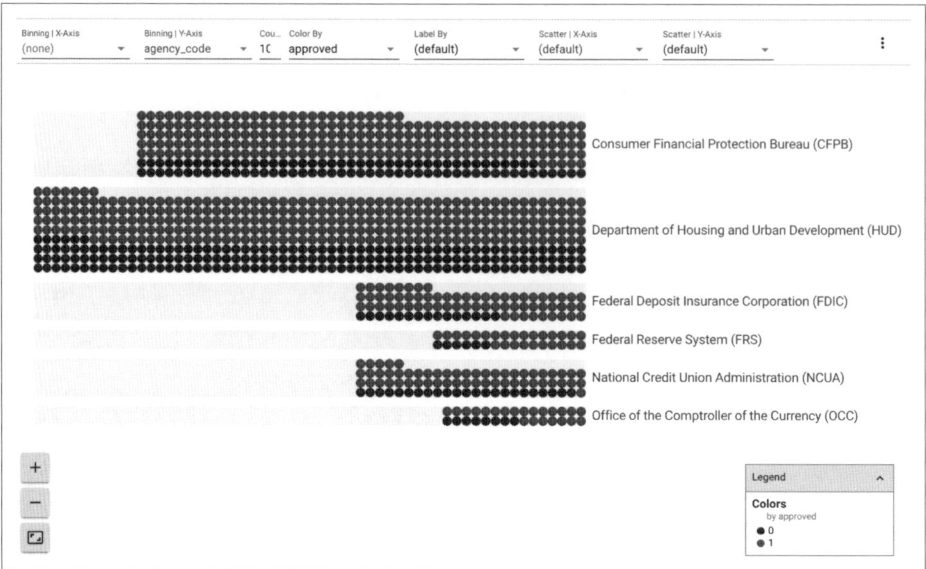

Abbildung 7-11: Eine Teilmenge des US-Hypothekendatensatzes, aufgegliedert nach der Spalte »agency_code« im Datensatz

Unter der Annahme, dass diese 1.000 Datenpunkte eine gute Repräsentation für den restlichen Datensatz sind, zeigt Abbildung 7-11 auch einige Fälle von möglichen Verzerrungen:

Bias der Datendarstellung
: Der Prozentsatz der nicht genehmigten HUD-Anträge ist höher als bei anderen in unseren Daten vertretenen Behörden. Ein Modell wird dies wahrscheinlich lernen, was dazu führt, dass es häufiger »nicht genehmigt« für Anträge vorhersagt, die von HUD stammen.

Bias der Datenerfassung
: Möglicherweise verfügen wir nicht über genügend Daten zu Krediten, die von FRS, OCC, FDIC oder NCUA stammen, um `agency_code` akkurat als Feature in unserem Modell zu verwenden. Wir sollten sicherstellen, dass der Prozentsatz der Anträge für jede Agentur in unserem Datensatz reale Trends widerspiegelt. Wenn zum Beispiel eine ähnliche Anzahl von Krediten über FRS und HUD läuft, sollten wir eine gleiche Anzahl von Beispielen für jede dieser Agenturen in unserem Datensatz haben.

Diese Analyse können Sie über anderen Spalten in den Daten wiederholen und die Schlussfolgerungen heranziehen, um Beispiele hinzuzufügen und die Daten zu verbessern. Das What-If-Tool bietet viele andere Optionen, um benutzerdefinierte Visualisierungen zu erstellen – siehe den vollständigen Code im GitHub unter *https://github.com/GoogleCloudPlatform/ml-design-patterns/blob/master/07_responsible_ai/fairness.ipynb* für weitere Ideen.

Eine andere Möglichkeit, die Daten mit dem What-If-Tool verständlich zu präsentieren, bietet die Registerkarte *Features* (siehe Abbildung 7-12). Daraus können wir ersehen, wo wir Daten hinzufügen oder entfernen oder unsere Vorhersageaufgabe ändern müssen.[10] Zum Beispiel kann es sein, dass wir unser Modell darauf beschränken wollen, nur Vorhersagen für Refinanzierungs- oder Hauskaufkredite zu treffen, da für andere mögliche Werte in der Spalte `loan_purpose` nicht genügend Daten vorhanden sind.

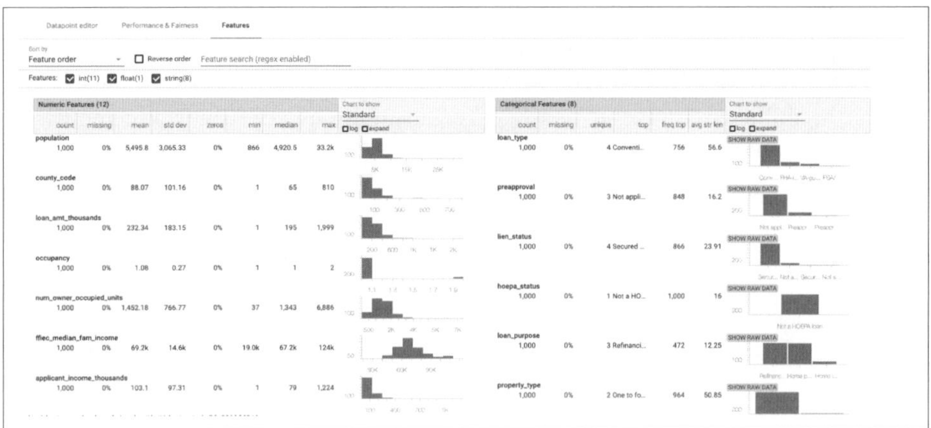

Abbildung 7-12: Die Registerkarte »Features« im What-If-Tool zeigt hier in Histogrammen, wie ausgeglichen ein Datensatz für jede Spalte ist.

Sobald wir unseren Datensatz und die Vorhersageaufgabe verfeinert haben, können wir alles andere berücksichtigen, was wir während des Modelltrainings optimieren möchten. Zum Beispiel könnten wir besonders an der Genauigkeit interessiert sein, mit der unser Modell Anträge als »genehmigt« vorhersagt. Während des Modelltrainings würden wir die AUC (oder eine andere Metrik) für die Klasse »genehmigt« in diesem binären Klassifizierungsmodell optimieren.

Wenn wir alles getan haben, um Verzerrungen bei der Datenerfassung zu beseitigen, und feststellen, dass für eine bestimmte Klasse nicht mehr genügend Daten vorhanden sind, können wir dem »Entwurfsmuster 10: Rebalancing« auf Seite 144 in Kapitel 3 folgen. Dieses Muster befasst sich mit Techniken, um Modelle zu erstellen, die mit unausgewogenen Daten umgehen können.

Bias in anderen Datenformen

Obwohl wir hier einen tabellenartigen Datensatz verwendet haben, kommen Verzerrungen gleichermaßen in anderen Arten von Daten vor. Der von Jigsaw zur

10 Weitere Informationen zum Ändern einer Vorhersageaufgabe finden Sie unter »Entwurfsmuster 5: Reframing« auf Seite 100 und »Entwurfsmuster 9: Neutrale Klasse« auf Seite 139 in Kapitel 3.

Verfügung gestellte Datensatz Civil Comments (*https://oreil.ly/xaocx*) bietet ein gutes Beispiel für Bereiche, in denen wir Bias in Textdaten vorfinden. Dieser Datensatz labelt Kommentare nach ihrer Toxizität (von 0 bis 1) und wurde verwendet, um Modelle zur Kennzeichnung toxischer Onlinekommentare zu erstellen. Jeder Kommentar im Datensatz ist mit einem Tag versehen, das angibt, ob eines der Identitätsattribute aus einer Auflistung solcher Attribute vorhanden ist, beispielsweise die Erwähnung einer Religion, Ethnie oder sexuellen Orientierung. Wenn wir diese Daten heranziehen wollen, um ein Modell zu trainieren, ist es wichtig, auf eine Verzerrung der Datenrepräsentation zu achten. Das heißt, die Identitätsbegriffe in einem Kommentar sollten die Toxizität dieses Kommentars *nicht* beeinflussen, und eine derartige Verzerrung sollte vor dem Trainieren des Modells berücksichtigt werden.

Nehmen Sie als Beispiel den folgenden fiktiven Kommentar: »Mint Chip ist ihre beste Eissorte, ohne Zweifel«. Wenn wir »Mint Chip« durch »Rocky Road« ersetzen würden, sollte der Kommentar mit demselben Toxizitätswert versehen werden (im Idealfall 0). Ähnlich wäre es, wenn der Kommentar »Mint Chip ist am schlimmsten. Wenn du diesen Geschmack magst, bist du ein Idiot.« lauten würde. Hier würden wir einen höheren Toxizitätswert erwarten, und dieser Wert sollte jedes Mal gleich sein, wenn wir »Mint Chip« durch einen anderen Geschmacksnamen ersetzen. In diesem Beispiel haben wir Eiscreme verwendet, doch es ist leicht vorstellbar, wie sich dies bei kontroverseren Identitätsbegriffen auswirken würde, insbesondere in einem auf Menschen ausgerichteten Datensatz – ein Konzept, das als kontrafaktische Fairness bezeichnet wird.

Nach dem Training

Selbst bei einer strengen Datenanalyse können sich Verzerrungen in ein trainiertes Modell einschleichen. Dies kann durch die Architektur des Modells, Optimierungsmetriken oder durch vor dem Training nicht erkannte Datenverzerrungen geschehen. Um das zu beheben, ist es wichtig, das Modell aus einer Fairnessperspektive zu bewerten und andere Metriken als nur die Gesamtgenauigkeit des Modells heranzuziehen. Ziel dieser Analyse nach dem Training ist es, die Kompromisse zwischen Modellgenauigkeit und den Auswirkungen der Vorhersagen eines Modells auf verschiedene Gruppen zu verstehen.

Das What-If-Tool ist eine derartige Option für die nachbereitende Analyse des Modells. Um zu demonstrieren, wie es auf ein trainiertes Modell angewendet wird, bauen wir auf unserem Beispiel für den Hypotheken-Datensatz auf. Basierend auf unserer vorherigen Analyse haben wir den Datensatz so verfeinert, dass er nur Darlehen für die Refinanzierung oder den Hauskauf enthält,[11] und ein XGBoost-Modell trainiert, um vorherzusagen, ob ein Antrag genehmigt wurde oder nicht. Da

11 Es gibt viele weitere Optimierungen vor dem Training, die an diesem Datensatz vorgenommen werden könnten. Wir haben hier nur eine ausgewählt, um zu zeigen, was möglich ist.

wir XGBoost verwenden, haben wir alle kategorialen Features mit der Pandas-Methode get_dummies() in boolesche Spalten konvertiert

Wir ergänzen den obigen Initialisierungscode für das What-If-Tool. Dieses Mal übergeben wir eine Funktion, die unser trainiertes Modell aufruft, zusammen mit Konfigurationen, die die Label-Spalte und den Namen für jedes Label spezifizieren:

```
def custom_fn(examples):
  df = pd.DataFrame(examples, columns=columns)
  preds = bst.predict_proba(df)
  return preds

config_builder = (WitConfigBuilder(test_examples, columns)
  .set_custom_predict_fn(custom_fn)
  .set_target_feature('mortgage_status')
  .set_label_vocab(['denied', 'approved']))
WitWidget(config_builder, height=800)
```

Nachdem wir dem Tool unser Modell übergeben haben, stellt die resultierende Visualisierung die Testdatenpunkte als Diagramm dar, wobei die Vorhersagezuverlässigkeit des Modells auf der y-Achse aufgetragen ist (siehe Abbildung 7-13).

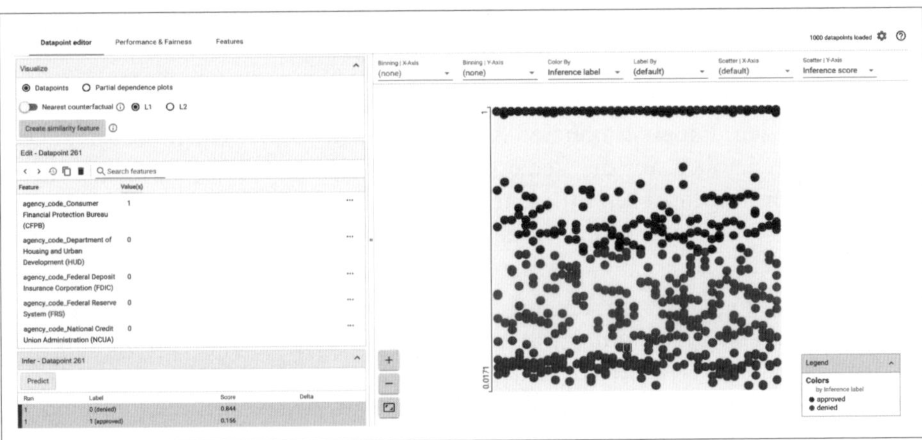

Abbildung 7-13: Der Datenpunkteditor des What-If-Tools für ein binäres Klassifizierungsmodell. Die y-Achse ist die Vorhersageausgabe des Modells für jeden Datenpunkt und reicht von 0 (abgelehnt) bis 1 (genehmigt).

Auf der Registerkarte *Performance & Fairness* des What-If-Tools können Sie die Fairness des Modells über verschiedene Daten-Slices bewerten. Wenn Sie eines der Modell-Features in der Liste *Slice by* auswählen, können Sie die Ergebnisse des Modells für verschiedene Werte dieses Features vergleichen. Abbildung 7-14 zeigt eine Aufteilung nach dem Feature agency_code_HUD – einem booleschen Wert, der anzeigt, ob ein Antrag vom HUD gezeichnet wurde (0 für Nicht-HUD-Kredite, 1 für HUD-Kredite).

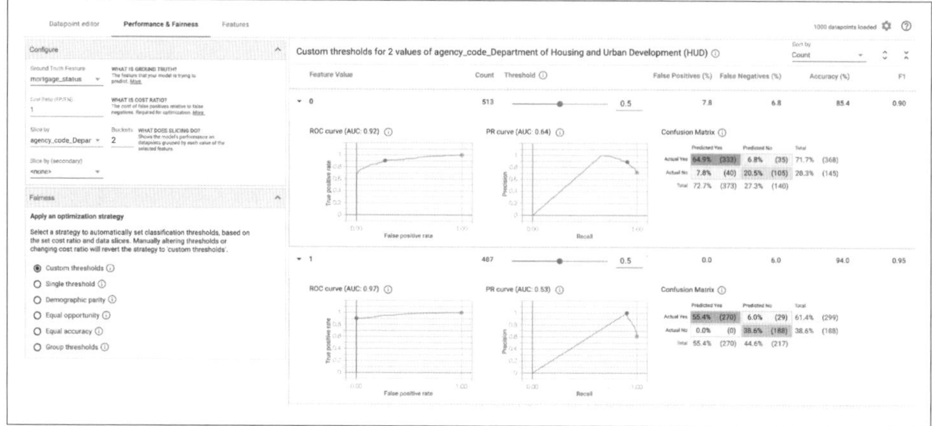

Abbildung 7-14: Die Registerkarte »Performance & Fairness« des What-If-Tools zeigt die Performance unseres XGBoost-Modells über verschiedene Feature-Werte.

Aus diesen *Performance & Fairness*-Diagrammen können wir Folgendes schlussfolgern:

- Die Genauigkeit unseres Modells bei Krediten, die vom HUD überwacht werden, ist beträchtlich höher – 94 % gegenüber 85 %.
- Entsprechend der Wahrheitsmatrix werden Kredite, die nicht vom HUD betreut werden, mit einer höheren Rate genehmigt – 72 % gegenüber 55 %. Dies ist wahrscheinlich auf die Verzerrung der Datendarstellung zurückzuführen, die im vorherigen Abschnitt identifiziert wurde (wir haben den Datensatz absichtlich so belassen, um zu zeigen, wie Modelle den Bias von Daten verstärken können).

Es gibt einige Möglichkeiten, um auf diese Erkenntnisse zu reagieren, wie der Kasten *Apply an optimization strategy* in Abbildung 7-14 zeigt. Diese Optimierungsmethoden beinhalten das Ändern des Klassifizierungsschwellenwerts unseres Modells – des Schwellenwerts, bei dem ein Modell eine positive Klassifizierung ausgibt. Im Kontext dieses Modells stellt sich die Frage: Ab welcher Vertrauensschwelle können wir einen Antrag als »genehmigt« markieren? Wenn unser Modell zu mehr als 60 % sicher ist, einen Antrag zu genehmigen, sollten wir ihn dann genehmigen? Oder ist es für uns nur dann in Ordnung, Anträge zu genehmigen, wenn das Modell zu mehr als 98 % sicher ist? Diese Entscheidung hängt weitgehend vom Kontext und der Vorhersageaufgabe des Modells ab. Wenn wir vorhersagen, ob ein Bild eine Katze enthält oder nicht, ist es vielleicht in Ordnung, das Label »Katze« zurückzugeben, selbst wenn unser Modell nur zu 60 % sicher ist. Soll unser Modell jedoch vorhersagen, ob ein medizinisches Bild eine Krankheit enthält, würden wir den Schwellenwert wesentlich höher ansetzen.

Das What-If-Tool hilft uns bei der Auswahl eines Schwellenwerts auf der Basis verschiedener Optimierungen. Zum Beispiel würde die Optimierung nach »demografischer Parität« sicherstellen, dass unser Modell den gleichen Prozentsatz von Anträgen sowohl für HUD-Kredite als auch für Nicht-HUD-Kredite genehmigt.[12] Alternativ stellt eine Fairnessmetrik für Chancengleichheit[13] sicher, dass Datenpunkte sowohl vom HUD- als auch vom Nicht-HUD-Slice mit einem Wert der Grundwahrheit von »genehmigt« im Testdatensatz die gleiche Chance erhalten, vom Modell als »genehmigt« vorhergesagt zu werden.

Beachten Sie, dass ein geänderter Vorhersageschwellenwert eines Modells nur eine Möglichkeit darstellt, auf Fairnessbewertungsmetriken einzuwirken. Es gibt viele weitere Ansätze, darunter das Rebalancing von Trainingsdaten, das Retraining eines Modells, um für eine andere Metrik zu optimieren, und mehr.

Das What-If-Tool ist modellunabhängig und eignet sich für jede Art von Modell, d. h., Architektur oder Framework spielen keine Rolle. Es funktioniert mit Modellen, die in einem Notebook oder in TensorBoard (*https://oreil.ly/xWV4_*) geladen sind, mit Modellen, die über TensorFlow Serving zugänglich sind, und Modellen, die auf Cloud AI Platform Prediction bereitgestellt werden. Vom What-If-Tool-Team kommt auch ein Tool für textbasierte Modelle namens *Language Interpretability Tool* (LIT, *https://oreil.ly/CZ60B*).

Eine andere wichtige Überlegung für die Bewertung nach dem Training ist das Testen des Modells auf einem ausgewogenen Satz von Beispielen. Wenn es bestimmte Slices unserer Daten gibt, bei denen wir Probleme für unser Modell erwarten – etwa Eingaben, die von Verzerrungen der Datenerfassung oder -darstellung betroffen sein könnten –, sollten wir sicherstellen, dass unser Testdatensatz genügend dieser Fälle enthält. Nachdem wir unsere Daten aufgeteilt haben, führen wir die gleiche Art von Analyse durch, wie sie der Abschnitt »Vor dem Training« weiter oben beschrieben hat, und zwar für *jede Aufteilung* unserer Daten: Training, Validierung und Test.

Wie aus dieser Analyse hervorgeht, gibt es keine universelle Lösung oder Bewertungsmetrik für die Modellfairness. Vielmehr handelt es sich um einen kontinuierlichen, iterativen Prozess, der sich über den gesamten ML-Workflow erstrecken sollte – von der Datenerfassung bis zum bereitgestellten Modell.

Kompromisse und Alternativen

Neben den im Abschnitt »Lösung« beschriebenen Techniken zur Vor- und Nachbereitung des Trainings gibt es viele weitere Möglichkeiten, sich der Modellfairness zu nähern. In diesem Abschnitt stellen wir einige alternative Tools und Prozesse vor, um faire Modelle zu realisieren. ML-Fairness ist ein sich schnell entwickelndes Forschungsgebiet – dieser Abschnitt ist nicht als vollständige Liste aller Tools gedacht, sondern stellt nur einige der derzeit verfügbaren Techniken und Tools vor, mit denen sich die Modellfairness verbessern lässt. Außerdem gehen wir auf die

12 Der Artikel unter *https://oreil.ly/wFx_W* enthält weitere Details zu den Optionen des What-If-Tools für Fairness-Optimierungsstrategien.

13 Weitere Details zu Chancengleichheit als Fairnessmetrik finden Sie unter *https://oreil.ly/larIS*.

Unterschiede zwischen den Entwurfsmustern *Fairness Lens* und *Erklärbare Vorhersagen* ein, da sie verwandt sind und häufig zusammen eingesetzt werden.

Fairnessindikatoren

Fairnessindikatoren (FI, *https://github.com/tensorflow/fairness-indicators*) sind eine Reihe von Open-Source-Tools, die helfen sollen, die Verteilung eines Datensatzes vor dem Training zu verstehen und die Modellperformance mithilfe von Fairnessmetriken zu bewerten. FI enthält die Tools *TensorFlow Data Validation* (TFDV) und *TensorFlow Model Analysis* (TFMA). Am häufigsten werden Fairnessindikatoren als Komponenten in TFX-Pipelines (siehe »Entwurfsmuster 25: Workflow-Pipeline« auf Seite 312 in Kapitel 6 für mehr Einzelheiten) oder via TensorBoard verwendet. Bei TFX gibt es zwei vorgefertigte Komponenten, die auf Fairnessindikatortools zurückgreifen:

- *ExampleValidator* für Datenanalyse, Drifterkennung und Training-Serving-Verzerrungen mit TFDV.
- *Evaluator* verwendet die TFMA-Bibliothek, um ein Modell über Teilmengen eines Datensatzes zu bewerten. Abbildung 7-15 zeigt ein Beispiel für die interaktive Visualisierung, die von TFMA generiert wurde. Betrachtet wird hier ein Feature der Daten (die Höhe), und es wird die False-Negative-Rate des Modells für jeden möglichen kategorialen Wert dieses Features aufgeschlüsselt.

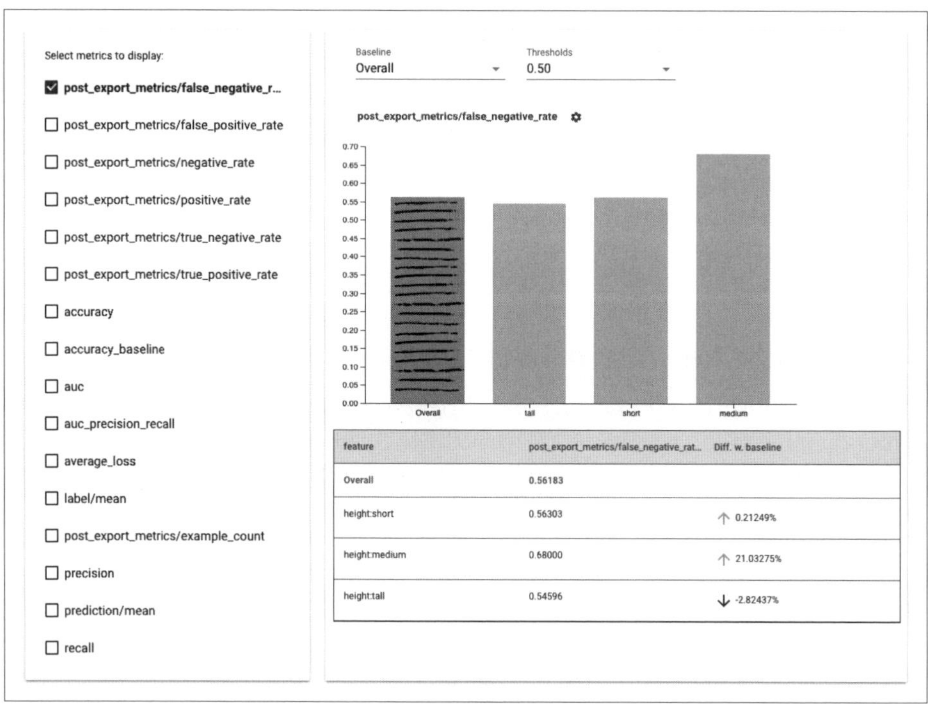

Abbildung 7-15: Vergleich der False-Negative-Rate eines Modells über verschiedenen Teilmengen von Daten

Aus dem Python-Paket *Fairness Indicators* (*https://oreil.ly/pYM1j*) kann TFMA auch als eigenständiges Tool verwendet werden, das sowohl mit TensorFlow- als auch mit Nicht-TensorFlow-Modellen arbeitet.

Datenbewertung automatisieren

Bei den Methoden zur Fairnessbewertung, die der Abschnitt »Lösung« diskutiert hat, standen manuelle, interaktive Daten- und Modellanalysen im Mittelpunkt. Derartige Analysen sind wichtig, insbesondere in den Anfangsphasen der Modellentwicklung. Wenn wir unser Modell operationalisieren und unseren Schwerpunkt auf dessen Wartung und Verbesserung verlagern, wird die Suche nach Möglichkeiten zur Automatisierung der Fairnessbewertung die Effizienz verbessern und sicherstellen, dass Fairness in unseren ML-Prozess integriert ist. Dies lässt sich mit »Entwurfsmuster 18: Kontinuierliche Modellbewertung« auf Seite 245 in Kapitel 5 oder »Entwurfsmuster 25: Workflow-Pipeline« auf Seite 312 in Kapitel 6 erreichen, indem wir Komponenten wie die von TFX für die Datenanalyse und Modellbewertung verwenden.

Listen zum Erlauben und Verweigern

Wenn wir keine Möglichkeit finden, inhärenten Bias in unseren Daten oder Modellen direkt zu beseitigen, können wir auch mithilfe von Listen zum Erlauben und Verweigern unser Produktionsmodell fest programmierten Regeln unterwerfen. Dies gilt vor allem für Klassifizierungs- oder generative Modelle, wenn es Labels oder Wörter gibt, die unser Modell nicht zurückgeben soll. Zum Beispiel wurden geschlechtsspezifische Wörter wie »Mann« und »Frau« aus der Funktion zur Erkennung von Labels der Google Cloud Vision API entfernt (*https://oreil.ly/WY2vp*). Da sich das Geschlecht nicht allein durch das Aussehen bestimmen lässt, hätte es unfaire Verzerrungen in den zurückgegebenen Labels verstärkt, wenn die Vorhersage des Modells ausschließlich auf visuellen Features basiert. Stattdessen gibt die Vision API den Begriff »Person« zurück. Ebenso vermeidet das Feature Smart Compose in Gmail geschlechtsspezifische Pronomen (*https://oreil.ly/dtMhK*), wenn Sätze wie »Ich treffe nächste Woche einen Investor. Willst du dich mit ___ treffen?« vervollständigt werden.

Diese Listen zum Erlauben und Verweigern lassen sich in einer von zwei Phasen in einem ML-Workflow anwenden:

Datenerfassung
: Wenn wir ein Modell von Grund auf neu trainieren oder nach dem Entwurfsmuster *Transfer Learning* unsere eigene Klassifizierungsschicht hinzufügen, können wir den Label-Satz in der Datenerfassungsphase definieren, bevor ein Modell trainiert wurde.

Nach dem Training

Wenn wir uns auf die Vorhersagen eines vorab trainierten Modells verlassen und die gleichen Labels aus diesem Modell verwenden, kann eine Erlauben-Verweigern-Liste in der Produktion implementiert werden – nachdem das Modell eine Vorhersage zurückgegeben hat, aber bevor diese Labels für die Endbenutzer sichtbar werden. Dies ließe sich auch auf Modelle der Texterzeugung anwenden, bei denen wir nicht die vollständige Kontrolle über alle möglichen Modellausgänge haben.

Datenerweiterung

Neben den bereits besprochenen Lösungen für die Datenverteilung und -darstellung lässt sich der Bias eines Modells auch durch *Datenerweiterung* minimieren. Bei diesem Ansatz werden die Daten vor dem Training mit dem Ziel verändert, potenzielle Quellen von Verzerrungen zu beseitigen. Eine spezielle Art der Datenerweiterung ist die sogenannte *Ablation*, die vor allem auf Textmodelle anwendbar ist. In einem Textmodell zur Stimmungsanalyse könnten wir zum Beispiel Identitätsbegriffe aus dem Text entfernen, um sicherzustellen, dass sie die Vorhersagen unseres Modells nicht beeinflussen. In Anlehnung an das Eiscreme-Beispiel, das wir weiter oben in diesem Abschnitt verwendet haben, würde der Satz »Mint Chip ist ihre beste Eissorte« nach Anwenden der Ablation zu »BLANK ist ihre beste Eissorte« werden. Dann würden wir im gesamten Datensatz alle anderen Wörter, die die Stimmungsvorhersage des Modells nicht beeinflussen sollen, durch das gleiche Wort ersetzen (wir haben hier BLANK verwendet, es funktioniert aber alles, was im Rest der Textdaten nicht vorkommt). Beachten Sie jedoch, dass diese Ablationstechnik zwar bei vielen Textmodellen gut funktioniert, dass Sie aber vorsichtig sein müssen, wenn Sie Bias-Bereiche aus tabellarischen Datensätzen entfernen, wie es der Abschnitt »Problem« erwähnt hat.

Ein anderer Ansatz zur Datenerweiterung generiert neue Daten und wurde von Google Translate verwendet, um geschlechtsspezifische Verzerrungen bei der Übersetzung von Text in und aus geschlechtsneutralen und geschlechtsspezifischen Sprachen zu minimieren (*https://oreil.ly/3Rkdr*). Die Lösung besteht darin, die Übersetzungsdaten so umzuschreiben, dass eine bereitgestellte Übersetzung falls zutreffend sowohl in der weiblichen als auch in der männlichen Form angeboten wird. Zum Beispiel würde der geschlechtsneutrale englische Satz »We are doctors« bei der Übersetzung ins Spanische zwei Ergebnisse liefern, wie Abbildung 7-16 zeigt. Im Spanischen kann das Wort »Wir« sowohl eine weibliche als auch eine männliche Form haben.

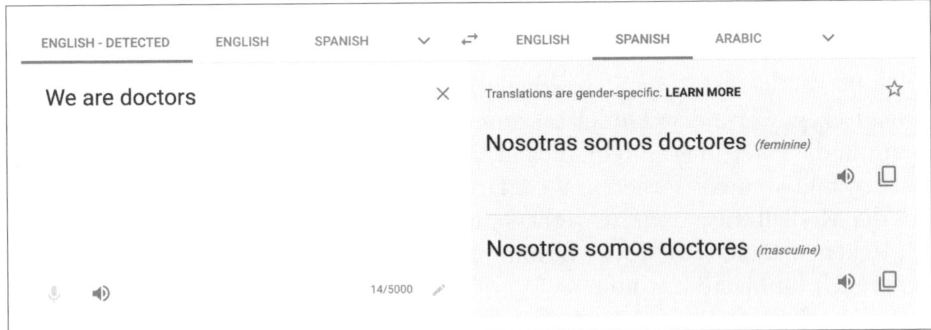

Abbildung 7-16: Beim Übersetzen eines geschlechtsneutralen Worts in einer Sprache (hier das Wort »we« im Englischen) in eine Sprache, in der dieses Wort geschlechtsspezifisch ist, bietet Google Translate jetzt mehrere Übersetzungen an, um geschlechtsspezifische Verzerrungen zu minimieren.

Modellkarten

Die ursprünglich in einem Forschungs-Paper (*https://oreil.ly/OAIcs*) eingeführten *Modellkarten* bieten ein Framework, das die Fähigkeiten und Beschränkungen eines Modells in einem Bericht zusammenfassen kann. Modellkarten sollen die Modelltransparenz verbessern, indem sie Details zu Szenarios liefern, in denen ein Modell verwendet bzw. nicht verwendet werden sollte, da sich problematischer Bias nur abschwächen lässt, wenn ein Modell wie vorgesehen verwendet wird. Auf diese Weise fördern Modellkarten die Verantwortlichkeit für die Verwendung eines Modells im richtigen Kontext.

Die ersten veröffentlichten Modellkarten (*https://oreil.ly/OwiJY*) bieten Zusammenfassungen und Fairnessmetriken für die Gesichts- und Objekterkennungsfunktionen in der Vision API von Google Cloud. Um Modellkarten für Ihre eigenen Modelle zu generieren, stellt TensorFlow ein *Model Card Toolkit* (MCT, *https://github.com/tensorflow/model-card-toolkit*) bereit, das sich als eigenständige Python-Bibliothek oder als Teil einer TFX-Pipeline ausführen lässt. Das Toolkit liest exportierte Modell-Assets und generiert eine Reihe von Diagrammen mit verschiedenen Performance- und Fairnessmetriken.

Fairness vs. Erklärbarkeit

Die Konzepte von Fairness und Erklärbarkeit im maschinellen Lernen werden manchmal verwechselt, da sie oft zusammen verwendet werden und beide Teil der größeren Initiative für verantwortungsbewusste KI sind. Im Speziellen bezieht sich Fairness darauf, Bias bei Modellen zu identifizieren und zu entfernen, während Erklärbarkeit einer der Ansätze ist, um das Vorhandensein von Bias zu diagnostizieren. Zum Beispiel könnte die Anwendung von Erklärbarkeit auf ein Stimmungsanalysemodell aufdecken, dass sich das Modell auf Identitätsbegriffe stützt, um seine Vorhersagen zu treffen, wenn es stattdessen Wörter wie »schlimm«, »erstaunlich« oder »nicht« verwenden sollte.

Erklärbarkeit lässt sich auch außerhalb des Fairnesskontexts verwenden, um etwa aufzudecken, warum ein Modell bestimmte betrügerische Transaktionen markiert, oder um die Pixel zu ermitteln, die ein Modell veranlasst haben, in einem medizinischen Bild »krank« vorherzusagen. Demzufolge ist Erklärbarkeit eine Methode, um die Modelltransparenz zu verbessern. Manchmal kann Transparenz Bereiche aufdecken, in denen ein Modell bestimmte Gruppen ungerecht behandelt, doch sie kann auch Einblicke von höherer Warte in den Entscheidungsprozess eines Modells liefern.

Zusammenfassung

Obwohl sich Peter Parker vielleicht nicht auf maschinelles Lernen bezogen hat, als er sagte: »Aus großer Kraft folgt große Verantwortung«, trifft das Zitat hier sicherlich zu. Maschinelles Lernen hat die Kraft, Branchen zu verändern, die Produktivität zu verbessern und neue Erkenntnisse aus Daten zu gewinnen. Angesichts dieses Potenzials ist es besonders wichtig, dass wir verstehen, wie sich unsere Modelle auf verschiedene Gruppen von Stakeholdern auswirken werden. Zu den Stakeholdern eines Modells können unterschiedliche demografische Gruppen von Modellbenutzern, Behörden, Data-Science-Teams oder auch Geschäftsteams innerhalb einer Organisation gehören.

Die in diesem Kapitel skizzierten Muster der verantwortungsbewussten KI sind ein wesentlicher Bestandteil jedes ML-Workflows – sie können uns helfen, die von unseren Modellen generierten Vorhersagen besser zu verstehen und potenziell unerwünschtes Verhalten zu erkennen, bevor die Modelle in Produktion gehen. Beginnend mit dem Entwurfsmuster *Heuristischer Benchmark* haben wir uns angesehen, wie man eine erste Metrik für die Modellbewertung identifiziert. Diese Metrik ist als Vergleichspunkt für das Verständnis nachfolgender Modellversionen und für die Zusammenfassung des Modellverhaltens für geschäftliche Entscheidungsträger:innen nützlich. Im Muster *Erklärbare Vorhersagen* haben wir gezeigt, wie man Feature-Attributionen verwendet, um zu sehen, welche Features die größten Beiträge bei der Vorhersage eines Modells liefern. Feature-Attributionen sind eine Art von Erklärbarkeitsmethode und können sowohl zur Bewertung der Vorhersage an einem einzelnen Beispiel als auch über eine Gruppe von Testeingaben verwendet werden. Schließlich wurden mit dem Entwurfsmuster *Fairness Lens* Tools und Metriken vorgestellt, mit denen gewährleistet werden kann, dass die Vorhersagen eines Modells alle Gruppen von Benutzern fair, gerecht und unvoreingenommen behandeln.

KAPITEL 8

Verbundene Muster

Wir haben uns vorgenommen, einen Katalog von Entwurfsmustern für maschinelles Lernen zu erstellen – Lösungen für wiederkehrende Probleme beim Entwurf, dem Training und beim Bereitstellen von ML-Modellen und -Pipelines. In diesem Kapitel finden Sie eine Kurzreferenz zu diesem Inventar von Mustern. Die Muster haben wir in diesem Buch danach geordnet, wo sie in einem typischen ML-Workflow verwendet werden. Somit gibt es ein Kapitel zur Eingabedarstellung und ein anderes zur Modellauswahl. Dann haben wir Muster diskutiert, die die typische Trainingsschleife modifizieren und die Inferenz belastbarer machen. Zum Schluss haben wir Muster gezeigt, die einen verantwortungsbewussten Umgang mit ML-Systemen voranbringen. Dies ist vergleichbar mit der Organisation eines Rezeptbuchs mit eigenen Abschnitten für Vorspeisen, Suppen, Hauptgerichte und Desserts. Allerdings kann eine derartige Organisation es erschweren, zu bestimmen, wann man welche Suppe wählt und welche Nachspeisen zu einem bestimmten Hauptgericht passen. Deshalb zeigen wir in diesem Kapitel auch, wie die Muster zueinander in Beziehung stehen. Und schließlich stellen wir »Speisepläne« zusammen, indem wir besprechen, wie die Muster bei gängigen Kategorien von ML-Aufgaben zusammenwirken.

Muster-Referenz

Wir haben viele verschiedene Entwurfsmuster diskutiert und wie sie verwendet werden können, um häufig wiederkehrende Herausforderungen anzugehen, die beim maschinellen Lernen auftreten. Hier eine Zusammenfassung:

Kapitel	Entwurfsmuster	Gelöstes Problem	Lösung
Datendarstellung	*Hashed Feature*	Probleme im Zusammenhang mit kategorialen Features wie unvollständiges Vokabular, Modellgröße aufgrund von Kardinalität und Kaltstart.	Teilen Sie die Stringdarstellung mit einem deterministischen und portablen Hash in Buckets auf und akzeptieren Sie den Kompromiss von Kollisionen in der Datendarstellung.

Kapitel	Entwurfsmuster	Gelöstes Problem	Lösung
	Einbettungen	Features mit hoher Kardinalität, bei denen es wichtig ist, die Ähnlichkeitsbeziehungen zu erhalten.	Lernen Sie eine Datenrepräsentation, die Daten mit hoher Kardinalität so auf einen niedrigdimensionalen Raum abbildet, dass die für das Lernproblem relevanten Informationen erhalten bleiben.
	Feature Cross	Die Modellkomplexität reicht nicht aus, um Feature-Beziehungen zu lernen.	Helfen Sie Modellen, Beziehungen zwischen Eingaben schneller zu lernen, indem Sie jede Kombination von Eingabewerten explizit zu einem separaten Feature machen.
	Multimodale Eingabe	Wie man zwischen mehreren potenziellen Datendarstellungen auswählt.	Verketten Sie alle verfügbaren Datenrepräsentationen.
Problemdarstellung	*Reframing*	Mehrere Probleme, Konfidenz für numerische Vorhersage, ordinale Kategorien, Einschränkung des Vorhersagebereichs und Multitasking-Lernen eingeschlossen.	Ändern Sie die Repräsentation der Ausgabe eines ML-Problems, z.B. die Darstellung eines Regressionsproblems als Klassifizierung (und umgekehrt).
	Multilabel	Mehr als ein Label trifft auf ein gegebenes Trainingsbeispiel zu	Kodieren Sie das Label mit einem Multi-Hot-Array und verwenden Sie *k* Sigmoid-Funktionen als Ausgabeschicht.
	Ensemble	Bias-Varianz-Abgleich bei kleinen und mittelgroßen Problemen.	Kombinieren Sie mehrere ML-Modelle und aggregieren Sie deren Ergebnisse, um Vorhersagen zu treffen.
	Kaskade	Wartbarkeits- oder Driftprobleme, wenn ein ML-Problem in eine Reihe von ML-Problemen aufgeteilt wird.	Behandeln Sie ein ML-System als einen vereinheitlichten Workflow für die Zwecke des Trainings, der Bewertung und der Vorhersage.
	Neutrale Klasse	Das Klassen-Label für eine Teilmenge von Beispielen ist im Wesentlichen willkürlich.	Führen Sie ein zusätzliches Label für ein Klassifizierungsmodell ein, das zu den aktuellen Labels disjunkt ist.
	Rebalancing	Stark unausgewogene Daten.	Downsampling, Upsampling oder Verwendung einer gewichteten Verlustfunktion, abhängig von verschiedenen Betrachtungen.
Muster, die das Modelltraining modifizieren	*Nützliche Überanpassung*	Mithilfe von ML-Methoden ein physikbasiertes Modell oder ein dynamisches System lernen.	Verzichten auf die üblichen Generalisierungstechniken, um absichtlich eine Überanpassung an den Trainingsdatensatz zu realisieren.
	Checkpoints	Verlust des Fortschritts bei lang laufenden Trainingsjobs aufgrund von Maschinenausfällen.	Den vollständigen Zustand des Modells regelmäßig speichern, sodass partiell trainierte Modelle verfügbar sind und verwendet werden können, um das Training von einem Zwischenzustand wieder aufzunehmen, anstatt von Grund auf neu zu beginnen.

Kapitel	Entwurfsmuster	Gelöstes Problem	Lösung
	Transfer Learning	Mangel an großen Datensätzen, die zum Trainieren komplexer ML-Modelle nötig sind.	Einen Teil eines zuvor trainierten Modells nehmen, die Gewichte einfrieren und diese nicht trainierbaren Schichten in einem neuen Modell verwenden, das ein ähnliches Problem löst.
	Verteilungsstrategie	Das Training großer neuronaler Netze kann sehr lange dauern, was das Experimentieren verlangsamt.	Die Trainingsschleife in großem Umfang über mehrere Worker ausführen und dabei die Vorteile von Caching, Hardwarebeschleunigung und Parallelisierung nutzen.
	Hyperparameter-Abstimmung	Wie man die optimalen Hyperparameter eines ML-Modells bestimmt.	Die Trainingsschleife in eine Optimierungsmethode einfügen, um den optimalen Satz von Modellhyperparametern zu finden.
Resilienz	*Zustandslose Serving-Funktion*	Ein ML-System in der Produktion muss in der Lage sein, Tausende bis Millionen von Vorhersageanfragen pro Sekunde synchron zu verarbeiten.	Exportieren Sie das Modell für maschinelles Lernen als zustandslose Funktion, damit es von mehreren Clients auf skalierbare Weise gemeinsam genutzt werden kann.
	Batch-Serving	Das Durchführen von Modellvorhersagen über großen Datenmengen mit einem Endpunkt, der dafür ausgelegt ist, Anfragen einzeln zu verarbeiten, wird das Modell überfordern.	Verwenden Sie eine Softwareinfrastruktur, die üblicherweise für verteilte Datenverarbeitung vorgesehen ist, um die Inferenz asynchron auf einer großen Anzahl von Instanzen auf einmal auszuführen.
	Kontinuierliche Modellbewertung	Die Modellperformance von bereitgestellten Modellen verschlechtert sich im Laufe der Zeit entweder aufgrund von Datendrift, Konzeptdrift oder anderen Änderungen an den Pipelines, die das Modell mit Daten versorgen.	Erkennen Sie, wann ein eingesetztes Modell nicht mehr zweckdienlich ist, indem Sie die Modellvorhersagen kontinuierlich überwachen und die Modellperformance bewerten.
	Zweiphasen-Vorhersagen	Große, komplexe Modelle müssen performant gehalten werden, wenn sie »at the Edge« oder auf verteilten Geräten eingesetzt werden.	Teilen Sie den Anwendungsfall in zwei Phasen auf, wobei nur die einfachere Phase »at the Edge« ausgeführt wird.
	Keyed Predictions	Wie man die Modellvorhersagen, die zurückgegeben werden, auf die korrespondierende Modelleingabe abbildet, wenn große Vorhersagejobs übermittelt werden.	Erlauben Sie dem Modell, während der Vorhersage einen vom Client unterstützten Schlüssel weiterzugeben, über den sich Modelleingaben mit Modellvorhersagen verknüpfen lassen.

Kapitel	Entwurfsmuster	Gelöstes Problem	Lösung
Reproduzierbarkeit	*Transformation*	Die Eingaben in ein Modell müssen transformiert werden, um die Features zu erzeugen, die das Modell erwartet, und dieser Prozess muss zwischen Training und Serving konsistent sein.	Erfassen und speichern Sie explizit die Transformationen, die zur Umwandlung der Modelleingaben in Features angewendet werden.
	Wiederholbare Aufteilung	Beim Erstellen von Datenteilungen ist eine einfache und wiederholbare Methode wichtig, die unabhängig von der Programmiersprache oder den zufälligen Startwerten ist.	Identifizieren Sie eine Spalte, die die Korrelationsbeziehung zwischen Zeilen erfasst, und verwenden Sie den Farm-Fingerprint-Hashing-Algorithmus, um die verfügbaren Daten in Trainings-, Validierungs- und Testdatensätze aufzuteilen.
	Bridged Schema	Wenn neue Daten verfügbar werden, könnten Änderungen am Datenschema verhindern, dass sowohl die neuen als auch die alten Daten für das erneute Training verwendet werden.	Passen Sie die Daten von ihrem älteren, ursprünglichen Datenschema an das Schema der neueren, besseren Daten an.
	Windowed Inference	Einige Modelle benötigen eine fortlaufende Sequenz von Instanzen, um die Inferenz auszuführen, oder Features müssen über ein Zeitfenster hinweg so aggregiert werden, dass eine Training-Serving-Verzerrung vermieden wird.	Externalisieren Sie den Modellstatus und rufen Sie das Modell aus einer Stream-Analyse-Pipeline auf, um sicherzustellen, dass dynamisch und zeitabhängig berechnete Features zwischen Training und Serving korrekt wiederholt werden können.
	Workflow-Pipeline	Führen Sie bei der Skalierung des ML-Workflows unabhängige Tests durch und verfolgen Sie die Performance für jeden Schritt der Pipeline.	Machen Sie jeden Schritt des ML-Workflows zu einem separaten, containerisierten Dienst, der sich zu einer Pipeline verketten lässt, die mit einem einzigen REST-API-Aufruf ausgeführt werden kann.
	Feature Store	Der Ad-hoc-Ansatz bei der Feature-Entwicklung verlangsamt die Modellentwicklung und führt zu doppeltem Aufwand zwischen den Teams sowie zu einem ineffizienten Arbeitsablauf.	Erstellen Sie einen Feature-Store, einen zentralen Ort zum Speichern und Dokumentieren von Feature-Datensätzen, die bei der Erstellung von ML-Modellen verwendet und projekt- und teamübergreifend genutzt werden können.
	Modellversionierung	Es ist schwierig, eine Performanceüberwachung durchzuführen und Modelländerungen in Aufteilungstests zu prüfen, während ein einzelnes Modell in Produktion ist, oder Modelle zu aktualisieren, ohne bestehende Benutzer zu beeinträchtigen.	Stellen Sie ein geändertes Modell als Microservice mit einem anderen REST-Endpunkt bereit, um Abwärtskompatibilität für bereitgestellte Modelle zu erreichen.

Kapitel	Entwurfsmuster	Gelöstes Problem	Lösung
Verantwortungsbewusste KI	*Heuristischer Benchmark*	Die Erklärung der Modellperformance anhand komplizierter Bewertungsmetriken liefert nicht die anschauliche Darstellung, die Entscheidungsträger:innen in Unternehmen benötigen.	Vergleichen Sie ein ML-Modell mit einer einfachen, leicht zu verstehenden Heuristik.
	Erklärbare Vorhersagen	Manchmal ist es notwendig, zu wissen, warum ein Modell bestimmte Vorhersagen macht, sei es für die Fehlersuche oder für behördliche und Compliance-Standards.	Wenden Sie Techniken zur Erklärung von Modellen an, um zu verstehen, wie und warum Modelle Vorhersagen machen, und um das Vertrauen der Benutzer in ML-Systeme zu verbessern.
	Fairness Lens	Verzerrungen können dazu führen, dass ML-Modelle nicht alle Benutzer gleich behandeln und negative Auswirkungen auf einige Bevölkerungsgruppen haben.	Verwenden Sie Tools zur Identifizierung von Verzerrungen in Datensätzen vor dem Training und bewerten Sie trainierte Modelle durch eine Fairnesslinse, um sicherzustellen, dass die Modellvorhersagen für verschiedene Benutzergruppen und unterschiedliche Szenarien gerecht sind.

Wechselwirkungen von Mustern

Entwurfsmuster existieren nicht isoliert. Viele von ihnen stehen entweder direkt oder indirekt in enger Beziehung zueinander und ergänzen sich oft gegenseitig. Das Interaktionsdiagramm in Abbildung 8-1 fasst die gegenseitigen Abhängigkeiten und einige Beziehungen zwischen verschiedenen Entwurfsmustern zusammen. Wenn Sie ein Muster verwenden, sollten Sie sich überlegen, wie Sie andere, verwandte Muster einbinden können.

In diesem Abschnitt zeigen wir einige Möglichkeiten auf, wie diese Muster miteinander in Beziehung stehen und wie sie zusammen eingesetzt werden können, um eine Gesamtlösung zu entwickeln. Wenn Sie mit kategorialen Features arbeiten, könnten Sie zum Beispiel das Entwurfsmuster *Hashed Feature* mit dem Entwurfsmuster *Einbettungen* kombinieren. Diese beiden Muster wirken zusammen, um Modelleingaben mit hoher Kardinalität zu verarbeiten, beispielsweise beim Arbeiten mit Text. In TensorFlow wird dies demonstriert, indem eine Feature-Spalte `categorical_column_with_hash_bucket` in eine Feature-Spalte `embedding` verpackt wird, um die dünn besetzte, kategoriale Texteingabe in eine dichte Darstellung zu konvertieren:

```
import tensorflow.feature_column as fc
keywords = fc.categorical_column_with_hash_bucket("keywords",
    hash_bucket_size=10K)
keywords_embedded = fc.embedding_column(keywords, num_buckets=16)
```

Bei der Erläuterung des Entwurfsmusters *Einbettungen* haben wir gezeigt, dass diese Technik empfohlen wird, wenn Sie das Entwurfsmuster *Feature Cross* verwenden. Das Entwurfsmuster *Hashed Features* geht Hand in Hand mit dem Entwurfsmuster *Wiederholbare Aufteilung*, da der Farm-Fingerprint-Hashing-Algorithmus für die Datenaufteilung verwendet werden kann. Und bei Verwendung der Entwurfsmuster *Hashed Features* oder *Einbettungen* ist es üblich, auf Konzepte der Hyperparameter-Abstimmung zurückzugreifen, um die optimale Anzahl von Hash-Buckets oder die richtige Einbettungsdimension zu bestimmen.

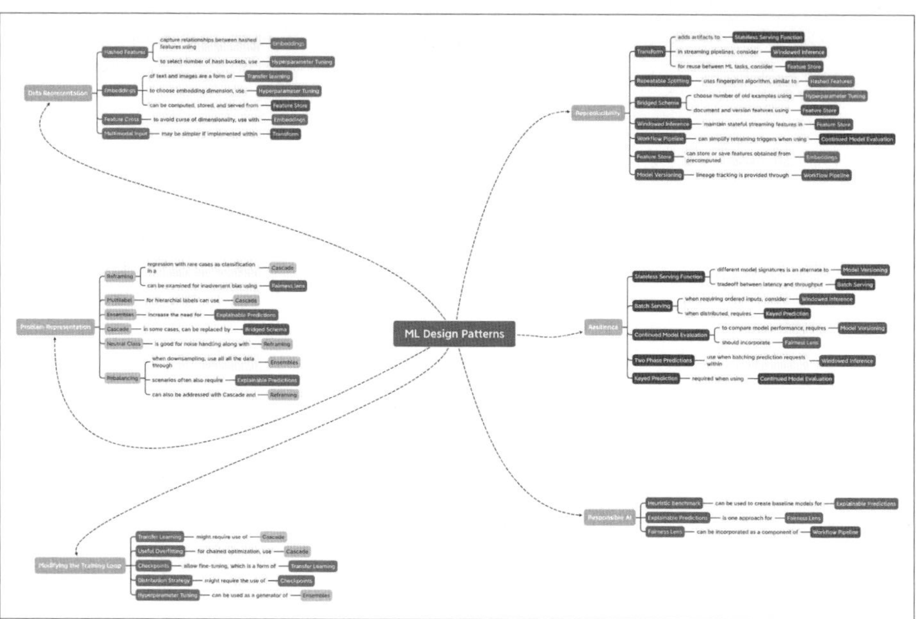

Abbildung 8-1: Viele der in diesem Buch besprochenen Muster sind miteinander verwandt oder können zusammen verwendet werden. Diese Darstellung ist im GitHub-Repository für dieses Buch verfügbar (https://github.com/GoogleCloudPlatform/ml-design-patterns).

Tatsächlich ist das Entwurfsmuster *Hyperparameter-Abstimmung* ein üblicher Teil des ML-Workflows und wird oft in Verbindung mit anderen Mustern verwendet. Zum Beispiel können wir per Hyperparameter-Abstimmung die Anzahl der älteren Beispiele bestimmen, die zu verwenden sind, wenn wir das Entwurfsmuster *Bridged Schema* implementieren. Und wenn wir *Hyperparameter-Abstimmung* einsetzen, müssen wir unbedingt auch im Auge behalten, wie wir die Checkpoints des Modells mithilfe von virtuellen Epochen und verteiltem Training eingerichtet haben. Gleichzeitig ist das Entwurfsmuster *Checkpoints* mit *Transfer Learning* auf natürliche Weise verbunden, da während der Feinabstimmung oft frühere Modell-Checkpoints verwendet werden.

Einbettungen tauchen überall im maschinellen Lernen auf, sodass es viele Möglichkeiten gibt, wie das Entwurfsmuster *Einbettungen* mit anderen Mustern interagiert. Vielleicht am bemerkenswertesten ist *Transfer Learning*, da die von den Zwischenschichten eines vorab trainierten Modells generierten Ausgaben im Wesentlichen gelernte Feature-Einbettungen sind. Wir haben auch gesehen, wie das Einbinden des Entwurfsmusters *Neutrale Klasse* in ein Klassifizierungsmodell – entweder auf natürliche Weise oder über das Entwurfsmuster *Reframing* – diese gelernten Einbettungen verbessern kann. Wenn die Einbettungen im weiteren Verlauf als Features für ein Modell verwendet werden, könnte es von Vorteil sein, sie nach dem Entwurfsmuster *Feature Store* zu speichern, sodass sie leicht zugänglich sind und versioniert werden können. Oder die vorab trainierte Modellausgabe könnte wie im Fall von *Transfer Learning* als anfängliche Ausgabe eines Kaskadenmusters angesehen werden.

Sie haben auch gesehen, wie man das Entwurfsmuster *Rebalancing* angehen kann, indem man zwei andere Entwurfsmuster kombiniert: *Reframing* und *Kaskade*. Mit *Reframing* könnten wir den unausgewogenen Datensatz als Klassifizierung von entweder »normal« oder »Ausreißer« darstellen. Die Ausgabe dieses Modells würde dann an ein sekundäres Regressionsmodell übergeben werden, das für die Vorhersage auf beiden Datenverteilungen optimiert ist. Diese Muster werden wahrscheinlich auch zu dem Muster *Erklärbare Vorhersagen* führen, da es beim Umgang mit unausgewogenen Daten besonders wichtig ist, zu überprüfen, ob das Modell die richtigen Signale für die Vorhersage aufgreift. Tatsächlich wird empfohlen, das Muster *Erklärbare Vorhersagen* zu berücksichtigen, wenn eine Lösung mit einer Kaskade von mehreren Modellen aufgebaut wird, da dies die Modellerklärbarkeit einschränken kann. Dieser Kompromiss von Modellerklärbarkeit zeigt sich auch bei den Mustern *Ensemble* und *Multimodale Eingabe*, da sich diese Techniken ebenfalls nicht gut für einige Erklärbarkeitsmethoden eignen.

Das Entwurfsmuster *Kaskade* könnte ebenfalls hilfreich sein, wenn das Muster *Bridged Schema* verwendet wird, und könnte als alternatives Muster dienen, indem ein vorläufiges Modell fehlende Werte des sekundären Schemas imputiert. Diese beiden Muster ließen sich dann kombinieren, um den resultierenden Feature-Satz – wie im Muster *Feature Store* beschrieben – für eine spätere Verwendung zu speichern. Dies ist ein weiteres Beispiel, das die Vielseitigkeit des Musters *Feature Store* verdeutlicht, und zeigt, wie es oft mit anderen Entwurfsmustern kombiniert wird. So bietet ein Feature-Speicher eine bequeme Möglichkeit, Streaming-Modell-Features, die durch das Muster *Windowed Inference* entstehen können, zu verwalten und zu nutzen. Feature-Speicher arbeiten auch Hand in Hand mit der Verwaltung verschiedener Datensätze, die im Entwurfsmuster *Reframing* entstehen können, und bieten eine wiederverwendbare Version der Techniken, die bei der Verwendung des Entwurfsmusters *Transformation* entstehen. Die beim Entwurfsmuster *Feature Store* besprochene Fähigkeit zur Versionierung spielt auch eine Rolle im Entwurfsmuster *Modellversionierung*.

Das Entwurfsmuster *Modellversionierung* ist andererseits eng mit den Mustern *Zustandslose Serving-Funktion* und *Kontinuierliche Modellbewertung* verwandt. In *Kontinuierliche Modellbewertung* können verschiedene Modellversionen verwendet werden, um zu beurteilen, wie sich die Performance eines Modells im Laufe der

Zeit verschlechtert hat. In ähnlicher Weise bieten die verschiedenen Modellsignaturen der Serving-Funktion eine einfache Möglichkeit, verschiedene Modellversionen zu erstellen. Dieser Ansatz der Modellversionierung über das Entwurfsmuster *Zustandslose Serving-Funktion* kann mit dem Muster *Reframing* verbunden werden, bei dem zwei verschiedene Modellversionen ihre eigenen REST-API-Endpunkte für die beiden verschiedenen Darstellungen der Modellausgabe bereitstellen können.

Wir haben ebenfalls diskutiert, dass es beim Muster *Kontinuierliche Modellbewertung* oftmals vorteilhaft ist, auch die im Muster *Workflow-Pipeline* präsentierten Lösungen zu untersuchen – sowohl um Trigger einzurichten, die die Retraining-Pipeline initiieren, als auch um die Nachverfolgung der Abstammung für die verschiedenen erstellten Modellversionen zu gewährleisten. Das Entwurfsmuster *Kontinuierliche Modellbewertung* ist eng mit dem Muster *Keyed Predictions* verbunden, da dieses einen Mechanismus zum einfachen Verbinden der Grundwahrheit mit den ausgegebenen Modellvorhersagen bieten kann. In der gleichen Weise ist das Muster *Keyed Preditions* auch mit dem Muster *Batch-Serving* verflochten. Aus demselben Grund wird das Muster *Batch-Serving* häufig in Verbindung mit dem Muster *Zustandslose Serving-Funktion* verwendet, um Vorhersageaufträge in großem Umfang auszuführen, die wiederum auf dem Muster *Transformation* basieren, um die Konsistenz zwischen Training und Serving zu gewährleisten.

Muster in ML-Projekten

ML-Systeme versetzen Teams in einer Organisation in die Lage, Lösungen für maschinelles Lernen in großem Umfang zu erstellen, bereitzustellen und zu warten. Sie bieten eine Plattform, auf der sich alle Phasen des ML-Lebenszyklus automatisieren und beschleunigen lassen, angefangen bei der Datenverwaltung über das Trainieren der Modelle, die Bewertung der Performance, die Bereitstellung von Modellen und das Serving von Vorhersagen bis zur Überwachung der Performance. Die Muster, die dieses Buch beschrieben hat, tauchen in jedem ML-Projekt auf. In diesem Abschnitt beschreiben wir die Phasen des ML-Lebenszyklus und zeigen, wo viele dieser Muster wahrscheinlich auftreten werden.

ML-Lebenszyklus

Der Aufbau einer ML-Lösung ist ein zyklischer Prozess, der mit einem klaren Verständnis der Geschäftsziele beginnt und schließlich in einem ML-Modell in der Produktion gipfelt, das diesem Ziel dient. Der in Abbildung 8-2 dargestellte Überblick über den ML-Lebenszyklus bietet eine nützliche Roadmap, die darauf ausgelegt ist, mit maschinellem Lernen einen Mehrwert für das Unternehmen zu generieren. Jede dieser Phasen ist gleich wichtig, und wenn einer dieser Schritte nicht abgeschlossen wird, steigt das Risiko, dass in späteren Phasen irreführende Erkenntnisse oder Modelle ohne Wert entstehen.

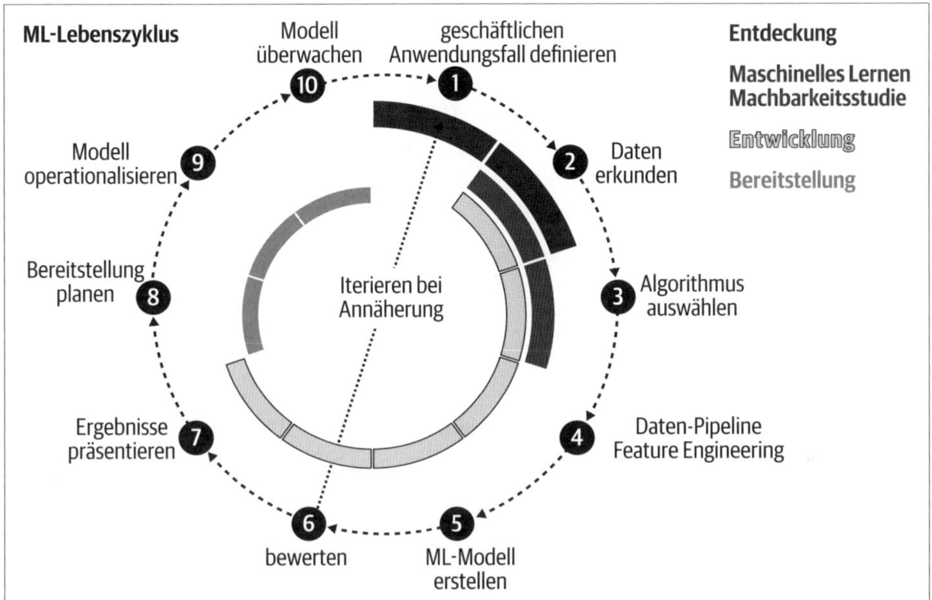

Abbildung 8-2: Der ML-Lebenszyklus definiert als Erstes den geschäftlichen Anwendungsfall und führt schließlich zu einem in der Produktion eingesetzten ML-Modell, das diesem Ziel dient.

Der ML-Lebenszyklus besteht aus drei Phasen, wie Abbildung 8-2 zeigt: Entdeckung, Entwicklung und Bereitstellung. Für die einzelnen Schritte jeder Phase gibt es eine kanonische Reihenfolge. Allerdings werden diese Schritte iterativ fertiggestellt, und frühere Schritte können je nach den Ergebnissen und Erkenntnissen aus späteren Phasen erneut aufgesucht werden.

Entdeckung

Maschinelles Lernen existiert als Tool, um ein Problem zu lösen. In der Entdeckungsphase eines ML-Projekts wird als Erstes der geschäftliche Anwendungsfall definiert (Schritt 1 in Abbildung 8-2). Dies ist ein entscheidender Zeitpunkt für Führungskräfte und ML-Praktiker:innen, um sich über die Besonderheiten des Problems abzustimmen und ein Verständnis dafür zu entwickeln, was maschinelles Lernen tun kann und was nicht, um dieses Ziel zu erreichen.

Es ist wichtig, den Geschäftswert in jeder Phase des Lebenszyklus im Auge zu behalten. In den verschiedenen Phasen müssen viele Entscheidungen getroffen werden, und oftmals gibt es nicht die eine »richtige« Antwort. Vielmehr ergibt sich die beste Option daraus, wie das Modell zur Unterstützung des Geschäftsziels verwendet wird. Während ein machbares Ziel für ein Forschungsprojekt darin bestehen könnte, eine um 0,1% höhere Genauigkeit bei einem Benchmark-Datensatz herauszuholen, ist dies in der Industrie nicht akzeptabel. Bei einem Produktionsmodell, das für ein Unternehmen erstellt wird, hängt der Erfolg von Faktoren ab, die enger mit dem Unternehmen verbunden sind, beispielsweise der Verbesserung der

Kundenbindung, der Optimierung von Geschäftsprozessen oder der Senkung der Churn-Raten. Entwicklungsentscheidungen können aber auch von indirekten Faktoren in Bezug auf den geschäftlichen Anwendungsfall beeinflusst werden, beispielsweise von der Geschwindigkeit der Inferenz, der Modellgröße oder der Modellinterpretierbarkeit. Jedes ML-Projekt sollte mit einem gründlichen Verständnis der Geschäftsmöglichkeit beginnen und klären, wie ein ML-Modell die aktuellen Abläufe spürbar verbessern kann.

Eine erfolgreiche Entdeckungsphase erfordert die Zusammenarbeit zwischen den Experten der Geschäftsdomäne und den ML-Experten, um die Durchführbarkeit eines ML-Ansatzes zu bewerten. Es ist entscheidend, dass jemand, der das Geschäft und die Daten versteht, mit Teams zusammenarbeitet, die die technischen Herausforderungen und den damit verbundenen Entwicklungsaufwand verstehen. Wenn die Gesamtinvestition der Entwicklungsressourcen den für das Unternehmen akzeptablen Wert übersteigt, ist es keine lohnende Lösung. Es ist möglich, dass der technische Overhead und die Kosten der Ressourcen für die Überführung in die Produktion höher sind als der Nutzen eines Modells, das die Churn-Vorhersage letztlich nur um 0,1 % verbessert. Aber vielleicht auch nicht. Wenn die Kundenbasis eines Unternehmens ein Milliarde Menschen umfasst, sind 0,1 % immer noch eine Million glücklichere Kunden.

Während der Entdeckungsphase ist es wichtig, die Geschäftsziele und den Geltungsbereich für die Aufgabe zu umreißen. Zu diesem Zeitpunkt ist auch festzulegen, mit welchen Metriken Erfolg gemessen oder definiert wird. Erfolg kann für verschiedene Organisationen oder sogar innerhalb verschiedener Gruppen derselben Organisation unterschiedlich aussehen. Ein Beispiel hierfür liefert die Diskussion zu mehreren Zielen im Abschnitt »Allgemeine Herausforderungen beim maschinellen Lernen« auf Seite 28 in Kapitel 1. Wenn man gleich zu Beginn eines ML-Projekts über gut definierte Metriken und Leistungskennzahlen (*Key Performance Indicators*, KPIs) verfügt, lässt sich leichter sicherstellen, dass alle Beteiligten auf das gemeinsame Ziel ausgerichtet sind. Im Idealfall gibt es bereits ein Verfahren mit einer komfortablen Baseline, gegen die zukünftige Fortschritte gemessen werden können. Dies könnte ein Modell sein, das sich bereits in der Produktion befindet, oder auch nur eine derzeit verwendete regelbasierte Heuristik. Maschinelles Lernen ist nicht die Antwort auf alle Probleme, und manchmal ist eine regelbasierte Heuristik schwer zu schlagen. Entwicklung sollte nicht um der Entwicklung willen stattfinden. Egal wie einfach ein Baseline-Modell ist, es hilft am Ende, Entwurfsentscheidungen zu treffen und zu verstehen, wie jede Entwurfsentscheidung die Nadel auf die vorgegebene Bewertungsmetrik bewegt. In Kapitel 7 haben wir die Rolle von heuristischen Benchmarks sowie andere Themen in Bezug auf verantwortungsbewusste KI diskutiert, die häufig zur Sprache kommen, wenn die Auswirkungen und der Einfluss des maschinellen Lernens mit den Stakeholdern im Unternehmen zu kommunizieren ist.

Natürlich sollten diese Konversationen auch im Kontext der Daten stattfinden. Eine tiefgehende Analyse des Unternehmens sollte Hand in Hand gehen mit einer genauen Datenerkundung (Schritt 2 in Abbildung 8-2). So vorteilhaft eine Lösung auch sein mag – wenn keine Qualitätsdaten vorhanden sind, gibt es kein Projekt. Vielleicht sind auch die Daten vorhanden, lassen sich aber aus Gründen des Datenschutzes nicht nutzen oder müssen um relevante Informationen bereinigt werden, die aber für das Modell erforderlich sind. In jedem Fall hängen die Machbarkeit eines Projekts und die Erfolgsaussichten von den Daten ab. Daher ist es wichtig, dass Datenverantwortliche innerhalb der Organisation frühzeitig in diese Gespräche einbezogen werden.

Die Daten steuern den Prozess, und es ist wichtig, die Qualität der verfügbaren Daten zu verstehen. Wie sehen die Verteilungen der Schlüsselmerkmale aus? Wie viele fehlende Werte gibt es? Wie wird mit fehlenden Werten umgegangen? Gibt es Ausreißer? Sind irgendwelche Eingabewerte stark korreliert? Welche Features existieren in den Eingabedaten, und welche Features sollten konstruiert werden? Viele ML-Modelle benötigen einen sehr umfangreichen Datensatz für das Training. Sind genügend Daten vorhanden? Wie können wir den Datensatz erweitern? Gibt es Verzerrungen im Datensatz? Dies sind wichtige Fragen, die allerdings nur an der Oberfläche kratzen. Eine mögliche Entscheidung in diesem Stadium ist, dass mehr Daten oder Daten eines bestimmten Szenarios gesammelt werden müssen, bevor man mit dem Projekt fortfahren kann.

Die Datenerkundung ist ein Schlüsselschritt bei der Beantwortung der Frage, ob Daten ausreichender Qualität vorhanden sind. Konversation allein ist selten ein Ersatz dafür, die Dinge tatsächlich anzupacken und mit den Daten zu experimentieren. Die Visualisierung spielt eine wichtige Rolle in diesem Schritt. Dichte-Diagramme und Histogramme sind hilfreich, um die Streuung der verschiedenen Eingabewerte zu verstehen. Boxplots können helfen, Ausreißer zu identifizieren. Streudiagramme sind nützlich, um bivariate Beziehungen zu entdecken und zu beschreiben. Mit Perzentilen lässt sich der Bereich für numerische Daten ermitteln. Mittelwert, Median und Standardabweichung sind Kennwerte, um eine zentrale Tendenz zu beschreiben. Diese und andere Techniken können dabei helfen, festzustellen, welche Features dem Modell wahrscheinlich nützen und welche Datentransformationen erforderlich sind, um die Daten für die Modellierung vorzubereiten.

In der Entdeckungsphase kann es hilfreich sein, mit einigen Modellierungsexperimenten zu ermitteln, ob es wirklich ein »Signal im Rauschen« gibt. An diesem Punkt könnte es von Vorteil sein, eine Machbarkeitsstudie für maschinelles Lernen durchzuführen (Schritt 3). Es klingt, als handele es sich dabei typischerweise um einen kurzen technischen Sprint, der sich nur über ein paar Wochen erstreckt und dessen Ziel es ist, die Brauchbarkeit der Daten für die Problemlösung zu bewerten. Dies bietet die Möglichkeit, Optionen für die Formulierung des ML-Problems zu untersuchen, mit der Auswahl der Algorithmen zu experimentieren und zu lernen, welche Feature-Engineering-Schritte am vorteilhaftesten wären. Der Schritt der Machbarkeitsstudie in der Entdeckungsphase ist zudem ein guter Grund dafür, einen heuristischen Benchmark zu erstellen (siehe Kapitel 7).

Entwicklung

Nachdem man sich auf die wichtigsten Bewertungsmetriken und geschäftlichen Leistungskennzahlen geeinigt hat, beginnt die Entwicklungsphase des ML-Lebenszyklus. Die Details der Entwicklung eines ML-Modells werden in der umfangreichen Literatur zum maschinellen Lernen ausführlich behandelt. Wir heben hier die wichtigsten Komponenten hervor.

In der Entwicklungsphase erstellen wir zunächst Datenpipelines und konstruieren Features (Schritt 4 in Abbildung 8-2), um die Dateneingaben zu verarbeiten, die in das Modell eingespeist werden. Die in realen Anwendungen gesammelten Daten können mit vielen Problemen behaftet sein, beispielsweise fehlenden Werten, ungültigen Beispielen oder doppelten Datenpunkten. Datenpipelines sind erforderlich, um diese Dateneingaben aufzubereiten, sodass das Modell sie verwenden kann. Beim Feature Engineering werden rohe Eingabedaten in Features umgewandelt, die enger auf das Lernziel des Modells ausgerichtet sind und in einem Format ausgedrückt werden, das für das Training des Modells geeignet ist. Zu den Feature-Engineering-Techniken gehören das Zuordnen der Eingaben in Buckets, das Konvertieren zwischen Datenformaten, Tokenisierung und Wortstammbildung von Text, das Erstellen kategorialer Features oder 1-aus-n-Codierung, Hashing von Eingaben, Erstellen von Feature Crosses und Feature-Einbettungen sowie viele weitere. Kapitel 2 dieses Buchs hat Entwurfsmuster zur Datendarstellung beschrieben und viele Datenaspekte abgedeckt, die während dieser Phase des ML-Lebenszyklus auftreten. Kapitel 5 und Kapitel 6 beschreiben Muster, die sich auf Resilienz und Reproduzierbarkeit in ML-Systemen beziehen, was beim Erstellen von Datenpipelines hilft.

In diesem Schritt können auch die Labels für das Problem konstruiert und Entwurfsentscheidungen hinsichtlich der Problemdarstellung getroffen werden. Zum Beispiel kann dies bei Zeitreihenproblemen bedeuten, Feature-Fenster einzurichten und mit Verzögerungszeiten und der Größe von Label-Intervallen zu experimentieren. Vielleicht ist es hilfreich, ein Regressionsproblem als Klassifizierung umzuformulieren und die Darstellung der Labels komplett zu ändern. Möglicherweise ist es auch notwendig, Rebalancing-Techniken zu bemühen, wenn die Verteilung der Ausgabeklassen durch eine einzige Klasse überrepräsentiert ist. Kapitel 3 dieses Buchs konzentriert sich auf die Problemdarstellung und behandelt diese und andere wichtige Entwurfsmuster, die mit dem Problem-Framing zusammenhängen.

Der nächste Schritt der Entwicklungsphase (Schritt 5 in Abbildung 8-2) ist auf das Erstellen des ML-Modells ausgerichtet. Während dieses Entwicklungsschritts ist es entscheidend, sich an die bewährten Verfahren zu halten, um ML-Workflows in einer Pipeline zu erfassen (siehe dazu »Entwurfsmuster 25: Workflow-Pipeline« auf Seite 312 in Kapitel 6). Hierzu gehört auch das Erstellen wiederholbarer Aufteilungen für Trainings-/Validierungs-/Testdatensätze, bevor mit der Modellentwicklung begonnen wird, um Datenverluste zu vermeiden. Verschiedene Modellalgorithmen oder Kombinationen von Algorithmen können trainiert werden, um ihre

Performance auf dem Validierungsdatensatz zu beurteilen und die Qualität ihrer Vorhersagen zu untersuchen. Parameter und Hyperparameter werden abgestimmt, Regularisierungstechniken eingesetzt und Randfälle erkundet. Die typische Trainingsschleife eines ML-Modells wird am Anfang von Kapitel 4 detailliert beschrieben. Hier gehen wir auch auf nützliche Entwurfsmuster ein, mit denen sich die Trainingsschleife ändern lässt, um bestimmte Ziele zu erreichen.

Viele Schritte des ML-Lebenszyklus sind iterativ, und dies gilt insbesondere während der Modellentwicklung. Oftmals kann es nach einigen Experimenten notwendig sein, die Daten, die Geschäftsziele und die KPIs zu überdenken. In der Modellentwicklungsphase werden neue Datenerkenntnisse gewonnen, und diese Einblicke können ein anderes Licht darauf werfen, was möglich ist (und was nicht). Nicht selten verbringt man lange Zeit in der Modellentwicklungsphase, vor allem bei der Entwicklung eines benutzerdefinierten Modells. Kapitel 6 befasst sich mit vielen weiteren Entwurfsmustern zur Reproduzierbarkeit, die sich den Herausforderungen widmen, die während dieser iterativen Phase der Modellentwicklung auftreten.

Während der gesamten Entwicklung des Modells wird jede neue Anpassung oder jeder neue Ansatz gegen die Bewertungsmetriken gemessen, die in der Entdeckungsphase festgelegt wurden. Daher ist die erfolgreiche Ausführung der Entdeckungsphase entscheidend, und es ist notwendig, dass die in dieser Phase getroffenen Entscheidungen abgestimmt werden. Letztendlich gipfelt die Modellentwicklung in einem abschließenden Bewertungsschritt (Schritt 6 in Abbildung 8-2). An diesem Punkt hört die Modellentwicklung auf, und die Modellperformance wird gegen diese vorher festgelegten Bewertungsmetriken bewertet.

Eines der wichtigsten Resultate der Entwicklungsphase ist die Interpretation und Präsentation der Ergebnisse (Schritt 7 in Abbildung 8-2) für die Stakeholder und die regulatorischen Gruppen innerhalb des Unternehmens. Diese Bewertung auf hoher Ebene ist entscheidend und notwendig, um dem Management den Wert der Entwicklungsphase zu vermitteln. Dieser Schritt konzentriert sich darauf, die Zahlen und Grafiken für erste Berichte zu erstellen und sie den Stakeholdern innerhalb der Organisation vorzulegen. Kapitel 7 diskutiert einige gängige Entwurfsmuster, die sicherstellen, dass KI verantwortungsbewusst eingesetzt wird, und die sich im Umgang mit Stakeholdern als hilfreich erweisen. In der Regel ist dies ein wichtiger Punkt, um zu entscheiden, ob weitere Ressourcen für die letzte Phase des Lebenszyklus aufgewendet werden, die Überführung in die Produktion und die Bereitstellung von maschinellem Lernen.

Bereitstellung

Sobald die Modellentwicklung erfolgreich abgeschlossen ist und vielversprechende Ergebnisse vorliegen, geht es in der nächsten Phase um die Überführung des Modells in die Produktion, wobei der erste Schritt (Schritt 8 in Abbildung 8-2) die Planung der Bereitstellung ist.

Das Training eines ML-Modells erfordert einen beträchtlichen Arbeitsaufwand, aber um den Wert dieses Aufwands voll auszuschöpfen, muss das Modell in der Produktion laufen und die Geschäftsvorgänge unterstützen, die es entsprechend seiner Zielstellung verbessern soll. Es gibt verschiedene Ansätze, um dieses Ziel zu erreichen, und die Bereitstellung kann bei verschiedenen Organisationen je nach Anwendungsfall unterschiedlich aussehen. Zum Beispiel könnten die in die Produktion überführten ML-Assets in Form von interaktiven Dashboards, statischen Notebooks, Code in einer wiederverwendbaren Bibliothek oder Webservice-Endpunkten vorliegen.

Für die Überführung von Modellen in die Produktion sind diverse Überlegungen und Entwurfsentscheidungen anzustellen. Wie zuvor sind viele der Entscheidungen, die während der Entdeckungsphase getroffen wurden, auch für diesen Schritt maßgebend. Wie sollte das erneute Training des Modells gehandhabt werden? Müssen Eingabedaten als Stream eingespeist werden? Sollte das Training auf neuen Batches von Daten oder in Echtzeit erfolgen? Wie sieht es mit der Modellinferenz aus? Sollten wir für einmalige Batch-Inferenz-Jobs pro Woche planen, oder müssen wir Echtzeitvorhersagen unterstützen? Gibt es spezielle Durchsatz- oder Latenzprobleme zu berücksichtigen? Ist mit Spitzenbelastungszeiten zu rechnen? Steht geringe Latenz im Vordergrund? Ist die Netzwerkkonnektivität ein Problem? Die Entwurfsmuster in Kapitel 5 berühren einige der Probleme, die bei der Operationalisierung eines ML-Modells auftreten.

Dies sind wichtige Überlegungen, und diese letzte Phase stellt für viele Unternehmen tendenziell die größte Hürde dar, da sie eine starke Koordination zwischen verschiedenen Teilen der Organisation und die Integration einer Vielzahl von technischen Komponenten erfordern kann. Diese Schwierigkeit ist zum Teil auch darauf zurückzuführen, dass bei Überführung in die Produktion ein neuer Prozess in ein bestehendes System integriert werden muss, und zwar ein Prozess, der sich auf das ML-Modell stützt. Dazu kann es notwendig sein, sich mit Legacy-Systemen auseinanderzusetzen, die entwickelt worden sind, um ein einzelnes Konzept zu unterstützen, oder dass komplexe Änderungskontroll- und Produktionsprozesse innerhalb der Organisation zu befolgen sind. Außerdem verfügen bestehende Systeme oft nicht über einen Mechanismus, um Vorhersagen zu unterstützen, die von einem ML-Modell kommen, sodass neue Anwendungen und Workflows entwickelt werden müssen. Es ist wichtig, diese Herausforderungen im Vorfeld zu erkennen. Eine umfassende Lösung zu entwickeln, erfordert erhebliche Investitionen vonseiten des Geschäftsbetriebs, um den Übergang so einfach wie möglich zu gestalten und die Geschwindigkeit der Markteinführung zu erhöhen.

Der nächste Schritt der Bereitstellungsphase ist die Operationalisierung des Modells (Schritt 9 in Abbildung 8-2). Dieser Praxisbereich wird in der Regel als *MLOps* bezeichnet und umfasst Aspekte, die mit Automatisierung, Überwachung, Testen, Verwalten und Warten von ML-Modellen in der Produktion zusammenhängen. Es ist eine notwendige Komponente für jedes Unternehmen, das hofft, die

Anzahl der durch maschinelles Lernen gesteuerten Anwendungen innerhalb seiner Organisation zu skalieren.

Zu den wichtigsten Eigenschaften von operationalisierten Modellen gehören automatisierte Workflow-Pipelines. Die Entwicklungsphase des ML-Lebenszyklus ist ein mehrstufiger Prozess. Wenn man Pipelines erstellt, die diese Schritte automatisieren, sind effizientere Workflows und wiederholbare Prozesse möglich. Dies verbessert die zukünftige Modellentwicklung und erlaubt es, auftretende Probleme agiler zu lösen. Heute bieten Open-Source-Tools wie Kubeflow (*https://oreil.ly/I_cJf*) diese Funktionalität, und viele große Softwarefirmen haben ihre eigenen End-to-End-ML-Plattformen entwickelt, wie Michelangelo (*https://oreil.ly/se4G9*) von Uber (*https://oreil.ly/OznI3*) oder TFX von Google, die ebenfalls Open Source sind.

Eine erfolgreiche Operationalisierung beinhaltet Komponenten der kontinuierlichen Integration und kontinuierlichen Bereitstellung (*Continuous Integration* und *Continuous Delivery*, CI/CD), die zu den bekannten Best Practices der Softwareentwicklung gehören. Diese CI/CD-Praktiken sind auf Zuverlässigkeit, Reproduzierbarkeit, Geschwindigkeit, Sicherheit und Versionskontrolle innerhalb der Codeentwicklung ausgerichtet. ML/KI-Workflows profitieren von den gleichen Überlegungen, auch wenn es einige bemerkenswerte Unterschiede gibt. So ist es beispielsweise wichtig, diese CI/CD-Prinzipien nicht nur auf den Code, der für die Entwicklung des Modells verwendet wird, sondern auch auf die Daten anzuwenden, einschließlich Datenbereinigung, Versionierung und Orchestrierung von Datenpipelines.

Im letzten Schritt der Bereitstellungsphase sind Überwachung und Wartung des Modells zu berücksichtigen. Nachdem das Modell operationalisiert ist und in der Produktion eingesetzt wird, muss man die Performance des Modells überwachen. Mit der Zeit ändern sich die Datenverteilungen, wodurch das Modell veraltet. Diese Alterung des Modells (siehe Abbildung 8-3) kann viele Ursachen haben – von Änderungen im Kundenverhalten bis hin zu Veränderungen in der Umgebung. Aus diesem Grund benötigt man Mechanismen zur effizienten Überwachung des ML-Modells und aller Komponenten, die zu seiner Performance beitragen, beginnend bei der Datenerfassung bis zur Qualität der Vorhersagen beim Serving. Die Diskussion in »Entwurfsmuster 18: Kontinuierliche Modellbewertung« auf Seite 245 in Kapitel 5 behandelt dieses häufige Problem und seine Lösung im Detail.

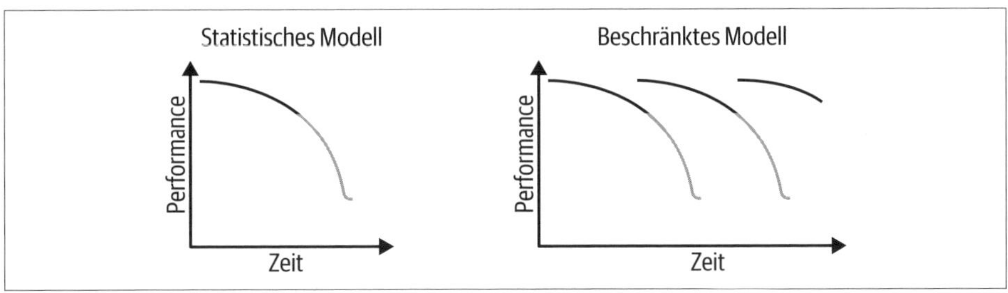

Abbildung 8-3: Modellalterung kann aus vielen Gründen auftreten. Wenn Modelle regelmäßig neu trainiert werden, kann das helfen, ihre Performance im Laufe der Zeit zu verbessern.

So ist es zum Beispiel wichtig, die Verteilung von Feature-Werten zu überwachen, um sie mit den Verteilungen zu vergleichen, die während der Entwicklungsschritte verwendet wurden. Ebenso wichtig ist es, die Verteilung der Label-Werte zu überwachen, um sicherzustellen, dass keine Datendrift zu einer Unausgewogenheit oder Verschiebung der Label-Verteilung geführt hat. Oftmals stützt sich ein ML-Modell auf Daten, die von einer externen Quelle gesammelt wurden. Vielleicht verlässt sich unser Modell auf eine Verkehrs-API eines Drittanbieters, um Wartezeiten für Autoabholungen vorherzusagen, oder verwendet Daten aus einer Wetter-API als Eingabe für ein Modell, das Flugverspätungen vorhersagt. Diese APIs werden nicht von unserem Team verwaltet. Wenn eine derartige API ausfällt oder ihr Ausgabeformat wesentlich ändert, wirkt sich das auf unser Produktionsmodell aus. In diesem Fall ist es wichtig, eine Überwachung einzurichten, um auf Änderungen in diesen vorgelagerten Datenquellen zu prüfen. Schließlich sollten Sie auch Systeme einrichten, um Vorhersageverteilungen zu überwachen und nach Möglichkeit die Qualität dieser Vorhersagen in der Produktionsumgebung zu messen.

Nach Abschluss des Überwachungsschritts kann es von Vorteil sein, den geschäftlichen Anwendungsfall zu überdenken und objektiv und genau zu bewerten, wie das ML-Modell die Geschäftsperformance beeinflusst hat. Wahrscheinlich führt dies zu neuen Erkenntnissen und dem Start neuer ML-Projekte – der Lebenszyklus beginnt von vorn.

KI-Bereitschaft

Wir stellen fest, dass sich verschiedene Organisationen, die an der Entwicklung von ML-Lösungen arbeiten, in unterschiedlichen Stadien der KI-Bereitschaft befinden. Laut einem von Google veröffentlichten Whitepaper (*https://oreil.ly/5GljC*) lässt sich der Reifegrad eines Unternehmens bei der Integration von KI in das Unternehmen typischerweise in drei Phasen charakterisieren: taktisch, strategisch und transformationell. Die Tools für maschinelles Lernen in diesen drei Phasen reichen von der Einbeziehung hauptsächlich manueller Entwicklung in der taktischen Phase über die Verwendung von Pipelines in der strategischen Phase bis zur vollständigen Automatisierung in der transformationellen Phase.

Taktische Phase: manuelle Entwicklung

Die taktische Phase der KI-Bereitschaft ist häufig in Unternehmen zu beobachten, die gerade erst damit beginnen, das Potenzial für KI zu erkunden, wobei der Schwerpunkt auf kurzfristigen Projekten liegt. Hier sind die KI/ML-Anwendungsfälle in der Regel enger gefasst und konzentrieren sich eher auf Proof of Concept oder Prototypen; eine direkte Verbindung zu den Geschäftszielen ist möglicherweise nicht immer klar. In dieser Phase erkennen Organisationen das Versprechen fortgeschrittener Analytik, aber die Ausführung wird hauptsächlich von einzelnen Mitarbeitern vorangetrieben oder komplett an Partner ausgelagert. Der Zugriff auf umfangreiche Qualitätsdatensätze innerhalb der Organisation kann schwierig sein.

Typischerweise gibt es in dieser Phase keinen Prozess, um Lösungen konsistent zu skalieren, und die verwendeten ML-Tools (siehe Abbildung 8-4) werden auf Adhoc-Basis entwickelt. Die Daten werden offline oder in isolierten Dateninseln gelagert und für die Datenexploration und -analyse manuell abgerufen. Es stehen keine Tools bereit, um die verschiedenen Phasen des ML-Entwicklungszyklus zu automatisieren, und es wird wenig Wert auf die Entwicklung wiederholbarer Prozesse des Workflows gelegt. Das macht es schwierig, Assets unter den Mitgliedern der Organisation zu teilen, und es gibt keine dedizierte Hardware für die Entwicklung.

Der Umfang von MLOps ist auf ein Repository von trainierten Modellen beschränkt, und es gibt kaum einen Unterschied zwischen Test- und Produktionsumgebungen, in denen das endgültige Modell als API-basierte Lösung bereitgestellt werden kann.

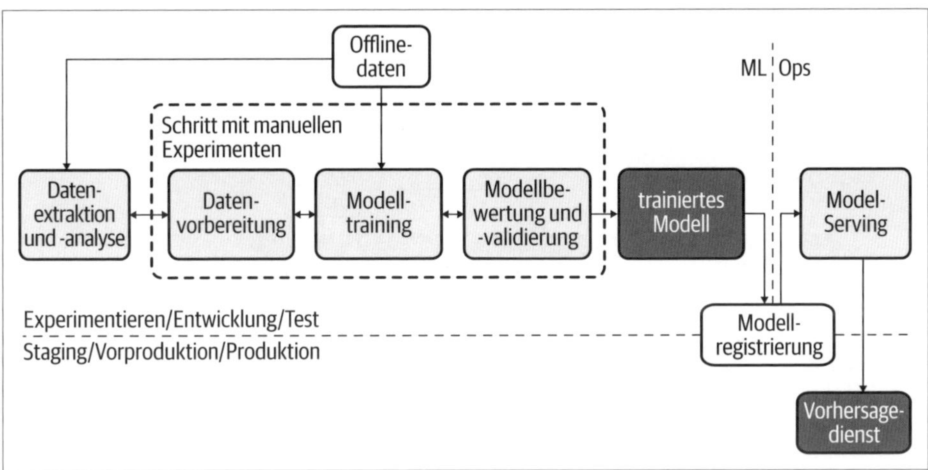

Abbildung 8-4: Manuelle Entwicklung von KI-Modellen; Abbildung adaptiert aus der Google-Cloud-Dokumentation (https://oreil.ly/aC1HP)

Strategische Phase: Nutzung von Pipelines

Unternehmen in der strategischen Phase haben KI-Bemühungen an den Geschäftszielen und -prioritäten ausgerichtet, und ML wird als entscheidender Beschleuniger für das Geschäft angesehen. Daher werden ML-Projekte, die von qualifizierten Teams und strategischen Partnern durchgeführt werden, oftmals von der Geschäftsleitung unterstützt und mit einem eigenen Budget ausgestattet. Eine vorhandene Infrastruktur erlaubt diesen Teams, Ressourcen gemeinsam zu nutzen und ML-Systeme zu entwickeln, die sowohl einsatzbereite als auch benutzerdefinierte Modelle verwenden. Zwischen Entwicklungs- und Produktionsumgebungen wird klar unterschieden.

In der Regel verfügen Teams bereits über Kenntnisse in der Datenaufbereitung mit Kompetenz in deskriptiver und prädiktiver Analytik. Die Daten werden in einem Data Warehouse des Unternehmens gespeichert, und es gibt ein einheitliches Modell für die zentralisierte Verwaltung von Daten und ML-Assets. Die Entwicklung von ML-Modellen erfolgt in Form eines orchestrierten Experiments. Die ML-Assets und der Quellcode für diese Pipelines werden an einem zentralen Quell-Repository gespeichert und können leicht von den Mitgliedern der Organisation gemeinsam genutzt werden.

Die Datenpipelines für die Entwicklung von ML-Modellen sind automatisiert und nutzen einen vollständig verwalteten, serverlosen Datendienst für die Datenerfassung und -verarbeitung, wobei sie entweder nach einem Zeitplan oder ereignisgesteuert arbeiten. Zusätzlich wird der ML-Workflow für Training, Bewertung und Batch-Vorhersage von einer automatisierten Pipeline verwaltet, sodass die Phasen des ML-Lebenszyklus, von der Validierung und Vorbereitung der Daten bis zum Training und der Validierung des Modells (siehe Abbildung 8-5), von einem Trigger zur Performanceüberwachung ausgeführt werden. Diese Modelle werden in einer zentralisierten Registrierung für trainierte Modelle gespeichert und können automatisch auf Basis vorgegebener Metriken zur Modellvalidierung bereitgestellt werden.

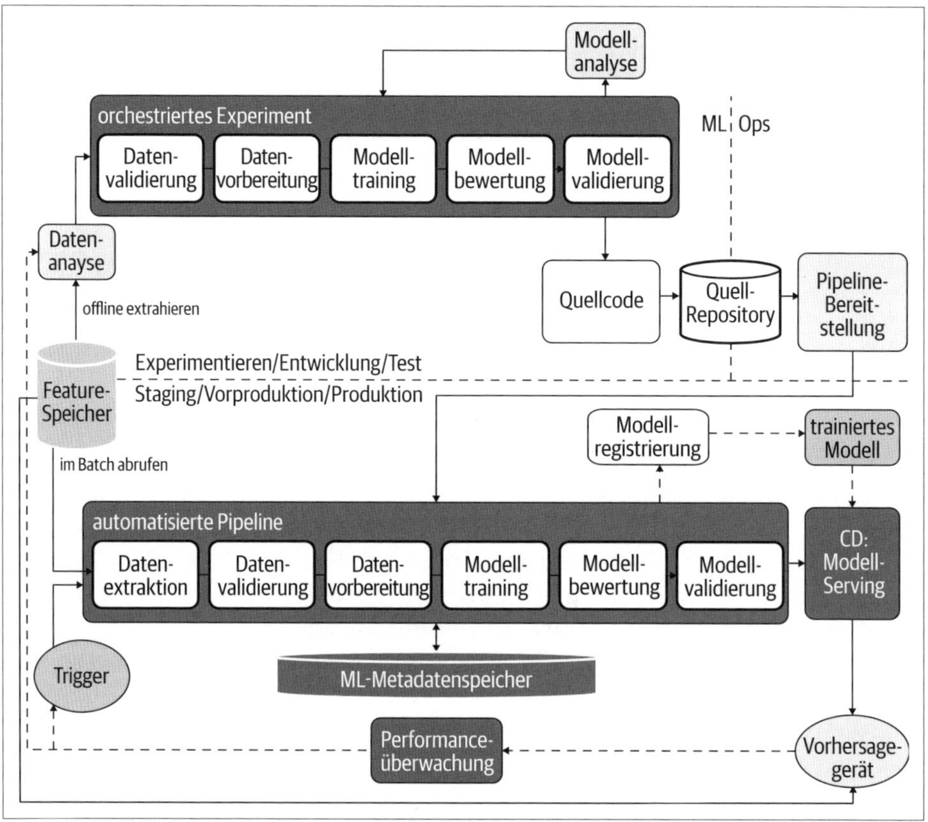

Abbildung 8-5: Pipeline-Phase in der KI-Entwicklung; Abbildung adaptiert aus Google-Cloud-Dokumentation (https://oreil.ly/sMNo7)

Es können mehrere ML-Systeme mit Protokollierung, Performanceüberwachung und Benachrichtigungen in der Produktion bereitgestellt und verwaltet werden. Die ML-Systeme nutzen eine Modell-API, die in der Lage ist, Datenströme in Echtzeit sowohl für die Inferenz als auch zum Sammeln von Daten zu verarbeiten. Diese Datenströme werden in die automatisierte ML-Pipeline eingespeist, um das Modell für ein späteres Training aufzufrischen.

Transformationelle Phase: vollständig automatisierte Prozesse

Unternehmen in der transformationellen Phase der KI-Bereitschaft setzen KI aktiv ein, um Innovationen zu fördern, Agilität zu unterstützen und eine Kultur zu pflegen, in der ständig experimentiert und gelernt wird. Strategische Partnerschaften werden genutzt, um Neuerungen auf den Weg zu bringen, mitzugestalten und technische Ressourcen innerhalb der Firma zu erweitern. Viele der Entwurfsmuster in den Kapiteln 5 und 6, die sich auf Reproduzierbarkeit und Resilienz beziehen, kommen in dieser Phase der KI-Bereitschaft zum Tragen.

In dieser Phase ist es üblich, dass produktspezifische KI-Teams in breiter aufgestellte Produktteams eingebettet sind und vom Advanced-Analytics-Team unterstützt werden. Auf diese Weise kann das ML-Expertenwissen in verschiedene Geschäftsbereiche innerhalb der Organisation eindringen. Die etablierten gemeinsamen Muster und Best Practices sowie Standardtools und -bibliotheken zur Beschleunigung von ML-Projekten werden von den verschiedenen Gruppen innerhalb der Organisation problemlos gemeinsam genutzt.

Datensätze werden in einer Plattform gespeichert, auf die alle Teams zugreifen können, sodass es leicht ist, Datensätze und ML-Assets zu entdecken, zu teilen und wiederzuverwenden. Es gibt standardisierte ML-Feature-Speicher, und die Zusammenarbeit in der gesamten Organisation wird gefördert. Vollständig automatisierte Organisationen betreiben eine integrierte ML-Experimentier- und Produktionsplattform, auf der Modelle erstellt und bereitgestellt werden. Jedem in der Organisation stehen die ML-Praktiken offen. Diese Plattform wird von skalierbarer und serverloser Rechentechnik für die Eingabe und die Verarbeitung der Daten als Batch und online unterstützt. Spezialisierte ML-Beschleuniger wie zum Beispiel GPUs und TPUs sind auf Abruf verfügbar, und es gibt orchestrierte Experimente für End-to-End-Daten und ML-Pipelines.

Die Entwicklungs- und Produktionsumgebungen sind denen der Pipeline-Stufe ähnlich (siehe Abbildung 8-6), haben aber auch CI/CD-Best-Practices in jede der verschiedenen Stufen ihres ML-Workflows eingebunden. Diese CI/CD-Best-Practices konzentrieren sich auf Zuverlässigkeit, Reproduzierbarkeit und Versionskontrolle für den Code, um die ML-Modelle zu produzieren, sowie auf die Datenpipelines und deren Orchestrierung. Dies ermöglicht das Erstellen, Testen und Verpacken der verschiedenen Pipeline-Komponenten. Die Modellversionierung wird durch eine ML-Modellregistrierung verwaltet, die zudem die erforderlichen ML-Metadaten und -Artefakte speichert.

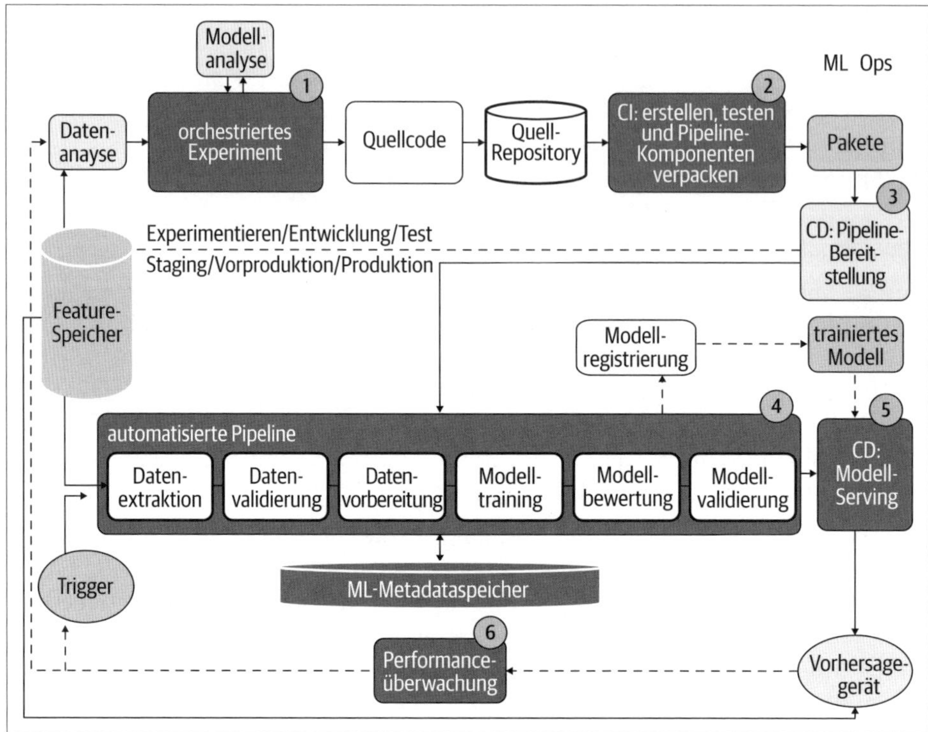

Abbildung 8-6: Vollständig automatisierte Prozesse unterstützen die KI-Entwicklung; Abbildung adaptiert aus der Google-Cloud-Dokumentation (https://oreil.ly/VX31C).

Allgemeine Muster nach Anwendungsfall und Datentyp

Viele der in diesem Buch besprochenen Entwurfsmuster werden im gesamten Entwicklungszyklus für maschinelles Lernen genutzt und wahrscheinlich auch unabhängig vom Anwendungsfall in der Produktion verwendet – zum Beispiel *Hyperparameter-Abstimmung*, *Heuristischer Benchmark*, *Wiederholbare Aufteilung*, *Modellversionierung*, *Verteiltes Training*, *Workflow-Pipelines* oder *Checkpoints*. Vielleicht stellen Sie auch fest, dass andere Entwurfsmuster besonders nützlich für bestimmte Szenarios sind. An dieser Stelle gruppieren wir häufig verwendete Entwurfsmuster nach beliebten Anwendungsfällen für maschinelles Lernen.

Verstehen natürlicher Sprache

Das Verstehen natürlicher Sprache (*Natural Language Understanding*, NLU) ist ein Zweig der KI, der sich darauf konzentriert, eine Maschine zu trainieren, um die Bedeutung hinter Text und Sprache zu verstehen. NLU wird von Sprachagenten wie Alexa von Amazon, Siri von Apple und Assistant von Google verwendet, um Sätze wie: »Wie ist die Wettervorhersage für dieses Wochenende?« zu verstehen. Es gibt viele Anwendungsfälle, die unter den Schirm von NLU fallen. Und NLU kann auf eine Vielzahl von Prozessen angewendet werden, zum Beispiel Textklassifizierung (E-Mail-Filterung), Extrahieren von Entitäten, Beantwortung von Fragen, Spracherkennung, Textzusammenfassung und Stimmungsanalyse.

- *Einbettungen*
- *Hashed Feature*
- *Neutrale Klasse*
- *Multimodale Eingabe*
- *Transfer Learning*
- *Zweiphasen-Vorhersagen*
- *Kaskade*
- *Windowed Inference*

Computer Vision

Computer Vision ist der weit gefasste Oberbegriff für KI, die Maschinen darauf trainiert, visuelle Eingaben zu verstehen, zum Beispiel Bilder, Videos, Symbole und alles, was mit Pixeln zu tun haben könnte. Computer-Vision-Modelle zielen darauf ab, Aufgaben zu automatisieren, die auf menschliches Sehen angewiesen sind, von der Verwendung eines MRT zur Erkennung von Lungenkrebs bis hin zu selbstfahrenden Autos. Einige klassische Anwendungen von Computer Vision sind Bildklassifizierung, Videobewegungsanalyse, Bildsegmentierung und Entrauschen von Bildern.

- *Reframing*
- *Neutrale Klasse*
- *Multimodale Eingabe*
- *Transfer Learning*
- *Einbettungen*
- *Multilabel*
- *Kaskade*
- *Zweiphasen-Vorhersagen*

Prädiktive Analytik

Prädiktive (vorhersagende) Modellierung verarbeitet vergangenheitsbezogene Daten, um Muster zu erkennen und die Wahrscheinlichkeit für ein bestimmtes Ereignis, das in der Zukunft stattfindet, zu bestimmen. Prädiktive Modelle sind in vielen verschiedenen Branchen zu finden. Zum Beispiel können Unternehmen prädiktive Modelle verwenden, um den Umsatz genauer zu prognostizieren oder die zukünftige Nachfrage nach Produkten vorherzusehen. In der Medizin verwendet man Vorhersagemodelle, um das Risiko einer chronischen Erkrankung eines Patienten abzuschätzen oder um vorherzusagen, wann ein Patient nicht zu einem geplanten Termin erscheint. Weitere Beispiele sind Energieverbrauchsprognosen, Vorhersage von Kundenabwanderungen, Finanzmodellierung, Wettervorhersage und vorausschauende Wartung.

- *Feature Store*
- *Feature Cross*
- *Einbettungen*
- *Ensemble*
- *Transformation*
- *Reframing*
- *Kaskade*
- *Multilabel*
- *Neutrale Klasse*
- *Windowed Inference*
- *Batch-Serving*

IoT-Analytik ist ebenfalls eine breit gefasste Kategorie, die in der prädiktiven Analytik angesiedelt ist. IoT-Modelle stützen sich auf gesammelte Daten von sogenannten IoT-Geräten, d.h. von Sensoren, die mit dem Internet verbunden sind. Denken Sie an ein Verkehrsflugzeug, das mit Tausenden von Sensoren ausgestattet ist, die mehr als 2 TByte Daten pro Tag sammeln. Maschinelles Lernen von IoT-Sensorgeräten kann Vorhersagemodelle liefern, die vor Geräteausfällen warnen, bevor sie auftreten.

- *Feature Store*
- *Transformation*
- *Reframing*
- *Hashed Feature*
- *Kaskade*
- *Neutrale Klasse*
- *Zweiphasen-Vorhersagen*
- *Zustandslose Serving-Funktion*
- *Windowed Inference*

Empfehlungssysteme

Empfehlungssysteme gehören zu den am weitesten verbreiteten Anwendungen des maschinellen Lernens in der Wirtschaft. Man findet sie überall dort, wo Benutzer mit Artikeln interagieren. Empfehlungssysteme erfassen Merkmale früheren Verhaltens und ähnlicher Benutzer und empfehlen Artikel, die für einen bestimmen Benutzer am relevantesten sind. Denken Sie daran, wie YouTube Ihnen eine Reihe von Videos auf der Grundlage Ihres Sehverhaltens empfiehlt oder Amazon Ihnen anhand der Artikel in Ihrem Einkaufswagen weitere Käufe vorschlägt. Empfehlungssysteme sind in vielen Geschäftszweigen beliebt, insbesondere für Produktempfehlungen, beim personalisierten und dynamischen Marketing und bei Streaming-Plattformen für Musik und Videos.

- *Einbettungen*
- *Ensemble*
- *Multilabel*
- *Transfer Learning*
- *Feature Store*
- *Hashed Feature*
- *Reframing*
- *Transformation*
- *Windowed Inference*
- *Zweiphasen-Vorhersagen*
- *Neutrale Klasse*
- *Multimodale Eingabe*
- *Batch-Serving*

Betrugs- und Anomalieerkennung

Viele Finanzinstitute nutzen maschinelles Lernen zur Betrugserkennung, um die Konten ihrer Kunden zu schützen. Diese ML-Modelle werden trainiert, um betrügerisch erscheinende Transaktionen zu markieren, und zwar basierend auf bestimmten Eigenschaften oder Mustern, die sie aus den Daten gelernt haben.

Im weiteren Sinn ist die Anomalieerkennung eine Technik, um anormales Verhalten oder Ausreißerelemente in einem Datensatz zu finden. Anomalien können sich als Spitzen oder Einbrüche zeigen, die von den normalen Mustern abweichen, oder sie können längerfristige abnormale Trends sein. Die Erkennung von Anomalien taucht in vielen verschiedenen Anwendungsfällen des maschinellen Lernens auf und kann sogar in Verbindung mit einem davon getrennten Anwendungsfall verwendet werden. Denken Sie beispielsweise an ein ML-Modell, das anomale Bahnschienen anhand von Bildern identifiziert.

- *Rebalancing*
- *Feature Cross*
- *Einbettungen*
- *Ensemble*

- *Zweiphasen-Vorhersagen*
- *Transformation*
- *Feature Store*
- *Kaskade*
- *Neutrale Klasse*
- *Reframing*

Index

C

D

E

F

G

L

M

T

U

V

W

X

Z

Über die Autor:innen

Valliappa (Lak) Lakshmanan ist Global Head for Data Analytics and AI Solutions bei Google Cloud. Sein Team entwickelt Softwarelösungen für Unternehmen mit den Datenanalyse- und Machine-Learning-Produkten von Google Cloud. Er hat das Programm *Advanced Solutions Lab ML Immersion* von Google gegründet. Vor seiner Tätigkeit bei Google war Lak Director of Data Science bei der Climate Corporation und Research Scientist bei NOAA.

Sara Robinson ist Developer Advocate im Cloud Platform-Team von Google, sie ist spezialisiert auf Machine Learning. Mit Demos, Online-Inhalten und Veranstaltungen inspiriert sie Entwickler:innen und Data Scientists, Machine Learning in ihre Anwendungen zu integrieren. Sara hat einen Bachelor-Abschluss von der Brandeis University. Bevor sie zu Google kam, war sie Developer Advocate im Firebase-Team.

Michael Munn ist ML Solutions Engineer bei Google. Er unterstützt Google-Cloud-Kunden bei der Entwicklung, Implementierung und dem Deployment von Machine-Learning-Modellen. Außerdem gibt er sein Wissen im ML-Immersion-Programm im Advanced Solutions Lab weiter. Michael hat einen Doktortitel in Mathematik von der City University of New York. Bevor er zu Google kam, arbeitete er als Forschungsprofessor.

Kolophon

Das Tier auf dem Cover von *Design Patterns für Machine Learning* ist eine Sonnenralle (*Eurypyga helias*), ein Vogel, der in den tropischen Regionen Amerikas, von Guatemala bis Brasilien, vorkommt. Ihr englischer Name ist *Sunbittern*, sie wird damit, anders als im Deutschen, nicht als Ralle, sondern als Dommel eingeordnet. Ihr engster lebender Verwandter ist der Kagu (*Rhynochetos jubatus*), ein Vogel, der nur in Neukaledonien vorkommt, einem Archipel im südwestlichen Pazifik.

Die Färbung der Sonnenralle mit feinen schwarzen, grauen und braunen Mustern dient als Tarnung in ihrer Umgebung. Ihre Flugfedern sind rot, gelb und schwarz, und wenn sie ihre Flügel ganz ausbreiten, sehen diese Federn wie die Augenflecken mancher Schmetterlinge aus. Diese Flecken werden bei der Balz, aber auch bei Drohgebärden gezeigt, und dienen dazu, Raubtiere abzuschrecken. Sonnenrallen haben Puderdaunen, eine spezielle Daunenart, die nur bei wenigen Vogelarten vorkommt.

Männchen und Weibchen wechseln sich beim Ausbrüten der Eier und Füttern der Küken ab. Ihre Nahrung besteht aus einer Vielzahl von Tieren, darunter Insekten, Krebstiere, Fische und Amphibien. Bei in Gefangenschaft lebenden Sonnenrallen wurde beobachtet, dass sie mit Ködern angeln, um Beute aus größerer Distanz anzulocken.

Sonnenrallen gelten als nicht gefährdet. Viele der Tiere auf den O'Reilly-Covern sind vom Aussterben bedroht. Doch jedes einzelne von ihnen ist für den Erhalt unserer Erde wichtig.

Die Illustration auf dem Umschlag dieses Buchs stammt von Karen Montgomery, die hierfür einen Stich aus *Elements of Ornithology* verwendet hat. Der Umschlag der deutschen Ausgabe wurde von Karen Montgomery und Michael Oréal entworfen. Auf dem Cover verwenden wir die Schriften Gilroy Semibold und Guardian Sans, als Textschrift die Linotype Birka, die Überschriftenschrift ist die Adobe Myriad Condensed, und die Nichtproportionalschrift für Codes ist LucasFonts TheSans Mono Condensed.